핵심만 골라 배우는
젯팩 컴포즈
Jetpack Compose

JETPACK COMPOSE ESSENTIALS

Copyright © 2022 Neil Smyth / Payload Media, Inc. All rights reserved.
Korean translation copyright © 2022 by J-Pub Co.
This Korean edition was published by arrangement with Neil Smyth through Agency-One, Seoul.

이 책의 한국어판 저작권은 에이전시 원을 통한 저작권사와의 독점 계약으로 제이펍에 있습니다.
저작권법에 의해 한국 내에서 보호를 받는 저작물이므로 무단전재와 무단복제를 금합니다.

핵심만 골라 배우는 **젯팩 컴포즈**

1쇄 발행 2022년 12월 16일

지은이 닐 스미스
옮긴이 김모세
펴낸이 장성두
펴낸곳 주식회사 제이펍

출판신고 2009년 11월 10일 제406-2009-000087호
주소 경기도 파주시 회동길 159 3층 / **전화** 070-8201-9010 / **팩스** 02-6280-0405
홈페이지 www.jpub.kr / **원고투고** submit@jpub.kr / **독자문의** help@jpub.kr / **교재문의** textbook@jpub.kr

소통기획부 김정준, 이상복, 송영화, 권유라, 송찬수, 박재인, 배인혜
소통지원부 민지환, 이승환, 김정미, 서세원 / **디자인부** 이민숙, 최병찬

진행 김정준 / **교정·교열** 김경희 / **내지디자인** 이민숙 / **내지편집** 남은순 / **표지디자인** 유재헌
용지 에스에이치페이퍼 / **인쇄** 한승문화사 / **제본** 일진제책사

ISBN 979-11-92469-55-3 (93000)
값 32,000원

※ 이 책은 저작권법에 따라 보호를 받는 저작물이므로 무단전재와 무단복제를 금지하며,
  이 책 내용의 전부 또는 일부를 이용하려면 반드시 저작권자와 제이펍의 서면 동의를 받아야 합니다.
※ 잘못된 책은 구입하신 서점에서 바꾸어 드립니다.

제이펍은 독자 여러분의 아이디어와 원고 투고를 기다리고 있습니다. 책으로 펴내고자 하는 아이디어나 원고가 있는
분께서는 책의 간단한 개요와 차례, 구성과 지은이/옮긴이 약력 등을 메일(submit@jpub.kr)로 보내 주세요.

핵심만 골라 배우는
젯팩 컴포즈
Jetpack Compose

닐 스미스 지음 / 김모세 옮김

※ 드리는 말씀

- 이 책에 기재된 내용을 기반으로 한 운용 결과에 대해 지은이, 옮긴이, 소프트웨어 개발자 및 제공자, 제이펍 출판사는 일체의 책임을 지지 않으므로 양해 바랍니다.
- 이 책에 등장하는 각 회사명, 제품명은 일반적으로 각 회사의 등록 상표 또는 상표입니다. 본문 중에는 ™, ©, ® 마크 등이 표시되어 있지 않습니다.
- 이 책에서 소개한 URL 등은 시간이 지나면 변경될 수 있습니다.
- 이 책의 소스 코드는 아래의 URL에서 다운로드할 수 있습니다. https://github.com/moseskim/jetpack-compose-essentials(단축 URL https://bit.ly/jetpack-essentials)
- 이 책을 따라 하기 위한 개발 환경 설정은 2장을 참고하시기 바랍니다.
- 책의 내용과 관련된 문의 사항은 옮긴이나 출판사로 연락해 주시기 바랍니다.
  - 옮긴이: creatinov.kim@gmail.com
  - 출판사: help@jpub.kr

차례

옮긴이 머리말 ───── xxiv
베타리더 후기 ───── xxv

CHAPTER 1 들어가며 1
- 1.1 코틀린 개발자에게 ───── 2
- 1.2 코틀린을 처음 접하는 개발자에게 ───── 2
- 1.3 샘플 코드 다운로드 ───── 2

CHAPTER 2 안드로이드 스튜디오 개발 환경 설정 3
- 2.1 시스템 요구사항 ───── 3
- 2.2 안드로이드 스튜디오 패키지 다운로드 ───── 4
- 2.3 안드로이드 스튜디오 설치 ───── 4
  - **2.3.1** 윈도우에 설치하기 4 / **2.3.2** 맥OS에 설치하기 5
  - **2.3.3** 리눅스에 설치하기 5
- 2.4 안드로이드 스튜디오 설치 마법사 ───── 6
- 2.5 추가 안드로이드 SDK 패키지 설치하기 ───── 8
- 2.6 커맨드라인에서 안드로이드 SDK 도구에 접근할 수 있도록 설정하기 ───── 10
  - **2.6.1** 윈도우 8.1 11 / **2.6.2** 윈도우 10 12 / **2.6.3** 윈도우 11 12
  - **2.6.4** 리눅스 12 / **2.6.5** 맥OS 13
- 2.7 안드로이드 스튜디오 메모리 관리 ───── 13
- 2.8 안드로이드 스튜디오 및 SDK 업데이트 ───── 14
- 2.9 정리 ───── 14

CHAPTER 3 컴포즈 프로젝트 개요 15
- 3.1 프로젝트 개요 ───── 15
- 3.2 프로젝트 만들기 ───── 16
- 3.3 액티비티 만들기 ───── 16
- 3.4 프로젝트 및 SDK 설정 정의하기 ───── 17

3.5	예제 프로젝트 미리 보기	19
3.6	메인 액티비티 살펴보기	21
3.7	미리 보기 업데이트	25
3.8	정리	26

CHAPTER 4 컴포즈 예제 프로젝트 27

4.1	시작하기	27
4.2	템플릿 코드 삭제하기	27
4.3	컴포저블의 계층 구조	28
4.4	DemoText 컴포저블 추가하기	29
4.5	DemoText 컴포저블 미리 보기	30
4.6	DemoSlider 컴포저블 추가하기	31
4.7	DemoScreen 컴포저블 추가하기	32
4.8	DemoScreen 컴포저블 미리 보기	34
4.9	대화형 모드에서 테스트하기	35
4.10	프로젝트 완료하기	36
4.11	정리	36

CHAPTER 5 안드로이드 스튜디오에서 AVD 만들기 37

5.1	안드로이드 가상 기기 개요	37
5.2	에뮬레이터 시작하기	39
5.3	AVD에서 애플리케이션 실행하기	40
5.4	여러 기기에서 실행하기	42
5.5	애플리케이션 실행 중지하기	43
5.6	다크 테마 지원하기	43
5.7	별도의 창에서 에뮬레이터 실행하기	44
5.8	기기 프레임 활성화하기	46
5.9	정리	46

CHAPTER 6 안드로이드 스튜디오 에뮬레이터 이용 및 설정하기 47

6.1	에뮬레이터 환경	47
6.2	에뮬레이터 툴바 옵션	48
6.3	줌 모드 다루기	49
6.4	에뮬레이터 창 크기 조정하기	49
6.5	확장 제어 옵션	49

        6.5.1 Location(위치) 50 / **6.5.2** Displays(화면) 50
        6.5.3 Cellular(셀룰러) 50 / **6.5.4** Battery(배터리) 50
        6.5.5 Camera(카메라) 50 / **6.5.6** Phone(전화) 50
        6.5.7 Directional pad(방향 패드) 51 / **6.5.8** Microphone(마이크) 51
        6.5.9 Fingerprint(지문) 51 / **6.5.10** Virtual sensors(가상 센서) 51
        6.5.11 Snapshots(스냅샷) 51 / **6.5.12** Record and playback(녹화 및 재생) 51
        6.5.13 Google Play(구글 플레이) 51 / **6.5.14** Settings(설정) 51
        6.5.15 Help(도움말) 52

  6.6 스냅샷 다루기 — 52
  6.7 지문 에뮬레이션 설정하기 — 53
  6.8 도구 창 모드의 에뮬레이터 — 55
  6.9 정리 — 55

CHAPTER 7 안드로이드 스튜디오 사용자 인터페이스 살펴보기 56

  7.1 시작 화면 — 56
  7.2 기본 창 — 57
  7.3 도구 창 — 59
  7.4 안드로이드 스튜디오 키보드 단축키 — 62
  7.5 스위처 및 최근 파일 탐색 — 63
  7.6 안드로이드 스튜디오 테마 변경하기 — 64
  7.7 정리 — 65

CHAPTER 8 물리적 안드로이드 기기에서 안드로이드 스튜디오 앱 테스트하기 66

  8.1 ADB 개요 — 66
  8.2 안드로이드 기기에서 USB 디버깅 ADB 활성화하기 — 67
        8.2.1 맥OS ADB 환경 설정 67 / **8.2.2** 윈도우 ADB 환경 설정 68
        8.2.3 리눅스 adb 환경 설정 69
  8.3 USB 연결 문제 해결하기 — 70
  8.4 안드로이드 기기의 무선 디버깅 활성화하기 — 71
  8.5 adb 연결 테스트하기 — 73
  8.6 정리 — 73

CHAPTER 9 안드로이드 스튜디오 코드 편집기 기본 74

  9.1 안드로이드 스튜디오 편집기 — 74
  9.2 코드 모드 — 78
  9.3 편집기 창 분리하기 — 78
  9.4 코드 자동 완성 — 79

9.5	스테이트먼트 자동 완성	80
9.6	파라미터 정보	81
9.7	파라미터 이름 힌트	81
9.8	코드 생성	81
9.9	코드 접기	83
9.10	빠른 문서 탐색	84
9.11	코드 형식 재지정	85
9.12	샘플 코드 찾기	86
9.13	실시간 템플릿	86
9.14	정리	87

CHAPTER 10 안드로이드 아키텍처 개요 88

10.1	안드로이드 소프트웨어 스택	88
10.2	리눅스 커널	89
10.3	안드로이드 런타임	89
10.4	안드로이드 라이브러리	89
	10.4.1 C/C++ 라이브러리 90	
10.5	애플리케이션 프레임워크	90
10.6	애플리케이션	91
10.7	정리	91

CHAPTER 11 코틀린 개요 92

11.1	코틀린이란 무엇인가?	92
11.2	코틀린과 자바	93
11.3	자바에서 코틀린으로 변환하기	93
11.4	코틀린과 안드로이드 스튜디오	93
11.5	코틀린을 이용해 실험하기	94
11.6	코틀린에서의 세미콜론	95
11.7	정리	95

CHAPTER 12 코틀린 데이터 타입, 변수, 널 허용 96

12.1	코틀린 데이터 타입	96
	12.1.1 정수 데이터 타입 97 / **12.1.2** 부동소수점 데이터 타입 97	
	12.1.3 부울 데이터 타입 98 / **12.1.4** 문자 데이터 타입 98	
	12.1.5 문자열 데이터 타입 98 / **12.1.6** 이스케이프 시퀀스 99	
12.2	뮤터블 변수	100

12.3	이뮤터블 변수	100
12.4	뮤터블/이뮤터블 변수 선언하기	100
12.5	데이터 타입은 객체다	101
12.6	타입 애너테이션과 타입 추론	102
12.7	널 허용 타입	103
12.8	안전 호출 연산자	104
12.9	not-null 어서션	105
12.10	널 허용 타입과 let 함수	105
12.11	초기화 지연	107
12.12	엘비스 연산자	108
12.13	타입 캐스팅 및 타입 확인	108
12.14	정리	109

CHAPTER 13 코틀린 연산자와 표현식 110

13.1	코틀린의 표현식 구문	110
13.2	기본 할당 연산자	110
13.3	코틀린 산술 연산자	111
13.4	증강 할당 연산자	111
13.5	증가/감소 연산자	112
13.6	등치 연산자	113
13.7	부울 논리 연산자	114
13.8	범위 연산자	114
13.9	비트와이즈 연산자	115

  13.9.1 비트와이즈 반전 115 / 13.9.2 비트와이즈 AND 116
  13.9.3 비트와이즈 OR 116 / 13.9.4 비트와이즈 XOR 117
  13.9.5 비트와이즈 왼쪽 시프트 117 / 13.9.6 비트와이즈 오른쪽 시프트 118

| 13.10 | 정리 | 118 |

CHAPTER 14 코틀린 제어 흐름 119

| 14.1 | 반복 제어 흐름 | 119 |

  14.1.1 for-in 구문 119 / 14.1.2 while 루프 121
  14.1.3 do ... while 루프 122 / 14.1.4 루프 벗어나기 122
  14.1.5 continue 구문 123 / 14.1.6 break/continue 라벨 123

| 14.2 | 조건부 제어 흐름 | 124 |

  14.2.1 if 표현식 이용하기 124 / 14.2.2 if ... else ... 표현식 이용하기 126
  14.2.3 if ... else if ... 표현식 이용하기 126 / 14.2.4 when 구문 이용하기 127

| 14.3 | 정리 | 127 |

CHAPTER **15 코틀린 함수와 람다** 128

- **15.1** 함수란 무엇인가? — 128
- **15.2** 코틀린에서의 함수 선언 — 128
- **15.3** 코틀린 함수 호출하기 — 129
- **15.4** 단일 표현식 함수 — 130
- **15.5** 로컬 함수 — 130
- **15.6** 반환값 다루기 — 131
- **15.7** 기본 함수 파라미터 선언하기 — 131
- **15.8** 가변 길이 함수 파라미터 — 132
- **15.9** 람다 표현식 — 132
- **15.10** 고차 함수 — 134
- **15.11** 정리 — 135

CHAPTER **16 코틀린 객체 지향 프로그래밍 기초** 136

- **16.1** 객체란 무엇인가? — 136
- **16.2** 클래스란 무엇인가? — 136
- **16.3** 코틀린 클래스 정의하기 — 136
- **16.4** 클래스에 프로퍼티 추가하기 — 137
- **16.5** 메서드 정의하기 — 138
- **16.6** 클래스 인스턴스 선언 및 초기화하기 — 138
- **16.7** 기본 및 보조 생성자 — 138
- **16.8** 초기화 블록 — 141
- **16.9** 메서드 호출과 프로퍼티 접근 — 141
- **16.10** 커스텀 접근자 — 142
- **16.11** 중첩된 내부 클래스 — 143
- **16.12** 컴패니언 객체 — 144
- **16.13** 정리 — 146

CHAPTER **17 상속과 서브클래싱** 147

- **17.1** 상속, 클래스, 서브클래스 — 147
- **17.2** 서브클래싱 구문 — 147
- **17.3** 코틀린 상속 예시 — 149
- **17.4** 서브클래스 기능 확장하기 — 150
- **17.5** 상속된 메서드 오버라이드하기 — 150
- **17.6** 커스텀 보조 생성자 추가하기 — 152

	17.7	SavingsAccount 클래스 이용하기	153
	17.8	정리	153

CHAPTER 18 컴포즈 개요　154

	18.1	컴포즈 이전의 개발	154
	18.2	컴포즈의 선언적 구문	155
	18.3	컴포즈는 데이터 주도적이다	156
	18.4	정리	156

CHAPTER 19 컴포저블 함수 개요　157

	19.1	컴포저블 함수란 무엇인가?	157
	19.2	상태 컴포저블과 비상태 컴포저블	158
	19.3	컴포저블 함수 구문	158
	19.4	파운데이션 컴포저블과 머티리얼 컴포저블	161
	19.5	정리	162

CHAPTER 20 컴포즈 상태와 재구성　163

	20.1	상태	163
	20.2	재구성	163
	20.3	StateExample 프로젝트 만들기	164
	20.4	컴포저블에서 상태 선언하기	164
	20.5	단방향 데이터 흐름	168
	20.6	상태 호이스팅	170
	20.7	환경 설정 변경을 통한 상태 저장하기	173
	20.8	정리	174

CHAPTER 21 CompositionLocal　175

	21.1	CompositionLocal 이해하기	175
	21.2	CompositionLocal 이용하기	176
	21.3	CompLocalDemo 프로젝트 만들기	177
	21.4	레이아웃 디자인하기	178
	21.5	CompositionLocal 상태 추가하기	179
	21.6	CompositionLocal 상태에 접근하기	180
	21.7	디자인 테스트하기	180
	21.8	정리	182

CHAPTER 22 컴포즈 Slot API　183

- **22.1** Slot API 이해하기 — 183
- **22.2** Slot API 선언하기 — 184
- **22.3** Slot API 컴포저블 호출하기 — 185
- **22.4** 정리 — 186

CHAPTER 23 컴포즈 Slot API 튜토리얼　187

- **23.1** 프로젝트 개요 — 187
- **23.2** SlotApiDemo 프로젝트 만들기 — 187
- **23.3** MainActivity 클래스 파일 준비하기 — 187
- **23.4** MainScreen 컴포저블 만들기 — 188
- **23.5** ScreenContent 컴포저블 추가하기 — 189
- **23.6** Checkbox 컴포저블 만들기 — 190
- **23.7** ScreenContent Slot API 구현하기 — 192
- **23.8** 이미지 drawable 리소스 추가하기 — 193
- **23.9** TitleImage 컴포저블 만들기 — 195
- **23.10** MainScreen 컴포저블 완료하기 — 195
- **23.11** 프로젝트 미리 보기 — 197
- **23.12** 정리 — 198

CHAPTER 24 모디파이어 이용하기　199

- **24.1** 모디파이어 — 199
- **24.2** ModifierDemo 프로젝트 만들기 — 200
- **24.3** 모디파이어 만들기 — 201
- **24.4** 모디파이어 연결 순서 — 202
- **24.5** 컴포저블에 모디파이어 지원 추가하기 — 203
- **24.6** 공통 내장 모디파이어 — 207
- **24.7** 모디파이어 조합하기 — 208
- **24.8** 정리 — 209

CHAPTER 25 Row/Column을 이용해 레이아웃 구성하기　210

- **25.1** RowColDemo 프로젝트 만들기 — 210
- **25.2** Row 컴포저블 — 211
- **25.3** Column 컴포저블 — 212
- **25.4** Row, Column 컴포저블 조합하기 — 212

25.5	레이아웃 정렬	214
25.6	레이아웃 배열 위치 조정하기	216
25.7	레이아웃 배열 간격 조정하기	218
25.8	Row, Column 스코프 모디파이어	219
25.9	스코프 모디파이어 가중치	224
25.10	정리	225

CHAPTER 26 Box 레이아웃 226

26.1	Box 컴포저블	226
26.2	BoxLayout 프로젝트 만들기	226
26.3	TextCell 컴포저블 추가하기	227
26.4	Box 레이아웃 추가하기	227
26.5	Box 정렬	229
26.6	BoxScope 모디파이어	230
26.7	clip() 모디파이어 이용하기	231
26.8	정리	233

CHAPTER 27 커스텀 레이아웃 모디파이어 234

27.1	컴포즈 레이아웃 기본	234
27.2	커스텀 레이아웃	235
27.3	LayoutModifier 프로젝트 만들기	235
27.4	ColorBox 컴포저블 추가하기	235
27.5	커스텀 레이아웃 모디파이어 만들기	236
27.6	기본 위치	237
27.7	레이아웃 모디파이어 완성하기	237
27.8	커스텀 모디파이어 이용하기	239
27.9	정렬 선 다루기	239
27.10	베이스라인 다루기	242
27.11	정리	243

CHAPTER 28 커스텀 레이아웃 구현하기 244

28.1	커스텀 레이아웃 개요	244
28.2	커스텀 레이아웃 구문	244
28.3	커스텀 레이아웃 이용하기	246
28.4	CustomLayout 프로젝트 만들기	246

28.5	CascadeLayout 컴포저블 만들기	247
28.6	CascadeLayout 컴포저블 이용하기	249
28.7	정리	250

CHAPTER 29 ConstraintLayout 251

29.1	ConstraintLayout 소개	251
29.2	ConstraintLayout 동작 원리	251
	29.2.1 제약 252 / 29.2.2 마진 252 / 29.2.3 반대 제약 252	
	29.2.4 제약 편향 253 / 29.2.5 체인 254 / 29.2.6 체인 스타일 254	
29.3	크기 설정하기	255
29.4	가이드라인 헬퍼	256
29.5	배리어 헬퍼	256
29.6	정리	258

CHAPTER 30 ConstraintLayout 다루기 259

30.1	ConstraintLayout 호출하기	259
30.2	참조 만들기	259
30.3	참조를 컴포저블에 할당하기	260
30.4	제약 추가하기	260
30.5	ConstraintLayout 프로젝트 만들기	261
30.6	ConstraintLayout 라이브러리 추가하기	262
30.7	커스텀 버튼 컴포저블 추가하기	262
30.8	기본 제약	263
30.9	반대 제약	264
30.10	제약 편향	266
30.11	제약 마진	267
30.12	반대 제약과 편향의 중요성	268
30.13	체인 만들기	271
30.14	가이드라인 이용하기	272
30.15	배리어 이용하기	273
30.16	제약 집합을 이용해 제약 연결 끊기	277
30.17	정리	279

CHAPTER 31 IntrinsicSize 다루기 280

31.1	내재적 측정값	280
31.2	내재적 최대 및 최소 크기 측정값	281

31.3	예시 프로젝트 개요	282
31.4	IntrinsicSizeDemo 프로젝트 만들기	282
31.5	커스텀 텍스트 필드 만들기	282
31.6	Text, Box 컴포넌트 추가하기	283
31.7	최상위 Column 추가하기	284
31.8	프로젝트 테스트하기	285
31.9	IntrinsicSize.Max 측정값 적용하기	285
31.10	IntrinsicSize.Min 측정값 적용하기	286
31.11	정리	286

CHAPTER 32 코루틴과 LaunchedEffect 287

32.1	코루틴이란?	287
32.2	스레드와 코루틴	288
32.3	코루틴 스코프	288
32.4	일시 중단 함수	289
32.5	코루틴 디스패처	289
32.6	코루틴 빌더	290
32.7	잡	291
32.8	코루틴: 중지 및 재시작	291
32.9	코루틴 채널 커뮤니케이션	293
32.10	부작용 이해하기	293
32.11	정리	295

CHAPTER 33 리스트와 그리드 296

33.1	표준 리스트와 지연 리스트	296
33.2	Column, Row 리스트 다루기	297
33.3	지연 리스트 만들기	297
33.4	ScrollState를 이용해 스크롤 활성화하기	298
33.5	프로그래밍적 스크롤	299
33.6	스티키 헤더	301
33.7	스크롤 위치에 반응하기	303
33.8	지연 그리드 만들기	303
33.9	정리	306

CHAPTER 34 컴포즈 Row/Column 리스트 튜토리얼   307

- 34.1 ListDemo 프로젝트 만들기 — 307
- 34.2 Column 기반 리스트 만들기 — 307
- 34.3 리스트 스크롤 활성화하기 — 309
- 34.4 수동 스크롤 — 310
- 34.5 Row 리스트 예시 — 312
- 34.6 정리 — 313

CHAPTER 35 지연 리스트 튜토리얼   314

- 35.1 LazyListDemo 프로젝트 만들기 — 314
- 35.2 프로젝트에 리스트 데이터 추가하기 — 315
- 35.3 XML 데이터 읽기 — 316
- 35.4 이미지 로딩 처리하기 — 317
- 35.5 리스트 아이템 컴포저블 디자인하기 — 320
- 35.6 지연 리스트 만들기 — 321
- 35.7 프로젝트 테스트하기 — 322
- 35.8 리스트 아이템 클릭하기 — 322
- 35.9 정리 — 324

CHAPTER 36 지연 리스트가 제공하는 스티키 헤더와 스크롤 식별   325

- 36.1 리스트 아이템 데이터 그룹핑하기 — 325
- 36.2 헤더와 아이템 표시하기 — 325
- 36.3 스티키 헤더 추가하기 — 326
- 36.4 스크롤 위치에 반응하기 — 328
- 36.5 스크롤 버튼 추가하기 — 329
- 36.6 완성한 앱 테스트하기 — 331
- 36.7 정리 — 331

CHAPTER 37 시각적 애니메이션   332

- 37.1 AnimateVisibility 프로젝트 만들기 — 332
- 37.2 시각적 애니메이션 적용하기 — 333
- 37.3 진입/이탈 애니메이션 정의하기 — 336
- 37.4 애니메이션 스펙과 애니메이션 이징 — 337
- 37.5 애니메이션 반복하기 — 339
- 37.6 자식별로 각각 애니메이션 적용하기 — 339

37.7	애니메이션 자동 시작하기	341
37.8	교차 페이딩 구현하기	342
37.9	정리	343

CHAPTER 38 상태 주도 애니메이션   344

38.1	상태 주도 애니메이션 이해하기	344
38.2	상태 함수로서의 애니메이션	344
38.3	AnimateState 프로젝트 만들기	345
38.4	animateFloatAsState를 이용한 회전 애니메이션	346
38.5	animateColorAsState를 이용한 색상 변경 애니메이션 처리	349
38.6	animateDpAsState를 이용한 움직임 애니메이션 처리하기	352
38.7	스프링 효과 추가하기	354
38.8	키프레임 다루기	356
38.9	여러 애니메이션 조합하기	357
38.10	Animation Inspector 이용하기	359
38.11	정리	361

CHAPTER 39 캔버스 그래픽 그리기   362

39.1	Canvas 컴포넌트 소개	362
39.2	CanvasDemo 프로젝트 만들기	362
39.3	선 그리기와 캔버스 크기 얻기	363
39.4	점선 그리기	364
39.5	사각형 그리기	365
39.6	회전시키기	369
39.7	원과 타원 그리기	370
39.8	그레이디언트 그리기	371
39.9	부채꼴 그리기	374
39.10	경로 그리기	375
39.11	점 그리기	376
39.12	이미지 그리기	378
39.13	정리	380

CHAPTER 40 ViewModel 다루기   381

40.1	안드로이드 젯팩이란 무엇인가?	381
40.2	'구식' 아키텍처	381

40.3	모던 안드로이드 아키텍처	382
40.4	ViewModel 컴포넌트	382
40.5	상태 기반의 ViewModel 구현	383
40.6	ViewModel 상태와 액티비티 연결하기	384
40.7	LiveData를 이용한 ViewModel 구현	385
40.8	액티비티 안에서 ViewModel의 LiveData 관찰하기	386
40.9	정리	387

CHAPTER 41 ViewModel 튜토리얼 388

41.1	프로젝트 개요	388
41.2	ViewModelDemo 프로젝트 만들기	389
41.3	ViewModel 추가하기	389
41.4	MainActivity에서 DemoViewModel에 접근하기	391
41.5	온도 입력 컴포저블 디자인하기	392
41.6	온도 입력 컴포저블 구현하기	393
41.7	사용자 인터페이스 디자인 완료하기	396
41.8	앱 테스트하기	398
41.9	정리	398

CHAPTER 42 안드로이드 SQLite 데이터베이스 개요 399

42.1	데이터베이스 테이블 이해하기	399
42.2	데이터베이스 스키마 소개	400
42.3	열과 데이터 타입	400
42.4	데이터베이스의 행	400
42.5	기본 키	400
42.6	SQLite	401
42.7	구조화된 쿼리 언어	401
42.8	AVD에서 SQLite 이용하기	402
42.9	안드로이드 Room 퍼시스턴스 라이브러리	405
42.10	정리	405

CHAPTER 43 Room 데이터베이스와 컴포즈 406

43.1	모던 앱 아키텍처 다시보기	406
43.2	Room 데이터베이스 퍼시스턴스의 핵심 요소	407
	43.2.1 저장소 407 / **43.2.2** Room 데이터베이스 407	

43.2.3 데이터 접근 객체 407 / 43.2.4 엔티티 407
43.2.5 SQLite 데이터베이스 407

43.3 엔티티 이해하기 408
43.4 데이터 접근 객체 411
43.5 Room 데이터베이스 413
43.6 저장소 414
43.7 인메모리 데이터베이스 415
43.8 Database Inspector 416
43.9 정리 416

CHAPTER 44 Room 데이터베이스 및 저장소 튜토리얼 417

44.1 RoomDemo 프로젝트 개요 417
44.2 RoomDemo 프로젝트 만들기 418
44.3 빌드 환경 설정 수정하기 418
44.4 엔티티 구축하기 419
44.5 데이터 접근 객체 만들기 420
44.6 Room 데이터베이스 추가하기 422
44.7 저장소 추가하기 423
44.8 ViewModel 추가하기 425
44.9 사용자 인터페이스 디자인하기 427
44.10 ViewModelProvider Factory 클래스 작성하기 429
44.11 MainScreen 함수 완료하기 431
44.12 RoomDemo 앱 테스트하기 434
44.13 Database Inspector 이용하기 434
44.14 정리 435

CHAPTER 45 내비게이션 436

45.1 내비게이션 이해하기 436
45.2 내비게이션 컨트롤러 선언하기 438
45.3 내비게이션 호스트 선언하기 439
45.4 내비게이션 그래프에 목적지 추가하기 439
45.5 목적지로 이동하기 441
45.6 목적지에 인수 전달하기 442
45.7 하단 내비게이션 바 다루기 444
45.8 정리 446

CHAPTER 46 컴포즈 내비게이션 튜토리얼 447

- 46.1 NavigationDemo 프로젝트 만들기 — 447
- 46.2 NavigationDemo 프로젝트 소개 — 448
- 46.3 내비게이션 경로 선언하기 — 448
- 46.4 홈 화면 추가하기 — 448
- 46.5 웰컴 화면 추가하기 — 450
- 46.6 프로필 화면 추가하기 — 451
- 46.7 내비게이션 컨트롤러와 호스트 만들기 — 451
- 46.8 화면 내비게이션 구현하기 — 452
- 46.9 사용자 이름 인수 전달하기 — 453
- 46.10 프로젝트 테스트하기 — 454
- 46.11 정리 — 455

CHAPTER 47 하단 내비게이션 바 튜토리얼 456

- 47.1 BottomBarDemo 프로젝트 만들기 — 456
- 47.2 내비게이션 경로 추가하기 — 457
- 47.3 바 아이템 디자인하기 — 457
- 47.4 바 아이템 리스트 만들기 — 457
- 47.5 목적지 화면 추가하기 — 458
- 47.6 내비게이션 컨트롤러와 호스트 만들기 — 460
- 47.7 내비게이션 바 디자인하기 — 461
- 47.8 Scaffold 컴포넌트 다루기 — 463
- 47.9 프로젝트 테스트하기 — 463
- 47.10 정리 — 464

CHAPTER 48 제스처 감지하기 465

- 48.1 컴포즈 제스처 식별 — 465
- 48.2 GestureDemo 프로젝트 만들기 — 465
- 48.3 클릭 제스처 감지하기 — 466
- 48.4 PointerInputScope를 이용해 탭 감지하기 — 467
- 48.5 드래그 제스처 감지하기 — 469
- 48.6 PointerInputScope를 이용해 드래그 제스처 감지하기 — 471
- 48.7 scrollable 모디파이어를 이용해 스크롤하기 — 472
- 48.8 스크롤 모디파이어를 이용해 스크롤하기 — 473
- 48.9 꼬집기(확대/축소) 제스처 감지하기 — 475

- 48.10 회전 제스처 감지하기 — 477
- 48.11 변환 제스처 감지하기 — 478
- 48.12 정리 — 479

CHAPTER 49 스와이프 제스처 감지하기 480

- 49.1 스와이프 제스처와 앵커 — 480
- 49.2 스와이프 제스처 감지하기 — 480
- 49.3 앵커 맵 선언하기 — 481
- 49.4 임계점 선언하기 — 482
- 49.5 스와이프를 따라 컴포넌트 이동하기 — 482
- 49.6 SwipeDemo 프로젝트 소개 — 483
- 49.7 SwipeDemo 프로젝트 만들기 — 483
- 49.8 swipeable 상태 및 앵커 설정하기 — 483
- 49.9 부모 박스 디자인하기 — 484
- 49.10 프로젝트 테스트하기 — 487
- 49.11 정리 — 487

CHAPTER 50 코틀린 플로 488

- 50.1 플로 이해하기 — 488
- 50.2 FlowDemo 프로젝트 만들기 — 489
- 50.3 프로젝트에 뷰 모델 추가하기 — 490
- 50.4 플로 선언하기 — 490
- 50.5 플로 데이터 방출하기 — 491
- 50.6 데이터를 상태로 수집하기 — 492
- 50.7 중재자를 사용해 데이터 변환하기 — 493
- 50.8 플로 데이터 수집하기 — 495
- 50.9 플로 버퍼 추가하기 — 497
- 50.10 종단 플로 연산자 — 498
- 50.11 플로 평탄화 — 499
- 50.12 여러 플로 조합하기 — 501
- 50.13 핫/콜드 플로 — 502
- 50.14 스테이트플로 — 503
- 50.15 셰어드플로 — 504
- 50.16 콜드 플로를 핫 플로로 전환하기 — 506
- 50.17 정리 — 507

CHAPTER 51 젯팩 컴포즈 셰어드플로 튜토리얼　508

- 51.1 프로젝트 소개 — 508
- 51.2 SharedFlowDemo 프로젝트 만들기 — 508
- 51.3 프로젝트에 뷰 모델 추가하기 — 509
- 51.4 세어드플로 선언하기 — 510
- 51.5 플로값 수집하기 — 511
- 51.6 SharedFlowDemo 앱 테스트하기 — 512
- 51.7 백그라운드에서 플로 다루기 — 513
- 51.8 정리 — 515

CHAPTER 52 컴포즈 테마 적용 다루기　516

- 52.1 머티리얼 디자인 2와 머티리얼 디자인 3 — 516
- 52.2 머티리얼 디자인 2 테마 적용 — 517
- 52.3 머티리얼 디자인 3 테마 적용 — 520
- 52.4 커스텀 테마 구현하기 — 522
- 52.5 정리 — 523

CHAPTER 53 머티리얼 디자인 3 테마 적용 튜토리얼　524

- 53.1 ThemeDemo 프로젝트 만들기 — 524
- 53.2 머티리얼 디자인 3 라이브러리 추가하기 — 524
- 53.3 사용자 인터페이스 디자인하기 — 525
- 53.4 새로운 테마 만들기 — 527
- 53.5 프로젝트에 테마 추가하기 — 528
- 53.6 동적 색상 활성화하기 — 529
- 53.7 정리 — 530

CHAPTER 54 안드로이드 앱 번들 생성, 테스트, 업로드　531

- 54.1 릴리스 준비 프로세스 — 531
- 54.2 안드로이드 앱 번들 — 531
- 54.3 구글 플레이 개발자 콘솔 계정 등록하기 — 532
- 54.4 콘솔에서 앱 설정하기 — 533
- 54.5 구글 플레이 앱 서명 활성화하기 — 534
- 54.6 키스토어 파일 만들기 — 535
- 54.7 안드로이드 앱 번들 만들기 — 537
- 54.8 테스트 APK 파일 만들기 — 538

54.9	구글 플레이 개발자 콘솔에 앱 번들 업로드하기	540
54.10	앱 번들 살펴보기	541
54.11	테스터 관리하기	543
54.12	테스트용 앱 배포하기	543
54.13	새 앱 번들 버전 업로드하기	544
54.14	앱 번들 파일 분석하기	545
54.15	정리	546

CHAPTER 55 안드로이드 스튜디오의 그레이들 개요 547

55.1	그레이들 개요	547
55.2	그레이들과 안드로이드 스튜디오	548
	55.2.1 합리적인 기본값 548 / **55.2.2** 디펜던시 548	
	55.2.3 빌드 변형 548 / **55.2.4** 매니페스트 항목 549	
	55.2.5 APK 서명 549 / **55.2.6** 프로가드 지원 549	
55.3	속성 및 설정 그레이들 빌드 파일	549
55.4	최상위 수준 그레이들 빌드 파일	550
55.5	모듈 수준 그레이들 빌드 파일	551
55.6	빌드 파일에서 서명 설정하기	554
55.7	커맨드라인에서 그레이들 태스크 실행하기	555
55.8	정리	556

찾아보기 558

옮긴이 머리말

안드로이드 버전이 높아지면서 안드로이드 네이티브 UI를 만드는 방법도 함께 변화해 왔지만, 여전히 어려움이 있었습니다. 무엇보다 안드로이드 특유의 버전 호환성과 기기의 파편화는 UI 개발에 많은 어려움을 안겨주었습니다.

젯팩 컴포즈Jetpack Compose는 더 빠르게, 더 나은 안드로이드 네이티브 UI를 빌드하기 위해 출시된 안드로이드의 최신 도구 키트입니다. 적은 수의 코드로 더 많은 작업을 할 수 있고, 직관적인 선언적 UI를 제공해 앱 상태 변경에 따라 UI도 자동으로 업데이트됩니다. 또한 기존의 코틀린 코드와 완벽하게 호환되며, 실시간 미리보기 기능을 통해 심리스한 개발을 진행할 수 있습니다. 안드로이드 API 플랫폼에 직접 접근하고 머티리얼 디자인, 다크 테마, 애니메이션 등을 기본으로 제공해 이전의 방식으로는 구현하기 어려웠던 멋진 앱을 만들 수 있습니다.

이 책은 젯팩 컴포즈, 안드로이드 스튜디오, 코틀린 프로그래밍 언어를 사용해 신속하고 빠르게 안정적이고 쾌적하게 동작하는 안드로이드 네이티브 UI를 빌드하는 방법을 소개합니다. 코틀린 언어 자체에 대한 깊은 이해와 함께, 데이터 핸들링, 속성, 사용자 인터페이스 디자인, 데이터 베이스 연동, 샘플 앱의 개발과 구글 플레이 콘솔을 통한 배포까지 앱 개발의 전체 과정을 다루면서 젯팩이 주는 이점을 충분히 느껴볼 수 있을 것입니다. 이 책이 여러분의 안드로이드 개발 효율을 한층 높여주기를 기대합니다.

가장 먼저 책을 번역할 수 있는 능력을 주신 하나님께 감사드립니다. 그리고 좋은 책을 번역할 수 있는 기회를 주신 제이펍 장성두 대표님, 편집 과정에서 도와주신 김정준 부장님과 김경희 교정자님께도 감사드립니다. 매의 눈으로 책의 잘못된 곳을 잡아주시고 더 좋은 의견을 주시는 베타리더분들께도 감사드립니다. 여러분 덕분에 더 좋은 책이 만들어졌습니다. 마지막으로, 번역하는 동안 한결같은 지지를 보내준 아내와 세 딸들에게 감사의 마음을 전합니다.

늘 고맙습니다.

김모세 드림

베타리더 후기

 류지훈(인핸드플러스)

젯팩 컴포즈에 초점이 맞춰져서 만들어졌고, 자세하게 Preview 이미지를 같이 제공해서 이해가 잘되었습니다. 챕터별로 충실하게 실습한다면 젯팩 컴포즈에 익숙해질 수 있겠으며, 더불어서 개인 프로젝트 혹은 실무에서 사용한다면 베스트일 것 같습니다. 다만, 장점이자 단점인 부분으로서 아주 디테일한 설명들이 있다 보니 슬쩍 넘어갈 수도 있는데, 이왕이면 꼼꼼히 보길 추천합니다.

 안용호(숭실대학교)

최근 선언형 UI가 증가하면서, 안드로이드도 XML에서 젯팩 컴포즈로 전환이 시작되고 있습니다. 기존 XML 기반과 비교할 때 재사용성 개선을 비롯, 데이터 및 상태 관리의 용이성 등의 장점을 바탕으로 컴포즈는 앞으로 빠르게 XML 뷰를 대체하리라 예상됩니다. 이 책은 코틀린과 안드로이드의 기초를 다루면서도, 컴포즈의 실질적인 내용을 포괄함으로써 초심자뿐만 아니라 기존 개발자에게도 큰 도움을 줄 수 있는 책이라는 생각이 듭니다.

비교적 최근에 출시된 컴포즈는 아직 인터넷상의 자료도 적고, 공식 문서도 수시로 업데이트되는 등의 문제로 학습 난이도가 비교적 있었고, 저 또한 그러한 문제를 겪으며 제대로 컴포즈를 다루고 있는 것인지 의구심을 가지고 있었는데, 이러한 가이드 서적이 출간되면서 앞으로 주류 기술이 될 것이 확실한 컴포즈를 다시 익혀볼 수 있는 시간이 되어 매우 즐거웠습니다.

 오동주(SW개발자)

안드로이드 앱은 화면을 그릴 때 대부분 XML로 뷰를 개발했습니다. 최근에 UI 컴포넌트의 재사용성을 극대화한 툴킷인 젯팩 컴포즈가 나왔습니다. 가장 큰 특징은 기존 XML을 사용하지 않고 코틀린 코드만으로 대부분의 UI를 개발하는 것인데요, 컴포즈를 사용해 개발하면 앱의 용량이 크게 줄어 빌드 속도 또한 빨라집니다. 이 책은 안드로이드 최신 기술 기법이 잘 정리된 책이라 기존에 안드로이드 개발을 하던 분이라면 쉽게 이해할 수 있습니다. 시중에 컴포즈 관련 책이 없었는데 제이펍에서 가장 먼저 국내에 출판하게 되어서 기뻤고 컴포즈를 이해하는 데 많은 도움이 됐습니다.

 이석곤(아이알컴퍼니)

안드로이드에서 요즘 가장 큰 변화를 두 가지 뽑으면 코틀린 언어, 그리고 바로 젯팩 컴포즈입니다. 컴포즈의 구성요소들은 코틀린 함수로 만들어졌으며, 재사용이 쉽고 코드가 간결하다는 장점이 있습니다. 이 책은 코틀린의 기본 사용법과 젯팩 컴포즈 사용법에 대해 쉽게 따라 할 수 있도록 구성이 잘되어 있습니다. 이 책을 통해 컴포즈의 새로운 기능과 향상된 속도와 개발 생산성을 느껴보시기를 바랍니다.

 전호은(코웨이)

안드로이드 15년 차 개발자로, 컴포즈를 어느 정도 이해했다고 생각했으나 책을 보면서 디테일한 부분과 추가적인 기능들을 정확히 알게 되었습니다. 잘못 알고 있었던 부분도 바로잡게 되었네요. 컴포즈 입문용으로는 최고인 책입니다.

제이펍은 책에 대한 애정과 기술에 대한 열정이 뜨거운 베타리더의 도움으로 출간되는 모든 IT 전문서에 사전 검증을 시행하고 있습니다.

CHAPTER 1
들어가며

이 책은 젯팩 컴포즈Jetpack Compose 1.1, 안드로이드 스튜디오Android Studio, 코틀린Kotlin을 이용해 안드로이드 앱을 만드는 방법을 설명한다.

먼저 이 책은 안드로이드 스튜디오 개발 환경을 구축하는 방법에 관해 설명한다.

그리고 데이터 타입, 연산자, 제어 흐름, 함수, 람다, 객체 지향 프로그래밍을 포함해서 코틀린 프로그래밍 언어에 관해 자세히 소개한다.

젯팩 컴포즈와 안드로이드 프로젝트 아키텍처에 관한 핵심 개념은 안드로이드 스튜디오 인 컴포즈 디벨롭먼트 모드Android Studio in Compose development mode 투어를 통해 제공한다. 이 책은 커스텀 컴포저블custom composable 생성과 이를 활용한 행, 열, 박스, 리스트 컴포넌트를 포함한 사용자 인터페이스 레이아웃을 생성하는 방법에 관해 설명한다.

또한 상태 프로퍼티를 이용한 데이터 핸들링을 포함해 모디파이어modifier, 내비게이션 바navigation bar, 사용자 인터페이스 내비게이션 같은 핵심 사용자 인터페이스 디자인 개념도 다룬다. 그리고 재사용할 수 있는 커스텀 레이아웃 컴포넌트를 직접 구현하는 방법들도 살펴본다.

이 책은 그래픽 그리기, 사용자 인터페이스 애니메이션과 트랜지션, 그리고 제스처 핸들링에 관해서도 설명한다.

뷰 모델, SQLite 데이터베이스, Room 데이터베이스 접근, Database Inspector, 라이브 데이터live data, 커스텀 테마 생성에 관해서도 다룬다.

마지막으로, 완성된 앱을 패키징해서 구글 플레이 스토어Google Play Store에 공개하는 방법까지 설명한다.

이 책에서 다루는 주제들은 자세한 튜토리얼 방식의 실습과 함께 진행하며, 다운로드할 수 있는 샘플 소스 코드도 제공한다.

이 책을 읽는 여러분은 기본적인 프로그래밍 경험이 있으며, 안드로이드 스튜디오와 안드로이드 SDK를 다운로드할 수 있고 윈도우Windows, 맥Mac, 리눅스Linux 시스템 등을 이용할 수 있다고 가정한다.

1.1 코틀린 개발자에게

이 책은 기존 코틀린 프로그래머들은 물론 코틀린과 젯팩 컴포즈 앱 개발 모두를 처음 접하는 독자들을 위해 썼다. 여러분이 코틀린 프로그래밍 언어에 익숙하다면 코틀린과 관련된 장들은 건너뛰어도 좋다.

1.2 코틀린을 처음 접하는 개발자에게

여러분이 코틀린 프로그래밍을 처음 접한다면 책 전체를 읽는 것을 권한다. 처음부터 마지막까지 순서대로 읽기 바란다.

1.3 샘플 코드 다운로드

예시에서 이용한 소스 코드와 안드로이드 스튜디오 프로젝트 파일은 아래에서 다운로드할 수 있다.

URL https://github.com/moseskim/jetpack-compose-essentials(단축 URL https://bit.ly/jetpack-essentials)

코드 샘플의 프로젝트는 안드로이드 스튜디오에서 다음 단계로 로드할 수 있다.

1. **Welcome to Android Studio** 다이얼로그에서 **Open** 버튼 옵션을 클릭한다.
2. 프로젝트 선택 다이얼로그에서 임포트할 프로젝트를 포함한 폴더를 선택한 뒤, **OK**를 클릭한다.

CHAPTER 2
안드로이드 스튜디오 개발 환경 설정

안드로이드 애플리케이션 개발에 앞서, 개발을 위한 환경 설정을 해야 한다. 안드로이드 스튜디오 통합 개발 환경Integrated Development Environment, IDE을 설치해야 하며, 이 IDE에는 안드로이드 소프트웨어 개발 킷Android Software Development Kit, SDK, 코틀린 플러그인, OpenJDK 자바 개발 환경이 포함되어 있다.

이번 장에서는 윈도우, 맥OS, 리눅스 기반 시스템에서 안드로이드 애플리케이션 개발에 필요한 컴포넌트를 설치하는 방법을 살펴본다.

2.1 시스템 요구사항

안드로이드 애플리케이션 개발은 다음 시스템 유형에서 진행할 수 있다.

- 윈도우 8/10/11 64비트
- 맥OS 10.14 이후 버전(인텔, 애플 실리콘 모두 가능)
- 크롬 OS 기기(인텔 i5 및 상위 기종)
- 리눅스 시스템, GNU C 라이브러리(glibc) 2.31 이상
- 최소 메모리 용량: 8GB RAM
- 최소 저장 공간: 약 8GB
- 최소 화면 해상도: 1280 × 800

안드로이드 스튜디오는 최소 8GB RAM을 가진 컴퓨터라면 실행되지만, RAM이 많을수록 성능도 향상된다. 안드로이드 가상 기기Android Virtual Device, AVD 에뮬레이터를 이용해서 앱을 테스트할 때는 더욱 중요하다.

2.2 안드로이드 스튜디오 패키지 다운로드

대부분의 안드로이드 애플리케이션 개발 작업들은 안드로이드 스튜디오 환경에서 진행한다. 이 책의 내용과 예시들은 집필 시점 기준 최신 버전인 안드로이드 스튜디오 돌핀Dolphin 2021.3.1, 안드로이드 API 33 SDK를 이용해서 만들었다.

안드로이드 스튜디오는 자주 업데이트되므로, 이 책이 출간된 시점에 새로운 버전이 출시되었을 수 있다.

안드로이드 스튜디오 최신 버전은 다음 URL에서 다운로드할 수 있다.

URL https://developer.android.com/studio

위 다운로드 페이지에서 새로운 버전의 안드로이드 스튜디오가 제공된다면, 이 책에서 이용한 소프트웨어 버전과 다소 차이가 있을 수 있다는 점을 주지하자. 이 차이점이 문제가 될 경우, 검색 엔진 등에서 'Android Studio Dolphin'을 검색하면 안드로이드 스튜디오 이전 버전을 다운로드할 수 있다. 또는 다음 URL에서 안드로이드 스튜디오 돌핀 2021.3.1을 다운로드할 수 있다.

URL https://developer.android.com/studio/archive

2.3 안드로이드 스튜디오 설치

설치 파일을 다운로드했다면, 사용하는 운영체제에 맞춰 안드로이드 스튜디오를 설치한다.

2.3.1 윈도우에 설치하기

윈도우 파일 탐색기에서 안드로이드 스튜디오 설치 파일(android-studio-〈버전〉-windows.exe)이 있는 위치로 이동해 인스톨러를 더블클릭한다. 설치 과정에서 **User Account Control** 다이얼로그가 표시되면 **Yes** 버튼을 클릭한다.

안드로이드 스튜디오 설치 마법사가 나타나면 안드로이드 스튜디오가 설치될 파일 시스템 위치, 다른 사용자의 사용 허가 등을 적절하게 설정한다. 설치할 컴포넌트를 선택하는 다이얼로그에서 **Android Studio**와 **Android Virtual Device**가 모두 선택되었는지 확인한다.

안드로이드 스튜디오를 설치하는 위치에 대한 엄격한 규칙은 없지만, 이 책에서는 안드로이드 스튜디오는 C:\Program Files\Android\Android Studio, 안드로이드 SDK는 사용자의 AppData\Local\Android\sdk 하위 폴더에 설치되었다고 가정하고 설명한다. 모든 옵션을 설정했다면 **Install** 버튼을 클릭해서 설치를 시작한다.

윈도우의 시작 메뉴에서 새롭게 설치된 안드로이드 스튜디오를 실행할 수 있다. 실행 파일을 태스크바에 등록해서 Android Studio\bin 디렉터리에 쉽게 접근하도록 할 수 있다. studio64.exe 실행 파일에서 마우스 오른쪽 버튼을 클릭한 뒤 Pin to Taskbar 메뉴 옵션을 선택한다(윈도우 11에서는 Show more 옵션을 선택해야 해당 옵션을 볼 수 있다).

2.3.2 맥OS에 설치하기

맥OS용 안드로이드 스튜디오는 디스크 이미지(.dmg) 파일 형식으로 다운로드된다. android-studio-〈버전〉-mac.dmg 파일을 Finder 창에서 찾아 더블클릭해서 연다(그림 2-1).

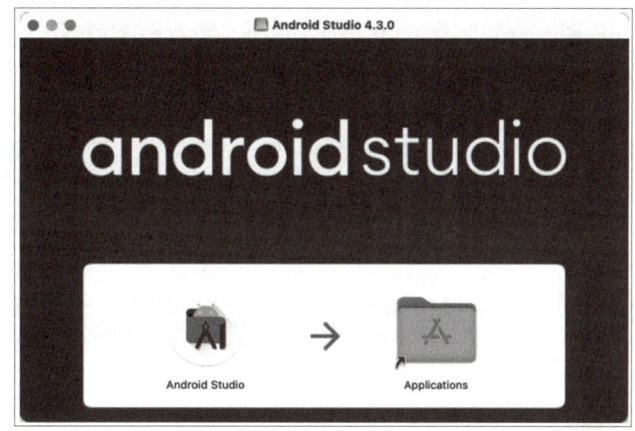

그림 2-1

패키지를 설치하려면 안드로이드 스튜디오 아이콘을 Applications 폴더에 드래그앤드롭한다. 안드로이드 스튜디오 패키지는 시스템의 Applications 폴더에 설치되며 보통 설치를 완료하는 데 수 초 정도가 걸린다.

안드로이드 스튜디오를 시작하려면 Finder 창에서 Applications 폴더를 열고 실행 파일을 찾아 더블클릭한다.

이후 도구를 더 쉽게 실행하고 싶다면 Finder 창에서 안드로이드 스튜디오 아이콘을 독(dock)에 드래그앤드롭한다.

2.3.3 리눅스에 설치하기

리눅스 안드로이드 스튜디오 패키지를 다운로드한 뒤, 터미널을 열고 안드로이드 스튜디오를 설치할 위치로 디렉터리를 변경한다. 이후 다음 명령어를 실행한다.

```
unzip /<패키지 경로>/android-studio-ide-<버전>-linux.zip
```

안드로이드 스튜디오 번들은 android-studio라는 하위 디렉터리에 설치된다. 예를 들어 앞의 명령어를 /home/demo에서 실행한다면, 소프트웨어 패키지의 압축은 /home/demo/android-studio에 풀린다.

안드로이드 스튜디오를 시작하려면 터미널을 열고 android-studio/bin 디렉터리로 이동한 뒤 다음 명령어를 실행한다.

```
./studio.sh
```

64비트 리눅스 시스템에서 실행하는 경우 안드로이드 스튜디오가 실행되기 전에 일부 32비트 지원 라이브러리를 설치해야 할 수 있다. 우분투Ubuntu에서 이러한 라이브러리는 다음 명령어를 사용해 설치할 수 있다.

```
sudo apt-get install libc6:i386 libncurses5:i386 libstdc++6:i386 lib32z1 libbz2-1.0:i386
```

레드햇Red Hat 및 페도라Fedora 기반 64비트 시스템에서는 다음 명령어를 사용한다.

```
sudo yum install zlib.i686 ncurses-libs.i686 bzip2-libs.i686
```

2.4 안드로이드 스튜디오 설치 마법사

안드로이드 스튜디오를 처음 설치한다면 설정 프로세스가 시작될 때 나타나는 초기 다이얼로그는 그림 2-2와 유사할 것이다.

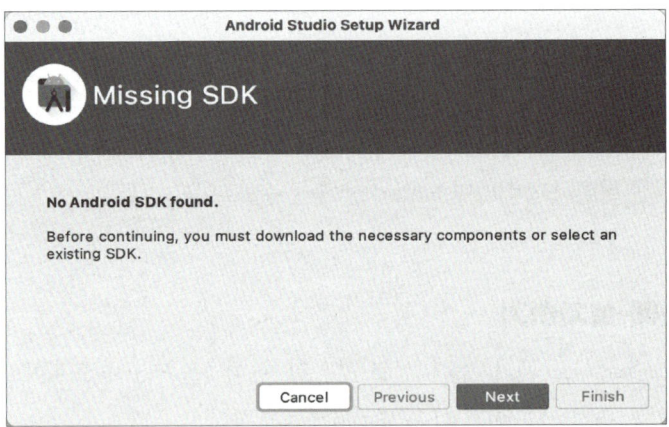

그림 2-2

Next 버튼을 클릭하여 SDK Component Setup 다이얼로그를 표시한다(그림 2-3). 이 다이얼로그 안에서 Next 버튼을 클릭하기 전에 최신 API 패키지와 함께 Android SDK 옵션이 선택되어 있는지 확인한다.

그림 2-3

Next 버튼을 클릭하고 안드로이드 스튜디오에서 안드로이드 SDK 및 도구를 다운로드하여 설치한다.

안드로이드 스튜디오의 이전 버전을 이미 설치한 상태라면, 새로운 버전을 실행할 때 이전 버전의 설정을 임포트하는 옵션이 나타날 수 있다. 이전 버전의 설정을 반영하고 싶다면 적절한 옵션과 위치를 선택한다. 이전 설정을 반영하지 않을 것이라면 OK 버튼을 클릭하고 진행한다.

초기 셋업 단계를 마쳤다면 Finish 버튼을 클릭한다. Welcome to Android Studio 화면이 표시된다.

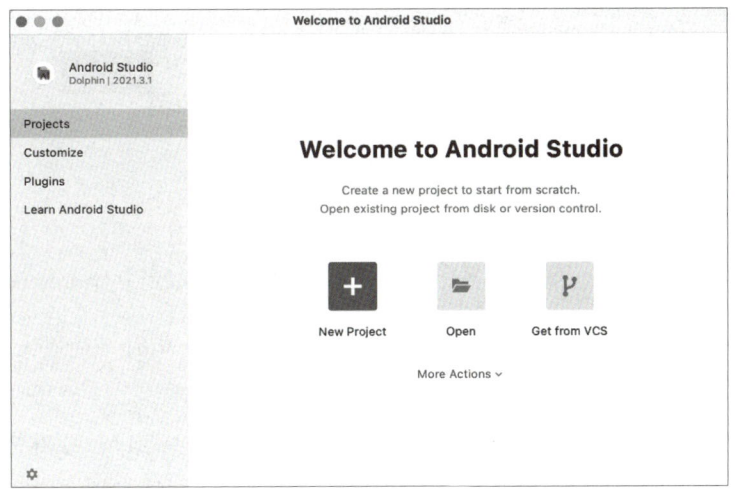

그림 2-4

2.5 추가 안드로이드 SDK 패키지 설치하기

안드로이드 스튜디오 IDE와 기본 안드로이드 SDK 패키지 설치를 마쳤다. 다음 과정으로 넘어가기 전에 설치된 패키지를 확인하고, 누락되거나 업데이트된 패키지가 있다면 다시 설치할 것을 권한다.

Welcome to Android Studio 다이얼로그의 More Actions 링크를 클릭한 뒤, SDK Manager 옵션을 드롭다운 메뉴에서 선택하면 이를 확인할 수 있다. Preferences 다이얼로그의 Android SDK 섹션이 표시된다(그림 2-5).

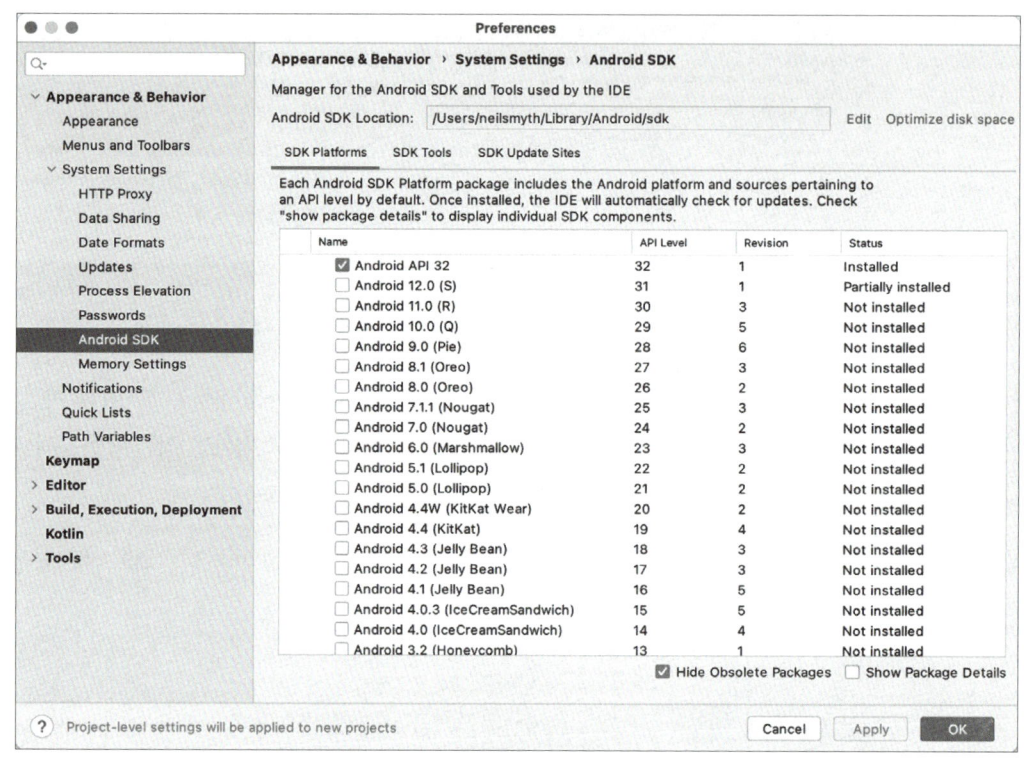

그림 2-5

안드로이드 스튜디오를 처음 설치했다면 안드로이드 SDK 최신 버전만 설치되어 있는 것으로 표시된다. 이전 버전의 안드로이드 SDK를 설치하려면 원하는 버전에 체크하고, Apply 버튼을 클릭한다.

이 책에서 설명하는 대부분의 예시들은 안드로이드 8.0(Oreo)까지 하위 호환된다. 다양한 범위의 안드로이드 기기에서 앱이 실행되는 것을 보장하기 위해서다. SDK 버전 리스트에서 Android 8.0 (Oreo) 옆의 체크박스에 체크한 뒤 Apply 버튼을 클릭한다. 다음에 나타나는 결과 확인 다이얼로그에서 OK 버튼을 클릭해 SDK를 설치한다. 계속해서 라이선스 및 규약 수락 다이얼로그가 표시된 뒤 설치가 진행된다. 설치가 완료되면 Finish 버튼을 클릭한다.

최신 SDK에서도 사용 가능한 업데이트가 나열되기도 한다. 업데이트할 준비가 된 패키지에 관한 세부 정보를 확인할 때는 화면 오른쪽 아래의 패키지 세부 정보 표시 옵션을 활성화하면 그림 2-6과 같은 정보가 표시된다.

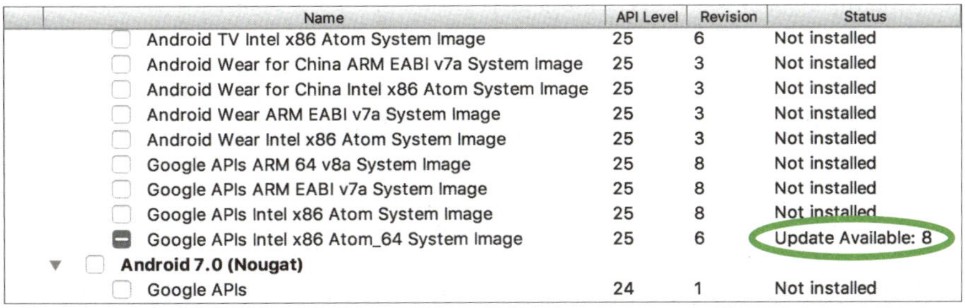

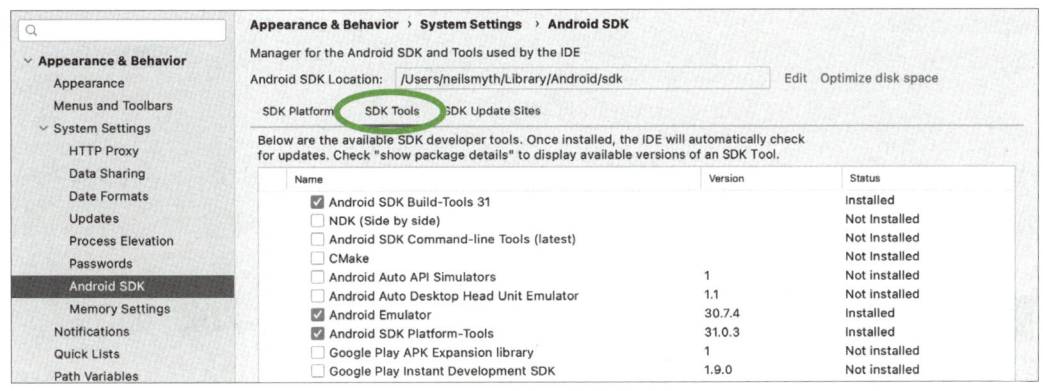

그림 2-6

위 그림에서는 업데이트된 버전을 강조해서 표시했다. 업데이트를 설치할 때는 해당 업데이트 왼쪽의 체크박스에 체크한 뒤 **Apply** 버튼을 클릭한다.

안드로이드 SDK 패키지 외에 안드로이드 애플리케이션 빌드를 위한 여러 도구도 설치된다. 현재 설치된 패키지를 보고 업데이트를 확인하려면 그림 2-7과 같이 SDK 설정 화면에서 **SDK Tools** 탭을 선택한다.

그림 2-7

Android SDK Tools 화면에서 다음 패키지가 상태 열에 Installed로 표시되는지 확인한다.

- Android SDK Build-tools
- Android Emulator
- Android SDK Platform-tools
- Google Play Services

- Intel x86 Emulator Accelerator (HAXM installer)
- Google USB Driver (Windows only)
- Layout Inspector image server for API 31 and T

Intel x86 Emulator Accelerator (HAXM installer)는 애플 실리콘 기반의 맥에는 설치할 수 없다.

위의 패키지 중 어느 하나라도 Not Installed로 표시되거나 업데이트가 필요하다면, 해당 패키지 옆의 확인 필드를 선택하고 Apply 버튼을 클릭해서 설치한다. HAXM 에뮬레이터 설정 다이얼로그가 나타나면 권장 메모리 할당을 선택한다.

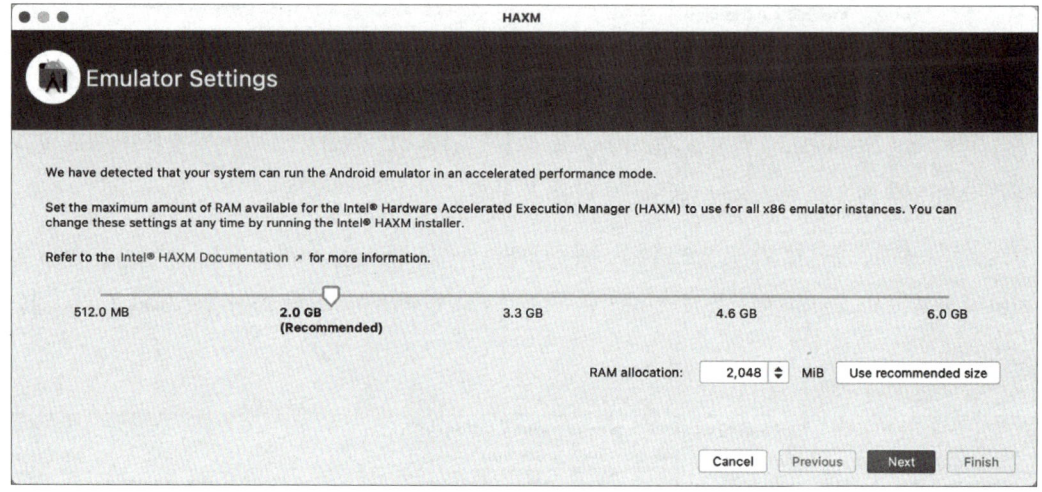

그림 2-8

설치를 완료한 뒤에는 패키지 리스트를 검토해서 선택한 패키지가 Installed로 표시되는지 확인한다. Not Installed로 표시된 항목이 있으면 선택한 뒤 Apply 버튼을 다시 클릭한다.

2.6 커맨드라인에서 안드로이드 SDK 도구에 접근할 수 있도록 설정하기

대부분의 경우 안드로이드 SDK 기반 도구는 안드로이드 스튜디오 환경에서만 접근할 수 있다. 그러나 이런 도구들을 커맨드 프롬프트나 터미널 창에서 호출할 수 있으면 유용한 경우가 있다. 개발을 진행하는 운영체제에서 이런 도구를 찾을 수 있도록 하기 위해서는 이들을 시스템 PATH 환경 변수에 추가해야 한다.

운영체제에 관계없이 PATH 변수는 다음 경로를 포함하도록 설정해야 한다(<path_to_android_sdk_installation>는 안드로이드 SDK가 설치된 시스템 위치를 나타낸다).

```
<path_to_android_sdk_installation>/sdk/tools
<path_to_android_sdk_installation>/sdk/tools/bin
<path_to_android_sdk_installation>/sdk/platform-tools
```

시스템 SDK의 위치는 SDK 관리자를 시작한 뒤, 설정 패널 위쪽의 Android SDK Location 필드에서 확인할 수 있다(그림 2-9).

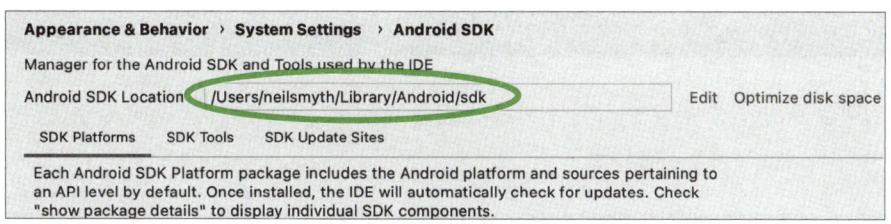

그림 2-9

SDK의 위치를 확인했다면 이를 PATH 변수에 추가한다. 추가하는 단계는 운영체제에 따라 다르다.

2.6.1 윈도우 8.1

1. 시작 화면에서 마우스를 화면 오른쪽 아래로 이동하면 나타나는 메뉴에서 **검색**을 선택한다. 검색 상자에 '제어판'을 입력한다. 제어판 아이콘 영역이 나타나면 클릭해서 바탕화면에서 도구를 실행한다.
2. 제어판 패널에서 **범주** 메뉴를 선택하고 **큰 아이콘**을 선택한다. 아이콘 리스트에서 **시스템 라벨**을 선택한다.
3. 환경 변수 다이얼로그의 시스템 변수 리스트에서 PATH 변수를 찾아 선택한다. **편집...** 버튼을 클릭한다. 편집 다이얼로그에서 **새로 만들기** 버튼을 클릭한 뒤, 경로에 3개의 새 항목을 추가한다. 안드로이드 SDK를 C:\Users\demo\AppData\Local\Android\Sdk에 설치했다고 가정했을 때, 다음 항목을 추가해야 한다.

```
C:\Users\demo\AppData\Local\Android\Sdk\platform-tools
C:\Users\demo\AppData\Local\Android\Sdk\tools
C:\Users\demo\AppData\Local\Android\Sdk\tools\bin
```

4. 각 다이얼로그에서 **OK** 버튼을 클릭하고, **System Properties** 제어 패널을 닫는다.

키보드에서 ⊞+R 키를 누른 뒤, 실행 다이얼로그에 cmd를 입력해 명령어 프롬프트를 연다. 명령어 프롬프트에서 다음을 입력한다.

```
echo %Path%
```

반환된 경로 변숫값에는 'Android SDK platform tools' 폴더 경로가 포함되어 있어야 한다. adb 도구를 실행해 platform-tools 값이 올바른지 확인한다.

```
adb
```

이 도구가 실행되면 커맨드라인 옵션 리스트가 출력된다.

마찬가지로 AVD Manager 커맨드라인 도구를 실행해 tools 경로 설정을 확인한다(avdmanager 도구에서 자바 관련 문제가 표시되어도 걱정하지 않아도 된다. 이 문제는 뒤에서 해결한다).

```
avdmanager
```

위에서 실행한 명령어 중 하나 이상에서 다음과 같은 메시지가 나타난다면 PATH 환경 변수에 잘못된 경로가 추가되었을 가능성이 크다.

```
'adb' is not recognized as an internal or external command, operable program or batch file.
('adb'는 내부 또는 외부의 실행 가능한 프로그램이나 배치 파일로 확인되지 않는다.)
```

2.6.2 윈도우 10

시작 메뉴에서 마우스 오른쪽 버튼을 클릭하고, 설정을 선택한 뒤 텍스트 필드에 '시스템 설정'을 입력한다. 시스템 설정 다이얼로그가 열리면 환경 변수... 버튼을 클릭한다. 이후 2.6.1절 '윈도우 8.1'의 3단계 이후를 따라 진행한다.

2.6.3 윈도우 11

태스크바의 시작 아이콘에서 마우스 오른쪽 버튼을 클릭한 뒤 설정 메뉴를 클릭한다. 설정 다이얼로그가 표시되면 정보 옵션을 선택한다. 정보 화면의 관련 링크 섹션에서 시스템 고급 설정을 선택한다. 시스템 속성 창이 나타나면 환경 변수... 버튼을 클릭한다. 이후 2.6.1절 '윈도우 8.1'의 3단계 이후를 따라 진행한다.

2.6.4 리눅스

리눅스에서는 일반적으로 홈 디렉터리의 .bashrc 파일에 명령어를 추가하는 방법으로 수행할 수 있다(특정 사항은 사용하는 리눅스 배포판에 따라 다를 수 있다). 안드로이드 SDK 번들 패키지를 /home/demo/Android/sdk에 설치했다고 가정할 때, .bashrc 파일에 다음 export 행을 추가한다.

```
export PATH=/home/demo/Android/sdk/platform-tools:/home/demo/Android/sdk/tools:/home/demo/Android/sdk/tools/bin:/home/demo/android-studio/bin:$PATH
```

위 명령어는 android-studio/bin 디렉터리를 PATH 변수에 추가한다. 이제 터미널 창에서의 현재 디렉터리에 관계없이 studio.sh 스크립트를 실행할 수 있다.

2.6.5 맥OS

맥OS에서는 $PATH 환경 변수를 여러 방법으로 수정할 수 있다. 가장 깔끔한 방법은 /etc/paths.d 디렉터리에 $PATH에 추가할 경로를 포함한 새 파일을 추가하는 것이다. 안드로이드 SDK를 /Users/demo/Library/Android/sdk에 설치했다고 가정하면 /etc/paths.d 디렉터리에 다음 경로를 포함하는 android-sdk 파일을 새로 생성해서 경로를 구성할 수 있다.

```
/Users/demo/Library/Android/sdk/tools
/Users/demo/Library/Android/sdk/tools/bin
/Users/demo/Library/Android/sdk/platform-tools
```

이 디렉터리는 시스템 디렉터리이므로 파일을 생성할 때는 다음과 같이 sudo 명령어를 이용해야 한다.

```
sudo vi /etc/paths.d/android-sdk
```

2.7 안드로이드 스튜디오 메모리 관리

안드로이드 스튜디오는 매우 크고 복잡한 애플리케이션이며 많은 백그라운드 프로세스들로 구성된다. 과거 안드로이드 스튜디오는 최적화된 성능을 제공하지 못한다는 비판이 있었으나, 구글이 최근 발표한 최신 버전에서는 성능을 비약적으로 높였으며 버전이 업데이트될 때마다 개선되고 있다. 이 개선사항에는 사용자가 앱을 빌드하고 실행할 때 이용되는 백그라운드 프로세스, 안드로이드 스튜디오 IDE에서 이용하는 메모리양을 설정할 수 있는 기능들도 포함한다. 이를 통해 소프트웨어는 시스템에서 더 많은 양의 RAM을 활용할 수 있다.

RAM의 여유가 충분한 시스템에서 안드로이드 스튜디오를 실행하는 경우, 안드로이드 스튜디오 성능이 저하된 것으로 보인다면 이 기능들을 실험해 보는 것이 좋다(이 기능은 RAM이 5GB 이상인 64비트 시스템에서만 사용할 수 있음). 이 설정을 하면 안드로이드 스튜디오에서 다음과 유사한 다이얼로그를 표시해, 성능을 높일 수 있음을 알려준다.

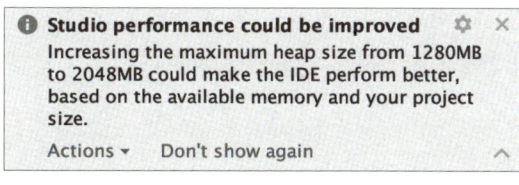

그림 2-10

현재 메모리 환경 설정을 보고 수정하려면 File ➡ Settings...(맥OS의 경우 Android Studio ➡ Preferences...) 메뉴 옵션을 선택하고, 결과 다이얼로그의 왼쪽 아래 메뉴에서 System Settings 아래 나열된 Memory Settings 옵션을 선택한다(그림 2-11).

메모리 할당을 변경할 때 필요한 것보다 더 많은 메모리를 할당하거나, 다른 프로세스의 속도를 늦추지 않으면서 시스템에서 여유 공간을 확보할 수 있는 것보다 더 많은 메모리를 할당하지 않도록 주의한다.

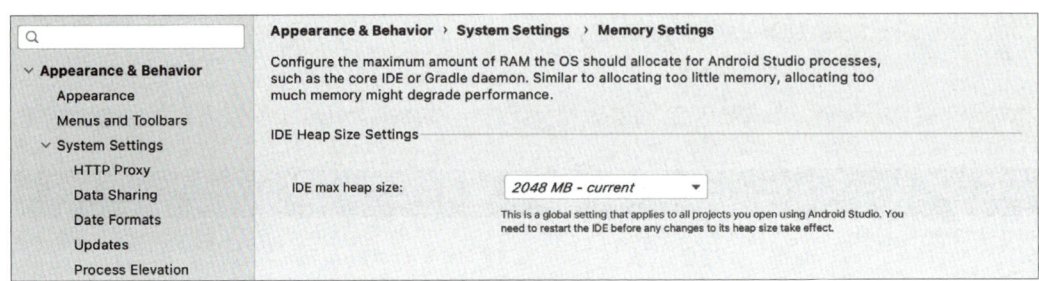

그림 2-11

2.8 안드로이드 스튜디오 및 SDK 업데이트

안드로이드 스튜디오 및 안드로이드 SDK의 새 버전이 출시되면, 새 버전의 SDK는 Android SDK Manager를 통해 설치된다. 안드로이드 스튜디오는 일반적으로 업데이트를 설치할 준비가 되면 알려준다.

안드로이드 스튜디오 업데이트를 수동으로 확인하려면 안드로이드 스튜디오 기본 창에서 Help ➡ Check for Updates...(맥OS의 경우 Android Studio ➡ Check for Updates...) 메뉴 옵션을 이용한다.

2.9 정리

안드로이드 기반 애플리케이션 개발에 앞서, 먼저 적절한 개발 환경을 설정해야 한다. 이 설정은 안드로이드 SDK와 안드로이드 스튜디오 IDE(OpenJDK 개발 환경도 포함)로 구성된다. 이번 장에서는 윈도우, 맥OS, 리눅스에서 환경을 구성하는 단계를 살펴봤다.

CHAPTER
3

컴포즈 프로젝트 개요

안드로이드 스튜디오를 설치했으므로, 다음으로 젯팩 컴포즈를 이용해 안드로이드 앱을 만들어본다. 이번 프로젝트는 컴포즈의 몇 가지 기능을 이용해 의도적으로 간단히 만든 것이며, 컴포즈가 실제로 어떻게 동작하는지 살펴보고 책의 나머지 부분을 진행하면서 만들어갈 초기 성공을 위한 예시다. 이 프로젝트는 안드로이드 스튜디오 환경의 올바른 설치 및 구성을 확인하는 역할도 겸한다.

이번 장에서는 안드로이드 스튜디오 컴포즈 프로젝트 템플릿을 이용해 새로운 프로젝트를 만들고, 컴포즈 기반의 안드로이드 스튜디오 프로젝트의 기본 구조, 주요 구성 영역을 살펴본다. 다음 장에서는 이 프로젝트를 이용해 간단한 안드로이드 앱을 만든다.

3장과 4장에서는 프로젝트 안에서 이용하는 컴포즈의 주요 기능을 간략하게 설명한다. 프로젝트를 완료했을 때 명확하지 않은 점들이 있더라도, 튜토리얼의 모든 영역을 뒤에서 자세히 다루므로 안심하고 진행하기 바란다.

3.1 프로젝트 개요

완성된 프로젝트는 2개의 텍스트 요소와 1개의 슬라이더로 구성된다. 슬라이더를 이동하면 현재 값이 첫 번째 텍스트 컴포넌트에 표시되고, 두 번째 텍스트 인스턴스의 글꼴 크기가 현재 슬라이더의 위칫값과 일치하도록 변경된다. 최종 사용자 인터페이스는 앱에 그림 3-1과 같이 표시된다.

그림 3-1

3.2 프로젝트 만들기

가장 먼저 안드로이드 스튜디오에서 새 프로젝트를 만든다. 안드로이드 스튜디오를 실행하면 Welcome to Android Studio 화면이 나타난다(그림 3-2).

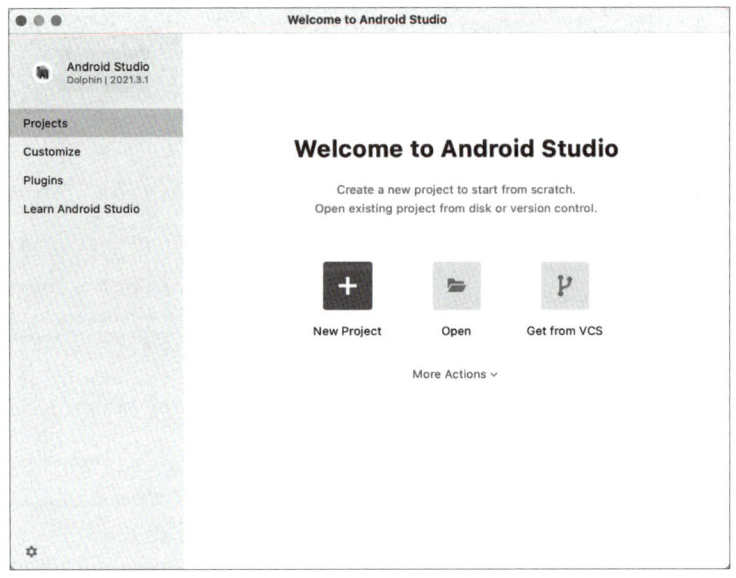

그림 3-2

이 창이 나타나면 안드로이드 스튜디오를 이용해 새 프로젝트를 생성할 수 있다. 새 프로젝트를 생성할 때는 New Project 버튼을 클릭해 New Project 마법사의 첫 번째 화면을 표시한다.

3.3 액티비티 만들기

다음으로 애플리케이션을 위해 생성할 초기 액티비티activity 유형을 정의한다. 왼쪽 패널에서는 플랫폼 유형을 제공하는데 Phone and Tablet을 선택한다. 안드로이드 애플리케이션을 개발할 때는 다양한 액티비티를 선택할 수 있으나, 컴포즈를 함께 이용하는 사전 구성된 프로젝트를 이용하려면 Empty Compose Activity 항목을 선택해야만 한다. 옵션을 선택한 뒤 Next 버튼을 클릭한다.

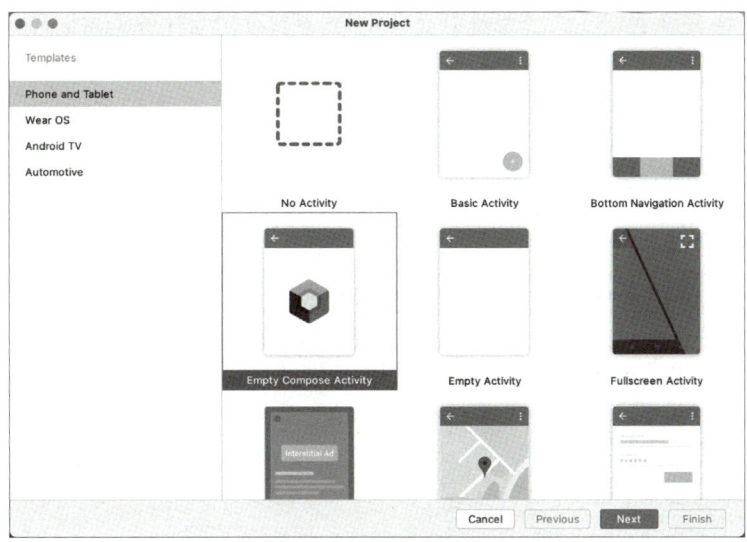

그림 3-3

3.4 프로젝트 및 SDK 설정 정의하기

프로젝트 설정 창(그림 3-4)에서 Name 필드에 'ComposeDemo'를 입력한다. 애플리케이션 이름은 안드로이드 스튜디오 안에서 애플리케이션 참조 및 식별을 위해 이용하는 이름이며, 완성된 애플리케이션을 구글 플레이 스토어에서 판매할 때도 이 이름을 이용한다.

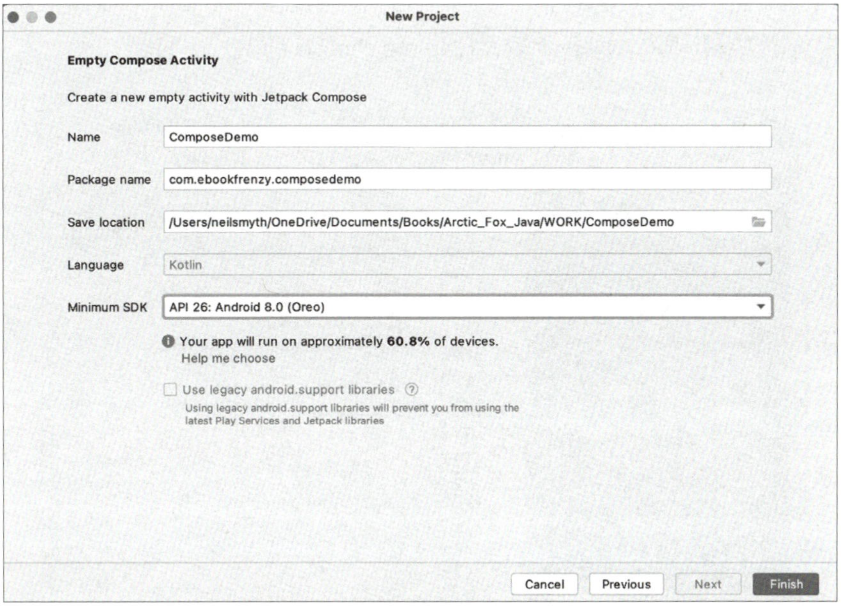

그림 3-4

Package name은 구글 플레이 앱 스토어 애플리케이션 생태계 안에서 애플리케이션의 고유 식별값으로 이용된다. 앱을 고유하게 식별할 수 있는 문자열이라면 어떤 것이든 이용할 수 있지만, 일반적으로는 도메인 이름 뒤에 애플리케이션 이름을 입력하는 역방향 URL을 이용한다. 예를 들어, 도메인이 www.mycompany.com이고 애플리케이션 이름이 ComposeDemo이면 패키지 이름은 다음과 같이 지정할 수 있다.

```
com.mycompany.composedemo
```

도메인 이름이 없다면 회사 도메인 필드에 다른 문자열을 입력하거나 테스트용 example.com을 사용해도 된다. 단, 애플리케이션을 게시할 때는 이를 변경해야 한다.

```
com.example.composedemo
```

Save location 설정은 기본적으로 홈 디렉터리 안의 AndroidStudioProjects 폴더로 설정되며, 현재 경로 설정값이 표시된 텍스트 필드 오른쪽의 폴더 아이콘을 클릭해서 변경할 수 있다.

Minimum SDK는 API 26: Android 8.0 (Oreo)로 설정한다. 최신 버전에서만 동작하는 기능을 제공하지 않는 한, 이 책에서 만드는 대부분의 프로젝트에서는 이를 최소 SDK로 이용한다. 이 책에서는 안드로이드 SDK를 이용해 앱을 빌드하는 동시에, 이전 버전의 안드로이드(예: 안드로이드 8.0까지)가 실행되는 기기와의 호환성도 유지하는 것을 목표로 한다. Minimum SDK 설정 아래에 표시되는 텍스트는 앱이 실행될 수 있는 안드로이드 기기의 현재 이용 비율을 나타낸다. 사용되고 있는 다양한 안드로이드 버전에 관한 분석 전체를 보려면 Help me choose 링크를 클릭한다.

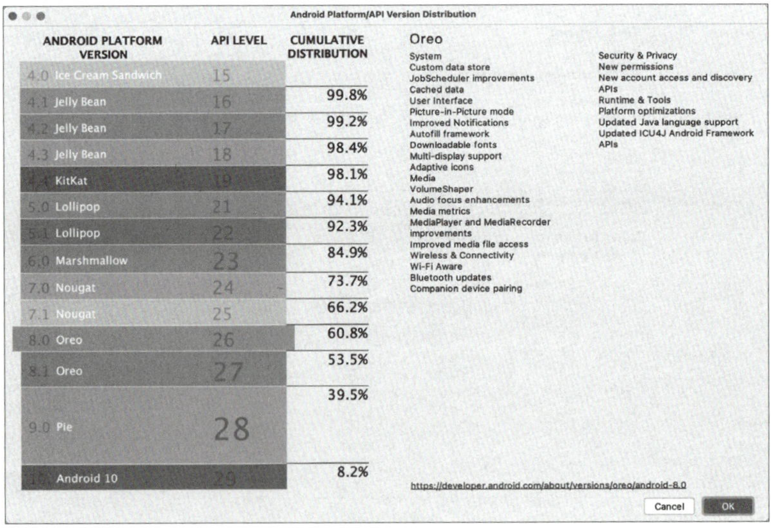

그림 3-5

컴포즈는 코틀린에서만 작동하므로 Language 메뉴는 Kotlin으로 사전 설정되어 있으며 변경할 수 없다. Finish 버튼을 클릭해 프로젝트를 만든다.

3.5 예제 프로젝트 미리 보기

안드로이드 스튜디오는 최소한의 예제 애플리케이션 프로젝트를 생성한 뒤 기본 창에 표시한다(그림 3-6).

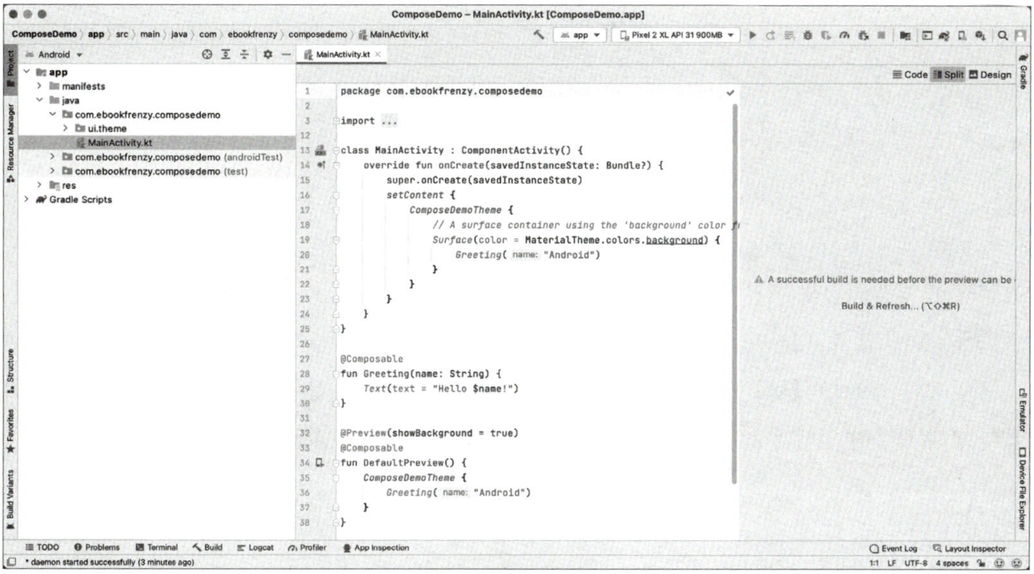

그림 3-6

새로 생성된 프로젝트 및 관련 파일들은 기본 프로젝트 창 왼쪽의 Project 도구 창에서 참조할 수 있다. Project 도구 창은 정보를 표시하는 여러 모드를 제공한다. 기본적으로 이 패널은 안드로이드Android 모드에 있어야 한다. 이 설정은 그림 3-7에 표시된 것처럼 패널 상단 메뉴를 이용해 제어한다. 패널이 안드로이드 모드가 아니라면 이 메뉴에서 모드를 전환한다.

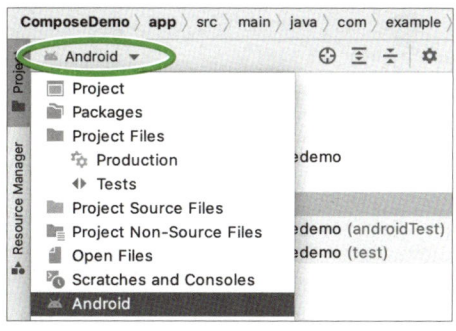

그림 3-7

프로젝트의 메인 액티비티(한 액티비티는 안드로이드 앱에서 하나의 사용자 인터페이스 화면 또는 모듈에 해당한다)는 MainActivity.kt 파일에 포함된다. 이 파일은 app ➡ java ➡ com.example.composedemo 아래에 위치한다(그림 3-8).

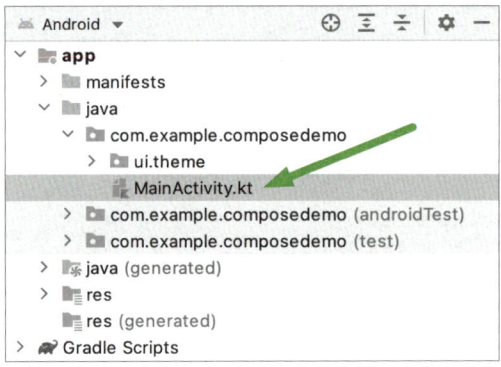

그림 3-8

이 파일을 더블클릭해 메인 코드 편집기editor 패널에 로드한다. 편집기는 코드를 작성할 때 다양한 모드에서 이용할 수 있으며, 컴포즈를 이용해 작업할 때는 분할Split 모드가 가장 유용하다. 현재의 모드는 그림 3-9에서 Ⓐ로 표시한 버튼을 이용해 변경할 수 있다. 분할 모드는 코드 편집기(Ⓑ)와 함께 현재 사용자 인터페이스 디자인이 나타날 미리 보기Preview 패널(Ⓒ)을 표시한다.

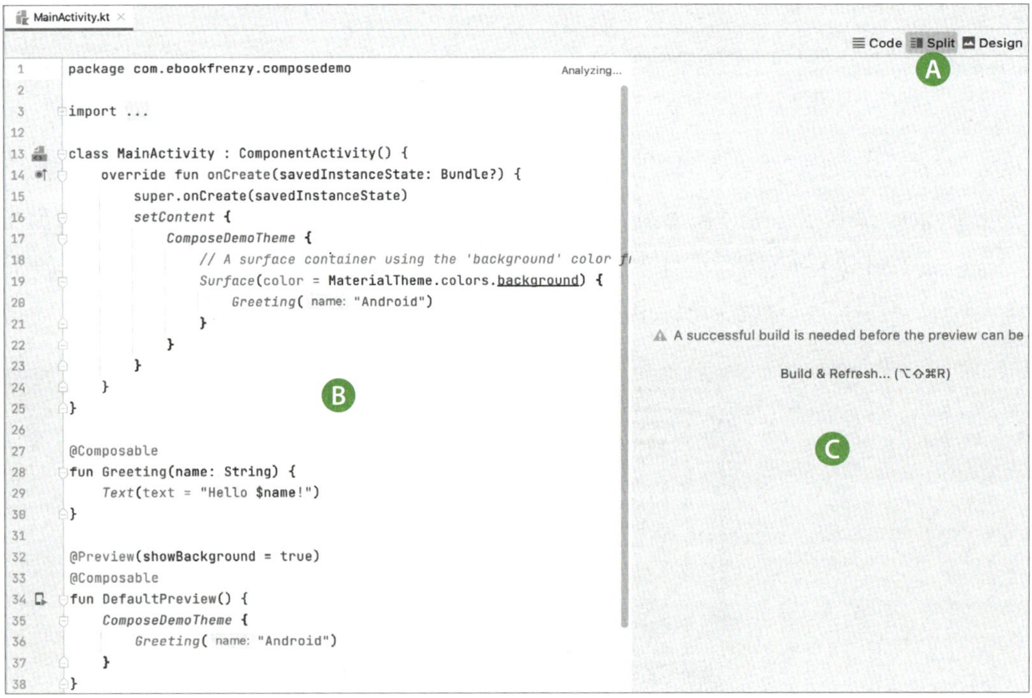

그림 3-9

안드로이드 스튜디오는 MainActivity.kt 파일에 'Hello Android'라는 메시지를 표시하도록 설정된 Text 컴포넌트 코드를 사전에 제공한다.

프로젝트가 아직 빌드되지 않았다면 미리 보기 패널에 그림 3-10과 같은 메시지가 표시된다.

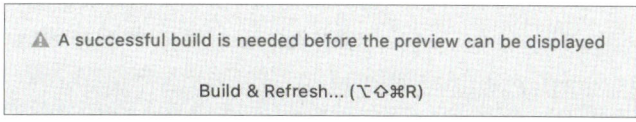

그림 3-10

이 알림이 표시되었다면 Build & Refresh 링크를 클릭해서 프로젝트를 다시 빌드한다. 빌드가 완료되면 미리 보기 패널이 업데이트되고 MainActivity.kt 파일에 정의한 사용자 인터페이스가 표시된다.

그림 3-11

3.6 메인 액티비티 살펴보기

안드로이드 애플리케이션은 하나 이상의 액티비티activity 조합으로 생성된다. 액티비티는 단일 애플리케이션의 독립적인 모듈이며 하나의 사용자 인터페이스 화면 및 관련된 기능과 직접 연관되어 있거나, 관련된 화면 집합에 대한 컨테이너 역할을 한다. 예를 들어, 일정 애플리케이션이라면 현재 날짜에 설정된 약속을 표시하는 액티비티 화면이 포함될 수 있다. 애플리케이션은 사용자가 새로운 약속을 입력하고 기존 약속을 편집할 수 있는 다중 화면으로 구성된 두 번째 액티비티를 포함할 수도 있다.

ComposeDemo 프로젝트를 만들 때 안드로이드 스튜디오는 앱에 관한 하나의 초기 액티비티를 만들고, MainActivity라는 이름으로 MainActivity.kt 파일에 일부 코드를 생성했다. 이 액티비티는 기기에서 앱을 실행할 때 표시되는 첫 번째 화면을 포함한다. 다음 장부터 요구사항과 관련된 코드를 수정하기에 앞서 MainActivity.kt 파일에 포함된 코드를 확인해 보자.

파일은 다음 줄로 시작한다(com.example이라는 도메인을 이용하지 않았다면 코드가 다를 수도 있다).

```
package com.example.composedemo
```

이 줄은 해당 파일에 선언된 클래스와 함수가 프로젝트 생성 시 설정한 com.example.composedemo 패키지에 속한다는 것을 빌드 시스템에 알린다.

다음으로 일련의 import 지시문들이 이어진다. 안드로이드 SDK는 안드로이드 앱을 구축하는 데 필요한 기반을 제공하는 방대한 라이브러리 모음으로 구성된다. 이 라이브러리들을 모두 앱에 포함시키면 그 크기가 너무 커져 모바일 기기에서 효율적으로 실행할 수 없게 된다. 이를 방지하기 위해 실행에 필요한 라이브러리만 앱에 임포트한다.

```
import android.os.Bundle
import androidx.activity.ComponentActivity
import androidx.activity.compose.setContent
import androidx.compose.material.MaterialTheme
import androidx.compose.material.Surface
import androidx.compose.material.Text
.
.
```

초기에 임포트 리스트는 편집 공간의 절약을 위해 '접혀folded' 있을 수도 있다. 그림 3-12에 표시한 '+' 버튼을 클릭하면 임포트 리스트가 펼쳐진다.

그림 3-12

다음으로 MainActivity 클래스는 안드로이드 ComponentActivity 클래스의 서브클래스로 선언된다.

```
class MainActivity : ComponentActivity() {
.
.
}
```

MainActivity 클래스는 onCreate() 형태의 단일 메서드를 구현한다. 이 메서드는 안드로이드 런타임 시스템에서 액티비티가 시작될 때 호출되는 첫 번째 메서드이며, 컴포즈 도입 이전의 앱 개발 방식의 결과물이다. 여기서 onCreate() 메서드는 메서드가 포함된 액티비티, 그리고 해당 액티비티 안의 Compose 기반 사용자 인터페이스의 다리를 제공하는 역할을 한다.

```
override fun onCreate(savedInstanceState: Bundle?) {
    super.onCreate(savedInstanceState)
    setContent {
        ComposeDemoTheme {
            .
            .
        }
    }
}
```

이 메서드는 액티비티의 사용자 인터페이스 내용을 ComposeDemoTheme라는 컴포저블 함수에서 제공함을 선언한다. 이 컴포저블 함수는 Project 도구 창의 app ➡ 〈패키지 이름〉 ➡ ui.theme 폴더 아래의 Theme.kt 파일에 선언되어 있다. 이 함수는 ui.theme 폴더의 다른 파일들과 함께 액티비티에서 사용할 색상, 글꼴, 모양을 정의하고 앱 사용자 인터페이스의 전체 테마를 커스터마이즈할 수 있는 중심 영역이다.

ComposeDemoTheme 컴포저블 함수에 대한 호출은 Surface 컴포저블을 포함하도록 설정된다. Surface는 내장 컴포즈 컴포넌트이며 다른 컴포저블의 배경을 제공한다.

```
ComposeDemoTheme {
    // 테마의 'background' 색상을 이용하는 서피스 컨테이너
    Surface(
        modifier = Modifier.fillMaxSize(),
        color = MaterialTheme.colors.background
        .
        .
    )
}
```

여기서 Surface 컴포넌트는 전체 화면을 채우고 배경 색상을 안드로이드의 머티리얼 디자인 테마 Material Design theme에 정의된 표준 색상으로 설정한다. 머티리얼 디자인은 모든 안드로이드 앱에서 일관된 형태와 느낌을 제공하기 위해 구글에서 개발한 디자인 지침이다. 머티리얼 디자인에는 테마(글꼴 및 색상 포함), 사용자 인터페이스 컴포넌트(예: 버튼, 텍스트 및 텍스트 필드 범위), 아이콘 등이 포함되며 일반적으로 안드로이드 앱이 사용자 상호작용에 대해 어떻게 보이고 응답해야 하는지 정의되어 있다.

마지막으로, Surface는 Greeting이라는 이름의 컴포저블 함수를 포함하며 이 함수는 "Android"라는 문자열을 전달받는다.

```
ComposeDemoTheme {
    // 테마의 'background' 색상을 이용하는 서피스 컨테이너
    Surface(
```

```
        modifier = Modifier.fillMaxSize(),
        color = MaterialTheme.colors.background
    ) {
        Greeting("Android")
    }
}
```

MainActivity 클래스 밖의 액티비티 안에서 첫 번째 컴포저블 함수 선언이 나타난다. 이 함수의 이름은 Greeting이며, @Composable 애너테이션 annotation을 이용해 컴포저블로 표시된다.

```
@Composable
fun Greeting(name: String) {
    Text(text = "Hello $name!")
}
```

이 함수는 문자열 파라미터(name)를 받아 내장 Text 컴포저블을 호출한다. 이때 "Hello" 문자열과 name 파라미터를 통해 받은 값을 전달한다. 이후 튜토리얼을 진행하면서 분명해지겠지만, 컴포저블 함수는 컴포즈를 이용해 안드로이드 앱을 개발하기 위한 기본 빌딩 블록이다.

MainActivity.kt 파일에 선언된 두 번째 컴포저블 함수는 다음과 같다.

```
@Preview(showBackground = true)
@Composable
fun DefaultPreview() {
    ComposeDemoTheme {
        Greeting("Android")
    }
}
```

이번 장 앞부분에서 앱을 컴파일 및 실행하지 않아도 미리 보기 패널에서 사용자 인터페이스가 어떻게 표시되는지 확인하는 방법을 설명했다. 미리 보기 렌더링이 onCreate() 메서드의 코드에 의해 생성된다고 가정할 수도 있지만, 사실 이 메서드는 앱이 기기나 에뮬레이터에서 실행될 때만 호출된다. 미리 보기는 미리 보기 컴포저블 함수에 의해 만들어진다. 함수에 연결된 @Preview 애너테이션은 안드로이드 스튜디오에게 이 함수가 미리 보기 함수이며 함수에서 내보내는 콘텐츠를 미리 보기 패널에 표시할 것임을 알린다. 책의 뒤에서 확인하겠지만, 단일 액티비티에는 다양한 데이터값을 이용해서 사용자 인터페이스의 특정 영역을 미리 볼 수 있도록 구성하는 여러 기능을 포함할 수 있다.

각각의 미리 보기는 @Preview 애너테이션에 파라미터를 전달해서 구성할 수 있다. 예를 들어, 나머지 표준 안드로이드 화면 데커레이션을 미리 보려면 다음과 같이 미리 보기 애너테이션을 수정한다.

```
@Preview(showSystemUi = true)
```

미리 보기가 업데이트되면 그림 3-13과 같이 렌더링되어 표시된다.

그림 3-13

3.7 미리 보기 업데이트

마지막으로 주목할 점은 미리 보기 패널이 활성 상태이며 미리 보기를 구성하는 컴포저블 함수의 사소한 변경사항을 자동으로 반영한다는 점이다. 이 동작을 확인하려면 DefaultPreview() 미리 보기 컴포저블 함수에서 Greeting 함수에 대한 호출을 수정해, 이름을 "Android"에서 "Compose"로 변경해 본다. 코드 편집기의 내용을 변경하면 해당 내용이 미리 보기에 반영된다.

더 중요한 변경사항은 빌드 및 새로고침을 해야 미리 보기에 반영된다. 빌드나 새로고침이 필요한 경우 안드로이드 스튜디오는 미리 보기 패널 상단에 다음과 같은 알림을 표시한다.

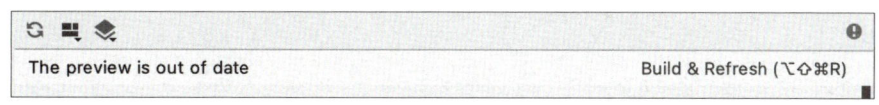

그림 3-14

Build & Refresh 링크를 클릭하면 최신 변경사항이 미리 보기에 반영된다.

미리 보기 패널에는 사용자 인터페이스 컴포넌트에서 이벤트를 트리거할 수 있는 대화형 모드도 포함되어 있다(예: 버튼 클릭, 슬라이더 이동, 리스트 스크롤 등). 이 단계에서 ComposeDemo에는 아무 의미 없는 정적 텍스트 컴포넌트만 포함되어 있으므로 다음 장에서 대화형 모드를 도입하는 것이 더 합리적이다.

3.8 정리

이번 장에서는 안드로이드 스튜디오의 Empty Compose Activity 템플릿을 이용해 새로운 프로젝트를 만들고, 프로젝트에 자동으로 생성된 짧은 코드를 살펴봤다. 또한 컴포즈를 이용해 앱을 더 쉽게 개발할 수 있도록 디자인된 안드로이드 스튜디오의 여러 기능을 소개했다. 안드로이드 앱을 개발할 때 가장 유용하면서도 가장 많이 이용하는 기능이 코드 편집기와 미리 보기 패널이다.

MainActivity.kt 파일의 기본 코드는 기본 사용자 인터페이스의 흥미로운 예시를 제공하지만, 우리가 만들고자 하는 앱과는 유사하지 않다. 다음 장에서는 일부 템플릿 코드를 제거하고, 직접 컴포저블 함수를 만들어본다.

CHAPTER 4

컴포즈 예제 프로젝트

앞 장에서는 ComposeDemo라는 이름으로 컴포즈 기반의 새 안드로이드 스튜디오 프로젝트를 생성하고, 안드로이드 스튜디오의 구성과 생성한 프로젝트 코드를 간단히 살펴봤다. 이번 장에서는 ComposeDemo 프로젝트를 새 앱의 기반으로 활용한다. 새롭게 구성할 수 있는 기능을 만들고 상태의 개념을 적용하여 대화형 모드에서 미리 보기 패널을 사용해 본다. 앞 장과 마찬가지로 이번 장에서 설명하는 주요한 개념들은 이후의 장에서 더 자세히 다룬다.

4.1 시작하기

안드로이드 스튜디오를 실행하고 앞 장에서 만든 ComposeDemo 프로젝트를 연다. 프로젝트가 로드되면 MainActivity.kt 파일(Project 도구 창의 app ➡ java ➡ 〈패키지 이름〉)을 더블클릭해서 코드 편집기에서 연다. 필요하다면 편집기와 미리 보기 패널이 모두 표시되도록 편집기를 분할 모드로 전환한다.

4.2 템플릿 코드 삭제하기

MainActivity.kt 파일 안에서 다음 템플릿 코드를 삭제한다.

```
package com.example.composedemo
.
.
class MainActivity : ComponentActivity() {
    override fun onCreate(savedInstanceState: Bundle?) {
        super.onCreate(savedInstanceState)
        setContent {
            ComposeDemoTheme {
                Surface(
                    modifier = Modifier.fillMaxSize(),
                    color = MaterialTheme.colors.background
                ) {
                    Greeting("Android")
```

```kotlin
            }
          }
        }
      }
    }

    @Composable
    fun Greeting(name: String) {
        Text(text = "Hello $name!")
    }

    @Preview(showSystemUi = true)
    @Composable
    fun DefaultPreview() {
        ComposeDemoTheme {
            Greeting("Android")
        }
    }
```

4.3 컴포저블의 계층 구조

사용자 인터페이스를 보완할 컴포저블 함수composable function를 만들기 전에, 이 컴포넌트들 사이의 관계를 시각화하면 도움이 된다. 한 컴포저블이 다른 컴포저블을 호출하면 자연스럽게 컴포저블 트리가 만들어진다. 작업이 완료되면, ComposeDemo의 메인 액티비티에 대한 컴포저블 계층 트리를 다음과 같이 나타낼 수 있다(그림 4-1).

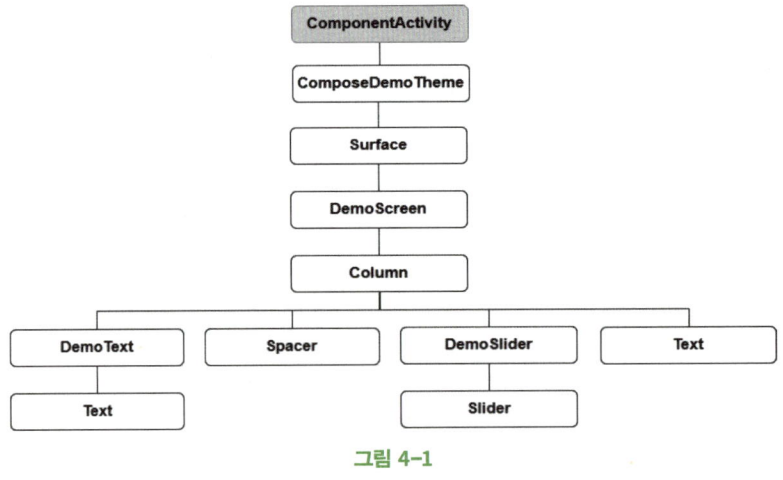

그림 4-1

위 다이어그램에서 ComponentActivity를 제외한 모든 요소는 컴포저블 함수다. 이 중 Surface, Column, Spacer, Text, Slider 함수는 컴포즈에서 제공하는 내장 컴포저블이다. 반면에 DemoScreen,

DemoText, DemoSlider 컴포저블은 개발자가 직접 만든 함수다. ComposeDemoTheme 컴포저블 선언은 ui.theme ➡ Theme.kt 파일에서 찾을 수 있다.

4.4 DemoText 컴포저블 추가하기

여기서는 액티비티에 새로운 컴포저블 함수를 추가해 계층 구조의 DemoText 아이템을 나타낸다. 이 컴포저블의 목적은 슬라이더를 조정하면 실시간으로 크기가 변경되는 텍스트 문자열을 표시하는 것이다. MainActivity 선언의 제일 마지막 닫는 괄호 아래로 커서를 이동한 뒤 다음 함수 선언을 추가한다.

```
@Composable
fun DemoText() {
}
```

@Composable 애너테이션은 이 함수가 컴포저블 함수임을 시스템에 알린다. 함수를 호출할 때 텍스트 문자열과 해당 텍스트를 표시할 글꼴의 크기까지 모두 전달하고자 한다면, 함수에 몇 가지 파라미터를 추가해야 한다.

```
@Composable
fun DemoText(message: String, fontSize: Float) {
}
```

다음으로 텍스트가 표시되는지 확인한다. 이를 위해 메시지 문자열, 폰트 크기, 텍스트가 더 눈에 잘 띄도록 굵은 서체 설정값을 파라미터로 전달해서 내장된 텍스트 컴포저블 함수를 호출한다.

```
@Composable
fun DemoText(message: String, fontSize: Float) {
    Text(
        text = message,
        fontSize = fontSize.sp,
        fontWeight = FontWeight.Bold
    )
}
```

코드를 변경한 뒤 실행하면, 코드 편집기에서는 sp, FontWeight가 정의되지 않았다고 표시된다. 이들은 MainActivity.kt 파일에 아직 임포트하지 않은 라이브러리들 안에 정의 및 구현되어 있기 때문이다. 이 문제를 해결할 때는 정의되지 않은 선언을 클릭해 강조한 뒤(그림 4-2), 키보드에서 Alt + Enter 키(맥OS의 경우 Option + Enter 키)를 눌러 누락된 라이브러리를 자동으로 임포트할 수 있다.

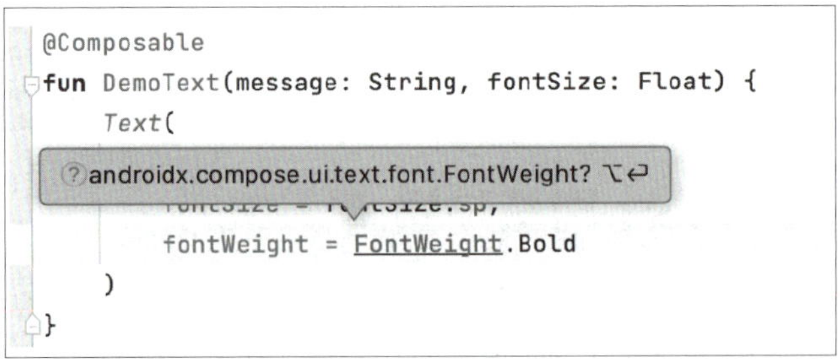

```
@Composable
fun DemoText(message: String, fontSize: Float) {
    Text(
        ⓘ androidx.compose.ui.text.font.FontWeight? ⌥↵
        fontSize = fontSize.sp,
        fontWeight = FontWeight.Bold
    )
}
```

그림 4-2

또는 누락된 import 문을 파일 맨 위에 있는 리스트에 직접 추가해도 된다.

```
.
.
import androidx.compose.ui.text.font.FontWeight
import androidx.compose.ui.unit.sp
.
.
```

이 책의 나머지 부분의 모든 코드 예제에서는 필요한 라이브러리에 대한 import 구문을 포함한다.

첫 번째 컴포저블을 작성했다. 글꼴 굵기를 제외한 다른 모든 프로퍼티property는 함수 호출 시 전달된다(다른 함수를 호출하는 함수를 일반적으로 호출자caller라 부른다). 이는 DemoText 컴포저블 함수의 유연성과 재사용성을 높이며, 컴포저블 함수를 작성할 때는 이를 항상 염두에 두어야 한다.

4.5 DemoText 컴포저블 미리 보기

이 시점에서 미리 보기 패널에 '미리 보기를 찾을 수 없음No preview found'이라는 메시지가 표시될 가능성이 크다. 이는 MainActivity.kt 파일에 @Preview 애너테이션을 붙인 컴포저블 함수가 포함되어 있지 않기 때문이다. 다음과 같이 MainActivity.kt 파일에 DemoText용 미리 보기 컴포저블 함수를 추가한다.

```
@Preview
@Composable
fun DemoTextPreview() {
    DemoText(message = "Welcome to Android", fontSize = 12f)
}
```

미리 보기 컴포저블을 추가하면 미리 보기 패널은 변경사항을 감지해 미리 보기 렌더링을 빌드하고 새롭게 보여줄 링크를 표시할 것이다. 링크를 클릭하고 빌드가 완료될 때까지 기다리면 DemoText 컴포저블이 나타난다(그림 4-3).

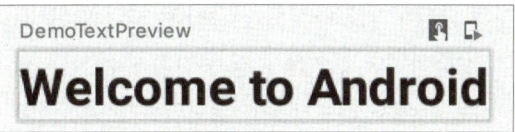

그림 4-3

값의 변경 등 MainActivity.kt 파일 코드의 사소한 변경은 빌드나 새로고침을 하지 않아도 미리 보기에 즉시 반영된다. 예를 들어 "Welcome to Android" 텍스트를 "Welcome to Compose"로 변경하면 미리 보기 패널의 텍스트는 입력에 따라 변경된다. 마찬가지로, 글꼴 크깃값을 늘리면 미리 보기의 텍스트 크기도 변경된다. 이 피처feature는 실시간 편집Live Edit라 불리며, 그림 4-4의 메뉴 버튼을 사용해 활성화/비활성화할 수 있다.

그림 4-4

4.6 DemoSlider 컴포저블 추가하기

DemoSlider 컴포저블은 DemoText 컴포저블보다는 조금 복잡하다. 현재 슬라이더의 위치와 사용자가 슬라이더를 이동했을 때 호출할 이벤트 핸들러 함수 또는 람다를 포함하는 변수를 전달해야 새로운 위치를 저장하고, 2개의 Text 컴포저블에 이를 전달할 수 있다. 이런 요구사항을 염두에 두고 다음과 같이 함수를 추가한다.

```
.
.
import androidx.compose.foundation.layout.*
import androidx.compose.material.Slider
import androidx.compose.ui.unit.dp
.
.
@Composable
fun DemoSlider(sliderPosition: Float, onPositionChange: (Float) -> Unit ) {
    Slider(
        modifier = Modifier.padding(10.dp),
        valueRange = 20f..40f,
        value = sliderPosition,
        onValueChange = { onPositionChange(it) }
    )
}
```

DemoSlider 선언에는 4개의 파라미터를 차례로 전달하는 하나의 Slider 컴포저블이 포함된다. 첫 번째는 Modifier 인스턴스로 슬라이더 주위에 패딩 공간을 추가한다. Modifier는 컴포즈에 내장된 코틀린 클래스이며, 단일 객체 안에서 컴포저블에 광범위한 프로퍼티를 설정할 수 있다. Modifier 는 한 컴포저블에서 생성하고 설정한 뒤 다른 컴포저블에 전달되고, 적용되기 전에 추가로 수정할 수도 있다.

두 번째는 valueRange로 슬라이더값의 범위를 지정한다(이 예시에서 슬라이더는 20에서 40 사이의 값을 갖는다).

세 번째 파라미터는 슬라이더의 값을 호출자가 전달한 위치로 설정한다. 이를 이용하면 DemoSlider 를 재구성할 때마다 마지막 위칫값을 유지할 수 있다.

마지막으로, Slider의 onValueChange 파라미터를 이용해 나중에 호출할 때 DemoSlider 컴포저블에 전달할 함수 또는 람다를 호출한다. 슬라이더 위치가 변경될 때마다 코틀린의 it 키워드를 통해 접근할 수 있는 현재 값을 호출하고 전달한다. 이벤트 핸들러의 파라미터 이름(onPositionChange)만 할당한 뒤 컴파일러가 현재 값 전달을 처리하는 방식으로 이를 더욱 단순화할 수도 있다.

```
onValueChange = onPositionChange
```

4.7 DemoScreen 컴포저블 추가하기

다음으로 DemoScreen 컴포저블을 추가한다. 여기서는 handlePositionChange 변수를 추가한다. 이 변수는 현재 슬라이더 위치와 DemoSlider에 전달할 handlePositionChange 이벤트 핸들러 구현을 저장한다. 이 람다는 업데이트된 값이 호출될 때마다 슬라이더 위치 변수에 현재 위치를 저장한다. 마지막으로 DemoScreen에는 DemoText, Spacer, DemoSlider를 표시하도록 구성된 Column 컴포저블과 아직 포함되지 않은 두 번째 Text 컴포저블을 수직으로 정렬하여 추가한다.

```
.
.
import androidx.compose.runtime.*
.
.
@Composable
fun DemoScreen() {

    var sliderPosition by remember { mutableStateOf(20f) }

    val handlePositionChange = { position : Float ->
        sliderPosition = position
```

```
    }
}
```

sliderPosition 변수 선언 부분을 살펴보자. 뒤에서 학습하겠지만 컴포즈 시스템은 데이터 변경에 따라 사용자 인터페이스 레이아웃을 반복적으로 빠르게 재구성한다. 그래서 슬라이더 위치가 변경되면 DemoScreen이 호출하는 모든 컴포저블과 함께 재구성된다. 비교를 위해 sliderPosition 변수를 다음과 같이 선언하고 슬라이더를 움직여보라.

```
var sliderPosition = 20f
```

사용자가 슬라이더를 위치 21로 슬라이드한다고 가정해 보자. handlePositionChange 이벤트 핸들러가 호출되고 다음과 같이 sliderPosition 변수에 새 값을 저장한다.

```
val handlePositionChange = { position : Float ->
    sliderPosition = position
}
```

컴포즈 런타임 시스템은 이 데이터 변경을 감지하고 사용자 인터페이스를 재구성한다. 이 과정에서 DemoScreen 함수를 호출하며, 이는 차례로 sliderPosition 변수를 20으로 초기화하며 결과적으로 위칫값 21이 손실된다. 이런 방식으로 sliderPostion 변수를 선언하면, 재구성하는 동안 현재 값을 기억해야 한다고 컴포즈에 알려야 한다.

```
var sliderPosition by remember { mutableStateOf(20f) }
```

마지막으로, 필수 컴포저블 함수를 포함한 Column을 DemoScreen에 추가한다.

```
.
.
import androidx.compose.ui.Alignment
.
.
@Composable
fun DemoScreen() {

    var sliderPosition by remember { mutableStateOf(20f) }

    val handlePositionChange = { position : Float ->
        sliderPosition = position
    }
```

```
    Column(
        horizontalAlignment = Alignment.CenterHorizontally,
        verticalArrangement = Arrangement.Center,
        modifier = Modifier.fillMaxSize()
    ) {
        DemoText(message = "Welcome to Compose", fontSize = sliderPosition)

        Spacer(modifier = Modifier.height(150.dp))

        DemoSlider(
            sliderPosition = sliderPosition,
            onPositionChange = handlePositionChange
        )

        Text(
            style = MaterialTheme.typography.h2,
            text = sliderPosition.toInt().toString() + "sp"
        )
    }
}
```

이 변경에 관해 주의할 점은 다음과 같이 정리할 수 있다.

- DemoSlider가 호출되면 onPositionChange 파라미터로 handlePositionChange 이벤트 핸들러에 대한 참조가 전달된다.
- Column 컴포저블은 레이아웃 정렬을 설정하는 파라미터를 받을 수 있다(위의 예시에서 horizontalAlignment, verticalArrangement). 예시에서는 열의 자식들이 수평 및 수직으로 중앙에 배치되도록 설정했다.
- 하나의 Modifier를 Spacer에 전달해, DemoText와 DemoSlider 컴포넌트 사이에 150dp(device-independent pixel)의 수직 공간을 배치했다.
- 두 번째 Text 컴포저블은 MaterialTheme의 h2(Heading 2) 스타일을 사용하도록 설정했다. sliderPosition 값은 정수만 표시되도록 부동소수점(Float)에서 정수(Int)로 변환된 뒤, 사용자에게 표시되기 전 문자열값으로 변환된다.

4.8 DemoScreen 컴포저블 미리 보기

DemoScreen 레이아웃이 예상대로 표시되는지 확인하려면 파일에 미리 보기 컴포저블을 추가해야 한다. 이 시점에서 원래의 DemoTextPreview 컴포저블도 제거할 수 있다.

```
.
.
@Preview(showBackground = true, showSystemUi = true)
@Composable
fun Preview() {
```

```
        ComposeDemoTheme {
            DemoScreen()
        }
    }

@Preview(showBackground = true, showSystemUi = true)
@Composable
fun DemoTextPreview() {
    SimpleDemoTheme {
        DemoText(message = " Welcome to Compose", 25f)
    }
}
```

안드로이드 기기에서 실행할 때 앱이 어떻게 보이는지 경험할 수 있도록 미리 보기의 showSystemUi 프로퍼티를 활성화했음에 주의한다.

미리 보기를 재빌드하고 새로고침을 하면 사용자 인터페이스는 그림 3-1과 같이 나타날 것이다.

4.9 대화형 모드에서 테스트하기

이 단계에서는 액티비티의 사용자 인터페이스 레이아웃이 우리가 원하는 대로 보이는 것을 알 수 있지만, 의도한 대로 동작하는지는 알 수 없다. 이는 에뮬레이터 또는 물리적 기기에서 앱을 실행해 봐야 한다(이 주제에 관해서는 이후의 장에서 다룬다). 그러나 미리 보기 패널을 대화형 모드interactive mode로 전환하면 더욱 빠르게 확인할 수 있다. 그림 4-5에 표시한 버튼을 클릭하면 미리 보기 패널을 대화형 모드로 전환할 수 있다.

그림 4-5

버튼을 클릭하면 잠깐 동안 지연된 후 대화형 모드가 시작된다. 슬라이더를 이동하면 그에 따라 2개의 Text 컴포넌트가 업데이트되는 것을 볼 수 있다.

그림 4-6

Stop 버튼(그림 4-7, Ⓐ)을 클릭하면 대화형 모드에서 빠져나올 수 있다. 미리 보기를 새로고침 해야 할 경우에는 Build Refresh 버튼을 클릭한다(그림 4-7, Ⓑ).

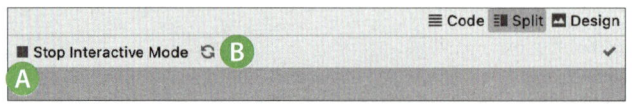

그림 4-7

4.10 프로젝트 완료하기

마지막으로, MainActivity 클래스의 onCreate() 메서드에 있는 Surface 함수 안에서 DemoScreen 컴포저블이 호출되는지 확인한다. 이 메서드를 찾아 다음과 같이 수정한다.

```
.
.
class MainActivity : ComponentActivity() {
    override fun onCreate(savedInstanceState: Bundle?) {
        super.onCreate(savedInstanceState)
        setContent {
            ComposeDemoTheme {
                Surface(
                    modifier = Modifier.fillMaxSize(),
                    color = MaterialTheme.colors.background
                ) {
                    DemoScreen()
                }
            }
        }
    }
}
```

이제 미리 보기 패널 외에도 앱을 디바이스나 에뮬레이터에서 실행할 때도 사용자 인터페이스가 표시된다(이 주제에 관해서는 이후의 장에서 살펴본다).

4.11 정리

이번 장에서는 ComposeDemo 프로젝트를 확장해 2개의 Text 컴포저블, Spacer, Slider 사용자 인터페이스 요소를 추가했다. 이런 컴포넌트들은 Column 컴포저블을 이용해 수직으로 배열했다. 또한 뮤터블mutable 상태 변수의 개념을 소개하고, 이 변수를 이용해 컴포즈 런타임이 재구성을 수행할 때 앱이 기억하도록 하는 방법을 설명했다. 이번 장의 예시에서는 이벤트 핸들러를 사용해 사용자 상호 작용(사용자가 슬라이더를 이동함)에 반응하는 방법도 설명했다. 마지막으로, 에뮬레이터나 물리적 기기에서 컴파일하고 실행할 필요 없이 대화형 모드로 미리 보기 패널을 이용해 앱을 테스트했다.

CHAPTER 5
안드로이드 스튜디오에서 AVD 만들기

안드로이드 스튜디오의 미리 보기 패널을 이용해 디자인한 레이아웃을 확인하거나 대화형 모드를 이용해 기본 기능을 테스트할 수 있다. 그러나 앱의 완전한 동작을 테스트하려면 앱 전체를 컴파일하고 실행해야 한다. 안드로이드 애플리케이션은 실제 기기나 안드로이드 가상 기기_{Android Virtual Device, AVD} 에뮬레이터 환경에 설치한 뒤 실행 및 테스트할 수 있다. AVD를 이용하려면 우선 특정한 기기의 모델 사양과 일치하는 AVD를 만들고 구성해야 한다. 이번 장에서는 Pixel 4a 스마트폰을 기준으로 가상 기기를 만드는 과정에 관해 살펴본다.

5.1 안드로이드 가상 기기 개요

AVD는 근본적으로 에뮬레이터이며, 이를 이용하면 실제 안드로이드 기기에 애플리케이션을 설치하지 않고도 앱을 테스트할 수 있다. AVD는 화면 크기, 메모리 용량, 카메라, GPS 내비게이션 지원, 가속도계 등의 기능 존재 여부 옵션을 포함해 다양한 하드웨어 기능을 에뮬레이션하도록 구성할 수 있다. 표준 안드로이드 스튜디오 설치를 진행하는 과정에서 여러 에뮬레이터 템플릿들이 설치되므로 다양한 기기에 대해 AVD를 구성할 수 있다. 프로세서 유형, 메모리 용량, 화면 크기, 픽셀 밀도와 같은 프로퍼티를 지정해서 실제 안드로이드 기기와 일치하도록 커스터마이즈할 수도 있다.

AVD 세션은 별도의 창에 표시되거나 안드로이드 스튜디오 창 안에 함께 표시된다.

새로운 AVD는 안드로이드 가상 기기 관리자_{Android Virtual Device Manager, AVD Manager}를 통해 생성하고 관리한다. AVD Manager는 커맨드라인 모드와 함께 한층 사용자 친화적인 그래픽 사용자 인터페이스를 제공한다. 새 AVD를 생성할 때는 가장 먼저 AVD Manager를 시작해야 한다. 안드로이드 스튜디오 기본 창에서 **Tools ➡ Device Manager** 메뉴 옵션을 선택한다.

AVD Manager를 실행하면 그림 5-1과 같은 다이얼로그가 나타난다.

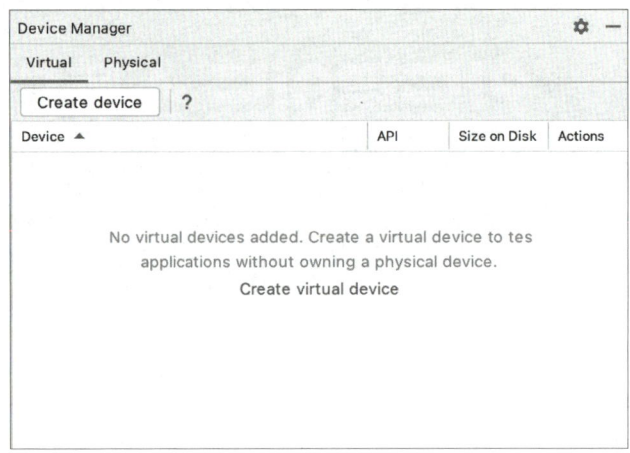

그림 5-1

새 AVD를 추가하려면 Virtual 탭에서 Create device 버튼을 클릭한다. 그러면 그림 5-2와 같은 Virtual Device Configuration 다이얼로그가 나타난다.

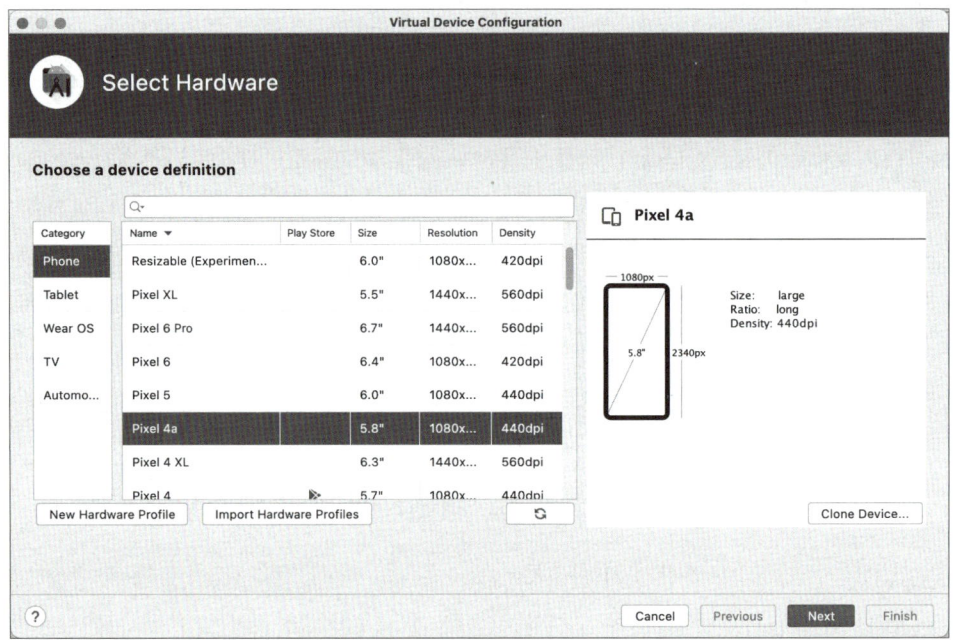

그림 5-2

다이얼로그에서 다음 순서를 따라 Pixel 4a 호환 에뮬레이터를 만든다.

1. **Category** 패널에서 **Phone** 옵션을 선택한다. **Android phone AVD** 템플릿 리스트가 표시된다.
2. **Pixel 4a** 기기 옵션을 선택하고 **Next** 버튼을 클릭한다.

3. **System Image** 화면에서 최신 안드로이드 버전을 선택한다. 시스템 이미지가 아직 설치되어 있지 않으면, **Release Name** 옆에 다운로드 링크가 제공된다. 다운로드 링크를 클릭해 이미지를 다운로드 및 설치한 뒤 선택한다. 원하는 이미지가 리스트에 없다면 **x86 Images**(애플 실리콘 맥을 이용하는 경우에는 **ARM images**)와 **Other images** 탭을 선택해 다른 리스트를 확인한다.
4. **Next** 버튼을 클릭하고 **name** 필드에 이름을 입력하거나('Pixel 4a API 33' 등) 기본 이름을 그대로 이용한다.
5. **Finish** 버튼을 클릭해 AVD를 만든다.
6. AVD가 만들어지면 **Device Manager** 다이얼로그가 닫힌다. AVD를 수정할 때는 다시 **Device Manager**를 열고 리스트에서 수정할 AVD를 선택한 뒤, **Actions** 열의 연필 아이콘을 클릭한 후 설정값을 수정한다.

5.2 에뮬레이터 시작하기

새로 만든 AVD 에뮬레이터의 실행을 테스트하려면 Device Manager에서 실행할 AVD를 선택하고, 실행 버튼(Actions 열의 삼각형 버튼)을 클릭한다. 에뮬레이터는 기본 안드로이드 스튜디오 창에 포함되어 나타나며 시작 프로세스가 진행된다. 에뮬레이터가 시작되는 데 걸리는 시간은 AVD 종류와 실행하는 시스템 설정에 따라 다르다.

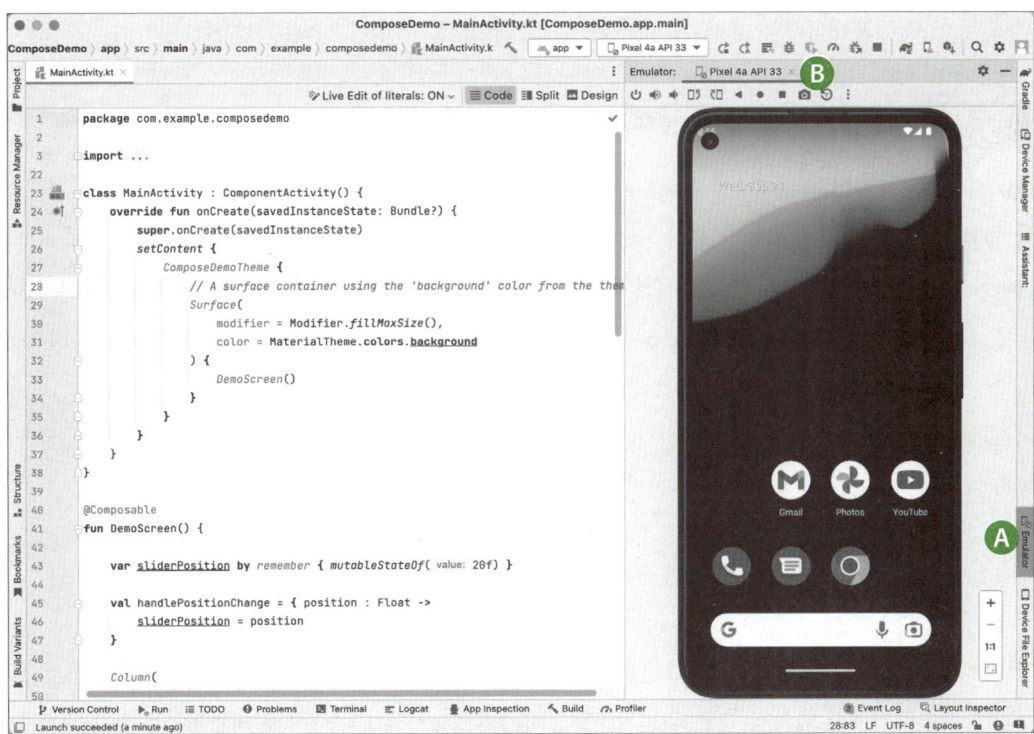

그림 5-3

에뮬레이터 도구 창을 숨기거나 표시하려면 에뮬레이터 도구 창 버튼(그림 5-3, Ⓐ)을 클릭한다. 탭(그림 5-3, Ⓑ) 옆에 있는 '×' 버튼을 클릭하면 에뮬레이터가 종료된다. 에뮬레이터 도구 창에서는 여러 에뮬레이터 세션을 실행할 수 있으며 각 세션은 탭으로 표시된다. 그림 5-4는 2개의 에뮬레이터 세션을 실행한 도구 창의 모습이다.

그림 5-4

세션을 전환하려면 해당하는 탭을 클릭한다.

에뮬레이터는 기본적으로 세로 방향portrait으로 표시되도록 설정되어 있다. 이 옵션은 물론 그 밖의 옵션들도 변경할 수 있다. Device Manager에서 새로운 Pixel 4a 항목을 선택하고 Actions 열의 연필 아이콘을 클릭한다. 환경 설정 화면의 Startup orientation 섹션에서 방향 설정을 변경한다. 에뮬레이터 세션을 종료한 뒤 다시 시작하면 변경된 설정이 적용된 것을 확인할 수 있다. 에뮬레이터에 대한 자세한 내용은 6장 '안드로이드 스튜디오 에뮬레이터 이용 및 설정하기'에서 다룬다.

다음 절에서 에뮬레이터를 계속 이용하므로, 에뮬레이터를 실행한 상태로 진행한다.

5.3 AVD에서 애플리케이션 실행하기

AVD 에뮬레이터를 설정했다면 이전 장에서 만든 ComposeDemo 예제 애플리케이션을 컴파일하고 실행할 수 있다. 안드로이드 스튜디오에서 ComposeDemo 프로젝트를 로드한 상태에서 새로 만든 'Pixel 4a AVD'가 기기 메뉴에 표시되는지 확인한다(그림 5-5, Ⓐ). 녹색 삼각형(그림 5-5, Ⓑ)의 실행 버튼을 클릭하거나, Run ➡ Run 'app' 옵션 메뉴를 클릭하거나, Ctrl + R 키를 누르면 애플리케이션이 실행된다.

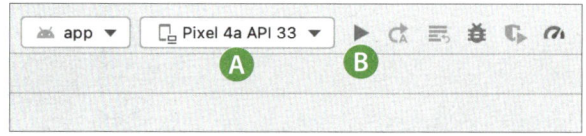

그림 5-5

기기 메뉴(그림 5-5, Ⓐ)를 이용해 다른 AVD 인스턴스나 물리적 기기를 실행 대상으로 선택할 수 있으며, 여러 기기에서 앱을 실행할 수도 있다. 이 메뉴에서는 기기 관리자에 대한 접근, 기기 연결 환경 설정 및 문제 해결 옵션을 제공한다.

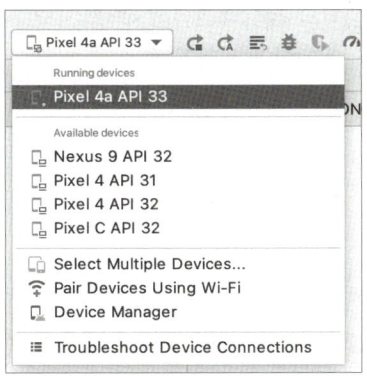

그림 5-6

그림 5-7에서 화살표로 표시한 Preview 컴포저블 선언 영역 옆의 아이콘을 클릭하면 현재 선택된 기기에서 앱을 실행할 수 있다.

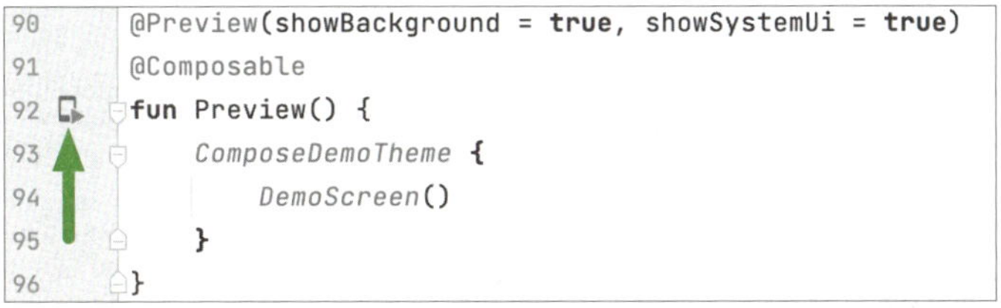

```
90   @Preview(showBackground = true, showSystemUi = true)
91   @Composable
92   fun Preview() {
93       ComposeDemoTheme {
94           DemoScreen()
95       }
96   }
```

그림 5-7

애플리케이션이 설치되고 실행되면 MainScreen 함수에 정의된 사용자 인터페이스 레이아웃이 에뮬레이터에 나타난다.

그림 5-8

액티비티가 자동으로 실행되지 않으면 에뮬레이터의 앱 사이에 실행 아이콘이 나타나는지 확인한다. 아이콘이 표시되었다면 클릭해서 애플리케이션을 실행한다. 실행 프로세스가 시작되면 Run 도구 창을 이용할 수 있다. Run 도구 창은 애플리케이션 패키지가 설치 및 실행될 때 진단 정보 diagnostic information를 표시한다. 그림 5-9는 애플리케이션이 성공적으로 실행되었을 때의 출력을 나타낸다.

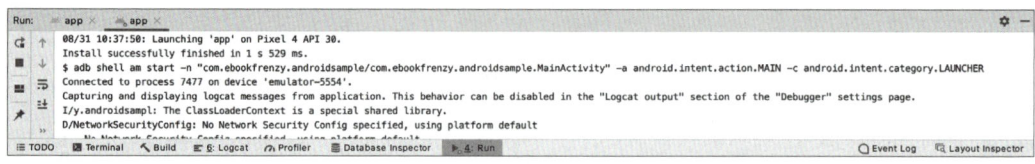

그림 5-9

실행 프로세스 중에 문제가 발생하면 Run 도구 창에 해당 정보가 제공되므로, 문제 원인을 특정하는 데 도움을 얻을 수 있다.

에뮬레이터에 애플리케이션이 로드되어 예상대로 실행되었다면, 안드로이드 개발 환경이 올바르게 설치 및 구성된 것이다.

5.4 여러 기기에서 실행하기

그림 5-6의 실행 메뉴에는 여러 에뮬레이터 및 기기에서 앱을 병렬로 실행하는 옵션이 제공된다. Select Multiple Devices... 옵션을 선택하면 그림 5-10과 같은 다이얼로그가 표시되고, 시스템에 구성되어 있는 AVD 및 연결된 모든 물리적 기기 리스트를 표시한다. Run 버튼을 클릭하기 전에 대상으로 지정할 에뮬레이터 또는 기기 옆의 체크박스에 체크하여 활성화한다.

그림 5-10

OK 버튼을 클릭하면 선택된 에뮬레이터와 기기에서 앱이 실행된다.

5.5 애플리케이션 실행 중지하기

실행 중인 애플리케이션을 중지할 때는 메인 툴바의 중지 버튼을 클릭한다(그림 5-11).

그림 5-11

Run 도구 창에서도 앱을 종료할 수 있다. 윈도우 바의 Run 버튼을 이용해 앱이 실행 중일 때 사용할 수 있는 Run 도구 창을 표시한다(그림 5-12).

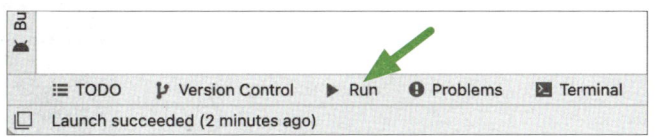

그림 5-12

Run 도구 창이 나타나면 그림 5-13의 중지 버튼을 클릭한다.

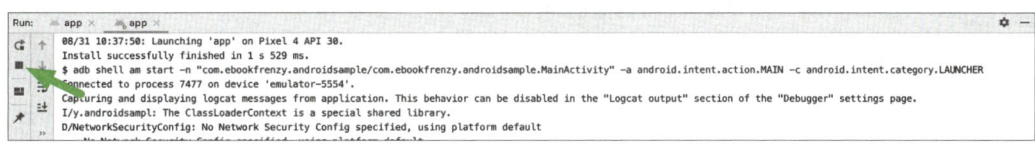

그림 5-13

5.6 다크 테마 지원하기

안드로이드 10에서는 대망의 다크 테마dark theme가 도입되었으며, 이 테마는 안드로이드 스튜디오의 컴포즈 기반 앱 프로젝트에서 기본 활성화되어 있다. 다크 테마를 AVD 에뮬레이터에서 테스트하려면 먼저 에뮬레이터에서 실행 중인 안드로이드 인스턴스의 Settings 앱을 연다. 이후 Display 카테고리를 선택한 뒤 Dark theme 옵션을 선택하면 화면 배경이 검게 바뀐다(그림 5-14).

그림 5-14

다크 테마를 활성화한 상태에서 ComposeDemo 앱을 실행하면, 그림 5-15처럼 검정색 배경과 보라색 버튼으로 나타난다.

Settings 앱으로 돌아가 다크 테마 모드를 비활성화하고 이후 과정을 진행한다.

그림 5-15

5.7 별도의 창에서 에뮬레이터 실행하기

지금까지는 기본 안드로이드 스튜디오 창에 에뮬레이터 창을 포함한 형태로 이용했다. 별도의 창에서 에뮬레이터를 실행하려면 File ➡ Settings...(맥OS의 경우 Android Studio ➡ Preferences...) 메뉴 옵션을 선택한 뒤, 설정 다이얼로그 왼쪽의 탐색 패널에서 Tools ➡ Emulator로 이동한다. 이후 Launch in a tool window 옵션을 비활성화한다.

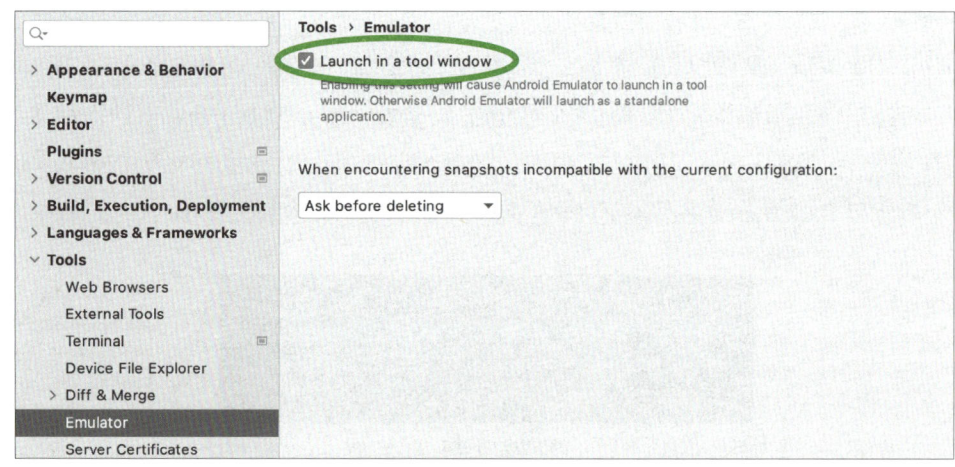

그림 5-16

옵션을 비활성화한 뒤 Apply 버튼을 클릭하고, OK 버튼을 클릭해서 변경 내용을 저장한다. 이후 그림 5-3의 ❷ 부분 탭에 있는 닫기 버튼을 클릭해서 현재 에뮬레이터 세션을 종료한다.

샘플 앱을 한 번 더 실행해 본다. 이제 에뮬레이터가 별도의 창에서 실행된다(그림 5-17).

그림 5-17

별도의 창을 이용하거나 도구 창을 이용하는 것은 개인 선호도 문제다. 도구 창에서 에뮬레이터를 실행하고 싶다면 Settings 환경으로 돌아가 Launch in a tool window 옵션을 다시 활성화하면 된다. 또한 에뮬레이터 도구의 에뮬레이터 툴바(기어 아이콘)에서 설정 아이콘을 클릭한 뒤 View Mode ➡ Float 메뉴 옵션을 선택하면 에뮬레이터를 별도의 창에서 실행할 수 있다(그림 5-18).

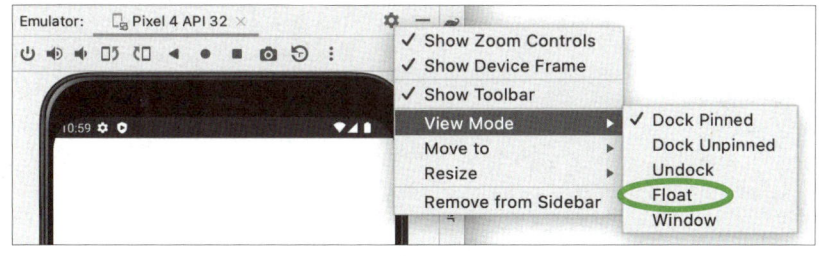

그림 5-18

5.8 기기 프레임 활성화하기

에뮬레이터는 기기 프레임과 함께 표시하거나(그림 5-15), 프레임 없이 표시할 수 있다(그림 5-16). 설정을 변경하려면 Device Manager를 열고, 리스트에서 AVD를 선택한 뒤 Actions 열에서 연필 아이콘을 클릭한다. 설정 화면에서 Enable Device Frame 옵션을 변경한다.

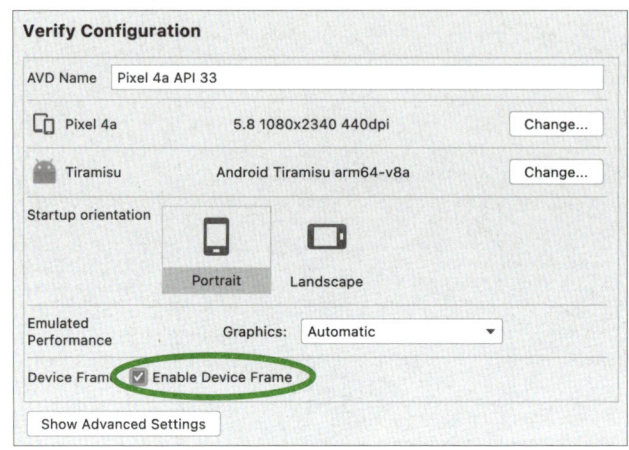

그림 5-19

5.9 정리

일반적으로 애플리케이션 개발 프로세스는 테스트 환경에서 코딩, 컴파일, 실행 사이클을 따른다. 안드로이드 애플리케이션은 실제 안드로이드 기기 또는 AVD 에뮬레이터를 이용해 테스트할 수 있다. AVD는 커맨드라인 도구 또는 그래픽 사용자 인터페이스를 통해 이용할 수 있는 안드로이드 스튜디오 Device Manager 도구를 통해 생성 및 관리한다. 특정한 안드로이드 기기 모델을 시뮬레이션하는 목적으로 AVD를 만들 때, 가상 기기는 물리적 기기의 하드웨어 사양과 일치하도록 구성해야 한다.

AVD 에뮬레이터 세션은 독립된 창 또는 기본 안드로이드 스튜디오 사용자 인터페이스에 내장해 표시할 수 있다.

CHAPTER 6

안드로이드 스튜디오 에뮬레이터 이용 및 설정하기

다음 장에서 실제 안드로이드 기기를 이용한 테스트에 관해 살펴보기 전에, 이번 장에서는 먼저 안드로이드 스튜디오 AVD 에뮬레이터에 관한 개요를 소개하고 스탠드얼론 모드와 도구 창 모드에서 환경을 커스터마이즈하는 데 이용할 수 있는 여러 가지 기능을 살펴본다.

6.1 에뮬레이터 환경

스탠드얼론standalone 모드에서 시작하면 에뮬레이터는 로드 프로세스 중에 초기 시작 화면을 표시한다. 에뮬레이터가 로드되면 선택한 기기 유형을 나타내는 에뮬레이터 창이 나타난다(그림 6-1은 Pixel 4의 경우).

그림 6-1

오른쪽 모서리의 툴바를 이용하면 에뮬레이터 제어 및 환경 설정 옵션에 빠르게 접근할 수 있다.

6.2 에뮬레이터 툴바 옵션

에뮬레이터 툴바(그림 6-2)는 에뮬레이터 환경의 형태와 동작에 관한 다양한 옵션을 제공한다.

툴바의 각 버튼은 키보드의 단축키와 연결되어 있으며, 마우스 커서를 버튼 위에 올리면 연결된 단축키를 확인할 수 있다. 확장 제어판을 클릭해도 단축키를 확인할 수 있다.

툴바에 포함된 여러 옵션들은 직관적으로 이해할 수 있지만 명확한 이해를 돕기 위해 좀 더 설명한다.

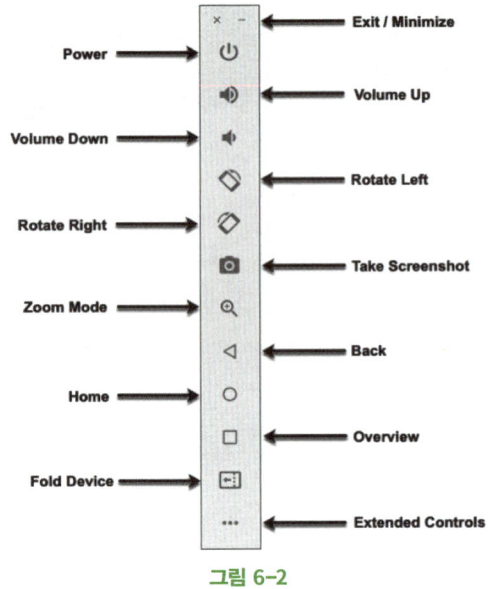

그림 6-2

- **Exit/Minimize**: 툴바 맨 위의 'x' 버튼을 클릭하면 에뮬레이터 세션을 종료하며, '-' 버튼을 클릭하면 전체 창을 최소화한다.
- **Power**: 실제 안드로이드 기기의 하드웨어 전원 버튼을 시뮬레이션한다. 이 버튼을 클릭하고 릴리스하면 기기가 잠기고 화면이 꺼진다. 이 버튼을 오래 클릭하면 기기의 '전원 끄기' 요청 시퀀스가 시작된다.
- **Volume Up/Down**: 2개의 버튼은 시뮬레이터 환경에서의 오디오 재생 볼륨을 제어한다.
- **Rotate Left/Right**: 에뮬레이션된 기기의 방향을 가로/세로로 회전한다.
- **Take Screenshot**: 현재 기기 화면에 표시된 콘텐츠의 스크린샷을 찍는다. 캡처된 이미지는 이 장의 뒷부분에 설명한 것처럼 확장 제어판에서 지정한 위치에 저장된다.
- **Zoom Mode**: 줌 인/아웃 토글 버튼으로, 자세한 내용은 이 장의 뒷부분에서 다룬다.
- **Back**: 표준 안드로이드의 '뒤로 가기' 탐색을 수행하며, 앱의 이전 화면으로 돌아간다.
- **Home**: 기기의 홈 화면을 표시한다.
- **Overview**: 기기의 표준 안드로이드 '개요' 탐색 수행을 시뮬레이션하며, 현재 실행 중인 앱을 표시한다.
- **Fold Device**: 폴더블 기기의 접기 및 펴기를 시뮬레이션한다. 이 옵션은 에뮬레이터가 폴더블 기기 시스템 이미지를 실행한 경우에만 이용할 수 있다.
- **Extended Controls**: 확장 제어판을 표시한다. 확장 제어판에서는 시뮬레이션된 위치, 통신 활동, 배터리 용량, 셀룰러 네트워크 유형, 지문 식별 같은 옵션을 구성할 수 있다.

6.3 줌 모드 다루기

에뮬레이터 도구 모음에 있는 줌 버튼은 줌 인/아웃 모드를 전환한다. 줌 인/아웃 모드를 활성화(도구 버튼 눌림)하면, 기기 화면 위에 마우스 포인터를 올렸을 때 포인터가 돋보기로 표시된다. 이때 마우스 왼쪽 버튼을 클릭하면 화면에서 선택한 지점을 기준으로 디스플레이가 확대되고, 반복적으로 클릭하면 줌 인/아웃 수준이 높아진다. 반대로 마우스 오른쪽 버튼을 클릭하면 줌 인/아웃 수준이 낮아진다. 줌 인/아웃 버튼을 끄면 디스플레이가 기본 크기로 되돌아간다.

줌 모드에서 클릭한 뒤 드래그하면 마우스 버튼을 놓는 시점에서 확대할 직사각형 영역이 정의된다.

줌 모드에서 화면의 가시 영역은 에뮬레이터 창의 수평/수직 스크롤바를 이용해 이동할 수 있다.

6.4 에뮬레이터 창 크기 조정하기

에뮬레이터 창의 크기(및 해당 기기 표시)를 조절할 때는 창의 모서리 또는 측면을 클릭한 상태로 드래그한다.

6.5 확장 제어 옵션

확장 제어 툴바 버튼을 클릭하면 그림 6-3의 패널이 표시된다. 기본적으로 Location(위치) 카테고리가 표시된다. 왼쪽 패널에서 다른 카테고리를 선택하면 해당 제어 그룹이 표시된다.

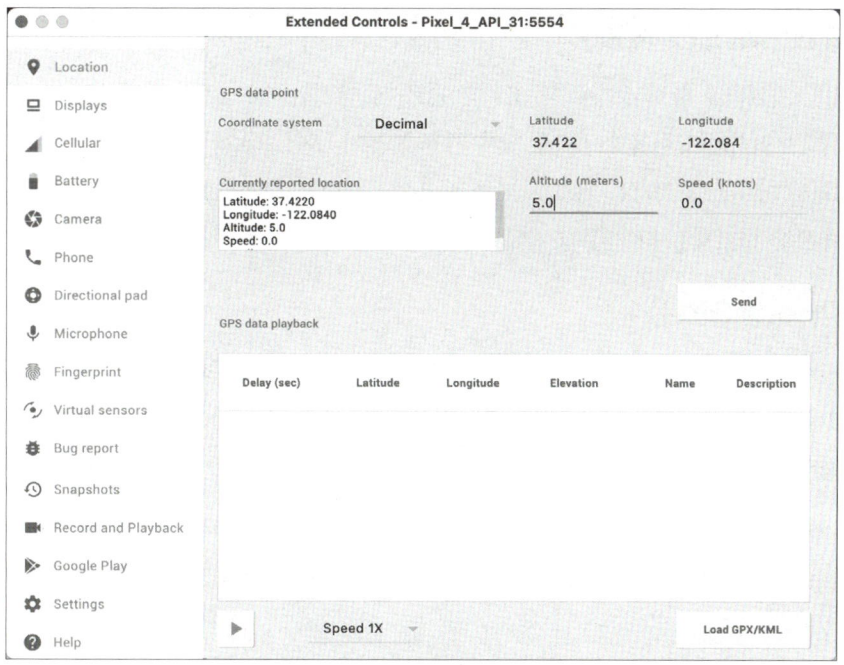

그림 6-3

6.5.1 Location(위치)

위치를 이용하면 시뮬레이션된 위치 정보를 10진수 또는 60진수 좌표의 형태로 에뮬레이터에 보낼 수 있다. 위치 정보는 단일 위치 또는 기기의 움직임을 나타내는 순차적인 점 형태를 가질 수 있으며, 후자는 GPS 교환GPS Exchange, GPX 또는 키홀 마크업 언어Keyhole Markup Language, KML 형식 파일을 통해 제공한다. 통합된 구글 지도 패널을 사용해 단일 지점 또는 여행 경로를 시각적으로 선택할 수도 있다.

6.5.2 Displays(화면)

에뮬레이터 화면에 표시되는 기본 디스플레이 외에, 디스플레이 옵션을 이용해 동일한 안드로이드 인스턴스 내에서 실행되는 추가 디스플레이를 이용할 수 있다. 이는 Microsoft Surface Duo 같은 이중 화면 기기용 앱을 테스트하는 데 유용하다. 추가 화면은 원하는 크기로 구성할 수 있으며, 기본 화면과 동일한 에뮬레이터 창에 표시된다.

6.5.3 Cellular(셀룰러)

시뮬레이션된 셀룰러 연결 유형을 설정할 수 있다. 로밍 및 접근 거부와 같은 다양한 음성, 데이터 시나리오를 포함한 여러 네트워크 유형(CSM, EDGE, HSDPA 등)을 시뮬레이션할 수 있다.

6.5.4 Battery(배터리)

다양한 배터리 상태 및 충전 조건을 시뮬레이션할 수 있다. 배터리 충전 수준, 배터리 상태, AC 충전기 연결 여부 등을 설정할 수 있다.

6.5.5 Camera(카메라)

에뮬레이터는 카메라가 활성 상태일 때 3D 장면을 시뮬레이션한다. 이는 가상 빌딩의 내부 형태이며, 비디오를 녹화하거나 에뮬레이터 안에서 사진을 찍기 전에 Option 키(윈도우에서는 Alt 키)를 누른 상태에서 마우스 포인터와 키보드 키를 이용해 내부를 탐색할 수 있다. 이 옵션을 이용하면 다른 이미지들을 업로드한 뒤 가상 환경에서 표시할 수도 있다.

6.5.6 Phone(전화)

전화 확장 제어를 이용하면 매우 간단하지만 에뮬레이터 안에서 유용한 두 가지 기능을 시뮬레이션할 수 있다. 첫 번째는 지정된 전화번호에서 전화가 걸려오는 상황을 시뮬레이션할 수 있다. 이를 이용하면 앱이 이런 상위 수준 인터럽트를 어떻게 처리하는지 테스트할 수 있다.

두 번째는 에뮬레이터 세션에서 문자 메시지를 받는 상황을 시뮬레이션할 수 있다. 실제 상황에서와 마찬가지로 이 메시지들은 Message 앱에 나타나며 에뮬레이터의 표준 알림을 트리거한다.

6.5.7 Directional pad(방향 패드)

방향 패드(D 패드)는 안드로이드 기기에 내장되거나 외부에 연결되어 있으며(예: 게임 컨트롤러) 방향 컨트롤(왼쪽, 오른쪽, 위, 아래)을 제공한다. 방향 패드 설정을 이용하면 에뮬레이터 안에서 D 패드 상호작용을 시뮬레이션할 수 있다.

6.5.8 Microphone(마이크)

마이크를 활성화하고 가상 헤드셋과 마이크 연결을 시뮬레이션할 수 있다. 에뮬레이터에서 Voice Assistant를 실행하기 위한 버튼도 제공한다.

6.5.9 Fingerprint(지문)

많은 안드로이드 기기는 지문 감지 하드웨어를 내장하고 있다. AVD 에뮬레이터를 이용하면 지문 센서를 포함한 물리적 기기에서 앱을 테스트하지 않고도 지문 인증을 테스트할 수 있다. 에뮬레이터 안에서 지문 테스트를 구성하는 방법에 관해서는 이 장의 뒷부분에서 자세히 설명한다.

6.5.10 Virtual sensors(가상 센서)

가상 센서 옵션을 이용하면 가속도계와 자력계를 시뮬레이션함으로써 요$_{yaw}$, 피치$_{pitch}$, 롤$_{roll}$ 설정을 통해 회전, 이동, 기울임과 같은 기기의 물리적 움직임을 에뮬레이션할 수 있다.

6.5.11 Snapshots(스냅샷)

스냅샷에는 현재 실행 중인 AVD 세션의 상태를 저장하며, 에뮬레이터를 정확한 상태로 빠르게 되돌릴 수 있다. 스냅샷에 관해서는 이 장의 뒷부분에서 다룬다.

6.5.12 Record and playback(녹화 및 재생)

에뮬레이터 화면과 오디오를 WebM 또는 애니메이션 GIF 형식으로 녹화하고 저장할 수 있다.

6.5.13 Google Play(구글 플레이)

에뮬레이터에서 구글 플레이 서비스가 설치된 안드로이드 버전을 실행하는 경우, 이를 이용하면 현재 구글 플레이 버전을 표시하고 에뮬레이터를 최신 버전으로 업데이트하는 옵션을 제공한다.

6.5.14 Settings(설정)

몇 가지 환경 설정 옵션 그룹을 제공한다. 이 패널을 이용해 툴바의 다크 테마나 확장 제어판을 선택할 수 있으며, 스크린샷을 저장할 파일 시스템 위치를 지정할 수 있다. 또한 OpenGL 지원 수준을 설정하거나 데스크톱의 다른 창 위에 에뮬레이터 창이 표시되도록 설정할 수 있다.

6.5.15 Help(도움말)

도움말 화면은 키보드 단축키 리스트, 에뮬레이터 온라인 설명서에 접근할 수 있는 링크, 버그를 신고하고 피드백을 보내기 위한 링크, 에뮬레이터 버전 정보를 포함한 3개의 하위 패널로 구성된다.

6.6 스냅샷 다루기

에뮬레이터를 처음 시작할 때는 실제 안드로이드 기기의 전원이 켜질 때와 유사한 **콜드 부팅**cold booting을 수행한다. 이 콜드 부팅에서는 운영체제가 로드되고 모든 백그라운드 프로세스가 시작될 때까지 시간이 다소 걸릴 수 있다. 에뮬레이터가 시작될 때마다 콜드 부팅 프로세스를 실행할 필요가 없도록, 시스템은 에뮬레이터가 종료될 때마다 에뮬레이터의 현재 상태를 스냅샷(빠른 부팅 스냅샷 quick-boot snapshot이라 부른다)에 자동으로 저장한다. 다음번 에뮬레이터를 시작할 때는 빠른 부팅 스냅샷을 메모리에 로드하고, 이전에 중단된 위치에서 다시 시작함으로써 콜드 부팅을 할 때보다 훨씬 빠르게 에뮬레이터를 구동한다.

확장 제어판의 스냅샷 화면에서는 에뮬레이터 실행 중 언제든지 추가 스냅샷을 저장할 수 있다. 이를 이용하면 전체 에뮬레이터의 정확한 상태가 저장되며, 에뮬레이터는 스냅샷을 찍은 정확한 시점으로 복원할 수 있다. 화면 내에서 TAKE SNAPSHOT 버튼(그림 6-4, Ⓐ)을 이용해 스냅샷을 찍을 수 있다. 기존 스냅샷을 복원할 때는 리스트(Ⓑ)에서 복원할 스냅샷을 선택한 뒤 하단의 실행 버튼(Ⓒ)을 클릭한다. 스냅샷 이름과 설명을 편집(Ⓓ)하거나 스냅샷을 삭제(Ⓔ)할 수도 있다.

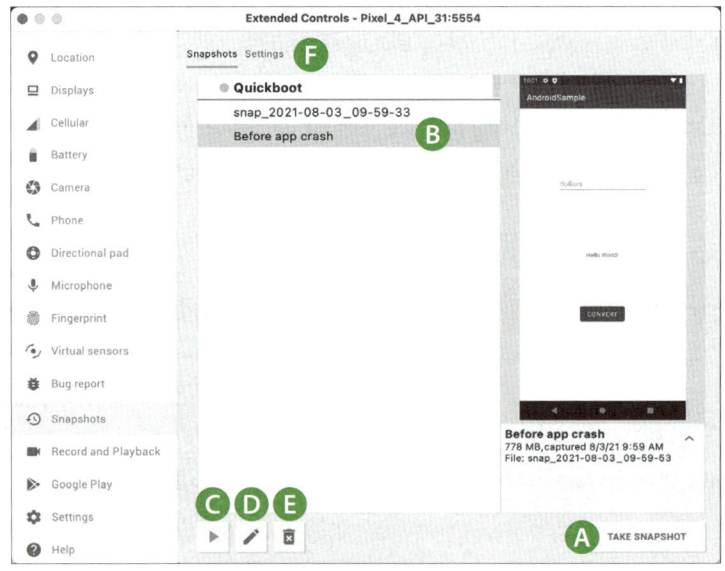

그림 6-4

Settings 옵션(그림 6-4, ⓕ)에서는 빠른 부팅 스냅샷의 자동 저장 여부(기본적으로 에뮬레이터는 종료될 때마다 빠른 부팅 스냅샷 저장 여부를 묻는다), 가장 최근 스냅샷을 다시 로드할지 여부를 설정할 수 있다. 에뮬레이터가 이전의 빠른 부팅 스냅샷을 이용하지 않고 콜드 부팅을 수행하게 하려면 AVD Manager(Tools ➡ AVD Manager)를 열고 에뮬레이터의 작업 열에서 아래쪽 화살표를 클릭한 뒤, Cold Boot Now를 선택한다.

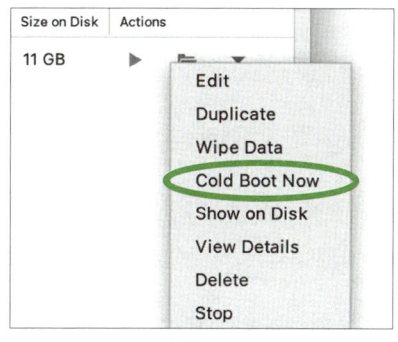

그림 6-5

6.7 지문 에뮬레이션 설정하기

에뮬레이터를 이용하면 최대 10개의 시뮬레이션된 지문을 설정하고, 안드로이드 앱 안에서 지문 인증 테스트를 할 때 이용할 수 있다. 시뮬레이션된 지문을 설정할 때는 에뮬레이터를 시작한 뒤, Settings 앱을 열고 Security & Location 옵션을 선택한다.

Security 설정 화면에서 Use fingerprint 옵션을 선택한다. 결과 정보 화면에서 Next 버튼을 클릭하고 Fingerprint 설정 화면으로 이동한다. 지문 보안을 활성화하려면 백업 화면 잠금 해제 방법(예: PIN)을 설정해야 한다. Fingerprint+PIN 버튼을 클릭한 뒤, not to require the PIN on device startup을 선택한다. 적절한 PIN을 입력 및 확인하고 기본 알림 옵션을 수락해 입력 프로세스를 완료한다.

Settings 앱이 센서에 지문을 요청할 때까지 나머지 설정을 진행하다. 이 시점에서 확장 제어판 다이얼로그를 표시하고 왼쪽 패널에서 Fingerprint 카테고리를 선택한 뒤, 기본 설정 패널에 Finger 1이 선택되었는지 확인한다(그림 6-6).

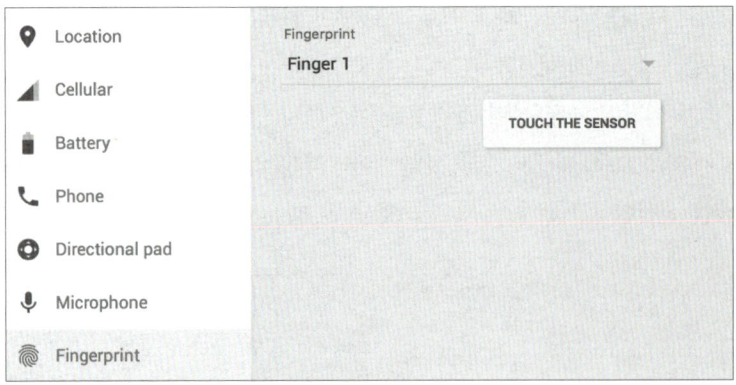

그림 6-6

TOUCH THE SENSOR 버튼을 클릭하여 Finger 1이 지문 센서를 터치하는 것을 시뮬레이션한다. 에뮬레이터는 성공적으로 지문을 추가했음을 알려준다.

그림 6-7

다른 지문을 추가할 때는 ADD ANOTHER 버튼을 클릭한 뒤, 확장 제어판 메뉴에서 다른 손가락을 선택한다. 이후 TOUCH THE SENSOR 버튼을 한 번 더 클릭한다.

6.8 도구 창 모드의 에뮬레이터

이전 장에서 간단히 소개한 것처럼 안드로이드 스튜디오에서는 에뮬레이터를 별도의 창이 아닌 내장 도구 창에서 표시하도록 설정할 수 있다. 도구 창 모드에서 실행되면 스탠드얼론 모드에서 이용할 수 있는 제어 기능이 툴바에 제공된다(그림 6-8).

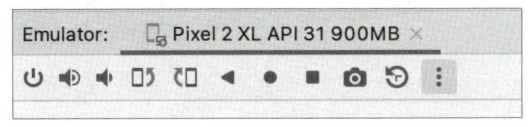

그림 6-8

왼쪽에서 오른쪽으로 이 버튼들은 다음 태스크를 수행한다(세부 내용은 스탠드얼론 모드의 경우와 일치한다).

- Power(전원)
- Volume Up(볼륨 키움)
- Volume Down(볼륨 줄임)
- Rotate Left(왼쪽으로 회전)
- Rotate Right(오른쪽으로 회전)
- Back(뒤로 가기)
- Home(홈)
- Overview(개요)
- Screenshot(스크린샷)
- Snapshots(스냅샷)
- Extended Controls(확장 제어)

6.9 정리

안드로이드 스튜디오는 실제 안드로이드 기기를 이용하지 않고도, 애플리케이션을 더 쉽게 테스트할 수 있도록 디자인된 안드로이드 가상 기기 에뮬레이터 환경을 제공한다. 이번 장에서는 에뮬레이터를 간략하게 둘러보고, 다양한 테스트 조건을 시뮬레이션하기 위해 설정을 커스터마이즈하는 주요 피처에 관해 살펴봤다.

CHAPTER 7

안드로이드 스튜디오 사용자 인터페이스 살펴보기

앞 장에서 만들었던 예제 애플리케이션을 실행하고 싶은 마음이 굴뚝같겠지만, 우선 안드로이드 스튜디오 사용자 인터페이스에 관해 잘 알아야 한다.

안드로이드 스튜디오는 강력하며 풍부한 피처를 제공하는 개발 환경이다. 대부분의 피처는 직관적으로 이용할 수 있다. 다시 말해, 잠깐 시간을 내어 안드로이드 스튜디오 사용자 인터페이스 레이아웃과 구성에 익숙해진다면 이 책 후반의 학습 곡선을 상당히 줄일 수 있다. 이번 장에서는 이를 염두에 두고 안드로이드 스튜디오 환경을 구성하는 다양한 영역과 컴포넌트를 간단히 설명한다.

7.1 시작 화면

Welcome 화면(그림 7-1)은 현재 열려 있는 프로젝트 없이 안드로이드 스튜디오를 실행할 때 표시된다(열려 있는 프로젝트는 File ➡ Close Project 메뉴 옵션을 이용해 언제든 닫을 수 있다). 프로젝트가 열린 상태에서 안드로이드 스튜디오가 이전에 종료된 경우, 다음번 시작 시에는 시작 화면을 건너뛰어 이전에 활성화된 프로젝트를 자동으로 연다.

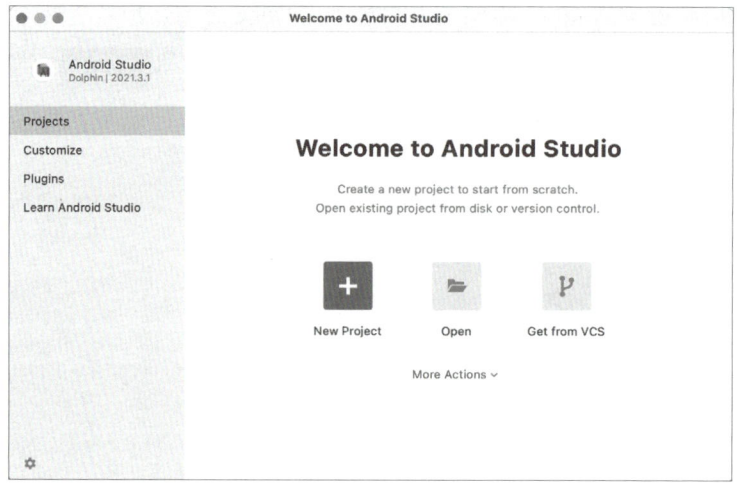

그림 7-1

시작 화면에서는 최근 프로젝트 리스트 외에도 현재 버전 관리 중인 프로젝트에 대한 접근, 프로젝트 열기 및 생성과 같은 작업을 수행할 수 있는 옵션을 제공한다. 또한 Customize 화면에서는 IDE와 편집기 모두에서 사용하는 테마 및 글꼴 설정을 변경하는 옵션을 제공한다. Plugins 옵션을 이용하면 안드로이드 스튜디오 플러그인을 확인, 설치, 관리할 수 있다.

메뉴 버튼을 클릭하면 추가 옵션을 이용할 수 있다(그림 7-2).

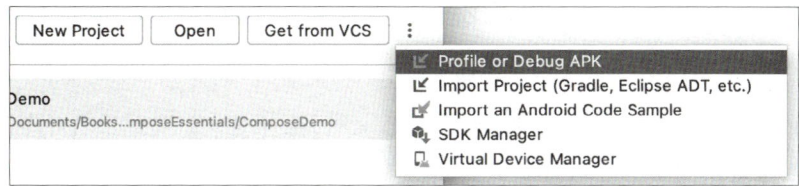

그림 7-2

7.2 기본 창

새 프로젝트를 생성하거나 기존 프로젝트를 열면 안드로이드 스튜디오 기본 창이 나타난다. 여러 프로젝트를 동시에 열면 프로젝트별로 기본 창을 할당한다. 창의 정확한 구성은 프로젝트를 마지막으로 열었을 때 표시되었던 도구와 패널에 따라 다르지만 일반적으로 그림 7-3과 유사하다.

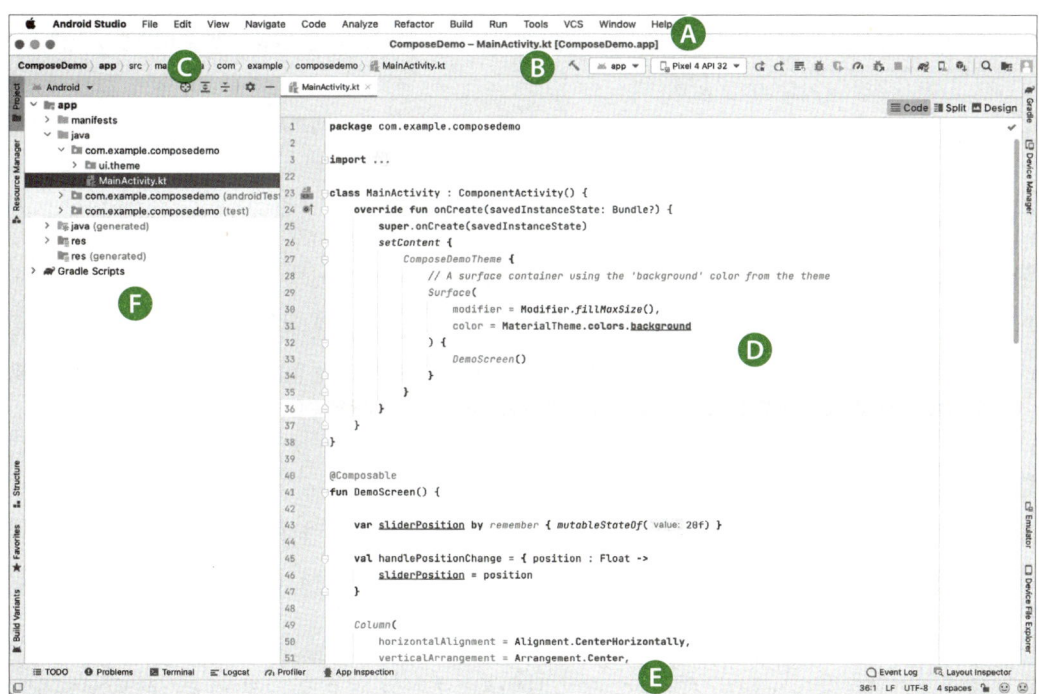

그림 7-3

기본 창에서는 다음과 같은 다양한 요소들이 표시된다.

A 메뉴 바 Menu Bar — 안드로이드 스튜디오 환경 안에서 작업을 수행하기 위한 다양한 메뉴를 포함한다.

B 툴바 Toolbar — 자주 수행하는 작업의 바로 가기를 선택할 수 있다. 툴바 버튼을 이용하면 메뉴 바의 작업 선택 그룹에 빠르게 접근할 수 있다. 툴바는 바에서 마우스 오른쪽 버튼을 클릭한 뒤 Customize Menus and Toolbars... 메뉴를 선택해서 커스터마이즈할 수 있다. 툴바가 보이지 않으면 View ➡ Appearance ➡ Toolbar 메뉴 옵션을 선택한다.

C 내비게이션 바 Navigation Bar — 내비게이션 바는 프로젝트를 구성하는 파일과 폴더를 편리하게 이동할 수 있는 방법을 제공한다. 내비게이션 바에서 요소를 클릭하면 해당 위치에서 선택할 수 있는 하위 폴더 및 파일을 표시하는 드롭다운 메뉴가 나타난다. 이와 유사하게, 클래스 이름을 클릭하면 해당 클래스에 포함된 메서드 리스트의 드롭다운 메뉴를 표시한다. 리스트에서 메서드를 선택하면 코드 편집기 안의 해당 위치로 이동할 수 있다. View ➡ Appearance ➡ Navigation Bar 메뉴를 이용해 내비게이션 바를 숨기거나 표시할 수 있다.

D 편집기 창 Editor Window — 편집기 창에는 개발자가 현재 작업 중인 파일의 내용이 표시된다. 여러 파일이 열려 있으면 각 파일은 편집기의 위쪽 가장자리를 따라 탭으로 표시된다(그림 7-4).

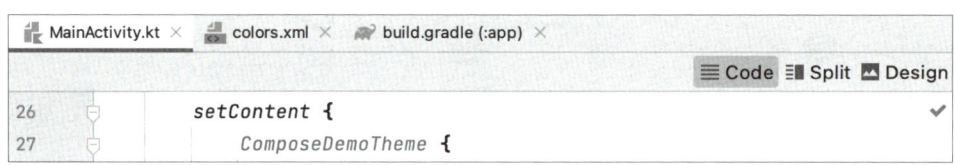

그림 7-4

E 상태 바 Status Bar — 상태 바는 가장 왼쪽 모서리에 있는 도구 메뉴 버튼과 함께 프로젝트 및 안드로이드 스튜디오의 활동에 대한 정보 메시지를 표시한다. 상태 바의 항목 위에 마우스 커서를 올리면 해당 필드에 관한 설명을 표시한다. 대화형으로 제공되는 필드가 많으므로, 사용자는 이를 클릭해 작업을 수행하거나 더 자세한 상태 정보를 얻을 수 있다.

F 프로젝트 도구 창 Project Tool Window — 프로젝트 도구 창은 프로젝트 파일 구조를 계층적으로 나타내며, 수행할 특정 파일 및 폴더에 대한 탐색을 제공한다. 툴바를 이용해 다양한 방법으로 프로젝트를 표시할 수 있다. 기본 설정은 Android 뷰 모드이며, 이 책의 나머지 부분에서도 대부분 이를 이용한다.

프로젝트 도구 창은 안드로이드 스튜디오 환경에서 이용할 수 있는 많은 도구 창 중 하나일 뿐이다.

7.3 도구 창

안드로이드 스튜디오에는 프로젝트 뷰 도구 창 외에도, 활성화되었을 때 기본 창의 아래쪽과 측면을 따라 표시되는 여러 창들이 있다. 도구 창의 빠른 접근 메뉴는 상태 표시줄의 맨 왼쪽 모서리에 있는 버튼 위로 마우스 포인터를 올리면 표시할 수 있다(그림 7-5).

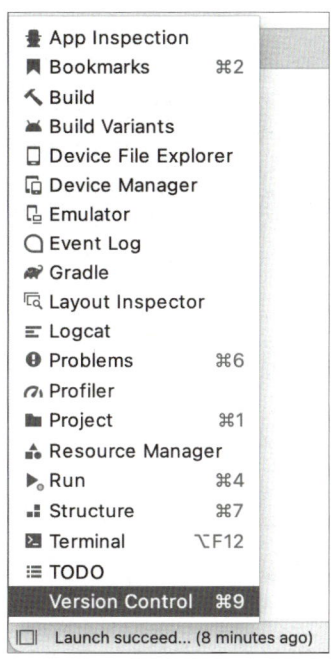

그림 7-5

위 메뉴에서 항목을 선택하면 해당 도구 창이 기본 창에 나타난다.

또는 상태 표시줄에서 빠른 접근 메뉴 아이콘을 클릭해 **도구 창 표시줄**tool window bar 모음을 표시할 수 있다. 이 툴바는 기본 창의 왼쪽, 오른쪽, 아래쪽 가장자리를 따라 표시되며(그림 7-6에서 화살표로 표시), 각 도구 창에는 표시 및 숨기기 버튼이 있다. 도구 창 툴바가 표시되었을 때 상태 표시줄의 버튼을 더블클릭하면 툴바가 숨겨진다.

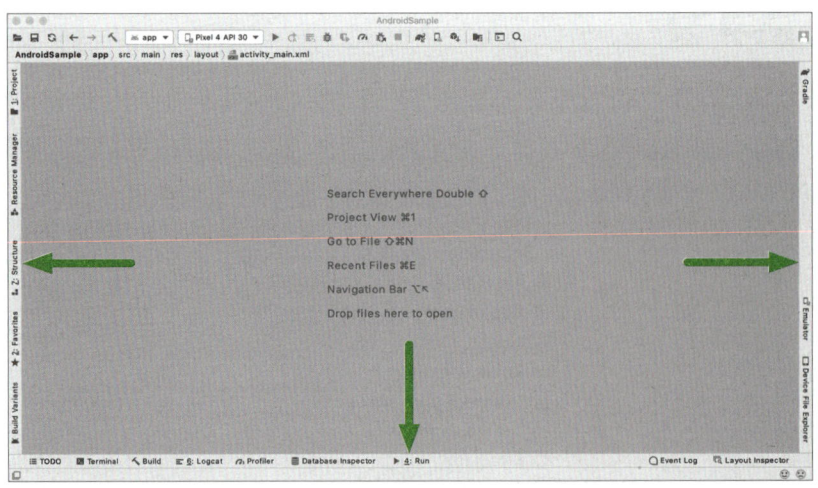

그림 7-6

버튼을 클릭하면 해당 도구 창이 표시되고, 한 번 더 클릭하면 창이 숨겨진다. 숫자가 앞에 붙은 버튼(예: '1: Project')은 키보드의 Alt 키(맥OS의 경우 Command 키)와 숫자 키를 함께 눌러서 도구 창을 표시할 수 있음을 나타낸다.

도구 창 표시줄에서 버튼의 위치는 표시될 때 창이 나타날 위치(측면)를 나타낸다. 이 위치는 버튼을 클릭하고 다른 창의 툴바 위치로 끌어서 변경할 수 있다.

각 도구 창에는 상단 가장자리를 따라 자체 툴바가 존재한다. 이 툴바 안의 버튼은 도구마다 다르지만, 모든 도구 창에는 톱니바퀴 아이콘으로 표시되는 설정 옵션이 포함되어 있으며 이를 이용해 창의 다양한 설정을 변경할 수 있다. 그림 7-7은 프로젝트 도구 창의 설정 메뉴를 나타냈다. 예를 들어 창의 도킹을 해제하고 안드로이드 스튜디오 기본 창의 경계 외부에 있도록 하거나, 도구 패널을 이동하고 크기를 조정하는 등의 작업을 할 수 있다.

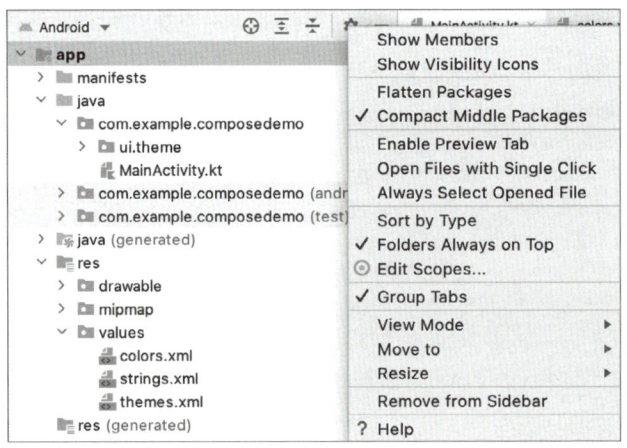

그림 7-7

모든 창에는 도구 창을 뷰에서 숨길 수 있는 버튼이 있다(툴바의 가장 오른쪽 버튼). 도구 창 안에서 항목을 검색할 때는 원하는 창을 클릭한 뒤, 검색어(예: 프로젝트 도구 창의 파일 이름)를 입력한다. 검색 상자가 창의 툴바에 나타나고 검색 결과에 일치하는 항목이 강조되어 표시된다.

안드로이드 스튜디오는 다양한 도구 창을 제공하는데, 일반적으로 이용되는 도구 창은 다음과 같다.

- **App Inspector**: Database Inspector 및 Background Task Inspector에 대한 접근을 제공한다. Database Inspector를 이용하면 앱이 실행되는 동안 앱의 데이터베이스를 검사하고 질의를 하거나 수정할 수 있다. Background Task Inspector를 이용하면 WorkManager를 통해 생성된 백그라운드 작업 태스크를 모니터링하고 관리할 수 있다.
- **Build**: 프로젝트를 컴파일 및 패키징하는 동안 빌드 프로세스에 대한 정보를 표시하고 발생한 오류에 관한 세부 정보를 표시한다.
- **Build Variants**: 현재 애플리케이션 프로젝트에 대한 다른 빌드 대상을 구성하는 빠른 방법을 제공한다 (예: 애플리케이션 디버깅 및 릴리스 버전을 위한 다른 빌드 또는 다른 기기 범주를 대상으로 하는 여러 빌드).
- **Device File Explorer**: 이 창은 **View** ➡ **Tool Windows** ➡ **Device File Explorer** 메뉴를 통해 이용할 수 있으며, 현재 연결된 안드로이드 기기 또는 에뮬레이터의 파일 시스템에 직접 접근해 파일 시스템을 탐색하고 파일을 로컬 파일 시스템에 복사할 수 있다.
- **Device Manager**: 물리적 안드로이드 기기 연결 및 에뮬레이터를 추가, 제거, 관리할 수 있는 기기 관리자 도구 창에 대한 접근을 제공한다.
- **Emulator**: 5장 '안드로이드 스튜디오에서 AVD 만들기'에서 설명한 것처럼, 도구 창에서 에뮬레이터를 실행하는 옵션이 활성화된 경우 AVD 에뮬레이터를 포함한다.
- **Event Log**: 안드로이드 스튜디오 안에서 수행되는 이벤트 및 액티비티와 관련된 메시지가 표시된다. 예를 들어, 프로젝트의 성공적인 빌드 또는 애플리케이션이 현재 실행 중 등의 내용을 이 도구 창에 표시한다.
- **Favorites**: 다양한 프로젝트 항목을 추가할 수 있다. 예를 들어, 프로젝트 뷰에서 파일을 마우스 오른쪽 버튼으로 클릭한 뒤 즐겨찾기 추가 메뉴 옵션을 이용할 수 있다. 마찬가지로, **Structure** 도구 창에서 메서드를 마우스 오른쪽 버튼으로 클릭해 즐겨찾기에 추가할 수 있다. 즐겨찾기 리스트에 추가된 모든 항목은 이 **Favorites** 도구 창을 통해 접근할 수 있다.
- **Gradle**: 프로젝트 빌드 환경 설정을 구성하는 그레이들(Gradle) 작업을 나타낸다. 창에는 프로젝트의 다양한 요소를 실행 가능한 애플리케이션으로 컴파일하는 데 관련된 작업이 표시된다. 최상위 그레이들 작업에서 마우스 오른쪽 버튼을 클릭한 뒤, **Open Gradle Config** 메뉴 옵션을 선택하면 현재 프로젝트의 그레이들 빌드 파일을 편집기에 로드할 수 있다. 그레이들에 관해서는 이 책의 뒷부분에서 더 자세히 다룬다.
- **Layout Inspector**: 사용자 인터페이스 레이아웃을 구성하는 컴포넌트 계층의 시각적 3D 렌더링을 제공한다.
- **Logcat**: 애플리케이션의 스크린샷과 비디오를 찍고, 프로세스를 중지하거나 재시작하는 옵션 외에 실행 중인 애플리케이션의 모니터링 로그 출력에 대한 접근을 제공한다.

- **Problems**: 프로젝트 내의 모든 현재 오류 또는 경고를 볼 수 있는 장소다. 문제 리스트에서 항목을 더블클릭하면 문제가 발생한 파일의 위치로 이동한다.
- **Profiler**: CPU, 메모리, 네트워크 사용량을 포함해 실행 중인 앱 안에서의 성능 문제를 식별하기 위한 실시간 모니터링 및 분석 도구를 제공한다. 이 옵션은 앱이 실행 중일 때만 이용할 수 있다.
- **Project**: 프로젝트 뷰에서는 파일 간의 빠른 이동을 할 수 있는 프로젝트 파일 구조의 개요를 제공한다. 일반적으로 프로젝트 뷰에서 파일을 더블클릭하면 해당 파일이 적절한 편집 도구로 로드된다.
- **Resource Manager**: 프로젝트에 포함된 이미지, 색상, 레이아웃 파일 같은 리소스 및 자산(asset)을 추가하고 관리하는 도구다.
- **Run**: Run 도구 창은 애플리케이션이 실행 중일 때 이용할 수 있으며, 실행 중인 프로세스를 중지하거나 재시작하는 옵션과 함께 실행 결과 보기를 제공한다. 애플리케이션이 물리적 기기 또는 에뮬레이터에서 설치 및 실행되지 않는 경우, 이 창에서는 일반적으로 문제와 관련된 진단 정보를 제공한다.
- **Structure**: Structure 도구는 현재 편집기에 표시된 소스 파일의 구조에 관한 상위 수준의 뷰를 제공한다. 이 정보에는 파일의 클래스, 메서드, 변수 같은 항목 리스트가 포함된다. 구조 리스트에서 항목을 선택하면 편집기 창에서 소스 파일의 해당 위치로 이동한다.
- **Terminal**: 안드로이드 스튜디오가 실행 중인 시스템의 터미널 창에 대한 접근을 제공한다. 윈도우 시스템에서는 명령어 프롬프트 인터페이스, 리눅스 및 맥OS 시스템에서는 터미널 프롬프트 형식이다.
- **TODO**: 이름에서 알 수 있듯이 이 도구는 프로젝트에서 아직 완료되지 않은 항목을 검토할 수 있는 장소를 제공한다. 안드로이드 스튜디오는 프로젝트를 구성하는 소스 파일을 스캔해 지정한 TODO 패턴에 일치하는 것을 찾아 이 리스트를 만든다. 이 패턴은 **File** ➡ **Settings...**(맥OS의 경우 **Android Studio** ➡ **Preferences...**) 메뉴 옵션을 선택한 뒤, **Editor** 아래 **TODO** 페이지에서 검토하고 변경할 수 있다.
- **Version Control**: 프로젝트 파일들을 소스 코드 버전 관리 시스템으로 관리할 때 사용한다. 깃 저장소와 코드 변경 이력에 접근할 수 있다.

7.4 안드로이드 스튜디오 키보드 단축키

안드로이드 스튜디오는 일반적인 작업의 수행 시간을 절약할 수 있도록 풍부한 키보드 단축키를 제공한다. 안드로이드 스튜디오 프로젝트 창에서 Help ➡ Keymap Preference 옵션을 선택하면 전체 키보드 단축키 키 맵 리스트를 확인하고 인쇄할 수 있다. File ➡ Settings...(맥OS의 경우 Android Studio ➡ Preferences...) 메뉴 옵션을 선택하고 Keymap 항목을 클릭하면, 키보드 단축키를 나열하고 수정할 수 있다(그림 7-8).

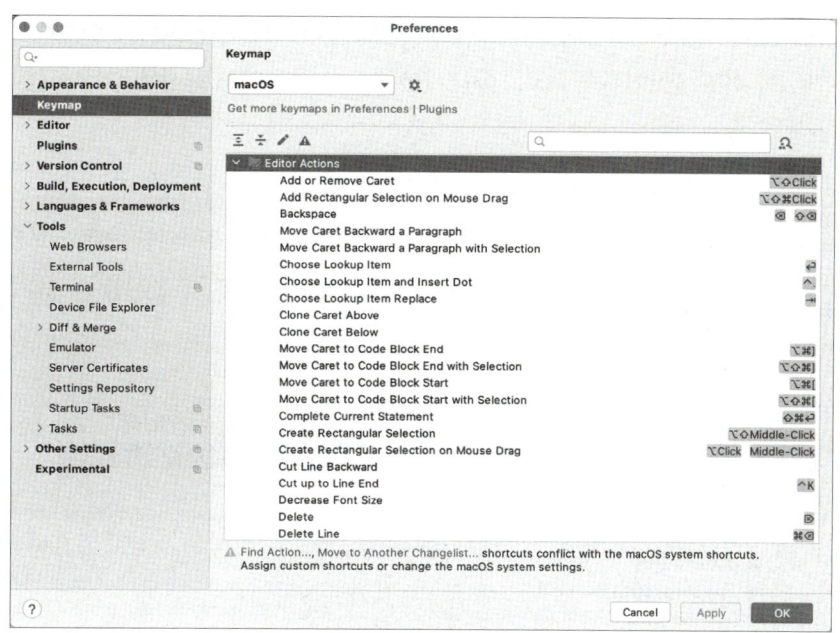

그림 7-8

7.5 스위처 및 최근 파일 탐색

안드로이드 스튜디오 기본 창 안에서 제공하는 유용한 탐색 메커니즘으로 스위처$_{Switcher}$를 이용할 수 있다. Ctrl + Tab 단축키를 이용해 접근할 수 있으며, 스위처는 도구 창과 현재 열려 있는 파일을 모두 나열하는 패널로 표시된다(그림 7-9).

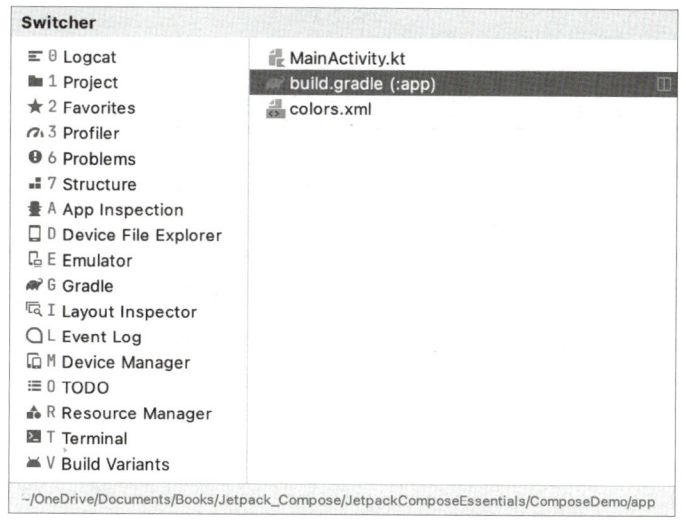

그림 7-9

스위처 패널은 `Ctrl` 키를 누르고 있는 동안 계속 표시된다. `Ctrl` 키를 누른 상태에서 `Tab` 키를 반복해서 누르면 다양한 선택 옵션이 순환되고, `Ctrl` 키를 놓으면 현재 강조 표시된 항목이 선택되어 기본 창에 표시된다.

스위처 외에도 최근에 연 파일은 Recent Files 패널에서 찾아볼 수 있다(그림 7-10). `Ctrl`+`E` 키보드 단축키(맥OS의 경우 `Command`+`E`)를 이용해 접근할 수 있다. 패널이 표시되면 마우스 포인터를 이용해 옵션을 선택하거나 키보드 화살표 키를 이용해 파일 이름 및 도구 창 옵션을 스크롤할 수 있다. `Enter` 키를 누르면 현재 강조 표시된 항목이 선택된다.

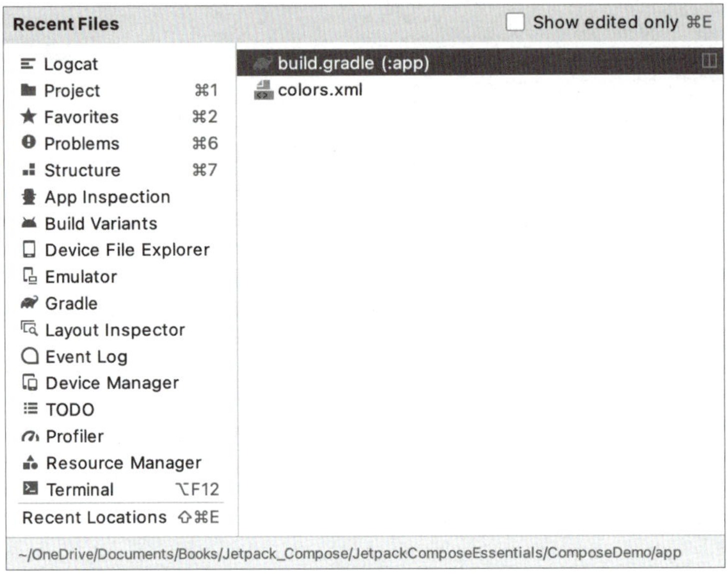

그림 7-10

7.6 안드로이드 스튜디오 테마 변경하기

안드로이드 스튜디오 환경의 전체 테마는 시작 화면에서 Configure ➡ Settings 옵션 또는 메인 창의 File ➡ Settings...(맥OS의 경우 Android Studio ➡ Preferences...) 메뉴 옵션을 통해 변경할 수 있다.

설정 다이얼로그가 표시되면 Appearance & Behavior 옵션을 선택하고 왼쪽 패널의 Appearance에 따라 Theme 메뉴 설정을 변경한 뒤 Apply 버튼을 클릭한다. 이용할 수 있는 테마는 플랫폼에 따라 다르지만 일반적으로 Light, IntelliJ, Windows, High Contrast, Dracula 등이 포함된다. 그림 7-11은 Darcula 테마를 선택했을 때의 기본 창 예시다.

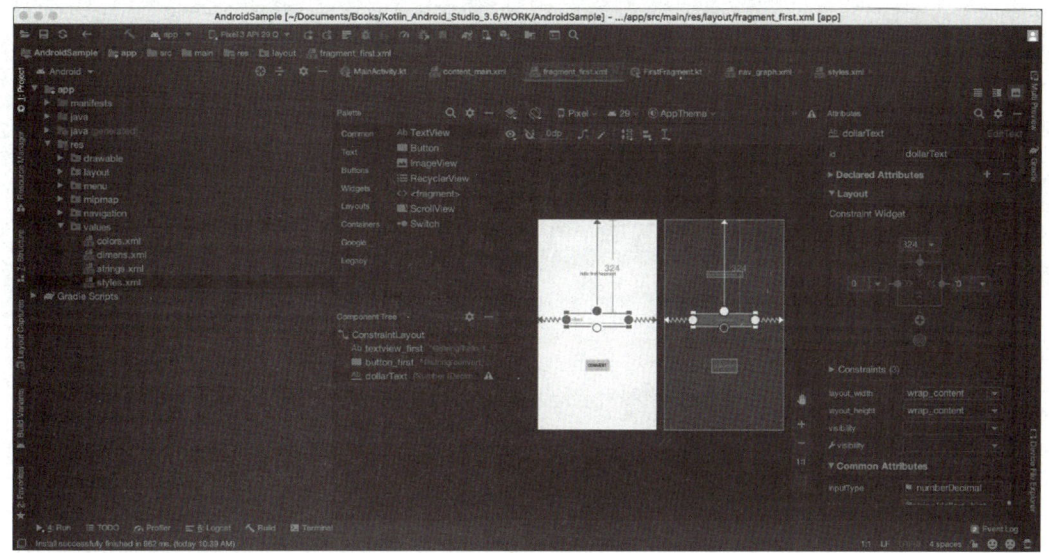

그림 7-11

안드로이드 스튜디오 테마를 운영체제의 라이트 모드 및 다크 모드 설정과 동기화하려면 Sync with OS 옵션을 활성화하고, 드롭다운 메뉴에서 각 모드에서 이용할 테마를 설정한다(그림 7-12).

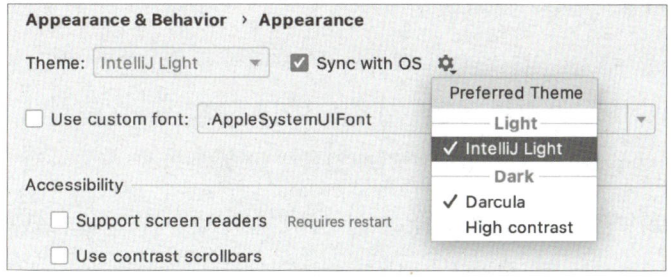

그림 7-12

7.7 정리

안드로이드 스튜디오 환경의 기본 요소는 시작 화면과 기본 창으로 구성된다. 열려 있는 각 프로젝트에는 메뉴 바, 툴바, 편집 및 디자인 영역, 상태 표시줄, 도구 창 모음으로 구성된 고유한 기본 창이 할당된다. 도구 창은 기본 창의 측면과 하단 가장자리에 나타나며 상태 표시줄의 빠른 접근 메뉴를 이용하거나 옵션 도구 창 툴바를 이용해 접근할 수 있다.

안드로이드 스튜디오 안의 거의 모든 작업은 키보드 단축키로도 수행할 수 있다. 기본 키보드 단축키의 키 맵은 안드로이드 스튜디오 기본 창 안에서 언제든지 확인할 수 있다.

CHAPTER 8

물리적 안드로이드 기기에서 안드로이드 스튜디오 앱 테스트하기

AVD_{Android Virtual Device}를 이용해 애플리케이션을 테스트함으로써 많은 것을 얻을 수 있다. 그러나 물리적인 안드로이드 기기에서의 테스트를 대체할 수는 없으며, 일부 기능은 실제 기기에서만 이용할 수 있기도 하다.

AVD 인스턴스 및 연결된 안드로이드 기기와의 통신은 ADB_{Android Debug Bridge}에서 처리한다. 이번 장에서는 맥OS, 윈도우, 리눅스 운영체제가 설치된 시스템에서 안드로이드 기기를 이용해 애플리케이션 테스트를 활성화하도록 adb 환경을 구축하는 방법을 설명한다.

8.1 ADB 개요

ADB는 개발 시스템(여기서는 안드로이드 스튜디오)과 AVD 에뮬레이터 및 안드로이드 기기 간의 상호작용을 촉진하고, 애플리케이션 실행과 디버그 지원을 주요 목적으로 한다. ADB를 이용하면 Wi-Fi 네트워크나 USB 케이블을 이용해 기기에 연결할 수 있다.

ADB는 클라이언트, 개발 시스템 백그라운드에서 실행되는 서버 프로세스, AVD/스마트폰/태블릿 같은 실제 안드로이드 기기에서 실행되는 데몬_{daemon} 백그라운드 프로세스로 구성된다.

ADB 클라이언트는 다양한 형태를 가질 수 있다. 예를 들면, 클라이언트는 안드로이드 SDK platform-tools 하위 디렉터리의 adb라는 커맨드라인 도구 형태로 제공된다. 안드로이드 스튜디오에도 클라이언트가 내장되어 있다.

adb 커맨드라인 도구를 이용하면 다양한 작업을 수행할 수 있다. 예를 들어, 현재 활성화된 가상 기기 또는 물리적 기기 리스트는 devices 인수를 이용해 얻을 수 있다. 다음은 시스템에 AVD는 있지만 물리적 기기는 연결되지 않았음을 나타낸다.

```
$ adb devices
List of devices attached
emulator-5554 device
```

8.2 안드로이드 기기에서 USB 디버깅 ADB 활성화하기

ADB를 안드로이드 기기에 연결하기 위해서는 먼저 해당 기기가 연결을 허용하도록 설정해야 한다. 안드로이드 6.0 이상을 실행하는 스마트폰 및 태블릿 기기에서는 다음과 같이 설정한다.

1. 기기에서 Settings 앱을 열고 태블릿 정보 또는 스마트폰 정보 옵션을 선택한다(일부 안드로이드 버전에서는 Settings 앱의 **System** 페이지에서 찾을 수 있다).

2. **About** 화면에서 **Build number** 필드(그림 8-1)까지 스크롤한 뒤 해당 필드를 7번 클릭한다. 이후 개발자 모드가 활성화되었음을 나타내는 메시지가 표시된다. **Build number**가 **About** 화면에 나타나지 않으면 **Software information** 옵션에서 확인할 수 있을 것이다. 또는 **Advanced** 섹션에서 찾아볼 수도 있다.

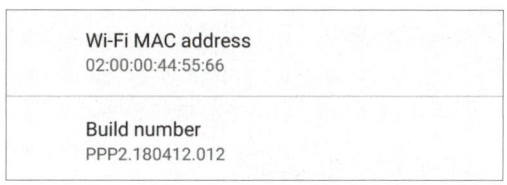

그림 8-1

3. 기본 **Settings** 화면으로 돌아가서 **Developer options**가 표시되는지 확인한다(최신 버전의 안드로이드에서는 이 옵션이 시스템 설정 화면에 표시된다). 이 옵션을 선택하고 결과 화면에서 **USB debugging** 옵션을 찾는다(그림 8-2).

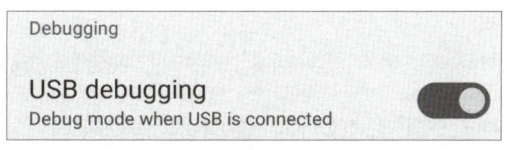

그림 8-2

4. **USB debugging** 옵션을 활성화하고 **Allow** 버튼을 눌러 확인을 수락한다.

이 시점에서 기기는 USB 연결을 통해 개발 시스템의 adb에서 디버깅 연결을 수락하도록 설정된다. 다음으로 기기가 연결될 때, 개발 시스템에서 기기를 감지하도록 구성해야 한다. 이 과정은 비교적 간단하지만 개발 시스템(윈도우, 맥OS, 리눅스 등)에 따라 설정 방법이 다르다. 다음 설명에서는 2장 '안드로이드 스튜디오 개발 환경 설정'에서 설명한 것처럼 안드로이드 SDK 플랫폼 도구 디렉터리가 운영체제의 PATH 환경 변수에 포함되어 있다고 가정한다.

8.2.1 맥OS ADB 환경 설정

맥OS 시스템에서 ADB 환경을 구성할 때는 USB 케이블을 이용해 기기를 컴퓨터 시스템에 연결한 뒤, 터미널 창을 열고 다음 명령을 실행해 adb 서버를 재시작한다.

```
$ adb kill-server
$ adb start-server
* daemon not running. starting it now on port 5037 *
* daemon started successfully *
```

서버가 성공적으로 실행되면 다음 명령을 실행해 기기가 감지되었는지 확인한다.

```
$ adb devices
List of devices attached
74CE000600000001        offline
```

기기가 오프라인으로 표시되면, 안드로이드 기기의 USB 디버깅 허용 권한에 관한 다이얼로그가 있는지 확인한다(그림 8-3). Always allow from this computer(이 컴퓨터에서 항상 허용)라는 옵션 옆의 확인란을 선택한 뒤 OK를 클릭한다.

그림 8-3

adb devices 명령어를 다시 실행하면 기기가 이용 가능한 것으로 표시될 것이다.

```
$ adb devices
List of devices attached
015d41d4454bf80c        device
```

기기가 리스트에 표시되지 않으면 맥OS에서 로그아웃한 뒤 다시 로그인해서 시도해 본다. 문제가 지속되면 시스템을 재부팅한다.

8.2.2 윈도우 ADB 환경 설정

윈도우 기반 개발 시스템에서 ADB를 이용해 안드로이드 기기에 연결하려면 가장 먼저 시스템에 적절한 USB 드라이버를 설치해야 한다. 설치할 USB 드라이버는 안드로이드 기기 모델에 따라 다르다. Pixel 스마트폰과 같은 구글 기기가 있는 경우에는 윈도우 시스템에 구글 USB 드라이버 패키지를 설치하고 설정해야 한다. 이를 위한 자세한 단계는 다음 웹 페이지를 참고한다.

URL https://developer.android.com/sdk/win-usb.html

구글 USB 드라이버가 지원하지 않는 안드로이드 기기인 경우에는 기기 제조사에서 제공하는 드라이버를 다운로드해야 한다. 다운로드 및 설치 정보와 드라이버 리스트는 다음 웹 페이지에서 확인할 수 있다.

URL https://developer.android.com/tools/extras/oem-usb.html

드라이버를 설치한 뒤 기기가 올바른 기기 유형으로 인식되면, 명령어 프롬프트 창을 열고 다음 명령어를 실행한다.

```
adb devices
```

위 명령어를 실행하면 다음과 유사한 기기 연결 정보가 출력된다.

```
List of devices attached
HT4CTJT01906        offline
```

기기가 오프라인 또는 인증되지 않은 것으로 표시되면, 안드로이드 기기의 USB 디버깅 허용 권한에 관한 다이얼로그가 있는지 확인한다(그림 8-3). Always allow from this computer라는 옵션 옆의 확인란을 선택한 뒤 **OK**를 클릭한다. adb devices 명령어를 재실행하면 기기가 준비된 것으로 나타난다.

```
List of devices attached
HT4CTJT01906        device
```

기기가 리스트에 표시되지 않으면, 다음 명령어를 실행해 ADB 서버를 다시 시작한다.

```
adb kill-server
adb start-server
```

기기가 여전히 표시되지 않으면 다음 명령어를 실행해 본다.

```
android update adb
```

필요에 따라 시스템을 재부팅해야 할 수도 있다.

8.2.3 리눅스 adb 환경 설정

여기서는 우분투 리눅스를 기반으로 애플리케이션 테스트용 물리적 안드로이드 기기에 연결하기 위해 리눅스에서 adb를 구성하는 방법을 설명한다.

우분투 리눅스에서 물리적 기기를 테스트하려면 android-tools-adb 패키지를 설치해야 하며, 이 패키지를 이용하려면 안드로이드 스튜디오 사용자는 plugdev 그룹의 구성원이어야 한다. 이는 대부분의 우분투 버전에서 사용자 계정의 기본값이며, id 명령어를 실행하면 확인할 수 있다. plugdev 그룹이 리스트에 없다면 다음 명령어를 실행해서 계정을 해당 그룹에 추가한다.

```
sudo usermod -aG plugdev $LOGNAME
```

그룹 멤버십 요구사항이 충족되었다면 다음 명령어를 이용해 android-tools-adb 패키지를 설치할 수 있다.

```
sudo apt-get install android-tools-adb
```

위 변경사항을 적용한 뒤 우분투 시스템을 재부팅한다. 시스템이 다시 시작되면 터미널 창을 열고 adb 서버를 시작한 뒤, 연결된 기기 리스트를 확인한다.

```
$ adb start-server
* daemon not running. starting it now on port 5037 *
* daemon started successfully *

$ adb devices
List of devices attached
015d41d4454bf80c        offline
```

기기가 오프라인 또는 인증되지 않은 것으로 표시되면, 안드로이드 기기의 USB 디버깅 허용 권한을 승인했는지 확인한다(그림 8-3).

8.3 USB 연결 문제 해결하기

위 단계를 통해 기기에 성공적으로 연결할 수 없다면, 대상 실행 메뉴(그림 8-4)를 표시한 뒤 Troubleshoot Device Connections 옵션을 선택한다.

연결 도우미가 기기를 검색하고 문제 및 가능한 솔루션을 알려준다.

그림 8-4

8.4 안드로이드 기기의 무선 디버깅 활성화하기

8.2절의 1~3단계를 수행했다면 Wireless debugging 옵션을 활성화한다(그림 8-5).

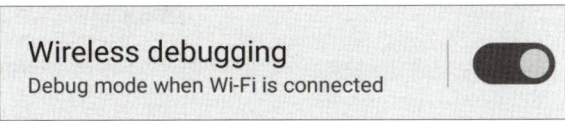

그림 8-5

다음으로 위의 Wireless debugging 항목을 클릭해서 그림 8-6과 같은 화면을 표시한다.

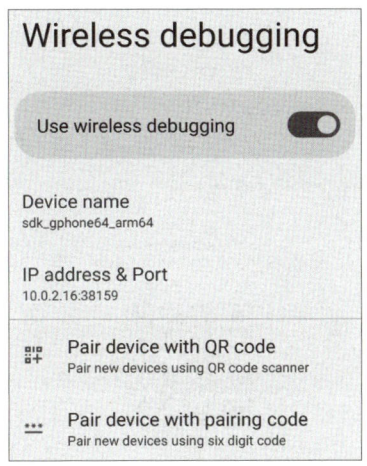

그림 8-6

이용 중인 기기에 카메라가 있다면 Pair device with QR code를 선택하고, 그렇지 않다면 Pair device with pairing code 옵션을 선택한다. 선택한 옵션에 따라 Settings 앱은 카메라 세션을 시작하거나 페어링 코드를 표시한다(그림 8-7).

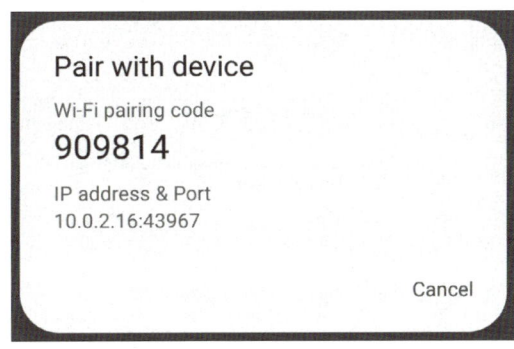

그림 8-7

옵션을 선택한 상태에서 안드로이드 스튜디오로 돌아가서 대상 실행 메뉴의 Pair Devices Using Wi-Fi 옵션을 선택한다(그림 8-8).

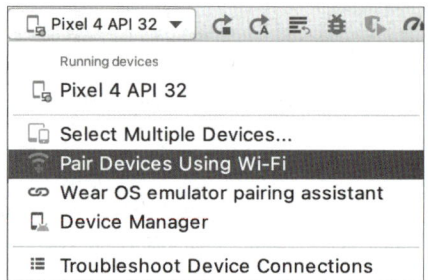

그림 8-8

페어링 다이얼로그에서는 기기의 Settings 앱에서 선택한 옵션에 따라 Pair using QR code 또는 Pair using paring code를 선택한다.

그림 8-9

안드로이드 기기를 이용해 QR 코드를 스캔하거나, 기기 화면에 표시된 페어링 코드를 안드로이드 스튜디오 다이얼로그에 입력해 페어링 프로세스를 완료한다(그림 8-10).

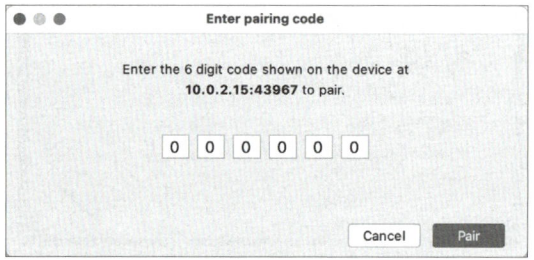

그림 8-10

페어링 프로세스가 실패했다면, 개발 시스템과 안드로이드 기기를 모두 재부팅하고 다시 시도한다.

8.5 adb 연결 테스트하기

여러분이 이용하는 개발 플랫폼에서 adb 구성이 성공했다면, 다음으로 4장 '컴포즈 예제 프로젝트'에서 만든 테스트 애플리케이션을 기기에서 실행해 본다. 안드로이드 스튜디오를 시작하고 ComposeDemo 프로젝트를 연 뒤, 기기 선택 메뉴에 연결한 기기가 나타나는지 확인한다(그림 8-11).

그림 8-11

리스트에서 기기를 선택하고 실행 버튼(기기 메뉴 오른쪽의 녹색 화살표 버튼)을 클릭하면, 기기에 앱이 설치되고 실행된다.

8.6 정리

안드로이드 가상 기기 에뮬레이터는 뛰어난 테스트 환경을 제공하지만, 실제 안드로이드 기기에서 애플리케이션 올바르게 동작하는 것을 대체할 수는 없다는 점을 기억해야 한다. 결국 애플리케이션은 실제 기기에서 이용하기 때문이다.

그러나 기본적으로 안드로이드 스튜디오 환경에서는 안드로이드 기기를 테스트 대상 기기로 감지하도록 설정되어 있지 않다. 따라서 USB 케이블이나 Wi-Fi 네트워크를 통해 안드로이드 스튜디오 개발 환경 안에서 안드로이드 기기에 애플리케이션을 설치하고 실행하려면 몇 가지 단계를 수행해야 하는데, 이 단계는 이용하는 개발 플랫폼에 따라 다르다. 이번 장에서는 리눅스, 맥OS, 윈도우 기반 플랫폼에서의 설정 단계를 살펴봤다.

CHAPTER 9

안드로이드 스튜디오 코드 편집기 기본

안드로이드용 애플리케이션 개발은 상당한 양의 프로그래밍 작업을 포함한다. 코드를 입력하고 리뷰하고 수정하는 작업이 포함된다. 안드로이드 스튜디오를 이용하는 개발자들이 대부분의 시간을 편집기 창 안에서 코드를 편집하는 데 이용한다는 사실은 그리 놀랍지 않다.

현대의 코드 편집기는 코드 작성, 삭제, 자르기, 붙이기를 한참 뛰어넘는 기능들을 제공해야 한다. 코드 편집기의 유용성은 프로그래머가 직접해야 하는 타이핑의 감소 정도, 큰 소스 코드 파일에서의 탐색 용이성, 코드를 작성할 때 실시간으로 프로그래밍 구문 오류를 감지하고 강조하는 능력 등의 요소로 측정한다. 이번 장에서 명확하게 확인하겠지만, 이들은 안드로이드 스튜디오 편집기가 뛰어난 능력을 자랑하는 영역 중 일부에 불과하다.

이번 장에서는 안드로이드 스튜디오 편집기의 주요 기능에 관한 가이드를 제공한다(모든 기능을 설명하지는 않는다). 숙련된 프로그래머라면 이런 기능 중 일부는 현대의 코드 편집기 대부분에서 공통적이며, 또한 다른 일부는 안드로이드 스튜디오의 편집기에만 존재하는 독특한 기능임을 알 수 있을 것이다.

9.1 안드로이드 스튜디오 편집기

안드로이드 스튜디오 편집기는 자바, 코틀린, XML, 기타 텍스트 기반 파일을 선택하면 기본 창 중앙에 표시된다. 코틀린 소스 코드 파일을 로드한 일반적인 편집기 세션은 그림 9-1과 같다.

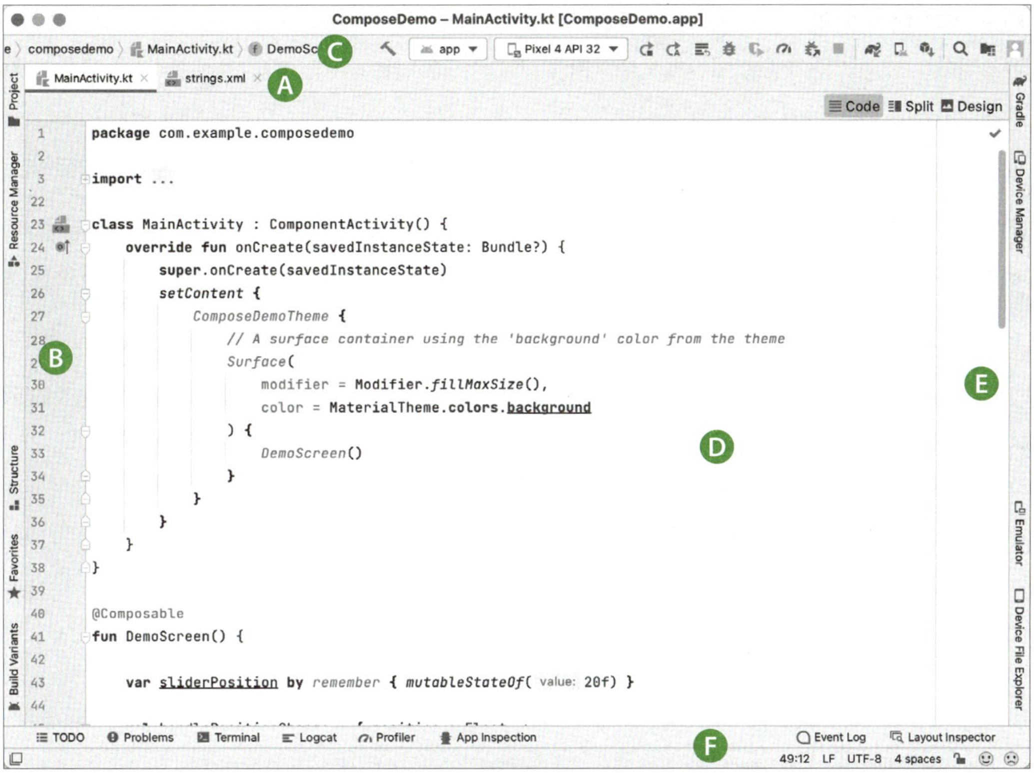

그림 9-1

편집기 창을 구성하는 주요한 요소들은 다음과 같다.

A 문서 탭 Document Tabs — 안드로이드 스튜디오에서는 편집을 위해 여러 파일을 동시에 열어둘 수 있다. 파일을 열 때마다 편집기 창의 위쪽 가장자리에 있는 탭 표시줄에 파일 이름을 표시하는 문서 탭이 할당된다. 모든 탭을 표시할 공간이 충분하지 않으면 탭 표시줄의 맨 오른쪽 모서리에 작은 드롭다운 메뉴가 표시된다. 이 메뉴를 클릭하면 열려 있는 추가 파일을 드롭다운 리스트로 표시한다. 탭의 파일 이름 아래 물결 모양의 빨간색 선은 프로젝트를 컴파일하고 실행하기 전에 해결해야 할 오류가 해당 파일에 포함되어 있음을 나타낸다.

파일 전환은 파일 이름의 탭을 클릭하거나 Alt + ← 또는 Alt + → 키보드 단축키를 이용하면 된다. 파일 간 탐색은 스위처 메커니즘을 이용해 수행할 수도 있다(Ctrl + Tab 키보드 단축키를 통해 접근 가능).

안드로이드 스튜디오 기본 창에서 편집기 패널을 분리해 별도의 창에 표시되게 하려면, 탭을 클릭한 뒤 기본 창 밖의 데스크톱 영역으로 드래그한다. 편집기를 기본 창으로 되돌리려면 분리된 편집기 창에서 파일 탭을 클릭하고 기본 창의 편집기 탭 표시줄로 드래그한다.

B 편집기 여백 영역 Editor Gutter Area — 편집기의 여백 영역 정보 아이콘이나 컨트롤을 표시하는 데 이용된다. 이 여백 영역에는 일반적으로 디버깅 브레이크포인트 마커, 코드 블록을 접고 펼치는 컨트롤, 책갈피, 변경 마커, 줄 번호 등이 표시된다. 줄 번호는 기본적으로 활성화되어 있지만, 여백에서 마우스 오른쪽 버튼을 클릭하고 Show Line Numbers 메뉴 옵션을 선택해 비활성화할 수 있다.

C 코드 구조 위치 Code Structure Location — 편집기 하단의 막대에는 커서의 현재 위치가 표시된다. 커서 위치는 코드 전체 구조와 관련되어 있다. 예를 들어 다음 그림은 현재 onCreate() 메서드를 편집하고 있으며, 이 메서드가 MainActivity 클래스에 포함되어 있음을 나타낸다.

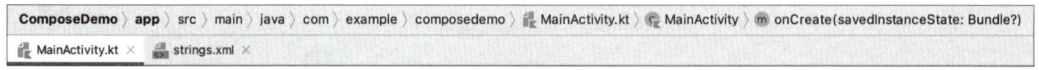

그림 9-2

막대 안의 요소를 더블클릭하면, 커서가 코드 파일의 해당 위치로 이동한다. 예를 들어, onCreate() 항목을 더블클릭하면 커서는 소스 코드 안에서 해당 메서드의 맨 위로 이동한다. 마찬가지로 MainActivity.kt 항목을 클릭하면 선택한 코드에 대한 탐색 지점 리스트를 드롭다운 메뉴로 표시한다.

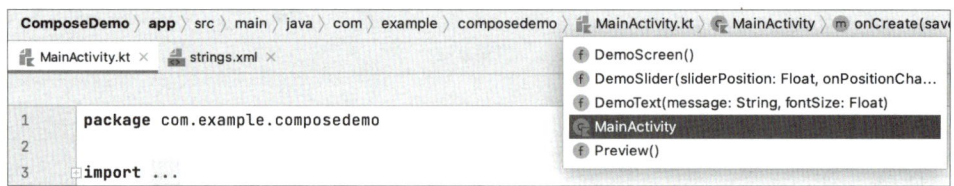

그림 9-3

D 편집 영역 Editor Area — 사용자가 코드를 표시하고 입력하고 편집하는 주요 영역이다. 이번 장 후반에서는 편집 영역의 주요 기능을 자세히 다룬다.

E 유효성 검사 사이드바 The Validation and Marker Sidebar — 안드로이드 스튜디오에는 '실시간 코드 분석on-the-fly code analysis'이라 불리는 기능이 통합되어 있다. 사용자가 코드를 입력하는 시점에 편집기가 코드를 분석하여 경고 및 구문 오류를 확인해 준다. 유효성 검사 사이드바 위의 지표는 코드를 추가함에 따라 실시간으로 업데이트되며, 발견된 오류 및 경고 수를 표시한다. 이 지표를 클릭하면 편집기의 코드에서 발견된 문제를 정리해 팝업에 표시한다(그림 9-4).

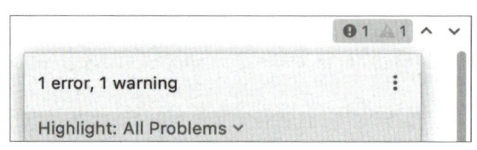

그림 9-4

위, 아래 화살표를 이용해 코드 안의 오류 위치로 이동할 수 있다. 녹색 확인 표시는 경고나 오류가 감지되지 않았음을 나타낸다.

또한 사이드바에서는 문제가 감지된 코드 위치에 동일한 색상의 마커로 표시한다. 코드 행이 편집기 영역에 표시되었을 때, 마커 위에 마우스 포인터를 올리면 문제에 대한 설명이 팝업으로 표시된다.

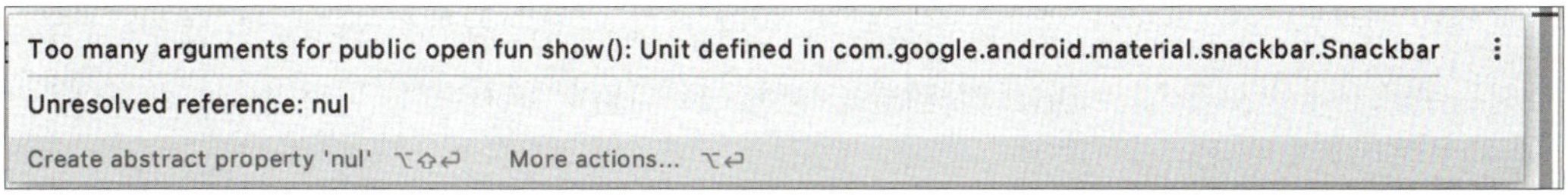

그림 9-5

편집기의 보기 영역 밖으로 스크롤된 코드 라인의 마커 위에 마우스 포인터를 올리면, 문제가 있는 코드 블록에 '돋보기lens'를 오버레이해서 출력한다(그림 9-6). 이를 이용하면 해당 위치로 직접 스크롤하지 않아도 코드를 확인할 수 있다.

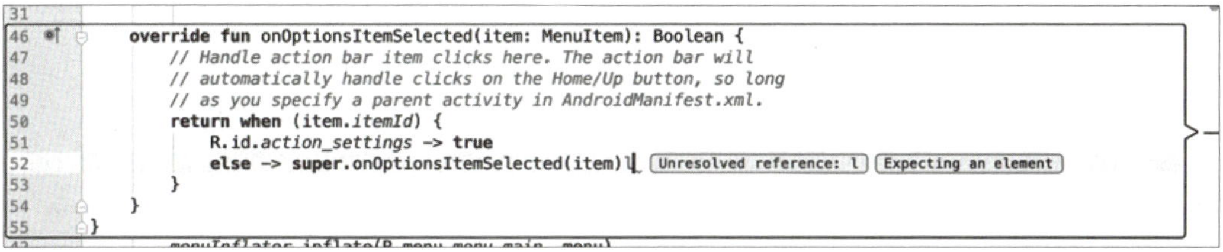

그림 9-6

돋보기 오버레이는 사이드바의 경고나 오류에만 국한되지 않는다는 점에도 주목하자. 사이드바의 모든 부분에 마우스를 가져가면 소스 파일 안의 해당 위치에 있는 코드를 포함한 돋보기 오버레이가 나타난다.

❶ 상태 표시줄 Status Bar — 상태 표시줄은 편집기와 달리 기본 창의 일부이며, 현재 활성화된 편집 세션에 대한 일부 정보를 포함한다. 이 정보에는 줄 및 문자의 관점에서 커서의 현재 위치, 파일 인코딩 형식(UTF-8, ASCII 등)이 포함된다. 상태 표시줄에서 이런 값들을 클릭하면 해당 설정을 변경할 수 있다. 예를 들어, 줄 번호를 클릭하면 Go to Line 다이얼로그가 표시된다.

여기까지 안드로이드 스튜디오 편집기를 구성하는 요소들을 간략히 설명했다. 이번 장의 나머지 부분에서는 편집 환경의 주요 기능을 더 자세히 살펴본다.

9.2 코드 모드

코드 편집기에는 세 가지 모드가 있으며, 편집기 패널의 오른쪽 상단 모서리에 있는 버튼을 이용해 모드를 바꿀 수 있다. 그림 9-7은 코드Code 모드를 선택한 상태의 모습이다.

그림 9-7

코드 모드에서는 코드 편집기 패널만 표시되고, 미리 보기 패널은 뷰에서 숨겨진다. 분할Split 모드에서는 편집기에서 코드 및 미리 보기 패널을 양쪽으로 나란히 표시한다. 디자인Design 모드에서는 미리 보기 패널만 표시한다.

9.3 편집기 창 분리하기

기본적으로 편집기는 단일 패널에 표시되며, 이 패널에서는 현재 선택한 파일의 내용을 나타낸다. 여러 소스 코드 파일에서 동시에 작업할 때는 편집기를 여럿으로 분할하는 기능이 매우 유용하다. 편집기를 분할할 때는 편집기 창의 파일 탭에서 마우스 오른쪽 버튼을 클릭한 뒤, Split Vertically(수직 분할) 또는 Split Horizontally(수평 분할) 메뉴 옵션을 선택한다. 예를 들어, 그림 9-8은 3개의 패널로 분할한 모습을 나타낸다.

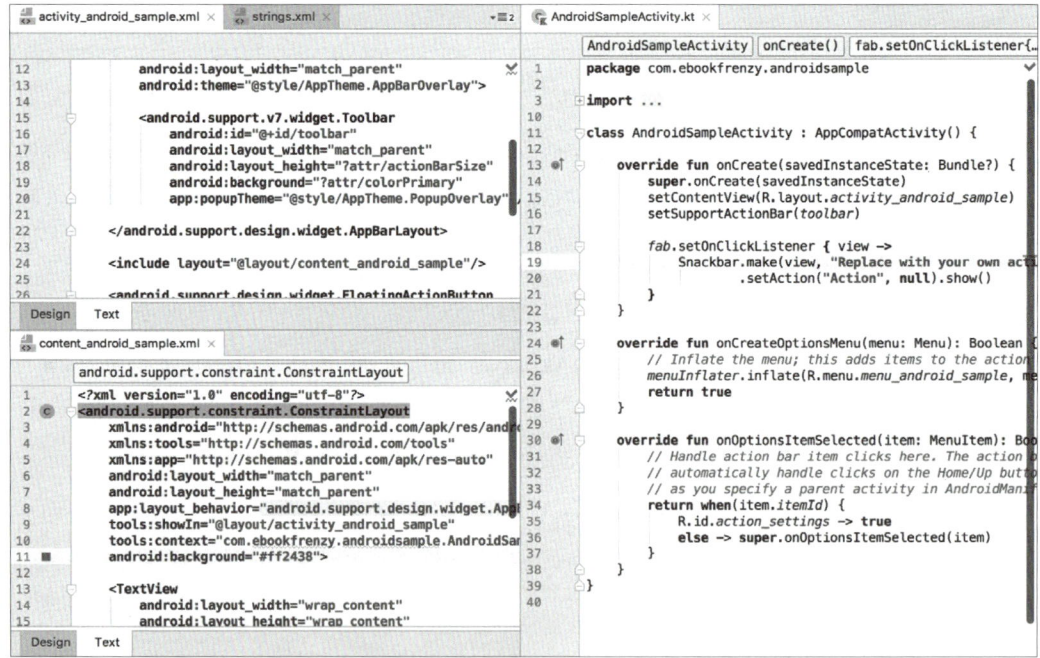

그림 9-8

패널 분할 방향은 원하는 탭에서 마우스 오른쪽 버튼을 클릭한 뒤, Change Splitter Orientation(분할 방향 변경) 메뉴 옵션을 선택해 언제든 변경할 수 있다. 단일 패널의 분할을 해제할 때 역시 이 단계를 반복한다. 이때는 메뉴에서 Unsplit(분할 해제) 옵션을 선택한다. 분할된 모든 패널을 닫을 때는 임의의 탭에서 마우스 오른쪽 버튼을 클릭한 뒤 Unsplit All(모든 분할 해제) 옵션을 선택한다.

창 분할을 이용해 다른 파일을 동시에 표시하거나, 같은 파일의 여러 부분을 함께 표시하고 동시에 보고 편집할 수 있다.

9.4 코드 자동 완성

안드로이드 스튜디오 편집기에는 코틀린 및 컴포즈 프로그래밍 구문, 안드로이드 SDK를 구성하는 클래스 및 메서드, 코드 베이스에 관한 상당한 양의 지식이 내장되어 있다. 코드를 입력하면 편집기는 입력 내용을 스캔하고 적절한 경우 명령문 또는 참조를 완성할 수 있는 항목들을 제안한다. 편집기가 코드 자동 완성 제안을 감지하면, 제안 리스트가 포함된 패널이 나타난다. 예를 들어, 그림 9-9는 String 선언의 시작에 관한 가능성을 제안한다.

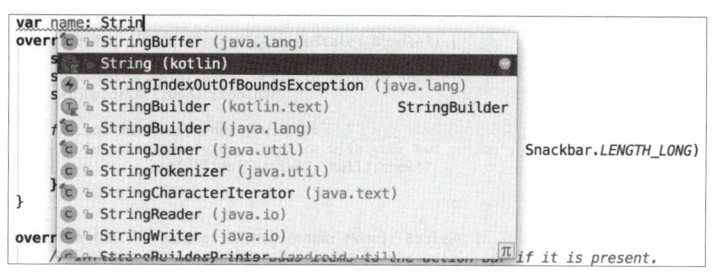

그림 9-9

자동 완성 제안된 항목들이 모두 적합하지 않을 때는 코드를 계속 입력하면 편집기가 적절한 위치에서 제안을 지속적으로 수정한다. 가장 위에 있는 제안을 이용할 때는 키보드에서 Enter 또는 Tab 키를 누른다. 다른 제안을 선택하려면 화살표 키를 이용해 리스트에서 위아래로 이동한 뒤 Enter 또는 Tab 키를 눌러 강조 표시된 항목을 선택한다.

완성 제안은 Ctrl + Space 키를 이용해 수동으로 호출할 수도 있다. 편집기에서 단어나 선언을 변경할 때 유용하다. 편집기에서 단어 위에 커서를 올리면 해당 단어가 자동으로 강조 표시된다. 이때 Ctrl + Space 키를 누르면 대체 제안 리스트가 표시된다. 현재 단어를 제안 리스트에서 강조 표시된 항목으로 바꿀 때는 Tab 키를 누른다.

안드로이드 스튜디오 편집기는 실시간 자동 완성 기능 외에 스마트 자동 완성Smart Completion 시스템도 제공한다. 스마트 자동 완성은 Shift + Ctrl + Space 키 시퀀스를 이용해 호출할 수 있으며, 이를 선택하면 코드의 현재 컨텍스트를 기반으로 하여 더 자세한 제안을 제공한다. Shift + Ctrl + Space 키 시퀀스를 두 번 누르면 더 넓은 범위에 대한 더 많은 제안을 제공한다.

코드 자동 완성은 많은 프로그래머에게는 개인 선호도의 문제일 수 있다. 그래서 안드로이드 스튜디오는 다양한 수준의 자동 완성 설정을 제공한다. File ➡ Settings...(맥OS의 경우 Android Studio ➡ Preferences...) 메뉴 옵션을 선택한 뒤, 그림 9-10과 같이 설정 패널에서 Editor ➡ General ➡ Code Completion으로 이동해 이를 확인하고 수정할 수 있다.

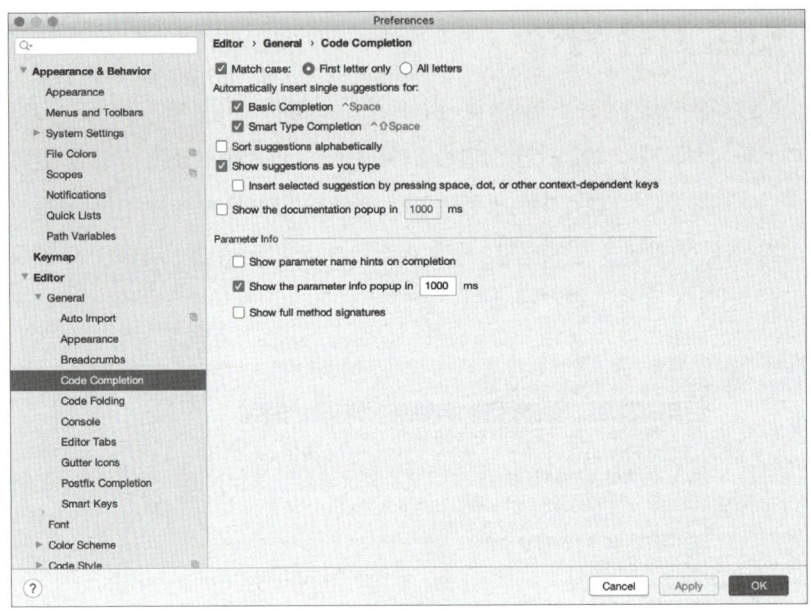

그림 9-10

9.5 스테이트먼트 자동 완성

안드로이드 스튜디오 편집기에서는 또 다른 형태의 자동 완성인 스테이트먼트 자동 완성statement completion 기능을 제공한다. 이는 메서드나 루프문 같은 항목의 괄호나 중괄호 등을 자동으로 채우는 데 이용된다. 스테이트먼트 자동 완성은 Shift + Ctrl + Enter 키 시퀀스를 이용해 호출한다. 예를 들어, 다음 코드를 생각해 보자.

```
fun myMethod()
```

이 코드를 편집기에 입력하고 스테이트먼트 자동 완성을 트리거하면 편집기는 자동으로 메서드에 중괄호를 추가한다.

```
fun myMethod() {

}
```

9.6 파라미터 정보

메서드에 전달되는 인수 파라미터에 관한 정보를 제공하도록 편집기에 요청할 수 있다. 메서드 호출문의 괄호 사이에 커서를 옮긴 상태에서 Ctrl + P(맥OS의 경우 Command + P) 키 시퀀스를 누르면 해당 메서드에 전달할 수 있는 파라미터가 표시되며, 가장 가능성이 높은 제안은 굵게 강조된다.

```
    val myButtonText: String = myString.format()
}
                              locale: Locale, vararg args: Any?
                              vararg args: Any?
```

그림 9-11

9.7 파라미터 이름 힌트

메서드 호출문 안에서 파라미터 이름 힌트를 표시하도록 코드 편집기를 설정할 수 있다. 예를 들어, 그림 9-12는 Snackbar 클래스의 make() 및 setAction() 메서드 호출 안에서 파라미터 이름 힌트를 강조해서 표시한 것이다.

```
    fab.setOnClickListener { view ->
        Snackbar.make(view, text: "Replace with your own action", Snackbar.LENGTH_LONG)
            .setAction( text: "Action", listener: null).show()
    }
}
```

그림 9-12

이 모드를 설정할 때는 왼쪽 패널에서 File ➡ Settings...(맥OS의 경우 Android Studio ➡ Preferences...) 메뉴 옵션을 선택한 다음, Editor ➡ Inlay Hints ➡ Kotlin을 선택한다. 이어서 표시되는 화면의 리스트에서 Parameter Hints 항목을 선택한 뒤, Show parameter hints 옵션을 활성화/비활성화한다. 힌트 설정을 조정하려면 Exclude list... 링크를 클릭하고 필요한 설정을 조정한다.

9.8 코드 생성

사용자 입력에 기반해 코드를 자동 완성하는 것 외에도, 편집기는 특정 조건에서 코드를 생성할 수도 있다. 코드가 생성될 파일의 위치에 커서를 두고 Alt + Insert(맥OS의 경우 Command + N) 키 시퀀스를 누르면 사용할 수 있는 코드 생성 옵션 리스트에 접근할 수 있다(그림 9-13).

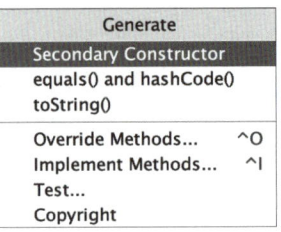

그림 9-13

예를 들어, 프로젝트 안의 한 액티비티가 운영체제에 의해 파괴되려고 할 때 알림을 받고 싶다고 가정해 보자. 이런 경우 액티비티 슈퍼클래스의 onStop() 메서드를 오버라이드해서 목적을 달성할 수 있다. 안드로이드 스튜디오가 이에 대한 스텁 메서드_stub method_를 만들 때는 코드 생성 리스트에서 Override Methods... 옵션을 선택한 뒤, 사용 가능한 메서드의 결과 리스트에서 onStop() 메서드를 선택하면 된다.

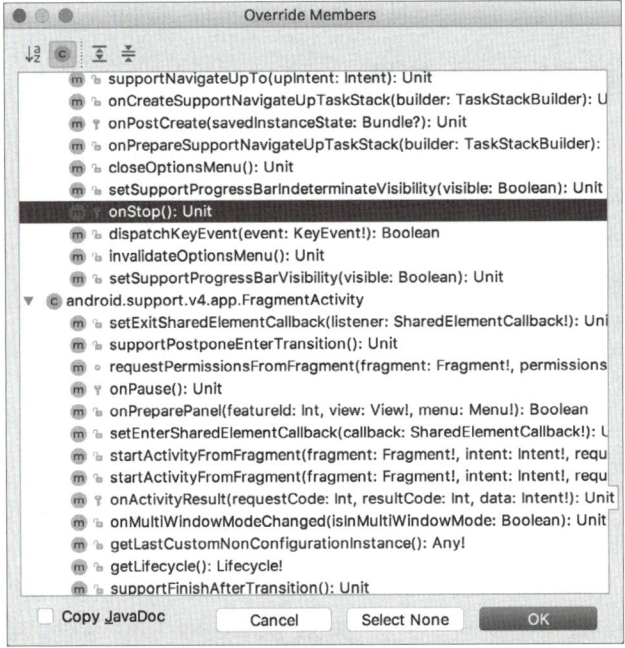

그림 9-14

오버라이드할 메서드를 선택한 뒤 OK를 클릭하면, 다음과 같이 코틀린 소스 파일의 현재 커서 위치에 스텁 메서드가 생성된다.

```
override fun onStop() {
    super.onStop()
}
```

9.9 코드 접기

소스 코드 파일의 크기가 일정 이상이 되면 아무리 신중하게 형식을 지정하고 잘 구성되었다 하더라도 살펴보기 어려울 수 있다. 안드로이드 스튜디오는 모든 코드 블록의 콘텐츠를 늘 볼 필요는 없다는 관점을 표방한다. 안드로이드 스튜디오 편집기의 코드 접기code folding 기능을 이용하면 좀 더 쉽게 코드를 살펴볼 수 있다. 코드 접기는 소스 파일에 있는 각 코드 블록 시작과 끝의 편집기 여백에 표시된 마커를 이용해 제어한다. 그림 9-15는 현재 접혀 있지 않은 코드의 시작 및 끝 마커를 강조해서 표시한 것이다.

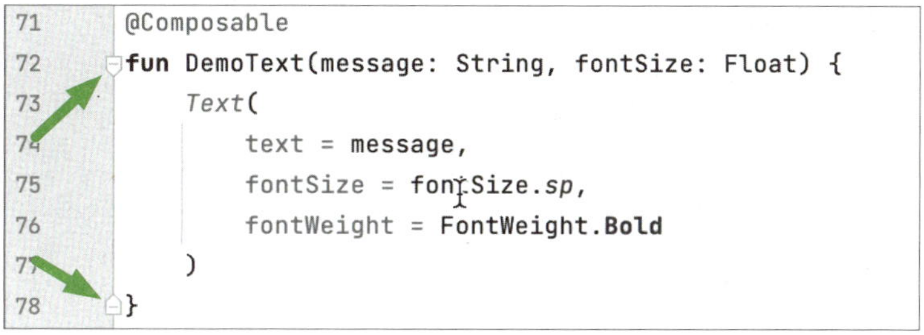

그림 9-15

두 마커 중 하나를 클릭하면 코드 블록이 접히고 시그니처signature 줄만 보인다(그림 9-16).

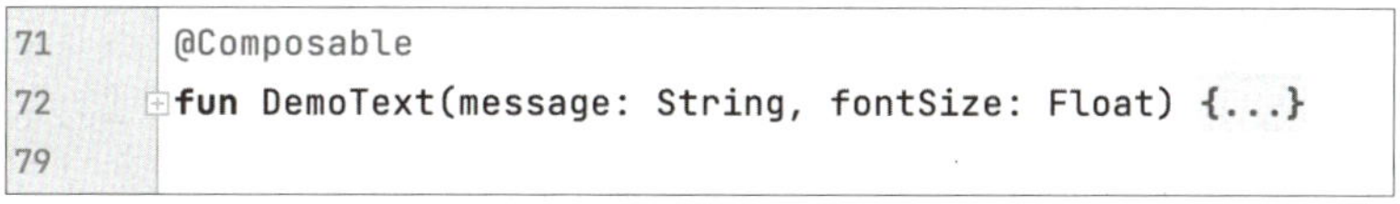

그림 9-16

편집기 여백에서 '+' 마커를 클릭하면 접힌 코드 영역을 다시 펼칠 수 있다. 접힌 코드를 펼치지 않고 그 내용을 확인하고 싶을 때는 그림 9-17과 같이 {...} 표시 위에 마우스 포인터를 올린다. 편집기는 접힌 코드 블록을 돋보기 오버레이로 표시한다.

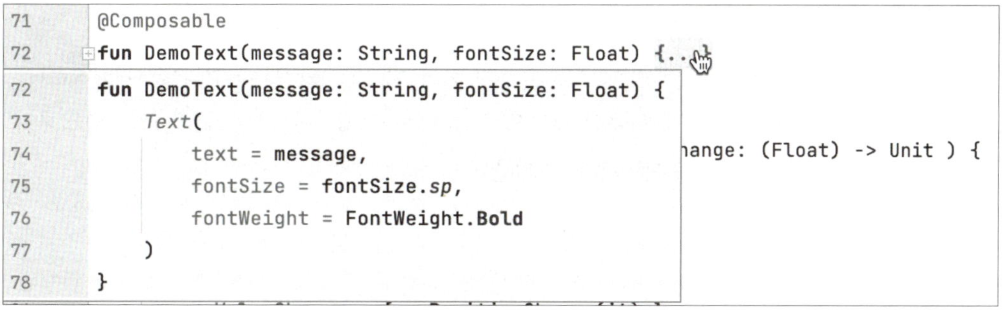

그림 9-17

Ctrl + Shift + + 및 Ctrl + Shift + - 키 시퀀스를 이용하면 파일의 모든 코드 블록을 일괄적으로 접거나 펼칠 수 있다.

기본적으로 안드로이드 스튜디오 편집기는 소스 파일을 열 때 일부 코드를 자동으로 접어준다. 이러한 상황이 발생하는 조건을 구성하려면 File ➡ Settings...(맥OS의 경우 Android Studio ➡ Preferences...)를 선택한 뒤, Editor ➡ General ➡ Code Folding 항목에서 해당 조건을 설정할 수 있다(그림 9-18).

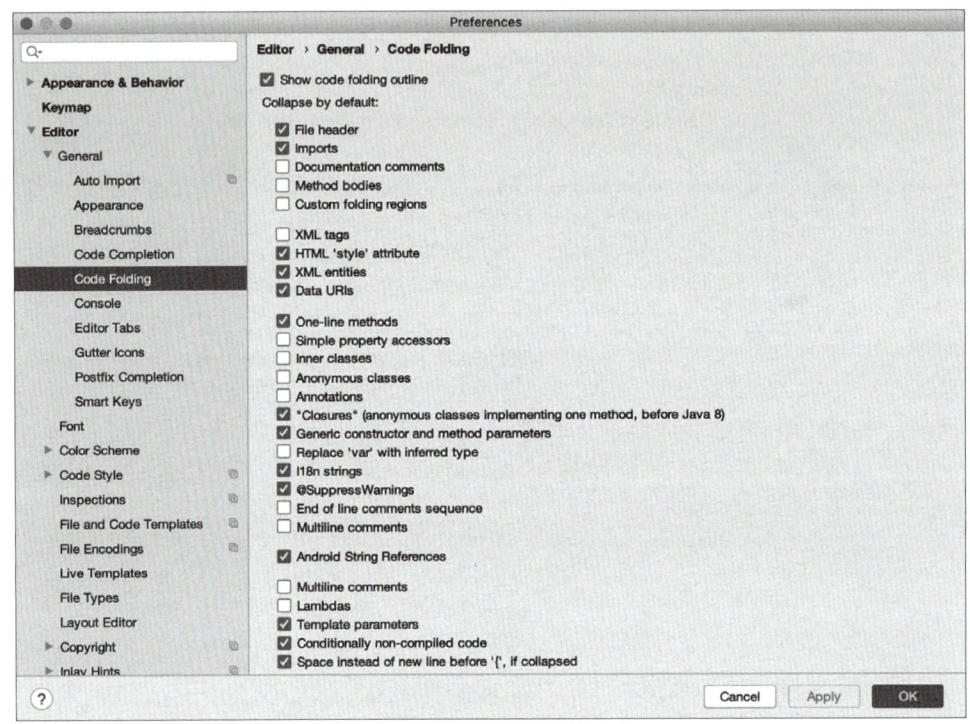

그림 9-18

9.10 빠른 문서 탐색

문서가 필요한 선언 위로 커서를 옮기면, 컨텍스트에 맞는 코틀린 및 안드로이드 문서에 접근할 수 있다. 각 항목에 대한 관련 참조 문서들이 팝업으로 표시된다. 예를 들어, 그림 9-19는 안드로이드의 Bundle 클래스 관련 문서가 표시된 것을 나타낸다.

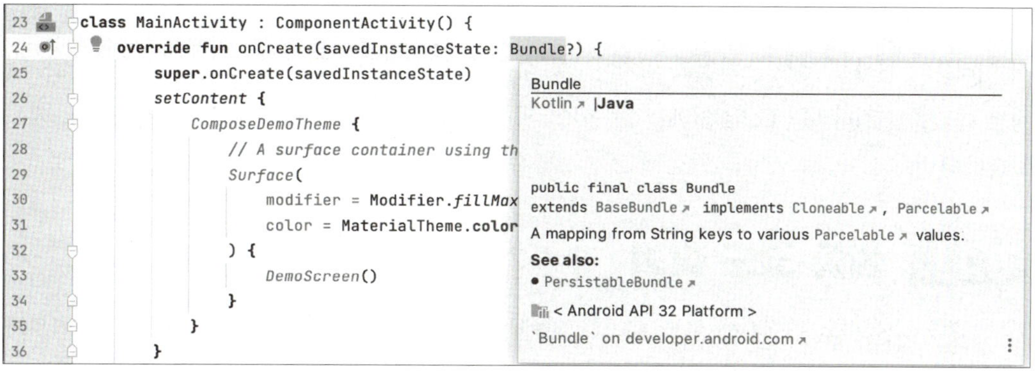

그림 9-19

문서가 팝업창에 표시되면 필요에 따라 화면 안에서 이동할 수 있다.

9.11 코드 형식 재지정

일반적으로 안드로이드 스튜디오 편집기는 문장 및 코드 블록이 추가될 때 들여쓰기, 간격, 중첩 등의 코드 형식을 자동으로 지정한다. 코드 행의 형식을 다시 지정해야 하는 상황(예: 웹사이트에서 샘플 코드를 잘라내어 붙여 넣은 경우 주로 발생한다)에서 편집기는 코드 형식 재지정code reformatting 기능을 제공한다. 이 기능을 이용하면 이전 코드들과 일치하도록 코드 형식이 자동으로 재지정된다.

소스 코드 형식을 재지정하려면 Ctrl + Alt + L (맥OS의 경우 Command + Option + L) 키 시퀀스를 누른다. Reformat File 다이얼로그(그림 9-20)를 표시하려면 Ctrl + Alt + Shift + L (맥OS의 경우 Command + Option + Shift + L) 키 시퀀스를 이용한다. 이 다이얼로그는 현재 선택된 코드, 현재 편집기에서 활성화된 전체 소스 파일 또는 소스 코드 제어 업데이트 결과에 따라 변경된 코드의 형식만 재지정하는 옵션을 제공한다.

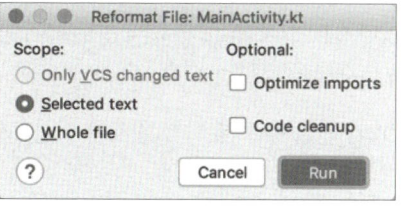

그림 9-20

전체 코드에 대한 선호 스타일 범위는 프로젝트 설정 다이얼로그 안에서 변경할 수 있다. File ➡ Settings...(맥OS의 경우 Android Studio ➡ Preferences...) 메뉴 옵션을 선택한 뒤, 왼쪽 패널의 Code Style 항목에서 지원하는 프로그래밍 및 마크업 언어 리스트에 접근할 수 있다. 프로그래밍 언어를 선택하면 다양한 스타일 옵션에 접근할 수 있으며, 이 옵션은 모두 안드로이드 스튜디오 기본값에서 여러분이 원하는 코드 스타일과 일치하도록 수정할 수 있다. 예를 들어, 그림 9-18에서 코드 재정렬 옵션을 설정하려면 Code Style 섹션을 연 뒤, Kotlin을 선택하고 설정에서 Arrangement 탭을 선택한다.

9.12 샘플 코드 찾기

안드로이드 스튜디오 편집기는 코드 리스트 안에서 현재 강조 표시된 항목과 관련된 샘플 코드에 접근하는 기능을 제공한다. 이 기능은 특정 안드로이드 클래스 또는 메서드를 이용하는 방법을 학습하는 데 유용하다. 샘플 코드를 찾으려면 편집기에서 메서드 또는 클래스를 강조 표시한 뒤, 마우스 오른쪽 버튼으로 클릭한 다음 Find Sample Code 메뉴 옵션을 선택한다. Find Sample Code 패널(그림 9-21)이 일치하는 샘플 리스트와 함께 편집기 아래에 표시된다. 리스트에서 샘플을 선택하면, 해당 샘플 코드가 오른쪽 패널에 로드된다.

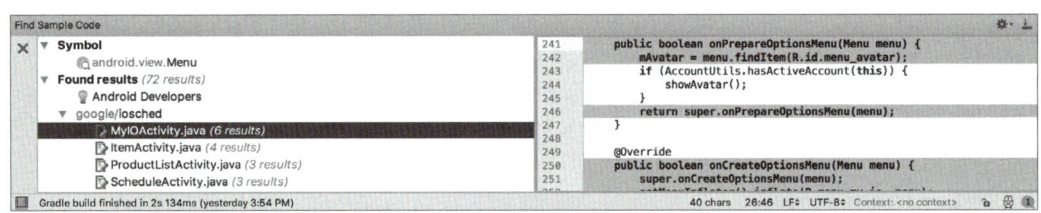

그림 9-21

9.13 실시간 템플릿

안드로이드 코드를 작성하다 보면 자주 이용하는 공통 구문이 있다는 사실을 알게 될 것이다. 예를 들어, 안드로이드의 Toast 클래스를 이용해 사용자에게 팝업 메시지를 표시하는 기능을 들 수 있다. 실시간 템플릿live template은 일반적으로 자주 이용하는 코드 구성을 모아둔 것으로, 처음 몇 개의 문자를 입력한 뒤 특수키(기본적으로 Tab 키로 설정되어 있음)를 누르면 해당 코드가 편집기에 입력된다. 실제로 'toast'를 입력한 뒤 Tab 키를 누르면 커서 위치에 다음 코드가 삽입된다.

```
Toast.makeText(, "", Toast.LENGTH_SHORT).show()
```

기존 템플릿의 확인 또는 편집, 특수키 변경, 사용자 템플릿 추가 등의 작업을 할 때는 Preferences 다이얼로그를 열고, 왼쪽 패널의 Editor 섹션에서 Live Templates를 선택한다.

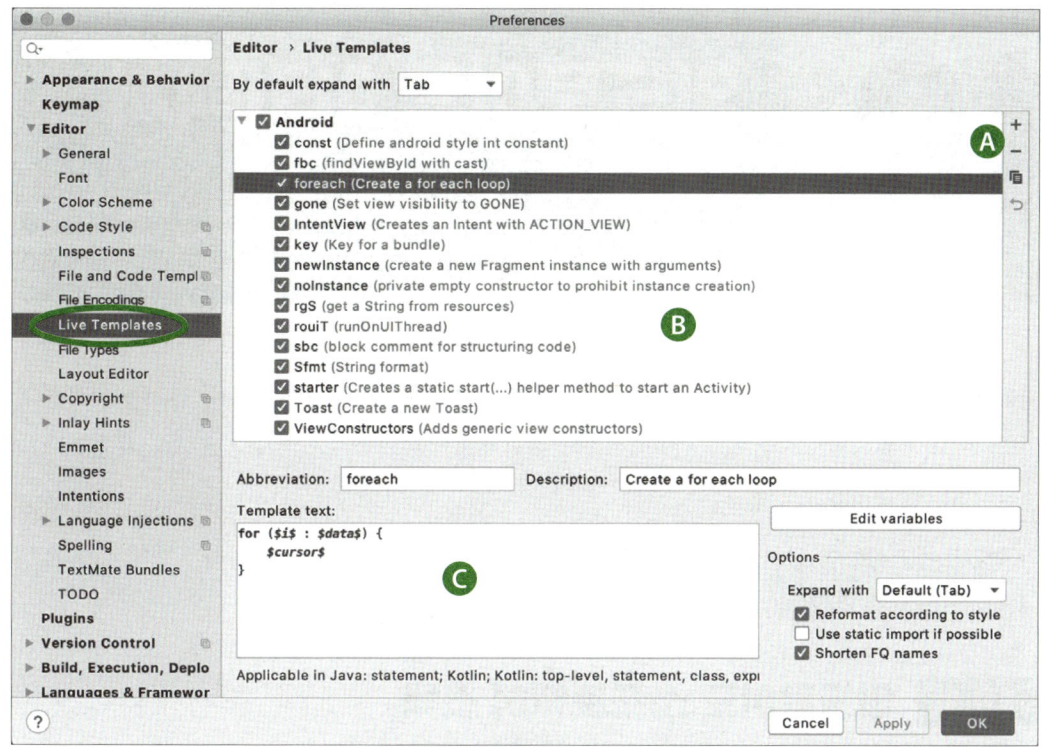

그림 9-22

다이얼로그 오른쪽의 버튼(그림 9-22, A)을 이용해 템플릿을 추가, 삭제, 복제, 초기화할 수 있다. 템플릿을 수정하려면 리스트에서 템플릿을 선택하고(그림 9-22, B) 표시되는 패널에서 설정을 변경한다(그림 9-22, C).

9.14 정리

안드로이드 스튜디오 편집기에는 코드 작성에 필요한 입력량을 줄이고, 해당 코드를 읽고 쉽게 탐색하도록 하기 위한 노력이 깃들어 있다. 이번 장에서는 코드 자동 완성, 코드 생성, 편집기 창 분할, 코드 접기, 형식 재지정, 문서 탐색, 실시간 템플릿을 포함한 주요한 편집기 기능을 살펴봤다.

CHAPTER 10
안드로이드 아키텍처 개요

지금까지 안드로이드 스튜디오를 이용해 안드로이드 애플리케이션 개발에 적합한 환경을 설정했다. 안드로이드 스튜디오 프로젝트를 생성해서 애플리케이션 개발 프로세스의 초기 단계도 수행했다.

안드로이드 애플리케이션 개발과 관련된 실질적인 문제를 더 깊이 살펴보기 전에 안드로이드 SDK와 안드로이드 개발에 관한 추상적인 개념을 이해해야 한다. 이런 개념을 명확하게 이해해 두면 더 많은 지식을 쌓을 수 있는 기반으로 삼을 수 있다.

10.1 안드로이드 소프트웨어 스택

안드로이드는 소프트웨어 스택software stack의 구조를 갖고 있으며 이 구조는 애플리케이션, 운영체제, 런타임 환경, 미들웨어, 서비스, 라이브러리로 구성된다. 이 아키텍처를 시각적으로 표현하면 그림 10-1과 같다. 스택의 각 레이어, 각 레이어 내의 해당 요소들은 긴밀하게 통합되고 신중하게 설정되어 있어, 모바일 기기를 위한 최적의 애플리케이션 개발 및 실행 환경을 제공한다. 이번 장의 나머지 부분에서는 리눅스 커널에서 시작해 안드로이드 스택의 여러 레이어를 탐색한다.

그림 10-1

10.2 리눅스 커널

안드로이드 소프트웨어 스택의 맨 아래에 위치한 리눅스 커널Linux Kernel은 기기 하드웨어 및 안드로이드 소프트웨어 스택 상위 계층 사이의 추상화 수준을 제공한다. 커널은 선점형 멀티태스킹preemptive multitasking 및 저수준 코어 시스템 서비스를 제공한다. 여기에는 메모리, 프로세스, 전원 관리 등이 포함된다. 또한 네트워크 스택과 하드웨어를 위한 기기 드라이버를 제공하는데, 여기에는 기기 디스플레이, 와이파이, 오디오 등이 포함된다.

오리지널 리눅스 커널은 1991년에 리누스 토발즈Linus Torvalds가 개발했으며, GNU/리눅스라고 하는 완전한 운영체제를 만들기 위해 자유 소프트웨어 재단Free Software Foundation의 리처드 스톨만Richard Stallman이 개발한 일련의 도구, 유틸리티, 컴파일러 등과 결합되었다. 이런 토대에서 우분투Ubuntu, 레드햇 엔터프라이즈 리눅스Red Hat Enterprise Linux와 같은 다양한 리눅스 배포판이 파생되었다.

그러나 안드로이드는 리눅스 커널만 이용한다는 점을 알아두어야 한다. 즉, 리눅스 커널은 원래 데스크톱 및 서버 형태의 컴퓨터에서 이용하기 위해 개발되었다는 점에 주목할 필요가 있다. 실제로 리눅스는 이제 미션 크리티컬한 엔터프라이즈 서버 환경에서 가장 널리 이용된다. 안드로이드 소프트웨어 스택의 핵심에서 이 소프트웨어(즉, 리눅스)를 찾을 수 있다는 것은 오늘날의 모바일 기기 성능과 리눅스 커널의 효율성 및 성능을 입증하는 증거다.

10.3 안드로이드 런타임

안드로이드 스튜디오 안에서 안드로이드 앱을 빌드하면 중간 바이트코드 형식(DEX 형식이라 부른다)으로 컴파일된다. 이후 기기에 애플리케이션이 로드되면 안드로이드 런타임Android Runtime, ART은 AOTAhead-of-Time 컴파일이라 불리는 프로세스를 통해 바이트코드를 기기의 프로세스가 요청하는 기본 명령으로 변환한다. 이 형식을 실행 및 연결 가능한 형식Executable and Linkable Format, ELF이라 부른다.

이후 애플리케이션이 실행될 때마다 ELF 실행 버전이 실행되어 애플리케이션 성능이 빨라지고 배터리 수명이 향상된다.

이는 애플리케이션을 시작할 때마다 가상 머신virtual machine, VM 안에서 바이트코드를 변환했던 이전 안드로이드 구현에서의 JITJust-in-Time 컴파일 접근 방식과 대조된다.

10.4 안드로이드 라이브러리

표준 자바 개발 라이브러리 집합(문자열 처리, 네트워킹, 파일 조작과 같은 범용 작업에 대한 지원 제공) 외에도 안드로이드 개발 환경에는 안드로이드 라이브러리들이 포함된다. 이들은 안드로이드 개발에 특화된 자바 및 코틀린 기반 라이브러리의 집합이다. 여기에 속하는 라이브러리에는 사용자 인터페이스 구축, 그래픽 표현, 데이터베이스 접근 지원, 애플리케이션 프레임워크 라이브러리 등이 있다.

10.4.1 C/C++ 라이브러리

앞에서 설명한 안드로이드 런타임 코어 라이브러리는 자바 기반 외에, 안드로이드 애플리케이션을 작성하는 개발자를 위한 기본 API를 제공한다. 그러나 코어 라이브러리는 실제 작업을 많이 수행하지 않으며 실제로 C/C++ 기반 라이브러리 집합을 둘러싼 자바 '래퍼wrapper'라는 점에 유의해야 한다. 예를 들어, 기기의 디스플레이에 3D 그래픽을 그릴 때 android.opengl 라이브러리를 호출하면 라이브러리는 궁극적으로 OpenGL ES C++ 라이브러리를 호출하고 기본 리눅스 커널을 통해 그리기 작업을 수행한다.

C/C++ 라이브러리가 포함되어 있으며 2D 및 3D 그래픽 그리기, SSL_Secure Sockets Layer 통신, SQLite 데이터베이스 관리, 오디오/비디오 재생, 비트맵/벡터 글꼴 렌더링, 디스플레이 하위 시스템, 그래픽 레이어 관리, 표준 C 시스템 라이브러리(libc) 구현 등 다양한 목적으로 이용된다.

실제로 전형적인 안드로이드 애플리케이션 개발자는 자바 기반의 안드로이드 코어 라이브러리 API를 통해서만 이 라이브러리들에 접근하게 될 것이다. 이런 라이브러리에 직접 접근해야 할 때는 안드로이드 네이티브 개발 키트Native Development Kit, NDK를 이용해야 한다. 이 키트는 자바 네이티브 인터페이스Java Native Interface, JNI를 이용해 비자바 또는 비코틀린 프로그래밍 언어(C나 C++ 등)의 네이티브 메서드를 호출하기 위한 것이다.

10.5 애플리케이션 프레임워크

애플리케이션 프레임워크Application Framework는 안드로이드 애플리케이션 실행 및 관리 환경을 전체적으로 구성하는 서비스의 집합이다. 이 프레임워크는 안드로이드 애플리케이션을 재사용 가능한 동시에 교체 가능한 요소들로 구성한다는 개념을 구현한다. 이 개념은 한 단계 더 발전된 것으로, 애플리케이션과 그 기능을 데이터와 함께 게시publish함으로써 다른 애플리케이션에서의 검색과 재사용을 허용한다.

안드로이드 프레임워크는 다음과 같은 주요 서비스를 포함한다.

- **액티비티 관리자**(Activity Manager): 애플리케이션 수명 주기 및 활동 스택의 모든 측면을 제어한다.
- **콘텐츠 프로바이더**(Content Providers): 애플리케이션이 다른 애플리케이션에 데이터를 게시하고 공유할 수 있도록 한다.
- **리소스 관리자**(Resource Manager): 문자열, 색상 설정, 사용자 인터페이스 레이아웃 등 비코드 내장 리소스에 관한 접근을 제공한다.

- **알림 관리자**(Notifications Manager): 애플리케이션이 사용자에게 경고 및 알림을 표시하도록 허용한다.
- **뷰 시스템**(View System): 애플리케이션 사용자 인터페이스를 만드는 데 이용되는 확장 가능한 뷰의 집합이다.
- **패키지 관리자**(Package Manager): 애플리케이션이 현재 기기에 설치된 다른 애플리케이션에 관한 정보를 찾을 수 있도록 하는 시스템이다.
- **전화 통신 관리자**(Telephony Manager): 애플리케이션에 전화 통신 서비스에 관한 정보(상태 및 가입자 정보 등)를 제공한다.
- **위치 관리자**(Location Manager): 애플리케이션이 위치 변경에 관한 업데이트를 받을 수 있도록 위치 서비스에 관한 접근을 제공한다.

10.6 애플리케이션

애플리케이션은 안드로이드 소프트웨어 스택 최상위에 위치한다. 애플리케이션에는 특정한 안드로이드 구현과 함께 제공되는 기본 애플리케이션(예: 웹 브라우저, 이메일 애플리케이션 등), 사용자가 기기를 구매한 후 설치한 타사 애플리케이션이 모두 포함된다.

10.7 정리

훌륭한 안드로이드 개발 지식의 기반을 얻기 위해서는 안드로이드의 전체 아키텍처를 이해해야 한다. 안드로이드는 소프트웨어 스택 아키텍처 형태로 구현되어 있으며 리눅스 커널, 런타임 환경 및 해당 라이브러리, 애플리케이션 프레임워크, 애플리케이션 일체를 포함한다. 애플리케이션은 주로 자바나 코틀린으로 작성되며, 안드로이드 스튜디오 빌드 환경 내에서 바이트코드 형식으로 컴파일된다. 이후 애플리케이션을 기기에 설치하면, 안드로이드 런타임이 이 바이트코드를 CPU에서 이용하는 기본 형식으로 컴파일한다. 안드로이드 아키텍처의 핵심 목표는 애플리케이션 실행 및 애플리케이션 디자인에서의 재사용 구현 모두에 있어 성능과 효율성을 향상하는 것이다.

CHAPTER 11 코틀린 개요

안드로이드 개발은 주로 안드로이드 스튜디오에서 진행한다. 안드로이드 스튜디오는 젯브레인스JetBrains가 만든 IntelliJ IDEA 개발 환경을 기반으로 한다. 안드로이드 스튜디오 3.0이 출시되기 전, 모든 안드로이드 앱은 안드로이드 스튜디오와 자바 프로그래밍 언어를 이용해 작성되었다(필요한 경우 가끔 C++ 코드도 이용함).

안드로이드 스튜디오 3.0이 출시된 이후에는 코틀린이라는 프로그래밍 언어를 이용해 안드로이드 앱을 만들 수 있다. 이 언어의 모든 기능을 자세히 설명하는 것은 이 책의 범위를 벗어난다(코틀린 언어에 관한 설명만으로 책 한 권을 쓸 수도 있다). 이번 장과 이어지는 6개 장에서는 코틀린을 이용해 프로그래밍을 시작하고, 이를 이용해 안드로이드 앱 개발 속도를 높이는 데 필요한 충분한 정보를 제공할 것이다.

11.1 코틀린이란 무엇인가?

코틀린은 젯브레인스에서 만든 프로그래밍 언어이며, 자바에 이어 프로그래밍 언어 명명 관습에 따라 발트해에 위치한 모 섬의 이름을 따서 지어졌다. 코틀린 코드는 이해 및 작성이 쉬우며, 다른 여러 프로그래밍 언어보다 안전하다. 언어, 컴파일러, 관련 도구들은 모두 오픈소스이고 아파치Apache 2 라이선스에 따라 무료로 이용할 수 있다.

코틀린 언어의 주요 목표는 간결하고 안전한 코드를 만드는 것이다. 일반적으로 코드를 쉽게 읽고 이해할 수 있을 때 그 코드를 간결한 것으로 간주한다. 간결함은 코드를 좀 더 빠르고 효율적으로 작성하는 데 매우 중요한 역할을 한다. 코틀린은 안전성 측면에서 몇 가지 피처를 포함하고 있으며, 이 피처들은 런타임에서 코드가 크래시를 일으키는 상황을 만드는 대신, 코드를 작성할 때부터 잠재적인 문제를 식별할 수 있는 가능성을 높여준다.

코틀린 디자인 및 구현의 세 번째 목표에는 자바와의 상호 운용성이 포함된다.

11.2 코틀린과 자바

자바는 1995년 썬 마이크로시스템즈Sun Microsystems에서 처음 소개했으며 오늘날까지도 널리 이용되는 프로그래밍 언어다. 코틀린이 도입되기 전 출시된 모든 안드로이드 앱은 자바로 작성되었을 가능성이 높다. 구글은 안드로이드 운영체제를 인수한 후, 안드로이드 기기에서 자바 기반 코드를 실행하기 위한 컴파일, 런타임 환경 조성과 최적화에 막대한 투자를 했다.

코틀린은 과거의 것을 재발명하기보다는 자바와 통합해 이용할 수 있도록 디자인되었다. 코틀린 코드를 컴파일하면 자바 컴파일러에서 생성한 것과 동일한 바이트코드가 생성되며, 자바와 코틀린 코드를 조합해 프로젝트를 빌드할 수 있다. 덕분에 기존 자바 프레임워크와 라이브러리를 코틀린 코드 안에서도 원활하게 이용할 수 있으며, 자바 안에서 코틀린 코드를 호출할 수도 있다.

코틀린 제작자들은 기존 언어를 개선할 수 있는 방법이 있어도 자바의 많은 기능은 굳이 변경할 필요가 없음을 인정했다. 결과적으로 자바 프로그래밍에 익숙한 사람들은 익숙한 많은 기술을 코틀린 기반 개발로 이전할 수 있음을 알게 될 것이다. 스위프트Swift 프로그래밍 경험이 있다면 코틀린을 학습할 때 친숙한 요소들을 많이 발견하게 될 것이다.

11.3 자바에서 코틀린으로 변환하기

코틀린과 자바는 상호 운용성 수준이 매우 높기 때문에, 기존의 자바 코드를 코틀린으로 변환할 필요는 없다. 두 언어는 동일 프로젝트 안에서 쉽게 공존할 수 있다. 즉, 자바 코드는 내장된 자바/코틀린 컨버터Java to Kotlin converter를 이용해 안드로이드 스튜디오 안에서 코틀린으로 변환할 수 있다. 전체 자바 소스 파일을 안드로이드 스튜디오 코드 편집기에 로드한 뒤 Code ➡ Convert Java File to Kotlin File 메뉴 옵션을 선택하면 자바 코드를 코틀린 코드로 변환할 수 있다. 안드로이드 스튜디오 코드 편집기 내에서 코드를 잘라 기존 코틀린 파일에 붙여 넣으면 자바 코드 블록이 코틀린으로 변환된다. 자바에서 코틀린으로 변환하는 경우에는 항상 최상의 코드로 변환되지는 않으므로, 변환 후 코드를 별도로 정리해야 한다.

11.4 코틀린과 안드로이드 스튜디오

안드로이드 스튜디오에서는 안드로이드 스튜디오 3.0 이상에서 기본으로 통합되어 있는 코틀린 플러그인을 통해 코틀린을 지원한다.

11.5 코틀린을 이용해 실험하기

새로운 프로그래밍 언어를 학습할 때는 코드 스니펫 입력 및 실행 방법을 살펴보면 유용하다. 코틀린을 이용할 때는 https://play.kotlinlang.org에서 제공하는 코틀린 플레이그라운드_{Kotlin Playground}를 이용하면 효과적이다(그림 11-1).

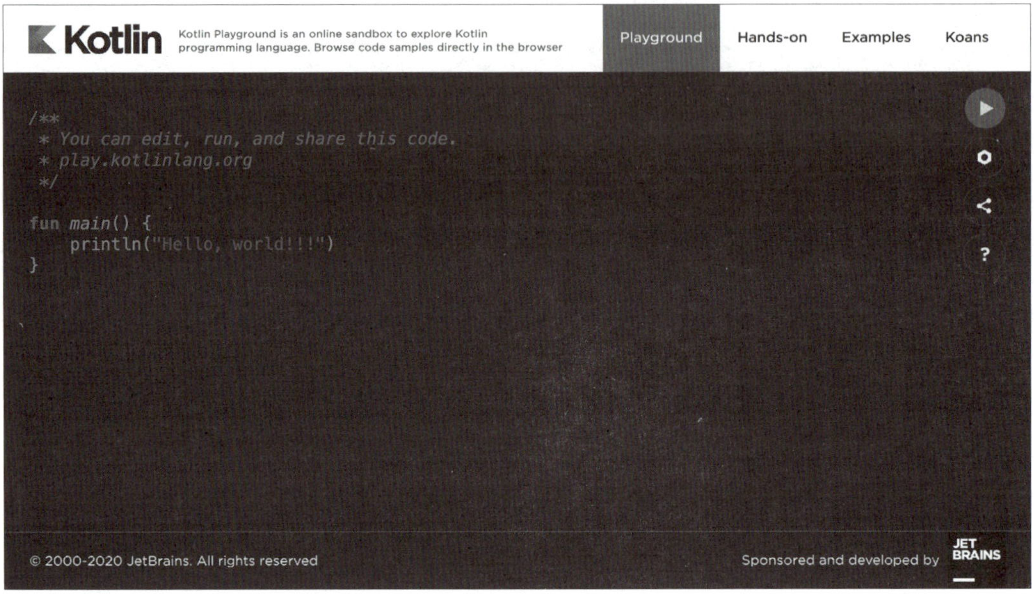

그림 11-1

플레이그라운드에서는 코틀린 코드를 빠르게 입력하고 실행할 수 있는 환경 외에 작동 중인 주요 코틀린 기능을 보여주는 예제와 튜토리얼도 제공한다.

브라우저 창을 열고 플레이그라운드로 이동한 다음, 기본 코드를 입력해 코틀린 코드를 실행해 본다.

```
fun main(args: Array<String>) {

    println("Welcome to Kotlin")

    for (i in 1..8) {
        println("i = $i")
    }
}
```

위의 코드를 입력한 뒤 Run 버튼을 클릭하면 콘솔 패널에 그림 11-2와 같이 출력된다.

```
Welcome to Kotlin
i = 1
i = 2
i = 3
i = 4
i = 5
i = 6
i = 7
i = 8
```

그림 11-2

11.6 코틀린에서의 세미콜론

자바, C++ 같은 프로그래밍 언어와 달리, 코틀린에는 각 명령문이나 표현식 끝에 세미콜론(;)이 필요하지 않다. 따라서 다음은 유효한 코틀린 코드다.

```
val mynumber = 10
println(mynumber)
```

세미콜론은 같은 줄에 여러 문장을 기술할 때만 이용한다.

```
val mynumber = 10; println(mynumber)
```

11.7 정리

안드로이드 운영체제가 도입된 이후, 처음으로 개발자는 자바 코드를 이용하지 않고 앱을 작성할 수 있는 대안을 갖게 되었다. 코틀린은 안드로이드 스튜디오의 기반 개발 환경을 만든 젯브레인스에서 개발한 프로그래밍 언어다. 코틀린은 좀 더 안전하고, 쉽게 이해하고 작성할 수 있는 코드를 목표로 한다. 코틀린은 자바와도 매우 잘 호환되므로 두 언어로 작성한 코드는 같은 프로젝트 안에서 공존할 수 있다. 이런 상호 운영성 덕분에 코틀린을 이용해 개발할 때도 대부분의 표준 자바 및 자바 기반 안드로이드 라이브러리, 프레임워크를 이용할 수 있다.

안드로이드 스튜디오에서는 안드로이드 스튜디오 3.0 이후 버전에서 번들로 설치되는 플러그인을 통해 코틀린을 지원한다. 이 플러그인을 이용하면 자바 코드를 코틀린으로 변환할 수도 있다.

온라인 플레이그라운드는 코틀린 학습 시 코드를 빠르게 이용해 볼 수 있는 유용한 환경을 제공한다.

CHAPTER 12

코틀린 데이터 타입, 변수, 널 허용

이번 장과 다음 몇 개의 장에서는 코틀린 프로그래밍 언어의 기본 사항을 소개한다. 이번 장에서는 코틀린 코드 안에서 이용할 수 있는 다양한 데이터 타입을 다루는데, 상수, 변수, 타입 캐스팅, 코틀린의 널값 처리 등을 살펴본다.

11장에서 소개한 것처럼, 코틀린 언어를 시험해 볼 때는 코틀린 온라인 플레이그라운드 환경을 활용하면 도움이 된다. 이번 장을 시작하기 전에 브라우저에서 https://play.kotlinlang.org로 이동해 이번 장을 포함해 코틀린 언어를 소개하는 장에 나오는 예시 코드를 시험해 보자.

12.1 코틀린 데이터 타입

금융 애플리케이션에서 화려한 그래픽을 자랑하는 게임에 이르기까지, 여러 컴퓨터 시스템과 모바일 기기에서 실행되는 다양한 유형의 소프트웨어를 다루다 보면 컴퓨터가 실제로는 바이너리 머신binary machine이라는 사실을 잊어버리기 쉽다. 이진 시스템은 0 또는 1, 참true 또는 거짓false, 활성화 또는 비활성화라는 개념에서 동작한다. 모든 것은 RAM과 디스크 드라이브에 저장되며, 회로 기판이나 버스bus를 통해 흐르는 1과 0의 시퀀스에 불과하다. 1 또는 0은 비트bit라 부르며, 8개의 비트가 그룹을 이루어 바이트byte를 구성한다. 32비트 및 64비트 컴퓨터 시스템이란 CPU 버스에서 동시에 처리할 수 있는 비트 수를 나타낸다. 예를 들어, 64비트 CPU는 64비트 블록의 데이터를 처리할 수 있으므로 32비트 시스템보다 더 빠르게 작동한다.

물론 사람은 이분법적으로 생각하지 않는다. 사람은 십진수, 문자, 단어를 이용해 작업한다. 사람이 컴퓨터를 쉽게(물론 '쉽게' 역시 상대적인 용어다) 프로그래밍하려면 사람과 컴퓨터 사이의 중간점이 필요하다. 이 중간점을 바로 코틀린 같은 프로그래밍 언어가 담당한다. 프로그래밍 언어를 이용하면 사람이 이해하는 용어와 구조로 컴퓨터에 명령을 표현하고, CPU에서 실행할 수 있는 형식으로 컴파일할 수 있다.

모든 프로그램은 기본적으로 데이터를 포함하여 코틀린 같은 프로그래밍 언어는 사람이 이해할 수 있는 형식으로 데이터를 이용할 수 있도록 데이터 타입의 집합을 정의해 프로그램에서 이용한다. 예를 들어, 코틀린 프로그램에서 숫자를 저장하고 싶다면 다음과 유사한 구문을 이용하면 된다.

```
val mynumber = 10
```

위의 예에서 `mynumber`라는 변수를 만들고, 그 변수에 10이라는 값을 할당했다. 이 소스 코드를 CPU가 이용하는 기계어로 컴파일하면 컴퓨터는 숫자 10을 2진법으로 다음과 같이 인식한다.*

```
1010
```

마찬가지로 다음 구문을 사용해 문자, 숫자('0'부터 '9'까지), 구두점(컴퓨터 용어로는 문자character라고 한다)을 다음과 같이 표현할 수 있다.

```
val myletter = 'c'
```

위의 코드는 사람만 이해할 수 있으므로, CPU가 이해할 수 있도록 이진수 시퀀스로 컴파일해야 한다. 여기서 문자 'c'는 ASCII 테이블(사람이 읽을 수 있는 문자에 숫잣값을 할당하는 국제 인증 표준)에 따라 십진수 99로 표현한다. 이를 이진법으로 다시 변환해 다음과 같이 저장한다.

```
1100011
```

이제 데이터 타입의 개념과 이것이 필요한 이유를 기본적으로 이해했다. 다음으로 코틀린에서 지원하는 더 일반적으로 사용되는 데이터 타입 중 몇 가지를 자세히 살펴본다.

12.1.1 정수 데이터 타입

정수integer 데이터 타입은 정수(소수점이 없는 숫자)를 저장하는 데 이용한다. 코틀린의 모든 정수는 부호를 갖는다(즉, 양수, 음수, 0 값을 저장할 수 있다).

코틀린은 8, 16, 32, 64비트 정수(각각 `Byte`, `Short`, `Int`, `Long` 타입으로 표시)를 지원한다.

12.1.2 부동소수점 데이터 타입

부동소수점floating-point 데이터 타입은 소수점 이하 자릿수를 포함한 값을 저장할 수 있다. 예를 들어, 4353.1223은 부동소수점 데이터 타입으로 저장된다. 코틀린은 `Float`, `Double` 형식의 두 가지

---

* [옮긴이] 코틀린에서 10진수를 2진수로 바꾸어 표현하려면 다음 코드를 실행한다.
  `println(Integer.toBinaryString(10))   // 1010`

부동소수점 데이터 타입을 제공한다. 데이터 타입은 저장할 값의 크기와 필요한 정밀도 수준에 따라 다르다. Double 타입은 최대 64비트 부동소수점 수를 저장하는 데 이용할 수 있고, Float 데이터 타입은 32비트 부동소수점 숫자로 제한된다.

12.1.3 부울 데이터 타입

코틀린은 다른 프로그래밍 언어와 마찬가지로 참/거짓(1/0) 조건을 다루는 목적의 데이터 타입을 포함하는데, 부울Boolean 데이터 타입에 특별히 이용할 수 있는 2개의 상숫값(true, false)을 제공한다.

12.1.4 문자 데이터 타입

Char 데이터 타입은 문자, 숫자, 구두점, 기호와 같은 렌더링된 텍스트의 단일 문자를 저장하는 데 이용한다. 코틀린의 문자는 내부적으로 16비트 유니코드 자소 클러스터Unicode grapheme cluster 형태로 저장된다. 이 클러스터는 둘 이상의 유니코드 코드 포인트로 결합되어 단일 표시 문자를 나타낸다.

다음은 문자 타입 변수에 다양한 문자를 할당한 예시다.

```
val myChar1 = 'f'
val myChar2 = ':'
val myChar3 = 'X'
```

유니코드 코드 포인트를 이용해 문자를 참조할 수도 있다. 다음은 유니코드를 이용해 변수에 'X' 문자를 할당한 예시다.

```
val myChar4 = '\u0058'
```

변수에 문자를 할당할 때 작은따옴표를 이용하는 것에 주의한다. 이는 String 데이터 타입을 나타내는 큰따옴표와 달리 Char 데이터 타입임을 알린다.

12.1.5 문자열 데이터 타입

String 데이터 타입은 일반적으로 단어나 문장을 구성하는 일련의 문자다. String 데이터 타입은 문자열 저장과 함께 검색, 일치, 연결, 수정 등의 다양한 조작 기능을 제공한다. 큰따옴표를 이용하면 문자열 한 줄을 묶어서 할당할 수 있다. 다음은 문자열 데이터 타입을 할당한 예시다.

```
val message = "You have 10 new messages."
```

삼중 따옴표를 사용하면 여러 줄의 문자열을 선언할 수 있다.

```
val message = """You have 10 new messages,
                        5 old messages
            and 6 spam messages."""
```

여러 줄의 문자열을 할당할 때, String 데이터 타입의 trimMargin() 함수를 호출하면 각 줄 맨 앞의 공백을 제거할 수 있다.

```
val message = """You have 10 new messages,
                        5 old messages
            and 6 spam messages.""".trimMargin()
```

문자열은 문자열, 변수, 상수, 표현식, 함수 호출 등의 조합을 이용해 구성할 수도 있으며 이를 문자열 보간string interpolation이라 부른다. 다음은 콘솔에 출력하기 전, 문자열 보간을 이용해 다양한 소스로부터 새 문자열을 만드는 예시다.

```
val username = "John"
val inboxCount = 25
val maxcount = 100
val message = "$username has $inboxCount messages. Message capacity remaining is ↵
${maxcount - inboxCount} messages"

println(message)
```

코드를 실행하면 다음 메시지가 출력된다.

```
John has 25 messages. Message capacity remaining is 75 messages.
```

12.1.6 이스케이프 시퀀스

앞에서 설명한 표준 문자 집합 외에 새 행, 탭, 문자열 안의 특정한 유니코드값과 같은 항목을 지정할 때는 다양한 특수문자(이스케이프 문자escape character라고도 부른다)를 이용할 수 있다. 이러한 특수문자들은 문자 앞에 역슬래시(\)를 붙여 식별한다(이스케이핑escaping이라 부른다). 다음은 newline이라는 변수에 새 행을 할당하는 예시다.

```
var newline = '\n'
```

역슬래시를 앞에 붙인 모든 문자는 특수문자로 간주되어 처리된다. 그렇다면 역슬래시 문자를 이용할 때는 어떻게 해야 하겠는가? 이때는 역슬래시 문자 자체를 이스케이핑해서 이용한다.

```
var backslash = '\\'
```

코틀린에서 지원하는 특수문자의 전체 리스트는 다음과 같다.

문자	설명
\n	새 행
\r	캐리지 리턴
\t	탭
\\	역슬래시
\"	큰따옴표(문자열 선언 안에 큰따옴표를 이용할 때)
\'	작은따옴표(문자열 선언 안에 작은따옴표를 이용할 때)
\$	$를 포함하는 문자 시퀀스가 문자열 템플릿 안에서 변수로 잘못 해석될 때 이용
\unnnn	2바이트 유니코드 스칼라. nnnn은 유니코드 문자를 나타내는 네 자리 16진수로 대체

12.2 뮤터블 변수

변수는 기본적으로 애플리케이션에서 이용하는 데이터를 저장하기 위해 예약된 컴퓨터 메모리의 위치다. 각 변수에는 프로그래머가 이름을 부여하고 값을 할당한다. 코틀린 코드에서는 할당된 이름을 이용해 해당 변수에 할당된 값에 접근할 수 있다. 이 접근에는 변숫값을 읽거나 **뮤터블 변수**mutable variable(값을 변경할 수 있는 변수)에 저장된 값을 변경하는 작업이 포함될 수 있다.

12.3 이뮤터블 변수

이뮤터블 변수immutable variable는 종종 **상수**constant라 불리며, 데이터값을 저장하기 위해 메모리에 이름을 붙인 위치를 제공한다는 점은 뮤터블 변수와 유사하다. 이뮤터블 변수는 한번 값을 할당한 뒤에는 더 이상 변경할 수 없다는 점이 중요한 차이점이다.

이뮤터블 변수는 애플리케이션 코드 전체에서 특정한 값을 반복적으로 이용할 때 매우 유용하다. 매번 값을 사용하는 대신 해당 값을 먼저 상수에 할당한 뒤, 코드에서 해당 상수를 참조하면 코드의 가독성을 훨씬 높일 수 있다. 예를 들어, 표현식expression에 값 5를 사용한 이유가 다른 사람들에게는 명확하지 않을 수 있다. 값 5 대신 interestRate라는 이뮤터블 변수를 이용하면 그 목적이 훨씬 명확해진다. 이뮤터블값은 프로그래머가 여러 곳에서 이용되는 값을 변경해야 하는 경우에도 상수 선언 부분만 변경하면 된다는 장점이 있다.

12.4 뮤터블/이뮤터블 변수 선언하기

뮤터블 변수는 var 키워드를 이용해 선언하며, 생성 시 값을 초기화할 수 있다.

```
var userCount = 10
```

변수를 초깃값 없이 선언할 때는 그 타입을 함께 선언해야 한다(다음 절에서 더 자세히 다룬다). 다음은 변수를 선언한 후 초기화하는 일반적인 선언의 예시다.

```
var userCount: Int
userCount = 42
```

이뮤터블 변수는 val 키워드를 이용해 선언한다.

```
val maxUserCount = 20
```

뮤터블 변수와 마찬가지로 변수를 초기화하지 않고 선언할 때는 변수 타입을 지정해야 한다.

```
val maxUserCount: Int
maxUserCount = 20
```

코틀린 코드를 작성할 때는 항상 뮤터블 변수보다 이뮤터블 변수가 우선해야 한다.

12.5 데이터 타입은 객체다

앞에서 설명한 모든 데이터 타입은 객체_{object}이며, 다양한 작업을 수행하는 데 이용할 수 있는 함수와 프로퍼티를 제공한다. 이러한 함수와 프로퍼티에는 점 표기법_{dot notation}을 이용해 접근한다. 점 표기법은 변수 이름 뒤에 점(.)을 입력한 뒤, 접근할 프로퍼티나 호출할 함수의 이름을 차례로 지정해서 객체의 함수나 프로퍼티에 접근하는 방법이다.

예를 들어, String 클래스의 문자열 변수의 toUpperCase() 함수를 호출하면 문자열을 대문자로 변환할 수 있다.

```
val myString = "The quick brown fox"
val uppercase = myString.toUpperCase()
```

마찬가지로, 문자열의 길이는 length 프로퍼티에 접근해서 얻을 수 있다.

```
val length = myString.length
```

String 클래스 안에서의 비교 또는 특정 단어 포함 여부를 확인하는 함수도 이용할 수 있다. 예를 들어, 다음 예시는 myString 변수에 할당된 문자열 안에 fox라는 단어가 있으므로 true라는 부울 값을 반환할 것이다.

```
val result = myString.contains("fox")
```

모든 숫자 데이터 타입은 Int를 Float로 변환하는 것과 같이 데이터 타입을 변환하는 작업을 수행하는 함수를 포함한다.

```
val myInt = 10
val myFloat = myInt.toFloat()
```

코틀린의 데이터 타입 클래스에서 제공하는 모든 프로퍼티와 함수에 관한 자세한 소개는 이 책에서 설명하고자 하는 범위를 벗어난다(수백 가지에 이른다). 모든 데이터 타입에 대한 리스트는 다음의 온라인 문서를 참고한다.

URL https://kotlinlang.org/api/latest/jvm/stdlib/kotlin/

12.6 타입 애너테이션과 타입 추론

코틀린은 정적 타입static typed 프로그래밍 언어로 분류된다. 즉, 본질적으로 변수의 데이터 타입이 식별되면 변수에 다른 타입의 데이터를 지정할 때 컴파일 오류가 발생한다는 뜻이다. 이는 변수가 선언된 후 다른 데이터 타입을 저장할 수 있는 느슨한 타입loosely typed의 프로그래밍 언어와 대비된다.

변수 타입은 두 가지 방법으로 식별할 수 있다. 첫 번째는 코드에서 변수를 선언한 지점에서 타입 애너테이션type annotation을 이용하는 것이다. 변수 이름 뒤에 콜론(:)을 입력한 뒤, 타입을 선언하면 된다. 다음은 userCount라는 변수를 Int 타입으로 선언한 예시다.

```
val userCount: Int = 10
```

선언에 타입 애너테이션이 없으면 코틀린 컴파일러는 **타입 추론**type inference 기법을 이용해 변수 타입을 식별한다. 타입 추론을 이용하면 컴파일러는 초기화 시점에 변수에 할당되는 값의 타입을 확인하여 이를 변수 타입으로 이용한다. 다음 변수 선언을 살펴보자.

```
var signalStrength = 2.231
val companyName = "My Company"
```

위의 코드를 컴파일하는 동안 코틀린은 signalStrength 변수가 Double 타입이고(코틀린의 타입 추론에서는 부동소수점 수를 기본적으로 Double로 설정), companyName 상수는 String 타입이라고 추론한다.

타입 애너테이션 없이 상수를 선언할 때는 선언 시점에 값을 할당해야 한다.

```
val bookTitle = "Android Studio Development Essentials"
```

단, 상수 선언 시 타입 애너테이션을 이용하면 이후 코드에서 값을 할당할 수 있다.

```
val iosBookType = false
val bookTitle: String

if (iosBookType) {
    bookTitle = "iOS App Development Essentials"
} else {
    bookTitle = "Android Studio Development Essentials"
}
```

12.7 널 허용 타입

널 허용 타입nullable type은 다른 대부분의 프로그래밍 언어에는 존재하지 않는 개념이다(스위프트의 옵셔널 타입optional type 제외). 널 허용 타입은 변수에 null 값이 할당될 수 있는 상황을 안전하고 일관적으로 처리하는 기법의 제공을 목적으로 한다. 다시 말해, 코드가 예상하지 못한 null 값을 만났을 때 발생하는 널 포인터 예외null pointer exception 같은 일반적인 문제를 피하는 것이다.

기본적으로 코틀린에서 변수에는 null 값을 할당할 수 없다. 다음 코드를 살펴보자.

```
val username: String = null
```

위의 코드를 컴파일하려고 하면 다음과 유사한 컴파일 오류가 발생한다.

```
Error: Null cannot be a value of a non-null string type String
```

변수에 null 값을 저장하도록 할 때는 타입 선언 뒤에 물음표(?)를 입력해서 널 허용 타입임을 구체적으로 선언해야 한다.

```
val username: String? = null
```

username 변수에는 null 값을 할당해도 컴파일 오류를 일으키지 않는다. 변수를 널 허용 타입으로 선언하면, 널 포인터 예외가 발생할 수 있는 상황에서 변수가 이용되는 것을 방지하기 위해 컴파일러에서 해당 변수에 다양한 제한을 적용한다. 다음 코드처럼 널 허용 타입 변수가 아닌 변수에는 널 허용 변수를 할당할 수 없다.

```
val username: String? = null
val firstname: String = username
```

위의 코드를 컴파일하면 다음과 같은 오류가 발생한다.

```
Error: Type mismatch: inferred type is String? but String was expected
```

할당을 허용하려면 널 허용 변수에 할당된 값의 null 여부를 확인하는 코드를 추가해야 한다.

```
val username: String? = null

if (username != null) {
    val firstname: String = username
}
```

위의 코드에서는 username 변수가 null이 아닌 값을 참조할 때만 할당을 수행한다.

12.8 안전 호출 연산자

널 허용 변수는 함수를 호출하거나 일반적인 방식으로 프로퍼티에 접근하는 데 이용할 수 없다. 이번 장의 앞부분에서 String 객체의 toUpperCase() 함수를 호출했다. null 참조에서 함수를 호출할 가능성이 있기 때문에, 컴파일러에서는 이에 대비해 다음과 같은 코드를 허용하지 않는다.

```
val username: String? = null
val uppercase = username.toUpperCase()
```

위의 코드를 컴파일하면 다음과 같은 오류 메시지가 출력된다.

```
Error: (Only safe (?.) or non-null asserted (!!.) calls are allowed on a nullable receiver of type String?
```

이 경우 변수의 null 여부를 확인하지 않았으므로 컴파일러는 기본적으로 함수 호출을 허용하지 않는다. 이 문제를 해결하는 방법 중 하나로 함수 호출 전에 null 값이 아닌 다른 값이 변수에 할당되었는지 확인하는 코드를 추가할 수 있다.

```
if (username != null) {
    val uppercase = username.toUpperCase()
}
```

이보다 훨씬 효율적인 방법은 다음과 같이 안전 호출 연산자safe call operator(?.로 표시)를 이용해 함수를 호출하는 것이다.

```
val uppercase = username?.toUpperCase()
```

이 예시 코드는 username 변수가 null이면 toUpperCase() 함수를 호출하지 않고 코드의 다음 행을 실행한다. 반면에 null이 아닌 값이 할당되면 toUpperCase() 함수를 호출하고 그 결과가 uppercase 변수에 할당된다.

함수 호출 외에 프로퍼티에 접근할 때도 안전 호출 연산자를 이용할 수 있다.

```
val uppercase = username?.length
```

12.9 not-null 어서션

not-null 어서션not-null assertion은 널 허용 타입에서 모든 컴파일러 제한을 제거하기 때문에, null 값이 할당된 경우에도 null이 아닌 형식과 동일한 방식으로 이용할 수 있다. 이 어서션은 변수 이름 뒤에 느낌표 2개(!!)를 붙여 구현한다. 다음은 not-null 어서션 이용 예시다.

```
val username: String? = null
val length = username!!.length
```

위의 코드는 컴파일은 되지만 런타임에 다음과 같은 예외를 일으킨다. 존재하지 않는 객체에서 함수를 호출하고자 시도했기 때문이다.

```
Exception in thread "main" kotlin.KotlinNullPointerException
```

이 문제는 널 허용 타입을 이용해 피하도록 디자인된 바로 그 문제다. 일반적으로 not-null 어서션의 사용은 권장하지 않으며, 값이 확실하게 null이 아닌 상황에서만 이용해야 한다.

12.10 널 허용 타입과 let 함수

앞에서 널 허용 타입에 속하는 함수를 호출할 때 안전한 호출 연산자를 이용하는 방법을 살펴봤다. 이를 이용하면 변수에 접근할 때마다 if 문을 작성하지 않아도 그 값이 null인지 쉽게 확인할 수 있다. null이 아닌 파라미터를 받는 함수에 널 허용 타입의 인수를 전달해도 유사한 문제가 발생한다. 예를 들어, Int 데이터 타입의 times() 함수를 생각해 보자. 이 함수는 Int 객체에서 호출하고,

호출 시 다른 정숫값을 인수로 전달하면 두 값을 곱해 그 결과를 반환한다. 다음 코드를 실행하면 콘솔에 값 200이 표시된다.

```
val firstNumber = 10
val secondNumber = 20

val result = firstNumber.times(secondNumber)
print(result)
```

위의 예시에서는 secondNumber 변수가 널 타입이 아니기 때문에 작동한다. 그러나 secondNumber 변수를 널 허용 타입으로 선언하면 문제가 발생한다.

```
val firstNumber = 10
val secondNumber: Int? = 20

val result = firstNumber.times(secondNumber)
print(result)
```

위의 코드를 컴파일하면 다음 메시지와 함께 실패한다. null이 아닌 파라미터를 받는 함수에 널 허용 타입을 전달했기 때문이다.

```
Error: Type mismatch: inferred type is Int? but Int was expected
```

이 문제에 대한 간단한 해결책은 함수를 호출하기 전에 변수에 할당된 값의 null 여부를 확인하는 if 문을 작성하는 것이다.

```
val firstNumber = 10
val secondNumber: Int? = 20

if (secondNumber != null) {
    val result = firstNumber.times(secondNumber)
    print(result)
}
```

let 함수를 이용하면 이 문제를 좀 더 편리하게 해결할 수 있다. 널 허용 타입 객체에서 호출할 때, let 함수는 널 허용 타입을 null이 아닌 변수로 변환하고 람다 구문 안에서 참조할 수 있는 이름인 it를 붙인다.

```
secondNumber?.let {
    val result = firstNumber.times(it)
    print(result)
}
```

이 예시에서는 secondVariable에서 let 함수를 호출할 때 안전 호출 연산자를 사용했음을 주의하자. 변수에 null이 아닌 값이 할당되었을 때만 함수를 호출한다.

12.11 초기화 지연

앞에서 설명한 것처럼 null이 아닌 타입은 선언 시 초기화해야 하는데, null이 아닌 변수에 할당한 값을 코드 실행의 나중 시점까지 알 수 없는 경우에는 불편할 수 있다. 이 문제를 해결하는 방법 중 하나는 lateinit 수정자(modifier)를 이용해 변수를 선언하는 것이다. 이 수정자를 이용하면 값이 나중에 초기화되도록 지정할 수 있다. 변수를 초기화하기 전에 null이 아닌 타입을 선언할 수 있다는 장점이 있지만, 변수에 접근하기 전에 초기화 수행 여부를 확인해야 하는 책임이 프로그래머에게 지워진다는 단점도 있다. 다음 변수 선언을 생각해 보자.

```
var myName: String
```

변수는 null이 아닌 타입이지만 값이 할당되지 않았으므로 분명 유효하지 않다. 그러나 변수에 할당된 값은 프로그램이 실행된 이후의 어느 시점까지 알 수 없다고 가정한다. 이때 다음과 같이 lateinit 수정자를 이용할 수 있다.

```
lateinit var myName: String
```

이 방식으로 변수를 선언하면 이후에 값을 할당할 수 있다.

```
myName = "John Smith"
print("My Name is " + myName)
```

물론 초기화 전에 해당 변수에 접근하면 예외가 발생하면서 코드가 실패한다.

```
lateinit var myName: String

print("My Name is " + myName)

Exception in thread "main" kotlin UninitializedPropertyAccessException: lateinit property myName has not been initialized
```

lateinit 변수의 초기화 여부는 해당 변수의 isInitialized 프로퍼티를 이용해 확인할 수 있다. 이때는 변수 이름에 :: 연산자를 접두사로 붙여 변수의 프로퍼티에 접근해야 한다.

```
if (::myName.isInitialized) {
    print("My Name is " + myName)
}
```

12.12 엘비스 연산자

엘비스Elvis 연산자는 널 허용 타입과 함께 이용해서 값 또는 표현식의 결과가 null인 경우에 반환할 기본값을 정의할 수 있다. 엘비스 연산자(?:)는 2개의 표현식을 구분하는 데 이용한다. 왼쪽 식이 null 값이 아니면 해당 값을 반환, null 값이면 오른쪽 식의 결과를 반환한다. 이는 if-else 문을 이용해 null 값을 확인하는 것보다 빠른 대안으로 고려할 수 있다. 다음 코드를 살펴보자.

```
if (myString != null) {
    return myString
} else {
    return "String is null"
}
```

엘비스 연산자를 이용하면 더 짧은 코드로 같은 결과를 얻을 수 있다.

```
return myString ?: "String is null"
```

12.13 타입 캐스팅 및 타입 확인

코틀린 코드를 컴파일할 때 컴파일러는 일반적으로 객체 타입을 추론할 수 있다. 그러나 컴파일러가 특정 타입을 식별할 수 없는 상황도 발생한다. 값 타입이 모호하거나 함수 호출 시 지정되지 않은 객체가 종종 반환된다. 이때는 컴파일러에 코드에서 예상하는 객체 타입을 알리거나, 해당 객체가 특정 타입인지 확인하는 코드를 작성해야 할 수 있다.

컴파일러에 예상되는 객체 유형을 알려주는 것을 타입 캐스팅type casting이라 부르며, 캐스팅 연산자 as를 이용해 수행한다. 다음은 컴파일러가 getSystemService() 메서드에서 반환된 결과를 KeyguardManager 객체로 처리해야 함을 알리는 코드 예시다.

```
val keyMgr = getSystemService(Context.KEYGUARD_SERVICE) as KeyguardManager
```

코틀린 언어에는 안전한 캐스트 연산자와 안전하지 않은 캐스트 연산자가 모두 포함되어 있다. 위의 캐스팅은 안전하지 않은 캐스팅이며, 캐스팅을 수행할 수 없으면 앱에서 예외를 던진다. 반면 안전한 캐스팅은 as? 연산자를 이용하며, 캐스팅을 할 수 없으면 null을 반환한다.

```
val keyMgr = getSystemService(Context.KEYGUARD_SERVICE) as? KeyguardManager
```

is 연산자를 이용하면 객체가 특정 타입을 준수하는지 확인할 수 있다. 다음 예시를 보자.

```
if (keyMgr is KeyguardManager) {
    // KeyguardManager 객체
}
```

12.14 정리

이번 장에서는 코틀린을 소개하는 첫 단계로 변수 선언 방법과 데이터 타입에 관해 살펴봤다. 그리고 널 허용 타입, 타입 캐스팅 및 타입 검사, 엘비스 연산자 등의 개념을 소개했다. 이는 모두 코틀린 프로그래밍의 필수적인 부분이며, 오류 발생 가능성을 줄이고 프로그래밍을 할 수 있도록 특별히 디자인된 것들이다.

CHAPTER 13

코틀린 연산자와 표현식

지금까지 코틀린에서 변수와 상수를 이용하는 방법과 다양한 데이터 타입을 설명했다. 앞에서는 변수를 만드는 방법을 확인했다. 다음으로 코틀린 코드에서 이러한 변수를 이용하는 방법을 살펴본다. 데이터는 기본적으로 **표현식**expression 형태를 이용해서 다룬다.

13.1 코틀린의 표현식 구문

가장 기본적인 표현식은 연산자operator, 2개의 피연산자operand, 할당assignment으로 구성된다.

```
val myresult = 1 + 2
```

위의 예시 코드에서 연산자(+)를 이용해 2개의 피연산자(1, 2)를 더했다. 할당 연산자(=)는 `myresult`라는 변수에 덧셈 결과를 할당한다. 피연산자는 예시 코드에서 이용한 실제 숫잣값 대신 변수(또는 값과 변수의 조합)가 될 수 있다.

이번 장의 나머지 부분에서는 코틀린에서 이용할 수 있는 기본 연산자 유형을 살펴본다.

13.2 기본 할당 연산자

앞에서 가장 기본적인 할당 연산자assignment operator에 관해 살펴봤다. 할당 연산자는 단순히 표현식의 결과를 변수에 할당한다. 본질적으로 할당 연산자(=)는 2개의 피연산자를 이용한다. 왼쪽 피연산자는 값을 할당할 변수이고, 오른쪽 피연산자는 할당할 값이다. 오른쪽 피연산자는 산술 또는 논리 평가의 일부 유형을 수행하는 표현식 또는 함수 호출이며 그 결과는 변수에 할당된다. 다음은 모두 할당 연산자의 유효한 이용 예시다.

```
var x: Int // 뮤터블 Int 변수를 선언한다.
val y = 10 // 이뮤터블 Int 변수를 선언하고 초기화한다.

x = 10 // 값을 x에 할당한다.
```

```
x = x + y // x + y 수행 결과를 x에 할당한다.

x = y // y 값을 x에 할당한다.
```

13.3 코틀린 산술 연산자

코틀린은 수학적 표현식을 만드는 데 필요한 다양한 연산자를 제공한다. 이 연산자들은 2개의 피연산자를 이용한다는 점에서 주로 **이항 연산자**binary operator 범주에 속한다. 단, 값이 양수가 아니라 음수임을 나타내는 **단항 음수 연산자**unary negative operator(-)는 예외다. 이 연산자는 2개의 피연산자를 이용하는 **뺄셈 연산자**subtraction operator(-)와 대조된다(즉, 한 값을 다른 값에서 뺀다). 예를 들어,

```
var x = -10 // 단항 음수 연산자이며, -10을 변수 x에 할당한다.
x = x - 5 // 뺄셈 연산자. x에서 5를 뺀다.
```

표 13-1은 코틀린의 기본 산술 연산자를 나타낸다.

표 13-1

연산자	설명
-(단항)	변수 또는 표현식 값의 부호를 바꾼다.
*	곱셈
/	나눗셈
+	덧셈
-	뺄셈
%	나머지

단일 표현식에서 여러 연산자를 이용할 수 있다.

```
x = y * 10 + z - 5 / 4
```

13.4 증강 할당 연산자

코틀린에서는 수학적 또는 논리적 연산과 할당을 결합할 수 있도록 디자인된 여러 연산자를 제공한다. 이 연산자들은 연산 결과가 피연산자 중 하나에 저장되는 평가를 할 때 주로 이용된다. 예를 들어, 다음과 같은 표현식을 작성할 수 있다.

```
x = x + y
```

이 표현식은 변수 x에 포함된 값을 변수 y에 포함된 값에 더한 뒤, 그 결과를 변수 x에 저장한다. 이는 덧셈 증강 할당 연산자augmented assignment operator를 이용해 단순화할 수 있다.

```
x += y
```

위 표현식은 x = x + y와 동일한 작업을 수행하며 프로그래머가 직접 입력할 코드를 줄여준다.

코틀린에서는 다양한 증강 할당 연산자를 이용할 수 있으며, 자주 이용되는 것들을 표 13-2에 나타냈다.

표 13-2

연산자	설명
x += y	x와 y를 더한 결과를 x에 할당한다.
x -= y	x에서 y를 뺀 결과를 x에 할당한다.
x *= y	x와 y를 곱한 결과를 x에 할당한다.
x /= y	x를 y로 나눈 결과를 x에 할당한다.
x %= y	x를 y로 나눈 나머지를 x에 할당한다.

13.5 증가/감소 연산자

코틀린 증가 연산자increment operator와 감소 연산자decrement operator(단일 피연산자를 다루므로 단항 연산자라고도 부른다)를 이용해 또 다른 유용한 단축키를 얻을 수도 있다. 다음 코드를 살펴보자.

```
x = x + 1 // 변수 x의 값에 1을 더한다.
x = x - 1 // 변수 x의 값에서 1을 뺀다.
```

위의 표현식은 x의 값을 1씩 증가 또는 감소시킨다. 그러나 ++, -- 연산자를 이용하면 이를 더 빠르게 수행할 수 있다. 다음은 동일하게 작동하는 코드 예시다.

```
x++ // 변수 x의 값에 1을 더한다.
x-- // 변수 x의 값에서 1을 뺀다.
```

이러한 연산자들은 변수 이름 앞 또는 뒤에 둘 수 있다. 연산자가 변수 이름 앞에 있으면 증가 또는 감소 연산을 다른 연산보다 먼저 수행한다. 다음 코드에서 x는 증가된 뒤에 y에 할당되며 y 값은 10이 된다.

```
var x = 9
val y = ++x
```

하지만 다음 예에서 x의 값(9)은 y에 할당된 후 감소된다. 표현식이 평가된 후 y의 값은 9, x의 값은 8이 된다.

```
var x = 9
val y = x--
```

13.6 등치 연산자

코틀린은 비교를 수행하는 데 유용한 논리 연산자 세트를 제공한다. 이 연산자들 모두는 비교 결과에 따라 불리언값을 반환한다. 이 연산자들은 이항 연산자이며 2개의 피연산자를 다룬다.

등치 연산자equality operator는 프로그램 제어 흐름 논리를 구성할 때 가장 자주 이용된다. 예를 들어, 한 값이 다른 값과 일치하는지에 따라 if 문의 조건을 구성할 수 있다.

```
if (x == y) {
    // 태스크를 수행한다.
}
```

비교 결과는 Boolean 변수에 저장할 수도 있다. 다음 코드에서는 결과 변수에 true 값이 저장된다.

```
var result: Bool
val x = 10
val y = 20

result = x < y
```

10은 20보다 명확히 작으므로 x < y 표현식을 평가한 결과는 true가 된다. 표 13-3은 코틀린의 전체 비교 연산자를 나타낸다.

표 13-3

연산자	설명
x == y	x가 y와 같으면 true를 반환한다.
x > y	x가 y보다 크면 true를 반환한다.
x >= y	x가 y와 같거나 그보다 크면 true를 반환한다.
x < y	x가 y보다 작으면 true를 반환한다.
x <= y	x가 y와 같거나 그보다 작으면 true를 반환한다.
x != y	x가 y와 같지 않으면 true를 반환한다.

13.7 부울 논리 연산자

코틀린은 논리 연산자logical operator라 불리는 연산자들을 제공한다. 이 연산자들은 true 또는 false 값을 반환하고, 부울값을 피연산자로 받는다. 주요 연산자는 NOT(!), AND(&&), OR(||)이다.

NOT(!) 연산자는 부울 변수의 현재 값이나 표현식의 결과를 반전시킨다. 예를 들어 flag라는 변수의 값이 현재 true인 경우, 변수 앞에 ! 문자를 추가하면 값이 false로 반전된다.

```
val flag = true // 변숫값은 true다.
val secondFlag = !flag // secondFlag를 false로 설정한다.
```

OR(||) 연산자는 2개의 피연산자 중 하나가 true로 평가되면 true를 반환하고, 그렇지 않으면 false를 반환한다. 다음 코드에서는 OR 연산자의 양쪽에 있는 표현식 중 하나 이상이 true이므로 true로 평가된다.

```
if ((10 < 20) || (20 < 10)) {
    print("표현식은 true입니다.")
}
```

AND(&&) 연산자는 2개의 피연산자 모두가 true일 때만 true를 반환한다. 다음 코드에서는 2개의 피연산자 중 하나만 true이므로 결과는 false가 반환된다.

```
if ((10 < 20) && (20 < 10)) {
    print("표현식은 true입니다.")
}
```

13.8 범위 연산자

코틀린에서는 값 범위를 선언할 수 있는 유용한 연산자를 제공한다. 이후의 장에서 볼 수 있듯이 이 연산자는 프로그램 로직에서 루프를 이용하는 작업을 할 때 매우 중요하다.

범위 연산자range operator 구문은 다음과 같다.

```
x..y
```

이 연산자는 x에서 시작해 y에서 끝나는 숫자 범위를 나타낸다. x와 y는 모두 범위 내에 포함된다 (폐구간closed range이라고 부른다). 예를 들어, 범위 연산자 5..8은 숫자 5, 6, 7, 8을 지정한다.

13.9 비트와이즈 연산자

앞에서 설명한 것처럼 컴퓨터 프로세서는 바이너리로 작동한다. 바이너리는 본질적으로 비트라 불리는 1과 0의 스트림이다. 8개의 비트가 모여 바이트를 구성한다. 그렇기 때문에 프로그래머인 우리가 종종 코드에서 바이트를 다루게 되는 것은 놀라운 일이 아니다. 이 요구사항을 용이하게 하기 위해 코틀린은 다양한 비트 연산자bit operator를 제공한다.

C, C++, C#, Objective-C, 자바 같은 언어의 비트와이즈 연산자bitwise operator에 익숙한 사람들은 코틀린 언어의 구문도 동일하다는 사실을 알 수 있을 것이다. 이진수에 익숙하지 않다면 이제 1과 0이 바이트를 형성하고 숫자를 구성하는 방법에 관한 좋은 참고 자료를 접할 시간이 될 수 있겠다. 이 책이 허락하는 범위 안에서 이 주제를 설명한 것보다 훨씬 잘 설명한 다른 저자들의 자료도 있으니 찾아보기 바란다.

예시로 두 숫자의 이진 표현을 대상으로 작업해 본다. 먼저 10진수 171은 이진수로 다음과 같이 표현된다.

```
10101011
```

다음으로 10진수 3은 이진수로 다음과 같이 표현된다.

```
00000011
```

2개의 이진수를 준비했으므로 이제 코틀린 비트와이즈 연산자에 관해 살펴본다.

13.9.1 비트와이즈 반전

비트와이즈 반전bitwise inversion(NOT이라고도 한다)은 inv() 연산을 이용해 수행하며, 숫자의 모든 비트를 반전한다. 즉, 모든 0은 1이 되고 모든 1은 0이 된다. 숫자 3에 대한 비트와이트 NOT 연산 결과는 다음과 같다.

```
00000011 NOT
========
11111100
```

그러므로 다음 코틀린 코드에서의 결과는 -4가 된다.

```
val y = 3
val z = y.inv()

print("Result is $z")
```

13.9.2 비트와이즈 AND

비트와이즈 AND는 and() 연산을 이용해 수행한다. 두 숫자를 비트 단위로 비교하고, 각 숫자에서 두 비트가 모두 1인 위치의 비트값을 1로 한 결과를 반환한다. 비트 위치 중 하나라도 0이 있으면 해당 위치의 값은 0이 된다. 앞의 두 숫자를 이용해 비트와이즈 AND를 수행하면 다음과 같다.

```
10101011 AND
00000011
========
00000011
```

위의 예시처럼 두 숫자가 모두 1인 위치만 1이 된다. 코틀린 코드에서 and() 연산으로 이를 실행하면 결과는 3(00000011)이 된다.

```
val x = 171
val y = 3
val z = x.and(y)

print("Result is $z")
```

13.9.3 비트와이즈 OR

비트와이즈 OR도 숫자의 이진수 시퀀스를 비트 단위로 비교한다. 비트와이즈 AND 연산과 달리 비트와이즈 OR은 첫 번째 또는 두 번째 피연산자 중 1이 하나라도 있으면 해당 위칫값을 1로 한다. 두 예시 숫자를 이용해 연산한 결과는 다음과 같다.

```
10101011 OR
00000011
========
10101011
```

코틀린 코드에서 or() 연산을 이용해 수행한 결과는 171이 된다.

```
val x = 171
val y = 3
val z = x.or(y)

print("Result is $z")
```

13.9.4 비트와이즈 XOR

비트와이즈 XOR(일반적으로 배타적 OR[exclusive OR]이라 부르며 xor() 연산을 이용해 수행함)은 비트와이즈 OR 연산과 비슷하나, 각 비트 위치 중 하나만 1일 때 결괏값의 해당 비트 위치가 1이 된다는 점이 다르다. 두 비트의 위치가 모두 1 또는 0이면 결과의 해당 비트가 0이 된다.

```
10101011 XOR
00000011
========
10101000
```

이 경우 결과는 10101000이며 십진수 168로 변환된다. 다음 코틀린 코드로 이를 확인해 볼 수 있다.

```
val x = 171
val y = 3
val z = x.xor(y)

print("Result is $z")
```

위의 코드를 실행하면 다음 결과가 출력된다.

```
Result is 168
```

13.9.5 비트와이즈 왼쪽 시프트

비트와이즈 왼쪽 시프트[bitwise left shift]는 이진수의 각 비트를 지정한 위치만큼 왼쪽 방향으로 이동한다. 정수를 왼쪽으로 한 비트만큼 이동하면 값이 두 배가 되는 효과가 있다.

비트를 왼쪽으로 이동시키면서 비게 되는 가장 오른쪽(낮은 차수) 위치에는 0을 배치한다. 또한 가장 왼쪽(높은 차수) 비트가 해당 값을 저장하는 변수 크기 이상으로 이동하면 해당 비트를 삭제한다.

```
10101011 Left Shift one bit
========
101010110
```

코틀린에서 비트와이즈 왼쪽 시프트 연산자는 shl() 연산을 이용하며, 시프트할 비트 수를 전달한다. 예를 들어, 왼쪽으로 1비트 시프트한다면 다음을 수행한다.

```
val x = 171
val z = x.shl(1)

print("Result is $z")
```

이 코드를 컴파일하고 실행하면 Result is 342를 출력한다. 이 값은 이진수 101010110과 같다.

13.9.6 비트와이즈 오른쪽 시프트

비트와이즈 오른쪽 시프트bitwise right shift는 여러분이 예상한 대로 오른쪽으로 시프트한다는 점을 제외하고는 비트와이즈 왼쪽 시프트와 동일하다. 정수를 오른쪽으로 한 비트 이동하는 것은 값을 절반으로 나누는 것과 같다.

비트를 오른쪽으로 이동하므로 결과를 저장하는 데이터 타입에 관계없이 최하위 비트를 유지할 수 없게 되며, 결과적으로 최하위 비트는 삭제된다. 이동에 따라 자리가 비는 상위 비트는 양수, 음수를 나타내는 **부호 비트**sign bit 설정 여부에 따라 0(양수) 또는 1(음수)로 채운다.

```
10101011 Right Shift one bit
========
01010101
```

비트와이즈 오른쪽 시프트는 shr() 연산을 이용해 수행하며, 이동할 비트 수를 전달한다.

```
val x = 171
val z = x.shr(1)

print("Result is $z")
```

위의 코드를 컴파일하고 실행하면 Result is 85를 출력한다. 이 값은 이진수 01010101과 같다.

13.10 정리

연산자와 표현식은 코틀린 코드 안에서 변수와 상수를 조작하고 평가하는 기본 메커니즘을 제공한다. 이는 표현식에서 더하기 연산자를 사용해 2개의 숫자를 더하고 할당 연산자를 사용해 변수에 결과를 저장하는 것과 같은 가장 간단한 형식으로 나타날 수 있다. 연산자는 다양한 범주로 분류되며 이에 관해서는 다음 장에서 자세히 다룬다.

CHAPTER 14

코틀린 제어 흐름

애플리케이션 개발은 프로그래밍 언어에 관계없이 주로 논리를 적용하는 것이며, 프로그래밍 기술의 대부분은 하나 이상의 기준에 따라 결정을 내리는 코드를 작성하는 것과 관련된다. 이런 결정에는 실행할 코드, 실행 횟수, 프로그램이 실행 중일 때 실행하지 않고 건너뛰는bypass 코드 정의 등이 포함된다. 이는 프로그램 실행 흐름을 제어하는 것이므로 종종 **제어 흐름**control flow이라 부른다. 제어 흐름은 일반적으로 **반복 제어 흐름**looping control flow(코드 실행 빈도)과 **조건부 제어 흐름**conditional control flow(코드 실행 여부)으로 나뉘는데, 이번 장에서는 코틀린에서의 두 가지 제어 흐름 유형을 소개한다.

14.1 반복 제어 흐름

이번 장에서는 먼저 루프loop 형태의 제어 흐름부터 살펴본다. 루프는 지정한 조건을 만족할 때까지 반복해서 실행되는 코틀린 구문의 시퀀스다. 가장 먼저 for 루프를 살펴본다.

14.1.1 for-in 구문

for-in 루프는 컬렉션collection 또는 숫자 범위에 포함된 항목의 시퀀스에 대해 반복할 때 이용하며, 구문은 다음과 같다.

```
for (변수 이름 in 컬렉션 또는 범위) {
    // 실행할 코드
}
```

이 구문에서 '변수 이름'은 루프를 반복할 '컬렉션 또는 범위'의 현재 항목을 포함할 변수에 사용하는 이름이다. 루프 본문의 코드에서는 일반적으로 이 '변수 이름'을 현재 루프 항목에 대한 참조로 이용한다. '컬렉션 또는 범위'는 루프를 반복할 항목을 참조한다. 문자열값의 배열, 범위 연산자, 문자열 등이 될 수 있다.

다음 for-in 루프 구조를 살펴보자.

```
for (index in 1..5) {
    println("index의 값은 $index 입니다")
}
```

루프는 현재 항목을 고정된 이름의 변수 index에 할당함을 명시하면서 시작한다. 그 뒤, 폐구간 범위 연산자를 이용해 for 루프는 1에서 시작해 5까지의 범위에서 반복함을 나타낸다. 루프 본문에서는 현재 할당된 값을 나타내는 메시지를 콘솔에 출력한다. 실행 결과는 다음과 같다.

```
index의 값은 1 입니다
index의 값은 2 입니다
index의 값은 3 입니다
index의 값은 4 입니다
index의 값은 5 입니다
```

for-in 루프는 배열과 같은 컬렉션을 대상으로 하는 작업에 특히 유용하다. 실제로 for-in 루프는 하나 이상의 항목을 포함하는 모든 객체에 대한 반복 작업에서 이용할 수 있다. 다음은 지정된 문자열의 각 문자를 출력하는 코드 예시다.

```
for (index in "안녕하세요.") {
    println("index의 값은 $index 입니다")
}
```

for-in 루프의 동작은 downTo 및 until 함수를 이용해 설정할 수 있다. downTo 함수는 지정된 수에 도달할 때까지 for 루프가 대상 컬렉션을 역방향으로 반복하게 한다. 다음 for 루프는 숫자 100부터 90까지 거꾸로 세는 코드 예시다.

```
for (index in 100 downTo 90) {
    print("$index .. ")
}
```

위의 코드를 실행한 결과는 다음과 같다.

```
100 .. 99 .. 98 .. 97 .. 96 .. 95 .. 94 .. 93 .. 92 .. 91 .. 90 ..
```

until은 컬렉션 범위의 맨 처음에서 시작해 지정된 끝점 직전까지(반폐구간 half-closed range이라 부른다) 반복한다는 점을 제외하면 거의 동일한 방식으로 동작한다.

```
for (index in 1 until 10) {
    print("$index .. ")
}
```

위의 코드를 실행하면 1에서 9까지의 범위를 반복한다.

```
1 .. 2 .. 3 .. 4 .. 5 .. 6 .. 7 .. 8 .. 9 ..
```

루프의 각 반복에 이용할 증분은 step 함수를 이용해 정의할 수도 있다.

```
for (index in 0 until 100 step 10) {
    print("$index .. ")
}
```

위의 코드를 실행한 결과는 다음과 같다.

```
0 .. 10 .. 20 .. 30 .. 40 .. 50 .. 60 .. 70 .. 80 .. 90 ..
```

14.1.2 while 루프

코틀린의 for 루프는 프로그램 안에서 특정 작업을 몇 번 반복할지 미리 알고 있을 때 이용하면 효과적이다. 그러나 특정 조건을 만족할 때까지 얼마나 반복할지 미리 알지 못하는 상황에서 코드를 반복해야 하는 경우가 있는데, 이때는 while 루프를 이용할 수 있다.

기본적으로 while 루프는 지정한 조건을 만족하는 동안 일련의 작업을 반복한다. while 루프 구문은 다음과 같이 정의한다.

```
while 조건 {
    // 코틀린 구문
}
```

위의 구문에서 '조건'은 true 또는 false를 반환하는 표현식이며, 주석 부분(// 코틀린 구문)은 조건의 표현식이 true인 동안 실행할 코드를 의미한다. 다음 코드를 확인해 본다.

```
var myCount = 0

while (myCount < 100) {
    myCount++
    println(myCount)
}
```

이 예시 코드에서 while 표현식은 myCount 변숫값이 100보다 작은지 평가한다. 100보다 크다면 중괄호 안의 코드는 건너뛰고 루프를 수행하지 않고 종료한다.

한편 myCount가 100보다 크지 않으면 중괄호 안의 코드를 실행하고, 루프는 while 문으로 돌아가 myCount를 반복해서 평가한다. 이 프로세스는 myCount 값이 100보다 클 때까지 반복되며, 100보다 커지는 시점에 루프는 종료된다.

14.1.3 do ... while 루프

do ... while 루프를 뒤집은 while 루프라고 생각하면 이해하는 데 종종 도움이 된다. while 루프는 조건의 표현식을 평가한 뒤 루프 본문에 포함된 코드를 실행하는데, 표현식을 처음 평가했을 때 그 결과가 false이면 루프 본문의 코드는 실행하지 않는다. 한편 do ... while 루프는 루프 본문의 코드가 항상 한 번 이상 실행되어야 할 때 이용할 수 있다. 예를 들어, 특정 항목을 찾을 때까지 배열의 항목을 계속 탐색할 수 있다. 원하는 항목을 찾기 위해서는 적어도 배열의 첫 번째 항목은 확인해야 한다는 것을 알고 있다. do ... while 루프의 구문은 다음과 같이 정의한다.

```
do {
    // 코틀린 구문
} while 조건 표현식
```

다음 do ... while 예제 코드는 i 변숫값이 0이 될 때까지 반복을 계속한다.

```
var i = 10

do {
    i--
    println(i)
} while (i > 0)
```

14.1.4 루프 벗어나기

루프를 이용하는 도중 완료 기준을 만족하지 않았더라도, 특정 조건을 만족했을 때 루프에서 벗어나야 할 때가 있다(특히 무한 루프의 경우). 예를 들면, 네트워크 소켓의 활동을 지속적으로 확인하는 것(모니터링) 등을 생각해 볼 수 있다. 소켓 활동이 감지되면 모니터링 루프를 벗어나 다른 작업을 수행해야 할 가능성이 높다.

코틀린은 현재 루프로부터 벗어나 루프 바로 이후의 코드부터 다시 실행하기 위한 방법으로 break 문을 제공한다. 다음은 break 문 이용 코드 예시다.

```
var j = 10

for (i in 0..100) {
    j += j

    if (j > 100) {
        break
    }

    println("j = $j")
}
```

위의 코드를 실행하면 루프는 j 값이 100을 넘기 전까지 계속 실행되며, 해당 지점에서 루프가 종료되고 루프 이후의 코드를 실행한다.

14.1.5 continue 구문

continue 구문을 이용하면 루프 안의 이후 코드를 건너뛰고, 루프의 처음으로 실행을 반환한다. 다음은 변수 i의 값이 짝수일 때만 println 함수를 호출하는 코드 예시다.

```
var i = 1

while (i < 20) {
    i += 1

    if (i % 2 != 0) {
        continue
    }

    println("i = $i")
}
```

위의 예시에서 continue 문은 i 값이 2로 나누어 떨어지지 않는 경우(즉, 홀수인 경우) println 호출을 건너뛰게 한다. continue 문이 트리거되면 while 루프의 맨 처음으로 실행이 반환되어 루프 본문을 반복한다(i 값이 19를 초과할 때까지).

14.1.6 break/continue 라벨

코틀린 표현식에서는 표현식 앞에 '@' 기호가 오는 라벨 이름을 이용해 라벨을 할당할 수 있다. 이후 break, continue 문에서 다시 실행을 시작할 위치를 지정할 때 이 라벨을 참조할 수 있는데, 이는 중첩된 루프를 벗어날 때 특히 유용하다. 다음은 for 루프 안에 다른 for 루프가 포함된 중첩된 루프 코드 예시다. 내부 루프에서는 j 값이 10이 되었을 때 break 문을 실행한다.

```
for (i in 1..100) {
    println("Outer loop i = $i")

    for (j in 1..100) {
        println("Inner loop j = $j")
        if (j == 10) break
    }
}
```

위의 코드에서 break 문에 의해 내부 for 루프는 종료되지만, 외부 for 루프의 맨 처음부터 다시 실행이 시작된다. 외부 루프를 종료하기 위한 break 문도 필요하다고 가정해 보자. 이는 다음과 같이 외부 루프에 라벨을 할당하고 break 문에서 해당 라벨을 참조해서 달성할 수 있다.

```
outerloop@ for (i in 1..100) {
    println("Outer loop i = $i")

    for (j in 1..100) {
        println("Inner loop j = $j")

        if (j == 10) break@outerloop
    }
}
```

변수 j에 10이 할당되면, break 문은 두 루프에서 모두 벗어나 외부 루프 바로 다음의 코드에서 다시 실행을 시작한다.

14.2 조건부 제어 흐름

이전 장에서는 코틀린에서 논리 표현식을 이용해 참 또는 거짓을 판단하는 방법을 살펴봤다. 프로그래밍은 주로 논리를 적용하는 활동이므로, 프로그래밍 기술은 대부분 하나 이상의 기준에 따라 결정을 내리는 코드를 작성하는 것으로 이어진다. 이런 결정은 실행될 코드, 또는 프로그램이 실행되는 동안 우회할 코드를 정의하는 것이다.

14.2.1 if 표현식 이용하기

아마도 if 표현식은 코틀린 프로그래머가 이용할 수 있는 가장 기본적인 제어 흐름 옵션일 것이다. C, 스위프트, C++, 자바에 익숙한 프로그래머라면 사소한 차이가 있기는 하지만 코틀린의 if 문을 즉시 편하게 이용할 수 있을 것이다.

다음은 코틀린의 if 표현식 기본 구문이다.

```
if (부울 표현식) {
    // 표현식이 true일 때 실행할 코틀린 코드
}
```

다른 일부 프로그래밍 언어와 달리 코틀린에서는 if 표현식에 연결된 코드가 한 줄뿐인 경우 중괄호를 입력하지 않아도 된다. 이런 경우 연결된 코드는 if 표현식과 같은 행에 배치한다.

기본적으로 '부울 표현식'이 true로 평가되면 명령문의 본문에 있는 코드가 실행된다. 반면에 표현식이 false로 평가되면 명령문의 본문에 있는 코드를 건너뛴다.

어떤 값이 다른 값보다 클 때 무언가의 결정을 내려야 한다면, 다음과 같은 코드를 작성할 수 있다.

```
val x = 10

if (x > 9) println("x is greater than 9!")
```

x는 실제로 9보다 크므로 콘솔 패널에 메시지가 표시된다.

이 시점에서 우리가 if 문이 아닌 if 표현식을 참조했다는 사실을 알아두는 것이 중요하다. 다른 프로그래밍 언어의 if 문과 달리 코틀린의 if는 결과를 반환한다. 이를 활용해 표현식 안에서 if 구문을 이용할 수 있다. 예를 들어, 두 숫자 중 가장 큰 숫자를 식별해 그 결과를 변수에 할당하는 일반적인 if 표현식은 다음과 같다.

```
if (x > y)
    largest = x
else
    largest = y
```

다음 구문을 이용하면 표현식 안에서 if 문을 활용해 같은 결과를 얻을 수 있다.

```
variable = if (조건) return_val_1 else return_val_2
```

따라서 원래 예시 코드를 다음과 같이 작성할 수 있다.

```
val largest = if (x > y) x else y
```

이 기법은 '조건'에 포함된 값을 반환하는 것에 국한되지 않는다. 다음은 표현식에서 if의 유효한 이용 예시다. 여기서는 변수에 문자열값을 할당한다.

```
val largest = if (x > y) "x is greatest" else "y is greatest"
println(largest)
```

자바 같은 프로그래밍 언어에 익숙한 사용자들은 이 기능을 이용해 삼항 구문ternary statement과 유사한 코드를 코틀린에서도 구현할 수 있다.

14.2.2 if ... else ... 표현식 이용하기

if 표현식을 다음과 같이 변형해서 이용하면, if 표현식 안의 표현식이 false로 평가될 때 수행할 일부 코드를 지정할 수 있다. 이 구문의 구조는 다음과 같다.

```
if (부울 표현식) {
    // 표현식이 true일 때 실행할 코드
} else {
    // 표현식이 false일 때 실행할 코드
}
```

한 줄의 코드만 실행되는 경우 중괄호는 선택사항이다.

위의 구문을 이용하면, 이전 예제를 확장해 비교 표현식이 false로 평가되는 경우 다른 메시지를 표시하도록 할 수 있다.

```
val x = 10

if (x > 9) println("x is greater than 9!")
else println("x is less than 9!")
```

위의 예시에서는 x 값이 9보다 작으면 두 번째 println 문이 실행된다.

14.2.3 if ... else if ... 표현식 이용하기

지금까지 논리 표현식 하나의 결과에 따라 결정을 내리는 if 문에 관해 살펴봤다. 때로는 몇 가지 다른 기준에 따라 결정을 내려야 하는데, 이런 경우에는 if ... else if ... 구문을 이용할 수 있다.

```
var x = 9

if (x == 10) println("x is 10")
else if (x == 9) println("x is 9")
else if (x == 8) println("x is 8")
else println("x is less than 8")
```

14.2.4 when 구문 이용하기

코틀린의 when 구문은 if ... else if ... 구문의 확실한 대안을 제공한다. 구문은 다음과 같다.

```
when (값) {
    match1 -> // 일치했을 때 실행할 코드
    match2 -> // 일치했을 때 실행할 코드
    .
    .
    else -> // 아무것도 일치하지 않을 때 실행할 코드
}
```

이 구문을 이용해 앞에서의 if ... else if ...를 다음과 같이 재작성할 수 있다.

```
when (x) {
    10 -> println ("x is 10")
    9 -> println("x is 9")
    8 -> println("x is 8")
    else -> println("x is less than 8")
}
```

when 문은 다른 프로그래밍 언어에서 볼 수 있는 switch 문과 유사하다.

14.3 정리

제어 흐름은 애플리케이션이 실행될 때 해당 소스 코드에서 수행하는 실행 경로를 지정하는 논리를 말한다. 이번 장에서는 코틀린에서 제공하는 두 가지 유형의 제어 흐름(반복 제어 흐름, 조건부 제어 흐름)에 관해 살펴보고, 각 제어 흐름에서의 논리를 구현할 때 이용할 수 있는 다양한 코틀린 구조를 살펴봤다.

CHAPTER 15
코틀린 함수와 람다

코틀린 함수function와 람다lambda는 잘 구조화된 효율적인 코드를 작성하는 데 중요하다. 이를 이용하면 코드의 반복을 피하면서 프로그램을 구성할 수 있다. 이번 장에서는 코틀린 안에서 함수와 람다를 선언하고 이용하는 방법을 살펴본다.

15.1 함수란 무엇인가?

함수function란 호출해서 특정한 작업을 수행할 수 있는, 이름을 붙인 코드 블록이다. 작업을 수행하기 위한 데이터를 제공할 수 있으며, 작업 수행 결과를 호출한 코드에 반환할 수 있다. 예를 들어, 코틀린에서 특정한 산술 계산을 해야 하는 경우 함수 안에 산술 계산을 하는 코드를 배치할 수 있다. 함수는 연산을 수행할 값(파라미터parameter라 부른다)을 받아 계산 결과를 반환하도록 프로그래밍할 수 있다. 코드 안에서 해당 계산이 필요한 모든 지점에서 이 함수를 호출하고, 파라미터값을 인수로 전달하면 결과가 반환된다.

파라미터와 인수argument는 함수를 설명할 때 종종 같은 의미로 혼용된다. 하지만 이 두 용어에는 미묘한 차이가 있다. 함수가 호출될 때 받을 수 있는 값을 파라미터라 부르고, 실제 함수가 어떤 값과 함께 호출되었을 때 이들을 인수라 부른다.

15.2 코틀린에서의 함수 선언

코틀린 함수는 다음 구문과 같이 정의한다.

```
fun <함수 이름> (<파라미터 이름>: <파라미터 타입>, <파라미터 이름>: <파라미터 타입>, ... ): <반환 타입> {
    // 함수 코드
}
```

'함수 이름', '파라미터', '반환 타입'의 조합을 함수 시그니처signature 혹은 타입type이라 부른다. 각 항목의 의미는 다음과 같다.

항목	의미
fun	접두사 키워드. 코틀린에 해당 코드 블록이 함수임을 알린다.
<함수 이름>	함수에 할당된 이름. 애플리케이션 코드 안에서 해당 함수를 호출할 때 참조되는 이름이다.
<파라미터 이름>	함수 코드 안에서 참조되는 파라미터 이름
<파라미터 타입>	해당 파라미터의 타입
<반환 타입>	함수가 반환하는 데이터 타입. 함수가 결과를 반환하지 않으면 반환 타입을 지정하지 않는다.
함수 코드	작업을 수행하는 함수의 코드

예를 들어, 다음 함수는 파라미터와 반환값 없이 간단한 메시지를 표시한다.

```
fun sayHello() {
    println("Hello")
}
```

다음 함수는 하나의 정수, 하나의 문자열을 파라미터로 받고 문자열을 반환한다.

```
fun buildMessageFor(name: String, count: Int): String {
    return("$name, you are customer number $count")
}
```

15.3 코틀린 함수 호출하기

선언한 함수는 다음 구문으로 호출할 수 있다.

```
<함수 이름> (<인수1>, <인수2>, ... )
```

함수에 전달되는 각 인수는 함수가 받도록 정의된 파라미터와 일치해야 한다. 예를 들어, 아무런 파라미터를 받지 않고 반환값이 없는 sayHello 함수는 다음과 같이 호출한다.

```
sayHello()
```

파라미터를 받는 메시지 함수는 다음과 같이 호출한다.

```
buildMessageFor("John", 10)
```

15.4 단일 표현식 함수

함수가 단일 표현식을 포함한다면, 해당 표현식을 중괄호로 감쌀 필요가 없다. 함수 정의 뒤에 등호 (=)를 입력한 뒤 표현식을 기술하기만 하면 된다. 다음은 일반적인 방식으로 단일 표현식을 포함한 함수를 선언한 예시다.

```kotlin
fun multiply(x: Int, y: Int): Int {
    return x * y
}
```

다음은 단일행 표현식single line expression으로 같은 함수를 표현한 예시다.

```kotlin
fun multiply(x: Int, y: Int): Int = x * y
```

단일행 표현식을 이용할 때 컴파일러가 표현식으로부터 반환 타입을 추론할 수 있다면, 반환 타입을 생략해 코드를 좀 더 간결하게 작성할 수 있다.

```kotlin
fun multiply(x: Int, y: Int) = x * y
```

15.5 로컬 함수

로컬 함수local function는 다른 함수 안에 포함된 함수다. 그리고 로컬 함수는 해당 함수를 포함한 함수가 가진 모든 변수에 접근할 수 있다.

```kotlin
fun main(args: Array<String>) {
    val name = "John"
    val count = 5

    fun displayString() {
        for (index in 0..count) {
            println(name)
        }
    }

    displayString()
}
```

15.6 반환값 다루기

2개의 파라미터를 받고 결과를 반환하는 buildMessage 함수는 다음과 같이 호출할 수 있다.

```
val message = buildMessageFor("John", 10)
```

코드 가독성을 높이기 위해 함수 호출 시 파라미터 이름을 명시할 수 있다.

```
val message = buildMessageFor(name = "John", count = 10)
```

위의 코드에서는 message라는 새 변수를 만들고 할당 연산자(=)를 이용해 함수의 반환 결과를 저장했다.

15.7 기본 함수 파라미터 선언하기

코틀린은 함수 호출 시 인수로 값을 전달하지 않았을 때 이용하는 기본 파라미터값을 지정하는 기능을 제공한다. 함수를 선언할 때 파라미터에 기본값을 할당하면 된다.

기본 파라미터의 동작을 확인하기 위해 buildMessageFor 함수에 고객 이름이 인수로 전달되지 않는 경우 "Customer" 문자열을 기본값으로 이용하도록 함수를 수정한다. 마찬가지로, count 파라미터의 기본값은 0으로 선언한다.

```
fun buildMessageFor(name: String = "Customer", count: Int = 0): String {
    return("$name의 고객 번호는 $count입니다")
}
```

함수 호출 시 파라미터 이름을 이용하면 기본값이 지정된 파라미터는 생략할 수 있다. 다음 코드에서는 함수 호출 시 고객 이름 인수를 생략했지만, 파라미터 이름을 두 번째 인수로 지정했으므로 문제없이 컴파일된다.

```
val message = buildMessageFor(count = 10)
```

그러나 함수 호출 시 파라미터 이름을 이용하지 않으면 가장 마지막 인수가 생략된다.*

```
val message = buildMessageFor("John") // 유효함
val message = buildMessageFor(10) // 유효하지 않음
```

---

* 옮긴이 파라미터가 2개 이상인 경우, 첫 번째 파라미터가 사용되면 그 이후의 파라미터부터 생략되고 모두 기본값이 적용된다.

15.8 가변 길이 함수 파라미터

애플리케이션 코드 안에서 함수를 호출할 때, 함수가 받는 파라미터의 수를 항상 미리 알 수 있는 것은 아니다. 코틀린에서는 vararg 키워드를 이용해 함수가 지정된 데이터 타입의 파라미터를 임의의 개수만큼 받는다는 것을 표시함으로써 이런 가능성에 대응한다. 이 파라미터들은 함수 본체 안에서 배열 객체 형태로 제공된다. 다음은 가변 개수의 문자열값을 파라미터로 이용해 콘솔 패널에 출력하는 코드 예시다.

```
fun displayStrings(vararg strings: String) {
    for (string in strings) {
        println(string)
    }
}

displayStrings("one", "two", "three", "four")
```

코틀린은 함수 안에서 여러 개의 vararg 파라미터를 허용하지 않으므로, 함수가 받는 단일 파라미터들은 vararg보다 먼저 선언해야 한다.

```
fun displayStrings(name: String, vararg strings: String) {
    for (string in strings) {
        println(string)
    }
}
```

15.9 람다 표현식

코틀린 함수의 기본 개념을 살펴봤으므로, 이제 람다 표현식_{lambda expression}의 개념을 살펴본다. 람다는 본질적으로 자급자족하는 함수 블록이다. 다음은 람다를 선언하고 이를 sayHello라는 변수에 할당한 뒤, 람다 참조를 이용해 해당 함수를 호출하는 코드 예시다.

```
val sayHello = { println("Hello") }
sayHello()
```

람다 표현식은 파라미터를 받아 결과를 반환하도록 구성할 수도 있다. 선언 구문은 다음과 같다.

```
{<파라미터 이름>: <파라미터 타입>, <파라미터 이름> <파라미터 타입>, ... ->
    // 람다 표현식
}
```

다음 람다 표현식은 2개의 정수 파라미터를 받아 하나의 정수 결괏값을 반환한다.

```
val multiply = { val1: Int, val2: Int -> val1 * val2 }
val result = multiply(10, 20)
```

위의 람다 표현식에서는 람다 코드를 한 변수에 할당했다. 함수에도 동일한 방식을 적용할 수 있다. 물론 다음과 같이 함수 자체를 변수에 할당하는 대신, 함수를 실행하고 그 결과를 변수에 할당할 수도 있다.

```
val myvar = myfunction()
```

변수에 함수 참조를 할당할 때는 다음과 같이 괄호를 제거하고 함수 이름 앞에 이중 콜론(::)을 붙인다. 이후 변수 이름을 참조하는 것으로 간단히 함수를 호출할 수 있다.

```
val myvar = ::myfunction

myvar()
```

하나의 람다 블록은 표현식의 맨 마지막에 괄호로 감싼 인수를 전달해 직접 실행할 수 있다. 다음은 10과 20을 곱하는 곱셈 람다 표현식을 직접 실행하는 코드 예시다.

```
val result = { val1: Int, val2: Int -> val1 * val2 }(10, 20)
```

람다 안의 마지막 표현식은 표현식의 반환값으로 이용된다(즉, 위 예시에서는 결과 변수에 값 200이 할당된다). 함수와 달리 람다는 return 문을 제공하지 않는다. 결과를 반환하는 표현식이 없는 경우(예: 산술/비교 표현식)에는 해당 값을 람다의 마지막 항목으로 선언하기만 하면 그 값을 반환한다. 다음 람다는 메시지를 출력한 뒤 부울값 true를 반환한다.

```
val result = { println("Hello"); true }()
```

마찬가지로, 다음 람다는 메시지를 출력한 뒤 문자열 리터럴을 반환한다.

```
val nextmessage = { println("Hello"); "Goodbye" }()
```

람다가 제공하는 유용한 기능과 함수 참조를 생성하는 기능을 함수에 인수로 전달해서 결과를 반환할 수 있다는 것은 큰 장점이다. 그러나 이 개념을 이해하려면 함수 타입과 고차 함수를 먼저 이해해야 한다.

15.10 고차 함수

표면적으로 람다와 함수 참조는 특별히 매력적인 기능은 아닌 것처럼 보인다. 그러나 람다 및 함수 참조가 다른 많은 데이터 타입과 동일한 기능을 갖고 있다는 점을 고려하면, 이러한 기능이 제공하는 가능성은 더욱 분명해진다. 특히 이들은 다른 함수에 인수로 전달되거나, 함수의 결과로 반환될 수도 있다.

함수나 람다를 인수로 받거나, 결괏값으로 반환하는 함수를 **고차 함수**higher-order function라고 부른다.

하나의 함수를 또 다른 함수에 삽입하는 것이 본질적으로 무엇을 의미하는지 살펴보기 전에, **함수 타입**function type의 개념을 이해해야 한다. 함수 타입은 함수가 받는 파라미터와 반환 타입의 조합으로 결정된다. 예를 들어, Int 및 Double을 파라미터로 받고 String 결과를 반환하는 함수의 함수 타입은 다음과 같은 것으로 간주한다.

```
(Int, Double) -> String
```

함수를 파라미터로 받기 위해서는 파라미터로 받을 수 있는 함수 타입만 선언하면 된다.

먼저 2개의 단위 변환 함수를 선언한다.

```
fun inchesToFeet (inches: Double): Double {
    return inches * 0.0833333
}
fun inchesToYards (inches: Double): Double {
    return inches * 0.0277778
}
```

다음으로 단위를 변환하고 콘솔 패널에 그 결과를 출력하는 함수를 추가한다. 이 함수는 되도록 범용적이어야 하며, 다양한 측정 단위를 변환할 수 있어야 한다. 파라미터로서의 함수를 보이기 위해, 새로운 함수는 변환할 값과 함께 inchesToFeet, inchesToYards 함수와 일치하는 함수 타입을 파라미터로 이용한다. 이러한 함수 타입은 (Double) -> Double과 같으므로, 범용 함수는 다음과 같이 작성할 수 있다.

```
fun outputConversion(converterFunc: (Double) -> Double, value: Double) {
    val result = converterFunc(value)
    println("Result of conversion is $result")
}
```

outputConversion 함수를 호출할 때는 선언된 타입과 일치하는 함수를 전달해야 한다. 해당 함수가 호출되고 단위 변환 및 결과 출력을 수행한다. 이것은 동일한 함수에 인치를 피트와 야드로 변환하기 위한 적절한 변환 함수를 파라미터로서 '삽입plugging in'해 호출할 수 있음을 의미한다. 인수로 함수 참조를 전달했음을 염두에 두자.

```
outputConversion(::inchesToFeet, 22.45)
outputConversion(::inchesToYards, 22.45)
```

함수 타입을 반환 타입으로 선언함으로써 함수를 데이터 타입으로 반환할 수도 있다. 다음 함수는 부울 파라미터값에 따라 inchesToFeet 또는 inchesToYards 함수 타입(즉, Double 값을 받아서 반환하는 함수)을 반환하도록 구성한 것이다.

```
fun decideFunction(feet: Boolean): (Double) -> Double
{
    if (feet) {
        return ::inchesToFeet
    } else {
        return ::inchesToYards
    }
}
```

위의 함수를 호출하면, 함수는 변환을 수행하기 위해 이용할 수 있는 함수 참조를 반환한다.

```
val converter = decideFunction(true)
val result = converter(22.4)
println(result)
```

15.11 정리

함수와 람다 표현식은 자급자족하는 코드 블록으로 특정한 태스크를 수행하거나, 코드를 구조화하거나 재사용을 촉진하는 메커니즘을 제공하기 위해 호출할 수 있다. 이번 장에서는 함수와 람다 선언 및 구현의 기본적인 개념을 설명했다. 그리고 람다와 함수를 인수로 전달하거나 결과로 반환할 수 있는 고차 함수 사용에 관해 살펴봤다.

CHAPTER 16
코틀린 객체 지향 프로그래밍 기초

코틀린은 객체 지향object-oriented 애플리케이션 개발을 광범위하게 지원한다. 객체 지향 프로그래밍이 다루는 영역은 매우 방대하며, 객체 지향 소프트웨어 개발에 관해 자세히 설명하는 것 역시 이 책의 범위를 벗어난다. 이번 장에서는 대신 객체 지향 프로그래밍과 관련된 기본 개념을 소개하고, 코틀린 애플리케이션 개발과 관련된 개념을 중심으로 설명한다.

16.1 객체란 무엇인가?

객체object(인스턴스instance라고도 부름)는 소프트웨어 애플리케이션의 빌딩 블록으로 쉽게 이용 및 재사용할 수 있는 자급자족의 기능 모듈이다.

객체는 데이터 변수data variable(프로퍼티property라 부름)와 함수function(메서드method라 부름)로 구성되며, 이들은 태스크를 수행하기 위해 객체나 인스턴스에서 접근 및 호출할 수 있다. 이들을 함께 클래스 멤버class member라고 부른다.

16.2 클래스란 무엇인가?

청사진이나 건축가의 도면이 완성된 건축물의 형태를 정의하듯, 클래스class는 객체가 생성되었을 때의 형태를 정의한다. 예를 들어, 메서드가 수행할 작업과 프로퍼티가 무엇인지 정의한다.

16.3 코틀린 클래스 정의하기

객체를 인스턴스화하기 전, 먼저 객체에 대한 '청사진' 역할을 할 클래스를 정의해야 한다. 이번 장에서는 은행 계좌 클래스를 이용해 코틀린 객체 지향 프로그래밍의 기본 개념을 살펴본다.

새 코틀린 클래스를 선언할 때는 새 클래스가 파생될 부모 클래스를 지정(선택적)하고, 클래스에 포함할 프로퍼티와 메서드를 정의한다. 새로운 클래스의 기본 구문은 다음과 같다.

```
class <새 클래스 이름>: <부모 클래스> {
    // 프로퍼티
    // 메서드
}
```

선언에서 '프로퍼티' 섹션에서는 클래스 안에 포함할 변수와 상수를 정의한다. 코틀린에서 다른 변수를 선언하는 것과 동일한 방식으로 선언한다.

'메서드' 섹션에서는 클래스 및 클래스의 인스턴스에서 호출할 수 있는 메서드를 정의한다. 근본적으로 메서드는 호출되었을 때 특정한 작업을 수행하는 클래스의 고유 기능이다. 이에 관해서는 이번 장의 뒷부분에서 더 자세히 설명한다.

다음은 BankAccount 예시 클래스를 생성하는 개요 코드 예시다.

```
class BankAccount {

}
```

이제 클래스에 대한 개요 구문을 작성했다. 다음으로 클래스에 몇 가지 프로퍼티를 추가한다.

16.4 클래스에 프로퍼티 추가하기

객체 지향 프로그래밍의 핵심 목표는 데이터 캡슐화data encapsulation라 불리는 개념이다. 데이터는 클래스 안에 저장되어야 하며, 클래스에 정의된 메서드를 통해서만 접근할 수 있어야 한다는 아이디어에 기반한다. 클래스에 캡슐화된 데이터는 프로퍼티 또는 인스턴스 변수instance variable라 부른다.

BankAccount 클래스의 인스턴스는 일부 데이터를 저장해야 하며, 특히 계좌번호와 계정 잔액 등이 이에 해당할 것이다. 프로퍼티는 코틀린에서 다른 변수를 선언하는 것과 같은 방식으로 선언한다. 이는 다음과 같이 추가할 수 있다.

```
class BankAccount {
    var accountBalance: Double = 0.0
    var accountNumber: Int = 0
}
```

프로퍼티를 정의했으므로 이제 클래스의 메서드를 선언한다. 그런 다음 이를 이용해 데이터 캡슐화 모델을 유지하면서 프로퍼티에 대한 작업을 수행할 수 있다.

16.5 메서드 정의하기

클래스의 메서드는 본질적으로 코드 루틴이며, 호출되면 해당 클래스의 컨텍스트 안에서 특정 태스크를 수행한다.

메서드는 이들을 포함하는 클래스의 여는 중괄호와 닫는 중괄호 안에서 선언되며, 코틀린의 표준 함수 선언 구문을 이용한다.

예시에서 계정 잔액을 표시하는 메서드는 다음과 같이 선언할 수 있다.

```kotlin
class BankAccount {
    var accountBalance: Double = 0.0
    var accountNumber: Int = 0

    fun displayBalance()
    {
        println("Number $accountNumber")
        println("Current balance is $accountBalance")
    }
}
```

16.6 클래스 인스턴스 선언 및 초기화하기

앞에서 클래스의 청사진을 정의했다. 클래스를 이용해 무언가를 하려면 인스턴스를 만들어야 한다. 가장 먼저 인스턴스를 만들었을 때 그에 대한 참조를 저장할 변수를 선언한다. 다음은 선언 코드 예시다.

```kotlin
val account1: BankAccount = BankAccount()
```

위의 코드를 실행하면 BankAccount 클래스의 인스턴스가 생성되고, account1 변수를 이용해 인스턴스에 접근할 수 있다. 물론 코틀린 컴파일러는 타입을 추론할 수 있으므로, 타입 선언은 선택사항이다.

```kotlin
val account1 = BankAccount()
```

16.7 기본 및 보조 생성자

클래스는 생성되는 시점에 일부 초기화 작업을 수행해야 하는 경우가 많다. 이런 작업은 클래스 안에서 생성자constructor를 이용해 구현할 수 있다. BankAccount 클래스의 새 인스턴스를 만들 때 계좌번호와 잔액 프로퍼티를 초기화할 수 있다면 편리할 것이다. 다음과 같이 클래스 헤더 안에 **보조 생성자**secondary constructor를 선언해 이를 구현할 수 있다.

```
class BankAccount {

    var accountBalance: Double = 0.0
    var accountNumber: Int = 0

    constructor(number: Int, balance: Double) {
        accountNumber = number
        accountBalance = balance
    }
    .
    .
    .
}
```

클래스의 인스턴스 생성 시, 다음과 같이 계좌번호와 잔액 프로퍼티에 초깃값을 제공할 수 있다.

```
val account1: BankAccount = BankAccount(456456234, 342.98)
```

클래스는 여러 개의 보조 생성자를 포함할 수 있으며, 이를 이용해 클래스 인스턴스마다 다른 초깃값을 설정할 수 있다. 다음은 BankAccount 클래스의 변형으로, 추가 보조 생성자를 포함하고 있으며 이를 이용해 고객의 성, 계좌번호, 잔액으로 인스턴스를 초기화한다.

```
class BankAccount {

    var accountBalance: Double = 0.0
    var accountNumber: Int = 0
    var lastName: String = ""

    constructor(number: Int,
                balance: Double) {
        accountNumber = number
        accountBalance = balance
    }

    constructor(number: Int,
                balance: Double,
                name: String ) {
        accountNumber = number
        accountBalance = balance
        lastName = name
    }
    .
    .
    .
}
```

BankAccount의 인스턴스는 다음과 같이 생성할 수도 있다.

```
val account1: BankAccount = BankAccount(456456234, 342.98, "Smith")
```

기본 생성자primary constructor를 이용해 초기화 작업을 수행할 수도 있다. 클래스의 기본 생성자는 다음과 같이 클래스 헤더 안에서 기술한다.

```
class BankAccount (val accountNumber: Int, var accountBalance: Double) {
.
.
    fun displayBalance()
    {
        println("Number $accountNumber")
        println("Current balance is $accountBalance")
    }
}
```

두 프로퍼티를 기본 생성자에서 선언했으므로, 클래스 본문 안에서 해당 변수를 선언할 필요가 없다. 이제 클래스 인스턴스가 생성된 후 계좌번호가 변경되지 않으므로, 이 프로퍼티는 val 키워드를 이용해 이뮤터블로 선언한다.

클래스에 기본 생성자는 하나만 포함될 수 있지만, 코틀린에서는 기본 생성자 외에 여러 개의 보조 생성자를 선언할 수 있다. 다음 클래스 선언에서는 계좌번호와 잔액은 기본 생성자, 사용자의 성은 보조 컨트스럭터를 이용해 처리한다.

```
class BankAccount (val accountNumber: Int, var accountBalance: Double) {

    var lastName: String = ""

    constructor(accountNumber: Int,
                accountBalance: Double,
                name: String ) : this(accountNumber, accountBalance) {
        lastName = name
    }
.
.
}
```

위의 예시에서 두 가지 사항에 주의한다. 첫 번째, lastName 프로퍼티는 보조 생성자가 참조하며, 기본 생성자에 의해 자동으로 처리되지 않으므로 클래스 바디에서 선언하고 보조 생성자를 이용해 초기화된다.

```
var lastName: String = ""
.
.
lastName = name
```

두 번째, accountNumber와 accountBalance 프로퍼티는 보조 생성자에서 파라미터로 받지만 변수 선언은 여전히 기본 생성자에서 수행하므로 별도로 선언하지 않아도 된다. 보조 생성자에서 이 프로퍼티들에 접근하기 위해서는 다음 키워드를 이용해야 한다.

```
... this(accountNumber, accountBalance)...
```

16.8 초기화 블록

기본 및 보조 생성자 외에 클래스에는 생성자 다음에 호출되는 **초기화 블록**initializer block을 포함할 수 있다. 기본 생성자는 코드를 포함할 수 없으므로, 초기화 블록은 클래스 인스턴스를 생성할 때 초기화 작업을 수행하기 위한 코드를 추가하기 적절한 위치다. 초기화 블록은 중괄호로 묶은 초기화 코드와 함께 init 키워드를 이용해 선언한다.

```
class BankAccount (val accountNumber: Int, var accountBalance: Double) {

    init {
        // 초기화 코드
    }
.
.
}
```

16.9 메서드 호출과 프로퍼티 접근

지금까지의 작업을 돌아보자. 먼저 BankAccount라는 새로운 코틀린 클래스를 만들었다. 이 클래스 안에서 계좌번호, 잔액, 고객 이름 프로퍼티를 받아 초기화하는 기본 생성자와 보조 생성자를 선언했다. 이전 절에서 새 클래스의 인스턴스를 만들고 초기화하는 데 필요한 단계도 살펴봤다. 다음으로 인스턴스 메서드를 호출하고 클래스에 선언한 프로퍼티에 접근하는 방법을 학습한다. 점 표기법을 이용하면 이를 쉽게 수행할 수 있다.

점 표기법은 클래스 인스턴스를 지정한 뒤, 그 뒤에 점을 입력하고, 프로퍼티나 메서드의 이름을 지정해 프로퍼티에 접근하거나 메서드를 호출하는 방법이다.

```
classInstance.propertyname
classInstance.methodname()
```

다음은 accountBalance 인스턴스 변수의 현재 값을 얻는 코드다.

```
val balance1 = account1.accountBalance
```

점 표기법을 이용해 인스턴스 프로퍼티의 값을 설정할 수도 있다.

```
account1.accountBalance = 6789.98
```

클래스 인스턴스의 메서드도 동일한 기법으로 호출할 수 있다. 다음은 BankAccount 클래스 인스턴스의 displayBalance 메서드를 호출하는 코드 예시다.

```
account1.displayBalance()
```

16.10 커스텀 접근자

이전 절에서는 accountBalance 프로퍼티에 접근할 때 코틀린에서 자동으로 제공하는 프로퍼티 접근자property accessor를 이용한다. 이 기본 접근자 외에도 프로퍼티가 반환 또는 설정되기 전, 계산이나 논리 연산을 수행하도록 **커스텀 접근자**custom accessor를 구현할 수도 있다.

커스텀 접근자는 프로퍼티를 반환하기 전에 수행하는 작업 코드를 포함하는 게터getter나 선택적인 세터setter 메서드를 만들어 구현한다. 예를 들어, BankAccount 클래스는 최근 은행 수수료를 제외한 잔액을 나타내는 추가적인 프로퍼티를 필요로 할 수 있다. 이런 경우에는 표준 접근자를 이용하는 것보다, 요청에 따라 이 값을 계산하는 커스텀 접근자를 이용하는 편이 합리적이다. 다음은 수정된 BankAccount 클래스 코드 예시다.

```
class BankAccount (val accountNumber: Int, var accountBalance: Double) {
    val fees: Double = 25.00
    val balanceLessFees: Double
        get() {
            return accountBalance - fees
        }

    fun displayBalance()
    {
        println("Number $accountNumber")
        println("Current balance is $accountBalance")
    }
}
```

이 코드에서는 현재 잔액에서 수수료 금액을 뺀 값으로 계산한 프로퍼티를 반환하는 게터를 추가했다. 거의 같은 방식으로 수수료를 제외한 값으로 잔액을 설정하는 세터를 선언할 수도 있다.

```
val fees: Double = 25.00

var balanceLessFees: Double
    get() {
        return accountBalance - fees
    }
    set(value) {
        accountBalance = value - fees
    }
.
.
}
```

새 세터는 Double 값을 파라미터로 받아 수수료를 공제하고, 현재 잔액 프로퍼티에 할당한다. 커스텀 접근자 역시 점 표기법을 사용해 저장된 프로퍼티에 동일한 방식으로 접근한다. 다음은 새 값으로 프로퍼티를 설정하기 전, 현재 잔액에서 수수료를 뺀 값을 가져온다.

```
val balance1 = account1.balanceLessFees
account1.balanceLessFees = 12123.12
```

16.11 중첩된 내부 클래스

코틀린에서는 클래스 안에 다른 하나의 클래스를 중첩할 수 있다. 다음은 ClassB가 ClassA 안에 중첩되어 있는 것을 나타낸다.

```
class ClassA {
    class ClassB {
    }
}
```

위의 코드에서 ClassB는 외부 클래스 안의 프로퍼티에 접근할 수 없다. 접근이 필요하다면 inner 지시자를 이용해 중첩된 클래스임을 선언해야 한다. 다음 코드에서는 ClassB가 ClassA에 포함된 myProperty 변수에 접근할 수 있다.

```
class ClassA {
    var myProperty: Int = 10

    inner class ClassB {
        val result = 20 + myProperty
    }
}
```

16.12 컴패니언 객체

코틀린 클래스는 하나의 컴패니언 객체companion object를 포함할 수 있다. 컴패니언 객체는 클래스의 모든 인스턴스에 공통적인 메서드와 변수를 포함한다. 클래스 인스턴스는 물론 클래스 수준에서 이 프로퍼티들에 접근할 수 있다(즉, 클래스의 인스턴스를 만들 필요가 없다).

다음은 클래스 안에서 컴패니언 객체를 선언하는 코드 예시다(부모 클래스는 선택사항이다).

```
class <클래스 이름>: <부모 클래스> {
    // 프로퍼티
    // 메서드

    companion object {
        // 프로퍼티
        // 메서드
    }
}
```

컴패니언 객체의 동작을 확인하려면 코틀린 온라인 플레이그라운드(https://try.kotl.in)에 다음 코드를 입력해 본다.

```
class MyClass {

    fun showCount() {
        println("counter = " + counter)
    }

    companion object {
        var counter = 1

        fun counterUp() {
            counter += 1
        }
    }
}
fun main(args: Array<String>) {
    println(MyClass.counter)
}
```

클래스에는 counter 변수와 해당 변수를 증가시키는 메서드로 구성된 컴패니언 객체가 포함되어 있다. 이 클래스에는 counter의 현재 값을 표시하는 메서드도 포함되어 있다. main() 메서드는 단순히 counter 변수의 현재 값을 표시하지만, 클래스 인스턴스가 아닌 클래스 자체의 메서드를 호출해 표시한다.

```
println(MyClass.counter)
```

main() 메서드도 counter를 증가시키도록 수정하고, 이전과 이후의 현재 값을 출력해본다.

```
fun main(args: Array<String>) {
    println(MyClass.counter)
    MyClass.counterUp()
    println(MyClass.counter)
}
```

위의 코드를 실행해 콘솔에 다음과 같은 결과가 출력되는지 확인한다.

```
1
2
```

다음으로 MyClass 인스턴스를 생성한 뒤 showCount() 메서드를 호출하는 몇 가지 코드를 추가한다.

```
fun main(args: Array<String>) {
    println(MyClass.counter)
    MyClass.counterUp()
    println(MyClass.counter)

    val instanceA = MyClass()
    instanceA.showCount()
}
```

위의 코드를 실행하면 콘솔에 다음과 같은 결과가 출력된다.

```
1
2
counter = 2
```

클래스는 명확하게 컴패니언 객체에 포함된 변수와 메서드에 접근할 수 있다.

컴패니언 객체를 포함하는 클래스의 모든 인스턴스는 현재 변숫값을 포함해 동일한 컴패니언 객체에 접근할 수 있다. 이를 실제로 확인하려면 MyClass의 두 번째 인스턴스를 만들고 해당 인스턴스에서 showCount() 메서드를 호출해 보면 된다.

```
fun main(args: Array<String>) {
    println(MyClass.counter)
    MyClass.counterUp()
    println(MyClass.counter)
```

```
    val instanceA = MyClass()
    instanceA.showCount()

    val instanceB = MyClass()
    instanceB.showCount()
}
```

위의 코드를 실행하면 콘솔에 다음과 같은 결과가 출력된다.

```
1
2
counter = 2
counter = 2
```

두 인스턴스 모두 증가된 값 2를 반환하므로, 두 클래스 인스턴스가 동일한 컴패니언 객체 데이터를 공유하고 있음을 알 수 있다.

16.13 정리

코틀린과 같은 객체 지향 프로그래밍 언어에서는 클래스 생성을 통해 코드 재사용 및 클래스 인스턴스 안의 데이터 캡슐화를 촉진한다. 이번 장에서는 기본/보조 생성자, 초기화 블록, 프로퍼티, 메서드, 컴패니언 객체, 커스텀 접근자의 기본 개념을 살펴봤다.

CHAPTER 17 상속과 서브클래싱

16장에서 객체 지향 프로그래밍의 기본 개념을 다루었고, 코틀린을 이용해 새 클래스를 만들어 다루는 예제를 소개했다. 예제에서 새로운 클래스는 특정한 기본 클래스에서 파생하지 않았다(사실 모든 코틀린 클래스는 궁극적으로 Any 클래스에서 파생된다). 이번 장에서는 코틀린의 서브클래싱subclassing, 상속inheritance, 확장extension 개념을 소개한다.

17.1 상속, 클래스, 서브클래스

상속inheritance은 현실의 세계관을 프로그래밍에 통합한다. 특정한 특성 집합(예: 메서드 및 프로퍼티)을 가진 클래스를 정의하고, 해당 클래스에서 다른 클래스를 파생해서 생성할 수 있다. 파생된 클래스는 부모parent 클래스의 모든 피처feature를 상속하고, 자신의 고유한 피처를 일부 추가한다. 사실 코틀린의 모든 클래스는 궁극적으로 모든 클래스의 기반을 제공하는 Any 슈퍼클래스의 서브클래스다.

클래스를 파생함으로써 클래스 계층class hierarchy을 만든다. 계층 구조의 맨 위에 있는 클래스를 기본 클래스base class 또는 루트 클래스root class라 부르며, 파생된 클래스를 서브클래스subclass 또는 자식 클래스child class라 부른다. 한 클래스에서는 제한 없이 클래스를 파생할 수 있다. 서브클래스를 파생한 클래스를 부모 클래스parent class 또는 슈퍼클래스superclass라 부른다.

반드시 루트 클래스에서만 클래스를 파생해야 하는 것은 아니다. 서브클래스는 크고 복잡한 클래스 계층을 구성할 가능성이 있는 다른 서브클래스를 상속할 수도 있다.

코틀린에서 서브클래스는 하나의 직계 부모 클래스에서만 파생될 수 있다. 이를 단일 상속single inheritance이라 부른다.

17.2 서브클래싱 구문

부모 클래스에서 서브클래스를 파생할 때는 먼저 해당 부모 클래스를 공개로 선언해야 하는데, 이는 코틀린 코드에서 오류가 덜 발생하도록 디자인된 안전 조치다. 클래스 헤더 안에 open 키워드를 기술하면 된다.

```
open class MyParentClass {
    var myProperty: Int = 0
}
```

이 타입의 간단한 클래스를 이용해 다음과 같이 서브클래스를 만들 수 있다.

```
class MySubClass : MyParentClass() {

}
```

기본 및 보조 생성자를 포함한 클래스의 서브클래스를 생성하는 방법은 좀 더 복잡하다. 기본 생성자를 포함하고 있는 다음 부모 클래스를 생각해 보자.

```
open class MyParentClass(var myProperty: Int) {

}
```

이 클래스의 서브클래스를 만들 때는 서브클래스의 선언에서 모든 기본 클래스의 파라미터를 참조하고 동시에 부모 클래스를 초기화해야 한다. 다음과 같은 구문을 이용한다.

```
class MySubClass(myProperty: Int) : MyParentClass(myProperty) {

}
```

부모 클래스가 하나 이상의 보조 생성자를 포함하고 있다면, 해당 생성자 또한 서브클래스 선언 안에서 구현되어야 하고, 서브클래스 생성자에 인수로 전달된 값들을 부모 클래스의 보조 생성자로 전달해서 호출해야 한다. 서브클래스에서 부모 클래스를 참조할 때는 super 키워드를 이용한다. 보조 생성자를 가진 부모 클래스는 다음과 같이 읽을 수 있다.

```
open class MyParentClass {
    var myProperty: Int = 0

    constructor(number: Int) {
        myProperty = number
    }
}
```

이에 해당하는 서브클래스는 다음과 같이 구현해야 한다.

```
class MySubClass : MyParentClass {
    constructor(number: Int) : super(number)
}
```

서브클래스의 생성자 안에서 추가 태스크를 실행해야 할 때는 생성자 선언 후의 중괄호 안에 기술한다.

```
class MySubClass : MyParentClass {
    constructor(number: Int) : super(number) {
        // 서브클래스 생성자
    }
}
```

17.3 코틀린 상속 예시

대부분의 프로그래밍 개념과 마찬가지로 코틀린에서의 상속 개념 또한 예시를 통해 가장 잘 설명할 수 있다. 이전 장에서 만든 BankAccount 클래스는 은행 계좌번호와 해당 계좌의 현재 잔액을 갖는다. BankAccount 클래스는 프로퍼티와 메서드를 모두 갖는다. 이 클래스의 선언부를 다음에 간결하게 나타냈다. 이번 절에서는 이를 서브클래싱 예시의 기반으로 이용한다.

```
class BankAccount {
    var accountNumber = 0
    var accountBalance = 0.0

    constructor(number: Int, balance: Double) {
        accountNumber = number
        accountBalance = balance
    }

    open fun displayBalance()
    {
        println("Number $accountNumber")
        println("Current balance is $accountBalance")
    }
}
```

이것은 매우 기본적인 클래스이지만 계좌번호와 잔액을 저장하는 데 필요한 작업은 모두 수행한다. 그러나 BankAccount 클래스 외에 저축 계좌로 이용할 클래스도 필요하다고 가정해 보자. 저축 계좌도 계좌번호와 잔액을 가지며, 해당 데이터에 접근할 수 있는 메서드를 가져야 한다. 이를 구현하는 방법으로 완전히 새로운 클래스를 만들 수 있다. 새 클래스를 만들 때는 BankAccount 클래스의 기능을 모두 복사하고, 저축 계정에 필요한 새로운 피처들을 모두 구현한다. 그러나 더 효율적인 방법은 BankAccount 클래스의 서브클래스로 새 클래스를 만드는 것이다. 새 클래스는 BankAccount 클래스의 모든 피처를 상속하고 저축 계좌에 필요한 추가 기능을 갖도록 확장할 수 있다. BankAccount의 서브클래스를 만들기 전에 open 키워드를 이용해 이 클래스를 공개로 선언한다.

```kotlin
open class BankAccount {
```

BankAccount의 서브클래스인 SavingsAccount를 만들기 위해, 새 클래스를 선언하고 BankAccount를 부모 클래스로 지정한다. 그 뒤 부모 클래스의 생성자를 호출하는 코드를 추가한다.

```kotlin
class SavingsAccount : BankAccount {
    constructor(accountNumber: Int, accountBalance: Double) :
        super(accountNumber, accountBalance)
}
```

아직 아무런 프로퍼티나 메서드를 추가하지 않았지만, 이 클래스는 부모 클래스인 BankAccount의 모든 메서드와 프로퍼티를 상속했다. 따라서 BankAccount 클래스 예시에서와 같은 방법으로 SavingsAccount 클래스의 인스턴스 생성, 변수 설정, 메서드 호출이 가능하다. 즉, 클래스 확장을 제외한 모든 과정을 마쳤다는 의미다.

17.4 서브클래스 기능 확장하기

지금까지 부모 클래스의 모든 기능을 포함한 서브클래스를 만들었다. 그러나 실질적으로 활용하려면 이 서브클래스를 확장해 저축 계좌 정보를 저장할 수 있게 해야 한다. 다른 클래스를 만들 때와 마찬가지로, 새로운 기능을 제공할 프로퍼티와 메서드를 추가한다.

```kotlin
class SavingsAccount : BankAccount {
    var interestRate: Double = 0.0

    constructor(accountNumber: Int, accountBalance: Double) :
        super(accountNumber, accountBalance)

    fun calculateInterest(): Double
    {
        return interestRate * accountBalance
    }
}
```

17.5 상속된 메서드 오버라이드하기

상속을 이용할 때 여러분이 원하는 동작을 거의 비슷하게 수행하는 부모 클래스의 메서드를 쉽게 찾을 수 있지만, 정확하게 여러분이 원하는 기능을 제공하려면 반드시 수정을 해야 한다. 즉, 여러분이 하려고 하는 작업을 정확하게 설명하는 이름의 메서드가 존재할 수도 있지만, 실제 수행은 조금 다를 수도 있다. 이때는 상속받은 메서드를 완전히 무시하고, 새로운 이름의 새 메서드를 작성할 수 있다. 하지만 상속한 메서드를 오버라이드override해서 서브클래스만의 새로운 메서드를 만드는 것이 좀 더 나은 방식이다.

메서드를 오버라이드할 때는 세 가지 규칙을 반드시 지켜야 한다. 첫째, 서브클래스에서 오버라이드한 메서드의 파라미터 수와 타입은 부모 클래스가 가진 메서드의 그것과 동일해야 한다. 둘째, 오버라이드한 메서드의 반환 타입은 오버라이드된 메서드의 그것과 동일해야 한다. 셋째, 부모 클래스에서 오버라이드할 메서드는 open으로 선언해야만 컴파일러가 오버라이드를 허용한다.

BankAccount 클래스는 displayBalance 메서드를 가지며, 이 메서드는 클래스 인스턴스가 가진 계좌번호와 현재 잔액을 표시한다. SavingsAccount 서브클래스에서는 계좌에 할당된 현재 이자율도 표시하고자 한다. 이를 위해 SavingsAccount 서브클래스에 새로운 버전의 displayBalance를 만든다. override 키워드를 함께 이용한다.

```
class SavingsAccount : BankAccount {
    var interestRate: Double = 0.0

    constructor(accountNumber: Int, accountBalance: Double) :
        super(accountNumber, accountBalance)

    fun calculateInterest(): Double
    {
        return interestRate * accountBalance
    }

    override fun displayBalance()
    {
        println("Number $accountNumber")
        println("Current balance is $accountBalance")
        println("Prevailing interest rate is $interestRate")
    }
}
```

위의 코드를 컴파일하기 전에 BankAccount 클래스의 displayBalance 메서드를 open으로 선언해야 한다.

```
open fun displayBalance() {
    println("Number $accountNumber")
    println("Current balance is $accountBalance")
}
```

서브클래스에서 슈퍼클래스의 오버라이드된 메서드를 호출할 수도 있다. 예를 들어 슈퍼클래스의 displayBalance 메서드를 호출해서 계좌 이름과 잔액을 출력하고, 그 후에 이자율을 출력해 코드 중복을 줄인다.

```
override fun displayBalance()
{
    super.displayBalance()
    println("Prevailing interest rate is $interestRate")
}
```

17.6 커스텀 보조 생성자 추가하기

SavingsAccount 클래스에서 알 수 있듯이, 이 클래스는 부모 클래스인 BankAccount의 보조 생성자를 호출한다. 이는 다음과 같이 구현되어 있다.

```
constructor(accountNumber: Int, accountBalance: Double) :
    super(accountNumber, accountBalance)
```

이 생성자는 분명하게 클래스의 계좌번호와 잔액 프로퍼티 초기화를 수행한다. 그러나 SavingsAccount 클래스는 이자율이라는 프로퍼티를 추가로 포함하고 있다. 따라서 SavingsAccount 클래스는 그 인스턴스를 생성했을 때 interestRate 프로퍼티 초기화를 보장하는 생성자를 가져야 한다. 보조 생성자를 추가해, 클래스 인스턴스를 초기화할 때 이자율을 지정할 수 있도록 SavingsAccount 클래스를 수정한다.

```
class SavingsAccount : BankAccount {
    var interestRate: Double = 0.0

    constructor(accountNumber: Int, accountBalance: Double) :
            super(accountNumber, accountBalance)

    constructor(accountNumber: Int, accountBalance: Double, rate: Double) :
            super(accountNumber, accountBalance) {
        interestRate = rate
    }
}
```

17.7 SavingsAccount 클래스 이용하기

이제 SavingsAccount 클래스에 관한 작업을 완료했다. 이 클래스는 부모 클래스인 BankAccount 와 거의 동일한 방식으로 예제 코드에서 이용할 수 있다.

```
val savings1 = SavingsAccount(12311, 600.00, 0.07)

println(savings1.calculateInterest())
savings1.displayBalance()
```

17.8 정리

상속은 객체 지향 프로그래밍에서 객체 재사용의 개념을 확장한다. 상속을 이용하면 기존 클래스에서 새로운 클래스를 파생할 수 있으며, 파생된 새 클래스에는 계속해서 새로운 기능을 추가할 수 있다. 프로그래머가 필요로 하는 기능을 기존 클래스가 일부 제공하는 경우(전부는 아님), 상속을 통해 해당 클래스를 새 서브클래스의 기반으로 이용할 수 있다. 새로운 서브클래스는 부모 클래스의 모든 능력을 상속하며, 누락된 기능은 추가로 확장할 수 있다.

CHAPTER 18 컴포즈 개요

앞에서 안드로이드 스튜디오를 설치하고 코틀린 프로그래밍 언어의 기본 사항을 살펴봤으므로, 이제 젯팩 컴포즈에 관해 살펴본다.

젯팩 컴포즈는 구글의 모든 운영체제 플랫폼용 앱 개발에 관한 완전히 새로운 접근 방식이다. 컴포즈는 앱을 더 쉽고 빠르게 개발하게 하고, 소프트웨어 프로젝트를 개발할 때 일반적으로 나타나는 버그에 취약하지 않도록 하는 것을 목표로 한다. 이런 요소들은 안드로이드 스튜디오의 특별한 추가 요소인 컴포즈와 결합되었으며, 개발 과정에서 앱의 대화형 미리 보기를 이용해 거의 실시간으로 컴포즈 프로젝트를 테스트할 수 있다.

컴포즈는 선언적declarative인 동시에 데이터 주도적data-driven이어서 여러 가지 장점을 제공한다. 이에 관해서는 이번 장 후반에 살펴본다.

이번 장에서는 상위 수준에서 컴포즈를 개괄적으로 소개하며, 프로젝트 안에서의 실질적인 구현 측면에 관한 내용은 다루지 않는다. 구현과 실제 예시들은 책의 나머지 부분에서 살펴볼 것이다.

18.1 컴포즈 이전의 개발

컴포즈가 제공하는 선언적 구문의 의미와 장점을 이해하려면, 먼저 컴포즈가 도입되기 전의 사용자 인터페이스 레이아웃의 디자인 방식을 이해하는 것이 도움이 된다. 과거에는 안드로이드 스튜디오에서 ADKAndroid Development Kit를 구성하는 관련 프레임워크 집합을 이용해 안드로이드 앱을 만들었다.

앱 화면을 구성하는 사용자 인터페이스 레이아웃을 디자인하기 위해 안드로이드 스튜디오에서는 레이아웃 편집기Layout Editor 도구를 제공했다. 레이아웃 편집기는 앱 화면을 구성하는 개별 컴포넌트를 포함하는 XML 파일을 만들 수 있는 강력한 도구다.

레이아웃 편집기에서는 컴포넌트(버튼, 텍스트, 텍스트 필드, 슬라이더 등)를 위젯 팔레트로부터 레이아웃 캔버스의 원하는 위치로 가져다 놓는 방식으로 앱 화면의 사용자 인터페이스를 디자인했다.

씬scene에서 컴포넌트를 선택하면 다양한 프로퍼티 패널에 접근할 수 있었으며, 여기서 해당 컴포넌트들의 속성을 변경할 수 있었다.

화면 레이아웃의 동작(기기마다 다른 화면 크기에 대한 반응이나 세로/가로 기기 방향 변경 등)은 제약 범위 설정을 통해 디자인했다. 이 제약 범위는 레이아웃에서 각 컴포넌트를 포함하는 창과 다른 요소들의 관계에 따라 위치와 크기를 결정하는 것을 포함한다.

마지막으로, 사용자 이벤트(예: 버튼 탭, 슬라이더 동작 등)에 반응하는 모든 컴포넌트는 이벤트를 처리하는 앱의 소스 코드 메서드에 연결된다.

개발 프로세스의 여러 지점에서 앱을 컴파일하고, 시뮬레이터 또는 실제 기기에서 실행하면서 결과물이 작동하는지 테스트해야 했다.

18.2 컴포즈의 선언적 구문

컴포즈가 도입한 선언적 구문은 과거 레이아웃 편집기를 이용한 사용자 인터페이스 레이아웃 및 동작 구현 방법을 완전히 바꾸었다. 컴포즈를 이용하면 씬을 구성하는 컴포넌트의 모양과 레이아웃의 복잡한 세부 사항을 직접 디자인하지 않고도, 간단하고 직관적인 구문을 이용해 씬을 기술할 수 있다. 즉, 컴포즈를 이용하면 레이아웃을 빌드하는 접근 방식의 복잡성에 신경 쓰지 않고 사용자 인터페이스가 표시되는 방식을 선언함으로써 레이아웃을 만들 수 있다.

이는 본질적으로 레이아웃에 포함할 컴포넌트 선언, 레이아웃 관리자의 종류(열, 행, 상자, 리스트 등) 지정, 버튼의 텍스트나 라벨의 전경색 또는 탭 제스처 이벤트에 호출할 핸들러 같은 속성 설정을 포함한다. 프로그래머가 선언만 하면 레이아웃 배치, 제한, 렌더링 방법에 관한 모든 복잡한 세부 사항은 컴포즈가 자동으로 처리한다.

컴포즈의 선언은 계층적으로 구조화되어 있기 때문에, 소규모의 재사용 가능한 커스텀 서브 뷰를 조합함으로써 복잡한 뷰를 쉽게 만들 수 있다.

안드로이드 스튜디오는 레이아웃의 모양 변경을 실시간으로 반영하는 미리 보기 캔버스를 제공하므로 레이아웃을 선언하고 테스트하는 동안 이용할 수 있다. 안드로이드 스튜디오에서도 대화형 미리 보기 모드를 제공한다. 이를 이용하면 미리 보기 캔버스 안에서 앱을 실행하고, 시뮬레이터나 실제 기기에서 앱을 빌드해서 실행하지 않고도 완전히 테스트할 수 있다.

컴포즈 선언 구문의 적용 범위에 관한 설명은 19장 '컴포저블 함수 개요'에서 시작한다.

18.3 컴포즈는 데이터 주도적이다

컴포즈는 데이터 주도적이지만, 사용자가 만든 이벤트(즉, 사용자와 앱 사용자 인터페이스 사이의 상호 작용)를 더 이상 처리하지 않아도 된다는 의미는 아니다. 사용자가 버튼을 탭하거나 슬라이더를 움직이는 것을 감지하고 특정한 방식으로 반응하는 처리는 여전히 해야 한다. 데이터 주도적이라는 용어는 앱 데이터와 앱의 사용자 인터페이스 및 그 로직 사이의 관계와 더 많은 관련이 있다.

컴포즈 도입 이전에 안드로이드 앱에는 앱 내 데이터의 현재 값을 확인하는 코드가 포함되었다. 시간이 지남에 따라 데이터가 변경될 가능성이 있다면, 사용자 인터페이스가 항상 최신 데이터 상태를 반영하도록 코드를 작성해야 했다(데이터 변경사항을 자주 확인하는 코드를 작성하거나 사용자가 데이터 업데이트를 요청할 수 있는 새로고침 옵션을 제공하는 등). 사용자 인터페이스 상태를 일관되게 유지하거나, 토글 버튼 설정 등이 적절하게 저장되었는지 확인해야 할 때도 유사한 문제가 발생한다. 앱의 여러 영역에서 동일한 데이터 소스에 의존할수록 이런 요구사항은 더 복잡해진다.

컴포즈는 **상태**state 기반 시스템을 제공해 이런 복잡성을 해결한다. 데이터를 상태로서 저장하면 해당 데이터의 변경을 감지하기 위한 코드를 추가로 작성하지 않아도, 변경사항이 사용자 인터페이스에 자동으로 반영된다. 상태에 접근하는 모든 사용자 인터페이스 컴포넌트는 기본적으로 그 상태를 **구독**subscribe한다. 앱 코드 안의 어디에서든 상태가 변경되면, 해당 데이터를 구독하는 컴포넌트가 삭제되고 새로운 컴포넌트가 생성되어 상태를 반영한다. 이 과정을 **재구성**recomposition이라 부른다. 이를 통해 사용자 인터페이스가 의존하는 상태가 변경되면, 이에 의존하는 모든 컴포넌트가 자동으로 업데이트되어 최신 상태를 반영한다.

상태와 재구성에 관한 자세한 내용은 20장 '컴포즈 상태와 재구성'에서 다룬다.

18.4 정리

젯팩은 과거 안드로이드 스튜디오 레이아웃 편집기에서 제공하던 방식과 전혀 다른 앱 개발 접근 방식을 도입했다. 컴포즈를 이용하면 사용자 인터페이스가 렌더링되는 방식을 직접 구현하지 않는다. 사용자 인터페이스를 설명적인 용어로 선언하면, 앱이 실행될 때 가장 좋은 렌더링 방법을 결정하는 작업을 수행한다.

컴포즈는 데이터 변경에 기반해 앱의 동작과 형태를 결정한다는 점에서 데이터 주도적인데, 상태와 재구성을 통해 이를 달성한다.

이번 장에서는 젯팩 컴포즈를 상위 수준에서 살펴봤다. 이 책의 나머지 부분에서는 컴포즈를 더 깊이 살펴본다.

CHAPTER
19
컴포저블 함수 개요

컴포저블 함수composable function는 젯팩 컴포즈를 이용해 안드로이드 앱용 사용자 인터페이스를 구성하는 빌딩 블록이다. 앞에서 만들었던 ComposeDemo 프로젝트에서는 컴포즈에서 제공하는 내장 컴포즈 함수를 이용하는 동시에 자체 기능도 만들었다. 이번 장에서는 컴포저블 함수에 관해 더 자세히 살펴본다. 상태 함수stateful function와 비상태 함수stateless function, 함수 구문function syntax, 파운데이션 컴포저블foundation composable과 머티리얼 컴포저블material composable의 차이 등을 다룬다.

19.1 컴포저블 함수란 무엇인가?

컴포저블 함수(컴포저블composable 또는 컴포넌트component라고도 부름)는 컴포즈로 사용자 인터페이스를 만들기 위해 이용하는 특수한 코틀린 함수다. 컴포저블 함수는 @Composable 애너테이션을 이용해 선언하며 코틀린의 일반 함수와 구별된다.

컴포저블이 호출되면 일반적으로 앱 안에서 사용자 인터페이스의 해당 영역이 렌더링될 때 사용자에게 표시되고 동작되는 방식을 정의하는 데이터와 프로퍼티 집합을 전달한다. 본질적으로 컴포저블 함수는 데이터를 사용자 인터페이스 요소로 변환한다. 컴포저블은 코틀린 함수에서의 전통적인 방식으로 결괏값을 반환하지 않으며, 컴포즈 런타임으로 사용자 인터페이스 요소를 전달하면 컴포즈 런타임을 통해 렌더링한다.

컴포저블 함수는 ComposeDemo 프로젝트에서 봤던 것처럼 다른 컴포저블을 호출함으로써 컴포넌트 계층을 생성할 수 있다. 컴포저블 함수에서는 코틀린 표준 함수를 호출하지만, 표준 함수에서는 컴포저블 함수를 호출할 수 없다.

전형적인 컴포즈 기반 사용자 인터페이스는 내장 컴포저블과 커스텀 컴포저블을 조합하여 구성한다.

19.2 상태 컴포저블과 비상태 컴포저블

컴포저블 함수는 **상태 컴포저블**stateful composable 또는 **비상태 컴포저블**stateless composable로 분류된다. 컴포즈 컨텍스트에서 상태는 앱 실행 중 변경할 수 있는 모든 값으로 정의된다. 예를 들면 슬라이더 위칫값, 텍스트 필드에 입력된 문자열, 체크박스의 현재 설정 상태 등은 모두 상태에 해당한다.

ComposeDemo 프로젝트에서 본 것처럼, 하나의 컴포저블 함수는 해당 컴포저블 함수 또는 컴포저블 함수가 호출한 컴포저블의 형태나 동작을 정의하는 상탯값을 저장할 수 있다. 상탯값을 저장하려면 remember 키워드를 이용하고 mutableStateOf 함수를 호출한다. 다음 DemoScreen 컴포저블은 이 기법을 이용해 현재 슬라이더 위치를 상태로 저장한다.

```
@Composable
fun DemoScreen() {

    var sliderPosition by remember { mutableStateOf(20f) }
.
.
}
```

DemoScreen은 상태를 포함하므로 상태 컴포저블로 간주된다. DemoSlider 컴포저블은 다음과 같다고 가정한다.

```
@Composable
fun DemoSlider(sliderPosition: Float, onPositionChange : (Float) -> Unit) {
    Slider(
        modifier = Modifier.padding(10.dp),
        valueRange = 20f..40f,
        value = sliderPosition,
        onValueChange = onPositionChange
    )
}
```

이 컴포저블은 DemoScreen이 전달한 상탯값을 이용하지만 스스로 상탯값을 저장하지는 않는다. 따라서 DemoSlider는 비상태 컴포저블 함수로 간주된다.

상태에 관해서는 20장 '컴포즈 상태와 재구성'에서 좀 더 자세히 다룬다.

19.3 컴포저블 함수 구문

앞에서 설명한 것처럼 컴포저블 함수는 @Composable 애너테이션을 이용해 선언하며, 표준 코틀린 함수와 거의 동일한 방식으로 작성한다. 예를 들어, 아무것도 하지 않는 컴포저블 함수는 다음과 같이 선언할 수 있다.

```kotlin
@Composable
fun MyFunction() {

}
```

물론 함수 안에서 다른 컴포저블을 호출할 수도 있다.

```kotlin
@Composable
fun MyFunction() {
    Text("Hello")
}
```

컴포저블이 파라미터를 받도록 구현할 수도 있다. 다음 함수는 텍스트, 글꼴 굵기, 색상 파라미터를 받아 이들을 내장 Text 컴포저블에 전달한다. 다음은 미리 보기 컴포저블을 포함하고, CustomText 함수를 호출하는 방법을 보여주는 코드 예시다.

```kotlin
@Composable
fun CustomText(text: String, fontWeight: FontWeight, color: Color) {
    Text(text = text, fontWeight = fontWeight, color = color)
}

@Preview(showBackground = true)
@Composable
fun DefaultPreview() {
    CustomText(
        text = "Hello Compose",
        fontWeight = FontWeight.Bold,
        color = Color.Magenta
    )
}
```

미리 보기를 하면 마젠타 색상의 굵은 'Hello Compose'가 미리 보기 패널에 렌더링된다.

컴포저블 함수는 거의 모든 코틀린 로직 코드를 포함할 수 있다. 다음은 내장 Switch 컴포저블의 설정에 따라 Column 안의 텍스트 색상을 바꾸어 표시하는 컴포저블의 코드 예시다.

```kotlin
@Composable
fun CustomSwitch() {
    val checked = remember { mutableStateOf(true) }

    Column {
        Switch(
            checked = checked.value,
            onCheckedChange = { checked.value = it }
        )
```

```
            if (checked.value) {
                Text("Switch is On")
            } else {
                Text("Switch is Off")
            }
        }
    }
}
```

위의 예시에서는 checked라는 이름의 상탯값을 true로 초기화해서 선언한 뒤, Switch 컴포저블을 포함하는 Column을 구성했다. Switch의 상태는 checked의 값과 onCheckedChanged 이벤트 핸들러로 할당된 람다값에 따라 결정된다. 이 람다는 현재 Switch 설정에 따라 checked 상탯값으로 설정된다. 마지막으로, if 문은 2개의 Text 컴포저블 중 현재 checked 상탯값에 따라 표시할 텍스트를 결정한다. 이 코드를 실행하면 'Switch is on'과 'Switch is off' 문자열을 번갈아 표시한다.

그림 19-1

마찬가지로, 반복 구문을 이용해 리스트의 항목에 대해 반복하면 Divider 컴포저블 인스턴스에 의해 분리된 Column에 항목을 표시할 수 있다.

```
@Composable
fun CustomList(items: List<String>) {
    Column {
        for (item in items) {
            Text(item)
            Divider(color = Color.Black)
        }
    }
}
```

다음 컴포저블을 이용해 위의 함수를 표시할 수 있다.

```
@Preview(showBackground = true)
@Composable
fun DefaultPreview() {
    MyApplicationTheme {
        CustomList(listOf("One", "Two", "Three", "Four", "Five", "Six"))
    }
}
```

빌드 후 새로고침을 하면 미리 보기 패널에 그림 19-2와 같이 표시된다.

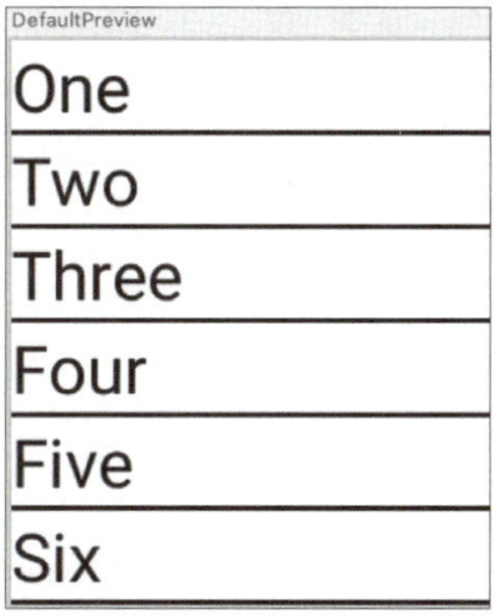

그림 19-2

19.4 파운데이션 컴포저블과 머티리얼 컴포저블

컴포즈를 이용해 앱을 개발할 때는 커스텀 컴포저블 함수(예: 이번 장 앞에서 생성한 `CustomText`, `CustomList` 컴포저블 등)와 컴포즈 개발 킷이 제공하는 내장 컴포넌트(예: `Text`, `Button`, `Column`, `Slider` 컴포저블 등)를 조합해서 이용한다.

컴포즈에서 번들로 제공하는 컴포저블은 레이아웃Layout, 파운데이션Foundation, 머티리얼 디자인Material Design 컴포넌트의 세 가지로 분류할 수 있다.

레이아웃 컴포넌트를 이용하면 컴포넌트를 화면에 배치하고, 배치된 컴포넌트들이 상호 동작하는 방법을 정의할 수 있다. 다음은 모두 레이아웃 컴포저블이다.

- Box
- BoxWithConstraints
- Column
- ConstraintLayout
- Row

파운데이션 컴포넌트는 기본적인 사용자 인터페이스 기능을 제공하는 최소한의 컴포넌트 집합이다. 이 컴포넌트들은 기본적으로 특정한 스타일이나 테마를 내포하지는 않지만, 커스터마이즈를 통해 앱의 형태나 행동을 자유롭게 정의할 수 있다. 다음은 모두 파운데이션 컴포넌트들이다.

- BaseTextField
- Canvas
- Image
- LazyColumn
- LazyRow
- Shape
- Text

머티리얼 디자인 컴포넌트는 구글이 제공하는 머티리얼 테마 가이드라인을 만족하도록 특별히 디자인된 것으로, 다음 컴포저블들을 포함한다.

- `AlertDialog`
- `Button`
- `Card`
- `CircularProgressIndicator`
- `DropdownMenu`
- `Checkbox`
- `FloatingActionButton`
- `LinearProgressIndicator`
- `ModalDrawer`
- `RadioButton`
- `Scaffold`
- `Slider`
- `Snackbar`
- `Switch`
- `TextField`
- `TopAppBar`
- `BottomNavigation`

컴포넌트를 선택할 때는 파운데이션 컴포넌트와 머티리얼 디자인 컴포넌트가 상호 배타적이지 않다는 점을 염두에 두어야 한다. 머티리얼 디자인 카테고리에는 그에 상응하는 파운데이션 컴포넌트가 없고, 그 반대의 경우도 마찬가지이므로 두 카테고리의 컴포넌트를 함께 이용해 디자인하게 될 것이다.

19.5 정리

이번 장에서는 컴포저블 함수와 안드로이드 기반 사용자 인터페이스를 구성하기 위해 이들을 어떻게 이용하는지 살펴봤다. 컴포저블 함수는 @Composable 애너테이션을 이용해 선언하며, 파라미터 전달 및 처리를 포함해 표준 코틀린 함수와 동일한 구문을 이용한다. 표준 코틀린 함수들과 달리 컴포저블 함수는 값을 반환하지 않는다. 대신 컴포즈 런타임에 렌더링되는 사용자 인터페이스 유닛을 반환한다. 컴포저블 함수는 상탯값 저장 여부에 따라 상태 컴포저블 또는 비상태 컴포저블이 될 수 있다. 내장 컴포저블은 레이아웃, 파운데이션, 머티리얼 디자인 컴포넌트로 분류된다. 머티리얼 디자인 컴포넌트는 일관적인 UI 디자인을 장려하기 위해 구글이 제공하는 머티리얼 스타일과 테마 가이드라인을 준수한다.

이번 장에서는 Slot API 컴포저블을 다루지 않았다. 이에 관해서는 22장 '컴포즈 Slot API'에서 자세히 살펴본다.

CHAPTER 20

컴포즈 상태와 재구성

상태는 컴포즈 시스템 구현의 초석이므로, 뛰어난 컴포즈 개발자가 되려면 상태에 관해 명확하게 이해해야 한다. 이번 장에서는 상태의 기본적인 개념을 비롯해 **재구성**, **단방향 데이터 흐름**, **상태 호이스팅** 같은 용어를 살펴본다. 또한 환경 설정 변경을 이용한 상태 저장 및 원복에 관해서도 살펴본다.

20.1 상태

컴포즈 같은 선언적 언어에서 일반적으로 상태는 '시간에 따라 변경될 수 있는 값'이라 불린다. 앱의 일반적인 다른 데이터와 차이가 없는 것처럼 들린다. 예를 들어, 표준 코틀린 변수는 실행 중 언제든 변경될 수 있는 값을 저장하기 위한 것이기 때문이다. 그러나 상태는 두 가지 면에서 표준 변수와 크게 다르다.

첫째, 컴포저블 함수에서 상태 변수에 할당된 값은 기억되어야 한다. 즉, 상태를 포함한 컴포저블 함수(상태 함수stateful function)를 호출할 때마다, 지난번에 호출했을 때의 상탯값을 기억해야 한다. 표준 변수는 선언된 함수를 호출할 때마다 초기화된다.

둘째, 상태 변수의 변경은 사용자 인터페이스를 구성하는 컴포저블 함수 계층 트리 전체에 영향을 미친다. 이것이 왜 중요한지 이해하려면 재구성에 관해 이해해야만 한다.

20.2 재구성

컴포즈를 이용해 개발할 때는 컴포저블 함수의 계층을 생성해 앱을 구축한다. 앞에서 설명했듯이 컴포저블 함수는 데이터를 받고, 해당 데이터를 이용해 사용자 인터페이스 레이아웃 영역을 만든다고 간주할 수 있다. 컴포즈 런타임은 이 요소들을 렌더링한다. 한 컴포저블 함수에서 다른 함수로 전달된 데이터는 대부분 부모 함수에서 상태로서 선언된다. 이는 부모 컴포저블의 상탯값 변화가 모든 자식 컴포저블에 반영되며, 해당 상태가 전달된다는 것을 의미한다. 컴포즈에서는 이를 **재구성**recomposition이라는 동작으로 실행한다.

재구성은 컴포저블 함수의 계층 안에서 상탯값이 변경될 때 일어난다. 컴포즈는 상태의 변화를 감지하면, 액티비티의 모든 컴포저블 함수에 대해 해당 상탯값의 변화에 영향을 받는 모든 함수를 재구성한다. 재구성이란 간단히 말하면 해당 함수들을 다시 호출하고, 새로운 상탯값을 전달하는 것이다.

상탯값이 변경될 때마다 사용자 인터페이스의 전체 컴포저블 트리를 재구성하면 사용자 인터페이스의 렌더링과 업데이트에 있어 매우 비효율적이다. 컴포즈는 해당 상태 변화에 직접 영향을 받는 함수들만 재구성하는 **지능적 재구성**intelligent recomposition 기법을 이용해 이 오버헤드를 피한다. 즉, 해당 상탯값을 읽는 함수들만 재구성하는 것이다.

20.3 StateExample 프로젝트 만들기

안드로이드 스튜디오를 실행하고 Welcome 화면에서 New Project 옵션을 선택한다. New Project 다이얼로그에서 Empty Compose Activity 템플릿을 선택한 뒤, Next 버튼을 클릭한다.

Name 필드에 'StateExample', Package name 필드에 'com.example.stateexample'을 입력한다. Minimum SDK를 API 26: Android 8.0 (Oreo)로 변경한 뒤 Finish 버튼을 클릭한다. 프로젝트 생성 프로세스가 완료되면, 안드로이드 스튜디오 기본 창 왼쪽의 Project 도구 창에 StateExample 프로젝트가 표시된다.

20.4 컴포저블에서 상태 선언하기

상탯값을 선언할 때는 가장 먼저 MutableState 객체로 해당 값을 감싸야 한다. MutableState는 **옵저버블 타입**observable type으로 참조되는 컴포즈 클래스다. 상태 변수를 읽는 모든 함수는 이 옵저버블 상태를 구독한다. 상탯값이 변경되면 모든 구독 함수에 재구성이 트리거된다.

안드로이드 스튜디오에서 MainActivity.kt 파일을 열고, Greeting 컴포저블을 삭제한 뒤 다음과 같이 수정한다.

```
package com.example.stateexample
.
.
class MainActivity : ComponentActivity() {
    override fun onCreate(savedInstanceState: Bundle?) {
        super.onCreate(savedInstanceState)
        setContent {
            StateExampleTheme {
                Surface(color = MaterialTheme.colors.background) {
```

```
                    DemoScreen()
                }
            }
        }
    }
}

@Composable
fun DemoScreen() {
    MyTextField()
}

@Composable
fun MyTextField() {

}

@Preview(showBackground = true)
@Composable
fun DefaultPreview() {
    StateExampleTheme {
        DemoScreen()
    }
}
```

이 코드의 목적은 MyTextFiled를 하나의 상태 변수, 그리고 사용자 입력에 따라 상태를 변경하는 하나의 이벤트 핸들러를 포함한 상태 컴포저블 함수로 만드는 것이다. 이 코드는 사용자의 입력에 따라 글씨를 표시하는 텍스트 필드를 표시한다.

MutableState 인스턴스는 mutableStateOf() 런타임 함수를 호출하고, 초기 상탯값을 전달해서 만든다. 예를 들어, 다음은 빈 String 값으로 초기화된 MutableState 인스턴스를 생성하는 코드 예시다.

```
var textState = { mutableStateOf("") }
```

포함한 값이 변경되면, 해당 값을 구독하는 모든 함수의 재구성을 트리거하는 옵저버블 상태를 제공한다. 그러나 위의 선언에는 한 가지 핵심 요소가 누락되었다. 앞에서 설명했듯이 상태는 재구성 과정에서 기억되어야 한다. 위의 코드에서 해당 상태는 선언된 함수가 재구성될 때마다 빈 문자열로 다시 초기화된다. 현재 상탯값을 유지하게 하려면 remember 키워드를 이용한다.

```
var myState = remember { mutableStateOf("") }
```

다음으로 MainActivity.kt 파일에 몇 가지 임포트를 추가하고, MyTextField 컴포저블을 다음과 같이 수정한다.

```kotlin
.
.
import androidx.compose.material.*
import androidx.compose.runtime.mutableStateOf
import androidx.compose.runtime.remember
import androidx.compose.foundation.layout.Column
.
.
@Composable
fun MyTextField() {

    var textState = remember { mutableStateOf("") }

    val onTextChange = { text : String ->
        textState.value = text
    }

    TextField(
        value = textState.value,
        onValueChange = onTextChange
    )
}
```

> **NOTE** 미리 보기 패널의 대화형 모드를 이용해 코드를 테스트하고, TextField에 키보드로 입력한 문자가 표시되는지 확인하라. 집필 시점에 미리 보기의 키보드 입력은 잘 작동하지 않았다. 여러분이 같은 문제를 만난다면, 앱을 에뮬레이터나 물리 기기에서 테스트하라.

컴포즈 코드 예시에서는 MutableState 객체가 다른 방식으로 선언된 것을 볼 수 있을 것이다. 위의 형태를 이용하면, MutableState 인스턴스의 value 프로퍼티를 읽고 설정해야 한다. 다음은 상태를 업데이트하는 이벤트 핸들러의 코드 예시다.

```kotlin
val onTextChange = { text: String ->
    textState.value = text
}
```

마찬가지로, 현재 상탯값은 다음처럼 TextField에 할당한다.

```kotlin
TextField(
    value = textState.value,
    onValueChange = onValueChange
)
```

상태를 선언하는 좀 더 일반적이고 간결한 접근 방식은 다음과 같이 by 키워드를 통해 코틀린 프로퍼티를 위임delegation하는 것이다(프로퍼티를 위임하기 위해서는 2개의 라이브러리를 추가로 임포트해야 한다).

```
.
.
import androidx.compose.runtime.getValue
import androidx.compose.runtime.setValue
.
.
@Composable
fun MyTextField() {
    var textState by remember { mutableStateOf("") }
    .
    .
```

이제 이벤트 핸들러 안에서 MutableState 값 프로퍼티를 직접 참조하지 않고도 상탯값에 접근할 수 있다.

```
val onTextChange = { text: String ->
    textState = text
}
```

현재 상탯값도 좀 더 간결하게 읽을 수 있다.

```
TextField(
    value = textState,
    onValueChange = onTextChange
)
```

세 번째 기법은 MutableState 객체에 대한 접근을 값과 세터 함수로 바꾸는 것이다.

```
var (textValue, setText) = remember { mutableStateOf("") }
```

상태에 할당된 값을 변경할 때는 setText 세터에 새로운 값을 전달해서 호출하면 된다.

```
val onTextChange = { text: String ->
    setText(text)
}
```

이제 textValue를 참조해서 상탯값에 접근할 수 있다.

```
TextField(
    value = textValue,
    onValueChange = onValueChange
)
```

대부분의 경우 by 키워드 및 프로퍼티 위임을 이용하면 간결하게 코드를 작성할 수 있어, 이 방식을 많이 이용한다. 다음 내용을 진행하기 전에 by 키워드를 이용했던 상태로 코드를 되돌린다.

20.5 단방향 데이터 흐름

앱 개발에서 **단방향 데이터 흐름**unidirectional data flow 접근 방식이란, 한 컴포저블에 저장된 상태는 자식 컴포저블 함수들에 의해 직접 변경되어서는 안 된다는 개념이다. 예를 들어, 부울값 형태의 상탯값을 포함하는 FunctionA가 있다고 가정해 보자. 이 컴포저블은 Switch 컴포넌트를 포함한 컴포저블 함수 FunctionB를 호출한다. 스위치의 목적은 사용자가 스위치를 변경할 때마다 그 상탯값을 업데이트하는 것이다. 이런 상황에서 단방향 데이터 흐름을 따른다면 FunctionB가 해당 상탯값을 변경하는 것을 금지한다.

대신 FunctionA는 이벤트 핸들러를 선언하고(일반적으로 람다 형태) 자식 컴포저블에 상탯값과 함께 파라미터로 전달한다. FunctionB 안의 Switch는 스위치가 변경될 때마다 해당 이벤트 핸들러를 호출하고, 현재 설정값을 전달하도록 설정된다. FunctionA의 이벤트 핸들러는 새로운 값으로 상태를 업데이트한다.

MainActivity.kt 파일을 수정해 FunctionA, FuntionB를 구현하고, 미리 보기 컴포저블에도 해당 수정을 반영한다.

```
@Composable
fun FunctionA() {
    var switchState by remember { mutableStateOf(true) }

    val onSwitchChange = { value : Boolean ->
        switchState = value
    }

    FunctionB(
        switchState = switchState,
        onSwitchChange = onSwitchChange
    )
}

@Composable
fun FunctionB(switchState: Boolean, onSwitchChange : (Boolean) -> Unit ) {
    Switch(
```

```
            checked = switchState,
            onCheckedChange = onSwitchChange
        )
}

@Preview(showBackground = true)
@Composable
fun DefaultPreview() {
    StateExampleTheme {
        Column {
            DemoScreen()
            FunctionA()
        }
    }
}
```

대화형 모드를 이용해 앱 미리 보기를 한다. 스위치를 클릭하면 슬라이더의 위치가 on/off 상태로 변경되는지 확인한다.

이제 이 예제를 이용해 FunctionA가 호출될 때 발생하는 상태 프로세스를 다음의 개별 단계로 나눌 수 있다.

1. switchState 상태 변수는 true 값으로 초기화된다.
2. onSwitchChange 이벤트 핸들러는 호출되었을 때 부울값 파라미터를 받아 swtichState에 할당하도록 선언된다.
3. FunctionB가 호출되고 switchState와 onSwitchChange 이벤트 핸들러에 대한 참조를 전달한다.
4. FuntionB는 내장 Switch 컴포넌트를 호출하고 switchState에 할당된 상태를 표시하도록 설정한다. Switch 컴포넌트는 또한 사용자가 스위치 설정을 변경할 때 onSwitchChange 이벤트 핸들러를 호출하도록 설정된다.
5. 컴포즈는 Switch 컴포넌트를 화면에 렌더링한다.

위의 순서는 앱을 처음 실행했을 때 Switch 컴포넌트가 화면에 렌더링되는 과정을 설명한다. 다음으로 사용자가 스위치를 off 위치로 슬라이드했을 때 발생하는 이벤트 순서를 살펴본다.

1. 스위치는 off 위치로 이동한다.
2. Switch 컴포넌트는 onSwitchChange 이벤트를 호출하고, 현재 스위치 위칫값(이 경우에는 false)을 전달한다.
3. FunctionA에 선언된 onSwitchChange 람다는 switchState에 새로운 값을 할당한다.
4. 컴포즈는 switchState 상탯값이 변경되었음을 감지하고 재구성을 시작한다.
5. 컴포즈는 FunctionB가 switchState의 값을 읽는 코드를 갖고 있으며 따라서 재구성되어야 함을 식별한다.

6. 컴포즈는 최신 상탯값과 이벤트 핸들러에 대한 참조와 함께 FunctionB를 호출한다.
7. FunctionB는 Switch 컴포저블을 호출하고 해당 상태와 이벤트 핸들러를 이용해 설정한다.
8. 컴포즈는 Switch를 화면에 렌더링한다. 이번에는 스위치가 off 위치가 된다.

이 프로세스에서의 핵심은 switchState에 할당된 값은 FunctionA 안에서만 변경되고 FunctionB에 의해 직접 업데이트되지 않는다는 점이다. Switch 설정은 FunctionB가 직접 on 위치에서 off 위치로 바꾸지 않는다. 대신 FunctionA의 이벤트 핸들러를 호출해 상태를 변경하고, 그 결과를 이용해 재구성함으로써 Switch를 새로운 위칫값으로 만든다.

규칙에 의해 데이터는 컴포저블 계층을 따라 전달되며, 이벤트는 계층의 반대 방향인 조상 컴포넌트의 핸들러로 호출된다(그림 20-1).

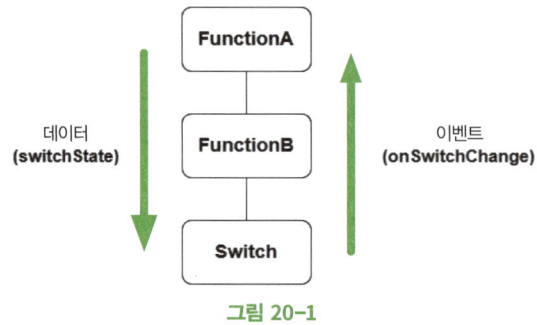

그림 20-1

20.6 상태 호이스팅

사전에서 'hoist'를 찾아보면 무언가를 들어 올리는 행동이라는 정의를 확인할 수 있다. 상태 호이스팅state hoisting 역시 상태를 자식 컴포저블에서 이를 호출한 (부모) 컴포저블로 들어 올린다는 유사한 의미를 갖는다. 부모 컴포저블에서 자식 컴포저블을 호출하면 이벤트 핸들러와 함께 상태가 전달된다. 자식 컴포저블에서 상태 업데이트가 필요한 이벤트가 발생하면, 앞에서 설명한 것처럼 새로운 값을 전달하는 이벤트 핸들러가 호출된다. 결과적으로 자식 컴포저블을 비상태 컴포저블로 만들 수 있기 때문에 재사용성이 높아진다. 그리고 이후의 앱 개발 프로세스에서 상태를 다른 하위 컴포저블에도 전달할 수 있게 된다.

이번 장 앞부분에서 살펴봤던 MyTextField 예제를 다시 확인해 본다.

```
@Composable
fun DemoScreen() {
    MyTextField()
}
```

```kotlin
@Composable
fun MyTextField() {
    var textState by remember { mutableStateOf("") }

    val onTextChange = { text : String ->
        textState = text
    }

    TextField(
        value = textState,
        onValueChange = onTextChange
    )
}
```

MyTextField 컴포저블은 자급자족적인 특성을 가지며, 이는 해당 컴포넌트가 특별하게 유용하지는 않음을 의미한다. 사용자가 입력한 텍스트가 함수 호출에 접근할 수 없기 때문에, 그 형제 함수들에도 전달할 수 없다는 것이 한 가지 이슈다. 또한 다른 상태나 이벤트 핸들러도 함수로 전달할 수 없으므로 재사용성이 저하된다.

이 함수를 좀 더 유용하게 만들기 위해서는 부모 함수인 DemoScreen으로 해당 상태를 들어 올려야 한다.

```kotlin
@Composable
fun DemoScreen() {

    var textState by remember { mutableStateOf("") }

    val onTextChange = { text : String ->
        textState = text
    }

    MyTextField(text = textState, onTextChange = onTextChange)
}

@Composable
fun MyTextField(text: String, onTextChange : (String) -> Unit) {

    var textState by remember { mutableStateOf("") }

    val onTextChange = { text : String ->
        textState = text
    }

    TextField(
        value = text,
        onValueChange = onTextChange
    )
}
```
(※ 취소선 처리된 부분은 제거되는 코드)

상태를 부모 함수로 들어 올림으로써, MyTextField는 이제 재사용 가능한 비상태 컴포저블이 된다. 이제 이 함수를 호출하고 상태와 이벤트 핸들러를 전달할 수 있다. 또한 사용자가 입력한 텍스트에 부모 함수로부터 접근할 수 있으며, 필요하다면 다른 컴포저블에 전달할 수 있다.

상태 호이스팅은 컴포저블의 직계 부모로만 제한되지 않는다. 상태는 컴포저블 계층 안에서 원하는 만큼 들어 올릴 수 있으며, 또한 필요한 만큼 자식 레이어를 통해 전달할 수도 있다(합리적인 이유가 있다면). 종종 여러 자식(컴포저블)이 동일한 상태에 접근해야 할 때가 있다. 이때는 해당 상태를 두 자식 컴포저블의 공통 부모에게 들어 올려야 할 것이다.

그림 20-2에서 NameField와 NameText는 모두 textState에 접근해야만 한다. 두 컴포저블에서 상태에 접근할 수 있게 하는 유일한 방법은 (해당 상태를) MainScreen 함수로 들어 올리는 것이다. 이것이 컴포저블이 공통적으로 갖고 있는 유일한 조상이기 때문이다.

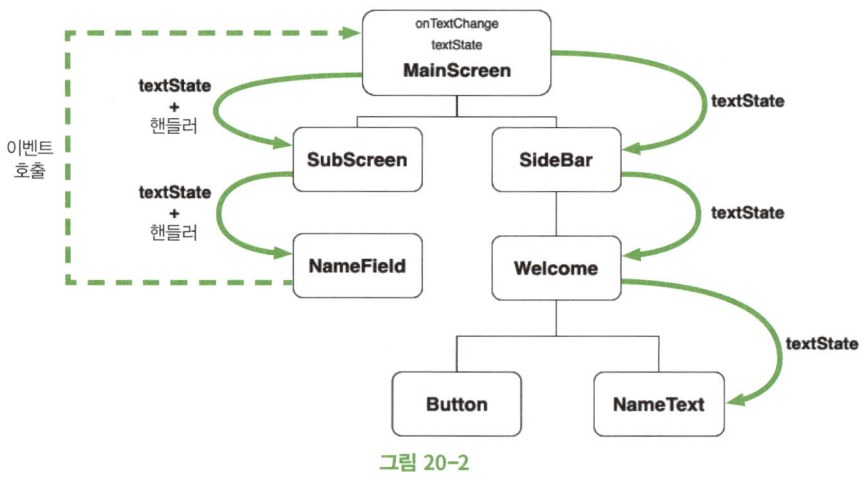

그림 20-2

실선 화살표는 NameField와 NameText 함수의 계층을 통해 textState가 전달되는 경로를 나타낸다(NameField의 경우, 이벤트 핸들러도 함께 전달된다). 한편 점선 화살표는 텍스트가 변경될 때 NameField 함수에서 MainScreen에 선언된 이벤트 핸들러를 호출하는 것을 나타낸다.

여러 자식 레이어를 통해 상태를 전달해야 한다면 CompositionLocalProvider를 살펴보는 것도 좋다. 이 주제에 관해서는 21장 'CompositionLocal'에서 자세히 다룬다.

함수에 상태를 추가할 때는 호출자(또는 그 위의 조상)에게 상태를 들어 올림_{hoisting}으로써 컴포저블의 재사용성과 유연함을 높일 수 있는지 충분히 고려하라. 상태를 컴포저블에서 지역적으로 이용해야 하는 상황도 있지만, 대부분의 경우 한 단계 위로 들어 올리는 편이 합리적일 것이다.

20.7 환경 설정 변경을 통한 상태 저장하기

remember 키워드를 이용한 재구성을 통해 상탯값을 저장할 수 있음을 알았다. 그러나 이 기법은 환경 설정 변경configuration change 사이의 상태를 유지하지는 않는다. 환경 설정 변경은 일반적으로 기기의 변경에 의해 일어나며 액티비티의 형태를 바꾼다(예: 기기 방향 변경이나 시스템 전체 폰트 설정 변경 등).

이런 변경이 발생하면 액티비티 전체를 삭제하고 다시 생성해야 한다. 이런 변경은 사용자 인터페이스 레이아웃 등의 리소스에 영향을 미치며, 액티비티를 삭제하고 다시 생성하는 것이 환경 설정 변경에 가장 빠르고 간단하게 대응하는 방법이기 때문이다. 그 결과 새롭게 초기화된 액티비티는 이전 상탯값을 하나도 기억하지 못한다.

환경 설정 변경에 의한 영향을 확인하기 위해 StateExample 앱을 에뮬레이터나 기기에서 실행한 뒤 TextField에 문자를 입력하고, 기기 방향을 세로에서 가로로 돌려본다. 에뮬레이터를 이용한다면 에뮬레이터 툴바의 회전 버튼을 클릭해서 방향 변경을 시뮬레이션할 수 있다. 안드로이드 11 혹은 이전 버전에서 방향을 변경하려면 회전 버튼을 탭해야 할 수도 있다. 이 버튼은 기기나 에뮬레이터 화면의 툴바에 있다(그림 20-3).

그림 20-3

안드로이드 12 혹은 그 이후의 버전에서 방향을 회전시키려면, Settings 앱에 들어가 Display 카테고리에서 Auto-rotate screen 옵션을 활성화해야 할 수도 있다.

기기 방향을 회전시키면 TextField에 입력한 텍스트가 모두 사라진다. 컴포즈가 제공하는 rememberSaveable 키워드를 이용하면 환경 설정이 변경되어도 상태를 유지할 수 있다. rememberSaveable을 이용하면, 해당 상태는 재구성뿐만 아니라 환경 설정 변경 시에도 유지된다. 다음은 rememberSeaveable을 이용하도록 textState를 수정한 코드다.

```
.
.
import android.compose.runtime.saveable.rememberSaveable
.
.
```

```
@Composable
fun DemoScreen() {

    var textState by rememberSaveable { mutableStateOf("") }
.
.
```

앱을 다시 빌드하고 실행한 뒤 텍스트를 입력하고 화면 방향을 회전시켜본다. 이제 환경 설정이 변경되어도 텍스트는 그대로 유지된다.

20.8 정리

컴포즈를 이용해 앱을 개발할 때는 상태와 재구성이 어떻게 함께 사용자 인터페이스를 항상 최신으로 유지하는지에 관해 명확하게 이해해야 한다. 이번 장에서는 상태와 함께 상탯값을 선언하는 방법, 업데이트하는 방법, 컴포저블 함수 사이에서 전달하는 방법을 살펴봤다. 또한 재구성과 상태 변경에 따라 재구성이 트리거되는 방법에 관해서도 학습했다.

그리고 단방향 데이터 흐름의 개념을 소개하고 컴포즈 계층을 따라 데이터가 위에서 아래로 흐르는 방법, 조상의 상태 함수에 선언된 이벤트 핸들러를 호출해서 데이터를 변경하는 방법도 살펴봤다.

컴포저블 함수를 작성할 때는 재사용성을 최대화하는 것이 중요하다. 이는 부분적으로 컴포저블의 상태를 해당 함수를 호출한 부모 함수 또는 컴포즈 계층상의 더 높은 함수로 들어 올려서 달성할 수 있다.

마지막으로, 환경 설정 변경과 그 변경으로 인해 전체 액티비티를 삭제하고 재생성하는 것에 관해 설명했다. 일반적으로 상태는 환경 설정 변경 시 유지되지 않으며, 이를 유지하려면 rememberSaveable 키워드를 이용해야 한다.

CHAPTER 21

CompositionLocal

앞에서 컴포저블 함수 계층을 구성함으로써 컴포즈를 이용해 사용자 인터페이스를 구현하는 것에 관해 살펴봤다. 또한 컴포즈는 상태 주도적이며, 상태는 일반적으로 컴포저블 트리에서 가능한 한 가장 높은 노드에 선언되어야 하고(상태 호이스팅), 필요한 경우 계층의 하위 컴포저블에 전달해야 한다는 것도 학습했다. 대부분의 상황에서 이는 잘 작동하지만, 계층의 여러 단계를 통해 상태를 전달해야 할 때는 다소 번거로울 수 있다. 이런 문제를 해결하기 위해 컴포즈에서는 CompositionLocal을 제공한다.

21.1 CompositionLocal 이해하기

CompositionLocal은 컴포저블 계층 트리 상위에서 선언된 상태를 계층 트리 하위의 함수에서 이용하는 방법을 제공한다. 그러나 기존과 같이 해당 상태가 선언된 함수와 상태를 이용하는 함수 사이에 있는 모든 컴포저블에 상태를 전달하지는 않는다. 다음 계층 다이어그램을 확인해 보자.

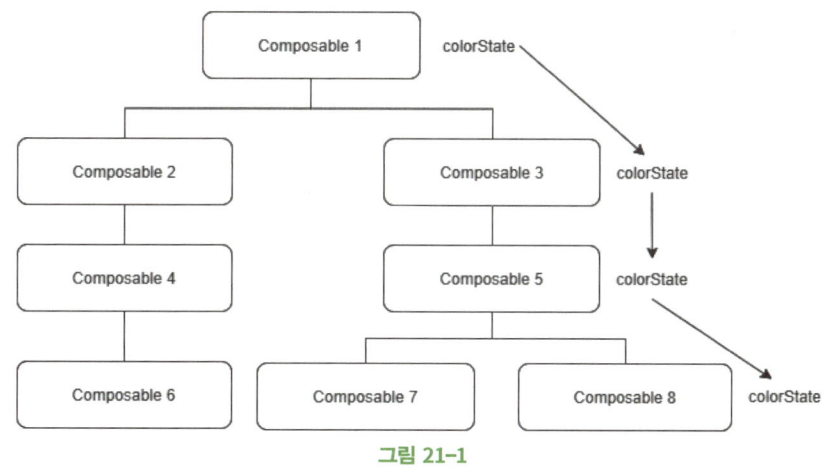

그림 21-1

그림 2-1의 계층에서 colorState 상태는 Composable1에 정의되어 있으며, Composable8에서만 이용된다. 해당 상태는 Composable3이나 Composable5에서는 필요하지 않지만, Composable8에 전달

되기 위해서는 이들에게도 colorState가 전달되어야 한다. 트리의 깊이가 깊어질수록 더 여러 단계의 컴포저블에 colorState 상태가 전달될 것이다.

이러한 문제에 대한 해결책이 CompositionLocal이다. CompositionLocal을 이용하면 중간 자식 노드에 상태를 전달하지 않고도 트리의 가장 높은 노드에 선언되어 있는 데이터를 하위 노드에서 이용할 수 있다(그림 21-2).

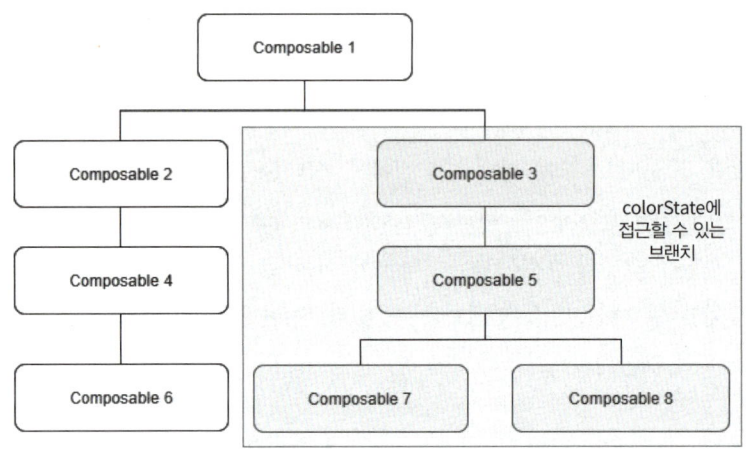

그림 21-2

CompositionLocal을 이용하면 값이 할당된 지점 아래의 트리 분기에서만 데이터를 이용할 수 있다. 즉, Composable3을 호출했을 때 상태에 값이 할당되었다면, 해당 상탯값은 컴포저블 번호 3, 5, 7, 8에서는 접근할 수 있지만 1, 2, 4, 6에서는 접근하지 못한다. 이는 해당 상태가 컴포저블 트리의 특정 브랜치에만 국지적으로 저장되며, 다른 하위 브랜치들은 동일한 ComositionLocal 상태에 다른 할당 값을 가질 수 있게 한다. 다시 말해, Composable5는 Composable7이 호출될 때 colorState에 할당된 다른 색상값을 가질 수 있다.

21.2 CompositionLocal 이용하기

CompositionLocal을 이용해 상태를 선언하려면 ProvidableCompositionalLocal 인스턴스를 생성해야 한다. 이 인스턴스는 compositionLocalOf() 또는 staticCompositionLocalOf() 함수를 호출해서 얻을 수 있다. 두 함수 모두 특별한 할당을 하지 않았을 때 상태에 할당할 기본값을 정의하는 람다를 받는다.

```
val LocalColor = compositionLocalOf { Color.Red }
val LocalColor = staticCompositionLocalOf { Color.Red }
```

staticCompositionLocalOf() 함수는 자주 변경되지 않는 상탯값을 저장할 때 이용하는 것이 좋다. 상탯값이 변경되면 해당 상태가 할당된 노드의 하위 노드를 모두 재구성해야 하기 때문이다. 한편 compositionLocalOf() 함수는 현재 상태에 접근하는 컴포저블에 대해서만 재구성을 수행한다. 이 함수는 변경이 잦은 상태를 다룰 때 이용해야 한다.

다음으로 `ProvidableCompositionLocal` 인스턴스에 값을 할당하고 해당 호출을 `Composition LocalProvider` 호출의 바로 하위 자식 컴포저블로 전달한다.

```
val color = Color.Blue

CompositionLocalProvider(LocalColor provides color) {
    Composable5()
}
```

이제 Composition5의 모든 자손은 `ProviderCompositionLocal` 인스턴스의 현재 프로퍼티를 통해 CompositionLocal 상태에 접근할 수 있다.

```
val background = LocalColor.current
```

이번 장의 나머지 부분에서는 그림 21-1에서 설명한 계층을 반영한 프로젝트를 만들면서 Composition Local의 실제 동작을 살펴본다.

21.3 CompLocalDemo 프로젝트 만들기

안드로이드 스튜디오를 시작하고 새 Empty Compose Activity 프로젝트를 만든다. 프로젝트 이름은 'CompLocalDemo', 패키지 이름은 'com.example.complocaldemo', Minimum SDK는 API 26: Android 8.0 (Oreo)를 선택한다. MainActivity.kt 파일 안의 Greeting 함수를 삭제하고, Composable1이라는 새로운 빈 컴포저블 함수를 추가한다.

```
@Composable
fun Composable1() {

}
```

다음으로 onCreateActivity() 메서드와 DefaultPreview 함수를 수정해서 Greeting 대신 Composable1을 호출하게 한다.

21.4 레이아웃 디자인하기

MainActivity.kt 파일에 다음과 같이 컴포저블 계층을 구현한다.

```
.
.
import androidx.compose.foundation.background
import androidx.compose.foundation.isSystemInDarkTheme
import androidx.compose.foundation.layout.Column
import androidx.compose.runtime.CompositionLocalProvider
import androidx.compose.runtime.staticCompositionLocalOf
import androidx.compose.ui.graphics.Color
.
.
@Composable
fun Composable1() {
    Column {
        Composable2()
        Composable3()
    }
}

@Composable
fun Composable2() {
    Composable4()
}

@Composable
fun Composable3() {
    Composable5()
}

@Composable
fun Composable4() {
    Composable6()
}

@Composable
fun Composable5() {
    Composable7()
    Composable8()
}

@Composable
fun Composable6() {
    Text("Composable 6")
}

@Composable
fun Composable7() {
```

```
}

@Composable
fun Composable8() {
  Text("Composable 8")
}
```

21.5 CompositionLocal 상태 추가하기

이번 프로젝트에서는 기기의 라이트 모드와 다크 모드에 따라 변경되는 color 상태를 선언하고, 이를 이용해 Composable8의 텍스트 컴포넌트 배경 색상을 제어하는 것이 목표다. 이 값은 주기적으로 변경되지 않으므로 staticCompositionLocalOf() 함수를 이용할 수 있다. MainActivity.kt 파일은 그대로 유지하고 Composable1 선언 위에 다음 코드를 추가한다.

```
.
.
val LocalColor = staticCompositionLocalOf { Color(0xFFffdbcf) }

@Composable
fun Composable1() {
    Column {
.
.
```

다음으로 isSystemInDarkTheme()를 추가하고, 그 결과를 이용해 LocalColor 상태에 다른 색상을 할당한다. CompositionLocal 제공자의 컨텍스트 안에서 Composable3을 호출해야 한다.

```
@Composable
fun Composable1() {
    var color = if (isSystemInDarkTheme()) {
        Color(0xFFa08d87)
    } else {
        Color(0xFFffdbcf)
    }

    Column {
        Composable2()

        CompositionLocalProvider(LocalColor provides color) {
            Composable3()
        }
    }
}
```

21.6 CompositionLocal 상태에 접근하기

코드 테스트 전 마지막으로 색상 상태를 Composable8의 Text 컴포넌트에 할당한다.

```
@Composable
fun Composable8() {
    Text("Composable 8", modifier = Modifier.background(LocalColor.current))
}
```

21.7 디자인 테스트하기

라이트 모드와 다크 모드에서 액티비티 코드를 테스트하기 위해 MainActivity.kt 파일에 새로운 Preview 컴포저블을 추가하고, uiMode를 UI_NIGHT_MODE_YES로 설정한다.

```
.
.
import android.content.res.Configuration.UI_MODE_NIGHT_YES
.
.
@Preview(showBackground = true, uiMode = UI_MODE_NIGHT_YES)
@Composable
fun DarkPreview() {
    CompLocalDemoTheme {
        Composable1()
    }
}
```

미리 보기 패널을 새로고침 하면, 기본 미리 보기와 다크 모드에서의 미리 보기가 나타난다. 각각의 미리 보기에서 Composable8의 Text 컴포넌트 배경 색상이 다르다.

그림 21-3

코드를 수정해서 컴포저블 3, 5, 7, 8에 각각 다른 색상을 설정할 수 있다. 각 컴포저블을 호출할 때 CompositionLocalProvider에서 다른 색상을 할당하면 된다.

```
.
.
@Composable
fun Composable3() {
    Text("Composable 3", modifier = Modifier.background(LocalColor.current))

    CompositionLocalProvider(LocalColor provides Color.Red) {
        Composable5()
    }
}
.
.
@Composable
fun Composable5() {

    Text("Composable 5", modifier = Modifier.background(LocalColor.current))

    CompositionLocalProvider(LocalColor provides Color.Green) {
        Composable7()
    }

    CompositionLocalProvider(LocalColor provides Color.Yellow) {
        Composable8()
    }
}
.
@Composable
fun Composable7() {
    Text("Composable 7", modifier = Modifier.background(LocalColor.current))
}
.
.
```

미리 보기 패널을 새로고침 하면 4개의 컴포넌트들이 다른 색상을 가지며, 이들은 모두 동일한 LocalColor 상태에 기반한다.

그림 21-4

마지막으로, Composable6에서 LocalColor 상태에 접근해 본다.

```
@Composable
fun Composable6() {
    Text("Composable 6", modifier = Modifier.background(LocalColor.current) )
}
```

Composable6의 Text 컴포넌트의 미리 보기를 새로고침 하면 LocalColor에 할당된 기본 색상으로 나타난다. 이것은 Composable6이 트리의 다른 브랜치 안에 있어 현재 LocalColor 설정에 접근할 수 없기 때문이다.

21.8 정리

이번 장에서는 CompositionLocal을 소개하고, 레이아웃 계층을 따라 상탯값을 아래로 전달하지 않고도 접근 가능 상태를 선언하는 방법을 살펴봤다. 이런 방식으로 선언된 상태는 해당 값이 할당된 계층 트리의 브랜치에만 (국지적으로) 영향을 준다.

CHAPTER 22

컴포즈 Slot API

앞에서 컴포저블 함수가 무엇이고, 이를 만드는 방법에 관한 아이디어를 살펴봤다. 이제 Slot API를 제공하는 컴포저블을 살펴보자. 이번 장에서는 Slot API가 무엇이며, 그 용도는 무엇인지, 커스텀 컴포저블 함수의 슬롯 포함 가능 여부, Slot API 지원을 제공하는 내장 컴포저블에 관해 살펴본다.

22.1 Slot API 이해하기

앞에서 학습한 것처럼 컴포저블 함수는 하나 이상의 컴포저블 함수를 호출할 수 있다. 이는 일반적으로 컴포저블의 콘텐츠가 자신이 호출하는 다른 컴포저블의 관점, 다시 말해 표시할 콘텐츠가 미리 정의된다는 것을 의미한다. 다음은 하나의 Column과 3개의 Text 컴포넌트로 구성된 컴포저블이다.

```
@Composable
fun SlotDemo() {
    Column {
        Text("Top Text")
        Text("Middle Text")
        Text("Bottom Text")
    }
}
```

이 함수를 수정해서 표시할 텍스트 또는 텍스트의 색상이나 글꼴 크기를 지정하는 파라미터를 전달할 수 있다. 하지만 이 함수는 수정 여부에 관계없이 3개의 Text 컴포넌트를 포함한 하나의 열을 표시한다.

그림 22-1

한 열에 3개의 아이템을 표시하길 원하지만, 특정한 컴포저블이 호출되기 전까지는 어떤 컴포저블이 중간에 표시될지 모르는 상황을 가정해 보자. 현재로서는 가운데 영역에 Text 컴포저블을 선언하는 것 외에 달리 표시할 방법이 없다. 이 문제를 해결하려면 함수가 호출될 때 중간 컴포저블을 다른 컴포저블로 배치할 수 있는 슬롯으로 열어두어야 한다. 이를 해당 컴포저블에 대한 Slot API를 제공한다고 부른다. API는 애플리케이션 프로그래밍 인터페이스Application Programming Interface의 약자이며, 여기서는 컴포저블에 대한 프로그래밍 인터페이스를 추가해 호출자가 슬롯 안에 표시할 컴포저블을 지정할 수 있도록 허가하는 것을 의미한다. 사실 하나의 컴포저블 함수는 호출자에게 여러 슬롯을 제공할 수 있다. 예를 들어, 앞의 함수에서는 필요한 경우 Text 컴포넌트 모두가 슬롯으로 선언될 수 있다.

22.2 Slot API 선언하기

하나의 Slot API는 하나 이상의 요소가 비어 있는 사용자 인터페이스 템플릿이라고 생각하면 좋다. 이 비어 있는 조각들은 컴포저블이 호출될 때 파라미터로 전달되며, 컴포즈 런타임 시스템이 사용자 인터페이스를 렌더링할 때 포함된다.

컴포저블에 슬롯을 추가할 때는 먼저 슬롯을 파라미터로 받을 수 있도록 지정한다. 이것은 컴포저블이 다른 컴포저블을 파라미터로 받도록 선언하는 것과 본질적으로 동일하다. SlotDemo 컴포저블 예시에서 함수 시그니처를 다음과 같이 수정한다.

```
@Composable
fun SlotDemo(middleContent: @Composable () -> Unit) {
```

SlotDemo 컴포저블을 호출할 때는 하나의 컴포저블 함수를 전달해야 한다. 이 함수는 Unit 객체를 반환하도록 선언되어 있다. Unit은 코틀린에서 제공하는 타입의 하나이며, 함수가 어떤 값도 반환하지 않는다는 것을 의미할 때 이용한다. Unit은 다른 프로그래밍 언어에서의 void에 해당한다. 파라미터는 middleContent라는 라벨로 할당된다. 라벨은 슬롯을 설명하는 데 도움이 되는 것은 무엇이든 이용할 수 있으며, 함수 본체 안에서 이를 이용해 슬롯을 참조할 수 있다.

마지막으로, middleContent 컴포넌트를 Column 선언 안에 추가한다.

```
@Composable
fun SlotDemo(middleContent: @Composable () -> Unit) {
    Column {
        Text("Top Text")
        middleContent()
        Text("Bottom Text")
```

```
    }
}
```

이것으로 SlotDemo 컴포저블에서 하나의 Slot API를 선언했다.

22.3 Slot API 컴포저블 호출하기

다음으로 SlotDemo에 설정된 Slot API를 사용하는 방법을 확인해 본다. 간단히 SlotDemo 함수를 호출할 때 컴포저블을 파라미터로 전달하면 된다. 예를 들어, 다음 컴포저블을 moddleContent 슬롯에 표시한다고 가정하자.

```
@Composable
fun ButtonDemo() {
    Button(onClick = { }) {
        Text("Click Me")
    }
}
```

SlotDemo 컴포저블 함수는 다음과 같이 호출할 수 있다.

```
SlotDemo(middleContent = { ButtonDemo() })
```

위 구문은 정상적으로 동작하지만 컴포저블에 2개 이상의 채울 슬롯이 있는 경우에는 다소 복잡해질 수 있다. 좀 더 명확한 구문은 다음과 같다.

```
SlotDemo {
    ButtonDemo()
}
```

어떤 구문을 이용하든 렌더링된 디자인은 그림 22-2와 같다.

그림 22-2

슬롯마다 별도의 Slot API를 이용해야만 하는 것은 아니다. SlotDemo 예시는 다음과 같이 슬롯으로만 구성할 수도 있다.

```
@Composable
fun SlotDemo(
    topContent: @Composable () -> Unit,
    middleContent: @Composable () -> Unit,
    bottomContent: @Composable () -> Unit) {
        Column {
            topContent()
            middleContent()
            bottomContent()
        }
    }
)
```

위와 같이 변경하면 다음 구조를 이용해 SlotDemo를 호출할 수 있다.

```
SlotDemo(
    topContent = { Text("Top Text") },
    middleContent = { ButtonDemo() },
    bottomContent = { Text("Bottom Text") }
)
```

하나의 슬롯만 이용한다면 다음과 같이 명확하고 간결하게 호출할 수 있다.

```
SlotDemo(
    { Text("Top Text") },
    { ButtonDemo() },
    { Text("Bottom Text") }
)
```

22.4 정리

이번 장에서는 Slot API의 개념과 이를 컴포저블 함수에 추가하는 방법을 설명했다. Slot API를 구현하면 컴포저블 함수의 내용을 호출 시점에 동적으로 지정할 수 있다. 이는 함수 작성 시점에 내용이 정의되고 변경할 수 없는 전형적인 컴포저블의 정적 콘텐츠와 대비된다. Slot API를 이용한 컴포저블은 본질적으로 런타임에 삽입할 수 있는 하나 이상의 다른 컴포저블을 포함하는 사용자 인터페이스 템플릿이다.

이번 장에서는 Slot API의 기본 사항을 살펴봤다. 다음 장에서는 이를 이용해 실질적인 프로젝트를 만들어본다.

CHAPTER 23

컴포즈 Slot API 튜토리얼

이번 장에서는 Slot API를 이용해 유연하고 동적인 컴포저블 함수를 구현하는 프로젝트를 만든다. 2개의 슬롯을 가진 컴포저블 함수를 만들고, 사용자의 선택에 따라 다른 내용의 컴포저블을 이용해 해당 함수를 호출한다.

23.1 프로젝트 개요

완성된 프로젝트는 제목 하나, 진행 상태 인디케이터 하나, 체크박스 2개로 구성된다. 2개의 체크박스는 제목 표시 형태(텍스트 또는 그래픽) 설정과 진행 상태 인디케이터 유형(원 또는 선) 설정 시 이용된다. 제목과 진행 상태 인디케이터는 슬롯으로 선언되며 제목의 경우 Text 또는 Image 컴포저블, 진행 상태 인디케이터의 경우 LinearProgressIndicator 또는 CircularProgressIndicator 컴포넌트로 채워진다.

23.2 SlotApiDemo 프로젝트 만들기

안드로이드 스튜디오를 실행하고 Welcome 화면에서 New Project 옵션을 선택한다. New Project 다이얼로그 안에서 Empty Compose Activity 템플릿을 선택한 뒤, Next 버튼을 클릭한다.

Name 필드에 'SlotApiDemo', Package name에 'com.example.slotapidemo'를 입력한다. Minimum SDK는 API 26: Android 8.0 (Oreo)로 변경한 뒤 Finish 버튼을 클릭한다. 프로젝트가 생성되면 SlotApiDemo 프로젝트가 안드로이드 스튜디오 메인 창 왼쪽에 위치한 Project 도구 창에 표시된다.

23.3 MainActivity 클래스 파일 준비하기

안드로이드 스튜디오는 자동으로 MainActivity.kt 파일을 코드 편집기에서 연다. 파일이 열리지 않으면 해당 파일을 Project 도구 창(app ➡ java ➡ com.example.slotapidemo ➡ MainActivity.kt)에서 찾아 더블클릭해 코드 편집기에서 연다. 로드된 파일의 템플릿 코드를 삭제하고 다음과 같이 수정한다.

```
package com.example.slotapidemo
.
.
class MainActivity : ComponentActivity() {
    override fun onCreate(savedInstanceState: Bundle?) {
        super.onCreate(savedInstanceState)
        setContent {
            SlotApiDemoTheme {
                Surface(
                    modifier = Modifier.fillMaxSize(),
                    color = MaterialTheme.colors.background
                ) {
                    Greeting("Android")
                }
            }
        }
    }
}

@Composable
fun Greeting(name: String) {
    Text(text = "Hello $name!")
}

@Preview(showBackground = true)
@Composable
fun DefaultPreview() {
    SlotApiDemoTheme {
        Greeting("Android")
    }
}
```

23.4 MainScreen 컴포저블 만들기

MainActivity 클래스의 onCreate 메서드를 수정한다. 결과적으로 Surface 컴포넌트 안의 MainScreen이라는 이름의 컴포넌트를 호출한다.

```
override fun onCreate(savedInstanceState: Bundle?) {
    super.onCreate(savedInstanceState)
    setContent {
        SlotDemoTheme {
            Surface(
                modifier = Modifier.fillMaxSize(),
                color = MaterialTheme.colors.background
            ) {
                MainScreen()
            }
        }
    }
```

```
        }
}
```

MainScreen은 2개의 Checkbox 컴포넌트를 위한 상태 및 이벤트 핸들러를 포함한다. 먼저 이 컴포저블을 MainActivity 클래스 선언의 닫는 괄호(}) 뒤에 추가한다.

```
package com.example.slotapidemo
.
.
import androidx.compose.runtime.*
import androidx.compose.material.*
import androidx.compose.foundation.layout.*
.
.
@Composable
fun MainScreen() {

    var linearSelected by remember { mutableStateOf(true) }

    var imageSelected by remember { mutableStateOf(true) }

    val onLinearClick = { value : Boolean ->
        linearSelected = value
    }

    val onTitleClick = { value : Boolean ->
        imageSelected = value
    }
}
```

2개의 상태 변수를 선언했다. 이 변수들은 Checkbox 컴포넌트의 상태를 true로 설정한다. 다음으로 이벤트 핸들러를 선언했다. 이 핸들러들은 사용자가 Checkbox 설정을 토글할 때 각 변수의 상태를 바꾼다. 이후 MainScreen을 수정해서 ScreenContent라는 이름의 두 번째 컴포저블을 호출할 것이다.

23.5 ScreenContent 컴포저블 추가하기

MainScreen 함수에 의해 호출되면, ScreenContent 컴포저블은 상태 변수와 이벤트 핸들러를 전달받는다. 처음에 다음과 같이 선언될 수 있다.

```
package com.example.slotapidemo
.
.
import androidx.compose.ui.Alignment
```

```
import androidx.compose.ui.unit.dp
.
.
@Composable
fun ScreenContent(
    linearSelected: Boolean,
    imageSelected: Boolean,
    onTitleClick: (Boolean) -> Unit,
    onLinearClick: (Boolean) -> Unit) {

    Column(
        modifier = Modifier.fillMaxSize(),
        horizontalAlignment = Alignment.CenterHorizontally,
        verticalArrangement = Arrangement.SpaceBetween
    ) {

    }
}
```

이름에서 알 수 있듯이 ScreenContent 컴포저블은 화면 콘텐츠를 표시한다. 화면은 제목, 진행 상태 인디케이터, 체크박스를 포함한다. 이 콘텐츠를 준비하기 위해 Column 컴포저블을 호출하고, 컴포저블의 자식 요소들이 가로축 기준으로 가운데 위치하도록 설정한다. SpaceBetween 정렬 프로퍼티도 설정되어 있으며, 이는 열의 자식 요소들이 균등하게 공간을 차지하도록 한다(단, 첫 번째 요소 앞과 마지막 요소 뒤의 공간 간격은 제외된다).

ScreenContent가 호출하는 자식 컴포저블들 중 하나는 2개의 Checkbox 컴포넌트의 렌더링을 담당한다. Column 컴포저블에 직접 추가할 수도 있지만, ScreenContent 안에서 호출할 수 있는 별도의 컴포저블에 위치시키는 편이 더 낫다.

23.6 Checkbox 컴포저블 만들기

체크박스를 포함하는 컴포저블은 하나의 Row 컴포넌트로 구성되며, 이 컴포넌트는 2개의 Checkbok 인스턴스를 포함한다. 그리고 Text 컴포저블들은 각 체크박스의 왼쪽에 위치하며, Spacer를 이용해 2개의 Text/Checkbox 페어를 구분한다.

Checkbox 컴포저블을 호출할 때는 2개의 상태 변수를 파라미터로 전달해야 하며, 이 파라미터들은 체크박스가 현재 상태를 표시하는지 확인하기 위해 이용된다. 그리고 onLinearClick과 onTitleClick 이벤트 핸들러에 대한 참조를 전달해야 하며, 이들은 2개의 Checkbox 컴포넌트의 onCheckChange 프로퍼티에 할당된다.

MainActivity.kt 파일에 다음과 같이 CheckBoxes 컴포저블을 추가한다.

```
.
.
import androidx.compose.foundation.layout.Row
.
.
@Composable
fun CheckBoxes(
    linearSelected: Boolean,
    imageSelected: Boolean,
    onTitleClick: (Boolean) -> Unit,
    onLinearClick: (Boolean) -> Unit
) {
    Row(
        Modifier.padding(20.dp),
        verticalAlignment = Alignment.CenterVertically
    ) {

        Checkbox(
            checked = imageSelected,
            onCheckedChange = onTitleClick
        )
        Text("Image Title")
        Spacer(Modifier.width(20.dp))
        Checkbox(checked = linearSelected,
            onCheckedChange = onLinearClick
        )
        Text("Linear Progress")
    }
}
```

이후의 과정을 진행하기 전에 컴포저블을 미리 보려면 다음과 같이 미리 보기 선언을 추가하고 미리 보기 패널에서 Build & Refresh 링크를 클릭한다.

```
@Preview
@Composable
fun DemoPreview() {
    CheckBoxes(
        linearSelected = true,
        imageSelected = true,
        onTitleClick = { /*TODO*/ },
        onLinearClick = { /*TODO*/}
    )
}
```

위의 미리 보기 함수에서 CheckBoxes 컴포저블을 호출하면 2개의 상태 프로퍼티에는 true를 설정하고, 이벤트 콜백에는 아무런 동작도 하지 않는 스텁 람다를 할당한다.

미리 보기를 새로고침 하면 레이아웃이 그림 23-1과 같이 표시된다.

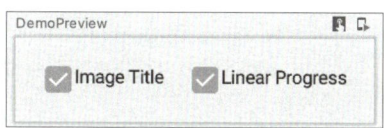

그림 23-1

23.7 ScreenContent Slot API 구현하기

2개의 체크박스를 포함한 컴포저블을 추가했다. 이제 ScreenContent 안에 포함된 Column에서 이 컴포저블을 호출할 수 있다. 상태 변수들과 이벤트 핸들러들이 모두 ScreenContent로 이미 전달되었으므로, 간단하게 이들을 Checkboxes 컴포저블 호출 시 전달할 수 있다. ScreenContent 컴포저블 파일을 다음과 같이 수정한다.

```
@Composable
fun ScreenContent(
    linearSelected: Boolean,
    imageSelected: Boolean,
    onTitleClick: (Boolean) -> Unit,
    onLinearClick: (Boolean) -> Unit) {

    Column(
        modifier = Modifier.fillMaxSize(),
        horizontalAlignment = Alignment.CenterHorizontally,
        verticalArrangement = Arrangement.SpaceBetween
    ) {
        CheckBoxes(linearSelected, imageSelected, onTitleClick, onLinearClick)
    }
}
```

체크박스를 포함한 행을 포함해 ScreenContent에는 제목과 진행 상태 인디케이터를 위한 슬롯도 필요하다. 이 슬롯들은 각각 titleContent와 progressContent이며, Column의 자식으로 참조할 수 있도록 파라미터로 추가해야 한다.

```
@Composable
fun ScreenContent(
    linearSelected: Boolean,
    imageSelected: Boolean,
    onTitleClick: (Boolean) -> Unit,
    onLinearClick: (Boolean) -> Unit,
    titleContent: @Composable () -> Unit,
    progressContent: @Composable () -> Unit) {

    Column(
        modifier = Modifier.fillMaxSize(),
        horizontalAlignment = Alignment.CenterHorizontally,
        verticalArrangement = Arrangement.SpaceBetween
    ) {
        titleContent()
        progressContent()
        CheckBoxes(linearSelected, imageSelected, onTitleClick, onLinearClick)
    }
}
```

마지막으로, `MainScreen` 선언에 몇 가지 코드를 추가해 이 컴포저블들이 `linearSelected`와 `imageSelected` 상태 변수의 현재 값에 기반해 슬롯에 제공되게 한다. 그 단계를 구현하기 전에, 제목 슬롯의 이미지를 표시하기 위한 컴포저블을 하나 더 추가한다.

23.8 이미지 drawable 리소스 추가하기

이 예시에서는 안드로이드 SDK에서 제공하는 내장 벡터 이미지vector drawing 중 하나를 이용한다. 이미지를 선택하고 Project 도구 창에서 drawable 폴더(app ➡ res ➡ drawable)에 추가하고 마우스 오른쪽 버튼을 클릭한다. 표시되는 메뉴(그림 23-2)에서 New ➡ Vector Asset 메뉴 옵션을 선택한다.

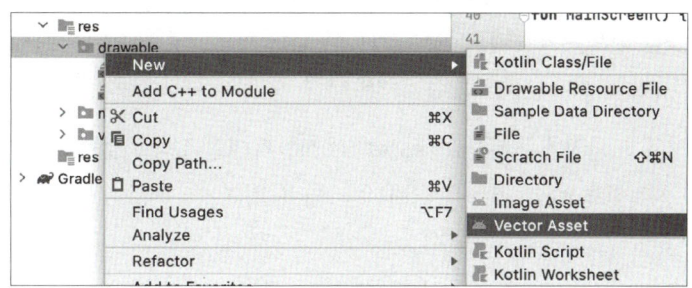

그림 23-2

메뉴 옵션을 선택하면 Asset Studio 다이얼로그가 표시된다(그림 23-3).

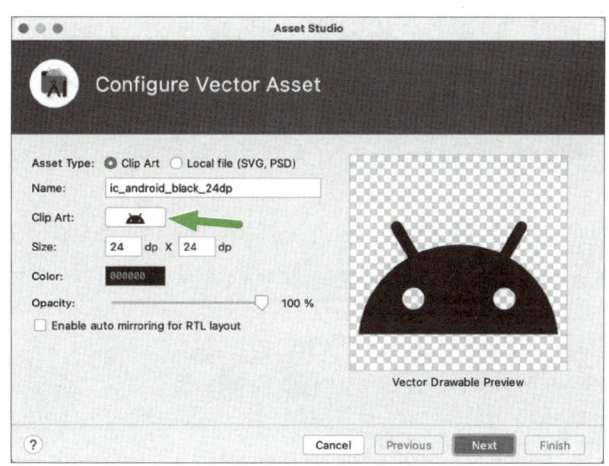

그림 23-3

다이얼로그 안에서 Clip Art 라벨의 오른쪽 이미지(그림 23-3에서 화살표로 표시함)를 클릭해서 이용할 수 있는 아이콘 리스트를 표시한다. 검색 박스에 'cloud'를 입력하고 cloud download 아이콘을 선택한다(그림 23-4).

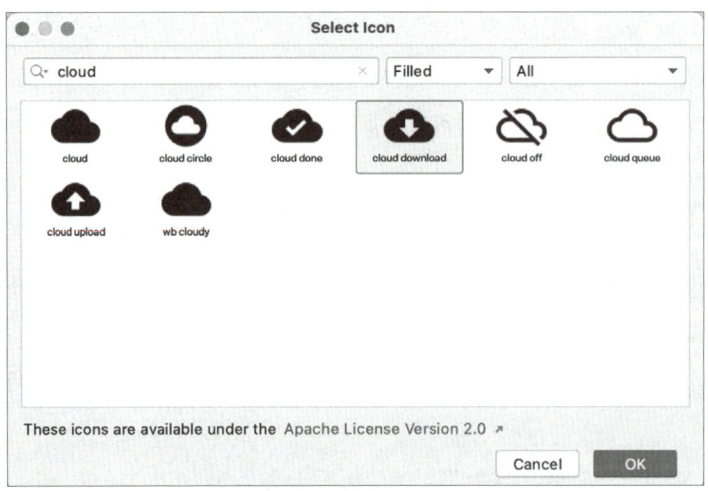

그림 23-4

OK 버튼을 클릭해서 드로잉을 선택하고 Asset Studio 다이얼로그로 돌아온다. 이미지의 크기를 150dp × 150dp로 지정하고 Next 버튼을 클릭한다. 다음 화면에서 Finish 버튼을 클릭해 파일을 기본 위치에 저장한다.

Asset Studio 다이얼로그에서는 RGB 값을 이용해서만 색상을 변경할 수 있으나, 여기서는 대신 프로젝트 테마에서 이름 있는 색상(named color)을 이용할 것이다. Project 도구 창에서 app ➡ com.example.slotapidemo ➡ ui.theme에 위치한 Theme.kt를 연다. 이 파일은 라이트 색상 팔레트, 다크 색상 팔레트에서 이용할 수 있는 색상 설정을 포함한다. 이 예시에서는 두 팔레트 모두에서 primaryVariant를 이용한다. 색상 이름은 Purple700이다.

```
primaryVariant = Purple700
```

테마에서 원하는 색상을 선택한 뒤, Project 도구 창의 is_baseline_could_download_24.xml 벡터 애셋 파일을 더블클릭해 코드 편집기에서 열고 android:tint 프로퍼티를 수정한다.

```
<vector android:height="150dp" android:tint="@color/purple_700"
    android:viewportHeight="24" android:viewportWidth="24"
    android:width="150dp" xmlns:android="http://schemas.android.com/apk/res/android">

    <path android:fillColor="@android:color/white"
        android:pathData="M19.35,10.04C18.67,6.59 15.64,4 12,4 9.11,4 6.6,5.64 5.35,
8.04 2.34,8.36 0,10.91 0,14c0,3.312.69,6 6,6h13c2.76,0 5,-2.24 5,-5 0,-2.64 -2.05,
-4.78 -4.65,-4.96zM17,13l-5,5-5,-5h3V9h4v4h3z"/>
</vector>
```

23.9 TitleImage 컴포저블 만들기

제목에 표시할 이미지를 얻었으므로 이제 이미지에 표시할 컴포저블을 만든다. 표시할 이미지 리소스를 전달할 수 있게 디자인함으로써 이 컴포저블의 재사용성을 최대한으로 높인다.

```
.
.
import androidx.compose.foundation.Image
import androidx.compose.ui.res.painterResource
.
.
@Composable
fun TitleImage(drawing: Int) {
    Image(
        painter = painterResource(drawing),
        contentDescription = "title image"
    )
}
```

Image 컴포넌트는 호출 시 이용한 파라미터에 따라 그래픽을 렌더링하는 다양한 방법을 제공한다. 현재 하나의 리소스 이미지를 이용하므로 여기서는 painterResource 메서드를 호출해 이미지를 렌더링한다.

23.10 MainScreen 컴포저블 완료하기

모든 자식 컴포저블을 추가하고 상태 변수와 이벤트 핸들러를 구현했으므로, 이제 MainScreen 선언 작업을 완료하자. 구체적으로 이 컴포저블에 코드를 추가해 현재 체크박스의 선택값에 따라 각기 다른 콘텐츠가 2개의 ScreenContent 슬롯에 각기 다른 내용을 표시하게 해야 한다.

MainActivity.kt 파일의 MainScreen 컴포저블을 찾아 ScreenContent 함수를 호출하는 코드를 추가한다.

```
@Composable
fun MainScreen() {
    var linearSelected by remember { mutableStateOf(true) }
    var imageSelected by remember { mutableStateOf(true) }

    val onLinearClick = { value : Boolean ->
        linearSelected = value
    }

    val onTitleClick = { value : Boolean ->
        imageSelected = value
```

```
        }
        ScreenContent(
            linearSelected = linearSelected,
            imageSelected = imageSelected,
            onLinearClick = onLinearClick,
            onTitleClick = onTitleClick,
            titleContent = {
                if (imageSelected) {
                    TitleImage(drawing = R.drawable.ic_baseline_cloud_download_24)
                } else {
                    Text("Downloading",
                        style = MaterialTheme.typography.h3,
                        modifier = Modifier.padding(30.dp))
                }
            },
            progressContent = {
                if (linearSelected) {
                    LinearProgressIndicator(Modifier.height(40.dp))
                } else {
                    CircularProgressIndicator(Modifier.size(200.dp), strokeWidth = 18.dp)
                }
            }
        )
    }
```

ScreenContent 호출은 상태 변수와 이벤트 핸들러를 전달하면서 시작한다. 이들은 계속해서 2개의 Checkbox 인스턴스로 전달된다.

```
ScreenContent(
    linearSelected = linearSelected,
    imageSelected = imageSelected,
    onLinearClick = onLinearClick,
    onTitleClick = onTitleClick,
```

다음 파라미터는 titleContent 슬롯을 처리하며, if 문 하나를 이용해 imageSelected 상태의 현재 값에 따라 TitleImage 또는 Text 컴포넌트를 통해 전달한다.

```
titleContent = {
    if (imageSelected) {
        TitleImage(drawing = R.drawable.ic_baseline_cloud_download_24)
    } else {
        Text("Downloading",
            style = MaterialTheme.typography.h3,
            modifier = Modifier.padding(30.dp))
    }
},
```

마지막으로, 선형 또는 원형 진행 상태 인디케이터를 이용해 linearSelected의 현재 값에 따라 ScreenContent의 progressContent 슬롯을 채운다.

```
progressContent = {
    if (linearSelected) {
        LinearProgressIndicator(Modifier.height(40.dp))
    } else {
        CircularProgressIndicator(Modifier.size(200.dp), strokeWidth = 18.dp)
    }
}
```

진행 상태 인디케이터에는 아직 값을 전달하지 않았기 때문에, 계속 빙글빙글 도는 중간 진행 단계 형태로 표시된다.

23.11 프로젝트 미리 보기

위 변경을 완료했다면 프로젝트 미리 보기를 하자. 앞에서 추가한 DemoPreview 컴포저블을 수정해서 Checkboxes 컴포저블 대신 MainScreen을 호출하고, 미리 보기에 시스템 UI를 추가하게 한다.

```
@Preview(showSystemUi = true)
@Composable
fun DemoPreview() {
    MainScreen()
}
```

프로젝트를 다시 빌드하면 미리 보기 패널에 그림 23-5와 같이 표시된다.

그림 23-5

프로젝트의 동작을 테스트하기 위해 화살표가 가리키는 버튼(그림 23-6)을 클릭해 인터랙티브 모드를 시작한다.

그림 23-6

인터랙티브 모드가 시작되면 체크박스 설정을 변경하면서 ScreenContent 컴포저블의 Slot API가 예상대로 동작하는지 확인한다. 예를 들어, 그림 23-7은 2개의 체크박스를 모두 해제했을 때의 상태를 나타낸다.

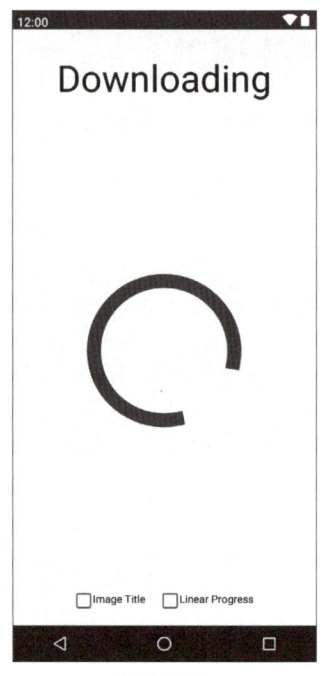

그림 23-7

23.12 정리

이번 장에서는 Slot API를 이용해 런타임 시 하나의 컴포저블에 다양한 콘텐츠를 호출할 때 삽입했다. 그리고 상태 변수와 이벤트 핸들러 참조를 여러 수준의 컴포저블 함수들에 전달하고, Asset Studio를 이용해 내장 벡터 이미지 애셋을 선택하고 설정했다. 마지막으로, 내장 Image 컴포넌트를 이용해 사용자 인터페이스 레이아웃 안에 이미지를 렌더링하는 방법을 살펴봤다.

CHAPTER 24

모디파이어 이용하기

이번 장에서는 컴포즈 모디파이어modifier가 무엇인지와 모디파이어를 이용해 컴포저블의 형태와 행동을 커스터마이즈하는 방법을 살펴본다. 모디파이어의 개요와 Modifier 객체를 소개한다. 이번 장에서는 모디파이어의 생성과 이용 방법, 모디파이어를 이용한 커스텀 컴포저블 지원 방법 등을 다룬다.

24.1 모디파이어

컴포저블은 실행 중인 앱에서의 형태나 동작을 정의하는 하나 이상의 파라미터를 받는다. 예를 들어, Text 컴포저블의 글꼴 크기나 굵기는 다음 코드와 같이 지정할 수 있다.

```
@Composable
fun DemoScreen() {
    Text(
        "My Vacation",
        fontSize = 40.sp,
        fontWeight = FontWeight.Bold
    )
}
```

대부분의 내장 컴포저블들은 이 타입의 파라미터들을 포함해 선택적인 모디파이어 파라미터를 받으며, 이를 이용해 컴포저블의 다른 항목들을 설정할 수 있다. 일반적으로 특정한 타입의 컴포저블과 관련된 파라미터와 달리(글꼴 설정은 Column 컴포넌트와는 아무런 관련이 없다), 모디파이어는 좀 더 일반적인 방식으로 모든 컴포저블에 적용할 수 있다.

모디파이어는 Modifier 객체를 기반으로 구현한다. Modifier는 컴포즈 내장 객체이며, 컴포저블에 적용될 수 있는 설정을 저장한다. Modifier 객체는 다양한 메서드를 제공하며 이를 이용하면 테두리border, 패딩padding, 배경background, 크기size, 이벤트 핸들러event handler, 제스처gesture 등 다양한 프로퍼티를 설정할 수 있다. Modifier를 선언한 뒤 다른 컴포저블에 전달해 형태나 행동을 변경할 수 있다.

이번 장에서는 모디파이어의 핵심 개념들을 살펴보고, 예제 프로젝트 안에서 실제로 모디파이어를 이용해 본다.

24.2 ModifierDemo 프로젝트 만들기

안드로이드 스튜디오를 실행하고 Welcome 화면에서 New Project 옵션을 선택한다. 새 프로젝트 다이얼로그에서 Empty Compose Activity 템플릿을 선택한 뒤, Next 버튼을 클릭한다.

Name 필드에 'ModifierDemo', Package name에 'com.example.modifierdemo'를 입력한다. Minimum SDK는 API 26: Android 8.0 (Oreo)로 설정한 뒤 Finish 버튼을 클릭한다. 프로젝트가 생성되면 Project 도구 창에 프로젝트 파일들이 표시된다.

코드 편집기에서 MainActivity.kt 파일을 열고, Greeting 컴포저블을 삭제한 뒤 다음과 같이 수정한다.

```
package com.example.modifierdemo
.
.
import androidx.compose.ui.graphics.Color
import androidx.compose.ui.unit.sp
import androidx.compose.ui.text.font.FontWeight
.
.
class MainActivity : ComponentActivity() {
    override fun onCreate(savedInstanceState: Bundle?) {
        super.onCreate(savedInstanceState)
        setContent {
            Surface(
                modifier = Modifier.fillMaxSize(),
                color = MaterialTheme.colors.background
            ) {
                DemoScreen()
            }
        }
    }
}

@Composable
fun DemoScreen() {
    Text(
        "Hello Compose",
        fontSize = 40.sp,
        fontWeight = FontWeight.Bold
    )
}
```

```
@Preview(showBackground = true)
@Composable
fun DefaultPreview() {
    ModifierDemoTheme {
        DemoScreen()
    }
}
```

24.3 모디파이어 만들기

가장 먼저 모디파이어를 만든다. 다음과 같이 아무런 환경 설정 없이 모디파이어를 만들 수 있다.

```
val modifier = Modifier
```

위의 코드는 아무런 환경 설정을 포함하지 않은 빈 모디파이어를 반환한다. 예를 들어, 다음은 적용된 모든 컴포저블에 상하좌우 10dp의 패딩을 더하는 모디파이어다.

```
val modifier = Modifier.padding(all = 10.dp)
```

Modifier 인스턴스에 대한 메서드 호출을 연결해chain 여러 환경 설정을 한 오퍼레이션으로 적용할 수 있다. 다음은 앞에서 선언한 모디파이어 설정에 적용된 컴포저블 주위에 2dp의 검은 테두리를 그리는 설정을 추가한 것이다.

```
val modifier = Modifier
    .padding(all = 10.dp)
    .border(width = 2.dp, color = Color.Black)
```

모디파이어를 선언한 뒤에는 그 모디파이어를 파라미터로 받는 모든 컴포저블에 전달할 수 있다. DemoScreen 함수가 Text 컴포저블에 모디파이어를 전달할 수 있도록 다음과 같이 수정한다.

```
.
.
import androidx.compose.foundation.border
import androidx.compose.foundation.layout.padding
import androidx.compose.ui.unit.dp
.
.
@Composable
fun DemoScreen() {
    val modifier = Modifier
        .border(width = 2.dp, color = Color.Black)
        .padding(all = 10.dp)
```

```
    Text(
        "Hello Compose",
        modifier = modifier,
        fontSize = 40.sp,
        fontWeight = FontWeight.Bold
    )
}
```

레이아웃 미리 보기는 그림 24-1과 같이 나타난다.

그림 24-1

보다시피, 패딩과 테두리가 텍스트에 적용된다. Text 컴포저블은 모디파이어를 파라미터로 받을 수 있도록 구현되었다. 컴포저블이 모디파이어를 받는 경우에는 항상 모디파이어가 파라미터 리스트의 첫 번째 선택적 파라미터가 된다. 이는 인자 이름을 선언하지 않고도 모디파이어를 전달할 수 있다는 추가적인 장점을 제공한다. 즉, 다음 코드의 구문도 올바르다.

```
Text(
    "Hello Compose",
    modifier,
    fontSize = 40.sp,
    fontWeight = FontWeight.Bold
)
```

24.4 모디파이어 연결 순서

모디파이어 연결 순서는 그 적용 결과에 큰 영향을 미친다. 위의 예시에서는 테두리, 패딩 순으로 적용되었다. 그 결과 패딩 바깥 영역에 테두리가 적용된다. 패딩 안쪽 영역에 테두리를 위치시키고 싶다면, 모디파이어의 연결 순서를 다음과 같이 변경한다.

```
val modifier = Modifier
    .padding(all = 10.dp)
    .border(width = 2.dp, color = Color.Black)
```

Text 컴포저블 미리 보기를 하면 그림 24-2와 같이 나타난다.

그림 24-2

모디파이어를 연결했을 때 기대와 결과가 다르다면 컴포넌트에 모디파이어가 적용된 순서를 확인한다.

24.5 컴포저블에 모디파이어 지원 추가하기

이번 장에서는 지금까지 모디파이어를 만들고 내장 컴포저블과 함께 이용하는 방법을 살펴봤다. 커스텀 컴포저블을 개발할 때는 함수를 좀 더 다양하게 설정할 수 있도록 모디파이어 지원modifier support 포함 여부를 고려해야 한다.

컴포저블에 모디파이어 지원을 추가할 때의 첫 번째 규칙은 파라미터 이름이 modifier이고 함수의 파라미터 리스트 중 첫 번째 선택적 파라미터여야만 한다는 것이다. 예시로 CustomImage라는 새로운 컴포저블을 프로젝트에 추가하자. 이 컴포저블은 표시할 이미지 리소스와 모디파이어를 파라미터로 받는다. MainActivity.kt 파일을 열고 다음과 같이 컴포저블을 추가한다.

```
.
.
import androidx.compose.foundation.Image
import androidx.compose.ui.res.painterResource
.
.
@Composable
fun CustomImage(image: Int) {
    Image(
        painter = painterResource(image),
        contentDescription = null
    )
}
```

위에서 선언한 것처럼 이 함수는 이미지 리소스 형태의 파라미터를 하나만 받는다. 다음으로 모디파이어 파라미터를 추가한다.

```
@Composable
fun CustomImage(image: Int, modifier: Modifier) {
    Image(
        painter = painterResource(image),
        contentDescription = null
    )
}
```

모디파이어 파라미터는 반드시 선택적이어야 하며, 해당 함수는 모디파이어 없이도 호출할 수 있어야 한다. 즉, 파라미터의 기본값으로 빈 Modifier 인스턴스를 지정해야 한다.

```
@Composable
fun CustomImage(image: Int, modifier: Modifier = Modifier) {
    .
    .
```

마지막으로, 모디파이어를 Image 컴포저블에 적용한다. 모디파이어는 첫 번째 선택적 파라미터다.

```
@Composable
fun CustomImage(image: Int, modifier: Modifier = Modifier) {
    Image(
        painter = painterResource(image),
        contentDescription = null,
        modifier
    )
}
```

이것으로 모디파이어 지원을 제공하는 새로운 컴포저블을 만들었으며, 이 컴포저블을 DemoScreen에서 호출할 수 있다. 하지만 그에 앞서 프로젝트에 이미지 리소스를 추가하자. vacation.jpg라는 이미지 파일은 샘플 코드의 images 폴더에서 찾을 수 있으며, 샘플 코드는 다음 웹 페이지에서 다운로드할 수 있다.

URL https://github.com/moseskim/jetpack-compose-essentials

안드로이드 스튜디오에서 Resource Manager 도구 창을 표시한다(View ➡ Tool Windows ➡ Resource Manager). 운영체제의 파일 탐색기 등에서 vacation.png 이미지를 찾아 Resource Manager 도구 창으로 끌어다 놓는다. 결과 다이얼로그에서 Next 버튼을 클릭한 뒤, Import 버튼을 클릭해 해당 이미지를 프로젝트에 추가한다. Resource Manager에서 이미지가 그림 24-3과 같이 표시된다.

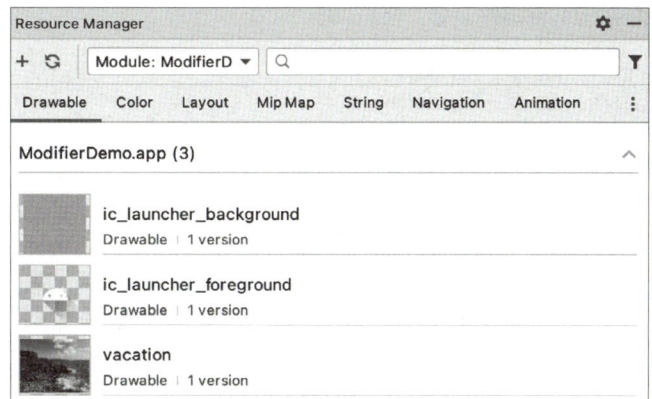

그림 24-3

이미지는 Project 도구 창의 res ➡ drawables 섹션에서도 확인할 수 있다.

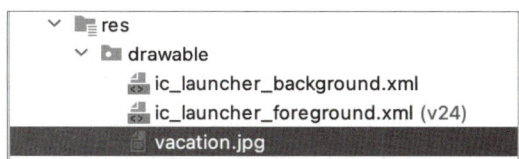

그림 24-4

다음으로 CustomImage 컴포넌트 호출을 포함하도록 DemoScreen 컴포저블을 수정한다.

```
.
.
import androidx.compose.ui.Alignment
import androidx.compose.foundation.layout.*
.
.
@Composable
fun DemoScreen() {

    val modifier = Modifier
        .border(width = 2.dp, color = Color.Black)
        .padding(all = 10.dp)

    Column(
        Modifier.padding(20.dp),
        horizontalAlignment = Alignment.CenterHorizontally,
        verticalArrangement = Arrangement.Center
    ) {
        Text(
            "Hello Compose",
            modifier = modifier,
            fontSize = 40.sp,
```

```
            fontWeight = FontWeight.Bold
        )
        Spacer(Modifier.height(16.dp))
        CustomImage(R.drawable.vacation)
    }
}
```

미리 보기를 다시 만들고 레이아웃이 그림 24-5와 같이 표시되는지 확인한다.

그림 24-5

이제 Image 컴포넌트는 CustomImage 함수 시그니처로 선언한 기본 Modifier 인스턴스를 이용하고 있다. 이를 변경하려면 커스텀 모디파이어를 만들어 CustomImage에 전달해 이미지 리소스가 표시될 때의 형태를 수정하게 해야 한다.

```
.
.
import androidx.compose.foundation.shape.RoundedCornerShape
import androidx.compose.ui.draw.clip
.
.
Spacer(Modifier.height(16.dp))
CustomImage(R.drawable.vacation,
    Modifier
        .padding(16.dp)
        .width(270.dp)
        .clip(shape = RoundedCornerShape(30.dp))
)
.
.
```

미리 보기에서 이미지를 확인하면 패딩, 고정 폭, 둥근 모서리가 적용되었음을 알 수 있다(그림 24-6).

그림 24-6

24.6 공통 내장 모디파이어

모든 Modifier 메서드를 소개하는 것은 이 책의 범위를 벗어난다(집필 시점 현재 100개 이상). 세부적인 메서드 리스트를 확인하고 싶다면 다음 컴포즈 공식 문서를 참조한다.

URL https://developer.android.com/reference/kotlin/androidx/compose/ui/Modifier(영어)

일반적으로 널리 이용되는 함수들은 다음과 같다.

- **background**: 컴포저블의 배경에 색상이 가득 칠해진 도형을 그린다.
- **clickable**: 컴포저블을 클릭했을 때 호출되는 핸들러를 지정한다. 클릭했을 때 깜빡이는 효과를 낸다.
- **clip**: 컴포저블의 콘텐츠를 지정한 형태로 자른다.
- **fillMaxHeight**: 컴포저블의 높이를 부모가 허용하는 최댓값에 맞춘다.
- **fillMaxSize**: 컴포저블의 높이와 폭을 부모가 허용하는 최댓값에 맞춘다.
- **fillMaxWidth**: 컴포저블의 폭을 부모가 허용하는 최댓값에 맞춘다.
- **layout**: 커스텀 레이아웃 행동을 구현할 때 이용한다. 28장 '커스텀 레이아웃 구현하기'에서 자세히 설명한다.
- **offset**: 컴포저블을 현재 위치에서 x, y축 방향으로 지정한 거리만큼 이동시킨다.
- **padding**: 컴포저블 주변에 공백을 추가한다. 상하좌우 모든 방향을 동시에 지정하거나, 각 방향에 별도로 지정할 수 있다.
- **rotate**: 컴포저블의 중심점을 기준으로 지정한 숫자(각도)만큼 컴포저블을 회전시킨다.

- **scale**: 지정한 비율만큼 컴포저블의 크기를 확대 또는 축소한다.
- **scrollable**: 포함된 레이아웃의 표시 영역을 초과하는 컴포저블의 스크롤 기능을 활성화한다.
- **size**: 컴포저블의 높이와 폭을 지정할 때 이용한다. 크기를 지정하지 않으면 콘텐츠에 맞춰 컴포저블의 크기가 결정된다(래핑(wrapping)이라 부른다).

24.7 모디파이어 조합하기

컴포즈를 이용하다 보면 동일한 컴포저블에 적용되는 둘 이상의 Modifier 객체를 이용하게 되는 상황이 발생한다. 이런 상황에서는 then 키워드를 이용해 모디파이어들을 조합할 수 있다. 이 키워드를 이용하는 구문은 다음과 같다.

```
val combinedModifier = firstModifier.then(secondModifier).then(thirdModifier) ...
```

결과적으로 지정된 모든 모디파이어의 설정을 포함한 모디파이어가 반환된다. MainActivity.kt 파일에 Text 컴포저블과 함께 이용할 수 있는 두 번째 모디파이어를 만들어 위 구문을 확인해 본다.

```
.
.
val modifier = Modifier
    .border(width = 2.dp, color = Color.Black)
    .padding(all = 10.dp)

val secondModifier = Modifier.height(100.dp)
.
.
```

다음으로, Text 호출을 수정해 두 모디파이어를 조합한다.

```
Text(
    "Hello Compose",
    modifier.then(secondModifier),
    fontSize = 40.sp,
    fontWeight = FontWeight.Bold
)
```

미리 보기 패널에서 Text 컴포저블은 100dp 높이로 표시되며 글꼴, 테두리, 패딩 설정은 원래의 것과 같다.

24.8 정리

모디파이어는 컴포즈 Modifier 객체의 인스턴스를 이용해 만들며, 컴포저블에 파라미터로 전달되어 컴포저블의 형태와 동작을 변경한다. Modifier 객체의 메서드를 호출해 모디파이어를 설정하면 크기, 패딩, 회전, 배경 색상 등을 정의할 수 있다. 컴포즈 시스템과 함께 제공되는 대부분의 내장 컴포저블은 하나의 모디파이어를 파라미터로 받는다. 그리고 커스텀 컴포저블 함수에도 모디파이어 지원을 추가할 수 있다(추가할 것을 권장한다). 컴포저블 함수가 모디파이어를 받는다면 항상 해당 함수의 파라미터 리스트의 두 번째 선택적 파라미터여야 한다. 복수의 모디파이어 인스턴스는 then 키워드를 이용해 조합한 뒤 컴포넌트에 적용한다.

CHAPTER 25

Row/Column을 이용해 레이아웃 구성하기

사용자 인터페이스 디자인이란 주로 적절한 인터페이스 컴포넌트를 선택하고, 그 뷰들을 화면에 어떻게 배치할지 결정하고, 앱의 다양한 화면 간 이동을 구현하는 것이다.

예상했겠지만 컴포즈는 앱을 개발할 때 이용할 수 있는 다양한 사용자 인터페이스 컴포넌트를 포함하고 있다. 컴포즈가 제공하는 레이아웃 컴포저블을 이용하면 사용자 인터페이스를 구조화하고, 화면 방향이나 크기 변경 같은 요소들에 대한 레이아웃의 반응 방법을 정의할 수 있다.

이번 장에서는 컴포즈에서 제공하는 Row와 Column 컴포저블을 소개하고, 이를 이용해 사용자 인터페이스 디자인을 쉽게 만들 수 있는지 살펴본다.

25.1 RowColDemo 프로젝트 만들기

안드로이드 스튜디오를 실행하고 Welcome 화면에서 New Project 옵션을 선택한다. 새 프로젝트 다이얼로그에서 Empty Compose Activity 템플릿을 선택한 뒤, Next 버튼을 클릭한다.

Name 필드에 'RowColDemo', Package name에 'com.example.rowcoldemo'를 입력한다. Minimum SDK는 API 26: Android 8.0 (Oreo)로 설정한 뒤 Finish 버튼을 클릭한다.

코드 편집기에서 MainActivity.kt 파일을 열고, Greeting 함수를 제거한 뒤 MainScreen이라는 이름의 새로운 빈 컴포저블을 추가한다.

```
@Composable
fun MainScreen() {

}
```

다음으로 onCreateActivity() 메서드와 DefaultPreview 함수가 Greeting 대신 MainScreen을 호출하도록 수정한다. 이번 장의 예시에서는 커스텀 컴포넌트인 TextCell의 인스턴스를 이용해 행/열 기반 레이아웃을 구현한다. TextCell 컴포넌트는 검은 테두리 안에 텍스트를 표시하며, 약간의 패딩을 이용해 컴포넌트 사이의 간격을 조정한다. 먼저 MainActivity.kt에 이 함수를 추가한다.

```
.
.
import androidx.compose.foundation.border
import androidx.compose.foundation.layout.padding
import androidx.compose.foundation.layout.*
import androidx.compose.ui.graphics.Color
import androidx.compose.ui.text.font.FontWeight
import androidx.compose.ui.text.style.TextAlign
import androidx.compose.ui.unit.dp
import androidx.compose.ui.unit.sp
.
.
@Composable
fun TextCell(text: String, modifier: Modifier = Modifier) {
    val cellModifier = Modifier
        .padding(4.dp)
        .size(100.dp, 100.dp)
        .border(width = 4.dp, color = Color.Black)

    Text(text = text,
        cellModifier.then(modifier),
        fontSize = 70.sp,
        fontWeight = FontWeight.Bold,
        textAlign = TextAlign.Center)
}
```

25.2 Row 컴포저블

Row 컴포저블은 이름 그대로 자식 컴포넌트를 화면의 수평 방향으로 배열한다. 다음은 하나의 간단한 Row 컴포저블을 MainScreen 함수에 추가하는 코드다.

```
@Composable
fun MainScreen() {
    Row {
        TextCell("1")
        TextCell("2")
        TextCell("3")
    }
}
```

이 코드를 렌더링하면 그림 25-1과 같이 표시된다.

그림 25-1

25.3 Column 컴포저블

Column 컴포저블은 Row 컴포저블과 동일한 목적을 수행하지만, 자식들을 수직 방향으로 배열한다는 점이 다르다. 다음은 Column 안에 3개의 같은 컴포저블을 배치한 예시다.

```
.
.
@Composable
fun MainScreen() {
    Column {
        TextCell("1")
        TextCell("2")
        TextCell("3")
    }
}
```

위의 코드를 렌더링하면 그림 25-2와 같이 표시된다.

그림 25-2

25.4 Row, Column 컴포저블 조합하기

Row, Column 컴포저블을 조합해 표 스타일의 레이아웃을 만들 수 있다. 다음은 Row, Column이 서로를 포함하도록 구성한 레이아웃이다.

```
@Composable
fun MainScreen() {
    Column {
        Row {
            Column {
                TextCell("1")
                TextCell("2")
```

```
                TextCell("3")
            }

            Column {
                TextCell("4")
                TextCell("5")
                TextCell("6")
            }

            Column {
                TextCell("7")
                TextCell("8")
            }
        }
        Row {
            TextCell("9")
            TextCell("10")
            TextCell("11")
        }
    }
}
```

위의 코드로 만든 레이아웃은 그림 25-3과 같다.

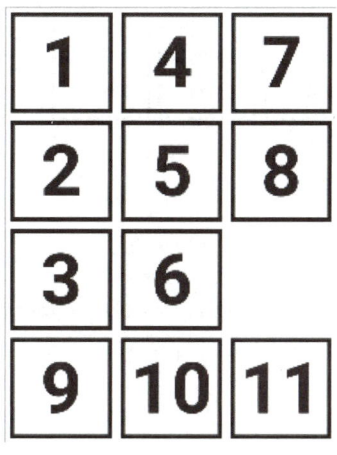

그림 25-3

이 기법을 활용해 Row, Column 레이아웃이 서로 포함하도록 하면 어떤 복잡한 레이아웃이라도 구성할 수 있다.

25.5 레이아웃 정렬

Row, Column 컴포저블은 모두 사용자 인터페이스 레이아웃 안의 공간을 차지한다. 차지하는 공간은 자식 요소, 다른 컴포저블, 크기 관련 설정을 적용하는 모디파이어들에 따라 달라진다. 기본적으로 Row와 Column 내부의 자식 요소 그룹들은 콘텐츠 영역의 가장 왼쪽 위 모서리를 기준으로 정렬된다(앱을 실행하는 기기가 왼쪽에서 오른쪽으로 읽는 언어로 설정되어 있다고 가정한다). 처음 만들었던 Row 컴포저블의 크기를 늘려보면 이를 확인할 수 있다.

```
@Composable
fun MainScreen() {
    Row(modifier=Modifier.size(width=400.dp, height=200.dp)) {
        TextCell("1")
        TextCell("2")
        TextCell("3")
    }
}
```

이 변경을 적용하기 전 Row는 그 자식들을 감싸고 있다(달리 표현하면 그 크기를 콘텐츠에 맞춘 상태다). 이제 Row가 콘텐츠보다 크기 때문에 기본 정렬에 따라 자식들이 Row 컴포넌트의 왼쪽 위 모서리에 위치하게 된다(그림 25-4).

그림 25-4

수직 방향 축의 기본 정렬은 Row 컴포저블의 `verticalAlignment` 파라미터에 값을 전달해서 변경할 수 있다. 자식들을 수직 방향으로 중앙 정렬하고 싶을 때는 `Alignment.CenterVertically` 값을 Row에 전달한다.

```
.
.
import androidx.compose.ui.Alignment
.
.
@Composable
fun MainScreen() {
    Row(verticalAlignment = Alignment.CenterVertically,
```

```
            modifier = Modifier.size(width = 400.dp, height = 200.dp)) {
        TextCell("1")
        TextCell("2")
        TextCell("3")
    }
}
```

콘텐츠는 Row 영역에서 수직 방향 중앙에 위치하게 된다(그림 25-5).

그림 25-5

Row의 수직 방향 정렬 파라미터로 전달할 수 있는 값은 다음과 같다.

- **Alignment.Top**: 콘텐츠를 Row 콘텐츠 영역의 수직 방향 위 위치에 정렬한다.
- **Alignment.CenterVertically**: 콘텐츠를 Row 콘텐츠 영역의 수직 방향 가운데 위치에 정렬한다.
- **Alignment.Bottom**: 콘텐츠를 Row 콘텐츠 영역의 수직 방향 아래 위치에 정렬한다.

Column 컴포저블을 이용할 때는 horizontalAlignment 파라미터를 이용해 수평축 방향의 정렬을 설정할 수 있으며, 다음과 같은 값을 전달할 수 있다.

- **Alignment.Start**: 콘텐츠를 Column 콘텐츠 영역의 수평 방향 시작 위치에 정렬한다.
- **Alignment.CenterHorizontally**: 콘텐츠를 Column 콘텐츠 영역의 수평 방향 가운데 위치에 정렬한다.
- **Alignment.End**: 콘텐츠를 Column 콘텐츠 영역의 수평 방향 끝 위치에 정렬한다.

다음은 Column의 자식들을 Column 콘텐츠 영역의 끝 위치로 정렬한 예시다.

```
@Composable
fun MainScreen() {
    Column(horizontalAlignment = Alignment.End,
           modifier = Modifier.width(250.dp)) {
        TextCell("1")
        TextCell("2")
        TextCell("3")
    }
}
```

이 코드를 렌더링하면 그림 25-6과 같이 표시된다.

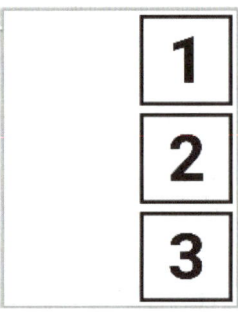

그림 25-6

정렬을 다룰 때는 컴포저블을 포함하는 흐름과 반대 축 기준으로 동작한다는 사실을 기억하자. 예를 들어, Row를 이용해 자식을 수평으로 구조화한다면 정렬은 수직축에서 수행해야 한다. 반대로 Column 컴포저블의 수평축으로 정렬한다면 자식들은 수직 방향으로 배열된다. 다음 절에서 배열을 소개할 때 이를 강조한 이유를 좀 더 분명하게 알 수 있을 것이다.

25.6 레이아웃 배열 위치 조정하기

정렬과 달리 배열arrangement은 자식의 위치를 컨테이너와 동일 축을 따라 제어한다(즉, Row에서는 수평 방향이고 Column에서는 수직 방향이다). Row 인스턴스에서는 horizontalArrangement, Column 인스턴스에서는 verticalArrangement를 각각 이용해서 배열값을 설정한다. 설정한다. 배열 프로퍼티는 위치 및 자식 사이의 간격에 영향을 미치는 것으로 분류할 수 있다.

다음은 Row 컴포넌트에서 이용할 수 있는 horizontalArrangement 파라미터다.

- **Arrangement.Start**: 콘텐츠를 Row 콘텐츠 영역의 수평 방향 시작 위치에 정렬한다.
- **Arrangement.Center**: 콘텐츠를 Row 콘텐츠 영역의 수평 방향 가운데 위치에 정렬한다.
- **Arrangement.End**: 콘텐츠를 Row 콘텐츠 영역의 수평 방향 끝 위치에 정렬한다.

위의 설정은 그림 25-7과 같이 나타낼 수 있다.

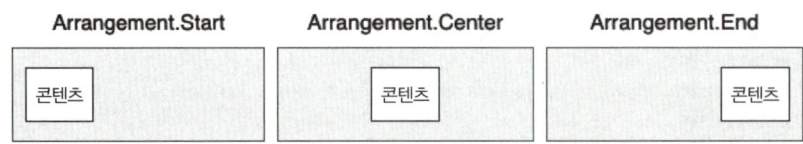

그림 25-7

다음은 Column 컴포저블에서 이용할 수 있는 verticalArrangement 파라미터다.

- **Arrangement.Top**: 콘텐츠를 Column 콘텐츠 영역의 수직 방향 위 위치에 정렬한다.
- **Arrangement.Center**: 콘텐츠를 Column 콘텐츠 영역의 수직 방향 가운데 위치에 정렬한다.
- **Arrangement.Bottom**: 콘텐츠를 Column 콘텐츠 영역의 수직 방향 아래 위치에 정렬한다.

verticalArrangement 설정값을 적용한 결과는 그림 25-8과 같다.

그림 25-8

다음은 앞의 예시를 수정해 자식 요소들을 Row 콘텐츠 영역의 끝으로 이동시킨 코드다.

```
Row(horizontalArrangement = Arrangement.End,
    modifier = Modifier.size(width = 400.dp, height = 200.dp)) {
    TextCell("1")
    TextCell("2")
    TextCell("3")
}
```

위의 코드를 실행해서 만들어진 사용자 인터페이스 레이아웃은 그림 25-9와 같다.

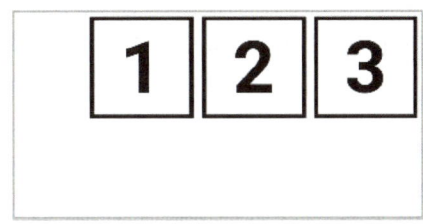

그림 25-9

마찬가지로, 다음은 자식 요소들을 Column 영역의 끝으로 이동시킨 코드다.

```
Column(verticalArrangement = Arrangement.Bottom,
        modifier = Modifier.height(400.dp)) {
    TextCell("1")
    TextCell("2")
    TextCell("3")
}
```

위의 컴포저블을 렌더링한 결과는 미리 보기 패널에서 그림 25-10과 같이 표시된다.

그림 25-10

25.7 레이아웃 배열 간격 조정하기

배열 간격 조정을 이용해 Row 또는 Column 안의 자식 컴포넌트들의 콘텐츠 영역 안에서 간격을 조정한다. 이 설정은 horizontalArrangement, verticalArrangement 파라미터를 이용해 정의할 수 있으며 다음 값 중 하나를 이용해야 한다.

- **Arrangement.SpaceEvenly**: 자식들은 균일한 간격을 유지한다. 첫 번째 자식의 앞, 마지막 자식의 뒤 공간을 포함한다.
- **Arrangement.SpaceBetween**: 자식들은 균일한 간격을 유지한다. 첫 번째 자식의 앞, 마지막 자식의 뒤 공간을 포함하지 않는다.
- **Arrangement.SpaceAround**: 자식들은 균일한 간격을 유지한다. 첫 번째 자식의 앞, 마지막 자식의 뒤 공간은 각 자식들 사이 공간의 절반이다.

다음은 Row의 자식들을 SpaceEvenly 설정값으로 정렬하는 코드 예시다.

```
Row(horizontalArrangement = Arrangement.SpaceEvenly,
    modifier = Modifier.width(1000.dp)) {
    TextCell("1")
    TextCell("2")
    TextCell("3")
}
```

위의 코드를 이용해 만든 레이아웃은 그림 25-11과 같다. 행의 시작 공간, 끝 공간, 행에 포함된 각 자식 사이의 공간이 동일하다.

그림 25-11

SpaceBetween을 이용해 설정한 결과는 그림 25-12와 같다. 행의 시작과 끝에 공간이 없는 것이 차이점이다.

그림 25-12

마지막으로, SpaceAround를 이용해 설정한 결과는 그림 25-13과 같다. 행의 시작과 끝의 공간은 각 자식들 사이 공간의 절반 크기다.

그림 25-13

25.8 Row, Column 스코프 모디파이어

흔히들 Row 또는 Column의 자식들은 부모의 스코프_{scope} 안에 있다고 말한다. 이 두 스코프(RowScope 및 ColumnScope)는 추가 모디파이어 함수들을 제공하며, 이를 이용해 Row 또는 Column 안에 포함된 각 자식들의 동작이나 형태를 변경할 수 있다. 안드로이드 스튜디오 코드 편집기에서는 자식들이 스코프 안에 있을 때 시각적으로 표시한 기능을 제공한다. 그림 25-14는 편집기에서 RowScope 모디파이어 함수를 3개의 자식 컴포저블에 적용할 수 있음을 나타낸 그림이다.

```
@Composable
fun MainScreen() {

    Row() { this: RowScope
            TextCell( text: "1")
            TextCell( text: "2")
            TextCell( text: "3")
    }
}
```

그림 25-14

Column 컴포저블을 이용할 때는 마찬가지로 ColumnScope 인디케이터가 나타난다.

ColumnScope는 다음 모디파이어를 제공하며, 이를 이용해 자식 컴포넌트들의 위치를 제어할 수 있다.

- **Modifier.align()**: Alignment.CenterHorizontally, Alignment.Start, Alignment.End 값을 이용해 자식들을 수평으로 정렬한다.
- **Modifier.alignBy()**: 자식들과 alignBy() 모디파이어가 적용된 다른 형제를 수평으로 정렬한다.
- **Modifier.weight()**: 형제에 할당된 가중치에 따라 자식의 높이를 설정한다.

RowScope는 Row 자식들이 이용할 수 있는 다음 모디파이어를 제공한다.

- **Modifier.align()**: Alignment.CenterVertically, Alignment.Top, Alignment.Bottom 값을 이용해 자식들을 수직으로 정렬한다.
- **Modifier.alignBy()**: 자식을 alignBy() 모디파이어가 적용된 다른 형제들과 정렬한다. 정렬은 베이스라인 또는 커스텀 정렬 라인 설정에 따라 수행할 수 있다.
- **Modifier.alignByBaseline()**: 자식의 베이스라인을 alignBy() 또는 alignByBaseline() 모디파이어가 이미 적용된 형제들과 정렬한다.
- **Modifier.paddingFrom()**: 자식의 정렬 라인에 패딩을 추가한다.
- **Modifier.weight()**: 형제에 할당된 가중치에 따라 자식의 폭을 설정한다.

다음의 Row 선언에서는 3개의 TextCell 자식에 각각 다른 정렬을 설정한다.

```
Row(modifier = Modifier.height(300.dp)) {
    TextCell("1", Modifier.align(Alignment.Top))
    TextCell("2", Modifier.align(Alignment.CenterVertically))
    TextCell("3", Modifier.align(Alignment.Bottom))
}
```

미리 보기에서 그림 25-15와 같은 레이아웃을 확인할 수 있다.

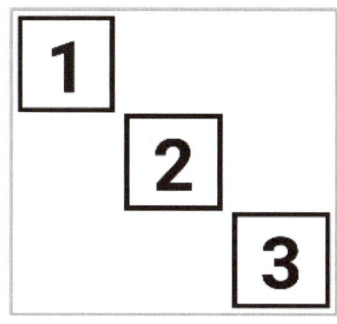

그림 25-15

베이스라인 정렬 옵션은 글꼴 크기가 다른 텍스트 콘텐츠들을 정렬할 때 특히 유용하다. 예를 들어, 다음과 같은 Row 설정이 있다고 가정해 보자.

```
Row {
    Text(
        text = "Large Text",
        fontSize = 40.sp,
        fontWeight = FontWeight.Bold
    )

    Text(
        text = "Small Text",
        fontSize = 32.sp,
        fontWeight = FontWeight.Bold
    )
}
```

이 코드는 2개의 Text 컴포저블을 포함한 하나의 Row로 구성되어 있으며, 각 Text 컴포저블의 글꼴 크기가 다르므로 다음과 같은 레이아웃이 생성된다.

Large Text Small Text

그림 25-16

Row는 2개의 Text 컴포저블의 위쪽 가장자리를 따라 정렬했으며, 결과적으로 텍스트 베이스라인에서 벗어난 형태가 되었다. 이 문제를 해결할 때는 두 자식에게 alignByBaseline() 모디파이어를 적용하면 된다.

25.8 Row, Column 스코프 모디파이어

```
Row {
    Text(
        text = "Large Text",
        Modifier.alignByBaseline(),
        fontSize = 40.sp,
        fontWeight = FontWeight.Bold
    )

    Text(
        text = "Small Text",
        Modifier.alignByBaseline(),
        fontSize = 32.sp,
        fontWeight = FontWeight.Bold,
    )
}
```

레이아웃을 렌더링하면 2개의 Text 컴포저블의 베이스라인이 그림 25-17과 같이 정렬된다.

Large Text Small Text

그림 25-17

또는 alignByBaseline() 모디파이어를 alignBy() 함수 호출로 변경할 수도 있다. 이때는 정렬 파라미터에 FirstBaseline을 전달한다.

```
Modifier.alignBy(FirstBaseline)
```

여러 줄의 텍스트를 다룰 때는 LastBaseline을 alignBy() 모디파이어 함수에 전달하면 형제 컴포넌트들을 마지막 텍스트의 베이스라인에 맞춰 정렬할 수 있다.

```
.
.
import androidx.compose.ui.layout.LastBaseline
.
.
@Composable
fun MainScreen() {
    Row {
        Text(
            text = "Large Text\nMore Text",
            Modifier.alignBy(LastBaseline),
            fontSize = 40.sp,
            fontWeight = FontWeight.Bold
        )
```

```
        Text(
            text = "Small Text",
            Modifier.alignByBaseline(),
            fontSize = 32.sp,
            fontWeight = FontWeight.Bold,
        )
    }
}
```

위의 코드를 렌더링해 보면 두 번째 자식의 텍스트 콘텐츠 베이스라인이 첫 번째 자식의 텍스트 마지막 행 베이스라인에 맞춰 정렬되었음을 확인할 수 있다(그림 25-18).

그림 25-18

위의 예시에서 FirstBaseline을 이용하면 작은 텍스트 컴포저블의 베이스라인을 멀티라인 컴포넌트 텍스트의 첫 번째 행의 베이스라인에 맞춰 정렬한다(그림 25-19).

그림 25-19

이제까지는 베이스라인을 두 자식의 정렬 선으로 지정했다. 특정 자식의 정렬에 오프셋을 적용할 때는 paddingFrom() 모디파이어를 이용할 수 있다. 다음은 작은 텍스트 컴포저블의 첫 번째 베이스라인 정렬 위치에 추가로 80dp의 수직 오프셋을 적용한 코드 예시다.

```
.
.
import androidx.compose.ui.layout.FirstBaseline
.
.
@Composable
fun MainScreen() {
    Row {
        Text(
            text = "Large Text\nMore Text",
```

```
            Modifier.alignBy(FirstBaseline),
            fontSize = 40.sp,
            fontWeight = FontWeight.Bold
        )
        Text(
            text = "Small Text",
            modifier = Modifier.paddingFrom(
                alignmentLine = FirstBaseline,
                before = 80.dp, after = 0.dp),
            fontSize = 32.sp,
            fontWeight = FontWeight.Bold
        )
    }
}
```

위의 코드를 렌더링하면 그림 25-20과 같은 레이아웃이 표시된다.

Large Text
More Text Small Text

그림 25-20

25.9 스코프 모디파이어 가중치

RowScope 가중치 모디파이어weight modifier를 이용하면 각 자식의 폭을 그 형제들을 기준으로 상대적으로 지정할 수 있다. 각 자식에게 가중치 비율(0.0에서 1.0)을 할당한다. 예를 들어, 두 자식에게 각각 0.5의 가중치를 할당하면 이용할 수 있는 공간의 절반씩을 차지한다. 앞에서 만든 MainScreen 함수를 수정해서 가중치 모디파이어의 동작을 확인한다.

```
@Composable
fun MainScreen() {
    Row {
        TextCell("1", Modifier.weight(weight = 0.2f, fill = true))
        TextCell("2", Modifier.weight(weight = 0.4f, fill = true))
        TextCell("3", Modifier.weight(weight = 0.3f, fill = true))
    }
}
```

프로젝트를 다시 빌드하고 미리 보기 패널을 새로고침 하면, 그림 25-21과 같은 레이아웃이 표시된다.

그림 25-21

가중치 모디파이어가 적용되지 않은 형제 요소들은 원하는 크기로 표시되며, 적용된 자식들이 나머지 공간을 공유한다.

ColumnScope도 align(), alignBy(), weight() 모디파이어를 제공하며 이들은 모두 수평축에서 동작한다. RowScope와 달리 ColumnScope에는 베이스라인 개념이 존재하지 않는다.

25.10 정리

Row, Column 컴포넌트를 이용하면 자식 컴포저블을 수평, 수직으로 쉽게 배열할 수 있다. Row, Column을 서로 포함함으로써 복잡한 수준의 표 스타일 레이아웃을 만들 수 있다. 두 레이아웃 컴포넌트는 자식의 정렬, 간격, 위치를 커스터마이즈할 수 있는 옵션을 포함한다. 스코프 모디파이어를 이용하면 개별 자식의 행동의 위치나 크기를 정의할 수 있다. 또한 자식의 위치나 크기도 상대적으로 조정할 수 있다.

CHAPTER 26
Box 레이아웃

앞에서는 컴포즈의 Row와 Column 컴포저블을 알아봤다. 이제 컴포즈가 제공하는 세 번째 레이아웃 유형인 Box 컴포넌트를 살펴보자. 이번 장에서는 Box 레이아웃을 소개하고, 사용자 인터페이스 레이아웃을 디자인할 때 이용할 수 있는 핵심 파라미터와 모디파이어를 살펴본다.

26.1 Box 컴포저블

Row와 Column이 자식들을 수평의 행 또는 수직의 열로 구조화하는 것과 달리 Box 레이아웃은 자식들을 위로 쌓아 올린다(스택$_{stack}$, 다시 말해 기기 화면에서 볼 때 화면의 앞쪽으로 쌓아 올린다). 자식들이 쌓이는 순서는 Box 선언 안에서 자식들을 호출한 순서에 따라 정의된다. 첫 번째로 호출된 자식은 스택의 가장 아래에 위치한다. Row, Column 레이아웃과 마찬가지로 Box는 여러 가지 파라미터와 모디파이어를 제공하며 이를 이용해 레이아웃을 커스터마이즈할 수 있다.

26.2 BoxLayout 프로젝트 만들기

안드로이드 스튜디오를 시작하기 전에, 필요하다면 현재 열려 있는 프로젝트를 모두 닫고(File ➡ Close Project 메뉴 옵션 선택) Welcome 화면이 표시되게 한다.

Welcome 화면에서 New Project 옵션을 선택하고 새 프로젝트 다이얼로그가 나타나면 Empty Compose Activity 템플릿을 선택한 뒤, Next 버튼을 클릭한다.

Name 필드에 'BoxLayout', Package name에 'com.example.boxlayout'을 입력한다. Minimum SDK는 API 26: Android 8.0 (Oreo)로 설정한 뒤 Finish 버튼을 클릭한다. 프로젝트 생성 절차가 완료되면 BoxLayout 프로젝트가 안드로이드 스튜디오 메인 창 왼쪽에 위치한 Project 도구 창에 표시된다.

코드 편집기에서 MainActivity.kt 파일을 열고, Greeting 함수를 제거한 뒤 MainScreen이라는 이름의 새로운 빈 컴포저블을 추가한다.

```
@Composable
fun MainScreen() {

}
```

다음으로 onCreateActivity() 메서드와 DefaultPreview 함수가 Greeting 대신 MainScreen을 호출하도록 수정한다.

26.3 TextCell 컴포저블 추가하기

이번 장에서는 앞에서 만든 TextCell 컴포저블을 다시 이용한다. 다만 Box 레이아웃의 피처를 좀 더 잘 확인하기 위해, 호출될 때 선택적으로 글꼴 크기를 전달할 수 있도록 선언부를 조금 수정한다. 이 함수를 MainActivity.kt에 추가한다.

```
.
.
import androidx.compose.foundation.border
import androidx.compose.foundation.layout.padding
import androidx.compose.ui.graphics.Color
import androidx.compose.ui.text.font.FontWeight
import androidx.compose.ui.text.style.TextAlign
import androidx.compose.ui.unit.dp
import androidx.compose.ui.unit.sp
.
.
@Composable
fun TextCell(text: String, modifier: Modifier = Modifier, fontSize: Int = 150 ) {
    val cellModifier = Modifier
        .padding(4.dp)
        .border(width = 5.dp, color = Color.Black)

    Text(
        text = text, cellModifier.then(modifier),
        fontSize = fontSize.sp,
        fontWeight = FontWeight.Bold,
        textAlign = TextAlign.Center
    )
}
```

26.4 Box 레이아웃 추가하기

다음으로 MainScreen 함수를 수정해서 Box 레이아웃 하나를 추가한다. 이 Box 레이아웃은 3개의 TextCell 자식을 포함한다.

```
.
.
import androidx.compose.foundation.layout.Box
import androidx.compose.foundation.layout.size
.
.
@Composable
fun MainScreen() {
    Box {
        val height = 200.dp
        val width = 200.dp

        TextCell("1", Modifier.size(width = width, height = height))
        TextCell("2", Modifier.size(width = width, height = height))
        TextCell("3", Modifier.size(width = width, height = height))
    }
}
```

함수를 수정한 뒤 미리 보기 패널을 업데이트해서 수정한 내용을 확인한다. 수정된 레이아웃은 그림 26-1과 같이 표시될 것이다.

그림 26-1

Text 컴포저블은 기본적으로 투명하므로 3개의 자식이 위로 쌓인 것을 볼 수 있다. 자식들이 쌓여 있음을 확인하는 목적으로는 투명한 배경이 유용하지만, 이를 확인하는 것이 프로젝트의 목적은 아니다. TextCell의 배경을 불투명하게 하려면 Surface 컴포넌트 안에서 Text 컴포저블을 호출해야 한다. TextCell 함수를 다음과 같이 수정한다.

```
@Composable
fun TextCell(text: String, modifier: Modifier = Modifier, fontSize: Int = 150 ) {
.
.
    Surface {
        Text(
            text = text, cellModifier.then(modifier),
            fontSize = fontSize.sp,
            fontWeight = FontWeight.Bold,
            textAlign = TextAlign.Center
        )
    }
}
```

미리 보기가 업데이트되면 Box에서 호출된 마지막 컴포저블, 즉 스택의 가장 위에 위치한 자식만 나타난다.

26.5 Box 정렬

Box 컴포저블은 하나의 정렬 파라미터를 제공하며, 이를 이용하면 박스의 콘텐츠 영역 안에 있는 자식 그룹의 위치를 커스터마이즈할 수 있다. 파라미터의 이름은 contentAlignment이며 다음과 같은 값을 지정할 수 있다.

- **Alignment.TopStart**
- **Alignment.TopCenter**
- **Alignment.TopEnd**
- **Alignment.CenterStart**
- **Alignment.Center**
- **Alignment.CenterEnd**
- **Alignment.BottomCenter**
- **Alignment.BottomEnd**
- **Alignment.BottomStart**

그림 26-2의 다이어그램은 위 리스트의 각 설정에 따른 Box 콘텐츠의 위치를 표시한다.

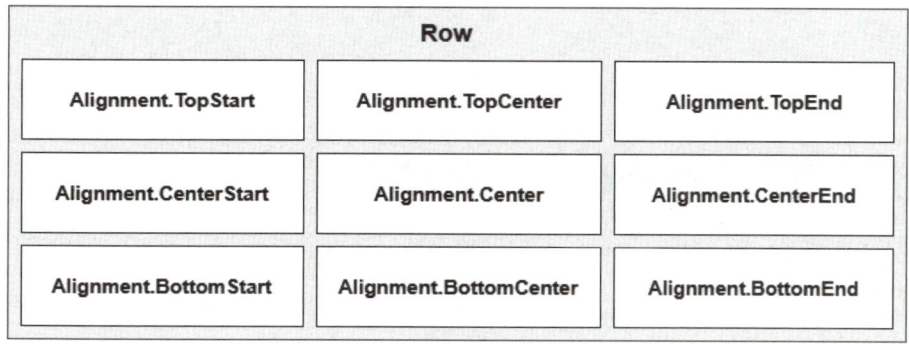

그림 26-2

정렬 옵션의 일부를 테스트하기 위해 MainScreen 함수의 Box 선언을 수정한다. 크기를 늘리고 contentAlignment 파라미터를 추가한다.

```
.
.
import androidx.compose.ui.Alignment
.
.
@Composable
fun MainScreen() {
.
.
    Box(contentAlignment = Alignment.CenterEnd,
        modifier = Modifier.size(400.dp, 400.dp)) {
        val height = 200.dp
        val width = 200.dp
        TextCell("1", Modifier.size(width = width, height = height))
        TextCell("2", Modifier.size(width = width, height = height))
        TextCell("3", Modifier.size(width = width, height = height))
    }
}
```

미리 보기를 새로고침 해서 Box 콘텐츠가 Box 콘텐츠 영역 안의 CenterEnd 위치에 나타나는지 확인한다(그림 26-3).

그림 26-3

26.6 BoxScope 모디파이어

25장에서 ColumnScope 및 RowScope와 이들이 제공하는 추가 모디파이어들을 각 자식 컴포넌트에 어떻게 적용하는지 살펴봤다. Box 레이아웃에서는 다음 BoxScope 모디파이어를 자식 컴포저블에 적용할 수 있다.

- **align()**: Box 콘텐츠 영역 안의 자식을 정렬한다. 지정한 Alignment 값을 이용한다.
- **matchParentSize()**: 모디파이어가 적용된 자식의 크기를 부모 Box의 크기에 맞춘다.

align 모디파이어가 받은 Alignment 값의 집합은 Box 정렬에서 소개한 리스트와 동일하다. 다음은 MainScreen 함수를 수정한 것으로, align() 모디파이어의 동작을 보여준다.

```
@Composable
fun MainScreen() {
.
.
    Box(modifier = Modifier.size(height = 90.dp, width = 290.dp)) {
        Text("TopStart", Modifier.align(Alignment.TopStart))
        Text("TopCenter", Modifier.align(Alignment.TopCenter))
        Text("TopEnd", Modifier.align(Alignment.TopEnd))

        Text("CenterStart", Modifier.align(Alignment.CenterStart))
        Text("Center", Modifier.align(Alignment.Center))
        Text(text = "CenterEnd", Modifier.align(Alignment.CenterEnd))

        Text("BottomStart", Modifier.align(Alignment.BottomStart))
        Text("BottomCenter", Modifier.align(Alignment.BottomCenter))
        Text("BottomEnd", Modifier.align(Alignment.BottomEnd))
    }
}
```

미리 보기에서 확인하면 위의 Box 레이아웃은 그림 26-4와 같이 표시된다.

TopStart	TopCenter	TopEnd
CenterStart	Center	CenterEnd
BottomStart	BottomCenter	BottomEnd

그림 26-4

26.7 clip() 모디파이어 이용하기

clip() 모디파이어를 이용하면 컴포저블을 특정한 형태로 렌더링되도록 할 수 있다. Box에만 지정할 수 있는 것은 아니지만, 아마도 Box 컴포넌트가 형태를 자르는 것을 보여주기에 가장 좋은 예시일 것이다. 컴포저블의 형태를 정의할 때는 clip() 모디파이어를 호출하고 Shape 값을 전달한다. Shape의 값에는 RectangleShape, CircleShape, RoundedCornerShape, CutCornerShape를 이용할 수 있다.

다음은 Box를 잘라내 원형으로 표시하는 코드 예시다.

```
.
.
import androidx.compose.foundation.background
import androidx.compose.ui.draw.clip
import androidx.compose.foundation.shape.CircleShape
```

```
.
.
Box(Modifier.size(200.dp).clip(CircleShape).background(Color.Blue))
.
.
```

렌더링 결과 Box는 그림 26-5와 같이 표시된다.

그림 26-5

컴포저블의 모서리를 둥글게 그리고 싶을 때는 RoundedCornerShape를 호출하고 각 모서리의 반지름을 전달한다. 반지름값을 하나만 전달하면 네 모서리에 동시에 적용된다.

```
.
.
import androidx.compose.foundation.shape.RoundedCornerShape
.
.
Box(Modifier.size(200.dp).clip(RoundedCornerShape(30.dp)).background(Color.Blue))
.
.
```

위의 컴포저블을 렌더링한 결과는 그림 26-6과 같이 표시된다.

그림 26-6

둥근 모서리 대신 잘려나간 모서리로 표시되도록 할 수도 있다. 이때는 CutCornerShape를 호출하고 모서리를 자를 길이를 전달한다. 각 모서리에 다른 값을 지정할 수 있으며, 파라미터를 하나만 전달하면 네 모서리에 동시에 적용된다.

```
.
import androidx.compose.foundation.shape.CutCornerShape
.
.
Box(Modifier.size(200.dp).clip(CutCornerShape(30.dp)).background(Color.Blue))
.
.
```

위의 컴포저블을 렌더링한 결과는 그림 26-7과 같이 표시된다.

그림 26-7

26.8 정리

컴포즈 Box 레이아웃은 자식들을 스택과 같이 위로 쌓아서 정렬한다. 첫 번째 자식은 스택의 가장 아래에 놓인다. 기본적으로 이 스택은 콘텐츠 영역의 왼쪽 위 모서리 기준으로 위치하지만, Box 컴포저블 호출 시 contentAlignment 파라미터를 이용해 이 위치를 변경할 수 있다.

Box 레이아웃의 직접적인 자식은 RowScope를 통해 추가 모디파이어에 접근할 수 있다. 이 모디파이어들을 이용하면 9개의 미리 정해진 위치 설정값을 통해 Box 콘텐츠 영역 안에서 각 자식의 위치를 독립적으로 설정할 수 있다.

CHAPTER 27

커스텀 레이아웃 모디파이어

Box, Row, Column 컴포저블을 이용하면 유연하게 레이아웃을 디자인할 수 있지만, 내장 레이아웃 컴포넌트만으로는 대응하기 어려운 레이아웃을 만들어야 하는 상황도 반드시 발생한다. 다행히 컴포저에서는 다양한 고급 레이아웃 옵션을 제공한다. 이번 장에서는 그 옵션들 중 하나로 커스텀 레이아웃 모디파이어에 관해 살펴본다.

27.1 컴포즈 레이아웃 기본

커스텀 레이아웃을 살펴보기에 앞서, 컴포즈 기반 사용자 인터페이스에서 사용자 인터페이스 요소가 배치되는 기본을 먼저 이해하면 도움이 될 것이다. 우리가 이미 알듯이, 사용자 인터페이스 레이아웃은 컴포저블 함수를 작성함에 따라 생성된다. 이 컴포저블 함수가 생성한 UI 요소는 렌더링되어 화면에 표시된다. 컴포저블은 UI 계층 트리를 만드는 다른 컴포저블을 호출한다. UI 계층 트리는 부모-자식 관계로 구성된다. 각 자식 또한 자식을 가질 수 있다.

앱을 실행하면, 컴포저블 계층은 상태 변경에 따라 빠르고 연속적으로 재구성된다. 부모 컴포저블이 호출될 때마다 부모는 모든 자식의 크기와 위치를 제어한다. 자식의 위치는 부모의 위치를 기준으로 x, y 좌표를 이용해 정의된다. 크기의 경우 부모는 자식이 차지할 수 있는 최대/최소 높이 및 폭을 '제한'한다.

환경 설정에 따라 부모의 크기는 고정되거나(예를 들면 size() 모디파이어를 이용하는 등) 자식의 크기와 위치에 따라 계산된다.

내장 Box, Row, Column 컴포넌트는 모든 자식의 높이와 폭을 측정하고 위치를 계산해 그에 맞게 행, 열, 스택 위치를 생성하는 로직을 포함하고 있다. 동일한 기법이 내장 레이아웃에서도 이용되며, 이를 활용해 여러분이 직접 커스텀 레이아웃을 만들 수도 있다.

27.2 커스텀 레이아웃

커스텀 레이아웃은 매우 직관적으로 구현할 수 있으며 두 가지로 분류할 수 있다. 가장 기본적인 형태의 커스텀 레이아웃은 레이아웃 모디파이어로 구현할 수 있으며, 단일 사용자 인터페이스 요소에 적용할 수 있다(표준 padding() 모디파이어 등과 유사). 새로운 레이아웃 컴포저블은 해당 컴포저블의 모든 자식에게 적용될 수도 있다(Box, Column, Row 컴포저블에서 이용한 기법과 동일).

이번 장에서는 커스텀 레이아웃 모디파이어를 이용해 커스텀 레이아웃을 개발하는 방법을 살펴본다. 커스텀 레이아웃을 학습하는 데는 실험이 가장 좋은 방법이므로, 커스텀 레이아웃 모디파이어는 예시 프로젝트를 이용해 단계적으로 설명한다. 이번 장의 예시를 자유롭게 수정하면서 사용자 인터페이스 레이아웃에 어떤 영향을 미치는지 살펴보자.

27.3 LayoutModifier 프로젝트 만들기

안드로이드 스튜디오를 실행하고 Welcome 화면에서 New Project 옵션을 선택하고 새 프로젝트 다이얼로그가 나타나면 Empty Compose Activity 템플릿을 선택한 뒤, Next 버튼을 클릭한다.

Name 필드에 'LayoutModifier', Package name에 'com.example.LayoutModifier'를 입력한다. Minimum SDK는 API 26: Android 8.0 (Oreo)로 설정한 뒤 Finish 버튼을 클릭한다.

코드 편집기에서 MainActivity.kt 파일을 열고, Greeting 함수를 제거한 뒤 MainScreen이라는 이름의 새로운 빈 컴포저블을 추가한다.

```
@Composable
fun MainScreen() {

}
```

다음으로 onCreateActivity() 메서드와 DefaultPreview 함수가 Greeting 대신 MainScreen을 호출하도록 수정한다.

27.4 ColorBox 컴포저블 추가하기

이번 장에서 소개하는 대부분 예시의 자식 요소들은 색상이 있는 상자colored box로 나타난다. 본래 Box 컴포넌트는 자식들을 스택으로 쌓아 올리기 위한 것이지만, 빈 Box는 화면에 사각형을 그리는 간단하고 효과적인 방법이기도 하다. 이번 장에서는 여러 개의 박스를 그리므로 재사용할 수 있는 컴포저블을 추가하면 될 것이다. MainActivity.kt 파일에 다음과 같이 ColorBox 컴포저블 함수를 추가한다.

```
.
.
import androidx.compose.foundation.background
import androidx.compose.foundation.layout.*
import androidx.compose.ui.graphics.Color
import androidx.compose.ui.unit.dp
import androidx.compose.ui.layout.layout
.
.
@Composable
fun ColorBox(modifier: Modifier) {
    Box(Modifier.padding(1.dp).size(width = 50.dp, height = 10.dp).then(modifier))
}
```

다음으로 MainScreen 컴포저블 함수가 하나의 ColorBox 자식을 가진 Box를 포함하도록 수정한다.

```
@Composable
fun MainScreen() {
    Box(modifier = Modifier.size(120.dp, 80.dp)) {
        ColorBox(
            Modifier.background(Color.Blue)
        )
    }
}
```

미리 보기에서 레이아웃을 확인하면 그림 27-1과 같이 나타난다.

그림 27-1

27.5 커스텀 레이아웃 모디파이어 만들기

앞의 예시에서 Box 레이아웃은 ColorBox 요소를 자신의 콘텐츠 영역의 왼쪽 위 모서리에 배치했다. 이것은 정렬 파라미터 또는 다른 모디파이어를 전달하지 않았을 때 Box 레이아웃의 자식의 기본 위치다.

이제 간단한 커스텀 레이아웃 모디파이어를 만든다. 이 모디파이어를 ColorBox에 적용하면 부모 Box 안에서 새로운 위치로 이동시킬 수 있다.

커스텀 레이아웃 모디파이어는 다음 표준 구문을 이용해 만들 수 있다.

```
fun Modifier.<커스텀 레이아웃 이름> (
    // 선택적 파라미터
) = layout { measurable, constraints ->
    // 요소의 위치와 크기를 조정할 코드
}
```

layout의 후행 람다는 measurable, constraints라는 2개의 파라미터를 각각 전달한다. measurable 파라미터는 해당 모디파이어가 호출된 자식 요소가 배치될 정보이며, constraints 파라미터는 자식이 이용할 수 있는 최대/최소 폭과 높이를 포함한다.

예를 들어 부모에 할당된 기본 위치에 상대적으로 자식의 위치를 새로운 x, y 위치로 지정하고자 할 수 있다. 하지만 먼저 기본 위치default position에 대해 명확하게 이해해 보자.

27.6 기본 위치

지금까지 만든 예시에서 기본 위치는 Box 콘텐츠 영역의 왼쪽 위 모서리이며, x와 y 좌표로 나타내면 0, 0에 해당한다. 한편, Row 레이아웃의 두 번째 자식은 부모의 컨텍스트 안에서 완전히 다른 기본 x, y 좌표에 위치할 것이다.

레이아웃 모디파이어는 부모 컨텍스트 안에서의 자식의 기본 위치에 신경 쓰지 않는다. 대신 '기본 위치를 기준으로' 자식의 위치를 계산하는 데 집중한다. 다시 말해, 모디파이어는 0, 0을 기준으로 새로운 위치를 계산한 뒤 새로운 오프셋으로 반환한다. 부모는 이후 오프셋을 실제 좌표에 적용해 자식을 임의의 위치로 옮긴다.

예를 들어 부모가 자식의 기본 x, y 좌표를 50, 70으로 계산했다고 가정하자. 커스텀 레이아웃 모디파이어는 0, 0을 기준으로 새로운 위치를 계산하고 새로운 오프셋(여기에서는 20, 10)을 반환한다. 그러면 부모는 이 오프셋을 실제 위치(이 경우 50, 70)를 적용해 자식의 위치를 커스텀 위치인 70, 80으로 이동시킨다.

27.7 레이아웃 모디파이어 완성하기

다음으로 모디파이어를 호출했을 때 새로운 좌표 오프셋을 전달하도록 구현한다. 모디파이어 이름은 exampleLayout이며 MainActivity.kt 파일 안에 설정한다.

```
fun Modifier.exampleLayout(
    x: Int,
    y: Int
) = layout { measurable, constraints ->

}
```

모디파이어를 이용해 자식을 배치할 때는 람다에 전달된 제약 조건의 준수 여부를 확인하기 위해 자식의 측정값(크기, 위치)을 알아야 한다. 이 측정값들은 measurable 인스턴스의 measure() 메서드를 호출해 얻을 수 있으며 제약 객체를 통해 전달된다. 호출한 결과로 하나의 Placeable 인스턴스가 반환되며, 이 인스턴스는 높이와 폭 값을 갖는다. 그리고 이 Placeable 인스턴스의 메서드를 호출해 그 부모 콘텐츠 영역 안에 있는 요소의 새로운 위치를 지정할 수 있다. 먼저 모디파이어에 다음 코드를 추가해 필요한 값을 측정한다.

```
fun Modifier.exampleLayout(
    x: Int,
    y: Int
) = layout { measurable, constraints ->
    val placeable = measurable.measure(constraints)
}
```

커스텀 레이아웃을 개발할 때는 모디파이어가 호출될 때마다 자식을 측정하는 규칙이 적용된다. 이 규칙은 **싱글 패스 측정**single-pass measurement이라 부르며, 사용자 인터페이스 트리 계층을 신속하고 효율적으로 렌더링하기 위해 꼭 필요하다.

다음으로 layout() 메서드를 호출한다. 이때 placeable 값으로부터 높이와 폭을 전달한다. 또한 자식의 위치를 지정하는 layout() 메서드에 후행 람다를 전달해야 한다.

```
fun Modifier.exampleLayout(
    x: Int,
    y: Int
) = layout { measurable, constraints ->
    val placeable = measurable.measure(constraints)

    layout(placeable.width, placeable.height) {
        placeable.placeRelative(x, y)
    }
}
```

후행 람다 안에서 Placeable 객체의 placeRelative() 메서드 호출을 통해 자식 요소의 위치가 지정된다. 이때 모디파이어에 전달된 새로운 x, y 좌표를 이용한다.

27.8 커스텀 모디파이어 이용하기

커스텀 모디파이어를 만들었으므로 이를 자식 컴포저블, 다시 말해 ColorBox 컴포넌트에 적용할 수 있다. MainScreen 컴포저블의 ColorBox 호출을 수정해서 exampleLayout() 모디파이어가 적용되게 한다.

```
@Composable
fun MainScreen() {
    Box(Modifier.size(120.dp, 80.dp)) {
        ColorBox(
            Modifier
                .exampleLayout(90, 50)
                .background(Color.Blue)
        )
    }
}
```

미리 보기 패널에서 레이아웃을 확인해 보면 ColorBox 요소의 위치는 exampleLayout 모디파이어에 전달된 x, y 좌표에 맞춰 조정되었음을 알 수 있다(그림 27-2).

그림 27-2

27.9 정렬 선 다루기

위의 예시에서는 자식 컴포저블의 위치를 조정할 때 ColorBox의 왼쪽 위 모서리를 특정한 x, y 좌표로 이동시켰다. 이는 박스를 사각형의 왼쪽과 위쪽에 해당하는 두 정렬 선alignment line의 교점에 놓았다고 말할 수도 있다(그림 27-3).

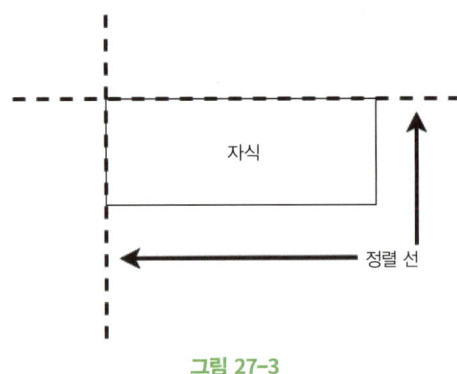

그림 27-3

자식 요소의 높이와 폭 측정값에 접근할 수 있다면 모든 수평 또는 수직 정렬 선(혹은 두 정렬 선의 조합)에 기반해 위치를 설정할 수 있다. 예를 들어, 자식의 길이를 따라 중간에 위치한 수직 정렬 선에 맞춰 자식의 위치를 지정할 수 있다(그림 27-4).

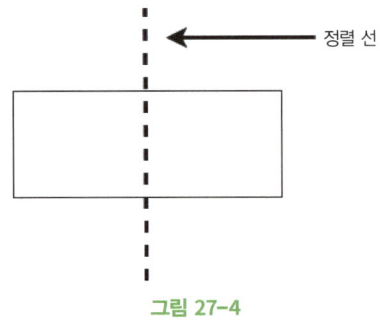

그림 27-4

실제로 가상 정렬 선에 따라 위치를 설정할 수 있으며, 이 정렬 선은 레이아웃 모디파이어에 파라미터로 전달해서 설정할 수 있다. exampleLayout 모디파이어를 다음과 같이 수정해서 이를 확인한다.

```kotlin
.
.
import kotlin.math.roundToInt
.
.
fun Modifier.exampleLayout(
    fraction: Float
) = layout { measurable, constraints ->
    val placeable = measurable.measure(constraints)

    val x = -(placeable.width * fraction).roundToInt()

    layout(placeable.width, placeable.height) {
        placeable.placeRelative(x = x, y = 0)
```

        }
}
```

위의 수정 내용을 좀 더 살펴보자. 모디파이어는 더 이상 x, y 좌표를 전달하지 않지만, 새로운 위치는 부모가 정의한 기본 좌표(0, 0이 된다)에 따라 상대적으로 계산된다. 그리고 모디파이어는 부동 소수점 수를 파라미터로 받는다. 이 파라미터는 자식의 폭 비율을 세로 정렬 선 위치로 나타낸다. x 좌표는 다음과 같이 계산된다.

```
val x = -(placeable.width * fraction).roundToInt()
```

위의 계산에서는 placeable 객체로부터 자식의 폭을 받아서 fraction 파라미터값을 곱한다. 결과는 부동소수점 수가 되므로, 정숫값으로 반올림해서 placeRelative() 호출 시 좌푯값으로 이용한다. 마지막으로 정렬 선을 오른쪽으로 옮기는 것은 자식을 왼쪽으로 옮기는 것과 같으므로 x 값을 음수로 바꾼다. 이후 자식은 새로운 좌표에 위치하게 된다. 수직 위치는 변경되지 않았으므로 y 값은 0으로 설정된다.

Column 레이아웃의 자식에 이 모디파이어를 적용해 보면 그 효과를 명확하게 확인할 수 있다. MainScreen 컴포저블을 다음과 같이 수정한다.

```
.
.
import androidx.compose.ui.Alignment
.
.
@Composable
fun MainScreen() {
    Box(contentAlignment = Alignment.Center,
        modifier = Modifier.size(120.dp, 80.dp)) {
        Column {
            ColorBox(
                Modifier.exampleLayout(0f).background(Color.Blue)
            )
            ColorBox(
                Modifier.exampleLayout(0.25f).background(Color.Green)
            )
            ColorBox(
                Modifier.exampleLayout(0.5f).background(Color.Yellow)
            )
            ColorBox(
                Modifier.exampleLayout(0.25f).background(Color.Red)
            )
            ColorBox(
                Modifier.exampleLayout(0.0f).background(Color.Magenta)
```
```

```
            )
        }
    }
}
```

위의 레이아웃은 미리 보기 패널에서 그림 27-5와 같이 나타난다. 점선은 각 자식의 정렬 위치를 나타내기 위해 표시했다.

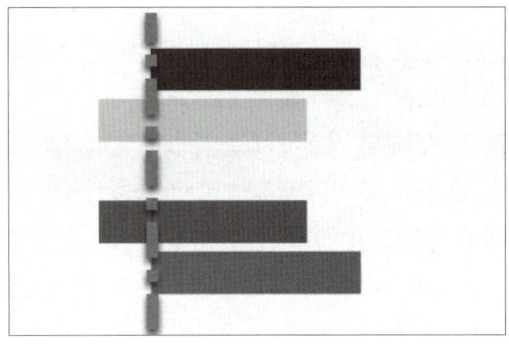

그림 27-5

27.10 베이스라인 다루기

25장에서 Row와 Column 레이아웃을 다루면서 확인한 것처럼, Text 컴포저블은 텍스트 콘텐츠 베이스라인을 따라 정렬할 수 있다. FirstBaseline과 LastBaseline 정렬 선은 Text 컴포넌트 안에 포함된 텍스트 콘텐츠의 첫 번째 행과 마지막 행의 바닥선에 해당한다.

커스텀 레이아웃 모디파이어를 만들 때 Placeable 객체를 통해 이 베이스라인에 접근하고, 이들을 자식의 위치를 설정하기 위한 참조점으로 커스터마이즈할 수 있다. 다음 코드를 확인해 본다.

```
val placeable = measurable.measure(constraints)

val firstBaseline = placeable[FirstBaseLine]
val lastBaseline = placeable[LastBaseline]
```

모든 컴포저블이 베이스라인 정렬을 지원하지는 않으므로, 레이아웃 모디파이어 안의 코드에서는 전달된 자식이 이 정렬 타입을 지원하는지 확인해야 한다. 다음과 같이 정렬이 AlignmentLine.Unspecified와 동일하지 않은지 확인하면 된다.

```
if placeable[FirstBaseline] == AlignmentLine.Unspecified {
    // 모디파이어에 전달된 자식은 FirstBaseline 정렬을 지원하지 않음
}
```

27.11 정리

컴포즈 내장 Row, Column, Box 레이아웃과 스코프 모디파이어를 함께 이용하면 많은 것을 할 수 있지만, 종종 표준 옵션으로 제공되지 않는 방법을 이용해 자식 요소의 위치를 설정해야 하는 상황을 만나게 된다. 이때는 커스텀 레이아웃 모디파이어를 만들어 자식 요소에 적용하면 된다. 커스텀 레이아웃 모디파이어는 크기와 자식 요소를 표시할 위치 제약 조건의 집합을 전달한다. 이후 자식을 측정하고(레이아웃 모디파이어 안에서 한 번만 수행해야 함) 부모의 콘텐츠 영역 안에서 자식의 크기와 위치를 지정할 수 있다. 자식 요소가 베이스라인 정렬을 지원한다면 이를 이용해 위치를 커스터마이즈할 수도 있다.

CHAPTER 28 / 커스텀 레이아웃 구현하기

지금까지 컴포즈에서 제공하는 Box, Column, Row 레이아웃 컴포넌트를 소개하고 이들을 이용해 조직화된 방법으로 자식 요소의 레이아웃을 설정하는 방법을 살펴봤다. 또한 커스텀 레이아웃 모디파이어를 만들고 사용하는 방법을 살펴보고, 이를 이용해 부모 레이아웃 안에서 각 자식 요소의 위치를 수정하는 방법을 다루었다. 이번 장에서는 커스텀 레이아웃 컴포넌트를 만들어본다.

28.1 커스텀 레이아웃 개요

컴포즈가 제공하는 커스텀 레이아웃을 이용하면 여러분이 직접 레이아웃 컴포넌트를 디자인하고 자식 요소의 크기와 위치를 자유롭게 제어할 수 있다. 이번 장에서는 구글이 컴포즈 내장 Row, Column, Box 레이아웃을 만들 때 이용했던 것과 같은 기법을 학습한다. 커스텀 레이아웃 역시 커스텀 콘텐츠 모디파이어와 몇 가지 유사한 특징을 갖는다. 커스텀 레이아웃을 이용하면 여러 자식에 하나의 커스텀 레이아웃을 적용할 수도 있다.

커스텀 레이아웃은 컴포즈의 Layout 컴포저블 함수를 이용해 선언하는데, 이 함수는 여러 자식을 측정하고 위치를 지정하는 목적으로만 이용한다.

28.2 커스텀 레이아웃 구문

대부분의 커스텀 레이아웃 선언은 같은 표준 구조로 시작한다. 다음은 커스텀 레이아웃을 선언하는 예시 코드다. 이 레이아웃에서는 자식의 레이아웃 프로퍼티를 변경하지 않으며, 사용자 커스텀 레이아웃을 구성하는 템플릿 역할을 한다.

```
@Composable
fun DoNothingLayout(
    modifier: Modifier = Modifier,
    content: @Composable () -> Unit
) {
    Layout(
```

```
        modifier = modifier,
        content = content
    ) { measurables, constraints ->
        val placeables = measurables.map { measurable ->
            // 각 자식들을 측정
            measurable.measure(constraints)
        }

        layout(constraints.maxWidth, constraints.maxHeight) {
            placeables.forEach { placeable ->
                placeable.placeRelative(x = 0, y = 0)
            }
        }
    }
}
```

코드에서 볼 수 있는 것처럼 이 레이아웃은 DoNothingLayout이라는 컴포저블 함수로 선언된다. 이 함수는 모디파이어 하나와 Slot API를 통해 표시되는 콘텐츠를 받는다.

```
@Composable
fun DoNothingLayout(
    modifier: Modifier = Modifier,
    content: @Composable () -> Unit
) {
.
.
```

커스텀 레이아웃 컴포저블은 자식 레이아웃 프로퍼티를 계산할 때 이용될 수 있는 추가 파라미터를 받도록 디자인될 수도 있다.

함수는 이후 Layout() 컴포저블을 호출하고, 해당 컴포저블 뒤에 람다를 받는다. 이 람다는 measurables, constraints 2개의 파라미터를 전달받는다. measurables 파라미터는 콘텐츠 안에 포함된 모든 자식 요소를 포함하며, constraints 파라미터는 자식 요소에 지정될 수 있는 최대/최소 폭과 높이 값을 포함한다.

```
.
.
    Layout(
        modifier = modifier,
        content = content
    ) { measurables, constraints ->
.
.
```

다음으로 자식을 측정하고 그 측정값은 Placeable 객체 리스트와 매핑된다.

```
.
.
    val placeables = measurables.map { measurable ->
        // 각 자식들을 측정
        measurable.measure(constraints)
    }
.
.
```

위의 예시에서 map 메서드는 후행 람다 안의 코드를 measurables 객체에 포함된 각 자식에 대해 실행하고 자식을 측정한다. 그 결과 반환된 Placeable 인스턴스의 리스트 placeables 변수에 할당된다.

마지막으로, layout() 함수(앞 장의 커스텀 레이아웃 모디파이어에서 이용한 것과 동일한 함수)를 호출하고 부모가 할당할 수 있는 최대 높이와 폭의 값을 전달한다. 이어지는 람다에서는 placeables 변수 안에 있는 모든 자식에 대해 반복하면서 부모가 지정한 기본 위치의 상대적인 위치에 각 자식을 배치한다.

28.3 커스텀 레이아웃 이용하기

커스텀 레이아웃을 만든 뒤에는 표준 컴포즈 레이아웃과 같은 방식으로 호출할 수 있다. 즉, 예시의 레이아웃은 다음과 같이 호출할 수 있다.

```
DoNothingLayout(Modifier.padding(8.dp)) {
    Text("Text Line 1")
    Text("Text Line 2")
    Text("Text Line 3")
    Text("Text Line 4")
}
```

커스텀 레이아웃은 자식 요소를 재배치하지 않으므로, 위의 코드를 실행하면 4개의 Text 컴포저블이 스택으로 쌓이게 된다. 이번 장의 나머지 부분에서는 자식들을 배치하는 커스텀 레이아웃을 포함하는 프로젝트를 만든다.

28.4 CustomLayout 프로젝트 만들기

안드로이드 스튜디오를 실행하고 Welcome 화면에서 New Project 옵션을 선택하고 새 프로젝트 다이얼로그가 나타나면 Empty Compose Activity 템플릿을 선택한 뒤, Next 버튼을 클릭한다.

Name 필드에 'CustomLayout', Package name에 'com.example.customlayout'을 입력한다. Minimum SDK는 API 26: Android 8.0 (Oreo)로 설정한 뒤 Finish 버튼을 클릭한다. 프로젝트 생성 절차가 완료되면 안드로이드 스튜디오 메인 창 왼쪽 Project 도구 창에 CustomLayout 프로젝트가 나타난다.

코드 편집기에서 MainActivity.kt 파일을 열고, Greeting 함수를 제거한 뒤 MainScreen이라는 이름의 새로운 빈 컴포저블을 추가한다.

```
@Composable
fun MainScreen() {

}
```

다음으로 onCreateActivity() 메서드와 DefaultPreview 함수가 Greeting 대신 MainScreen을 호출하도록 수정한다.

28.5 CascadeLayout 컴포저블 만들기

커스텀 레이아웃의 이름은 CascadeLayout이며, 이는 그 자식들을 하나의 열 안에 배치한다. 각 자식은 이전 자식의 폭값을 이용해 식별한다. 선택 파라미터를 이용해 각 자식 요소 사이의 간격을 지정한다.

먼저 MainActivity.kt 파일을 수정해 다음과 같이 CascadeLayout 컴포저블의 기본 템플릿을 구현한다.

```
.
.
import androidx.compose.ui.layout.Layout
.
.
@Composable
fun CascadeLayout(
    modifier: Modifier = Modifier,
    content: @Composable () -> Unit
) {
    Layout(
        modifier = modifier,
        content = content
    ) { measurables, constraints ->
        layout(constraints.maxWidth, constraints.maxHeight) {
            val placeables = measurables.map { measurable ->
                measurable.measure(constraints)
            }
```

```
            placeables.forEach { placeable ->

            }
        }
    }
}
```

다음으로 spacing 파라미터를 추가한다. 선택 파라미터로 선언하기 위해 기본값은 0으로 설정한다. 또한 특정 자식을 식별하기 위한 indent 값은 자식이 열에 추가할 때마다 증가하므로, 가장 최근의 indent를 추적하기 위한 변수도 추가한다. 그리고 한 자식을 바로 이전 자식의 아래 표시하도록 하기 위해 y 좌푯값도 유지해야 한다.

```
@Composable
fun CascadeLayout(
    spacing: Int = 0,
    modifier: Modifier = Modifier,
    content: @Composable () -> Unit
) {
    Layout(
        modifier = modifier,
        content = content
    ) { measurables, constraints ->
        var indent = 0
  .
  .
        layout(constraints.maxWidth, constraints.maxHeight) {
            var yCoord = 0
  .
  .
```

마지막으로, forEach 루프 안에 코드를 넣어서 각 자식의 위치를 계산한다.

```
  .
  .
        layout(constraints.maxWidth, constraints.maxHeight) {
            var yCoord = 0

            placeables.forEach { placeable ->
                placeable.placeRelative(x = indent, y = yCoord)
                indent += placeable.width + spacing
                yCoord += placeable.height + spacing
            }
        }
  .
  .
```

첫 번째 자식은 좌표 0, 0에 위치하므로 indent, yCoord 값은 0으로 초기화한다.

```
placeable.placeRelative(x = indent, y = yCoord)
```

다음으로 현재 자식의 폭 + spacing만큼 indent 값을 증가시킨다. yCoord 값 역시 현재 자식의 높이 + spacing만큼 증가시킨다.

```
indent += placeable.width + spacing
yCoord += placeable.height + spacing
```

indent와 y 좌표 변숫값을 업데이트한 뒤, forEach 루프는 다음 자식에 대해 동일한 작업을 반복한다. 이 반복 작업은 모든 자식의 위치가 조정된 뒤 멈춘다.

28.6 CascadeLayout 컴포저블 이용하기

이제 새로운 커스텀 레이아웃을 이용하기 위한 준비를 마쳤다. 레이아웃은 다양한 크기의 자식에 대해 동작하도록 디자인되었으므로, 다양한 폭과 높이를 가진 Box 레이아웃을 이용해 테스트한다. 또한 함수를 호출할 때 레이아웃에 spacing 값도 전달한다.

MainActivity.kt 파일 안의 MainScreen 컴포저블을 찾아 새로 만든 커스텀 레이아웃을 호출하는 코드를 추가한다.

```
.
.
import androidx.compose.foundation.background
import androidx.compose.foundation.layout.Box
import androidx.compose.foundation.layout.size
import androidx.compose.ui.graphics.Color
import androidx.compose.ui.unit.dp
.
.
@Composable
fun MainScreen() {

    Box {
        CascadeLayout(spacing = 20) {
            Box(modifier = Modifier.size(60.dp).background(Color.Blue))
            Box(modifier = Modifier.size(80.dp, 40.dp).background(Color.Red))
            Box(modifier = Modifier.size(90.dp, 100.dp).background(Color.Cyan))
            Box(modifier = Modifier.size(50.dp).background(Color.Magenta))
            Box(modifier = Modifier.size(70.dp).background(Color.Green))
        }
    }
}
```

레이아웃에서 미리 보기를 하면 그림 28-1과 같이 표시될 것이다.

그림 28-1

28.7 정리

컴포즈의 커스텀 레이아웃을 이용하면 직접 내장 Row, Column, Box 레이아웃과 같은 커스텀 레이아웃을 만들 수 있다. 이 커스텀 레이아웃들은 컴포즈의 Layout 함수를 중심으로 구현된 표준 템플릿 메커니즘을 이용해 만들 수 있다. 이 함수는 레이아웃의 모든 자식을 포함하는 하나의 measurables 객체와 함께 부모가 허용하는 최댓값 및 최솟값을 제공하는 constraints 집합을 함께 전달한다. 각각의 자식은 measurables 객체에서 추출되고 커스텀 레이아웃의 요구사항을 만족하는 레이아웃 콘텐츠 영역 안의 특정 위치에 배치된다. 이번 장에서는 자식들을 캐스케이딩 열 레이아웃에 배치하는 커스텀 레이아웃을 만들었다. 실제로 이 기법은 복잡한 정도에 관계없이 커스텀 레이아웃을 디자인하는 데 활용할 수 있다.

CHAPTER 29
ConstraintLayout

앞에서 본 것처럼 컴포즈는 여러 레이아웃 컴포넌트를 제공하므로, 이를 이용해 인터페이스를 디자인하고 커스텀 레이아웃과 모디파이어를 만들 수 있다. 이를 활용하면 여러분이 만들고자 하는 대부분의 레이아웃 요구사항을 만족시킬 수 있지만, 컴포저블의 위치와 크기를 좀 더 세세하게 설정해야 하는 경우도 있을 것이다. 젯팩 컴포즈를 소개하기에 앞서 컴포즈에서 ConstraintLayout 관리자를 통해 제공하는 기능들을 살펴본다.

이번 장에서는 ConstraintLayout의 기본 개념을 소개하고, 다음 장에서는 컴포즈 안에서 ConstraintLayout을 이용해 제약 기반 레이아웃constraint-based layout을 만드는 방법을 간단히 살펴본다.

29.1 ConstraintLayout 소개

ConstraintLayout은 안드로이드 7 SDK에서 도입되었다. 반응형 사용자 인터페이스 레이아웃을 쉽게 만들기 위해 디자인되었으며, 간단하고 인상적이며 유연한 레이아웃 시스템을 제공한다. ConstraintLayout은 다양한 크기의 화면 및 기기 회전으로 인해 발생하는 변경에 자동으로 반응해야 하는 사용자 인터페이스 레이아웃을 개발하는 데 특화되어 있다.

29.2 ConstraintLayout 동작 원리

모든 레이아웃과 마찬가지로 ConstraintLayout 또한 자식 컴포넌트들의 위치 및 크기 동작을 관리한다. ConstraintLayout은 각 자식에 설정된 제약 커넥션constraint connection 기반으로 이를 수행한다.

ConstraintLayout을 완전히 이해하고 이용하기 위해서는 다음 핵심 개념들을 숙지해야 한다.

- 제약
- 마진
- 반대 제약
- 제약 편향
- 체인
- 체인 스타일
- 가이드라인
- 배리어

29.2.1 제약

제약constraint이란 본질적으로 일련의 규칙들이다. 이 규칙들은 한 컴포저블의 정렬과 위치를 조정함에 있어 다른 컴포저블들, ConstraintLayout 부모를 포함한 관계, 그리고 **가이드라인**guideline**과 배리어**barrier라 불리는 특별한 요소들을 기준으로 상대적으로 지정한다. 제약은 액티비티의 사용자 인터페이스 레이아웃이 기기 방향의 변경이나 다른 화면 크기의 기기에 표시될 때 반응하는 방법을 지정한다. 제약을 적절하게 설정하려면 수직 및 수평 평면 안에서 ConstraintLayout 엔진이 컴포저블의 위치를 특정할 수 있도록 충분한 제약 커넥션을 포함해야 한다.

29.2.2 마진

마진margin은 고정된 거리를 지정하는 제약의 한 형태다. 기기 화면의 오른쪽 위 모서리 가까이 위치해야 하는 Button 컴포넌트가 하나 있다고 가정해 보자. 이는 부모 ConstraintLayout의 해당 측면에 연결된 Button의 위쪽과 오른쪽 끝의 마진 제약을 그림 29-1과 같이 구현해서 얻을 수 있다.

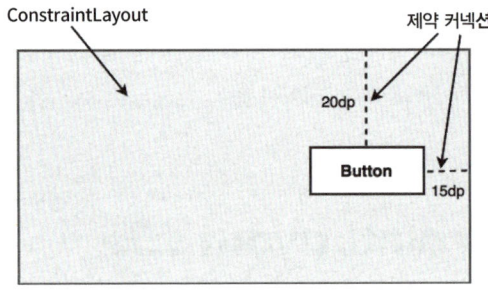

그림 29-1

위의 다이어그램에서 볼 수 있듯이 각 제약 커넥션은 마진값과 연결되어 있으며, 마진값은 Button과 부모 레이아웃의 두 가장자리로부터의 고정된 거리를 지정한다. 이 설정에 따라 화면 크기나 기기 방향에 관계없이 Button은 두 제약 커넥션에 지정한 것처럼 부모 ConstraintLayout의 위쪽과 오른쪽 가장자리에서 각각 20dp, 15dp 떨어진 위치에 항상 표시된다.

위의 설정은 일부 상황에서는 허용되지만, ConstraintLayout 레이아웃 엔진이 기기 회전에 따라 버튼 위치를 조정하고 다양한 크기의 화면을 지원하는 관점에서는 덜 유연하다. 이런 응답성을 레이아웃에 추가하기 위해서는 반대 제약을 구현해야 한다.

29.2.3 반대 제약

동일한 축을 따라 한 컴포저블이 가진 2개의 제약을 **반대 제약**opposing constraint이라 부른다. 즉, 한 컴포넌트가 왼쪽과 오른쪽 가장자리에 모두 제약을 갖고 있을 때 수평 반대 제약을 가진 것으로 간주한다. 예를 들어, 그림 29-2는 그림 29-1의 레이아웃에 수평 및 수직 반대 제약을 추가한 것을 나타낸다.

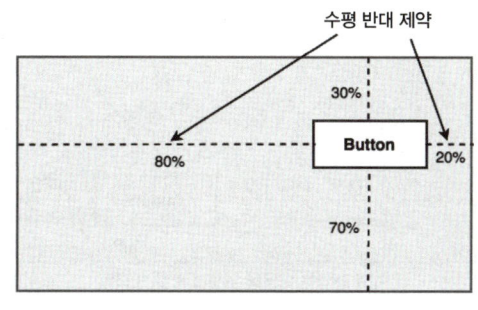

그림 29-2

특징한 축에 대해 반대 제약이 구현되면 해당 컴포저블의 위치는 좌표 기반이 아니라 비율로 정의된다는 것이 핵심이다. 예를 들어 위쪽 가장자리에서 20dp라는 거리로 고정하는 대신, 이 위젯은 레이아웃의 위쪽 가장자리로부터 30% 떨어진 지점에 배치되는 것으로 정의한다. 기기 방향이나 화면 크기에 관계없이 Button은 언제나 부모 레이아웃으로부터 상대적으로 같은 위치에 배치된다.

그림 29-2에 표시된 레이아웃은 반대 제약과 동시에 제약 편향도 적용되어 있음을 이해하자.

29.2.4 제약 편향

이제 ConstraintLayout 안의 컴포넌트가 잠재적으로 반대 제약 커넥션의 대상이 될 수 있음을 확인했다. 기본적으로 반대 제약이 동일하면 해당 위젯은 축을 따라 중앙에 배치된다. 예를 들어, 그림 29-3은 수평 및 수직 반대 제약을 이용해 해당 컴포넌트를 포함하는 ConstraintLayout 안에서 중앙에 위치하는 버튼을 나타낸다.

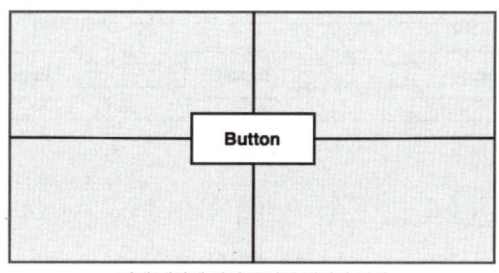

반대 제약에 따라 중앙에 배치된 위젯
그림 29-3

반대 제약 상태에서 컴포넌트의 위치 조정을 허용하기 위해서는 ConstraintLayout에서 제약 편향 constraint bias이라 불리는 피처를 구현해야 한다. 제약 편향을 이용하면 축을 따라 컴포저블의 위치를 지정함으로써 하나의 제약 조건에 대해 지정된 백분율만큼 치우치도록 할 수 있다. 예를 들어, 그림 29-4는 그림 29-3의 레이아웃에 75% 수평 편향과 10% 수직 편향을 적용한 것을 나타낸다.

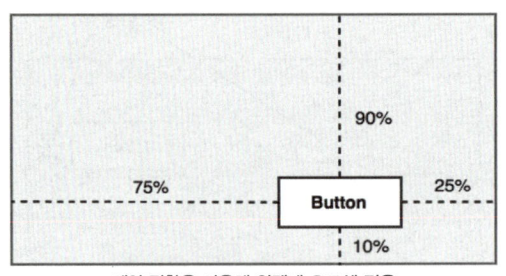

제약 편향을 이용해 위젯에 오프셋 적용

그림 29-4

30장 'ConstraintLayout 다루기'에서는 이 개념을 더 자세히 살펴보고, 이 피처들이 컴포즈에 어떻게 통합되어 있는지 설명한다. 그러나 그에 앞서 ConstraintLayout 클래스에 관해 좀 더 살펴본다.

29.2.5 체인

ConstraintLayout 체인chain은 하나의 그룹으로 정의된 2개 이상의 컴포저블을 포함하는 레이아웃의 동작 방법을 제공한다. 체인은 수직축 및 수평축 기준으로 선언할 수 있으며, 체인 안에 있는 컴포넌트들의 간격과 크기를 정의한다.

컴포즈에서는 쉽게 체인을 만들 수 있도록 헬퍼를 제공한다. 그러나 내부적으로는 컴포저블이 양방향 제약bi-directional constraint으로 연결되어 있을 때 체인이 된다는 점에 주목해야 한다. 그림 29-5는 이 방식으로 연결된 3개의 Button을 나타낸다.

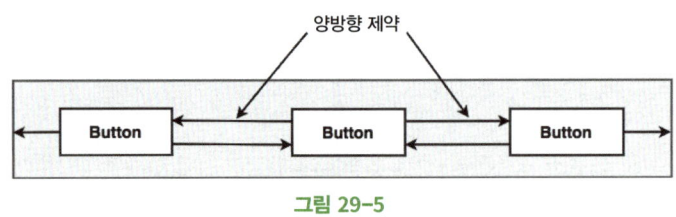

그림 29-5

체인의 첫 번째 요소는 체인 헤드chain head라 불리며 수직 체인에서는 가장 위의 요소가, 수평 체인에서는 가장 왼쪽 요소가 이에 해당한다. 전체 체인의 레이아웃 동작은 주로 체인 헤드 컴포넌트의 속성을 지정해서 설정한다.

29.2.6 체인 스타일

ConstraintLayout 체인의 레이아웃 동작은 체인 헤드 컴포저블에 적용된 체인 스타일chain style 설정에 따라 정의된다. ConstraintLayout 클래스가 지원하는 체인 레이아웃 스타일은 다음과 같다.

- **Spread Chain**: 체인에 포함된 컴포저블들은 이용할 수 있는 공간에 공평하게 분배된다. 체인의 기본 동작이다.

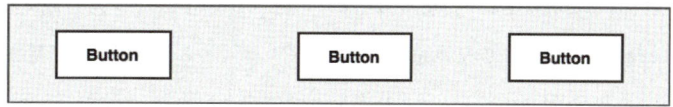

그림 29-6

- **Spread Inside Chain**: 체인에 포함된 컴포저블들은 체인 헤드와 체인의 마지막 위젯 사이에서 공평하게 분배된다. 체인 헤드와 마지막 컴포저블은 공간 배분에 포함되지 않는다.

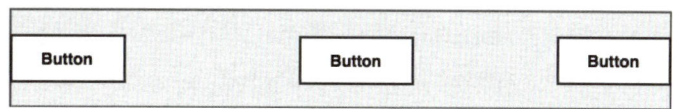

그림 29-7

- **Weighted Chain**: 체인에 포함된 각 컴포저블들이 차지하는 공간은 weighting 프로퍼티를 이용해 정의된다.

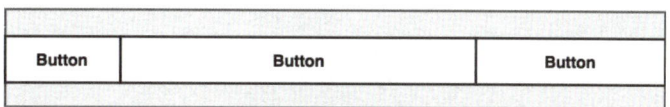

그림 29-8

- **Packed Chain**: 체인을 구성하는 컴포저블들은 사이에 여유 공간 없이 위치한다. 편향을 이용해 부모 컨테이너 안에서 체인의 수직 또는 수평 위치를 제어할 수 있다.

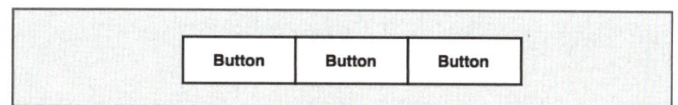

그림 29-9

29.3 크기 설정하기

컴포저블 크기dimension 제어는 사용자 인터페이스 디자인 프로세스의 핵심 요소다. ConstraintLayout은 개별 컴포넌트의 크기 동작을 설정할 수 있도록 5개의 옵션을 제공한다. 이 설정은 폭과 높이에 독립적으로 적용할 수 있다.

- `Dimension.preferredWrapContent`: 컴포저블의 크기는 이전 제약에 따라 해당 컴포저블이 포함하는 콘텐츠(즉, 텍스트나 그래픽)에 따라 결정된다.

- **Dimension.wrapContent**: 컴포저블의 크기는 이전 제약에 관계없이 해당 컴포저블이 포함하는 콘텐츠에 따라 결정된다.
- **Dimension.fillToConstraints**: 컴포저블은 이전 제약에 따라 할당된 공간을 가득 채운다.
- **Dimension.preferredValue**: 컴포저블의 크기는 이전 제약에 따라 정의된 크기로 고정된다.
- **Dimension.value**: 컴포저블의 크기는 이전 제약과 관계없이 지정된 크기로 고정된다.

29.4 가이드라인 헬퍼

가이드라인guideline은 ConstraintLayout에서 이용할 수 있는 특별한 요소로, 추가적으로 연결될 수 있는 제약을 제공한다. 하나의 ConstraintLayout에 여러 가이드라인을 추가할 수 있으며, 이는 차례로 수평 또는 수직 방향으로 설정될 수 있다. 가이드라인이 추가되면 레이아웃의 컴포저블에서 가이드라인으로 제약 커넥션이 만들어진다. 여러 컴포저블을 축에 맞춰 정렬할 때 매우 유용하다. 그림 29-10은 한 ConstraintLayout 안에 포함된 3개의 Button을 수직 가이드라인에 맞춰 정렬한 것을 나타낸다.

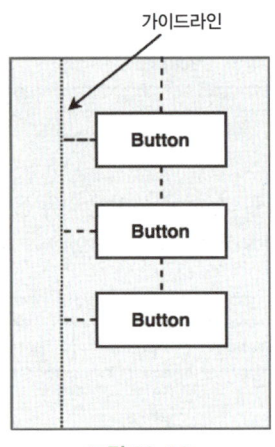

그림 29-10

29.5 배리어 헬퍼

배리어barrier는 가상의 뷰로 컴포저블들을 레이아웃 안에 표시되도록 제한할 때 이용되며 가이드라인과 유사하다. 가이드라인과 마찬가지로 하나의 배리어는 수직 또는 수평으로 배치할 수 있고, 하나 이상의 컴포저블을 이에 맞춰 제약할 수 있다(혼돈을 줄이기 위해 이 컴포저블을 제약 컴포넌트constrained component라 부른다). 레이아웃 안에서 고정된 위치에 남아 있는 가이드라인과 달리, 배리어의 위치는 레퍼런스 컴포넌트reference component로 불리는 요소들에 의해 정의된다. 배리어는 컴포넌트들의 겹침을 포함해 빈번히 일어나는 이슈를 해결하기 위해 도입되었다. 그림 29-11에 나타낸 레이아웃을 생각해 보자.

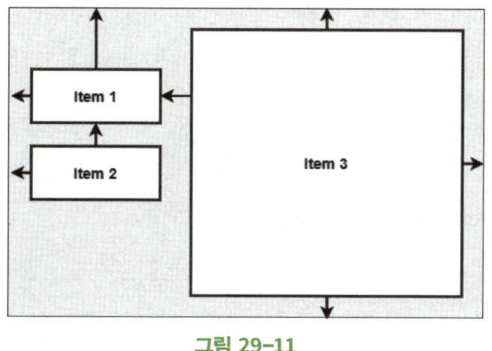

그림 29-11

위 레이아웃의 핵심은 Item 3의 폭이 fillToConstraints 모드로 설정되어 있고, 뷰의 왼쪽 가장자리가 Item 1의 오른쪽 가장자리에 연결되어 있다는 점이다. 현재 구현 상태에서 Item 1의 폭을 증가시키면, Item 3의 폭이 줄어들게 된다(그림 29-12).

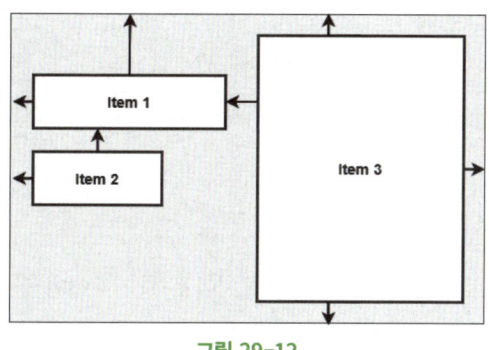

그림 29-12

그러나 Item 1이 아니라 Item 2의 폭을 늘리면 문제가 발생한다(그림 29-13).

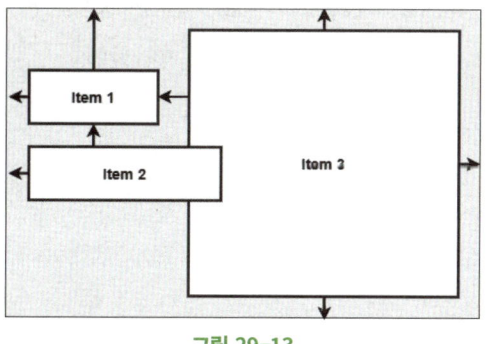

그림 29-13

Item 3은 Item 1에 의한 제약만 받으므로, Item 2의 폭을 증가시켜도 Item 3의 폭은 줄어들지 않으므로 두 컴포넌트는 겹치게 된다.

이 문제를 해결하는 방법 중 하나는 수직 배리어를 추가하고, Item 1과 Item 2를 배리어의 참조 컴포넌트로 할당해서 배리어의 위치를 제어하게 하는 것이다. Item 3의 왼쪽 가장자리는 배리어에 의해 제약을 받게 되고, Item 3은 제약 컴포넌트가 된다.

이제 Item 1 또는 Item 2의 폭을 증가시키면 배리어는 두 컴포넌트 중 넓은 폭에 맞춰 조정되며, 새로운 배리어 위치에 따라 Item 3의 폭이 변경된다(그림 29-14).

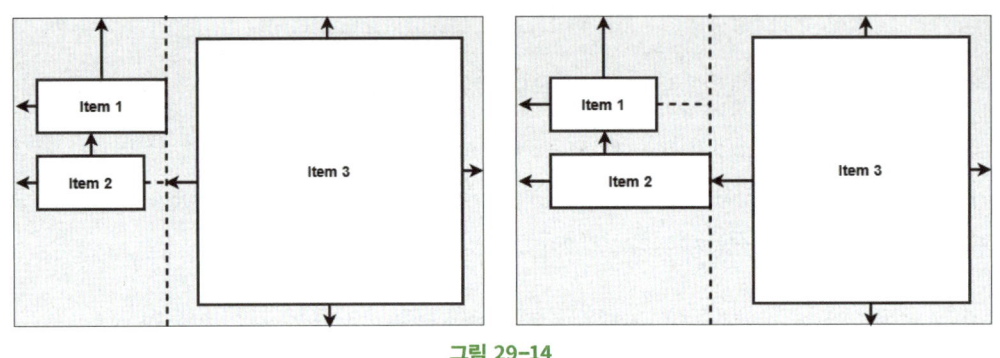

그림 29-14

한 배리어에 연결할 수 있는 레퍼런스 뷰의 수나 제약 컴포넌트의 수에는 제한이 없다.

29.6 정리

ConstraintLayout은 안드로이드 7에서 도입된 레이아웃 관리자이며 컴포즈 레이아웃 안에서 이용할 수 있다. ConstraintLayout은 현재 시장에서 이용되고 있는 수많은 안드로이드 기기의 방향과 크기에 적응하는 유연한 레이아웃을 쉽게 만들기 위해 디자인되었다. ConstraintLayout은 제약을 이용해 컴포넌트, 부모 ConstraintLayout 인스턴스, 가이드라인, 배리어를 기준으로 상대적으로 정렬과 위치를 제어한다. ConstraintLayout은 표준 컴포즈 레이아웃 기법만을 이용해 원하는 레이아웃 동작을 얻을 수 없을 때 이용할 수 있는 대안을 제공한다.

CHAPTER 30
ConstraintLayout 다루기

이전 장에서 ConstraintLayout을 소개하고, 이 레이아웃 관리자의 핵심 피처를 이용해 복잡하고 반응적인 사용자 인터페이스를 어떻게 디자인하는지 설명했다. 이번 장에서는 컴포즈 레이아웃 안에서 ConstraintLayout을 이용해 다양한 ConstraintLayout 피처들을 조합함으로써 여러분이 원하는 레이아웃을 디자인하는 방법을 설명한다.

30.1 ConstraintLayout 호출하기

ConstraintLayout은 컴포저블 및 컴포즈의 다른 레이아웃들과 동일한 형태로 제공되며, 다음과 같이 호출할 수 있다.

```
ConstraintLayout {
    // 자식
}
```

다른 레이아웃 컴포저블과 마찬가지로, ConstraintLayout은 하나의 Modifier 파라미터를 호출할 수 있다.

```
ConstraintLayout(Modifier.size(width = 200.dp, height = 300.dp)
                    .background(Color.Green)) {
    // 자식
}
```

30.2 참조 만들기

제약이 존재하지 않으면 ConstraintLayout의 컴포저블 자식은 콘텐츠 영역의 왼쪽 위 모서리에 배치된다(앱이 왼쪽에서 오른쪽, 위쪽에서 아래쪽 방향의 로케일을 이용하는 기기에서 실행된다고 가정한다). 제약을 받을 컴포저블은 제약을 적용하기 전에 참조를 할당해야 한다. 이를 위해서는 참조를 만들고, 만든 참조를 제약 적용 이전 컴포넌트에 할당한다. createRef() 함수를 호출해서 하나의 참조를 생성하고 그 결과를 상수에 할당할 수 있다.

```
val text1 = createRef()
```

또는 createRefs()를 호출해 한 번에 여러 참조를 생성할 수도 있다.

```
val (button, text1, text2) = createRefs()
```

30.3 참조를 컴포저블에 할당하기

참조를 만든 뒤에는 constrainAs() 모디파이어 함수를 이용해 참조를 개별 컴포저블에 적용할 수 있다. 다음은 text1 참조를 Text 컴포넌트에 할당하는 예시 코드다.

```
ConstraintLayout {
    val text1 = createRef()

    Text("Hello", modifier = Modifier.constrainAs(text1) {
        // 제약들
    })
}
```

코드에서 볼 수 있듯이 constrainAs() 모디파이어는 후행 람다를 가지며, 이 람다에 제약들이 추가된다.

30.4 제약 추가하기

가장 일반적인 형태의 제약은 컴포저블의 한쪽과 부모 ConstraintLayout 또는 다른 컴포저블의 한쪽 사이에 존재한다. 이런 유형의 제약은 linkTo() 함수에 대한 호출을 통해 constrainAs()의 후행 람다 안에서 선언된다. 생성할 제약 조건의 특성에 따라 linkTo()를 호출하는 다양한 방법이 존재한다. 예를 들어 다음은 Text 컴포넌트의 위쪽 및 아래쪽 가장자리를 부모 ConstraintLayout 인스턴스의 위쪽 및 아래쪽으로 제한하며, 양쪽 모두 16dp의 여백을 적용한 것이다.

```
Text("Hello", modifier = Modifier.constrainAs(text1) {
    top.linkTo(parent.top, margin = 16.dp)
    bottom.linkTo(parent.bottom, margin = 16.dp)
})
```

linkTo() 함수를 이용하면 여러 제약을 파라미터로 전달할 수도 있다. 다음 Text 컴포넌트의 시작 및 마지막 가장자리는 button1, button2 컴포넌트에 제약을 받으며, 위쪽 및 아래쪽 가장자리는 부모의 위쪽 및 아래쪽 가장자리에 대해 bias 0.8의 제약을 받는다.

```
Text("Hello", modifier = Modifier.constrainAs(mytext) {
    linkTo(parent.top, parent.bottom, bias = 0.8f)
    linkTo(button1.end, button2.start)
})
```

linkTo() 함수를 이용해 제약을 적용하고, 컴포넌트는 다른 컴포넌트 또는 부모 기준에서 상대적으로 수평 및 수직 방향의 중앙에 배치된다.

```
Text("text1", modifier = Modifier.constrainAs(text1) {
    centerVerticallyTo(text2)
    centerHorizontallyTo(parent)
})
```

위의 예시에서 text1은 text2의 수직축 중앙, 부모 ConstraintLayout의 수평축 중앙에 배치된다.

centerAround() 함수를 이용하면 한 컴포넌트를 다른 컴포넌트의 가장자리를 기준으로 수직 및 수평의 중간에 배치할 수 있다. 다음 예시에서 text1은 text2의 끝을 기준으로 수평 중간, text4의 위쪽 가장자리를 기준으로 수직 중간에 배치된다.

```
Text("text1", modifier = Modifier.constrainAs(text1) {
    centerAround(text2.end)
    centerAround(text4.top)
})
```

이 장의 나머지 부분에서는 새로운 프로젝트를 만들고 컴포즈에서 ConstraintLayout을 이용하는 몇 가지 예시를 살펴본다.

30.5 ConstraintLayout 프로젝트 만들기

안드로이드 스튜디오를 실행하고 Welcome 화면에서 New Project 옵션을 선택하고 새 프로젝트 다이얼로그가 나타나면 Empty Compose Activity 템플릿을 선택한 뒤, Next 버튼을 클릭한다.

Name 필드에 'ConstraintLayout', Package name에 'com.example.constraintlayout'을 입력한다. Minimum SDK는 API 26: Android 8.0 (Oreo)로 설정한 뒤 Finish 버튼을 클릭한다. 코드 편집기에서 MainActivity.kt 파일을 열고, Greeting 함수를 제거한 뒤 MainScreen이라는 이름의 새로운 빈 컴포저블을 추가한다.

```
@Composable
fun MainScreen() {

}
```

다음으로 onCreateActivity() 메서드와 DefaultPreview 함수가 Greeting 대신 MainScreen을 호출하도록 수정한다.

30.6 ConstraintLayout 라이브러리 추가하기

컴포즈의 ConstraintLayout 지원은 별도의 라이브러리를 통해 제공되며, 이는 새로운 프로젝트에 기본으로 포함되지 않는다. ConstraintLayout을 이용해 작업하기 전에, 이 라이브러리를 프로젝트 필드 설정에 추가해야 한다. Project 도구 창에서 Gradle Scripts 폴더를 찾아 build.gradle (Module: ConstraintLayout) 파일을 연다. 편집기에 파일이 로드되면 dependencies 섹션을 찾아 다음과 같이 컴포즈 ConstraintLayout 라이브러리를 추가한다.

```
dependencies {
.
.
    implementation "androidx.constraintlayout:constraintlayout-compose:1.0.1"
.
.
```

이 책의 집필 시점보다 최신 버전의 라이브러리가 릴리스되었을 수도 있다. 코드의 행이 노란색으로 강조된다면 마우스 포인터를 올린 뒤 최신 버전을 포함한 팝업 메시지가 나오기를 기다린다. 최신 라이브러리 버전을 반영하도록 버전 코드를 수정한다.

30.7 커스텀 버튼 컴포저블 추가하기

이번 장의 예시에서는 다양한 크기의 Button 컴포저블에 제약을 적용한다. 코드 가독성을 높이기 위해 커스텀 버튼 컴포저블을 만들고 텍스트 콘텐츠와 모디파이어를 전달한다. MainActivity.kt 파일 안에서 다음과 같이 이 컴포저블을 추가한다.

```
.
.
import androidx.compose.material.Button
import androidx.constraintlayout.compose.ConstraintLayout
.
.
```

```
@Composable
fun MyButton(text: String, modifier: Modifier = Modifier) {
    Button(
        onClick = { },
        modifier = modifier
    ) {
        Text(text)
    }
}
```

이 초기 단계를 완료하면 ConstraintLayout의 다양한 피처를 이용해 실험을 시작할 수 있다.

30.8 기본 제약

먼저 MainScreen 함수에 ConstraintLayout과 이번 장의 나머지 부분에서 이용될 참조 집합을 추가한다.

```
.
.
import androidx.compose.foundation.layout.size
import androidx.compose.ui.unit.dp
.
.
@Composable
fun MainScreen() {
    ConstraintLayout(Modifier.size(width = 200.dp, height = 200.dp)) {
        val (button1, button2, button3) = createRefs()
    }
}
```

다음으로 MyButton을 한 번 호출하고 constrainAs() 모디파이어를 이용해 button1 참조에 할당한다.

```
@Composable
fun MainScreen() {
    ConstraintLayout(Modifier.size(width = 200.dp, height = 200.dp)) {
        val (button1, button2, button3) = createRefs()

        MyButton(text = "Button1", Modifier.constrainAs(button1)
        {

        })
    }
}
```

이 레이아웃의 버튼은 ConstraintLayout 콘텐츠 영역의 왼쪽 위 모서리에 배치되는 형태로 미리 보기 패널에 표시된다. 부모 레이아웃의 가장자리의 제약을 따르도록 함으로써 버튼 위치를 옮길 수 있다. 다음 코드는 버튼의 위쪽 및 시작 가장자리가 ConstraintLayout 부모의 해당 가장자리의 제약을 받도록 설정한다. 마진은 각각 60dp, 30dp로 설정한다.

```
.
.
MyButton(text = "Button1", Modifier.constrainAs(button1)
{
    top.linkTo(parent.top, margin = 60.dp)
    start.linkTo(parent.start, margin = 30.dp)
})
.
.
```

미리 보기를 새로고침 한 뒤 버튼이 제약을 이용해 지정한 위치로 이동했는지 확인한다. 미리 보기 위에 마우스 커서를 올리면 레이아웃에 적용된 제약을 나타내는 주석이 나타난다(그림 30-1).

그림 30-1

30.9 반대 제약

앞의 예시에서는 제약, 마진을 이용해 부모의 고정된 위치에 컴포저블을 제약시키는 방법을 살펴봤다. 이번 절에서는 반대 제약에 관해 살펴본다. 반대 제약은 컴포저블 양쪽 끝이 자리가 같은 축을 따라 제약되어 있을 때 만들어진다. 다음 코드는 button1에 가로축을 따라 반대 제약을 적용하는 예시다.

```
MyButton(text = "Button1", Modifier.constrainAs(button1) {
    top.linkTo(parent.top, margin = 60.dp)
    start.linkTo(parent.start)
    end.linkTo(parent.end)
})
```

반대 제약은 ConstraintLayout 안의 컴포넌트를 수평으로 중앙 정렬하는 효과를 내며, 미리 보기에서는 그림 30-2와 같이 나타난다.

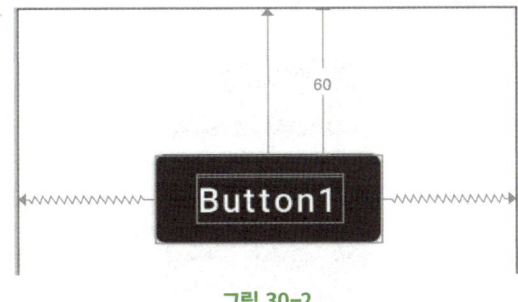

그림 30-2

반대 제약은 버튼과 부모 사이에 스프링 같은 연결선으로 표시된다. 반대 제약은 다음과 같이 linkTo() 함수에 제약을 파라미터로 전달해 좀 더 세밀하게 선언할 수 있다.

```
MyButton(text = "Button1", Modifier.constrainAs(button1) {
    top.linkTo(parent.top, margin = 60.dp)
    linkTo(parent.start, parent.end)
})
```

반대 제약을 이용하는 목적이 부모 안에서 자식 컴포넌트를 중앙에 배치하기 위한 것뿐이라면 다음을 이용할 수도 있다.

```
centerVerticallyTo(parent)
centerHorizontallyTo(parent)
```

지금까지 살펴본 모든 제약은 컴포저블과 부모 사이의 연결과 관련된 것들이다. 물론 컴포넌트들 사이에도 제약을 적용할 수 있다.

```
MyButton(text = "Button1", Modifier.constrainAs(button1) {
    centerHorizontallyTo(parent)
    top.linkTo(parent.top)
    bottom.linkTo(button2.top)
})

MyButton(text = "Button2", Modifier.constrainAs(button2) {
    centerHorizontallyTo(parent)
    top.linkTo(button1.bottom)
    bottom.linkTo(parent.bottom)
})
```

앞의 코드를 렌더링한 결과는 미리 보기에서 그림 30-3과 같이 표시된다.

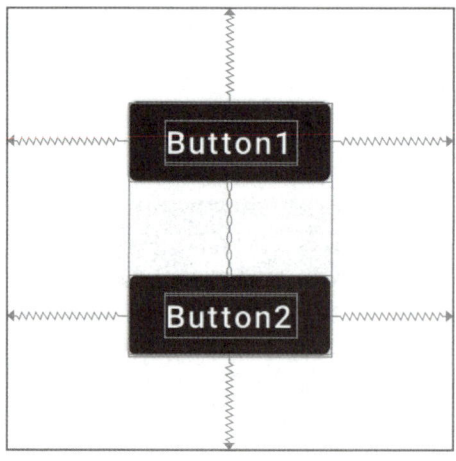

그림 30-3

30.10 제약 편향

앞 장에서는 편향을 이용해 한 반대 제약을 다른 제약보다 우선하는 개념에 관해 살펴봤다. 다른 설정이 없는 경우, 반대 제약은 제약을 받는 요소들의 한가운데에 컴포넌트를 위치시킨다. 편향을 적용함으로써 이용할 수 있는 공간에서 상대적인 위치에 제약을 받는 컴포저블을 이동시킬 수 있다. 이번 장 초반의 button1에 대한 원래 제약이 편향을 포함하도록 다음과 같이 수정할 수 있다.

```
MyButton(text = "Button1", Modifier.constrainAs(button1) {
    top.linkTo(parent.top, margin = 60.dp)
    linkTo(parent.start, parent.end, bias = 0.75f)
})
```

미리 보기에서 button1은 부모 폭의 75% 위치에 배치된다(그림 30-4).

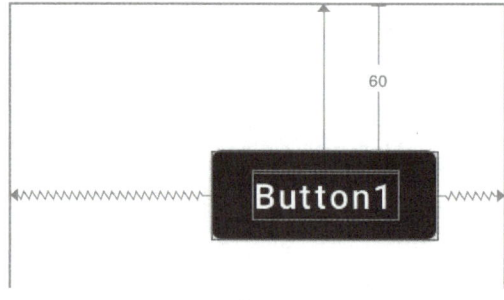

그림 30-4

30.11 제약 마진

제약을 마진과 함께 사용해 컴포넌트와 다른 요소(다른 컴포저블, 가이드라인, 배리어, 부모 레이아웃의 가장자리 등) 사이에 고정 여백을 구현할 수 있다. 이번 장 초반에 봤던 다음 예시 코드를 보자.

```
MyButton(text = "Button1", Modifier.constrainAs(button1) {
    top.linkTo(parent.top, margin = 60.dp)
    linkTo(parent.start, parent.end)
})
```

이 코드를 렌더링한 결과는 그림 30-2와 같다. 현재 설정 상태에서 수평 제약은 부모 ConstraintLayout의 왼쪽과 오른쪽 가장자리에 적용된다. button1은 ConstraintLayout 레이아웃 엔진이 런타임 시 컴포넌트의 실제 위치를 지정할 수 있는 재량권을 갖고 있음을 나타내는 반대 수평 제약을 갖고 있다. 이로 인해 이 레이아웃은 다양한 화면 크기와 기기 방향에 적응할 수 있는 유연성을 갖고 있다. 또한 수평 편향 설정은 컴포넌트를 레이아웃의 오른쪽 가장자리에 맞춰 위치할 수 있도록 제어한다. 예를 들어, 100%의 수평 편향을 적용한 동일한 버튼은 그림 30-5와 같이 표시된다.

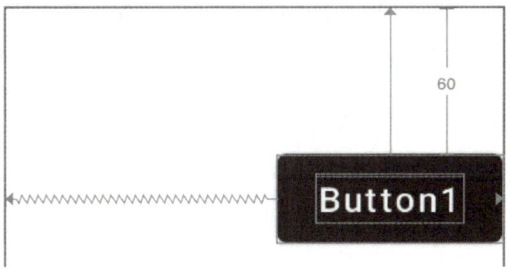

그림 30-5

ConstraintLayout 마진은 제약 커넥션 끝에 나타나며, 편향을 조정하거나 사용자 인터페이스의 다른 곳에서 레이아웃을 변경하더라도 버튼을 이동할 수 없는 고정된 간격을 의미한다. 다음 코드에서 오른쪽 제약이 30dp의 마진을 포함하고 있기 때문에, 이 컴포넌트는 편향을 100%로 설정하더라도 그 이상 움직이지 않는다.

```
MyButton(text = "Button1", Modifier.constrainAs(button1) {
    top.linkTo(parent.top, margin = 60.dp)
    linkTo(parent.start, parent.end, endMargin = 30.dp, bias = 1.0f)
})
```

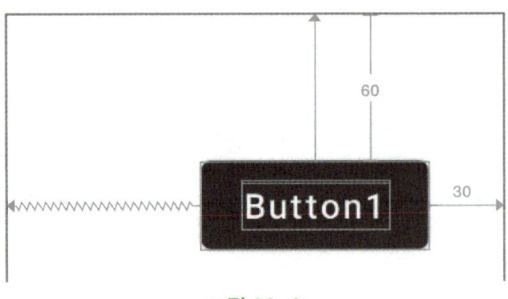

그림 30-6

이 마진은 부모의 폭이 줄어들거나(기기 방향이 수평에서 수직으로 바뀌는 경우 등), button1이 제약된 왼쪽 컴포넌트의 크기가 커지더라도 보존된다.

편향 설정을 하지 않더라도 마진은 컴포넌트의 위치에 영향을 미친다. 다음 코드는 button1의 시작과 끝 제약에 다른 폭의 마진을 설정한 예시다.

```
MyButton(text = "Button1", Modifier.constrainAs(button1)
{
    top.linkTo(parent.top, margin = 60.dp)
    linkTo(parent.start, parent.end, startMargin = 30.dp, endMargin = 50.dp)
})
```

위의 코드를 렌더링하면 버튼은 마진에 따라 오프셋을 가짐을 알 수 있다(그림 30-7).

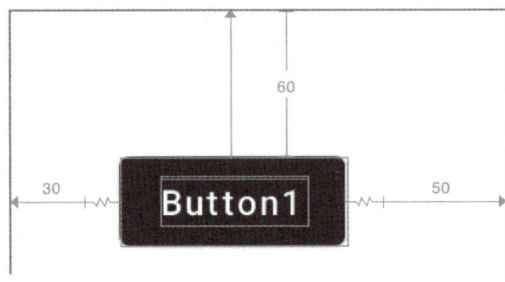

그림 30-7

30.12 반대 제약과 편향의 중요성

앞 장에서 설명한 것처럼 반대 제약, 마진, 편향은 ConstraintLayout을 이용해 안드로이드에서 반응형 레이아웃을 디자인하는 기반이다. 반대 제약 커넥션 없이 컴포저블에 제약을 적용하면, 이들은 근본적으로 마진 제약이 된다. 이는 미리 보기 패널에서 마진 측정값을 포함한 직선으로 표시된다(그림 30-8).

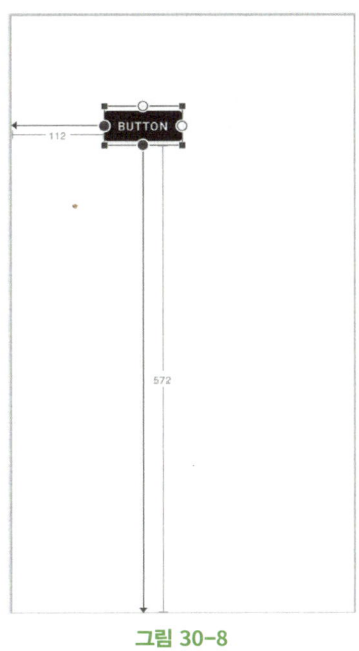

그림 30-8

위의 제약에 따라 버튼은 해당 위치에 고정된다. 이 상태에서 기기를 가로 방향으로 회전시키면 수직 제약에 따라 버튼이 화면 위쪽 바깥으로 밀리게 되어 버튼이 보이지 않게 된다(그림 30-9). 디자인 프로세스에서 이용했던 화면보다 크기가 작은 화면을 가진 기기에서 앱을 실행할 때도 유사한 문제가 발생한다.

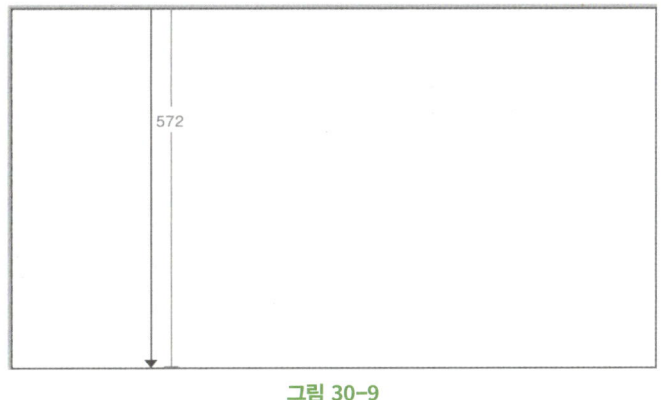

그림 30-9

반대 제약을 구현하면 제약 커넥션이 스프링 같은 지그재그 선으로 표시된다(스프링은 컴포넌트의 위치가 x, y 좌표의 절댓값에 고정되지 않았음을 나타내는 메타포다. 그림 30-10 참고).

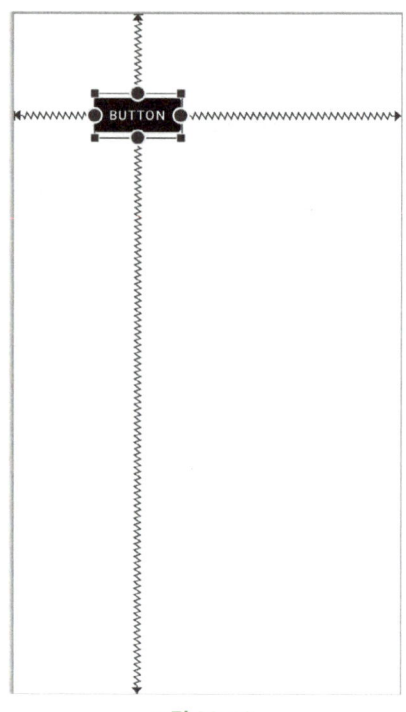

그림 30-10

위의 레이아웃에서 수직 및 수평 편향 설정은 버튼이 항상 레이아웃 아래쪽 가장자리에서 90% 거리, 왼쪽 가장자리에서 35% 거리에 배치되도록 되어 있다. 따라서 기기를 회전시켜도 버튼은 여전히 화면 크기에 따라 상대적으로 동일한 위치에 표시된다.

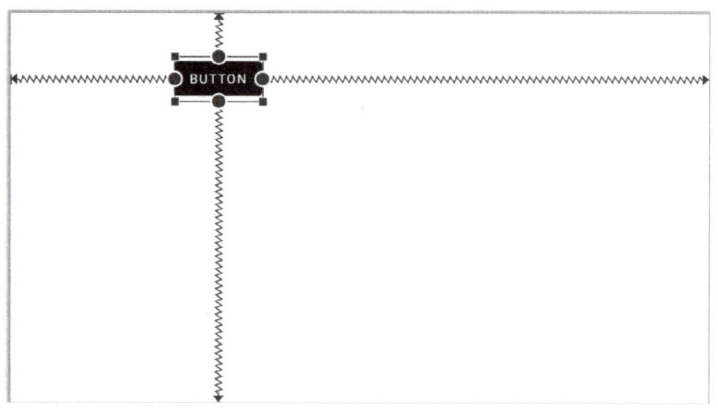

그림 30-11

반응형 및 적응형 사용자 인터페이스 레이아웃을 디자인할 때는 사용자 인터페이스 레이아웃을 수동으로 디자인하고, 자동으로 생성된 제약을 수정해 편향과 반대 제약을 모두 고려하는 것이 중요하다.

30.13 체인 만들기

체인 제약은 2개 이상의 컴포넌트에서 createHorizontalChain() 또는 createVerticalChain()을 호출하고, 컴포넌트 참조를 파라미터로 전달해 만든다. 다음은 3개의 버튼 사이에 수평 체인을 만드는 코드 예시다.

```
ConstraintLayout(Modifier.size(width = 400.dp, height = 100.dp)) {
    val (button1, button2, button3) = createRefs()

    createHorizontalChain(button1, button2, button3)

    MyButton(text = "Button1", Modifier.constrainAs(button1) {
        centerVerticallyTo(parent)
    })

    MyButton(text = "Button2", Modifier.constrainAs(button2) {
        centerVerticallyTo(parent)
    })

    MyButton(text = "Button3", Modifier.constrainAs(button3) {
        centerVerticallyTo(parent)
    })
}
```

미리보기에서 확인하면 버튼들의 위치는 그림 30-12와 같이 표시된다.

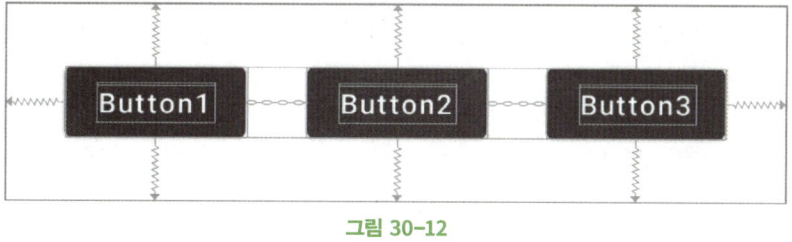

그림 30-12

29장 'ConstraintLayout'에서 설명한 것처럼 체인은 Packed, Spread, SpreadInside 스타일을 이용할 수 있다. createHorizontalChain() 함수 호출을 수정해서 기본 스타일(Spread)을 SpreadInside 스타일로 바꿔본다.

```
.
.
import androidx.constraintlayout.compose.ChainStyle
.
.
@Composable
```

```
fun MainScreen() {
    ConstraintLayout(Modifier.size(width = 400.dp, height = 100.dp)) {
        val (button1, button2, button3) = createRefs()

        createHorizontalChain(button1, button2, button3,
            chainStyle = ChainStyle.SpreadInside)
.
.
```

이제 버튼들은 그림 30-13과 같이 정렬된다.

그림 30-13

30.14 가이드라인 이용하기

ConstraintLayout 가이드라인은 컴포저블을 포함할 수 있는 수평 또는 수직의 앵커 라인_{anchor line}을 제공한다. 이는 특정한 축을 기준으로 컴포넌트들의 그룹을 정렬할 때 유용하다. 가이드라인의 위치는 부모의 폭과 높이를 기준으로 하여 비율로 지정하거나, 가장자리에서 특정한 오프셋을 이용해 지정할 수 있다. 다음은 부모의 시작 가장자리와 평행(즉, 수직선)하며 부모의 콘텐츠 영역 시작 지점으로부터 25% 거리에 위치한 가이드라인을 만드는 코드 예시다.

```
createGuidelineFromStart(fraction = .25f)
```

다음은 부모의 아래쪽 가장자리에서 60dp 거리에 위치한 수평 가이드라인을 만드는 코드 예시다.

```
createGuidelineFromBottom(offset = 60.dp)
```

MainScreen 함수의 코드를 다음과 같이 변경해 3개의 버튼을 제약하는 하나의 수직 가이드라인을 만든다.

```
ConstraintLayout(Modifier.size(width = 400.dp, height = 220.dp)) {
    val (button1, button2, button3) = createRefs()

    val guide = createGuidelineFromStart(fraction = .60f)
```

```
    MyButton(text = "Button1", Modifier.constrainAs(button1) {
        top.linkTo(parent.top, margin = 30.dp)
        end.linkTo(guide, margin = 30.dp)
    })

    MyButton(text = "Button2", Modifier.constrainAs(button2) {
        top.linkTo(button1.bottom, margin = 20.dp)
        start.linkTo(guide, margin = 40.dp)
    })

    MyButton(text = "Button3", Modifier.constrainAs(button3) {
        top.linkTo(button2.bottom, margin = 40.dp)
        end.linkTo(guide, margin = 20.dp)
    })
}
```

이 레이아웃을 렌더링하면 미리 보기 패널에서 그림 30-14와 같이 표시된다.

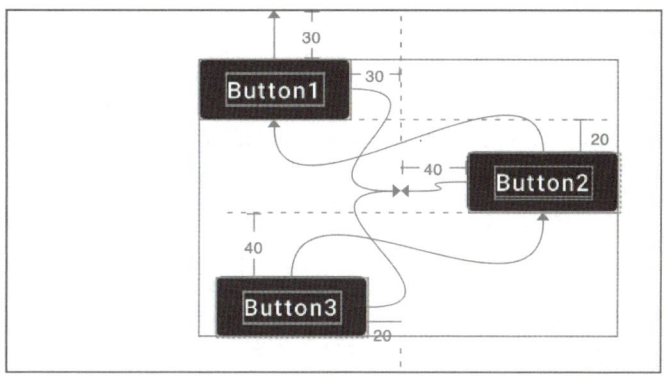

그림 30-14

30.15 배리어 이용하기

ConstraintLayout 배리어는 하나 이상의 컴포넌트 가장자리를 기준으로 만들어지며, 다음 함수를 이용한다.

- createStartBarrier()
- createEndBarrier()
- createTopBarrier()
- createBottomBarrier()

각 함수는 선택적 마진값과 배리어를 할당할 컴포넌트 리스트를 전달받고, 다른 컴포넌트들을 제약할 수 있는 배리어 참조를 반환한다.

```
val barrier = createEndBarrier(button1, button2, margin = 30.dp)
```

이 코드는 수직 배리어(시작과 끝 배리어는 수직, 위와 아래 배리어는 수평)를 만든다. 이 수직 배리어는 button1, button2의 끝 가장자리에서 30dp 거리에 위치한다. button1, button2의 폭이 다르다면 두 컴포넌트 중 폭이 넓은 컴포넌트의 끝 가장자리에서 30dp 거리에 위치한다.

ConstraintLayout 배리어의 동작을 확인하기 위해 그림 29-11에서 설명했던 레이아웃을 다시 만든다. 먼저 MainScreen 함수를 다음과 같이 수정한다.

```
.
.
import androidx.compose.foundation.layout.width
import androidx.constraintlayout.compose.Dimension
.
.
@Composable
fun MainScreen() {
    ConstraintLayout(Modifier.size(width = 350.dp, height = 220.dp)) {
        val (button1, button2, button3) = createRefs()

        MyButton(text = "Button1", Modifier.width(100.dp).constrainAs(button1) {
            top.linkTo(parent.top, margin = 30.dp)
            start.linkTo(parent.start, margin = 8.dp)
        })

        MyButton(text = "Button2", Modifier.width(100.dp).constrainAs(button2) {
            top.linkTo(button1.bottom, margin = 20.dp)
            start.linkTo(parent.start, margin = 8.dp)
        })

        MyButton(text = "Button3", Modifier.constrainAs(button3) {
            linkTo(parent.top, parent.bottom,
                topMargin = 8.dp, bottomMargin = 8.dp)
            linkTo(button1.end, parent.end,
                startMargin = 30.dp, endMargin = 8.dp)
        })
    }
}
```

button3 컴포넌트의 크기는 제약이 허용하는 최대 공간을 채우도록 설정한다. 이렇게 하면 버튼은 사용할 수 있는 높이를 채우고 동시에 button1, button2의 크기를 변경함에 따라 폭이 조정된다. 이를 위해 button3의 폭과 높이 제약은 fillConstraints로 변경해야 한다. 다음은 button3의 선언에 이러한 크기 제약을 추가한 코드다.

```
MyButton(text = "Button3", Modifier.constrainAs(button3) {
    linkTo(parent.top, parent.bottom, topMargin = 8.dp, bottomMargin = 8.dp)
    linkTo(button1.end, parent.end, startMargin = 30.dp, endMargin = 8.dp)
    width = Dimension.fillToConstraints
    height = Dimension.fillToConstraints
})
```

이 레이아웃을 미리 보기 패널에서 확인하면 그림 30-15와 같이 표시된다.

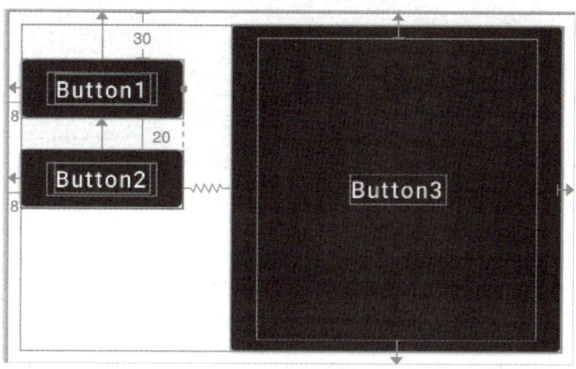

그림 30-15

다음으로 button1의 폭을 늘렸을 때 이 레이아웃이 원하는 대로 동작하는지 확인한다.

```
MyButton(text = "Button1", Modifier.width(150.dp).constrainAs(button1) {
```

button3의 폭은 예상한 것처럼 줄어든다(그림 30-16).

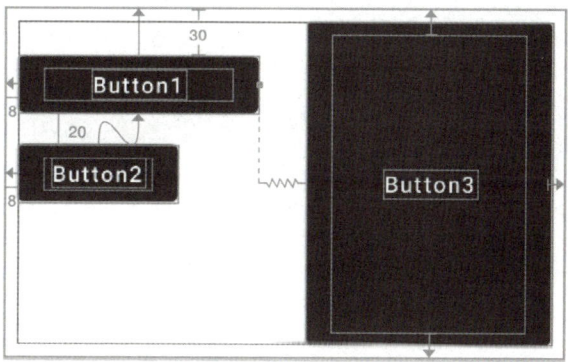

그림 30-16

button1의 폭을 100dp로 변경하고 button2의 폭을 150dp로 늘려본다. 이번에는 button3의 폭이 줄어들지 않으며 button2와 겹친다(그림 30-17).

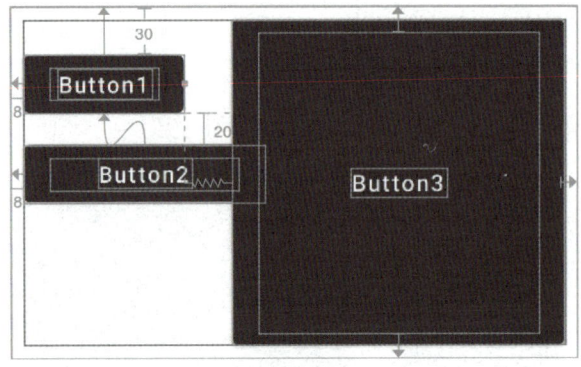

그림 30-17

이런 동작은 분명히 레이아웃 요구사항을 만족하지 않는다. button3은 button1의 변화에 의한 제약은 받지만, button2의 변화에 의한 영향은 받지 않는다. 이 문제를 해결하려면 button1, button2의 끝 가장자리에 배리어를 만들어야 한다. button1의 끝 가장자리를 기준으로 button3의 시작 모서리에 제약을 적용하는 대신, 배리어를 기준으로 시작 모서리에 제약을 적용한다.

```
@Composable
fun MainScreen() {
    ConstraintLayout(Modifier.size(width = 350.dp, height = 220.dp)) {
        val (button1, button2, button3) = createRefs()

        val barrier = createEndBarrier(button1, button2)


        MyButton(text = "Button3", Modifier.constrainAs(button3) {
            linkTo(parent.top, parent.bottom,
                topMargin = 8.dp, bottomMargin = 8.dp)
            linkTo(button1.end, parent.end,
                startMargin = 30.dp, endMargin = 8.dp)
            start.linkTo(barrier, margin = 30.dp)
            width = Dimension.fillToConstraints
            height = Dimension.fillToConstraints
        })
    }
}
```

위의 코드와 같이 수정하면 button3의 폭은 button1, button2의 폭에 따라 변경된다. 두 버튼의 폭이 늘어나면 그에 따라 button3을 제약하는 배리어가 이동하므로 결과적으로 button3의 폭이 줄어든다(그림 30-18).

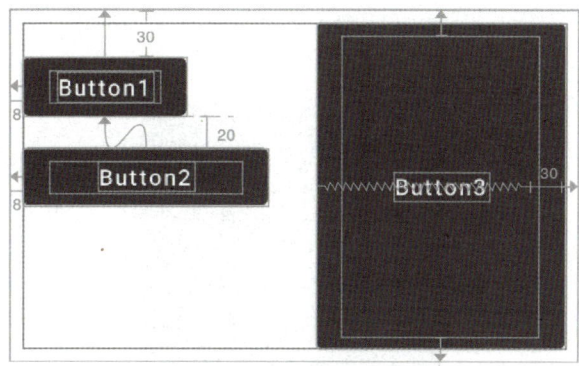

그림 30-18

30.16 제약 집합을 이용해 제약 연결 끊기

지금까지 이번 장에서 설명한 모든 제약은 개별 컴포저블에 적용된 모디파이어 안에서 선언했다. 컴포즈에서는 제약 집합constraint set의 형태로도 제약을 선언할 수 있다. 이 분리된 제약decoupled constraints 들을 ConstraintLayout에 전달하면 컴포저블 자식들에 제약을 적용할 수 있다.

분리된 제약을 이용하면 모디파이어 선언을 중복하지 않고 재사용할 수 있는 제약 집합을 만들 수 있다. 제약 집합들을 이용하면 여러 기준에 따라 다양한 제약 집합을 유연하게 제공할 수 있게 된다. 예를 들어, 한 레이아웃에 대해 화면 크기나 기기 방향에 따라 각기 다른 제약 집합을 이용할 수 있다.

제약 집합의 동작을 확인하기 위해 MainScreen 함수를 다음과 같이 수정한다.

```
@Composable
fun MainScreen() {
    ConstraintLayout(Modifier.size(width = 200.dp, height = 200.dp)) {
        val button1 = createRef()

        MyButton(text = "Button1", Modifier.size(200.dp).constrainAs(button1) {
            linkTo(parent.top, parent.bottom,
                topMargin = 8.dp, bottomMargin = 8.dp)
            linkTo(parent.start, parent.end,
                startMargin = 8.dp, endMargin = 8.dp)
            width = Dimension.fillToConstraints
            height = Dimension.fillToConstraints
        })
    }
}
```

이 레이아웃은 제약이 허용한 크기를 가득 채운 버튼 하나를 표시한다(그림 30-19).

그림 30-19

이제 이 제약들을 별도의 제약 집합으로 분리해 본다. 제약 집합의 활용성을 높이기 위해 마진값은 인수로 전달할 수 있게 한다. MainActivity.kt 파일의 제약 조건을 다음과 같이 선언한다.

```
.
.
import androidx.compose.ui.unit.Dp
import androidx.constraintlayout.compose.*
.
.
private fun myConstraintSet(margin: Dp): ConstraintSet {
    return ConstraintSet {
        val button1 = createRefFor("button1")

        constrain(button1) {
            linkTo(parent.top, parent.bottom,
                topMargin = margin, bottomMargin = margin)
            linkTo(parent.start, parent.end,
                startMargin = margin, endMargin = margin)
            width = Dimension.fillToConstraints
            height = Dimension.fillToConstraints
        }
    }
}
```

위의 코드에서는 마진값을 받아 ConstraintSet 객체를 반환하는 새로운 함수를 선언했다. 다음으로 createRefFor() 함수를 호출해 이 제약 집합을 적용할 컴포저블의 참조를 만든다. 그리고 constrain() 함수를 호출해 제약 집합을 만든다. 이때 참조를 전달하고 후행 람다에서 제약을 선언한다.

제약 집합을 만든 뒤에는 이를 ConstraintLayout에 전달해 button1에 적용할 수 있다. 이를 통해 제약 집합의 인스턴스를 만들고, ConstraintLayout 인스턴스를 통해 전달하고, layout() 모디파이어 함수에서 전달된 제약 집합을 button1 컴포저블과 연결한다. MainScreen의 함수를 다음과 같이 수정해 이 변경을 적용한다.

```
@Composable
fun MainScreen() {
    ConstraintLayout(constraints, Modifier.size(width = 200.dp, height = 200.dp))
    {
        val button1 = createRef()
        val constraints = myConstraintSet(margin = 8.dp)

        MyButton(text = "Button1", Modifier.size(200.dp).layoutId("button1"))
    }
}
```

이 레이아웃을 미리 보기 패널에서 확인하면 예상한 결과가 나타날 것이다.

30.17 정리

ConstraintLayout을 이용하면 화면의 방향 회전이나 레이아웃에 포함된 컴포넌트의 크기 변경 같은 동적인 변화에 반응하는 복잡한 사용자 인터페이스 레이아웃을 유연하게 구현할 수 있다. 컴포저블에 제약을 적용하려면 먼저 그 컴포저블을 ConstraintLayout 참조에 연결해야 한다. 가장 기본적인 제약 적용 방법은 컴포넌트의 가장자리를 상위 컨테이너 또는 다른 컴포넌트의 가장자리에 연결하는 것이다. 이런 연결은 마진을 선택적으로 포함할 수 있다. 반대 제약을 적용해 컴포넌트를 중앙에 배치하거나, 편향을 이용해 오프셋을 적용할 수도 있다. 이번 장에서는 체인, 배리어, 가이드라인을 이용해 여러 컴포넌트의 위치 동작에 영향을 미치고 제약 집합을 이용해 ConstraintLayout 인스턴스들을 통해 전달할 수 있는 재사용 가능한 제약 집합을 이용하는 방법을 살펴봤다.

CHAPTER 31

IntrinsicSize 다루기

앞에서 학습한 것처럼 컴포즈는 재구성 작업 중 각 컴포넌트를 한 번만 측정하도록 제한함으로써 사용자 인터페이스 레이아웃을 빠르고 효율적으로 렌더링한다. 그러나 종종 부모 컴포저블은 재구성 과정에서 자식을 측정하기 전부터 그 크기 정보를 알아야 하는 경우가 발생한다. 예를 들어, 폭이 가장 넓은 자식과 일치하도록 Column의 폭을 조절하기 위해 자식의 폭을 알아야 할 수 있다. 부모는 자식의 크기를 측정할 수 없지만, 내재적 측정값_{intrinsic measurement}을 이용하면 '한 번만 측정한다'는 규칙을 어기지 않고도 크기 정보를 얻을 수 있다.

31.1 내재적 측정값

부모 컴포저블은 IntrinsicSize 열거형_{enumeration}의 Min, Max 값에 접근함으로써 그 자식의 크기 정보를 얻을 수 있다. IntrinsicSize는 가장 넓은(또는 큰) 자식이 가질 수 있는 최댓값, 최솟값에 관한 정보를 부모에게 제공한다. 부모는 이를 이용해 자식이 필요로 하는 크기에 기반해 크기에 관한 결정을 내릴 수 있다. 다음은 내재적 크기 정보에 기반해 Row 컴포저블의 높이를 설정하는 코드 예시다.

```
Row(modifier = modifier.height(IntrinsicSize.Min)) {
 .
 .
}
```

이 컴포저블을 렌더링하면 Row의 높이는 가장 큰 자식을 표시할 수 있는 최소 높이로 설정된다. 마찬가지로, 다음 코드는 가장 폭이 넓은 자식의 최대 가능 폭으로 Column의 폭을 설정한다.

```
Column(modifier = modifier.width(IntrinsicSize.Max)) {
 .
 .
}
```

반대로 모디파이어가 없다면 Row나 Column 같은 레이아웃 컴포저블은 전형적으로 그 부모가 설정한, 이용할 수 있는 모든 공간을 차지하는 크기로 설정된다. IntrinsicSize를 이용하면, 이 컴포저블들은 그 자식들의 공간 요구에 맞춰 크기를 설정한다. 이후의 예시 프로젝트에서 확인하겠지만, 이는 하나 이상의 자식들의 크기가 동적으로 변경될 때 매우 유용하다.

31.2 내재적 최대 및 최소 크기 측정값

IntrinsicSize 열거형을 이용하면 최대/최소 측정값 모두에 접근할 수 있다. 이 두 값의 차이에 관해 좀 더 설명이 필요하다. 눈에 보이는 모든 컴포저블은 기기 화면에서 공간을 필요로 하며, 많은 컴포저블은 사용할 수 있는 공간의 변화에 적응할 수 있다. Text 컴포저블을 예로 이 개념을 쉽게 설명할 수 있다. 한 행의 텍스트를 표시하는 Text 컴포저블의 최대 폭은 그 컴포저블이 표시하는 텍스트의 길이와 같다. 이것은 IntrinsicSize의 Max 값과 같다(그림 31-1).

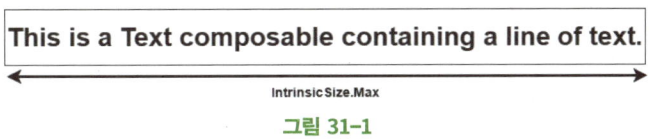

그림 31-1

하지만 Text 컴포넌트는 여러 행multi-line의 텍스트를 표시할 수도 있다. 즉, 한 행의 텍스트가 여러 행으로 배치될 수 있으므로 내용을 표시하기 위해 필요한 폭은 상당히 줄어든다. 높이 제한이 없다고 가정하면 Text 컴포넌트가 필요로 하는 최소 폭은 텍스트 문자열에서 가장 긴 단어의 길이와 같게 된다. 이 값은 IntrinsicSize의 Min 값과 같다(그림 31-2).

그림 31-2

위의 다이어그램과 같이 여기서의 IntrinsicSize.Min 값은 Text 컴포넌트에 높이 제약이 적용되지 않았다고 가정했을 때의 값이다. 높이 제약이 있다면 컴포즈는 다른 내재적 최소 폭 측정값을 갖는다(그림 31-3).

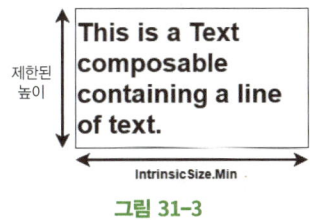

그림 31-3

31.3 예시 프로젝트 개요

완성된 프로젝트는 하나의 Text 컴포저블, 색상이 있는 사각형 Box와 커스텀 TextField로 구성된다. 이 프로젝트에서는 TextField에 입력한 텍스트를 Text 컴포넌트에 표시되도록 하는 것을 목표로 한다. 텍스트를 입력하면 Text 컴포넌트 바로 아래 위치한 Box의 폭이 이 표시된 텍스트의 폭에 맞게 조정된다.

이는 Text와 Box 컴포넌트를 하나의 Column 안에 배치함으로써 달성할 수 있다. Column의 폭은 그 자식의 IntrinsicSize 측정값을 이용해 정의된다.

31.4 IntrinsicSizeDemo 프로젝트 만들기

안드로이드 스튜디오를 실행하고 Welcome 화면에서 New Project 옵션을 선택하고 새 프로젝트 다이얼로그가 나타나면 Empty Compose Activity 템플릿을 선택한 뒤, Next 버튼을 클릭한다.

Name 필드에 'IntrinsicSizeDemo', Package name에 'com.example.intrinsicsizedemo'를 입력한다. Minimum SDK는 API 26: Android 8.0 (Oreo)로 설정한 뒤 Finish 버튼을 클릭한다. 코드 편집기에서 MainActivity.kt 파일을 열고, Greeting 함수를 제거한 뒤 MainScreen이라는 이름의 새로운 빈 컴포저블을 추가한다.

```
@Composable
fun MainScreen() {

}
```

다음으로 onCreateActivity() 메서드와 DefaultPreview 함수가 Greeting 대신 MainScreen을 호출하도록 수정한다.

31.5 커스텀 텍스트 필드 만들기

커스텀 텍스트 필드는 현재 텍스트를 저장하는 상태 변수, 사용자가 키를 입력할 때마다 호출되는 이벤트 핸들러 참조를 파라미터로 받는다. MainActivity.kt 파일의 내용은 유지하면서 MyTextField라는 이름의 새로운 컴포저블을 추가한다.

```
.
.
import androidx.compose.material.TextField
.
.
```

```kotlin
@Composable
fun MyTextField(text: String, onTextChange : (String) -> Unit) {
    TextField(
        value = text,
        onValueChange = onTextChange
    )
}
```

다음 단계로 가기 전에 MainScreen 함수에 다음과 같이 text 상태 변수와 이벤트 핸들러를 추가한다.

```kotlin
.
.
import androidx.compose.runtime.*
.
.
@Composable
fun MainScreen() {

    var textState by remember { mutableStateOf("") }

    val onTextChange = { text : String ->
        textState = text
    }
.
.
}
```

31.6 Text, Box 컴포넌트 추가하기

다음으로 MainScreen 함수에 Text, Box 컴포넌트를 포함한 Column 하나를 추가한다. 다음과 같이 MainActivity.kt 파일을 수정해서 컴포넌트들을 추가한다.

```kotlin
.
.
import androidx.compose.foundation.background
import androidx.compose.foundation.layout.*
import androidx.compose.ui.graphics.Color
import androidx.compose.ui.unit.dp
.
.
@Composable
fun MainScreen() {

    var textState by remember { mutableStateOf("") }
```

```kotlin
    val onTextChange = { text : String ->
        textState = text
    }

    Column {
        Text(
            modifier = Modifier
                .padding(start = 4.dp),
            text = textState
        )

        Box(Modifier.height(10.dp).fillMaxWidth().background(Color.Blue))
    }
}
```

Box는 부모인 Column의 폭 전체를 이용하도록 설정되어 있다. 뒤에서 내재적 측정값을 이용해 Column이 Text 컴포저블을 포함하는 데 필요한 만큼의 폭으로 설정되게 할 것이다.

31.7 최상위 Column 추가하기

초기 테스트를 수행하기 전 마지막으로 아래 설명한 것처럼 사용자 정의 텍스트 필드와 함께 위에 추가된 Column을 다른 Column 안에 포함시킨다. 이것은 컴포넌트 계층에서 최상위 Column이므로 이를 '최상위top-level' 열이라 부른다.

```kotlin
@Composable
fun MainScreen() {

    var textState by remember { mutableStateOf("") }

    val onTextChange = { text : String ->
        textState = text
    }

    Column(Modifier.width(200.dp).padding(5.dp)) {
        Column {
            Text(
                modifier = Modifier
                    .padding(start = 4.dp),
                text = textState
            )
            Box(Modifier.height(10.dp).fillMaxWidth().background(Color.Blue))
        }
        MyTextField(text = textState, onTextChange = onTextChange)
    }
}
```

31.8 프로젝트 테스트하기

에뮬레이터 또는 실제 기기를 이용해서 앱을 실행한 뒤, TextField에 임의의 텍스트를 입력해 본다 (그림 31-4).

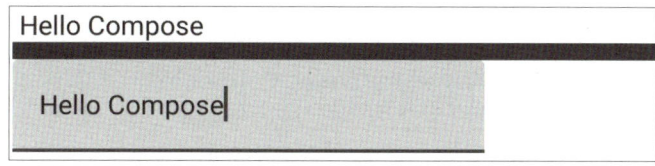

그림 31-4

텍스트를 입력하면 Text 컴포저블에 입력한 텍스트가 나타난다. Box는 텍스트 폭 대신 최상위 Column의 폭까지 증가한다.

31.9 IntrinsicSize.Max 측정값 적용하기

현재 문제를 해결하려면 Text와 Box를 포함하는 Column의 폭이 그 자식들의 내재적 최대 측정값에 따라 설정되도록 하면 된다. Column 선언부를 다음과 같이 수정한다.

```
.
.
Column(Modifier.width(200.dp).padding(5.dp)) {
    Column(Modifier.width(IntrinsicSize.Max)) {
.
.
```

앱을 다시 테스트하고 Box의 폭이 입력되는 텍스트 폭에 일치하는지 확인한다. 텍스트를 삭제하는 경우에도 Box의 폭이 그에 맞추어 변경된다. 이것은 문자가 입력 또는 삭제될 때마다 재구성에 의해 부모 Column의 폭이 변하기 때문이다(그림 31-5).

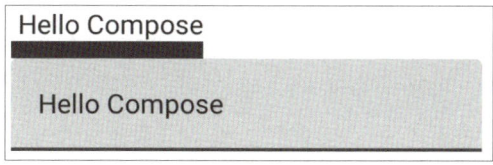

그림 31-5

31.10 IntrinsicSize.Min 측정값 적용하기

앞에서 Column 부모에 대한 IntrinsicSize 최대 측정값의 효과를 확인했다. 이제 최소 측정값 사용에 관해 살펴본다. IntrinsicSize.Min을 사용하도록 Column 선언을 다음과 같이 수정한다.

```
.
.
    Column(Modifier.width(200.dp).padding(5.dp)) {
        Column(Modifier.width(IntrinsicSize.Min)) {
.
.
```

다시 앱을 테스트한다. 이번에는 앞의 테스트에서 이용한 것보다 좀 더 긴 문장을 입력해 본다(그림 31-6).

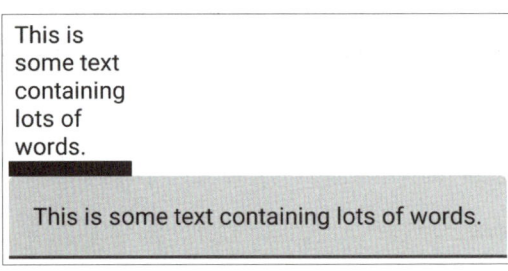

그림 31-6

위의 수정에 따라 Column의 최소 폭은 표시되는 가장 긴 단어의 폭과 일치하게 된다(예시에서는 'containing'에 해당).

31.11 정리

가장 빠른 속도로 렌더링을 하기 위해 컴포즈는 재구성 과정에서 컴포저블의 크기를 단 한 번만 측정한다. 그러나 이는 부모가 자식의 크기를 측정하기 전에 크기 설정에 관한 결정을 내려야 할 때 문제를 일으킬 가능성이 있다. 모든 컴포저블은 내용이 잘리거나 가려지는 것에 관계없이, 해당 콘텐츠를 편안하게 렌더링할 수 있는 내재적 최대 및 최소 크기를 갖는다. IntrinsicSize를 이용할 경우 부모는 자식을 스캔하면 폭과 높이의 최솟값 및 최댓값을 알아낼 수 있으며, 이 정보를 이용해 자신의 크기를 설정할 수 있다.

CHAPTER 32

코루틴과 LaunchedEffect

안드로이드 애플리케이션이 처음 시작될 때 런타임 시스템은 단일 스레드를 생성하며, 기본적으로 그 안에서 모든 애플리케이션 컴포넌트를 시행한다. 이 스레드는 일반적으로 메인 스레드main thread라 불린다. 메인 스레드의 주요한 역할은 사용자 인터페이스 관점에서의 이벤트 핸들링과 상호작용의 관점에서 사용자 인터페이스를 다루는 것이다. 애플리케이션 안에서 시작되는 모든 추가적인 컴포넌트는 기본적으로 메인 스레드에서 실행된다.

메인 스레드를 이용해 시간이 걸리는 태스크를 수행하는 애플리케이션의 모든 코드는 해당 태스크가 완료될 때까지 전체 애플리케이션이 잠긴 것처럼 보이게 만든다. 이 경우 사용자는 전형적으로 운영체제에서 "애플리케이션이 응답하지 않습니다Application is not responding"라는 경고 메시지를 보게 된다. 이 동작은 어떤 애플리케이션에서도 원하는 동작이 아니다. 다행히도 코틀린은 코루틴Coroutines이라는 경량의 대안적인 형태를 제공한다. 이번 장에서는 코루틴 및 그와 관련된 용어인 디스패처, 코루틴 스코프, 일시 중단 함수, 코루틴 빌더, 구조화된 동시성에 관해 설명한다.

32.1 코루틴이란?

코루틴은 자신이 실행된 스레드를 정지시키지 않으면서 비동기적으로 실행되는 비동기적인 코드 블록이다. 코루틴은 복잡한 멀티태스킹을 구현하거나 직접 다중 스레드를 관리하는 것에 대한 걱정 없이 구현할 수 있다. 그 구현 방법으로 인해, 코루틴은 전통적인 다중 스레딩 옵션을 이용하는 것보다 훨씬 효율적이며 리소스도 덜 사용한다. 코루틴을 사용하면 스레드와 관련된 이벤트와 결과를 다루기 위한 콜백 없이 순차적으로 코드를 작성할 수 있어 이해 및 유지보수하기가 훨씬 쉽다.

코틀린에는 비교적 최근에 추가되었지만, 코루틴은 새롭거나 혁신적인 것은 전혀 아니다. 코루틴은 1960년대부터 프로그래밍에 이미 존재하던 한 형태이며, 순차적 절차 커뮤니케이션Communicating Sequential Processes, CSP이라는 모델에 기인한다. 사실 코틀린은 여전히 내부적으로는 매우 효율적인 다중 스레딩을 이용하고 있다.

32.2 스레드와 코루틴

스레드는 CPU 사용과 시스템 오버헤드라는 관점에서 볼 때 유한한 리소스라는 점이 문제다. 내부적으로 스레드 생성, 스케줄링, 파기를 위해 많은 작업이 진행된다. 현대적인 CPU들이 수많은 스레드를 실행할 수 있지만, 특정 시점에 병렬적으로 실제 실행될 수 있는 숫자는 CPU 코어 수로 제한된다(새로운 CPU들은 8 코어 이상을 갖고 있지만, 대부분의 안드로이드 기기들의 CPU는 4 코어다). CPU 코어 숫자보다 많은 수의 스레드가 필요하면, 시스템은 스레드 스케줄링을 수행해 사용할 수 있는 코어들 사이에서 이 스레드들의 실행을 공유할 수 있는 정책을 결정한다.

이런 오버헤드를 피하기 위해 코틀린에서는 코루틴이 실행될 때마다 새로운 스레드를 실행하고 코루틴이 종료될 때 해당 스레드를 파기하지 않는다. 대신 활성화 상태의 스레드 풀을 유지하고 코루틴들을 해당 스레드에 할당하는 방법을 관리한다. 활성화된 코루틴이 중지되면 해당 코루틴은 코틀린 런타임에 의해 저장되고, 다른 코루틴이 재실행되어 그 자리를 대신한다. 코루틴이 재시작되면 해당 코루틴은 스레드 풀의 비어 있는 스레드에 원복되고 완료 혹은 중지될 때까지 계속 실행된다. 이 접근 방식을 이용해 제한된 숫자의 스레드들을 효과적으로 사용해서 잠재적인 비동기 태스크를 실행하고, 표준 다중 스레딩을 이용했을 때 발생하는 성능 저하를 일으키지 않으면서 많은 동시 태스크를 수행하게 된다.

32.3 코루틴 스코프

모든 코루틴은 명시적인 스코프 안에서 실행됨으로써 개별 코루틴이 아닌 그룹으로 관리되어야 한다. 이는 특히 코루틴을 취소 및 정리하고 코루틴이 '누수leak'되지 않았음을 보장하는 데 중요하다 (즉, 백그라운드에서 실행되는 코루틴을 앱에서 더 이상 필요로 하지 않을 때). 코루틴들이 더 이상 필요하지 않게 되면 해당 코루틴을 특정한 스코프에 할당해 일괄로 취소할 수 있다.

코틀린과 안드로이드에서는 기본 내장 스코프를 제공하며, CoroutineScope 클래스를 이용하면 사용자가 임의의 스코프를 지정할 수 있다. 내장 스코프를 요약하면 다음과 같다.

- **GlobalScope**: GlobalScope를 사용하면 애플리케이션 라이프사이클 전체와 관련된 최상위 코루틴을 실행할 수 있다. 이 스코프의 코루틴은 불필요한 경우(예를 들어, 액티비티가 종료되었을 때)에도 잠재적으로 실행될 가능성이 있으므로 안드로이드 애플리케이션에서는 사용을 권장하지 않는다. GlobalScope에서 실행되는 코루틴들은 **비구조적인 동시성**(unstructured concurrency)을 사용하고 있는 것으로 간주된다.*
- **viewModelScope**: 젯팩 아키텍처의 ViewModel 컴포넌트를 사용할 때 ViewModel 인스턴스 안에서의 사용을 명시적으로 제공한다. ViewModel 인스턴스 안에서 이 스코프로 실행된 코루틴들은 해당

---

* 옮긴이 안드로이드에서의 구조적 동시성과 비구조적인 동시성에 관해서는 다음을 참조한다.
https://medium.com/@vincentferrierk/android-structured-vs-unstructured-concurrency-45dafc7d7a6d

ViewModel 인스턴스가 파기되는 시점에 코틀린 런타임 시스템에 의해 자동으로 취소된다.
- **lifecycleScope**: 모든 라이프사이클 소유자는 하나의 lifecycleScope와 연관되어 있다. 이 스코프는 해당 라이프사이클 소유자가 파기될 때 취소되며, 이는 컴포저블과 액티비티 안에서 코루틴을 실행할 때 매우 유용하다.

대부분의 컴포저블 안에서 코루틴 스코프에 접근하는 최고의 방법은 rememberCoroutineScope() 함수를 호출하는 것이다.**

```
val coroutineScope = rememberCoroutineScope()
```

coroutineScope는 코루틴을 실행하는 데 사용될 디스패처를 선언하며(이는 오버라이드될 수 있다), 코루틴이 시작될 때 코루틴이 해당 스코프 안에 포함되어 있는지 항상 참조되어야 한다. 스코프 안에서 실행 중인 모든 코루틴은 스코프 인스턴스의 cancel() 메서드를 호출해서 취소할 수 있다.

```
coroutineScope.cancel()
```

32.4 일시 중단 함수

일시 중단 함수(suspend function)는 코루틴 코드를 포함하는 특수한 유형의 코틀린 함수다. 코틀린 suspend 키워드를 사용해 선언하며, 이는 해당 함수가 이후 일시 정지 및 재시작될 수 있는 함수, 즉 메인 함수를 막지 않는 상태로 실행되면서 오랜 시간 동안 계산을 할 수 있는 함수임을 의미한다.

다음은 일시 중단 함수의 사용 예다.

```
suspend fun mySlowTask() {
    // 오랫동안 실행되는 태스크를 수행한다.
}
```

32.5 코루틴 디스패처

코틀린은 다양한 유형의 비동기 처리를 위한 스레드를 유지한다. 한 코루틴을 실행할 때 다음 중 특정한 디스패처(dispatcher)를 명시할 수 있다.

- **Dispatchers.Main**: 메인 스레드에서 해당 코루틴을 실행한다. UI를 변경하거나 경량의 태스크를 실행하기 위한 일반적인 목적의 코루틴에 적합하다.
- **Dispatchers.IO**: 네트워크, 디스크, 데이터베이스 작업을 수행하는 코루틴에 적합하다.

** 옮긴이 rememberCoroutineScope()에 관해서는 32.8절에서 자세히 소개한다.

- **Dispatchers.Default**: 데이터 정렬, 복잡한 계산 수행과 같이 많은 CPU를 수행하는 태스크에 효과적이다.

이 디스패처는 코루틴들을 적절한 스레드에 할당하고, 라이프사이클 동안 해당 코루틴들을 중지하고 재시작하는 책임을 진다. 다음 코드는 IO 디스패처를 사용해 코루틴을 실행하는 예시다.

```
.
.
coroutineScope.launch(Dispatcher.IO) {
    performSlowTask()
}
.
.
```

이미 정의된 디스패처 외에, 여러분의 커스텀 스레드 풀을 위한 디스패처도 생성할 수 있다.

32.6 코루틴 빌더

코루틴 빌더coroutine builder는 지금까지 설명한 모든 컴포넌트를 포함해 코루틴을 실행한다. 이를 위해 코틀린에서는 다음의 여섯 가지 (코루틴) 빌더를 제공한다.

- **launch**: 현재 스레드를 중단하지 않고 코루틴을 시작하며 호출자에게 결과를 반환하지 않는다. 전통적인 함수 안에서 중지된 함수를 호출할 때, 그리고 해당 코루틴의 결과를 처리할 필요가 없을 때 이 빌더를 사용하라('시작하고 잊어버리는(fire and forget)' 코루틴이라고도 한다).
- **async**: 하나의 코루틴을 시작하고 호출자가 await() 함수를 이용해 결과를 기다리게 한다. 현재 스레드를 중지시키지 않는다. 여러 코루틴을 동시에 실행해야 할 때는 async를 사용한다. async 빌더는 다른 중지된 함수 안에서만 사용할 수 있다.
- **withContext**: 부모 코루틴에서 사용된 것과 다른 컨텍스트에서 코루틴을 실행할 수 있다. 예를 들어, Main 컨텍스트를 사용해 실행된 코루틴은 이 빌더를 사용해 Default 컨텍스트 안에서 자식 코루틴을 실행할 수 있다. withContext 빌더는 한 코루틴으로부터 결과를 반환할 때 async의 유용한 대안을 제공한다.
- **coroutineScope**: 중지되어 있는 함수가 여러 코루틴을 동시에 실행하면서 동시에 모든 코루틴이 완료되었을 때만 특정 액션을 발생시켜야 하는 상황에 적합하다. coroutineScope 빌더를 사용해 이런 코루틴들을 실행하면, 호출 함수는 모든 자식 코루틴이 완료된 뒤 결과를 반환한다. coroutineScope를 사용하는 경우, 하위 코루틴들 중 어느 하나에서라도 실패가 발생하면 모든 코루틴을 취소한다.
- **supervisorScope**: coroutineScope와 유사하나, 한 코루틴에서 실패가 발생하더라도 다른 모든 자식 코루틴을 취소하지 않는다.
- **runBlocking**: 한 코루틴을 실행하고 해당 코루틴이 완료될 때까지 현재 스레드를 중지시킨다. 이는 일반적으로 코루틴을 사용하고자 하는 의도에 반하지만 코드를 테스트하거나, 레거시 코드 또는 라이브러리를 통합하는 경우 유용하다. 그 외의 경우에는 사용하지 않는 것이 좋다.

32.7 잡

launch나 async 같은 모든 코루틴 빌더 호출은 하나의 잡Job 인스턴스를 반환하며, 이를 활용해 해당 코루틴의 라이프사이클을 추적하고 관리할 수 있다. 해당 코루틴 안에서 빌더를 호출하면 새로운 잡 인스턴스가 생성되며, 이는 직전 부모 잡의 자식이 되어 부모-자식 관계 트리를 구성한다. 이때 부모 잡을 취소하면 해당 부모의 모든 자식 잡도 취소된다. 하지만 자식 잡을 취소하더라도 부모 잡은 취소되지 않는다. 그러나 launch 빌더를 사용해 생성한 자식에서 발생한 처리되지 않은 예외는 부모 잡을 취소할 수도 있다(async 빌더를 사용해 생성한 자식에는 해당하지 않는다. async 빌더는 부모에게 반환된 예외를 캡슐화하기 때문이다).

코루틴의 상태는 해당 잡 객체의 isActive, isCompleted, isCancelled 프로퍼티에 접근해서 식별할 수 있다. 또한 잡 인스턴스에 대해 여러 메서드를 사용할 수도 있다. 예를 들어, 특정 잡과 해당 잡의 모든 자식은 그 잡의 cancel() 메서드를 호출해서 취소할 수 있다. 또한 cancelChildren() 메서드를 호출하면 해당 잡의 모든 자식만 취소할 수 있다.

join() 메서드를 사용하면 특정 잡의 자식 잡들이 완료될 때까지 해당 잡을 중지할 수 있다. 이와 동일한 작업을 수행하되, 모든 자식 잡이 완료되었을 때 해당 잡(부모 잡)을 취소하고 싶다면 cancelAndJoin() 메서드를 사용하라.

코루틴 스코프와 함께 이와 같은 계층적인 잡 구조는 구조화된 동시성의 기반을 형상한다. 구조화된 동시성의 목표는 각 코루틴들이 직접적으로 명시된 참조 관계를 유지하지 않는 이상 필요 이상으로 오랫동안 실행되지 않도록 하는 것이다.

32.8 코루틴: 중지 및 재시작

실제 코루틴 사용의 예를 들어 코루틴 중지에 관해 좀 더 잘 이해해 본다. 먼저 버튼 하나를 갖고 있는 간단한 안드로이드 앱을 가정한다. 이 버튼을 클릭하면 performSlowTask()라는 이름의 일시 중단 함수를 호출한다. 이 코드는 대략 다음과 같다.

```
val coroutineScope = rememberCoroutineScope()

Button(onClick = {
    coroutineScope.launch {
        performSlowTask()
    }
}) {
    Text(text = "Click Me")
}
```

이 코드에서는 launch 빌더 호출에서 코루틴의 스코프를 얻어 참조하고, 결국 일시 중지 함수인 performSlowTask()를 호출한다. 이제 performSlowTask() 함수를 다음과 같이 선언한다.

```
suspend fun performSlowTask() {
    println("performSlowTask before")
    delay(5000)   // 많은 시간이 소요되는 태스크 시뮬레이션
    println("performSlowTask after")
}
```

위의 코드는 많은 시간이 소요되는 상황을 시뮬레이션하고 있으며, 5초 동안의 지연 전후로 진단 메시지를 출력한다. 실제로 5초 정도의 지연이 발생하지만, 메인 스레드가 블록되지 않으므로 사용자 인터페이스는 여전히 반응할 것이다. 하지만 내부적으로 어떤 일이 발생하는지 알아두면 도움이 된다.

버튼을 클릭하면 performSlowTask() 일시 중지 함수를 코루틴으로 호출한다. 이 함수는 이후 코틀린의 delay() 함수를 호출하고, 시간값을 전달한다. 사실 내장 코틀린 delay() 함수 자체는 일시 중지 함수로 구현되어 있으므로 코틀린 런타임 환경에 의해 코루틴으로 실행된다. 코드 실행은 중지 지점에 도달하고, 이는 performSlowTask() 코루틴을 delay 코루틴이 실행되는 동안 정지되어 있게 한다. 이는 performSlowTask()가 실행되던 스레드를 릴리스하고 통제를 메인 스레드에 반환한다. 결과적으로 UI에는 영향을 주지 않는다.

delay() 함수가 완료되면, 정지되었던 코루틴이 재시작되고 풀에서 스레드로 원복된다. 그리고 로그 메시지를 표시하고 반환한다.

안드로이드 스튜디오에서 코루틴을 사용하는 경우, 정지된 포인트는 코드 편집기에서 다음과 같이 표시된다.

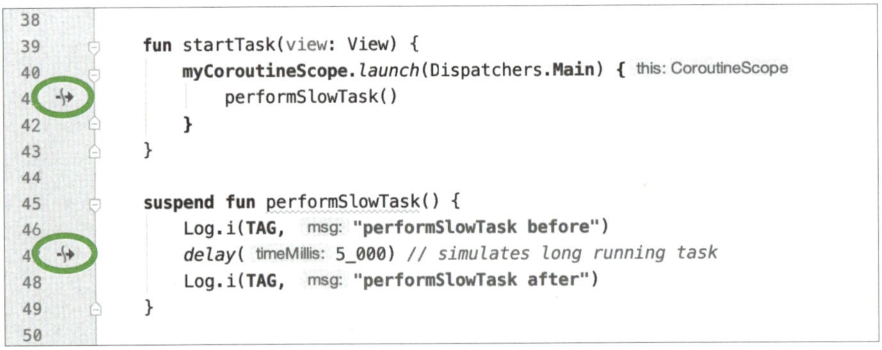

그림 32-1

몇 가지 코루틴 예제를 33장 '리스트와 그리드'에서 List 컴포저블을 다룰 때 함께 살펴볼 것이다.

32.9 코루틴 채널 커뮤니케이션

채널channel을 사용하면 데이터 스트림을 포함하는 코루틴 사이의 커뮤니케이션을 간단하게 구현할 수 있다. Channel 인스턴스를 생성한 뒤 send() 메서드를 호출해서 데이터를 전달하는 간단한 형태를 띤다. 전송된 데이터는 동일한 Channel 인스턴스의 receive() 메서드 호출을 통해 다른 코루틴으로 전달된다.

다음 코드는 한 코루틴에서 다른 코루틴으로 6개의 정수를 전달하는 예다.

```
.
.
import kotlinx.coroutines.channels.*
.
.
val channel = Channel<Int>()

coroutineScope.launch() {
    coroutineScope.launch(Dispatchers.Main) { performTask1() }
    coroutineScope.launch(Dispatchers.Main) { performTask2() }
}

suspend fun performTask1() {
    (1..6).forEach {
        channel.send(it)
    }
}

suspend fun performTask2() {
    repeat(6) {
        println("Received: ${channel.receive()}")
    }
}
```

위의 코드를 실행하면 로그캣logcat에 다음과 같이 출력된다.

```
Received: 1
Received: 2
Received: 3
Received: 4
Received: 5
Received: 6
```

32.10 부작용 이해하기

지금까지 이번 장에서는 코루틴에 관해 살펴보고 코루틴 스코프를 사용해 코드를 비동기로 실행하는 방법을 설명했다. 코루틴은 모두 Button 컴포저블의 onClick 이벤트 핸들러에서 실행되었다.

코루틴을 한 이벤트 핸들러의 스코프 안에서 이런 방식으로 실행할 수 있는 반면, 부모 컴포저블의 범위 안에서 실행하는 것은 안전하지 않다. 다음 코드 예를 확인하자.

```
@Composable
fun Greeting(name: String) {

    val coroutineScope = rememberCoroutineScope()

    coroutineScope.launch() {
        performSlowTask()
    }
}
```

위의 코드를 컴파일하면 다음과 같은 에러가 표시된다.

```
Calls to launch should happen inside a LaunchedEffect and not composition
(실행 호출은 composition 안이 아니라 LaunchEffect 안에서 이뤄져야 한다)
```

코루틴은 컴포저블 안에서 위와 같은 방식으로 호출할 수 없으며, 호출 시 심각한 부작용이 일어난다. 젯팩 컴포즈의 컨텍스트에서 보면, 비동기적인 코드가 해당 컴포저블의 라이프사이클을 고려하지 않고 다른 스코프로부터 컴포저블의 상태를 변경하고자 할 때 부작용이 발생한다. 해당 컴포저블이 존재하는 동안 코루틴이 차례로 계속 실행될 가능성의 리스크가 있다. 여기서는 특히 그 코루틴이 여전히 실행되면서 다음번 컴포저블이 (코루틴을) 실행할 때 그 상태를 변경하는 것이 문제가 된다.

이 문제를 피하기 위해서는 LaunchedEffect 또는 SideEffect 컴포저블 바디 안에서 코루틴을 실행해야 한다. 컴포저블 스코프 안에서 코루틴을 직접 실행하려는 위 시도와 달리, 이 두 컴포저블은 부모 컴포저블의 라이프사이클을 인식하기 때문에 코루틴을 안전하게 실행할 수 있다.

코루틴 실행 코드를 포함한 LaunchedEffect 컴포저블이 호출되면, 해당 코루틴은 즉시 실행되고 비동기 코드 수행을 시작한다. 부모 컴포저블이 완료되는 즉시, 해당 LaunchedEffect 인스턴스와 코루틴은 파기된다.

다음은 하나의 코루틴을 포함한 LaunchedEffect 선언 구문이다.

```
LaunchedEffect(key1, key2, ...) {
    coroutineScope.launch() {
        // async 코드
    }
}
```

key 파라미터값(최소 하나 이상 필요)은 재구성을 통해 코루틴의 동작을 통제한다. key 파라미터값이 변경되지 않는 한, LaunchedEffect는 해당 부모 컴포저블의 여러 재구성 과정에서도 동일한 코루틴을 유지한다. 그러나 key 값이 변경되면 LaunchedEffect는 현재 코루틴을 취소하고 새로운 코루틴을 실행한다.

컴포저블 안에서 일시 중지 함수를 호출하려면 코드를 다음과 같이 변경한다.

```
@Composable
fun Greeting(name: String) {

    val coroutineScope = rememberCoroutineScope()

    LaunchedEffect(key1 = Unit) {
        coroutineScope.launch() {
            performSlowTask()
        }
    }
}
```

위의 코드에서는 하나의 Unit 인스턴스(void 값과 동등)를 key로 전달했다. 이는 재구성 과정에서 해당 코루틴을 재생성하지 않음을 의미한다.

젯팩 컴포즈는 LaunchedEffect와 함께 SideEffect 컴포저블을 포함한다. LaunchedEffect와 달리 SideEffect 코루틴은 부모의 재구성이 완료된 뒤 실행된다. SideEffect는 key 파라미터를 받지 않으며, 부모 컴포저블이 재구성될 때마다 수행된다.

51장에서 LaunchedEffect를 사용해볼 것이다.

32.11 정리

코틀린 코루틴은 전통적인 다중 스레딩 기법보다 훨씬 단순하고 효율적인 비동기 태스크 수행 접근 방식을 제공한다. 코루틴을 사용하면 전형적인 스레드 기반 태스크들과 관련된 콜백을 구현하지 않고도, 구조화된 방법으로 비동기 태스크들을 구현할 수 있다. 이번 장에서는 잡, 스코프, 빌더, 일시 중단 함수, 구조화된 동시성, 채널 기반 커뮤니케이션의 개념을 소개했다.

Button의 onClick 핸들러 같은 이벤트 핸들러 안에서 코루틴을 직접 실행할 수 있지만, Composable의 main 바디 안에서 그렇게 하는 것은 안전하지 않은 것으로 간주되어 구문 에러를 발생시킨다. 이 상황에서는 LaunchedEffect 또는 SideEffect 컴포저블 함수를 사용해 코루틴을 실행해야 한다.

CHAPTER
33

리스트와 그리드

사용자 인터페이스 레이아웃을 디자인할 때 정보를 스크롤할 수 있는 리스트나 그리드로 제공하는 것은 흔한 일이다. Row와 Column 컴포넌트는 자식 컴포저블을 수직 및 수평 리스트로 제공할 목적으로 이용된다. 그러나 리스트가 매우 큰(긴) 경우, 표준 Row, Column 컴포저블을 이용해 렌더링하면 성능 저하가 발생한다. 컴포즈는 수많은 아이템을 포함하는 리스트를 다룰 수 있는 LazyColumn과 LazyRow 컴포저블을 제공한다. 또한 그리드 기반 레이아웃을 위한 LazyVerticalGrid 컴포저블을 이용할 수 있다.

이번 장에서는 컴포즈에서의 리스트와 그리드 생성 및 관리의 기본 사항을 소개한다. 이 내용은 뒤에서 학습할 튜토리얼의 기반이 된다.

33.1 표준 리스트와 지연 리스트

리스트는 수많은 아이템을 스크롤할 수 있어서 자주 이용된다. 리스트 안의 각 아이템은 하나의 컴포저블로 나타나며, 이 컴포저블은 하위 컴포저블을 포함할 수 있다. Row, Column 컴포넌트를 이용해 리스트를 만들면, 화면에 표시되는 아이템의 수에 관계없이 초기화 시점에 리스트에 포함된 모든 아이템을 만든다. 리스트의 크기가 작으면 큰 문제가 되지 않지만, 아이템의 수가 매우 많다면 문제가 될 수 있다.

1,000개의 이미지를 표시하는 리스트가 있다고 가정해 보자. 보통 화면에는 1,000개 중 일부만 표시된다. 그러나 애플리케이션이 1,000개의 아이템을 미리 만든다면, 해당 기기는 이내 메모리 부족과 성능 제한이라는 상황을 겪게 될 것이다.

길이가 긴 리스트를 다룰 때는 LazyColumn, LazyRow, LazyVerticalGrid를 이용하는 것이 좋다. 이 컴포넌트들은 사용자에게 실제로 보이는 아이템들만 만든다. 사용자가 스크롤을 하면 표시 영역에서 벗어나는 아이템들은 파괴하고 리소스를 확보하며, 아이템들은 표시되는 시점에 만들어진다. 이를 이용하면 잠재적으로 무한한 길이의 리스트도 성능 저하 없이 표시할 수 있다.

표준 Row, Column을 다루는 방식과 이에 상응하는 LazyRow, LazyColumn을 다루는 방식 및 피처가 상이하므로, 이번 장에서는 두 가지 방식을 모두 소개한다.

33.2 Column, Row 리스트 다루기

Row, Column 컴포저블은 LazyRow, LazyColumn에 비해 일부 피처 또는 성능상 우위점은 적지만 짧고 기본적인 아이템 리스트를 표시할 때는 매우 좋은 옵션이다. 리스트는 일반적인 행 또는 열과 동일한 방법으로 선언할 수 있지만, 각 아이템이 프로그래밍 방식으로 생성된다는 차이점이 있다. 다음은 Column 컴포넌트를 이용해 수직 리스트를 만드는 코드 예시다. 이 리스트는 `MyListItem`이라는 이름의 컴포저블 인스턴스 100개를 포함한다.

```
Column {
    repeat(100) {
        MyListItem()
    }
}
```

다음은 같은 아이템을 포함하는 수평 리스트를 만드는 코드 예시다.

```
Row {
    repeat(100) {
        MyListItem()
    }
}
```

`MyListItem` 컴포저블은 단일 Text 컴포저블은 물론 여러 컴포저블을 포함하는 복잡한 레이아웃에 이르기까지 어떤 것이든 될 수 있다.

33.3 지연 리스트 만들기

지연 리스트(lazy list)는 LazyColumn, LazyRow 컴포저블을 이용해 만든다. 이들은 그 자식들을 LazyListScope 블록 안에 배치하며, 이 블록이 제공하는 추가 피처를 이용해 리스트 아이템들을 관리하고 커스터마이즈할 수 있다. 예를 들어, LazyListScope의 `item()` 함수를 호출해 지연 리스트에 개별 아이템을 추가할 수 있다.

```
LazyColumn {
    item {
        MyListItem()
    }
}
```

그리고 items() 함수를 호출하면 여러 아이템을 한 번에 추가할 수 있다.

```
LazyColumn {
    items(1000) { index ->
        Text("This is item $index");
    }
}
```

LazyListScope가 제공하는 itemsIndexed() 함수를 이용하면 아이템의 콘텐츠와 인덱스값을 함께 얻을 수 있다.

```
val colorNamesList = listOf("Red", "Green", "Blue", "Indigo")

LazyColumn {
    itemsIndexed(colorNamesList) { index, item ->
        Text("$index = $item")
    }
}
```

위의 코드를 렌더링한 결과는 그림 33-1과 같이 표시된다.

```
0 = Red
1 = Green
2 = Blue
3 = Indigo
```

그림 33-1

지연 리스트에서 제공하는 stickyHeader() 함수를 이용하면, 리스트의 아이템 그룹에 헤더를 추가할 수 있다. 이에 관해서는 다음 장에서 자세히 다룬다.

33.4 ScrollState를 이용해 스크롤 활성화하기

앞의 Column 및 Row 리스트 예시는 아이템 리스트를 표시하지만, 사용자는 화면에 표시되는 영역에 맞는 아이템에만 접근할 수 있다. Row, Column 기반의 리스트를 스크롤 가능하게 하려면 추가 단계를 거쳐야 한다. 반면 LazyList와 LazyRow는 스크롤을 기본으로 지원한다.

Row, Column 기반 리스트에서 스크롤을 활성화하려면 가장 먼저 ScrollState 인스턴스를 만들어야 한다. ScrollState는 특별한 상태 객체이며, 이를 이용하면 Row와 Column 부모가 재구성을 통해 현재 스크롤 위치를 기억하게 할 수 있다. ScrollState 인스턴스를 만들 때는 다음과 같이 rememberScrollState() 함수를 호출해야 한다.

```
val scrollState = rememberScrollState()
```

인스턴스를 생성하면 스크롤 상태는 verticalScroll()과 horizontalScroll() 모디파이어를 이용해 Column, Row 컴포저블에 파라미터로 전달된다. 다음은 Column 리스트에서 수직 스크롤을 활성화하는 예시 코드다.

```
Column(Modifier.verticalScroll(scrollState)) {
    repeat(100) {
        MyListItem()
    }
}
```

다음은 LazyRow 리스트에서 수평 스크롤을 활성화하는 예시 코드다.

```
Row(Modifier.horizontalScroll(scrollState)) {
    repeat(1000) {
        MyListItem()
    }
}
```

33.5 프로그래밍적 스크롤

일반적으로 스크롤은 사용자가 기기 화면에 드래그나 스와이프 제스처를 통해 수행하는 작업이라고 간주한다. 그리고 코드 안에서 현재 스크롤 위치를 변경하는 방법을 아는 것도 중요하다. 앱 화면에는 리스트의 처음 혹은 끝으로 이동하는 버튼들을 포함할 수도 있다. 이런 동작은 Row, Column 기반 리스트와 지연 리스트에서 각각 다르게 구현된다.

Row, Column 기반 리스트에서의 프로그래밍적 스크롤은 ScrollState 인스턴스의 다음 함수들을 호출해서 실행한다.

- **animateScrollTo(value: Int)**: 애니메이션(animation)을 이용해 지정한 픽셀 위치까지 부드럽게 스크롤한다.
- **scrollTo(value: Int)**: 지정한 픽셀 위치까지 곧바로 스크롤한다.

위 함수의 value 파라미터는 아이템 번호가 아니라 픽셀 기준의 리스트 위치를 나타내는 것임에 주의한다. 리스트의 시작점은 픽셀 위치 0이라고 가정하면 되지만, 리스트의 끝을 나타내는 픽셀 위치는 다소 모호하다. 다행히도 scroll 상태 인스턴스의 maxValue 프로퍼티를 통해 최대 스크롤 위치를 얻어낼 수 있다.

```
val maxScrollPosition = scrollState.maxValue
```

LazyColumn, LazyRows 리스트를 프로그래밍적으로 스크롤할 때는 LazyListState 인스턴스가 제공하는 함수들을 호출하면 된다. LazyListState 인스턴스는 rememberLazyListSate() 함수를 호출해서 얻을 수 있다.

```
val listState = rememberLazyListState()
```

리스트 상태를 얻은 뒤에는 다음과 같이 LazyColumn 또는 LazyRow의 선언에 적용할 수 있다.

```
.
.
LazyColumn(
    state = listState,
{
    .
    .
```

이후 리스트 상태 인스턴스의 다음 함수를 호출해 스크롤을 실행할 수 있다.

- **animateScrollToItem(index: Int)**: 지정한 리스트 아이템까지 부드럽게 스크롤한다(첫 번째 아이템이 0번이다).
- **scrollToItem(index: Int)**: 지정한 리스트 아이템까지 곧바로 스크롤한다(첫 번째 아이템이 0번이다).

여기서는 픽셀 위치가 아닌 아이템의 인덱스를 이용해 스크롤 위치를 참조한다.

위 4개의 스크롤 함수 모두에서 공통적으로 복잡한 한 가지는 바로 **코루틴**coroutine 함수다. 32장에서 살펴봤듯이 코루틴은 코틀린이 제공하는 피처의 하나로, 코드 블록을 실행한 스레드를 블로킹하지 않으면서 해당 코드 블록을 비동기적으로 실행되게 한다(여기서는 메인 스레드main thread가 사용자의 조작에 대한 앱의 반응성을 유지하는 책임을 진다). 코루틴을 이용하면 복잡한 구현을 만들거나 여러 스레드를 직접 관리하는 걱정 없이 구현을 할 수 있다. 코루틴은 그 구현 방식 때문에, 전통적인 다중 스레딩 옵션을 이용하는 것보다 훨씬 효율적이며 리소스를 덜 소비한다. 코루틴 함수의 핵심 요구사항 중 하나는 이들을 **코루틴 스코프**coroutine scope 안에서 실행해야만 한다는 점이다.

ScrollState 및 LazyListState를 이용할 때는 재구성을 통해 기억되는 CoroutineScope 인스턴스에 접근해야 한다. 이를 위해 다음과 같이 rememberCoroutineScope() 함수를 호출한다.

```
val coroutineScope = rememberCoroutineScope()
```

코루틴 스코프를 얻었다면 이를 이용해 스크롤 함수들을 실행한다. 다음은 코루틴 스코프 안에서 animateScrollTo() 함수를 실행하는 Button 컴포넌트 선언 예시 코드다. 버튼을 클릭하면 리스트의 마지막 위치까지 스크롤한다.

```
Button(onClick = {
    coroutineScope.launch {
        scrollState.animateScrollTo(scrollState.maxValue)
    }
.
.
}
```

33.6 스티키 헤더

스티키 헤더sticky header는 지연 리스트에서만 이용할 수 있는 피처다. 이를 이용하면 리스트 아이템들을 한 헤더 그룹 아래 모을 수 있다. 스티키 헤더는 LazyListScope의 stickyHeader() 함수를 이용해 만든다.

이 헤더들은 현재 그룹이 스크롤되는 동안 화면에서 계속 표시되기 때문에 스티키 헤더라고 불린다. 그룹이 뷰에서 모두 사라지면 다음 그룹의 헤더가 해당 위치를 차지한다. 그림 33-2는 스티키 헤더를 나타낸다. Apple 그룹은 부분적으로 뷰 바깥으로 스크롤되었지만, 헤더는 화면 위쪽에 계속 남아 있다는 점에 주목한다.

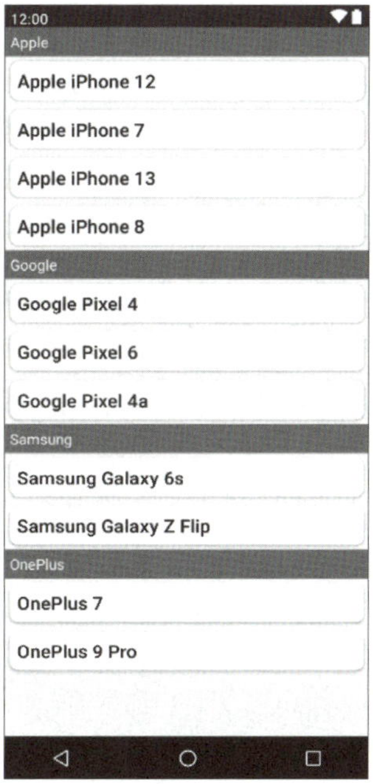

그림 33-2

스티키 헤더를 이용할 때는 리스트 콘텐츠를 groupBy() 함수를 이용해 매핑한 Array 또는 List에 저장해야 한다. groupBy() 함수는 람다를 받는다. 이 람다는 데이터의 그룹핑 방법을 정의하는 셀렉터$_{selector}$를 정의하기 위해 이용된다. 이 셀렉터는 이후 각 그룹의 요소들에 접근하는 키의 역할을 한다. 예를 들어, 다음과 같이 스마트폰 모델을 포함하는 리스트를 생각해 보자.

```
val phones = listOf("Apple iPhone 12", "Google Pixel 4", "Google Pixel 6",
    "Samsung Galaxy 6s", "Apple iPhone 7", "OnePlus 7", "OnePlus 9 Pro",
    "Apple iPhone 13", "Samsung Galaxy Z Flip", "Google Pixel 4a",
    "Apple iPhone 8")
```

이 상태에서 스마트폰을 제조사에 따라 그룹핑한다고 가정하자. 이를 위해 groupBy()를 호출해 리스트로 매핑할 때의 셀렉터로 각 문자열의 첫 번째 단어(즉, 첫 번째 스페이스 이전의 텍스트)를 이용할 수 있다.

```
val groupedPhones = phones.groupBy { it.substringBefore(' ') }
```

제조사별로 스마트폰들을 그룹핑했다면 forEach 문장을 이용해 제조사 이름별로 스티키 헤더를 만들고, 그룹에 해당하는 스마트폰들을 리스트 아이템으로 표시할 수 있다.

```
groupedPhones.forEach { (manufacturer, models) ->
    stickyHeader {
        Text(
            text = manufacturer,
            color = Color.White,
            modifier = Modifier
                .background(Color.Gray)
                .padding(5.dp)
                .fillMaxWidth()
        )
    }

    items(models) { model ->
        MyListItem(model)
    }
}
```

위 코드의 forEach 람다에서 manufacturer(제조사)는 셀렉터 키(예: "Apple")를 의미하며 해당 제조사 그룹의 아이템을 포함하는 배열을 모델링한다("Apple"이 셀렉터인 경우 "Apple iPhone 12", "Apple iPhone 7" 등).

```
groupedPhones.forEach { (manufacturer, models) ->
```

셀렉터 키는 이후 스티키 헤더 텍스트로 이용되며, models 리스트는 items() 함수에 전달되어 모든 그룹 요소를 표시한다. 이 예시에서는 각 아이템에 대해 MyListItem이라는 이름의 커스텀 컴포저블을 이용한다.

```
items(models) { model ->
    MyListItem(model)
}
```

위의 코드를 렌더링한 결과는 그림 33-2와 같이 표시된다.

33.7 스크롤 위치에 반응하기

LazyRow와 LazyColumn을 이용하면 리스트를 특정한 아이템 위치까지 스크롤했을 때 특정한 액션을 수행할 수 있다. 사용자가 리스트의 끝까지 스크롤했을 때만 '맨 처음으로 스크롤하기scroll to top' 버튼을 표시하는 경우 등에 매우 유용하다.

이 동작은 LazyListState 인스턴스의 firstVisibleItemIndex 프로퍼티에 접근해서 구현할 수 있다. 이 프로퍼티는 리스트에서 현재 가장 처음에 보이는 아이템의 인덱스를 갖는다. 예를 들어, 사용자가 LazyColumn 리스트를 스크롤했고 리스트의 세 번째 아이템이 가장 위에 표시된다면 firstVisibleItemIndex의 값은 2가 된다(인덱스는 0에서 시작한다). 다음은 처음 표시되는 아이템의 인덱스값이 8을 초과하면 '맨 처음으로 스크롤하기' 버튼을 표시하는 코드 예시다.

```
val firstVisible = listState.firstVisibleItemIndex

if (firstVisible > 8) {
    // 맨 처음으로 스크롤하기 버튼 표시
}
```

33.8 지연 그리드 만들기

그리드 레이아웃은 LazyVerticalGrid 컴포저블을 이용해 만들 수 있다. 그리드의 형태는 cells 파라미터를 통해 제어하며, 이 파라미터는 **적응 모드**adaptive mode 또는 **고정 모드**fixed mode로 설정할 수 있다. 적응 모드에서는 그리드가 이용할 수 있는 공간에 맞게 행과 열의 수를 계산하며, 이때 아이템 사이의 공간은 최소 지정 셀 크기가 된다. 반면 고정 모드에서는 표시할 행의 수를 전달하면 이용할 수 있는 공간의 폭을 채우기 위해 각 열의 폭을 동일한 크기로 조정한다.

다음은 최소 폭이 60dp인 30개의 셀을 포함하는 그리드를 선언하는 코드 예시다.

```
LazyVerticalGrid(
    cells = GridCells.Adaptive(minSize = 60.dp),
    state = rememberLazyListState(),
    contentPadding = PaddingValues(10.dp)
) {
    items(30) { index ->
        Card(backgroundColor = Color.Blue,
            modifier = Modifier.padding(5.dp).fillMaxSize()) {
            Text(
                "$index",
                fontSize = 35.sp,
                color = Color.White,
                textAlign = TextAlign.Center)
        }
    }
}
```

위의 코드를 호출하면 LazyVerticalGrid 컴포저블은 각 행에 열의 폭이 60dp를 넘지 않는 선에서 가장 많은 아이템을 배치한다(그림 33-3).

그림 33-3

다음은 아이템을 3개의 열을 포함하는 그리드로 구성하는 코드 예시다.

```
LazyVerticalGrid(
    cells = GridCells.Fixed(3),
    state = rememberLazyListState(),
    contentPadding = PaddingValues(10.dp)
) {
    items(15) { index ->
        Card(backgroundColor = Color.Blue,
            modifier = Modifier.padding(5.dp).fillMaxSize()) {
            Text(
                "$index",
```

```
                fontSize = 35.sp,
                color = Color.White,
                textAlign = TextAlign.Center)
        }
    }
}
```

위의 코드를 이용해 만들어진 레이아웃은 그림 33-4와 같이 표시된다.

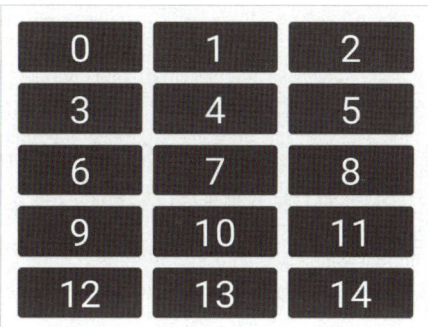

그림 33-4

이러한 예시들은 모두 각 셀 아이템에 대해 하나의 Text 컴포넌트를 포함한 하나의 Card 컴포저블을 이용했다. Card 컴포저블은 단일한 콘텐츠 주제와 관련된 콘텐츠 및 작업들을 그룹화하는 공간을 제공하며 리스트 항목의 기반으로 자주 이용된다. 예시에서는 자식으로 하나의 Text 컴포저블을 이용했지만 Row, Column, Box 레이아웃 등 어떤 컴포저블이라도 카드의 콘텐츠로 이용할 수 있다. Card의 핵심 피처는 elevation을 지정해 그림자 효과를 만들 수 있다는 것이다.

```
Card(
    modifier = Modifier
        .fillMaxWidth()
        .padding(15.dp),
    elevation = 10.dp
) {
    Column(horizontalAlignment = Alignment.CenterHorizontally,
        modifier = Modifier.padding(15.dp)
    ) {
        Text("Jetpack Compose", fontSize = 30.sp)
        Text("Card Example", fontSize = 20.sp)
    }
}
```

앞의 Card 컴포넌트를 렌더링하면 그림 33-5와 같이 표시된다.

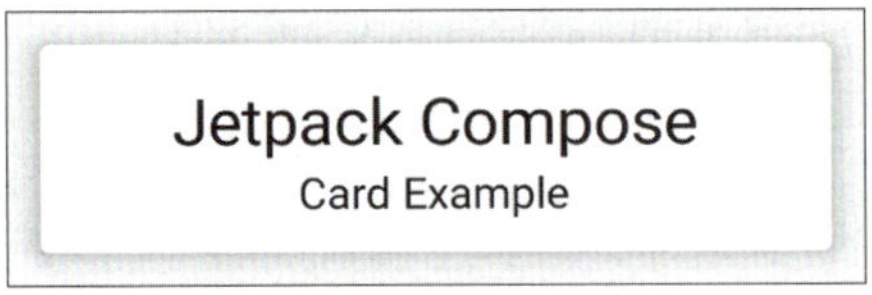

> **Jetpack Compose**
> Card Example

그림 33-5

33.9 정리

컴포즈에서는 표준 리스트 또는 지연 리스트 컴포넌트를 이용해 리스트를 만들 수 있다. 지연 컴포넌트를 이용하면 앱 또는 앱이 실행되는 기기의 성능에 영향을 미치지 않고 많은 양의 콘텐츠를 나타낼 수 있다. 리스트 아이템이 화면에서 보이게 되는 시점에 만들고, 화면에서 보이지 않게 되는 시점에 파기하는 방식으로 이를 구현할 수 있다. 리스트는 행, 열, 그리드 형식을 이용해 정적이거나 스크롤 가능하게 만들 수 있다. 프로그래밍을 이용해 리스트를 측정한 위치로 스크롤하거나, 현재 스크롤 위치에 기반해 이벤트를 트리거할 수도 있다.

CHAPTER 34
컴포즈 Row/Column 리스트 튜토리얼

이번 장에서는 Column과 Row 컴포넌트를 이용해 아이템들을 리스트 형태로 표시하는 프로젝트를 만든다. 이번 장에서 만드는 프로젝트에서는 리스트를 생성하고, 스크롤을 활성화하며 프로그래밍적 스크롤 기능도 확인해 본다.

34.1 ListDemo 프로젝트 만들기

안드로이드 스튜디오를 실행하고 Welcome 화면에서 New Project 옵션을 선택하고 새 프로젝트 다이얼로그가 나타나면 Empty Compose Activity 템플릿을 선택한 뒤, Next 버튼을 클릭한다.

Name 필드에 'ListDemo', Package name에 'com.example.listdemo'를 입력한다. Minimum SDK는 API 26: Android 8.0 (Oreo)로 설정한 뒤 Finish 버튼을 클릭한다. 코드 편집기에서 MainActivity.kt 파일을 열고, Greeting 함수를 제거한 뒤 MainScreen이라는 이름의 새로운 빈 컴포저블을 추가한다.

```
@Composable
fun MainScreen() {

}
```

다음으로 onCreateActivity() 메서드와 DefaultPreview 함수가 Greeting 대신 MainScreen을 호출하도록 수정한다.

34.2 Column 기반 리스트 만들기

먼저 Text 컴포넌트 아이템을 포함하는 스크롤할 수 있는 리스트를 표시하는 Column 컴포저블을 이용해 기본 리스트 레이아웃을 만든다. ColumnList라는 이름의 새 컴포넌트를 호출하도록 MainActivity.kt 파일을 다음과 같이 수정한다.

```
.
.
import androidx.compose.foundation.layout.Column
import androidx.compose.foundation.layout.padding
import androidx.compose.ui.unit.dp
.
.
@Composable
fun MainScreen() {
    ColumnList()
}

@Composable
fun ColumnList() {
    Column {
        repeat(500) {
            Text("List Item $it",
                style = MaterialTheme.typography.h4,
                modifier = Modifier.padding(5.dp))
        }
    }
}
```

ColumnList 컴포저블 안의 코드는 500개의 Text 컴포넌트로 구성된 리스트를 포함하는 하나의 Column을 만든다. Text 컴포넌트는 "Heading 4" 머티리얼 타이포그래피컬 스타일과 패딩 모디파이어를 이용해 커스터마이즈되어 있다. 각 Text 인스턴스는 현재 아이템 번호를 포함한 문자열을 표시한다.

레이아웃을 가장 잘 표시하기 위해, Preview 컴포저블을 수정해 시스템 UI를 표시하게 한다.

```
@Preview(showBackground = true, showSystemUi = true)
@Composable
fun DefaultPreview() {
    ListDemoTheme {
        MainScreen()
    }
}
```

위의 코드처럼 수정하면 미리 보기는 그림 34-1과 같이 표시된다.

미리 보기 패널에서 인터랙티브 모드를 시작한다. 단, 지금은 리스트를 스크롤해서 현재 화면에서 보이는 영역 밖에 있는 아이템들을 볼 수는 없다는 점에 주의한다. 이를 해결하려면 Column 컴포넌트의 수직 스크롤 지원을 활성화해야 한다.

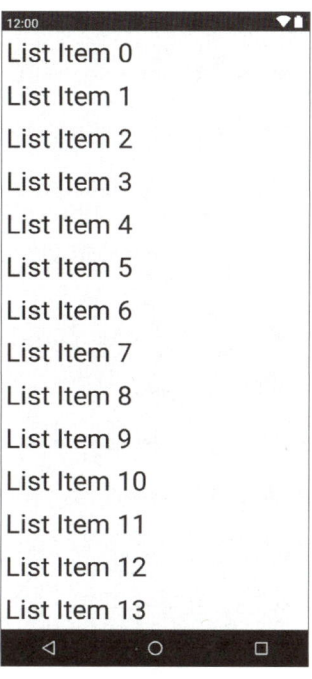

그림 34-1

34.3 리스트 스크롤 활성화하기

Column 안에서 스크롤 지원을 활성화하려면 가장 먼저 rememberScrollState() 함수를 호출해서 ScrollState 상태 인스턴스를 얻어야 한다. 상태를 얻은 뒤에는 verticalScroll() 모디파이어를 통해 이를 Column에 전달한다.

```
.
.
import androidx.compose.foundation.rememberScrollState
import androidx.compose.foundation.verticalScroll
.
.
@Composable
fun ColumnList() {

    val scrollState = rememberScrollState()

    Column(Modifier.verticalScroll(scrollState)) {
        repeat(500) {
            Text("List Item $it",
            style = MaterialTheme.typography.h4,
            modifier = Modifier.padding(5.dp))
        }
    }
```

```
    }
}
```

스크롤 지원을 추가한 뒤 인터랙티브 미리 보기를 새로고침 한다. 그리고 리스트를 클릭한 뒤 위아래로 드래그해서 수직 스크롤이 동작하는지 확인한다.

34.4 수동 스크롤

다음으로 레이아웃에 버튼을 추가하고, 해당 버튼을 클릭하면 리스트의 처음과 마지막으로 곧바로 스크롤되게 한다. 앞에서 설명한 것처럼 코드 안에서 ScrollState의 메서드를 호출하고, 이때 대상 리스트 위치를 전달함으로써 리스트 스크롤 위치를 제어할 수 있다. 이들은 코루틴 함수이므로 코루틴 스코프를 획득하고, 해당 스코프 안에서 스크롤 동작을 초기화해야 한다. 코루틴 스코프 인스턴스는 rememberCoroutineScope() 함수를 호출해서 만든다.

MainActivity.kt 파일에서 ColumnList 함수를 찾아 새로운 Column에 리스트 열을 포함하도록 수정한다. 이 리스트 열은 하나의 Row 컴포넌트를 이용해 배열한 2개의 Button을 포함한다.

```
.
.
import androidx.compose.foundation.layout.Row
import androidx.compose.material.Button
import androidx.compose.runtime.rememberCoroutineScope
.
.
@Composable
fun ColumnList() {

    val scrollState = rememberScrollState()
    val coroutineScope = rememberCoroutineScope()

    Column {
        Row {
            Button(onClick = {
            },
                modifier = Modifier.weight(0.5f)
                .padding(2.dp)) {
                Text("Top")
            }

            Button(onClick = {
            },
                modifier = Modifier.weight(0.5f)
                .padding(2.dp)) {
                Text("End")
            }
```

```
        }
        Column(Modifier.verticalScroll(scrollState)) {
            repeat(500) {
                Text(
                    "List Item $it",
                    style = MaterialTheme.typography.h4,
                    modifier = Modifier.padding(5.dp)
                )
            }
        }
    }
}
```

마지막으로 코루틴 스코프 인스턴스를 만들고, Button의 onClick 액션 안에서 스크롤을 하게 한다.

```
.
.
import kotlinx.coroutines.launch
.
.
Row {
    Button(onClick = {
        coroutineScope.launch {
            scrollState.animateScrollTo(0)
        }
    },
        modifier = Modifier.weight(0.5f)
            .padding(2.dp)) {
        Text("Top")
    }

    Button(onClick = {
        coroutineScope.launch {
            scrollState.animateScrollTo(scrollState.maxValue)
        }
    },
        modifier = Modifier.weight(0.5f)
            .padding(2.dp)) {
        Text("End")
    }
}
```

리스트의 시작과 마지막으로 곧바로 스크롤하는 것 대신 애니메이션 스크롤을 이용할 수 있다. 대상 리스트 위치는 픽셀로 위치를 지정하므로 리스트의 가장 처음 대상을 가리킬 때는 0을 이용한다. 리스트의 마지막 대상을 찾을 때는 ScrollState 인스턴스의 maxValue 프로퍼티를 얻어 animateScrollTo() 함수에 전달한다.

인터랙티브 모드에서 앱을 미리 보기 하거나, 실제 기기 또는 에뮬레이터에서 앱을 실행해 2개의 버튼을 클릭했을 때 리스트의 시작과 끝으로 이동하는지 확인한다. 그림 34-2는 End 버튼을 클릭했을 때 리스트의 모습을 나타낸 것이다.

그림 34-2

34.5 Row 리스트 예시

Column 기반의 수직 리스트 대신 Row 컴포저블을 이용해 수평 리스트도 만들 수 있다. 수평으로 스크롤할 수 있는 Row 리스트를 만들어본다. 다음과 같이 RowList 컴포저블을 MainActivity.kt 파일에 추가하고 MainScreen 함수가 ColumnList 대신 이를 호출하도록 수정한다.

```
.
.
import androidx.compose.foundation.horizontalScroll
.
.
@Composable
fun MainScreen() {
    RowList()
}

@Composable
```

```
fun RowList() {
    val scrollState = rememberScrollState()

    Row(Modifier.horizontalScroll(scrollState)) {
        repeat(50) {
            Text(" $it ",
                style = MaterialTheme.typography.h1,
                modifier = Modifier.padding(5.dp))
        }
    }
}
```

인터랙티브 모드에서 리스트 미리 보기를 하고 리스트를 클릭한 뒤 드래그해서 수병 스크롤이 동작하는지 확인한다(그림 34-3).

그림 34-3

34.6 정리

이번 장에서는 Row, Column 컴포넌트를 이용해 수직, 수평 리스트를 만들었다. 두 리스트 모두에서 스크롤을 활성화해서 드래그 조작을 통해 리스트 아이템들을 확인했다. 수직 리스트에서는 버튼들을 추가하고 이들을 클릭했을 때 리스트의 처음과 끝으로 곧바로 움직이도록 설정했다. 이 과정에서 코루틴 스코프 안에서 ScrollState 인스턴스의 animateScrollTo() 메서드를 실행했다.

CHAPTER

35

지연 리스트 튜토리얼

앞 장에서 표준 컴포즈 Row, Column 레이아웃 컴포저블을 이용해 리스트를 만드는 방법을 살펴봤다. 그러나 대부분의 상황에서 여러분은 LazyColumn과 LazyRow를 이용할 것이다. 후자는 길이가 긴 리스트를 효율적으로 표시할 뿐만 아니라, 스티키 헤더나 스크롤 위치의 변경에 대응하는 추가적인 피처들을 제공하기 때문이다.

이번 장에서는 LazyColumn과 LazyRow 컴포넌트가 제공하는 핵심적인 피처들을 확인할 수 있는 프로젝트를 만든다. 36장 '지연 리스트가 제공하는 스티키 헤더와 스크롤 식별'에서는 이번 장에서 만든 프로젝트에 스티키 헤드와 스크롤 위치 식별 지원 기능을 추가한다.

35.1 LazyListDemo 프로젝트 만들기

안드로이드 스튜디오를 실행하고 Welcome 화면에서 New Project 옵션을 선택하고 새 프로젝트 다이얼로그가 나타나면 Empty Compose Activity 템플릿을 선택한 뒤, Next 버튼을 클릭한다.

Name 필드에 'LazyListDemo', Package name에 'com.example.lazylistdemo'를 입력한다. Minimum SDK는 API 26: Android 8.0 (Oreo)로 설정한 뒤 Finish 버튼을 클릭한다. 코드 편집기에서 MainActivity.kt 파일을 열고, Greeting 함수를 제거한 뒤 MainScreen이라는 이름의 새로운 빈 컴포저블을 추가한다.

```
@Composable
fun MainScreen() {

}
```

다음으로 onCreateActivity() 메서드와 DefaultPreview 함수가 Greeting 대신 MainScreen을 호출하도록 수정한다.

35.2 프로젝트에 리스트 데이터 추가하기

리스트를 디자인하기 전에 먼저 리스트 아이템의 콘텐츠로 제공할 데이터를 준비한다. 이번 장의 예시에서는 리스트 아이템을 포함하는 XML 리소스 파일을 배열로 읽어서 이용한다. 이 프로젝트에서 이용하는 XML 파일은 소스 코드 샘플과 함께 XML 폴더에 포함되어 있다. 아직 샘플 코드를 다운로드하지 않았다면 다음 웹 페이지에서 다운로드할 수 있다.

URL https://github.com/moseskim/jetpack-compose-essentials

샘플 코드를 다운로드한 뒤 운영체제의 파일 시스템 탐색기(맥OS의 파인더Finder 또는 윈도우의 파일 탐색기Windows Explorer 등)를 이용해 XML 폴더에서 car_list.xml을 찾아 복사한다. 다음으로 안드로이드 스튜디오로 돌아와 Project 도구 창의 app ➡ res ➡ values 폴더에서 마우스 오른쪽 버튼을 클릭한다. 나타나는 메뉴에서 Paste를 선택한다(그림 35-1).

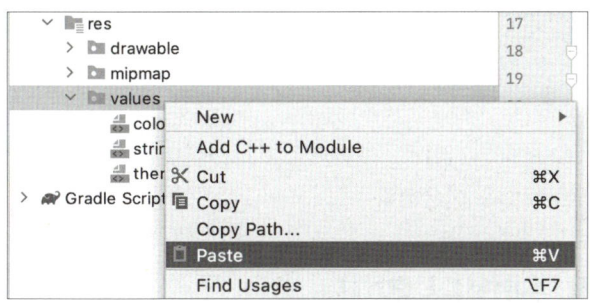

그림 35-1

마지막으로 Copy 다이얼로그의 OK 버튼을 클릭(Open in editor 옵션이 선택되어 있는지 확인)해 프로젝트 리소스에 파일을 추가한다(그림 35-2).

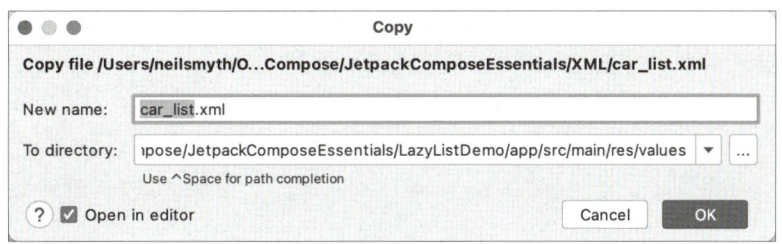

그림 35-2

편집기에 추가된 파일이 다음과 같이 로드된다.

```xml
<?xml version="1.0" encoding="utf-8"?>
<resources>
    <string-array name="car_array">
        <item>Buick Century</item>
        <item>Buick LaSabre</item>
        <item>Buick Roadmaster</item>
        <item>Buick Special Riviera</item>
        <item>Cadillac Couple De Ville</item>
        <item>Cadillac Eldorado</item>
        <item>Cadillac Fleetwood</item>
        <item>Cadillac Series 62</item>
        <item>Cadillac Seville</item>
        <item>Ford Fairlane</item>
        <item>Ford Galaxie 500</item>
        <item>Ford Mustang</item>
        <item>Ford Thunderbird</item>
        <item>GMC Le Mans</item>
        <item>Plymouth Fury</item>
        <item>Plymouth GTX</item>
        <item>Plymouth Roadrunner</item>
    </string-array>
</resources>
```

데이터는 **문자열 배열**string-array 타입이며 car_array라는 리소스 이름으로 선언되어 있다. 파일에서 데이터를 참조할 때는 이 이름을 이용한다.

35.3 XML 데이터 읽기

프로젝트에 XML 파일을 추가했으므로 이를 파싱해서 배열로 읽는다. 이 배열은 이후 LazyColumn 컴포넌트에서 읽을 수 있는 형태로 데이터를 제공한다. 안드로이드 resources 인스턴스의 getStringArray() 메서드를 이용한다. 데이터는 메인 액티비티를 만들 때 초기화해야 하므로, onCreate() 메서드에서 이 작업을 수행한다. 추가로 MainScreen 함수로 데이터를 전달하고 Preview 컴포저블로 일부 샘플 데이터를 제공하는 코드도 작성한다.

MainActivity.kt 파일을 열고 다음과 같이 수정한다.

```
.
.
class MainActivity : ComponentActivity() {

    private var itemArray: Array<String>? = null

    override fun onCreate(savedInstanceState: Bundle?) {

        itemArray = resources.getStringArray(R.array.car_array)
```

```
        super.onCreate(savedInstanceState)
        setContent {
            LazyListDemoTheme {
                Surface(
                    modifier = Modifier.fillMaxSize(),
                    color = MaterialTheme.colors.background
                ) {
                    MainScreen(itemArray = itemArray as Array<out String>)
                }
            }
        }
    }
}

@Composable
fun MainScreen(itemArray: Array<out String>) {

}

@Preview(showBackground = true)
@Composable
fun DefaultPreview() {
    val itemArray: Array<String> = arrayOf("Cadillac Eldorado",
        "Ford Fairlane", "Plymouth Fury")

    LazyListDemoTheme {
        MainScreen(itemArray = itemArray)
    }
}
```

35.4 이미지 로딩 처리하기

이 프로젝트에서는 이제 차량 cars 리스트에 접근할 수 있으며, 리스트의 각 아이템은 차량 제조사 manufacturer와 모델model을 포함한다. 각 아이템은 텍스트 콘텐츠 외에 제조사 로고 이미지를 포함한다. 로고 이미지들은 웹 서버에서 제공되며 Image 컴포저블 안에서 다운로드하고 렌더링된다. 앱에서 이미지를 다운로드하고 표시할 때는 여러 사항들을 고려해야 한다. 예를 들어, 이미지는 비동기적으로 다운로드되어 앱의 실행을 방해하지 않아야 한다. 다운로드는 연결성connectivity 이슈가 발생했을 때 복원 가능해야 하며, 메모리 사용량을 최소화하기 위해 이미지 다운 샘플링 처리를 해야 한다. 이런 태스크를 수행할 코드를 직접 작성하는 대신, 여기서는 이를 자동으로 수행하는 이미지 로딩 라이브러리인 Coil을 이용한다. Coil 이미지 로딩 라이브러리에 관한 더 많은 정보는 다음 URL을 참조한다.

URL https://coil-kt.github.io/coil/

프로젝트에 Coil 지원을 포함시키려면 모듈 수준의 build.gradle 파일 dependencies 섹션에 Coil 라이브러리를 추가한다(모듈 수준의 build.gradle 파일은 Project 도구 창의 Gradle Scripts ➡ build.gradle (Module: LazyListDemo.app)에서 찾을 수 있다).

```
dependencies {
.
.
    implementation('io.coil-kt:coil-compose:1.3.2')
.
.
}
```

라이브러리를 추가하면 프로젝트를 재동기화해야 한다는 주의 알림warning bar이 표시된다(그림 35-3).

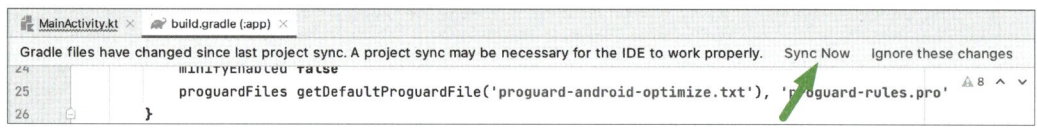

그림 35-3

Sync Now 링크를 클릭하고 잠시 기다리면 프로젝트 동기화 프로세스가 완료된다.

다음으로 이미지를 다운로드하고 Image 컴포넌트를 이용해 다운로드한 이미지를 표시하는 컴포저블 함수를 추가한다. 이미지 파일들의 이름은 〈manufacturer〉_logo.png 형태이며, 〈manufacturer〉는 제조사 이름('Ford', 'Cadillac' 등)으로 치환된다. 각 차량 이름은 제조사 이름으로 시작되므로, 각 차량에 관한 이미지 이름은 차량 이름의 첫 단어와 '_logo.png'의 조합으로 만들 수 있다. MainActivity.kt 파일에 다음과 같이 ImageLoader 컴포저블 함수를 추가한다.

```
@Composable
fun ImageLoader(item: String) {

    val url = "https://www.ebookfrenzy.com/book_examples/car_logos/" +
        item.substringBefore(" ") + "_logo.png"

}
```

위의 코드에서는 substringBefore() 메서드를 각 아이템 문자열에 적용해 첫 번째 공백 문자 앞의 텍스트를 얻은 뒤, 이를 이용해 완전한 이미지 URL을 구성한다.

획득한 이미지의 경로를 사용해 해당 이미지를 렌더링한 Image 컴포넌트를 만드는 코드를 추가한다.

```
.
.
import androidx.compose.foundation.Image
import androidx.compose.foundation.layout.*
import androidx.compose.ui.layout.ContentScale
import androidx.compose.ui.unit.dp
import coil.compose.rememberImagePainter
.
.
@Composable
fun ImageLoader(item: String) {

    val url = "https://www.ebookfrenzy.com/book_examples/car_logos/" +
        item.substringBefore(" ") + "_logo.png"

    Image(
        painter = rememberImagePainter(url),
        contentDescription = "car image",
        contentScale = ContentScale.Fit,
        modifier = Modifier.size(75.dp)
    )
}
```

위의 코드는 Image를 생성하고 Coil의 rememberImagePainter() 함수에 해당 이미지 URL을 전달해 호출해서 이미지 페인터를 요청한다. 이미지는 Image 컴포넌트의 크기에 맞춰 조정된다. 크기는 모디파이어를 통해 폭, 높이 모두 75dp로 제한된다.

로고 이미지를 다운로드하려면 프로젝트의 manifest를 수정해 인터넷 접근Internet access 권한을 추가해야 한다. Project 도구 창에서 app ➡ manifests ➡ AndroidManifest.xml 파일을 열고, 다음과 같이 인터넷 권한Internet permission 요소를 추가한다.

```
<?xml version="1.0" encoding="utf-8"?>
<manifest xmlns:android="http://schemas.android.com/apk/res/android"
    package="com.example.lazylistdemo">

    <uses-permission android:name="android.permission.INTERNET" />
.
.
```

이 책을 집필하는 시점에는 컴포즈의 미리 보기 패널에서 Coil을 이용한 이미지 렌더링을 지원하지 않았다. ImageLoader의 동작을 확인하기 위해 MainScreen 함수에 다음 코드를 추가한다.

```
@Composable
fun MainScreen(itemArray: Array<out String>) {
    ImageLoader("Plymouth GTX")
}
```

코드를 변경하고 앱을 에뮬레이터나 실제 기기에서 실행하면 Plymouth 로고가 나타난다(그림 35-4).

그림 35-4

35.5 리스트 아이템 컴포저블 디자인하기

지금까지 아이템 리스트 배열 하나와 이미지 로딩 메커니즘을 만들었다. 다음으로 리스트 안의 각 아이템을 표시하는 컴포저블을 만들어야 한다. 이 컴포저블은 하나의 Row로 구성되며, 하나의 ImageLoader와 리스트 아이템 문자열을 표시하는 하나의 Text 컴포넌트를 포함한다. elevation 효과나 둥근 모서리와 같은 커스터마이즈 옵션을 제공하기 위해 Row는 Card 컴포넌트 안에 배치한다. MainActivity.kt 파일에 다음과 같이 MyListItem 함수를 추가한다.

```
    .
    .
import androidx.compose.foundation.shape.RoundedCornerShape
import androidx.compose.material.Card
import androidx.compose.ui.Alignment
    .
    .
@Composable
fun MyListItem(item: String) {
    Card(
        Modifier
            .padding(8.dp)
            .fillMaxWidth()
        shape = RoundedCornerShape(10.dp),
        elevation = 5.dp) {

        Row(verticalAlignment = Alignment.CenterVertically) {
            ImageLoader(item)
            Spacer(modifier = Modifier.width(8.dp))
            Text(
                text = item,
                style = MaterialTheme.typography.h6,
                modifier = Modifier.padding(8.dp)
            )
        }
    }
}
```

```
        }
    }
```

다음과 같이 MainScreen 함수가 MyListItem 컴포저블을 호출하도록 수정한 뒤 실제 기기나 에뮬레이터에서 앱을 테스트한다.

```
@Composable
fun MainScreen(itemArray: Array<out String>) {
    MyListItem("Buick Roadmaster")
}
```

앱이 실행되면 리스트 아이템이 나타난다(그림 35-5). 예시에서는 ImageLoader 함수가 차량 설명에 맞는 Buick 로고를 로드했다.

그림 35-5

35.6 지연 리스트 만들기

이것으로 준비 작업을 모두 마쳤다. 이제 프로젝트에 LazyColumn 컴포넌트를 추가한다.

```
.
.
import androidx.compose.foundation.lazy.LazyColumn
import androidx.compose.foundation.lazy.items
.
.
@Composable
fun MainScreen(itemArray: Array<out String>) {
    LazyColumn {
        items(itemArray) { model ->
            MyListItem(item = model)
        }
    }
}
```

위의 코드는 LazyColumn 컴포저블을 호출하고 LazyListScope의 items() 함수를 이용해 itemArray의 각 요소를 MyListItem 함수로 전달하는 작업을 반복한다.

35.7 프로젝트 테스트하기

프로젝트를 다시 한 번 컴파일하고 실제 기기 또는 에뮬레이터에서 실행해서 스크롤 가능한 리스트가 나타나는지 확인한다(그림 35-6).

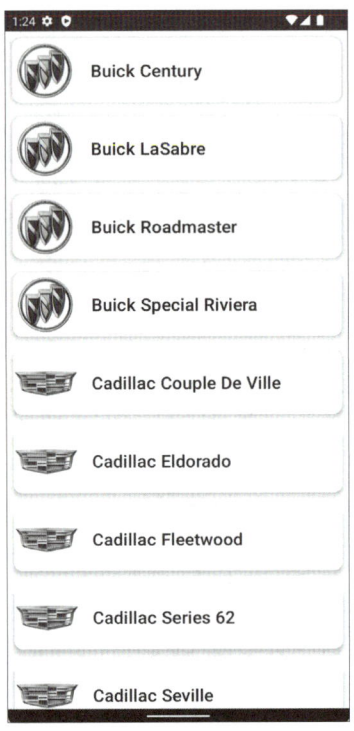

그림 35-6

35.8 리스트 아이템 클릭하기

일반적으로 리스트의 아이템을 클릭하면 어떤 동작을 한다. 예를 들어, 리스트의 아이템을 클릭하면 특정한 액션을 수행하거나 다른 화면으로 이동한다. 이번 장의 마지막 내용으로 리스트의 아이템을 클릭할 수 있도록 만든다. 이번 예시에서는 사용자에게 아이템의 텍스트 콘텐츠를 포함하는 토스트$_{toast}$ 메시지를 표시하도록 설정한다. 안드로이드의 Toast 클래스를 이용해 만들어지는 토스트는 현재 표시되는 액티비티를 방해하지 않고 화면에 나타나는 작은 알림 메시지다.

MainScreen 함수 안에 사용자가 리스트 아이템을 클릭했을 때 호출할 이벤트 핸들러를 선언한다. 이 핸들러는 현재 아이템의 텍스트를 전달받아 이를 토스트 메시지 안에 표시한다. MainActivity.kt 파일의 MainScreen 함수를 다음과 같이 수정한다.

```
.
.
import android.widget.Toast
import androidx.compose.ui.platform.LocalContext
import androidx.compose.foundation.*
.
.
@Composable
fun MainScreen(itemArray: Array<out String>) {

    val context = LocalContext.current

    val onListItemClick = { text : String ->

        Toast.makeText(
            context,
            text,
            Toast.LENGTH_SHORT
        ).show()
    }

    LazyColumn {
        items(itemArray) { model ->
            MyListItem(item = model)
        }
    }
}
```

다음으로 MyListItem 함수 및 해당 함수를 호출할 때 이벤트 핸들러 참조를 전달하도록 수정한다.

```
@Composable
fun MainScreen(itemArray: Array<out String>) {
.
.
    LazyColumn {
        items(itemArray) { model ->
            MyListItem(item = model, onItemClick = onListItemClick)
        }
    }
}

@Composable
fun MyListItem(item: String, onItemClick: (String) -> Unit) {
.
.
.
}
```

마지막으로, MyListItem 안의 Card 컴포넌트에 clickable 모디파이어를 추가한다. onListItemClick 핸들러를 호출하고, 핸들러에 현재 아이템을 전달한다.

```
@Composable
fun MyListItem(item: String, onItemClick: (String) -> Unit) {
    Card(
        Modifier
            .padding(8.dp)
            .fillMaxWidth()
            .clickable { onItemClick(item) },
        shape = RoundedCornerShape(10.dp),
        elevation = 5.dp) {
.
.
```

프로젝트를 컴파일하고 앱을 실행한다. 리스트 아이템을 클릭하면 선택된 아이템의 텍스트를 포함한 토스트 메시지가 표시되는지 확인한다(그림 35-7).

그림 35-7

35.9 정리

이번 장에서는 XML 리소스를 이용해 데이터를 저장하고, 액티비티를 초기화할 때 해당 데이터를 읽어 배열에 저장하는 방법을 소개했다. 그리고 Coil 이미지 로딩 라이브러리를 소개하고, 이를 이용해 최소한의 코딩으로 인터넷을 통해 이미지를 다운로드하고 표시하는 방법을 살펴봤다. 다음으로 XML 데이터에 기반해 스크롤 가능한 리스트를 만들고, LazyColumn 레이아웃 컴포저블과 Card 컴포넌트를 이용했다. 마지막으로, 리스트 아이템에 클릭 이벤트가 발생했을 때 반응하는 코드를 추가했다.

이번 장에서 만든 예시 프로젝트는 컴포즈의 지연 리스트를 이용했지만, 지연 리스트가 제공하는 스티키 헤더나 스크롤 위치 식별 같은 장점들은 아직 활용하지 않았다. 다음 장에서는 이 피처들을 추가하면서 LazyListDemo 프로젝트를 확장한다.

CHAPTER 36

지연 리스트가 제공하는 스티키 헤더와 스크롤 식별

앞 장에서 LazyColumn 레이아웃을 이용해 이미지와 텍스트를 포함한 Card 컴포넌트 리스트를 표시하는 프로젝트를 만들었다. 그리고 리스트 아이템을 클릭했을 때 메시지를 표시하도록 구현했다.

이번 장에서는 이 프로젝트에 스티키 헤더 지원을 추가하고, 스크롤 식별을 이용해 사용자가 지정한 거리 이상으로 리스트를 스크롤했을 때 '맨 처음으로 이동하기' 버튼이 표시되도록 확장한다. 이 두 피처는 모두 33장 '리스트와 그리드'에서 소개했다.

36.1 리스트 아이템 데이터 그룹핑하기

현재 LazyColumn 리스트는 문자열값 배열에서 직접 만들어진다. 여기서는 이 아이템들을 제조사별로 그룹핑하고 각 그룹을 제조사 이름을 표시하는 스티키 헤더 아래 표시되도록 한다.

스티키 헤더 지원을 추가하기 위해서는 가장 먼저 itemList 배열에 groupBy() 메서드를 호출한다. 이때 각 문자열의 첫 번째 단어(즉, 제조사 이름)를 그룹 셀렉터값으로 전달한다. MainActivity.kt 파일의 MainScreen 함수를 수정해 아이템들을 매핑된 리스트~mapped list~로 그룹핑한다.

```
@Composable
fun MainScreen(itemArray: Array<out String>) {

    val context = LocalContext.current
    val groupedItems = itemArray.groupBy { it.substringBefore(' ') }
.
.
```

36.2 헤더와 아이템 표시하기

리스트 아이템을 그룹핑했으므로 LazyColumn의 구현도 수정해야 한다. 논리적인 관점에서는 각 제조사 이름별로 스티키 헤더를 표시할 외부 루프가 필요하다. 내부 루프에서는 각 제조사에 해당하는 아이템을 표시한다. 가장 먼저 MainScreen 함수에서 기존 items() 루프를 groupedItems 객체에 대한 forEach 루프 안으로 옮긴다.

```
@Composable
fun MainScreen(itemArray: Array<out String>) {
.
.
    LazyColumn {
        groupedItems.forEach { (manufacturer, models) ->
            items(itemArray) { model ->
                MyListItem(item = model, onItemClick = onListItemClick)
            }
        }
    }
.
.
```

루프를 반복할 때마다 forEach 문은 후행 람다를 호출하고 현재 선택된 값(manufacturer)과 아이템 (models)을 전달한다. 그룹핑되지 않은 itemArray에서 아이템을 표시하는 대신, items()를 호출할 때는 models 파라미터를 전달해야 한다.

```
items(models) { model ->
    MyListItem(item = model, onItemClick = onListItemClick)
}
```

스티키 헤더를 추가하기 전에 코드를 컴파일하고 앱을 실행해서, 모든 아이템이 이전과 같이 표시되는지 확인한다.

36.3 스티키 헤더 추가하기

각 manufacturer 그룹에 대한 헤더를 표시해야 한다. 이를 위해서는 LazyListScope가 제공하는 stickyHeader 함수를 호출한다. 헤더의 콘텐츠는 임의의 컴포저블을 조합할 수 있지만, 대부분의 요구사항에서는 적절하게 설정된 Text 컴포넌트를 이용하는 것이 좋다.

```
.
.
import androidx.compose.ui.graphics.Color
.
.
LazyColumn() {

    groupedItems.forEach { (manufacturer, models) ->

        stickyHeader {
            Text(
                text = manufacturer,
```

```
                color = Color.White,
                modifier = Modifier
                    .background(Color.Gray)
                    .padding(5.dp)
                    .fillMaxWidth()
            )
        }

        items(models) { model ->
            MyListItem(item = model, onItemClick = onListItemClick)
        }
    }
}
```

코드 편집기에서 stickyHeader가 실험적인 피처로 표시된다면 MainScreen 함수에 다음과 같이 ExperimentalFoundationApi 애너테이션을 추가한다.

```
@OptIn(ExperimentalFoundationApi::class)
@Composable
fun MainScreen(itemArray: Array<out String>) {
    .
    .
```

앱을 빌드하고 실행하면 각 그룹 위에 제조사 이름을 포함한 헤더가 표시된다(그림 36-1).

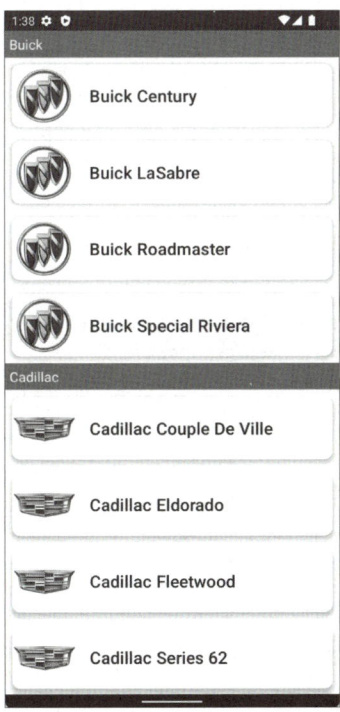

그림 36-1

36.4 스크롤 위치에 반응하기

LazyListDemo 튜토리얼의 마지막 단계로 프로젝트를 수정해 스크롤 위치 식별 지원을 추가한다. 이 기능을 추가하면 리스트 위치 4번 아이템 이상 스크롤했을 때 버튼이 표시되며, 이 버튼을 클릭하면 리스트의 처음으로 이동한다.

이 버튼은 화면 맨 아래 LazyColumn 바깥에 배치되며 화면 밖으로 스크롤되지 않아야 한다. 먼저 LazyColumn을 Box 컴포넌트 안에서 선언한다. MainActivity.kt 파일을 열고 MainScreen 함수를 다음과 같이 수정한다.

```
@Composable
fun MainScreen(itemArray: Array<out String>) {

    val context = LocalContext.current
    val groupedItems = itemArray.groupBy { it.substringBefore(' ') }
    .
    .
    Box {
        LazyColumn() {
            groupedItems.forEach { (manufacturer, models) ->
    .
    .
    }
    .
    .
}
```

다음으로 LazyListState 인스턴스를 요청하고, 이를 LazyColumn에 전달한다. 여기서 버튼을 클릭했을 때 스크롤을 수행할 때 필요한 코루틴 스코프도 얻는다.

```
.
.
import androidx.compose.foundation.lazy.rememberLazyListState
import androidx.compose.runtime.rememberCoroutineScope
.
.
@Composable
fun MainScreen(itemArray: Array<out String>) {

    val listState = rememberLazyListState()
    val coroutineScope = rememberCoroutineScope()
    .
    .
    Box {
        LazyColumn(
```

```
        state = listState,
        contentPadding = PaddingValues(bottom = 40.dp)
    ) {
        groupedItems.forEach { (manufacturer, models) ->
.
.
```

위의 코드에서는 리스트 상태를 LazyColumn에 적용하는 것과 동시에 리스트 하단에 패딩을 추가한다. 이 패딩은 리스트의 마지막에 이르렀을 때 버튼을 위해 이용할 수 있는 충분한 공간을 제공한다.

버튼 표시 여부는 `displayButton`이라는 부울 변수로 제어한다. 이 변수의 값은 리스트 상태(`listState`)의 `firstVisibleItemIndex` 프로퍼티에서 얻는다.

```
@Composable
fun MainScreen(itemArray: Array<out String>) {

    val listState = rememberLazyListState()
    val coroutineScope = rememberCoroutineScope()
    val displayButton = listState.firstVisibleItemIndex > 5
.
.
```

위의 선언에서 `displayButton` 변수의 값은 리스트에서 첫 번째로 보이는 아이템의 인덱스가 5보다 크면 참이 된다.

36.5 스크롤 버튼 추가하기

이제 코드에서 리스트 스크롤 위치를 식별할 수 있게 구현했으므로 버튼을 추가한다. 이것은 Box 컴포넌트 안에서 호출되며 OutlinedButton 컴포저블로 나타난다. OutlinedButton은 머티리얼 디자인 컴포넌트의 하나이며 테두리가 있는 버튼을 만들어준다. 테두리 굵기 패턴border stroke pattern, 둥근 모서리rounded corner와 같은 효과를 함께 이용할 수 있다.

Box 선언에서 LazyColumn 바로 뒤에 OutlinedButton을 추가한다.

```
.
.
import androidx.compose.material.*
import kotlinx.coroutines.launch
.
.
    Box {
        LazyColumn(
```

```
            state = listState
        ) {
            items(models) { model ->
                MyListItem(item = model, onItemClick = onListItemClick)
            }
        }
    }

    OutlinedButton(
        onClick = {
            coroutineScope.launch {
                listState.scrollToItem(0)
            }
        },
        border = BorderStroke(1.dp, Color.Gray),
        shape = RoundedCornerShape(50),
        colors = ButtonDefaults.outlinedButtonColors(
            contentColor = Color.DarkGray
        ),
        modifier = Modifier.padding(5.dp)
    ) {
        Text(text = "Top")
    }
}
```

다음으로 버튼 위치와 표시 여부를 제어한다. 버튼은 displayButton이 참일 때만 화면의 가장 아래 중앙에 표시된다. 이를 구현하려면 OutlinedButton 함수를 AnimatedVisibility 컴포저블 안에서 호출하면 된다. AnimatedVisibility 컴포저블은 애니메이션을 이용해 자식 컴포넌트를 숨기거나 표시한다(37장 '시각적 애니메이션'에서 자세히 다룬다). 다음 코드와 같이 displayButton 변수에 OutlinedButton 표시 여부에 대한 기본값과 CenterBottom 정렬을 이용해 위치를 지정한다.

```
import androidx.compose.animation.AnimatedVisibility
.
.
    AnimatedVisibility(visible = displayButton,
            Modifier.align(Alignment.BottomCenter)) {
        OutlinedButton(
            onClick = {
                coroutineScope.launch {
                    listState.scrollToItem(0)
                }
            },
```

```
                border = BorderStroke(1.dp, Color.Gray),
                shape = RoundedCornerShape(40),
                colors = ButtonDefaults.outlinedButtonColors(
                    contentColor = Color.DarkGray
                ),
                modifier = Modifier.padding(5.dp)
            ) {
                Text(text = "Top")
            }
    }
    .
    .
```

36.6 완성한 앱 테스트하기

마지막으로 앱을 컴파일하고 실행한 뒤, 버튼이 표시될 때까지 아래로 스크롤한다. 리스트의 마지막까지 스크롤한 뒤 LazyColumn과 버튼이 겹치지 않도록 충분한 패딩이 확보되었는지도 확인한다(그림 36-2).

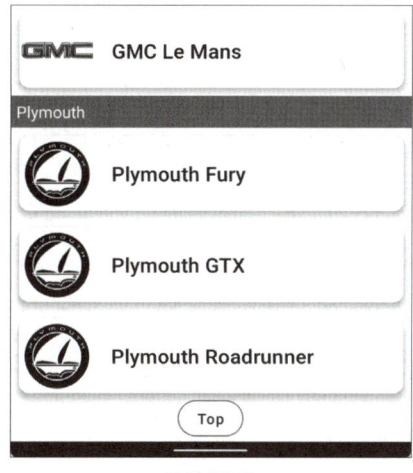

그림 36-2

Top 버튼을 클릭해 리스트의 처음으로 이동하는지 확인한다.

36.7 정리

이번 장에서는 LazyListDemo 프로젝트에 스티키 헤더와 스크롤 위치 식별 지원을 추가해 마무리했다. 또한 머티리얼 테마의 OutlinedButton과 지연 리스트 콘텐츠 패딩도 소개했다.

CHAPTER

37

시각적 애니메이션

젯팩 컴포즈에서 제공하는 Animation API를 이용하면 사용자 인터페이스에 애니메이션 효과를 추가할 수 있다. Animation API는 여러 클래스와 함수로 구성되며, 앱에 비교적 손쉽게 애니메이션 옵션을 적용할 수 있도록 돕는다. 이번 장에서는 사용자 인터페이스 컴포넌트를 표시하거나 숨길 때 애니메이션을 사용하는 방법을 살펴본다. 한 컴포넌트를 다른 컴포넌트로 변경할 때 교차 페이딩cross fading도 이용할 수 있다. 38장 '상태 주도 애니메이션'에서는 움직임, 회전, 색상 변경 애니메이션과 단일 트랜지션에서 여러 애니메이션을 조합하는 방법을 살펴본다.

이번 장에서는 예시 프로젝트 안에서 각 애니메이션 기법에 관해 살펴본다.

37.1 AnimateVisibility 프로젝트 만들기

안드로이드 스튜디오를 실행하고 새 Empty Compose Activity 프로젝트를 만든 뒤, Name 필드에 'AnimateVisibility', Package name에 'com.example.animatevisibility'를 입력한다. Minimum SDK는 API 26: Android 8.0 (Oreo)로 설정한 뒤 Finish 버튼을 클릭한다. 코드 편집기에서 MainActivity.kt 파일을 열고, Greeting 함수를 제거한 뒤 MainScreen이라는 이름의 새로운 빈 컴포저블을 추가한다.

```
@Composable
fun MainScreen() {

}
```

다음으로 onCreateActivity() 메서드와 DefaultPreview 함수가 Greeting 대신 MainScreen을 호출하도록 수정한다. 그리고 미리 보기 컴포저블의 시스템 UI 옵션을 활성화한다.

```
@Preview(showBackground = true,   showSystemUi = true)
@Composable
fun DefaultPreview() {
    AnimateVisibilityTheme {
        MainScreen()
    }
}
```

37.2 시각적 애니메이션 적용하기

애니메이션의 가장 간단한 형태는 컴포저블이 나타나거나 사라질 때의 애니메이션일 것이다. 컴포넌트가 갑자기 나타나거나 사라지는 대신 AnimatedVisibility 컴포저블을 이용해 다양한 애니메이션 효과를 적용할 수 있다. 예를 들어, 사용자 인터페이스 요소가 화면에 서서히 나타나거나 화면에서 사라질 수 있다. 또는 수직, 수평 위치로 이동하면서 나타나거나 사라질 수도 있고, 확장하거나 줄어들면서 나타나거나 사라질 수도 있다.

AnimatedVisibility를 호출할 때는 최소한 해당 컴포저블의 자식 컴포저블의 표시 여부를 제어하는 부울 상태 변수 파라미터를 전달해야 한다. AnimatedVisibility가 제공하는 기능을 살펴보기 전에, 애니메이션을 적용하지 않고 컴포저블을 표시하거나 숨기는 방법부터 확인해 본다.

다음 레이아웃 디자인을 완료하면 2개의 버튼을 이용해 애니메이션을 활용해 콘텐츠를 표시하거나 숨길 수 있다. 화면 레이아웃을 디자인하기 전에 CustomButton이라는 이름의 컴포저블을 MainActivity.kt 파일에 추가한다.

```
.
.
import androidx.compose.material.*
import androidx.compose.ui.graphics.Color
.
.
@Composable
fun CustomButton(text: String, targetState: Boolean,
        onClick: (Boolean) -> Unit, bgColor: Color = Color.Blue) {

    Button(
        onClick = { onClick(targetState) },
        colors = ButtonDefaults.buttonColors(backgroundColor = bgColor,
            contentColor = Color.White)) {
        Text(text)
    }
}
```

컴포저블은 버튼에 표시될 텍스트와 버튼을 클릭할 때 핸들러에 전달할 onClick 핸들러 및 새 상탯값 모두에 전달된다. 버튼은 선택 옵션으로 배경색을 지정할 수 있는데, 기본값은 파랑이다.

다음으로 MainScreen 함수를 아래와 같이 수정한다.

```
.
.
import androidx.compose.foundation.background
```

```
import androidx.compose.foundation.layout.*
import androidx.compose.ui.unit.dp
import androidx.compose.ui.Alignment
import androidx.compose.runtime.*
.
.
@Composable
fun MainScreen() {

    var boxVisible by remember { mutableStateOf(true) }

    val onClick = { newState : Boolean ->
        boxVisible = newState
    }

    Column(
        Modifier.padding(20.dp),
        horizontalAlignment = Alignment.CenterHorizontally
    ) {
        Row(
            Modifier.fillMaxWidth(),
            horizontalArrangement = Arrangement.SpaceEvenly
        ) {
            CustomButton(text = "Show", targetState = true, onClick = onClick)
            CustomButton(text = "Hide", targetState = false, onClick = onClick)
        }

        Spacer(modifier = Modifier.height(20.dp))

        if (boxVisible) {
            Box(modifier = Modifier
                .size(height = 200.dp, width = 200.dp)
                .background(Color.Blue))
        }
    }
}
```

위의 코드는 초깃값이 참인 부울 변수 boxVisible, CustomButton 컴포저블의 인스턴스에 전달되는 onClick 이벤트 핸들러 선언으로 시작한다. 이 핸들러는 버튼 선택에 따라 boxVisible 상태를 변경한다.

다음으로 Column, Row 컴포저블을 이용해 CustomButton 컴포저블 2개와 파란 Box 1개를 표시한다. 버튼들은 표시될 텍스트, boxVisible 상태의 새 설정, onClick 핸들러에 대한 참조를 전달한다. 버튼을 클릭하면 핸들러를 호출하고 새 state 값을 전달한다. 마지막으로 if 문장을 이용해 boxVisible 값에 따라 Box 컴포저블이 Column의 자식에 포함되는지를 제어한다.

인터랙티브 모드에서 미리 보기를 하거나 실제 기기 또는 에뮬레이터에서 테스트하면 레이아웃은 그림 37-1과 같이 표시된다.

그림 37-1

Show, Hide 버튼을 클릭하면 파랑색 박스는 애니메이션 효과 없이 즉시 나타나거나 사라진다. 기본 시각화 애니메이션 효과는 if 문을 AnimatedVisibility 호출로 바꾸어 간단하게 추가할 수 있다.

```
.
.
import androidx.compose.animation.*
.
.
    AnimatedVisibility(visible = boxVisible) {
        Box(modifier = Modifier
            .size(height = 200.dp, width = 200.dp)
            .background(Color.Blue))
    }
.
.
```

코드 편집기에서 AnimatedVisibility가 실험적인 피처로 표시된다면 MainScreen 함수에 다음과 같이 애너테이션을 추가한다.

```
@OptIn(ExperimentalAnimationApi::class)
@Composable
fun MainScreen() {
.
.
```

37.2 시각적 애니메이션 적용하기

앱을 테스트해 보면 박스가 조금의 애니메이션과 함께 나타나거나 사라지는 것을 확인할 수 있다. AnimatedVisibility의 기본 동작은 매우 미미해서 차이를 느끼지 못할 수도 있다. 다행히도 컴포즈 Animation API는 다양한 커스터마이즈 옵션을 제공한다. 첫 번째 옵션으로 자식 컴포저블이 나타나거나 사라질 때 적용할 수 있는 다양한 애니메이션 효과를 지정할 수 있다(진입$_{enter}$/이탈$_{exit}$ 애니메이션이라 부른다).

37.3 진입/이탈 애니메이션 정의하기

AnimatedVisibility 컴포저블의 자식들이 나타나고 사라질 때 이용할 애니메이션은 enter, exit 파라미터를 이용해 선언한다. 다음은 박스가 서서히 나타나고, 수직으로 슬라이드해서 사라지게 하는 애니메이션을 설정한 코드 예시다.

```
AnimatedVisibility(visible = boxVisible,
    enter = fadeIn(),
    exit = slideOutVertically()
) {
    Box(modifier = Modifier
        .size(height = 200.dp, width = 200.dp)
        .background(Color.Blue))
}
```

다음과 같은 애니메이션 효과를 이용할 수 있다.

- **expandHorizontally()**: 수평으로 자르는 기법을 이용해 콘텐츠를 표시한다. 애니메이션을 시작하기 전 최초에 표시할 콘텐츠의 정도를 옵션으로 제어할 수 있다.
- **expandVertically()**: 수직으로 자르는 기법을 이용해 콘텐츠를 표시한다. 애니메이션을 시작하기 전 최초에 표시할 콘텐츠의 정도를 옵션으로 제어할 수 있다.
- **expandIn()**: 수직 및 수평으로 자르는 기법을 이용해 콘텐츠를 표시한다. 애니메이션을 시작하기 전 최초에 표시할 콘텐츠의 정도를 옵션으로 제어할 수 있다.
- **fadeIn()**: 투명한 상태에서 불투명한 상태로 콘텐츠를 뷰에 표시한다. 초기 투명돗값(alpha)은 0에서 1.0 사이의 부동소수점값으로 선언할 수 있다. 기본값은 0이다.
- **fadeOut()**: 불투명한 상태에서 투명한 상태로 콘텐츠를 뷰에서 사라지게 한다. 대상이 완전히 사라지기 전의 투명돗값을 0에서 1.0 사이의 부동소수점값으로 선언할 수 있다. 기본값은 0이다.
- **scaleIn()**: '확대(zoom in)'한 것처럼 콘텐츠가 뷰로 확장된다. 기본적으로 콘텐츠는 아무것도 없는 상태에서 전체 크기로 확장되지만, 초기 비율값을 0에서 1.0 사이의 부동소수점값으로 지정할 수 있다.
- **scaleOut()**: 콘텐츠를 전체 크기에 지정한 대상 비율까지 줄인 뒤 사라지게 한다. 대상 비율의 기본값은 0이며, 0에서 1.0 사이의 부동소수점값으로 설정할 수 있다.

- **shrinkHorizontally()**: 콘텐츠는 수직 경계선까지 축소된 후 슬라이드하며 사라진다. 대상 폭과 슬라이드 방향을 설정할 수 있다.
- **shrinkVertically()**: 콘텐츠는 수평 경계선까지 축소된 후 슬라이드하며 사라진다. 대상 폭과 슬라이드 방향을 설정할 수 있다.
- **shrinkOut()**: 콘텐츠는 수직/수평 경계선까지 축소된 뒤 슬라이드하며 사라진다.
- **slideInHorizontally()**: 콘텐츠는 수평축을 따라 슬라이드하며 표시된다. 슬라이드 방향과 슬라이드를 시작할 오프셋을 지정할 수 있다.
- **slideInVertically()**: 콘텐츠는 수직축을 따라 슬라이드하며 표시된다. 슬라이드 방향과 슬라이드를 시작할 오프셋을 지정할 수 있다.
- **slideIn()**: 콘텐츠는 초기 오프셋값으로 지정한 각도에서 슬라이드하며 표시된다.
- **slideOut()**: 콘텐츠는 대상 오프셋값으로 지정한 각도로 슬라이드하며 사라진다.
- **slideOutHorizontally()**: 콘텐츠는 수평축을 따라 슬라이드하며 사라진다. 슬라이드 방향과 슬라이드를 종료할 오프셋을 지정할 수 있다.
- **slideOutVertically()**: 콘텐츠는 수직축을 따라 슬라이드하며 사라진다. 슬라이드 방향과 슬라이드를 종료할 오프셋을 지정할 수 있다.

애니메이션 효과를 조합할 수도 있다. 다음은 expandHorizontally와 fadeIn 효과를 조합한 코드 예시다.

```
AnimatedVisibility(visible = boxVisible,
    enter = fadeIn() + expandHorizontally(),
    exit = slideOutVertically()
) {
.
.
```

애니메이션 스펙animation specs을 이용하면 애니메이션을 한층 다양하게 커스터마이즈할 수 있다.

37.4 애니메이션 스펙과 애니메이션 이징

애니메이션 스펙은 AnimationSpec(좀 더 엄밀하게는 AnimationSpec의 서브클래스)의 인스턴스로 나타나며 이를 이용하면 애니메이션 유지 시간animation duration, 시작 지연start delay, 스프링spring, 튕김 효과bounce effect, 반복repetition, 애니메이션 이징animation easing을 포함한 애니메이션 동작의 여러 측면을 설정할 수 있다.

Row, Column 및 다른 컨테이너 컴포저블과 마찬가지로 AnimatedVisibility 역시 고유한 스코프를 갖는다(AnimatedVisibilityScope라 부른다). 이 스코프 안에서 애니메이션에 대한 추가 함수에 접근할 수 있다. 예를 들어 애니메이션의 유지 시간을 제어한다면, tween() 함수를 호출해서 DurationBasedAnimationSpec 인스턴스를 생성하고 이를 애니메이션 효과 함수 호출 시 파라미터로 전달해야 한다. 다음은 fadeIn() 함수 호출 시 유지 시간을 설정한 코드 예시다.

```
.
.
import androidx.compose.animation.core.*
.
.
AnimatedVisibility(visible = boxVisible,
    enter = fadeIn(animationSpec = tween(durationMillis = 5000)),
    exit = slideOutVertically()
) {
.
.
```

미리 보기를 업데이트하고 박스를 표시하거나 숨겨본다. 페이드fade-in 애니메이션의 속도가 충분히 느려져 변화를 확인할 수 있다.

tween() 함수를 이용하면 애니메이션 이징을 지정할 수 있다. 애니메이션 이징을 이용하면 애니메이션 속도를 증가시키거나 감소시킬 수 있다. 또한 키프레임 위치를 지정해 속도를 임의로 조정하거나(38장 '상태 주도 애니메이션'에서 자세히 다룬다) 다음과 같은 미리 정의된 값을 이용할 수도 있다.

- FastOutSlowInEasing
- LinearOutSlowInEasing
- FastOutLinearEasing
- LinearEasing
- CubicBezierEasing

다음은 slideInHorizontally 효과에 대해 LinearOutSlowInEasing을 적용한 코드 예시다.

```
AnimatedVisibility(visible = boxVisible,
    enter = slideInHorizontally(animationSpec =
        tween(durationMillis = 5000, easing = LinearOutSlowInEasing)),
    exit = slideOutVertically()
) {
```

박스가 표시될 때 대상 위치에 가까워짐에 따라 애니메이션이 점점 느려진다. 마찬가지로, 다음은 베지어 곡선Bezier curve 안의 4개 위치에서 애니메이션 속도를 변경하는 코드 예시다.

```
AnimatedVisibility(visible = boxVisible,
    enter = slideInHorizontally(animationSpec = tween(durationMillis = 5000,
        easing = CubicBezierEasing(0f, 1f, 0.5f, 1f))),
    exit = slideOutVertically(),
) {
```

37.5 애니메이션 반복하기

애니메이션을 반복할 때는 RepeatableSpec 서브클래스를 이용한다. RepeatableSpec 서브클래스의 인스턴스는 repeatable() 함수를 호출해서 얻을 수 있다. 이 함수는 반복할 애니메이션과 RepeatMode 파라미터를 받는다. 이 파라미터에는 애니메이션 순서를 시작에서 끝으로 적용할지(RepeatMode.Restart), 끝에서 시작으로 적용할지(RepeatMode.Reverse)를 지정한다. 다음은 AnimatedVisibility를 호출한 예시 코드다. 페이드인 진입 애니메이션을 Reverse 반복 모드에서 10회 반복한다.

```
AnimatedVisibility(visible = boxVisible,
    enter = fadeIn(
        animationSpec = repeatable(10, animation = tween(durationMillis = 2000),
            repeatMode = RepeatMode.Reverse)
    ),
    exit = slideOutVertically(),
.
.
```

37.6 자식별로 각각 애니메이션 적용하기

AnimatedVisibility 호출 시 진입, 이탈 애니메이션을 적용하면, 이 설정은 모든 직접/간접 자식에게 적용된다. animateEnterExit() 모디파이어를 이용하면 자식별로 개별적인 애니메이션을 지정해서 적용할 수 있다. AnimatedVisibility와 마찬가지로 animateEnterExit() 모디파이어도 진입, 이탈 애니메이션을 선언할 수 있다. 다음은 빨간 Box를 호출할 때 enter, exit 모두에 수직 슬라이딩 애니메이션을 적용한 코드 예시다.

```
AnimatedVisibility(
    visible = boxVisible,
    enter = fadeIn(animationSpec = tween(durationMillis = 5500)),
    exit = fadeOut(animationSpec = tween(durationMillis = 5500))
) {
    Row {
        Box(Modifier.size(width = 150.dp, height = 150.dp)
            .background(Color.Blue)
        )
```

```
            Spacer(modifier = Modifier.width(20.dp))
            Box(
                Modifier
                    .animateEnterExit(
                        enter = slideInVertically(
                            animationSpec = tween(durationMillis = 5500)),
                        exit = slideOutVertically(
                            animationSpec = tween(durationMillis = 5500))
                    )
                    .size(width = 150.dp, height = 150.dp)
                    .background(Color.Red)
            )
    }
}
```

위의 코드를 실행하면 빨간 박스가 페이드와 슬라이딩 애니메이션을 모두 이용하는 것을 확인할 수 있다. 이는 animateEnterExit() 모디파이어에 선언한 애니메이션 부모인 AnimatedVisibility 인스턴스에 전달된 애니메이션과 조합되었기 때문이다. 예를 들어, 위 예시의 진입 애니메이션은 fadeIn(...) + slideInVertically(...)와 같다. 모디파이어의 애니메이션만 이용하고 싶다면 부모인 AnimatedVisibility 인스턴스에서의 enter, exit 설정은 각각 EnterTransition.None, ExitTransition.None으로 지정해야 한다. 다음은 부모의 애니메이션(기본 애니메이션 포함)을 비활성화해서 animateEnterExit() 모디파이어에 호출 시에 지정된 애니메이션만 수행하도록 한 코드 예시다.

```
AnimatedVisibility(
    visible = boxVisible,
    enter = EnterTransition.None,
    exit = ExitTransition.None
) {
    Row {
        Box(
            Modifier
                .animateEnterExit(
                    enter = fadeIn(animationSpec = tween(durationMillis = 5500)),
                    exit = fadeOut(animationSpec = tween(durationMillis = 5500))
                )
                .size(width = 150.dp, height = 150.dp)
                .background(Color.Blue))
        Spacer(modifier = Modifier.width(20.dp))
        Box(
            Modifier
                .animateEnterExit(
                    enter = slideInVertically(
                        animationSpec = tween(durationMillis = 5500)),
                    exit = slideOutVertically(
                        animationSpec = tween(durationMillis = 5500))
```

```
            )
                .size(width = 150.dp, height = 150.dp)
                .background(Color.Red)
        )
    }
}
```

37.7 애니메이션 자동 시작하기

지금까지는 버튼을 클릭했을 때 애니메이션이 시작되도록 구현했다. 그러나 AnimatedVisibility를 호출하는 시점에 애니메이션이 시작되도록 해야 하는 경우도 빈번하다. AnimatedVisibility를 호출할 때 MutableTransitionState 인스턴스를 전달하면 이를 수행할 수 있다.

MutableTransitionState는 특별한 목적을 가진 상태로 currentState, targetState 프로퍼티를 포함한다. 기본적으로 현재 상태와 대상 상태는 동일하게 설정되어 있으며, MutableTransitionState 인스턴스를 생성할 때 초기 상태initial state가 설정된다. 다음은 트랜지션 상태를 false로 초기화해서 만든 뒤 visibleState 파라미터를 통해 상탯값을 AnimatedVisibility 호출에 전달하는 코드 예시다.

```
    .
    .
    val state = remember { MutableTransitionState(false) }
    .
    .
        AnimatedVisibility(visibleState = state,
            enter = fadeIn(
                animationSpec = tween(5000)
            ),
            exit = slideOutVertically(),
        ) {
```

위의 코드를 테스트하면 Box 컴포저블의 초기 상태는 false로 설정되어 있기 때문에, Show 버튼을 클릭할 때까지 표시되지 않는다. '진입' 페이드인 애니메이션을 시작하려면 트랜지션 상태 인스턴스가 생성될 때 그 targetState 프로퍼티를 true로 설정해야 한다. 다음과 같이 상태 인스턴스에 대해 apply()를 호출하고 후행 람다에서 프로퍼티를 설정한다.

```
val state = remember { MutableTransitionState(true) }

state.apply { targetState = true }
```

앱을 실행하면 사용자의 조작이 없어도 자동으로 페이드인 애니메이션이 시작된다.

37.8 교차 페이딩 구현하기

교차 페이딩crossfading은 Crossfade 함수를 이용해 수행하며 한 컴포저블을 다른 컴포저블로 자연스럽게 대체한다. 이 함수에는 대상 상탯값을 전달하며, 이를 이용해 현재 표시된 컴포넌트를 대체할 컴포저블이 무엇인지 결정한다. 이후 페이딩 애니메이션 효과를 이용해 컴포저블을 대체한다.

현재 예제 앱에서는 Show와 Hide 버튼이 모두 표시된다. 실제로는 Box 컴포넌트가 표시된 상태에 따라 두 버튼 중 한 버튼만 표시되어야 할 것이다. 예를 들어, 콘텐츠가 이미 표시된 상태에서 Show 버튼을 표시할 필요는 없다. 한 버튼에서 다른 버튼으로 전환하는 것은 교차 페이딩을 이용할 수 있는 이상적인 경우다. 2개의 CustomButton 컴포저블을 하나의 Crossfade 호출 안에 포함시키고, boxVisible 상탯값을 대상 상태target state로 전달해서 이를 구현할 수 있다. 이후 Crossfade의 람다 안에 약간의 로직을 추가해서 표시할 버튼을 결정한다.

이 동작을 구현하기 위해 MainScreen 함수를 다음과 같이 수정한다.

```
fun MainScreen() {

    var boxVisible by remember { mutableStateOf(true) }

    val onClick = { newState : Boolean ->
        boxVisible = newState
    }

    Column(
        Modifier.padding(20.dp),
        horizontalAlignment = Alignment.CenterHorizontally
    ) {
        Row(
            Modifier.fillMaxWidth(),
            horizontalArrangement = Arrangement.SpaceEvenly
        ) {
            Crossfade(
                targetState = boxVisible,
                animationSpec = tween(5000)
            ) { visible ->
                when (visible) {
                    true -> CustomButton(text = "Hide", targetState = false,
                        onClick = onClick, bgColor = Color.Red)
                    false -> CustomButton(text = "Show", targetState = true,
                        onClick = onClick, bgColor = Color.Magenta)
                }
            }
        }

        Spacer(modifier = Modifier.height(20.dp))
```

```
        AnimatedVisibility(
            visible = boxVisible,
            enter = fadeIn(animationSpec = tween(durationMillis = 5500)),
            exit = fadeOut(animationSpec = tween(durationMillis = 5500))
        ) {
            Box(modifier = Modifier
                .size(height = 200.dp, width = 200.dp)
                .background(Color.Blue))
        }
    }
}
```

위의 코드에서는 교차 페이드의 효과를 확실하게 나타내기 위해 두 버튼의 배경색도 변경했다. 또한 when 문장을 이용해 boxVisible의 현재 값에 따라 표시할 버튼을 결정했다.

이제 레이아웃을 테스트해 본다. Show 버튼을 클릭하면 교차 페이드가 시작되며 Hide 버튼으로 바뀌며, 반대의 경우도 동일하게 동작한다.

37.9 정리

이번 장에서는 컴포즈의 Animation API를 이용해 사용자 인터페이스 레이아웃 안에서 컴포넌트를 나타내거나 숨길 때 애니메이션을 적용하는 방법을 살펴봤다. animatedVisibility() 함수를 이용해 대상 컴포저블을 나타내거나 숨길 때 다양한 애니메이션 효과와 동작 시간 등을 각각 적용해 봤다. Animation API의 교차 페이드 지원을 이용하면 한 컴포넌트를 다른 컴포넌트로 자연스럽게 대체할 수 있다.

CHAPTER 38

상태 주도 애니메이션

앞 장에서는 애니메이션을 이용해 사용자 인터페이스를 표시하거나 숨기는 방법을 살펴봤다. 이번 장에서는 상태 주도 애니메이션state-driven animation에 관해 살펴본다. 컴포즈 Animation API가 제공하는 피처들을 이용하면 상탯값의 변화에 기반해 다양한 애니메이션 효과를 수행할 수 있다. 회전, 동작, 색상 변경 등을 예로 들 수 있다. 이번 장에서는 상태 함수, 스프링 효과, 키프레임 기반 애니메이션을 소개하고 트랜지션을 이용해 여러 애니메이션을 조합하는 방법을 살펴본다.

38.1 상태 주도 애니메이션 이해하기

앞에서 상태를 이용하는 것이 컴포즈 기반 앱 개발의 핵심 요소임을 확인했다. 앱을 표시하고, 앱이 작동하며 사용자 입력에 응답하는 방식은 모두 눈에 보이지 않는 곳에서 발생하는 상태 변화와 표시에 기반한 것이다. 컴포즈의 Animation API를 이용하면 상태 변화에 따라 애니메이션 효과를 이용할 수 있다. 상태 변화에 따라 레이아웃에 놓인 컴포넌트의 형태, 위치, 방향, 크기가 바뀌는 경우 하나 이상의 애니메이션을 상태 함수로서 이용함으로써 시각적인 전환을 애니메이션으로 나타낼 수 있다.

38.2 상태 함수로서의 애니메이션

상태 함수로서의 애니메이션은 animate*AsState 함수라 불린다. 이 함수들은 모두 동일한 이름 규칙을 이용한다. 와일드카드 문자(*)는 해당 애니메이션을 트리거하는 상태 유형으로 대체된다. 예를 들어, 컴포저블의 배경색 변경을 애니메이션으로 나타내고 싶은 경우 animateColorAsState() 함수를 이용한다. 이 책의 집필 시점을 기준으로 컴포즈는 Bounds, Color, Dp, Float, Int, IntOffset, IntSize, Offset, Rect, Size 데이터 타입에 대한 상태 애니메이션 함수를 제공하며, 이를 이용해 대부분의 애니메이션 요구사항을 처리할 수 있다.

이 함수들은 변경 결과를 하나의 상탯값으로 애니메이션한다. 기본적으로 함수에 대상 상탯값을 지정하고, 현재 상탯값에서 대상 상탯값으로의 변경을 애니메이션으로 표시한다. 함수들은 특별한 상댓값을 반환하며, 반환된 상탯값은 컴포저블의 프로퍼티로 이용할 수 있다. 다음 코드를 살펴보자.

```
var temperature by remember { mutableStateOf(80) }

val animatedColor: Color by animateColorAsState(
    targetValue = if (temperature > 92) {
        Color.Red
    } else {
        Color.Green
    },
    animationSpec = tween(4500)
)
```

위의 코드에서는 temperature라는 상태 변수를 선언하고 80으로 초기화했다. 다음으로 animateColorAsState를 호출한다. 이 함수는 현재 temperature 값을 이용해 색상을 빨간색 또는 녹색으로 결정한다. 상태 함수로서의 애니메이션은 애니메이션 스펙(여기에서는 4,500밀리초의 유지 시간)도 받을 수 있다. animatedColor 상태는 레이아웃의 어떤 컴포저블에든 프로퍼티로 할당할 수 있다. 다음은 이를 이용해 Box 컴포저블의 배경색을 제어하는 코드 예시다.

```
Box(
    Modifier.size(width = 20.dp, height = 200.dp)
        .background(animatedColor)
)
```

실행 중 temperature 상탯값이 92를 넘으면, Box의 배경색은 선언된 애니메이션을 통해 녹색에서 빨간색으로 변한다.

이번 장에서는 상태 주도 애니메이션 예시를 몇 가지 더 만들어본다. 마지막으로, updateTransition() 함수를 이용해 여러 애니메이션을 조합해 본다.

38.3 AnimateState 프로젝트 만들기

안드로이드 스튜디오를 실행하고 새 Empty Compose Activity 프로젝트를 만든 뒤, Name 필드에 'AnimateState', Package name에 'com.example.animatestate'를 입력한다. Minimum SDK는 API 26: Android 8.0 (Oreo)로 설정한 뒤 Finish 버튼을 클릭한다. 코드 편집기에서 MainActivity.kt 파일을 열고, Greeting 함수를 제거한 뒤 RotationDemo라는 이름의 새로운 빈 컴포저블을 추가한다.

```
@Composable
fun RotationDemo() {

}
```

다음으로 onCreateActivity() 메서드와 DefaultPreview 함수가 Greeting 대신 RotationDemo를 호출하도록 수정한다.

38.4 animateFloatAsState를 이용한 회전 애니메이션

첫 번째 예시에서는 Image 컴포넌트의 회전을 애니메이션해 본다. 컴포즈에서는 회전 각도를 Float 값으로 선언하므로 animateFloatAsState() 함수를 이용해 애니메이션을 만든다. 코드를 만들기에 앞서 벡터 이미지 1개를 프로젝트에 추가한다. propeller.svg 이미지는 다음 URL에서 다운로드할 수 있는 샘플 코드의 images 폴더에 저장되어 있다.

URL https://github.com/moseskim/jetpack-compose-essentials

안드로이드 스튜디오에서 Resource Manager 도구 창(View ➡ Tool Windows ➡ Resource Manager)을 연다. 운영체제의 파일 시스템 탐색기에서 propeller.svg 이미지를 찾아 Resource Manager 도구 창으로 끌어다 놓는다. 결과 다이얼로그에서 Next를 클릭한 뒤, Import 버튼을 클릭해 이미지를 프로젝트에 추가한다. 추가한 이미지는 Resource Manager에서 그림 38-1과 같이 표시된다.

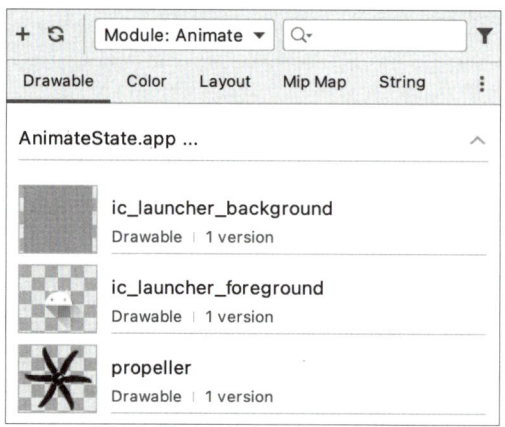

그림 38-1

이미지는 Project 도구 창의 res ➡ drawables에도 표시된다(그림 38-2).

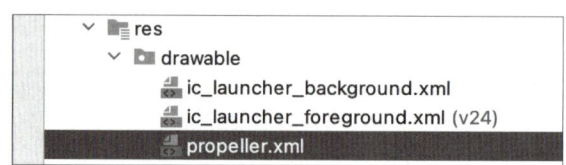

그림 38-2

편집기에서 MainActivity.kt 파일을 열고 RotationDemo 함수를 수정해 사용자 인터페이스 레이아웃을 디자인한다.

```
.
.
import androidx.compose.foundation.Image
import androidx.compose.foundation.layout.*
import androidx.compose.material.Button
import androidx.compose.runtime.*
import androidx.compose.ui.Alignment
import androidx.compose.ui.draw.rotate
import androidx.compose.ui.res.painterResource
import androidx.compose.ui.unit.dp
.
.
@Composable
fun RotationDemo() {

    var rotated by remember { mutableStateOf(false) }

    Column(horizontalAlignment = Alignment.CenterHorizontally,
        modifier = Modifier.fillMaxWidth()) {
        Image(
            painter = painterResource(R.drawable.propeller),
            contentDescription = "fan",
            modifier = Modifier
                .padding(10.dp)
                .size(300.dp)
        )

        Button(
            onClick = { rotated = !rotated },
            modifier = Modifier.padding(10.dp)
        ) {
            Text(text = "Rotate Propeller")
        }
    }
}
```

레이아웃은 프로펠러 이미지를 표시하도록 설정된 Image 하나와 Button 하나를 포함한 Column 하나로 구성된다. 코드는 rotated라는 이름의 부울 상태 변수를 포함한다. 이 변수의 값은 Button의 onClick 핸들러를 통해 토글된다.

레이아웃을 미리 보기에서 확인하면 그림 38-3과 같이 표시된다.

그림 38-3

버튼은 rotation 상탯값을 변경하지만, 해당 상태는 아직 애니메이션과 연결되지 않았다. 다음과 같이 animateFloatAsState() 함수를 이용해 상탯값과 애니메이션을 연결한다.

```
.
.
import androidx.compose.animation.core.*
.
.
@Composable
fun RotationDemo() {

    var rotated by remember { mutableStateOf(false) }

    val angle by animateFloatAsState(
        targetValue = if (rotated) 360f else 0f,
        animationSpec = tween(durationMillis = 2500)
    )
.
.
```

다음으로 Image 선언을 수정한다. 다음과 같이 rotate() 모디파이어에 각도 상태를 전달하게 한다.

```
Image(
    painter = painterResource(R.drawable.propeller),
    contentDescription = "fan",
    modifier = Modifier
        .rotate(angle)
        .padding(10.dp)
        .size(300.dp)
)
```

이 코드는 animateFloatAsState() 함수를 호출하고 반환된 상탯값을 angle이라는 변수에 할당한다. rotated의 현재 설정값이 true이면 애니메이션의 대상값을 360도로 설정한다. 그렇지 않으면 대상값을 0도로 설정한다. 인터랙티브 모드의 미리 보기 패널, 에뮬레이터, 실제 기기를 이용해 테스트를 진행해 본다. 프로펠러는 반시계 방향으로 360도(1바퀴) 돌아간다. 버튼을 두 번째 클릭하면 프로펠러는 0도 방향으로 다시 돌아간다.

회전 애니메이션은 현재 기본값인 FastOutSlowInEasing 이징 설정을 이용하며, 프로펠러가 회전하는 각도의 마지막에 가까울수록 애니메이션 속도가 느려진다. 앞 장에서 설명했던 다른 이징 옵션의 동작을 확인하려면 tween() 호출 시 해당 옵션들을 추가해 보자. 다음은 동일한 속도로 회전하는 애니메이션을 적용한 코드 예시다.

```
animationSpec = tween(durationMillis = 2500, easing = LinearEasing)
```

38.5 animateColorAsState를 이용한 색상 변경 애니메이션 처리

이번 예시에서는 animateColorAsState() 함수를 이용해 색상 변경을 애니메이션 처리해 본다. 예시의 레이아웃은 하나의 Box와 Button의 쌍으로 구성된다. Button을 클릭하면 Box의 배경 색상이 한 색상에서 다른 색상으로 애니메이션을 거쳐 변경된다. 편집기에서 파일을 열고 MainActivity.kt에 enum 선언을 추가한다.

```
.
.
enum class BoxColor {
    Red, Magenta
}

@Composable
fun RotationDemo() {
.
.
```

ColorChangeDemo라는 이름의 컴포저블 함수를 MainActivity.kt에 추가한다. 미리 보기 패널에서 표시되도록 @Preview 애너테이션을 붙인다.

```
.
.
import androidx.compose.foundation.background
import androidx.compose.ui.graphics.Color
.
.
@Composable
fun ColorChangeDemo() {
```

```
        var colorState by remember { mutableStateOf(BoxColor.Red) }

        Column(horizontalAlignment = Alignment.CenterHorizontally,
            modifier = Modifier.fillMaxWidth()) {
            Box(
                modifier = Modifier
                    .padding(20.dp)
                    .size(200.dp)
                    .background(Color.Red)
            )

            Button(
                onClick = {
                    colorState = when (colorState) {
                        BoxColor.Red -> BoxColor.Magenta
                        BoxColor.Magenta -> BoxColor.Red
                    }
                },
                modifier = Modifier.padding(10.dp)

            ) {
                Text(text = "Change Color")
            }
        }
    }

@Preview(showBackground = true)
@Composable
fun ColorChangePreview() {
    AnimateStateTheme {
        ColorChangeDemo()
    }
}
    .
    .
```

인터랙티브 모드에서 나와 레이아웃이 미리 보기에 그림 38-4와 같이 표시되는지 확인한다.

그림 38-4

BoxColor 열거형은 2개의 선택 가능한 색상(Red, Magenta)을 제공한다. colorState 상태 변수를 선언하고 BoxColor.Red로 초기화한다. 다음으로 Botton의 onClick 핸들러에서 when 문장을 이용해 colorState 값을 BoxColor 열거형의 Red와 Magenta 사이에서 토글해서 설정한다.

ColorChangeDemo 함수에서 이제 animateColorAsState() 함수를 이용해 Box 배경색 변경 애니메이션 처리를 구현한다. Box가 배경색값으로 animatedColor 상태를 이용할 수 있도록 함께 수정한다.

```
.
.
import androidx.compose.animation.animateColorAsState
.
.
@Composable
fun ColorChangeDemo() {

    var colorState by remember { mutableStateOf(BoxColor.Red) }

    val animatedColor: Color by animateColorAsState(
        targetValue = when (colorState) {
            BoxColor.Red -> Color.Magenta
            BoxColor.Magenta -> Color.Red
        },
        animationSpec = tween(4500)
    )

    Column(horizontalAlignment = Alignment.CenterHorizontally,
        modifier = Modifier.fillMaxWidth()) {
        Box(
            modifier = Modifier
                .padding(20.dp)
                .size(200.dp)
                .background(animatedColor)
        )
.
.
```

코드에서는 현재 colorState 색상값을 이용해 애니메이션 대상값을 다른 색상으로 변경한다. 이는 색상 변경 애니메이션 처리를 트리거하며, 이 처리는 4,500밀리초 동안 실행된다. 미리 보기 패널의 인터랙티브 세션이 계속되고 있다면 현재 세션을 멈춘다(한 순간에 하나의 인터랙티브 모드에서만 미리 보기를 할 수 있다). 새 컴포저블 미리 보기를 인터랙티브 모드에서 실행한다. 미리 보기가 실행되면 버튼을 클릭해 색상 변경 애니메이션 처리를 확인한다.

38.6 animateDpAsState를 이용한 움직임 애니메이션 처리하기

이번 예시는 updateTransition() 함수를 살펴보기 전 마지막 예시다. 여기서는 animateDpAsState() 함수를 이용해 컴포저블의 위치 변경을 애니메이션 처리한다. 이 처리에는 컴포넌트의 x 위치 오프셋 변경과 화면의 새로운 위치로의 이동을 애니메이션 처리하는 것이 포함된다. 앞에서와 같은 단계로 MotionDemo라는 컴포저블 함수를 추가한다. 마찬가지로, 미리 보기를 할 수 있는 컴포저블도 선언한다. 색상 변경 예시와 위치 옵션을 포함할 열거형을 추가한다.

```
.
.
enum class BoxPosition {
    Start, End
}

@Composable
fun MotionDemo() {

    var boxState by remember { mutableStateOf(BoxPosition.Start)}
    val boxSideLength = 70.dp

    Column(modifier = Modifier.fillMaxWidth()) {
        Box(
            modifier = Modifier
                .offset(x = 0.dp, y = 20.dp)
                .size(boxSideLength)
                .background(Color.Red)
        )

        Spacer(modifier = Modifier.height(50.dp))

        Button(
            onClick = {
                boxState = when (boxState) {
                    BoxPosition.Start -> BoxPosition.End
                    BoxPosition.End -> BoxPosition.Start
                }
            },
            modifier = Modifier.padding(20.dp)
                .align(Alignment.CenterHorizontally)
        ) {
            Text(text = "Move Box")
        }
    }
}

@Preview(showBackground = true)
```

```
@Composable
fun MotionDemoPreview() {
    AnimateStateTheme {
        MotionDemo()
    }
}
```

예시에서 구현한 구조는 색상 변경 애니메이션의 경우와 같다. 단, 이번에는 dp 값을 이용한다. 화면의 시작 지점부터 끝 지점까지 Box를 애니메이션 처리를 하면서 이동시키는 것이 목표다. 이 코드는 잠재적으로 다양한 기기와 화면 크기에서 실행된다고 가정한다. 따라서 화면의 끝 지점을 알기 위해서는 먼저 화면의 폭을 구해야 한다. 이 정보는 LocalConfiguration 인스턴스의 프로퍼티에 접근해서 확인할 수 있다. 이 객체는 모든 컴포즈 기반 앱의 로컬 인스턴스이며 앱이 실행되는 기기의 화면 폭, 높이, 밀도, 글꼴 스케일 정보, 야간 모드 활성화 여부 등의 정보를 제공한다. 화면 폭 정보는 다음과 같이 얻을 수 있다.

```
.
.
import androidx.compose.ui.platform.LocalConfiguration
.
.
@Composable
fun MotionDemo() {

    var screenWidth = (LocalConfiguration.current.screenWidthDp.dp)
.
.
```

다음으로 animateDpAsState() 함수를 이용해 애니메이션을 추가한다.

```
.
.
import androidx.compose.ui.unit.Dp
.
.
@Composable
fun MotionDemo() {

    val screenWidth = (LocalConfiguration.current.screenWidthDp.dp)
    var boxState by remember { mutableStateOf(BoxPosition.Start) }
    val boxSideLength = 70.dp

    val animatedOffset: Dp by animateDpAsState(
        targetValue = when (boxState) {
            BoxPosition.Start -> 0.dp
            BoxPosition.End -> screenWidth - boxSideLength
```

```
        },
        animationSpec = tween(500)
    )
.
.
```

위의 코드에서 대상 상태는 현재 boxState 설정에 따라 화면 폭의 시작 또는 끝으로 설정할 수 있다. 끝 위치인 경우에는 화면 폭에서 Box의 폭을 빼서 박스가 화면 가장자리를 넘지 않게 한다.

animatedOffset을 선언했으므로 이를 Box의 offset() 모디파이어 호출 시 x 파라미터로 전달한다.

```
Box(
    modifier = Modifier
        .offset(x = animatedOffset, y = 20.dp)
        .size(boxSides)
        .background(Color.Red)
)
```

인터랙티브 모드에서 미리 보기를 확인한다. 버튼을 클릭하면 박스는 화면의 시작과 끝 사이를 이동한다.

38.7 스프링 효과 추가하기

앞의 예시는 스프링 애니메이션 효과를 이용할 수 있는 훌륭한 기회를 제공한다. 스프링 동작은 애니메이션에 튕김 효과bounce effect를 추가하며 spring() 함수에 animationSpec 파라미터를 전달해서 적용할 수 있다. 스프링 효과를 이해할 때는 애니메이션의 시각점에 스프링의 한쪽 끝이 연결되어 있고(예를 들면, 화면 또는 부모의 왼쪽 등) 다른 한쪽 끝은 박스에 연결되어 있는 모습을 떠올리면 도움이 된다. 박스가 움직이면 스프링은 마지막 지점에 닿을 때까지 늘어나고, 박스는 그 지점에서 스프링 위에서 몇 차례 튕기다가 멈춘다.

spring()은 댐핑 비율damping ratio과 강도stiffness를 파라미터로 받는다. 댐핑 비율은 튕김 효과가 감소하는 속도를 정의하며 부동소수점값으로 선언한다(1.0은 튕김이 없는 상태, 0.1은 가장 많이 튕기는 상태다). 부동소수점값을 이용하는 대신 다음과 같이 미리 정의된 상수를 이용할 수도 있다.

- DampingRatioHighBouncy
- DampingRatioLowBouncy
- DampingRatioMediumBouncy
- DampingRatioNoBouncy

모션 애니메이션에 스프링 효과를 추가할 때는 다음과 같이 애니메이션에 spring() 함수 호출을 추가한다.

```
.
.
import androidx.compose.animation.core.Spring.DampingRatioHighBouncy
.
.
val animatedOffset: Dp by animateDpAsState(
    targetValue = when (boxState) {
        BoxPosition.Start -> 0.dp
        BoxPosition.End -> screenWidth - boxSideLength
    },
    animationSpec = spring(dampingRatio = DampingRatioHighBouncy)
)
```

위의 코드를 테스트해 보면 박스가 대상 위치에 이르렀을 때 튕김 효과가 나타난다.

강도(stiffness) 파라미터는 스프링의 세기를 정의한다. 강도가 낮을수록 튕김 효과에 의한 움직임의 범위가 커진다. 다음은 높은 튕김 댐핑 비율과 낮은 강도를 조합한 코드 예시다. 박스는 여러 차례 튕긴 후 끝 지점에서 완전히 멈춘다.

```
.
.
import androidx.compose.animation.core.Spring.StiffnessVeryLow
.
.
val animatedOffset: Dp by animateDpAsState(
    targetValue = when (boxState) {
        BoxPosition.Start -> 0.dp
        BoxPosition.End -> screenWidth - boxSides
    },
    spring(dampingRatio = DampingRatioHighBouncy, stiffness = StiffnessVeryLow)
)
```

스프링 강도 효과는 다음 상수를 이용해 조정할 수도 있다.

- StiffnessHigh
- StiffnessLow
- StiffnessMedium
- StiffnessMediumLow
- StiffnessVeryLow

댐핑 비율과 강도를 다양하게 조합하면서 조합에 따라 만들어지는 효과를 직접 실험해 보기 바란다.

38.8 키프레임 다루기

키프레임keyframe을 이용하면 애니메이션 타임라인의 특정한 지점에 다양한 유지 시간이나 이 징값을 적용할 수 있다. 키프레임은 animationSpec 파라미터를 통해 애니메이션에 적용되며, keyframes() 함수를 이용해 지정한다. keyframes() 함수는 키프레임 데이터를 포함한 람다를 전달받아 KeyframeSpec 인스턴스를 반환한다.

키프레임 명세keyframe specification는 애니메이션을 완료하는 데 필요한 전체 유지 시간을 선언하는 것으로 시작한다. 이후 전체 시간에 타임스탬프를 찍는다. 타임스탬프는 해당 시점에 전체 애니메이션 중 어느 정도가 완료되어야 하는가를 해당 애니메이션의 상태 단위 타입(예: Float, Dp, Int 등)으로 표시한 것이다. 이 타임스탬프들은 at() 함수를 호출해서 전달한다.

다음은 animateDpAsState() 함수 호출을 수정해 애니메이션에 키프레임 명세를 추가한 코드 예시다.

```
val animatedOffset: Dp by animateDpAsState(
    targetValue = when (boxState) {
        BoxPosition.Start -> 0.dp
        BoxPosition.End -> screenWidth - boxSides
    },
    animationSpec = keyframes {
        durationMillis = 1000
        100.dp.at(10)
        110.dp.at(500)
        200.dp.at(700)
    }
)
```

이 키프레임에서는 전체 애니메이션 유지 시간으로 1,000밀리초를 선언한다. 이 선언은 3개의 타임스탬프로 나뉜다. 첫 번째 타임스탬프는 10밀리초의 애니메이션을 수행하며, 오프셋값은 100dp여야 한다. 500밀리초 경과 시점에는 오프셋값이 110dp, 마지막으로 700밀리초 경과 시점에는 오프셋값이 200dp여야 한다. 남은 300밀리초 동안 나머지 애니메이션을 완료한다.

이 애니메이션을 실행하고 각 타임스탬프에 도달할 때까지 애니메이션 속도가 변하는 것을 확인해 본다.

with() 함수를 이용해 타임스탬프에 이징을 설정함으로써 애니메이션 동작을 한층 다채롭게 설정할 수 있다.

```
animationSpec = keyframes {
    durationMillis = 1000
    100.dp.at(10).with(LinearEasing)
```

```
    110.dp.at(500).with(FastOutSlowInEasing)
    200.dp.at(700).with(LinearOutSlowInEasing)
}
```

38.9 여러 애니메이션 조합하기

updateTransition() 함수를 이용하면 하나의 대상 상태를 기반으로 여러 애니메이션을 병렬로 실행할 수 있다. 이 함수에 대상 상태를 전달하면 Transition 인스턴스를 반환하며, 이 인스턴스에는 여러 자식 애니메이션을 추가할 수 있다. 대상 상태가 변경되며 이 트랜지션은 모든 자식 애니메이션을 동시에 실행한다. updateTransition() 호출 시 선택적으로 label 파라미터를 전달할 수 있으며, 이를 이용해 Animation Inspector 안에서 트랜지션을 식별할 수 있다(이 주제는 다음 절에서 다룬다).

myState라는 이름의 상태 변수 변화에 반응해 자식 애니메이션을 트리거하도록 설정된 Transition 객체는 일반적으로 다음과 같이 선언한다.

```
val transition = updateTransition(targetState = myState,
                                 label = "My Transition")
```

Transition 클래스는 자식에 애니메이션을 추가하기 위해 이용되는 함수의 컬렉션을 포함한다. 이 함수들은 적용할 애니메이션의 단위 타입에 따라 animate<Type>()이라는 이름 규칙을 이용한다 (animateFloat(), animateDp(), animationColor() 등). 이 함수들의 구문은 다음과 같다.

```
val myAnimation: <Type> by transition.animate<Type>(

    transitionSpec = {
        // 애니메이션 스펙(tween, spring 등)
    }
) { state ->
    // 현재 상태를 기반으로 새로운 대상 상태를 식별할 코드
}
```

updataTransitions의 동작을 확인하기 위해 예시 코드를 수정해서 boxState 값의 변경에 따라 색상을 변경하고 움직임을 애니메이션 처리하게 한다. TransitionDemo라는 이름의 새로운 함수와 관련된 미리 보기 컴포저블을 추가한다(정의되지 않은 심볼 에러는 다음 단계에서 수정할 것이다).

```
@Composable
fun TransitionDemo() {
    var boxState by remember { mutableStateOf(BoxPosition.Start)}
    var screenWidth = LocalConfiguration.current.screenWidthDp.dp
```

```
    Column(modifier = Modifier.fillMaxWidth()) {
        Box(
            modifier = Modifier
                .offset(x = animatedOffset, y = 20.dp)
                .size(70.dp)
                .background(animatedColor)
        )
        Spacer(modifier = Modifier.height(50.dp))

        Button(
            onClick = {
                boxState = when (boxState) {
                    BoxPosition.Start -> BoxPosition.End
                    BoxPosition.End -> BoxPosition.Start
                }
            },
            modifier = Modifier.padding(20.dp)
                .align(Alignment.CenterHorizontally)
        ) {
            Text(text = "Start Animation")
        }
    }
}

@Preview(showBackground = true)
@Composable
fun TransitionDemoPreview() {
    AnimateStateTheme {
        TransitionDemo()
    }
}
```

다음으로 boxState의 변경에 반응하도록 설정된 Transition 인스턴스를 얻도록 새 함수를 수정한다.

```
@Composable
fun TransitionDemo() {
    var boxState by remember { mutableStateOf(BoxPosition.Start)}
    var screenWidth = LocalConfiguration.current.screenWidthDp.dp
    val transition = updateTransition(targetState = boxState,
        label = "Color and Motion")
.
.
```

마지막으로, 트랜지션에 색상과 동작 애니메이션을 추가한다.

```
.
.
import androidx.compose.animation.animateColor
```

```
    .
    .
@Composable
fun TransitionDemo() {
    .
    .

    val transition = updateTransition(targetState = boxState,
        label = "Color and Motion")

    val animatedColor: Color by transition.animateColor(

        transitionSpec = {
            tween(4000)
        }

    ) { state ->
        when (state) {
            BoxPosition.Start -> Color.Red
            BoxPosition.End -> Color.Magenta
        }
    }

    val animatedOffset: Dp by transition.animateDp(

        transitionSpec = {
            tween(4000)
        }

    ) { state ->
        when (state) {
            BoxPosition.Start -> 0.dp
            BoxPosition.End -> screenWidth - 70.dp
        }
    }
    .
    .
```

미리 보기에서 박스가 화면을 따라 움직이는 동안 그 색상이 바뀌는 것을 확인할 수 있을 것이다.

38.10 Animation Inspector 이용하기

Animation Inspector는 안드로이드 스튜디오에 내장되어 있는 도구이며, 이를 이용하면 애니메이션 타임라인에 직접 접근할 수 있고 수동으로 애니메이션 시퀀스를 앞뒤로 스크롤할 수 있다. Animation Inspector는 트랜지션 기반 애니메이션transition-based animation을 제공해야만 이용할 수 있으며, 그림 38-5에 표시한 버튼을 눌러서 접근할 수 있다.

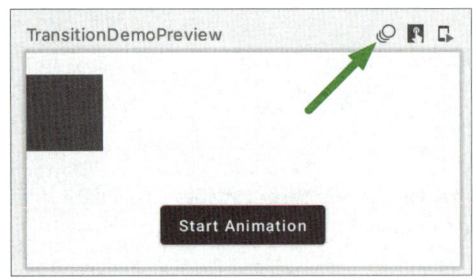

그림 38-5

위의 버튼이 표시되지 않는다면 File ➡ Settings...(맥OS에서는 Android Studio ➡ Preferences...) 메뉴 옵션을 선택하고 Experimental 옵션을 클릭한 뒤 Enable animation preview 옵션의 스위치를 켠다.

옵션을 활성화하면 Animation Inspector 패널이 미리 보기 패널 아래에 나타난다(그림 38-6).

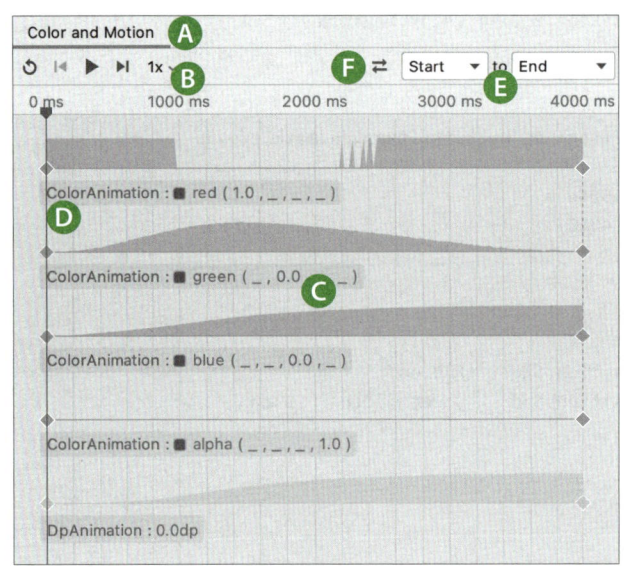

그림 38-6

Ⓐ 영역은 현재 소스 파일의 각 트랜지션을 나타내는 탭을 포함한다. 이 예시는 하나의 트랜지션만 포함하고 있으므로 하나의 탭만 표시된다. 탭 제목에는 updateTransition() 호출 시 전달한 라벨이 표시된다.

툴바(Ⓑ)에서는 애니메이션 재생, 타임라인의 시작과 끝 지점 이동, 애니메이션 무한 반복, 애니메이션 재생 속도 조정 등의 옵션을 제공한다.

트랜지션의 애니메이션 자식들은 타임라인 패널(C)에 표시된다. 파란색 수직선(D)은 타임라인에서의 현재 위치를 나타내며, 수동으로 드래그해서 애니메이션을 탐색할 수 있다. 마지막으로, 드롭다운 메뉴(E)를 이용해 애니메이션의 방향을 변경할 수 있다. 이 그림의 드롭다운 메뉴 리스트는 BoxPosition 열거형의 경우와 같다는 점에 유의한다. 이 메뉴를 수작업으로 설정하는 대신 스왑 버튼(F)을 이용해 방향을 변경할 수도 있다(그림 38-7).

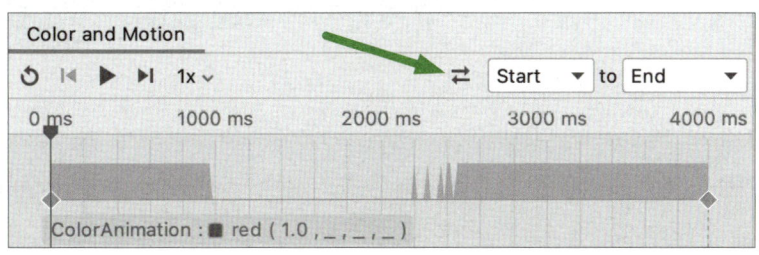

그림 38-7

38.11 정리

컴포즈 Animation API를 이용하면 상태 변경에 기반해 다양한 애니메이션을 수행할 수 있다. 상태 함수로서의 애니메이션 집합을 이용하면 상탯값 변경에 따라 애니메이션을 수행할 수 있다. 이 함수들은 대상 상탯값을 받아, 현재 상탯값에서 대상 상탯값으로의 변경을 자연스럽게 처리한다. 애니메이션은 타임라인 선형성, 유지 시간, 스프링 효과를 이용해 설정할 수 있다. updateTransition() 함수를 이용해 하나의 Transition 인스턴스에 개별 애니메이션들을 조합할 수 있다. 안드로이드 스튜디오는 애니메이션 테스트를 위한 Animation Inspector를 제공하며, 이를 이용해 직접 애니메이션 시퀀스를 스크롤하며 탐색할 수 있다.

CHAPTER

39

캔버스 그래픽 그리기

이번 장에서는 컴포즈의 Canvas 컴포넌트를 이용해 2D 그래픽을 그리는 방법을 소개한다. Canvas 가 제공하는 기능을 살펴보는 동안 컴포즈의 다른 모든 것과 마찬가지로, 단 몇 줄의 코드만으로 인상적인 결과를 얻을 수 있음을 알게 될 것이다.

39.1 Canvas 컴포넌트 소개

Canvas 컴포넌트는 2D 그래픽을 그릴 수 있는 표면을 제공한다. 하지만 내부적으로 Canvas는 단지 그래픽을 그리는 영역 이상의 것을 제공한다. 그래픽한 콘텐츠의 상태를 자동으로 유지하고 관리해 준다. Canvas는 그 자체의 스코프(DrawScope)를 갖는다. 이를 이용하면 크기 정보와 현재 영역의 중앙점을 포함한 캔버스 영역 프로퍼티에 접근할 수 있으며 일련의 함수를 이용해 도형, 선, 경로를 그리거나 삽입을 정의하거나 회전을 수행하는 등의 작업도 할 수 있다.

이 특정 컴포즈 피처가 제공하는 시각적 특성을 고려해서 이번 장의 나머지 부분에서는 예시 프로젝트를 만들면서 Canvas 컴포넌트가 제공하는 피처들의 동작에 관해 살펴본다.

39.2 CanvasDemo 프로젝트 만들기

안드로이드 스튜디오를 실행하고 새 Empty Compose Activity 프로젝트를 만든 뒤, Name 필드에 'CanvasDemo', Package name에 'com.example.canvasdemo'를 입력한다. Minimum SDK는 API 26: Android 8.0 (Oreo)로 설정한 뒤 Finish 버튼을 클릭한다. 코드 편집기에서 MainActivity.kt 파일을 열고, Greeting 함수를 제거한 뒤 MainScreen이라는 이름의 새로운 빈 컴포저블을 추가한다.

```
@Composable
fun MainScreen() {

}
```

다음으로 onCreateActivity() 메서드와 DefaultPreview 함수가 Greeting 대신 MainScreen을 호출하도록 수정한다.

39.3 선 그리기와 캔버스 크기 얻기

첫 번째로 살펴볼 그리기 예제에서는 캔버스의 한 모서리에서 다른 모서리로 직선인 대각선을 그려본다. 대각선을 그리기 위해서는 DrawScope가 제공하는 크기 프로퍼티에 접근해서 캔버스의 크기 정보를 얻어야 한다. MainActivity.kt 파일을 수정해서 DrawLine이라는 새로운 함수를 추가하고, MainScreen 컴포저블에서 이 함수를 호출한다.

```
.
.
import androidx.compose.foundation.Canvas
import androidx.compose.foundation.layout.size
import androidx.compose.ui.geometry.Offset
import androidx.compose.ui.geometry.Size
import androidx.compose.ui.graphics.*
import androidx.compose.ui.unit.dp
.
.
@Composable
fun MainScreen() {
    DrawLine()
}

@Composable
fun DrawLine() {
    Canvas(modifier = Modifier.size(300.dp)) {
        val height = size.height
        val width = size.width
    }
}
```

DrawLine 컴포저블은 고정 크기의 Canvas를 생성한 뒤, DrawScope로부터 height와 width 프로퍼티를 추출한다. 이제 DrawScope의 drawLine() 함수를 호출해 선을 그린다.

```
@Composable
fun DrawLine() {
    Canvas(modifier = Modifier.size(300.dp)) {
        val height = size.height
        val width = size.width

        drawLine(
```

```
            start = Offset(x= 0f, y = 0f),
            end = Offset(x = width, y = height),
            color = Color.Blue,
            strokeWidth = 16.0f
        )
    }
}
```

drawLine() API 함수는 선의 시작점과 끝점의 x, y 좌표를 알아야 한다. 캔버스의 왼쪽 위 모서리의 좌표는 0, 0임을 기억하자. 위의 예시에서 이 좌표는 Offset() 함수를 호출해서 얻은 Offset 인스턴스에 포함되어 있다. drawLine() 함수에는 선의 굵기(thickness)와 색상(color)도 전달해야 한다. 코드를 변경하고 미리 보기 패널을 새로고침 하면 그림 39-1과 같은 직선이 그려진다.

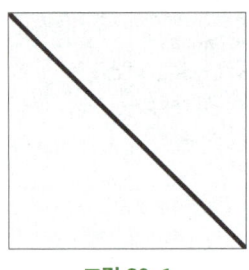

그림 39-1

39.4 점선 그리기

Canvas 위에서 수행되는 모든 형태의 선 그리기는 PathEffect 인스턴스를 설정하고 그리기 함수를 호출할 때 pathEffect 인수로 전달해 점선으로 나타낼 수 있다. 점선을 그릴 때는 PathEffect 인스턴스의 dashPathEffect() 메서드를 호출하고, 여기에 부동소수점 수 배열을 전달한다. 부동소수점 수는 선을 '그리는 구간'과 '그리지 않는 구간'을 픽셀 단위로 나타낸 것이다. 이 배열에는 값이 최소 2개 이상 있어야 하며, 구간값의 수는 짝수여야 한다. 다음과 같이 DrawLine 컴포저블을 수정해서 점선 효과를 적용한다.

```
@Composable
fun DrawLine() {
    Canvas(modifier = Modifier.size(300.dp)) {
        val height = size.height
        val width = size.width

        drawLine(
            start = Offset(x = 0f, y = 0f),
            end = Offset(x = width, y = height),
            color = Color.Blue,
```

```
            strokeWidth = 16.0f,
            pathEffect = PathEffect.dashPathEffect(
                floatArrayOf(30f, 10f, 10f, 10f), phase = 0f)
        )
    }
}
```

위의 코드는 시작점으로부터 30px의 실선, 10px의 공백, 10px의 실선, 10px의 공백 순서를 반복하는 점선을 그린다(그림 39-2).

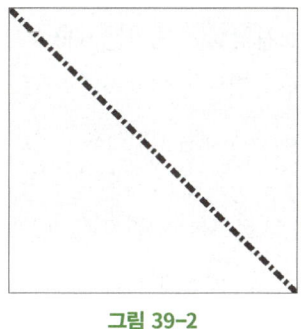

그림 39-2

39.5 사각형 그리기

drawRect() 함수를 이용하면 Canvas 위에 사각형을 그릴 수 있다. 이 함수는 다양한 방법으로 이용할 수 있다.

```
@Composable
fun MainScreen() {
    DrawRect()
}

@Composable
fun DrawRect() {
    Canvas(modifier = Modifier.size(300.dp)) {
        val size = Size(600f, 250f)
        drawRect(
            color = Color.Blue,
            size = size
        )
    }
}
```

위의 코드를 렌더링하면 미리 보기 패널에서 그림 39-3과 같은 사각형을 확인할 수 있다.

그림 39-3

Canvas의 크기는 300 × 300이지만, 사각형의 크기는 600 × 250이다. 언뜻 보기에 이는 사각형이 Canvas에 비해 보이는 것보다 그 폭이 훨씬 넓어야 하는 것을 나타낸다. 하지만 실제로 Canvas의 크기는 밀도 독립 픽셀density-independent pixel, dp로 선언되었고, 사각형의 크기는 픽셀(px)로 지정되었다. 밀도 독립 픽셀은 인치당 도트 수dots per inch, dpi로 정의되는 화면의 물리적 밀도를 기반으로 계산되는 추상적인 측정값이다. 반면 픽셀은 화면의 실제 물리적인 픽셀을 나타낸다. 오로지 픽셀만으로 작업할 때는 dp 값으로 시작한 뒤 픽셀로 변환해야 한다.

```
@Composable
fun DrawRect() {
    Canvas(modifier = Modifier.size(300.dp)) {
        val size = Size(200.dp.toPx(), 100.dp.toPx())
        drawRect(
            color = Color.Blue,
            size = size
        )
    }
}
```

구체적인 수치로 크기를 지정하는 대신 Canvas 크기를 기준으로 사각형 크기를 상대적으로 정의할 수도 있다. 다음 코드는 Canvas 절반 크기의 정사각형을 그리는 예시다.

```
@Composable
fun DrawRect() {
    Canvas(modifier = Modifier.size(300.dp)) {
        drawRect(
            color = Color.Blue,
            size = size / 2f
        )
    }
}
```

이 코드를 실행한 결과는 그림 39-4와 같다.

그림 39-4

Canvas 안의 사각형 위치는 그림의 왼쪽 위 모서리(topLeft)의 좌표로 지정할 수 있다.

```
@Composable
fun DrawRect() {
    Canvas(modifier = Modifier.size(300.dp)) {
        drawRect(
            color = Color.Blue,
            topLeft = Offset(x=350f, y = 300f),
            size = size / 2f
        )
    }
}
```

그림 39-5

또는 inset() 함수를 이용해 Canvas 컴포넌트의 경계를 수정할 수 있다.

```
.
.
import androidx.compose.ui.graphics.drawscope.inset
.
.
@Composable
```

```
fun DrawRect() {
    Canvas(modifier = Modifier.size(300.dp)) {
        inset(100f, 200f) {
            drawRect(
                color = Color.Blue,
                size = size / 2f
            )
        }
    }
}
```

inset() 함수를 호출해 캔버스의 각 가장자리에 다양한 설정을 할 수 있다. 이 함수는 후행 람다 안에서 다양한 그리기 함수를 호출할 수 있어 특히 유용하다. 각 호출은 동일한 inset 값을 갖는다.

drawRoundRect() 함수를 이용하면 둥근 모서리를 가진 사각형을 그릴 수도 있다. 크기나 위치와 함께 적절하게 설정한 CornerRadius 컴포넌트를 전달해야 한다. style 프로퍼티에 Stroke를 지정해 테두리만 가진 사각형(각진 모서리 또는 둥근 모서리)을 그릴 수 있음도 기억하기 바란다.

```
.
.
import androidx.compose.ui.geometry.CornerRadius
import androidx.compose.ui.graphics.drawscope.Stroke
.
.
@Composable
fun DrawRect() {
    Canvas(modifier = Modifier.size(300.dp)) {

        val size = Size(
            width = 280.dp.toPx(),
            height = 200.dp.toPx())

        drawRoundRect(
            color = Color.Blue,
            size = size,
            topLeft = Offset(20f, 20f),
            style = Stroke(width = 8.dp.toPx()),
            cornerRadius = CornerRadius(
                x = 30.dp.toPx(),
                y = 30.dp.toPx()
            )
        )
    }
}
```

이 코드는 모서리가 둥근 테두리만 가진 사각형을 그린다(그림 39-6).

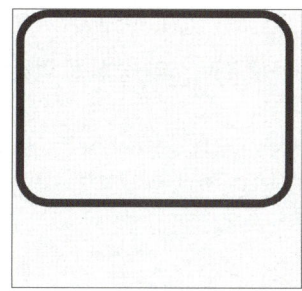

그림 39-6

39.6 회전시키기

Canvas 컴포넌트 위에 그려진 모든 요소는 해당 스코프의 rotate() 함수를 호출해서 회전시킬 수 있다. 다음은 사각형 그림을 45° 회전시키는 코드 예시다.

```
.
.
import androidx.compose.ui.graphics.drawscope.rotate
.
.
@Composable
fun DrawRect() {
    Canvas(modifier = Modifier.size(300.dp)) {
        rotate(45f) {
            drawRect(
                color = Color.Blue,
                topLeft = Offset(200f, 200f),
                size = size / 2f
            )
        }
    }
}
```

위의 코드를 렌더링한 결과는 그림 39-7과 같이 표시된다.

그림 39-7

39.7 원과 타원 그리기

drawCircle() 함수를 이용해 원을 그릴 수 있다. 다음 코드는 Canvas 중앙에 원을 하나 그린다. DrawScope의 center 프로퍼티를 이용해 캔버스의 중심을 얻었다.

```
@Composable
fun MainScreen() {
    DrawCircle()
}

@Composable
fun DrawCircle() {
    Canvas(modifier = Modifier.size(300.dp)) {
        val canvasWidth = size.width
        val canvasHeight = size.height

        drawCircle(
            color = Color.Blue,
            center = center,
            radius = 120.dp.toPx()
        )
    }
}
```

위의 코드를 렌더링하면 미리 보기에서 그림 39-8과 같이 표시된다.

그림 39-8

타원을 그릴 때는 drawOval() 함수를 이용한다. 다음 컴포저블은 테두리만 있는 타원 모양을 그린다.

```
@Composable
fun MainScreen() {
    DrawOval()
}

@Composable
fun DrawOval() {
```

```
Canvas(modifier = Modifier.size(300.dp)) {
    val canvasWidth = size.width
    val canvasHeight = size.height
    drawOval(
        color = Color.Blue,
        topLeft = Offset(x = 25.dp.toPx(), y = 90.dp.toPx()),
        size = Size(
            width = canvasHeight - 50.dp.toPx(),
            height = canvasHeight / 2 - 50.dp.toPx()
        ),
        style = Stroke(width = 12.dp.toPx())
    )
}
```

위의 코드를 렌더링하면 미리 보기에서 그림 39-9와 같이 표시된다.

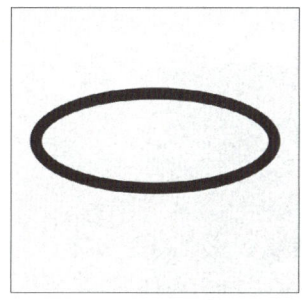

그림 39-9

39.8 그레이디언트 그리기

Brush 컴포넌트를 이용하면 그레이디언트gradient 패턴(수평, 수직, 선형, 원형, 스위핑sweeping 그레이디언트)을 이용해 도형 내부를 채울 수 있다. 예를 들어, 사각형을 수평 그레이디언트로 채운다면 x축 시작 위치 및 종료 위치에서의 색상과 추가적으로 tile 모드 설정으로 초기화한 Brush가 필요하다. 다음은 캔버스 전체 공간을 차지하고 수평 그레이디언트로 채운 사각형을 그리는 코드 예시다.

```
@Composable
fun MainScreen() {
    GradientFill()
}

@Composable
fun GradientFill() {

    Canvas(modifier = Modifier.size(300.dp)) {
        val canvasSize = size
```

```kotlin
        val colorList: List<Color> = listOf(Color.Red, Color.Blue,
            Color.Magenta, Color.Yellow, Color.Green, Color.Cyan)

        val brush = Brush.horizontalGradient(
            colors = colorList,
            startX = 0f,
            endX = 300.dp.toPx(),
            tileMode = TileMode.Repeated
        )

        drawRect(
            brush = brush,
            size = canvasSize
        )
    }
}
```

위의 코드를 렌더링하면 미리 보기 패널에서 그림 39-10과 같이 표시된다.

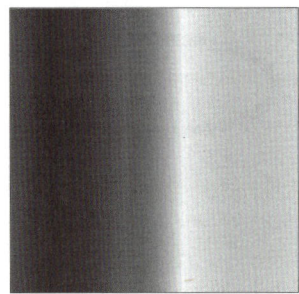

그림 39-10

다음은 원형 그레이디언트로 원을 채우는 코드 예시다.

```kotlin
@Composable
fun MainScreen() {
    RadialFill()
}

@Composable
fun RadialFill() {
    Canvas(modifier = Modifier.size(300.dp)) {}

        val canvasWidth = size.width
        val canvasHeight = size.height
        val radius = 150.dp.toPx()
        val colorList: List<Color> = listOf(Color.Red, Color.Blue,
            Color.Magenta, Color.Yellow, Color.Green, Color.Cyan)

        val brush = Brush.radialGradient(
```

```
            colors = colorList,
            center = center,
            radius = radius,
            tileMode = TileMode.Repeated
        )

        drawCircle(
            brush = brush,
            center = center,
            radius = radius
        )
    }
}
```

위의 코드에서 drawCircle() 호출 시 전달한 center 파라미터는 선택사항이다. 이 파라미터를 전달하지 않으면 함수는 기본적으로 캔버스 중앙에 그림을 그린다. 미리 보기를 확인하면 그림 39-11과 같이 표시된다.

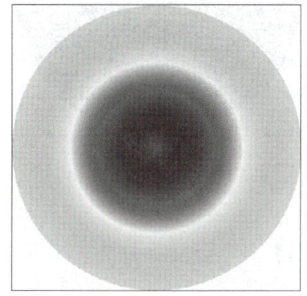

그림 39-11

그레이디언트는 그림자 효과를 추가할 때 매우 유용하다. 원형 그림에 적용한 수평 그레이디언트를 생각해 보자.

```
@Composable
fun MainScreen() {
    ShadowCircle()
}

@Composable
fun ShadowCircle() {
    Canvas(modifier = Modifier.size(300.dp)) {
        val radius = 150.dp.toPx()
        val colorList: List<Color> =
            listOf(Color.Blue, Color.Black)

        val brush = Brush.horizontalGradient(
            colors = colorList,
```

```
            startX = 0f,
            endX = 300.dp.toPx(),
            tileMode = TileMode.Repeated
        )

        drawCircle(
            brush = brush,
            radius = radius
        )
    }
}
```

위의 코드를 렌더링해 미리 보기에서 확인하면 원 오른쪽에 그림자 효과가 표시된다(그림 39-12).

그림 39-12

39.9 부채꼴 그리기

DrawScope의 drawArc() 함수를 이용하면 지정한 사각형 안에 부채꼴을 그릴 수 있다. 함수를 호출할 때는 Brush 또는 Color 설정과 함께 시작 각도 및 내각을 전달해야 한다. 다음은 250dp× 250dp 사각형 안에 시작 각도 20°, 내각 90°인 부채꼴을 그리는 코드 예시다.

```
@Composable
fun MainScreen() {
    DrawArc()
}

@Composable
fun DrawArc() {
    Canvas(modifier = Modifier.size(300.dp)) {
        drawArc(
            Color.Blue,
            startAngle = 20f,
            sweepAngle = 90f,
            useCenter = true,
            size = Size(250.dp.toPx(), 250.dp.toPx())
```

```
        )
    }
}
```

위의 코드를 렌더링하면 그림 39-13과 같은 부채꼴이 표시된다.

그림 39-13

39.10 경로 그리기

지금까지는 원이나 사각형과 같이 미리 형태가 정해진 도형을 그렸다. DrawScope를 이용하면 경로를 그릴 수도 있다. 경로는 본질적으로 캔버스 영역 안의 일련의 좌표들을 연결하는 선을 그린 것이다. 경로는 Path 클래스 인스턴스에 저장되며, 정의된 경로를 drawPath() 함수에 전달하면 Canvas 위에 경로가 그려진다.

경로를 디자인할 때는 moveTo() 함수를 호출하고 첫 번째 선의 시작 지점을 정의한다. 이후 lineTo() 또는 relativeLineTo() 함수를 이용해 다음 위치로 선을 연결한다. lineTo() 함수는 다음 x, y 좌표를 받으며 이는 부모 Canvas의 왼쪽 위 모서리를 기준으로 한 상대 좌푯값이다. 한편 relativeLineTo() 함수는 이전 위치를 기준으로 하는 좌표를 받으며, 좌표는 양수 또는 음수가 될 수 있다. Path 클래스는 3차 베지어_{Cubic Bézier} 곡선, 2차 베지어_{Quadratic Bézier} 곡선을 포함해 곡선을 그리는 함수도 제공한다.

경로를 완성했다면 반드시 마지막에 close() 함수를 호출해서 그리기를 완료해야 한다.

다음은 MainActivity.kt 파일을 수정해서 직선과 2차 베지어 곡선을 조합해 커스텀 도형을 그리는 코드 예시다.

```
@Composable
fun MainScreen() {
    DrawPath()
}
```

```
@Composable
fun DrawPath() {
    Canvas(modifier = Modifier.size(300.dp)) {

        val path = Path().apply {
            moveTo(0f, 0f)
            quadraticBezierTo(50.dp.toPx(), 200.dp.toPx(),
                300.dp.toPx(), 300.dp.toPx())
            lineTo(270.dp.toPx(), 100.dp.toPx())
            quadraticBezierTo(60.dp.toPx(), 80.dp.toPx(), 0f, 0f)
            close()
        }

        drawPath(
            path = path,
            Color.Blue,
        )
    }
}
```

미리 보기 패널을 새로고침 하면 그림 39-14와 같은 도형이 표시된다.

그림 39-14

39.11 점 그리기

drawPoints() 함수를 이용하면 Offset 인스턴스 리스트로 지정한 위치마다 점을 찍을 수 있다. drawPoints() 함수의 pointMode 파라미터를 이용하면 각 점을 개별적으로 찍을 것인지(Points 모드 이용) 또는 Lines/Polygon 모드를 이용해 선으로 연결할 것인지 제어할 수 있다. drawPoints() 함수는 알고리즘 주도로 그리기를 할 때 매우 유용하다. 다음은 개별 점으로 사인 곡선을 그리는 코드 예시다.

```
.
.
import java.lang.Math.PI
import java.lang.Math.sin
.
.
@Composable
fun MainScreen() {
    DrawPoints()
}

@Composable
fun DrawPoints() {
    Canvas(modifier = Modifier.size(300.dp)) {

        val height = size.height
        val width = size.width
        val points = mutableListOf<Offset>()

        for (x in 0..size.width.toInt()) {
            val y = (sin(x * (2f * PI / width))
                * (height / 2) + (height / 2)).toFloat()
            points.add(Offset(x.toFloat(), y))
        }
        drawPoints(
            points = points,
            strokeWidth = 3f,
            pointMode = PointMode.Points,
            color = Color.Blue
        )
    }
}
```

위의 코드를 렌더링하면 Canvas에 그림 39-15와 같이 표시된다.

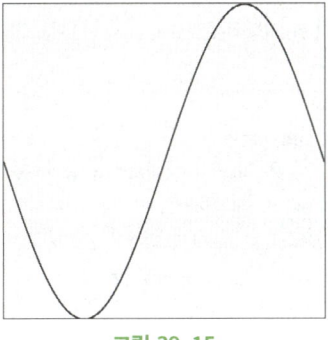

그림 39-15

39.12 이미지 그리기

drawImage() 함수를 이용하면 이미지 리소스를 캔버스 위에 그릴 수 있다. 먼저 이미지 리소스를 프로젝트에 추가한다. vacation.jpg라는 이름의 이미지 파일을 다운로드한 샘플 코드의 images 폴더에서 찾는다. 샘플 코드는 다음 URL에서 다운로드할 수 있다.

URL https://github.com/moseskim/jetpack-compose-essentials

안드로이드 스튜디오에서 Resource Manager 도구 창을 표시한다(View ➡ Tool Windows ➡ Resource Manager). 사용하는 운영체제의 파일 시스템 탐색기에서 vacation.png 이미지 파일을 찾아 Resource Manager 도구 창에 드래그앤드롭한다. 결과 다이얼로그에서 Next를 클릭한 뒤 Import 버튼을 클릭해 이미지를 프로젝트에 추가한다. 추가한 이미지는 Resource Manager에서 그림 39-16과 같이 표시된다.

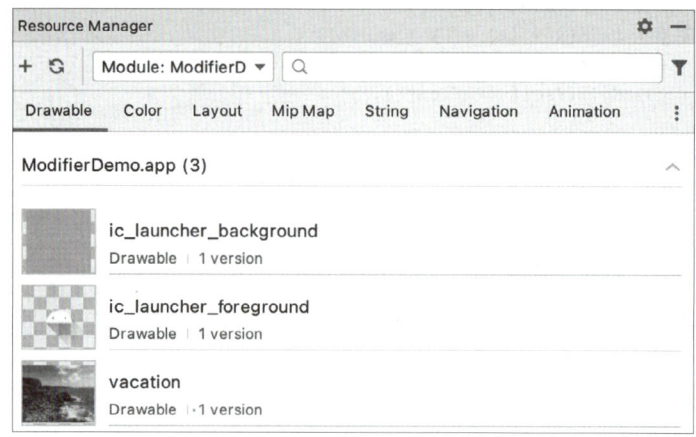

그림 39-16

추가한 이미지는 Project 도구 창의 res ➡ drawables 섹션에도 표시된다(그림 39-17).

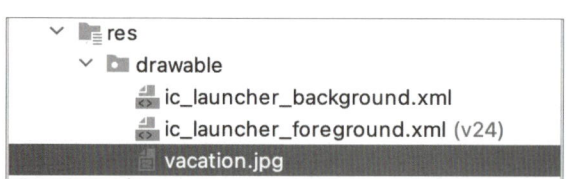

그림 39-17

프로젝트에 이미지를 추가했다면 MainActivity.kt 파일을 다음과 같이 수정한다.

```
.
.
.
import androidx.compose.ui.res.imageResource
.
.
@Composable
fun MainScreen() {
    DrawImage()
}

@Composable
fun DrawImage() {
    val image = ImageBitmap.imageResource(id = R.drawable.vacation)

    Canvas(
        modifier = Modifier
            .size(360.dp, 270.dp)
    ) {
        drawImage(
            image = image,
            topLeft = Offset(x = 0f, y = 0f)
        )
    }
}
```

DrawImage 컴포저블은 리소스 이미지의 ImageBitmap 버전을 만들고, 캔버스 영역의 왼쪽 위 모서리로부터 이미지 위치를 설정한 Offset 인스턴스와 함께 drawImage() 함수에 전달한다. 미리 보기를 새로고침 하면 Canvas가 그림 39-18처럼 표시되는 것을 확인할 수 있다.

그림 39-18

drawImage() 함수를 이용하면 색상 필터를 렌더링된 이미지에 적용할 수 있다. 이때는 ColorFilter 인스턴스를 이용하며 색조tint, 광량lighting, 색상 매트릭스color matrix, 혼합blend 설정 등을 적용할 수 있다. 색상 필터링에 관한 완전한 설명은 이 책의 범위를 벗어나므로 생략한다. 좀 더 자세한 정보는 다음 웹 페이지에서 확인할 수 있다.

> URL https://developer.android.com/reference/kotlin/androidx/compose/ui/graphics/ColorFilter

다음은 tint 색상 필터와 색상 매트릭스를 조합하는 코드 예시다.

```
.
.
drawImage(
    image = image,
    topLeft = Offset(x = 0f, y = 0f),
    colorFilter = ColorFilter.tint(
        color = Color(0xADFFAA2E),
        blendMode = BlendMode.ColorBurn
    )
)
.
.
```

캔버스에서 이미지를 렌더링한 결과를 미리 보기 패널에서 확인해 보면 노란 빛을 띠고 표시된다.

39.13 정리

컴포즈의 Canvas 컴포넌트는 그래픽을 그릴 수 있는 표면을 제공한다. Canvas의 DrawScope가 제공하는 함수들을 이용하면 캔버스 영역 안에 선, 도형, 그레이디언트, 이미지, 경로 등을 그릴 수 있다. 이번 장에서는 Canvas와 DrawScope 함수가 제공하는 일반적인 그리기 피처들을 살펴봤다.

CHAPTER 40
ViewModel 다루기

몇 년 전까지만 해도 구글은 안드로이드 앱 개발에 관한 특정한 접근 방식을 권장하지 않았다. 그저 여러 가지 도구와 개발 킷을 제공하고 개발자들이 스스로 특정 프로젝트에 최적화된 방법이나 프로그래밍 스타일을 선택하게 했다. 이런 관점은 2017년 안드로이드 아키텍처 컴포넌트Android Architecture Components 발표와 함께 바뀌었으며, 이는 2018년 릴리스된 안드로이드 젯팩에도 포함되었다. 이후 젯팩은 컴포즈가 추가되면서 확장되었다.

이번 장에서는 젯팩의 개념, 안드로이드 앱 아키텍처 권장사항, ViewModel 컴포넌트에 관해 살펴본다.

40.1 안드로이드 젯팩이란 무엇인가?

안드로이드 젯팩Android Jetpack은 안드로이드 스튜디오Android Studio, 안드로이드 아키텍처 컴포넌트Android Architecture Components, 안드로이드 지원 라이브러리Android Support Library, 컴포즈 프레임워크와 안드로이드 앱 구조화 권고안을 통합한 일련의 가이드라인이다. 안드로이드 아키텍처 컴포넌트는 안드로이드 앱 개발 시 필요한 가이드라인의 핵심적인 원칙을 준수하면서도 공통적인 태스크를 빠르고 쉽게 수행할 수 있도록 디자인되었다. 이런 컴포넌트 중 많은 부분은 컴포즈에 내장된 기능으로 대체되었지만, ViewModel 아키텍처 컴포넌트는 별도로 남아 있다. ViewModel 컴포넌트를 살펴보기 전에 먼저 안드로이드 앱 아키텍처에 관한 과거의 접근 방식과 새로운 접근 방식을 모두 이해하는 것이 좋다.

40.2 '구식' 아키텍처

4장 '컴포즈 예제 프로젝트'에서 만든 안드로이드 프로젝트는 하나의 액티비티가 사용자 인터페이스와 앱의 백엔드 로직을 함께 표현하고 관리하는 모든 코드를 포함하고 있었다. 젯팩이 도입되기 전에는 대부분의 일반적인 아키텍처들이 이런 패러다임을 따랐다. 앱은 여러 액티비티들을 포함했고 (각 액티비티는 앱의 개별 화면을 담당했다), 각 액티비티 클래스에는 사용자 인터페이스와 백엔드 코드가 뒤섞여 있었다.

이 접근 방식은 앱의 라이프사이클에 광범위한 문제를 야기했고(사용자가 기기를 회전시킬 때마다 액티비티를 삭제하고 다시 생성해야 했기 때문에 영구 저장소에 저장되지 않은 앱 데이터가 손실되는 등) 사용자가 앱 화면에 접근할 때마다 새로운 액티비티를 만들어야 했기에 내비게이션의 효율도 저하되었다.

40.3 모던 안드로이드 아키텍처

가장 근본적인 수준에서 보면, 현재 구글은 동일한 액티비티 안에서 다른 화면을 콘텐츠로 로드하는 단일 액티비티 앱을 권고하고 있다.

모던 아키텍처 가이드라인들 또한 앱의 다양한 책임 부분을 완전히 별도의 모듈로 나누는 것을 권장한다(구글은 이를 '관심의 분리separation of concerns'라 부른다). 이 접근 방식의 핵심 중 하나가 바로 ViewModel 컴포넌트다.

40.4 ViewModel 컴포넌트

ViewModel의 목적은 사용자 인터페이스와 관련된 데이터 모델과 앱의 로직을 사용자 인터페이스를 표시 및 관리하고 운영체제와 상호작용하는 코드와 분리하는 것이다.

이런 방식으로 디자인된 앱은 하나 혹은 그 이상의 UI 컨트롤러(액티비티 등)와 이 컨트롤러들이 필요로 하는 데이터를 처리하는 ViewModel 인스턴스로 구성된다.

하나의 ViewModel은 별도의 클래스로 구현되며, 모델 데이터와 그 데이터를 관리하기 위해 호출될 수 있는 함수들을 포함한 상탯값을 포함한다. 사용자 인터페이스를 포함하는 액티비티는 값의 변경이 재구성을 트리거하는 모델 상탯값을 관찰한다. 버튼 클릭 같은 모델 데이터와 관련된 사용자 인터페이스 이벤트들은 ViewModel 안에서 적절한 함수를 호출하도록 설정되어 있다. 이는 실제로 20장에서 설명한 단방향 데이터 흐름의 개념을 직접적으로 구현한 것이다. 그림 40-1의 다이어그램은 액티비티 및 ViewModel을 이용해 이 개념을 표시한다.

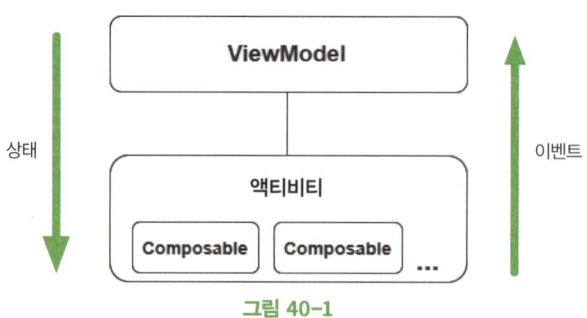

그림 40-1

책임의 분리는 액티비티 라이프사이클과 관련된 문제를 해결한다. 앱의 라이프사이클 동안 하나의 액티비티가 얼마나 많이 재생성되는가에 관계없이 ViewModel 인스턴스는 메모리에 남아 있기 때문에 데이터 일관성을 유지한다. 예를 들면, 단일 액티비티 앱에서 한 액티비티가 이용하는 하나의 ViewModel은 앱이 종료될 때가 아니라 액티비티가 완료될 때까지 메모리에 남아 있는다.

ViewModel을 이용하는 것과 함께 웹 서비스 또는 데이터베이스 등의 데이터 소스에서 데이터를 수집하는 책임을 가진 코드는 뷰 모델에 포함되는 것이 아니라 분리된 repository 모듈로 구현되어야 한다. 이에 관해서는 43장 'Room 데이터베이스와 컴포즈'의 도입부에서 자세히 다룬다.

40.5 상태 기반의 ViewModel 구현

ViewModel은 액티비티의 사용자 인터페이스에서 관찰할 수 있는 데이터를 저장하는 것을 주요 목표로 한다. 이를 통해 사용자 인터페이스는 ViewModel의 데이터가 변경되었을 때 반응할 수 있다. ViewModel 안에는 관찰 가능한 데이터를 두 가지 방법으로 선언할 수 있다. 첫 번째는 컴포즈의 상태 메커니즘을 이용하는 것으로 이 방법은 이 책 전체에서 이용하고 있다. 두 번째는 젯팩 LiveData 컴포넌트를 이용하는 것으로 이 방법은 이번 장 후반부에서 설명한다.

컴포저블 안에서 선언되는 상태와 비슷하게 ViewModel 상태는 함수들의 mutableStateOf 그룹을 이용해 선언한다. 다음 ViewModel 선언에서는 하나의 정수 카운트값(초깃값 0)을 포함하는 상태를 선언한다.

```
class MyViewModel : ViewModel() {
    var customerCount by mutableStateOf(0)
}
```

위의 코드에서는 모델 안에 일부 데이터를 캡슐화했다. 다음으로 UI 안에서 호출되어 카운터값을 변경할 수 있는 함수를 추가한다.

```
class MyViewModel {
    var customerCount by mutableStateOf(0)

    fun increaseCount() {
        customerCount++
    }
}
```

아무리 복잡한 모델이라 할지라도 본질적으로는 이 두 가지 기본 상태와 함수 빌딩 블록을 조합해서 사용한 것에 지나지 않는다.

40.6 ViewModel 상태와 액티비티 연결하기

ViewModel은 사용자 인터페이스를 구성한 컴포저블 안에서 이용해야만 쓸모가 있다. 이를 위해서는 ViewModel 인스턴스를 컴포저블에 파라미터로 전달해, 컴포저블에서 상탯값과 함수에 접근할 수 있도록 해야 한다. 프로그래밍 규칙에서는 이 단계를 작업 전용, 다시 말해 화면 컴포저블 계층의 맨 위에 위치한 컴포저블에서 수행할 것을 권장한다. 그렇게 함으로써 이후 필요에 따라 모델 상태와 이벤트 핸들러를 자식 컴포저블로 전달할 수 있다. 다음은 액티비티 안에서 ViewModel에 접근할 수 있도록 한 코드 예시다.

```kotlin
class MainActivity : ComponentActivity() {
    override fun onCreate(savedInstanceState: Bundle?) {
        super.onCreate(savedInstanceState)
        setContent {
            ViewModelWorkTheme {
                Surface(color = MaterialTheme.colors.background) {
                    TopLevel()
                }
            }
        }
    }
}

@Composable
fun TopLevel(model: MyViewModel = MyViewModel()) {
    MainScreen(model.customerCount) { model.increaseCount() }
}

@Composable
fun MainScreen(count: Int, addCount: () -> Unit = {}) {
    Column(horizontalAlignment = Alignment.CenterHorizontally,
        modifier = Modifier.fillMaxWidth()) {
        Text("Total customers = $count",
        Modifier.padding(10.dp))
        Button(
            onClick = addCount,
        ) {
            Text(text = "Add a Customer")
        }
    }
}
```

이 예시에서 첫 번째 함수 호출은 onCreate() 메서드에서 TopLevel 컴포저블로 이루어진다. TopLevel 컴포저블은 viewModel() 함수 호출을 통해 초기화된 기본 ViewModel 파라미터를 이용해 선언된다.

```
@Composable
fun TopLevel(model: MyViewModel = ViewModel()) {
    .
    .
```

viewModel() 함수는 컴포즈 뷰 모델 라이프사이클 라이브러리에 의해 제공된다. 이 라이브러리는 뷰 모델을 사용할 때 다음과 같이 추가되어야 한다.

```
dependencies {
    .

    implementation 'androidx.lifecycle:lifecycle-viewmodel-compose:2.4.1'
    .
    .
```

뷰 모델의 인스턴스가 현재 스코프 안에서 이미 생성되었다면, viewModel() 함수는 해당 인스턴스에 대한 참조를 반환한다. 그렇지 않으면 새로운 뷰 모델 인스턴스가 생성되어 반환된다.

ViewModel 인스턴스에 접근할 수 있으므로 TopLevel 함수는 이제 뷰 모델의 customerCount 상태 변수와 increaseCount() 함수에 대한 참조에 접근할 수 있다. 함수는 이들을 MainScreen 컴포저블에 전달한다.

```
MainScreen(model.customerCount) { model.increaseCount() }
```

위의 코드를 구현하고 Button을 클릭하면 뷰 모델의 increaseCount()를 호출하게 되고, 그 결과 customerCount 상태가 증가한다. 이 상태 변화는 사용자 인터페이스 재구성으로 이어지며 Text 컴포저블에 새로운 카운트값이 표시된다.

상태와 뷰 모델의 사용에 관해서는 41장 'ViewModel 튜토리얼'에서 좀 더 자세히 설명한다.

40.7 LiveData를 이용한 ViewModel 구현

젯팩의 LiveData 컴포넌트는 컴포즈보다 먼저 도입되었으며 뷰 모델 안에서 데이터값을 감싸기 위한 목적으로 이용할 수 있다. LiveData 인스턴스 안에 포함된 변수는 액티비티 안의 컴포넌트에서 접근할 수 있게 된다. LiveData 인스턴스들은 MutableLiveData 클래스를 이용해 뮤터블로 선언할 수 있으며, ViewModel 함수를 이용해 감싸진 데이터값을 변경할 수 있다. 예를 들어, 다음은 상태 대신 MutableLiveData를 이용해 고객 이름을 저장하도록 디자인한 모델의 코드 예시다.

```kotlin
class MyViewModel : ViewModel() {
    var customerName: MutableLiveData<String> = MutableLiveData("")

    fun setName(name: String) {
        customerName.value = name
    }
}
```

새로운 값은 value 프로퍼티를 이용해 라이브 데이터 변수에 할당해야 한다는 점에 주의한다.

40.8 액티비티 안에서 ViewModel의 LiveData 관찰하기

state와 마찬가지로 LiveData를 다룰 때는 가장 먼저 컴포저블을 초기화하는 과정에서 뷰 모델의 인스턴스를 얻어야 한다.

```kotlin
@Composable
fun TopLevel(model: MyViewModel = MyViewModel()) {

}
```

뷰 모델 인스턴스에 접근할 수 있게 되었다면, 다음으로 라이브 데이터를 관측 가능하게 만든다. 라이브 데이터 객체의 observeAsState()를 호출하면 된다.

```kotlin
@Composable
fun TopLevel(model: MyViewModel = MyViewModel()) {
    var customerName: String by model.customerName.observeAsState("")
}
```

위의 코드에서 observeAsState()를 호출하면 라이브 데이터값이 상태 인스턴스로 바뀌고, 인스턴스는 customerName 변수에 할당된다. 변환된 후 해당 상태는 저장된 값이 변경될 때마다 재구성을 트리거하는 것을 포함해 다른 상태 객체와 동일하게 동작한다.

LiveDate와 뷰 모델 이용에 관한 자세한 내용은 44장 'Room 데이터베이스 및 저장소 튜토리얼'에서 설명한다.

40.9 정리

최근까지 구글은 안드로이드 앱 구조화에 관한 특정한 접근 방식을 권장하지 않는 경향을 보였다. 그러나 안드로이드 젯팩의 도입 후 경향이 바뀌었다. 젯팩은 유용한 도구들과 컴포넌트, 라이브러리, 아키텍처 가이드라인으로 구성된다. 이 아키텍처 가이드라인에서는 앱 프로젝트를 여러 모듈로 나누고, 각 모듈이 특정한 기능 영역에 대한 책임을 지도록 할 것을 권장한다(이를 관심의 분리라 부른다). 특별히 이 가이드라인에서는 앱의 뷰 데이터 모델을 사용자 인터페이스 관리 코드로부터 분리할 것을 권장한다. ViewModel 컴포넌트를 이용하면 이런 권장사항을 준수할 수 있다. 이번 장에서는 ViewModel 기반 아키텍처를 소개하고, 컴포즈를 이용한 개발에서 이를 구현하는 방법을 살펴봤다. 또한 상태와 LiveData를 이용해 액티비티 안에서 뷰 모델 데이터를 관찰하고 그에 접근하는 방법을 살펴봤다.

CHAPTER 41

ViewModel 튜토리얼

앞에서 설명한 것처럼 ViewModel을 이용하면 액티비티가 사용하는 데이터 및 로직과 사용자 인터페이스를 렌더링하는 코드를 분리할 수 있다. 모던 안드로이드 앱 아키텍처 이론에 관해 다루었으므로, 이번 장에서는 예시 프로젝트에서 실제로 ViewModel을 이용해 본다.

41.1 프로젝트 개요

이번 장에서는 섭씨Celsius와 화씨Fahrenheit 온도를 변환하는 간단한 앱을 구현한다. 완성된 앱은 그림 41-1과 같다.

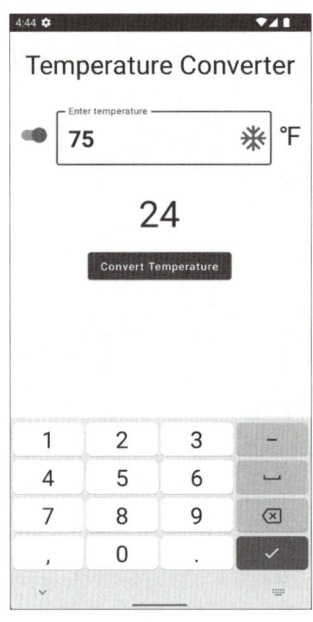

그림 41-1

OutlinedTextField에 온돗값을 입력하고 버튼을 클릭하면, 변환된 온도가 Text 컴포넌트에 표시된다. Switch 컴포넌트를 이용해 입력하는 온도가 섭씨 온도인지 화씨 온도인지 선택한다. 현재 스위치 설정, 변환 결과, 변환 로직은 ViewModel 안에 포함된다.

41.2 ViewModelDemo 프로젝트 만들기

안드로이드 스튜디오를 실행하고 새 Empty Compose Activity 프로젝트를 만든 뒤, Name 필드에 'ViewModelDemo', Package name에 'com.example.viewmodeldemo'를 입력한다. Minimum SDK는 API 26: Android 8.0 (Oreo)로 설정한 뒤 Finish 버튼을 클릭한다. 코드 편집기에서 MainActivity.kt 파일을 열고, Greeting 함수를 제거한 뒤 MainScreen이라는 이름의 새로운 빈 컴포저블을 추가한다.

```
@Composable
fun ScreenSetup() {
    MainScreen()
}

@Composable
fun MainScreen() {

}
```

onCreateActivity() 메서드가 Greeting 대신 ScreenSetup을 호출하도록 수정한다(DefaultPreview 컴포저블은 뒤에서 수정한다).

다음으로 build.gradle (Module: ViewModelDemo.app) 파일을 열고 dependencies 섹션을 찾아 컴포즈 뷰 모델 라이브러리를 추가한다.

```
.
.
dependencies {
.
.
    implementation 'androidx.lifecycle:lifecycle-viewmodel-compose:2.4.1'
.
.
```

41.3 ViewModel 추가하기

안드로이드 스튜디오 Project 도구 창에서 app ➡ java ➡ com.example.viewmodeldemo를 찾아 마우스 오른쪽 버튼을 클릭한 뒤, New ➡ Kotlin Class/File 메뉴 옵션을 선택한다. 이후 나타나는 다이얼로그에서 클래스 이름을 DemoViewModel로 지정한 뒤 엔터 키를 입력한다.

ViewModel은 상태 변수들을 포함해야 하며, 이 변수들에는 변환 결과와 현재 스위치 위치가 저장된다.

```kotlin
package com.example.viewmodeldemo

import androidx.compose.runtime.getValue
import androidx.compose.runtime.mutableStateOf
import androidx.compose.runtime.setValue
import androidx.lifecycle.ViewModel

class DemoViewModel : ViewModel() {

    var isFahrenheit by mutableStateOf(true)
    var result by mutableStateOf("")
}
```

이 클래스는 모델에 관한 로직도 포함해야 하며, 이 로직은 온도 단위 변환을 수행하는 함수에서 시작한다. 사용자가 텍스트 필드에 입력한 온도는 함수에 문자열로 전달되기 때문이다. 계산을 포함함은 물론, 코드는 문자열과 정수 타입을 변환해야 한다. 이 코드는 사용자가 유효한 숫잣값을 입력했는지도 보장해야 한다. DemoViewModel.kt 파일을 유지하면서 convertTemp() 함수를 추가한다.

```kotlin
.
.
import java.lang.Exception
import kotlin.math.roundToInt

class DemoViewModel : ViewModel() {
.
.
    fun convertTemp(temp: String) {
        result = try {
            val tempInt = temp.toInt()

            if (isFahrenheit) {
                ((tempInt - 32) * 0.5556).roundToInt().toString()
            } else {
                ((tempInt * 1.8) + 32).roundToInt().toString()
            }
        } catch (e: Exception) {
            result = "Invalid Entry"
        }
    }
.
.
```

이 함수는 가장 먼저 온돗값 문자열을 정수로 변환한다. 이 과정은 try...catch 문장 컨텍스트에서 수행된다. 유효한 숫잣값이 입력되지 않는 경우에는 유효하지 않은 입력임을 알린다. 다음으로 isFahrenheit 설정값에 따라 적절하게 변환을 수행한 뒤 자연수로 반올림해서 문자열로 변환한 다음 result 상태 변수에 할당한다.

뷰 모델에 다른 함수를 추가한다. 이 함수는 스위치 설정이 변경되었을 때 호출되며 현재 isFahrenheit 상태 설정을 토글한다.

```
fun switchChange() {
    isFahrenheit = !isFahrenheit
}
```

뷰 모델 구현을 완료했으므로 메인 액티비티 안에서 이를 사용하면 된다.

41.4 MainActivity에서 DemoViewModel에 접근하기

뷰 모델 클래스를 선언했으므로 클래스의 인스턴스를 만들고 컴포저블과 통합해 MainActivity를 구성한다. 이 프로젝트에서는 DemoViewModel 인스턴스를 ScreenSetup 함수의 파라미터로 만들고, 상태 변수와 함수 참조를 MainScreen 함수로 전달한다. 코드 편집기에서 MainActivity.kt 파일을 열고 다음과 같이 수정한다.

```
.
.
import androidx.lifecycle.viewmodel.compose.viewModel
.
.
@Composable
fun ScreenSetup(viewModel: DemoViewModel = DemoViewModel()) {
    MainScreen(
        isFahrenheit = viewModel.isFahrenheit,
        result = viewModel.result,
        convertTemp = { viewModel.convertTemp(it) },
        switchChange = { viewModel.switchChange() }
    )
}

@Composable
fun MainScreen(
    isFahrenheit: Boolean,
    result: String,
    convertTemp: (String) -> Unit,
```

```
    switchChange: () -> Unit
) {

}
.
.
```

사용자 인터페이스를 디자인하기 전에 DefaultPreview 함수에서도 이 뷰 모델을 이용하도록 수정한다.

```
@Preview(showBackground = true, showSystemUi = true)
@Composable
fun DefaultPreview(model: DemoViewModel = DemoViewModel()) {
    ViewModelDemoTheme {
        MainScreen(
            isFahrenheit = model.isFahrenheit,
            result = model.result,
            convertTemp = { model.convertTemp(it) },
            switchChange = { model.switchChange() }
        )
    }
}
```

41.5 온도 입력 컴포저블 디자인하기

완성된 사용자 인터페이스 스크린샷을 다시 살펴보자(그림 41-1). OutlinedTextField 컴포넌트의 오른쪽에 눈송이 아이콘이 보일 것이다. 가장 먼저 이 아이콘을 프로젝트에 추가한다. 안드로이드 스튜디오에서 Tools ➡ Resource Manager 메뉴 옵션을 선택해 Resource Manager 도구 창을 표시한다. 도구 창 안에서 + 버튼을 클릭한 뒤 Vector Asset 메뉴 옵션을 선택해 프로젝트에 새 리소스를 추가한다(그림 41-2).

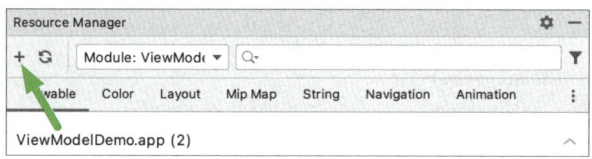

그림 41-2

이후 표시되는 다이얼로그에서 Clip Art 박스를 선택한다(그림 41-3).

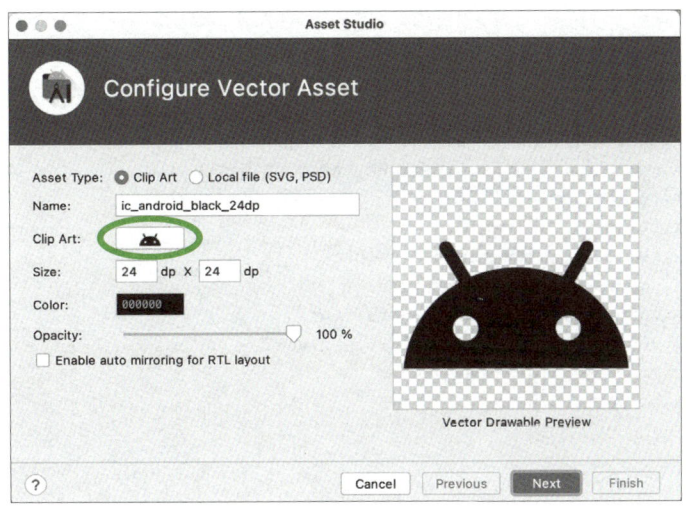

그림 41-3

아이콘 선택 다이얼로그가 나타나면 검색창에 'ac unit'을 입력하고 프로젝트에서 이용할 클립 아트 아이콘을 선택한다(그림 41-4).

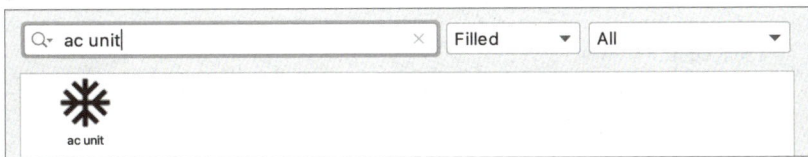

그림 41-4

눈송이 아이콘을 선택한 뒤 OK 버튼을 클릭해서 Configure Vector Asset 다이얼로그로 돌아온다. 다이얼로그에는 선택한 아이콘이 표시된다. Next 버튼을 클릭한 뒤 Finish 버튼을 클릭하면 해당 아이콘이 프로젝트 리소스에 추가된다.

Project 도구 창에서 ic_baseline_ac_unit_24.xml 벡터 파일을 더블클릭해서 코드 편집기에 로드한다. 이후 다음과 같이 android:tint 프로퍼티를 수정한다.

```
android:tint="@color/purple_700">
```

41.6 온도 입력 컴포저블 구현하기

MainScreen 함수의 기능이 복잡해지는 것을 막기 위해 Switch, OutlinedTextField, 단위 표시 Text 컴포넌트는 InputRow라는 하나의 분리된 컴포넌트에 배치된다. MainActivity.kt 파일에 다음과 같이 InputRow를 추가한다.

```
.
.
import androidx.compose.animation.Crossfade
import androidx.compose.animation.core.tween
import androidx.compose.foundation.layout.*
import androidx.compose.foundation.text.KeyboardOptions
import androidx.compose.material.*
import androidx.compose.ui.Alignment
import androidx.compose.ui.res.painterResource
import androidx.compose.ui.text.TextStyle
import androidx.compose.ui.text.font.FontWeight
import androidx.compose.ui.text.input.KeyboardType
import androidx.compose.ui.unit.dp
import androidx.compose.ui.unit.sp
.
.
@Composable
fun InputRow(
    isFahrenheit: Boolean,
    textState: String,
    switchChange: () -> Unit,
    onTextChange: (String) -> Unit
) {
    Row(verticalAlignment = Alignment.CenterVertically) {
        Switch(
            checked = isFahrenheit,
            onCheckedChange = { switchChange() }
        )

        OutlinedTextField(
            value = textState,
            onValueChange = { onTextChange(it) },
            keyboardOptions = KeyboardOptions(
                keyboardType = KeyboardType.Number
            ),
            singleLine = true,
            label = { Text("Enter temperature")},
            modifier = Modifier.padding(10.dp),
            textStyle = TextStyle(fontWeight = FontWeight.Bold,
                fontSize = 30.sp),
            trailingIcon = {
                Icon(
                    painter = painterResource(R.drawable.ic_baseline_ac_unit_24),
                    contentDescription = "frost",
                    modifier = Modifier
                        .size(40.dp)
                )
            }
        )

        Crossfade(
            targetState = isFahrenheit,
```

```
            animationSpec = tween(2000)
        ) { visible ->
            when (visible) {
                true -> Text("\u2109", style = MaterialTheme.typography.h4)
                false -> Text("\u2103", style = MaterialTheme.typography.h4)
            }
        }
    }
}
```

InputRow 함수는 textState 상태 변수 및 onTextChange 이벤트 핸들러와 함께 뷰 모델에 포함된 상탯값과 함수를 파라미터로 받는다. 이 마지막 두 파라미터는 사용자가 텍스트 필드에 입력한 텍스트를 표시할 때 이용되고 뒤에서 MainScreen 함수로 들이 올려진다. 사용자가 버튼을 클릭하면 현재 textState 값 역시 convertTmpe() 함수로 전달된다.

레이아웃의 이 섹션을 구성하는 컴포저블들은 자식을 수직으로 중앙 정렬하도록 구성된 Row 안에 포함된다. 첫 번째 자식인 Switch 컴포넌트는 단순히 switchChange() 함수를 호출해 isFahrenheit 상태를 토글한다.

OutlinedTextField에 적용된 여러 프로퍼티들은 앞 장에서 살펴봤기에 익숙하겠지만, 몇몇 프로퍼티에 대해서는 추가 설명이 필요하다. 예를 들면, 온도는 숫자로만 입력되므로 keyboardOptions 키보드 타입 프로퍼티는 KeyboardNumber로 설정된다. 이를 이용하면 사용자가 텍스트 필드 안을 탭했을 때 숫자 키보드가 화면에 표시된다.

```
keyboardOptions = KeyboardOptions(
    keyboardType = KeyboardType.Number
)
```

그 밖의 키보드 타입 옵션에는 이메일 주소, 비밀번호, 전화번호, URI 입력 등이 있다.

입력은 singleLine 프로퍼티를 이용해 텍스트 한 줄로 제한한다. 이름에서 알 수 있듯이 OutlinedTextField 컴포넌트는 텍스트 입력 영역 주위에 테두리선을 그린다. 사용자가 이 컴포넌트를 선택하지 않으면(즉, '포커스focus'를 얻지 않으면) label 프로퍼티에 할당된 텍스는 텍스트 필드 안에서 조금 희미하게 표시된다(그림 41-5).

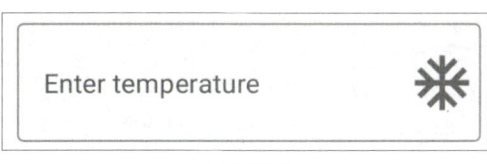

그림 41-5

입력 필드가 선택되면 해당 라벨은 테두리선 안에 위치한 제목으로 표시된다(그림 41-6).

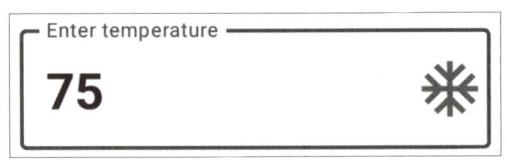

그림 41-6

TextStyle 함수를 호출하면, 그 결과는 OutlinedTextField의 textStyle 프로퍼티에 할당된다. TextStyle은 스타일 설정을 한 오퍼레이션에서 다른 컴포저블들에 적용할 수 있는 단일 객체로 그룹핑한다. 이 예시에서는 글꼴 굵기와 글꼴 스타일만 지정했지만, TextStyle을 이용하면 색상, 배경, 글꼴 종류, 그림자, 텍스트 정렬, 자간, 들여쓰기 등도 설정할 수 있다.

trailingIcon 프로퍼티를 이용해 앞에서 추가한 아이콘을 텍스트 입력 영역 끝에 위치시킨다.

```
trailingIcon = {
    Icon(
        painter = painterResource(R.drawable.ic_baseline_ac_unit_24),
        contentDescription = "frost",
        modifier = Modifier
            .size(40.dp)
    )
}
```

마지막으로, 교차 페이드 애니메이션(37장 '시각적 애니메이션'에서 설명함)을 이용해 현재 isFahrenheit 설정에 따라 단위 Text 필드를 화씨(℉)와 섭씨(℃)(유니코드값으로 각각 \u2109 및 \u2103)로 변환한다.

41.7 사용자 인터페이스 디자인 완료하기

앱을 테스트하기 전에 마지막으로 MainScreen 함수를 다음과 같이 수정해서 마무리한다.

```
.
.
import androidx.compose.runtime.getValue
import androidx.compose.runtime.mutableStateOf
import androidx.compose.runtime.setValue
import androidx.compose.runtime.remember
.
.
@Composable
fun MainScreen(
    isFahrenheit: Boolean,
    result: String,
```

```
    convertTemp: (String) -> Unit,
    switchChange: () -> Unit
) {
    Column(horizontalAlignment = Alignment.CenterHorizontally,
           modifier = Modifier.fillMaxSize()) {
        var textState by remember { mutableStateOf("") }

        val onTextChange = { text : String ->
            textState = text
        }

        Text("Temperature Converter",
            modifier = Modifier.padding(20.dp),
            style = MaterialTheme.typography.h4
        )

        InputRow(
            isFahrenheit = isFahrenheit,
            textState = textState,
            switchChange = switchChange,
            onTextChange = onTextChange
        )

        Text(result,
            modifier = Modifier.padding(20.dp),
            style = MaterialTheme.typography.h3
        )

        Button(
            onClick = { convertTemp(textState) }
        ) {
            Text("Convert Temperature")
        }
    }
}
```

MainScreen 컴포저블에서는 textState 상태 변수와 onTextChange 이벤트 핸들러를 선언한다. Column 레이아웃의 첫 번째 자식은 정적 Text 컴포넌트로 제목을 표시한다. 다음으로 필요한 파라미터를 전달해서 InputRow를 호출한다. 세 번째 자식은 또 다른 Text 컴포넌트이며, 이 컴포넌트는 뷰 모델의 result 상태 변수의 콘텐츠를 표시한다. 마지막으로, Button 컴포저블은 textState를 전달해 뷰 모델의 converTemp() 함수를 호출한다. convertTemp() 함수는 변환된 온도를 계산하고 이를 result 상태 변수에 할당하고, 컴포저블 계층의 재구성을 트리거한다.

41.8 앱 테스트하기

구현한 앱을 실제 기기나 에뮬레이터에서 실행해 액티비티를 테스트해 본다. OutlinedTextField 컴포넌트를 탭하면 Enter temperature 라벨이 가장자리로 이동하고 입력 필드에 온도를 입력할 수 있도록 공간이 생긴다. 키보드가 표시되고 숫자만 선택할 수 있는지도 확인한다. 숫자를 입력하고 Button을 클릭하면 변환된 온도가 표시된다.

Switch를 이용해 화씨와 섭씨를 바꿀 때 텍스트 필드 오른쪽의 단위 텍스트가 교차 페이드 애니메이션되는지 확인한다. 마지막으로, 아무런 숫자도 입력하지 않으면 Invalid Entry 텍스트가 나타나는지도 확인한다.

41.9 정리

이번 장에서는 뷰 모델을 이용해 데이터와 애플리케이션 로직을 사용자 인터페이스를 표시하는 책임을 가진 코드에서 분리하는 방법을 살펴봤다. OutlinedTextField 컴포넌트를 소개하고 아이콘 추가하기, 키보드 입력을 숫잣값으로 제한하기, TextStype 함수를 이용해 스타일 속성 설정하기 등 커스터마이즈 옵션에 관해서도 살펴봤다.

CHAPTER 42
안드로이드 SQLite 데이터베이스 개요

대부분의 모바일 애플리케이션은 최소한의 영구적인 데이터를 저장한다. 데이터베이스 이용은 대부분의 애플리케이션에서 필수적으로 고려해야 한다. 거의 완전한 데이터 주도 애플리케이션에서 게임 점수 같은 적은 양의 데이터 저장까지 그 적용 범위는 매우 넓다.

영구적인 데이터를 저장하는 중요성은 전형적인 안드로이드 애플리케이션의 과도적인transient 라이프 사이클을 고려한다면 더욱 명확하다. 안드로이드 런타임 시스템이 리소스 확보를 위해 애플리케이션 컴포넌트를 임의로 중단시킬 수 있는 위험은 늘 존재하므로, 포괄적인 데이터 저장 전략을 통해 데이터 손실을 피하는 것은 모든 애플리케이션 개발 전략 디자인과 구현에서 매우 중요한 요소다.

이번 장에서는 안드로이드 운영체제에서 번들로 제공되는 SQLite 데이터베이스 관리 시스템의 개요를 소개하고, 이와 함께 안드로이드 애플리케이션 안에서 SQLite 기반의 영구 데이터베이스 저장소 활성화를 제공하는 안드로이드 SDK 클래스에 관해 살펴본다. 안드로이드 개발 컨텍스트에서 SQLite를 구체적으로 살펴보기 전에 데이터베이스와 SQL에 관해 간단히 알아본다.

42.1 데이터베이스 테이블 이해하기

데이터베이스 테이블table은 데이터베이스에서 가장 기본 수준의 데이터 구조를 제공한다. 각 데이터베이스는 여러 테이블을 포함할 수 있고, 각 테이블은 특정한 타입의 정보를 저장한다. 예를 들어 데이터베이스는 하나의 고객 테이블을 포함하고, 고객 테이블은 특정한 비즈니스 대상 고객의 이름, 주소, 전화번호 등을 포함할 수 있다. 이 데이터베이스는 하나의 제품 테이블을 포함하고 이를 이용해 해당 비즈니스에서 판매된 아이템의 제품 코드와 관계된 제품 설명을 저장할 수도 있다.

데이터베이스의 각 테이블에는 해당 데이터베이스 안에서 고유한 이름이 할당되어 있다. 한 데이터베이스 안의 한 테이블에 할당된 테이블 이름은 다른 테이블 이름으로 이용할 수 없다(단, 데이터베이스가 다르면 같은 테이블 이름을 이용할 수 있다).

42.2 데이터베이스 스키마 소개

데이터베이스 스키마database schema는 데이터베이스 테이블에 저장되는 데이터의 특성을 정의한다. 예를 들어 고객 데이터베이스 테이블의 테이블 스키마는 고객 이름의 길이를 20자 미만, 고객 전화번호는 특정한 형식의 숫자 데이터 필드로 정의할 수 있다.

또한 스키마를 이용하면 전체 데이터베이스와 각 데이터베이스에 포함된 다양한 테이블 사이의 관계도 정의할 수 있다.

42.3 열과 데이터 타입

데이터베이스 테이블은 데이터를 행과 열로 저장하는 스프레드시트와 유사하다고 생각하면 도움이 된다.

각 열은 해당 테이블의 데이터 필드를 나타낸다. 예를 들면 테이블의 이름, 주소, 전화번호 데이터 필드는 모두 열column이다.

각 열은 계속해서 특정한 데이터 타입을 포함하도록 정의된다. 즉, 숫자를 저장하도록 디자인된 열은 숫자 데이터를 포함하는 것으로 정의된다.

42.4 데이터베이스의 행

테이블에 저장되는 새로운 각 레코드는 한 행에 저장된다. 각 행은 저장된 레코드와 관련된 데이터의 열로 구성된다.

앞에서 언급한 스프레드시트 비유를 다시 생각해 보자. 고객 테이블의 각 항목은 스프레드시트의 한 행과 같으며, 각 열은 각 고객의 정보(이름, 주소, 전화번호 등)를 포함한다. 테이블에 새 고객이 추가되며, 새로운 행이 생성되고 그 고객의 데이터는 해당 행에 저장된다.

행row은 레코드record 또는 항목entry이라 불리기도 하며 이 용어들은 일반적으로 함께 이용한다.

42.5 기본 키

모든 데이터베이스 테이블은 각 행을 고유하게 식별할 수 있는 하나 이상의 열을 포함한다. 데이터베이스 용어에서는 이를 기본 키primary key라 부른다. 고객 테이블은 고객의 주민등록번호를 기본 키로 이용할 수 있다.

기본 키를 이용하면 데이터베이스 관리 시스템은 항상 테이블의 특정 행을 고유하게 식별할 수 있다. 기본 키가 없으면 테이블에서 특정한 행을 추출하거나 삭제할 수 없다. 올바른 행을 선택했다고 보장할 수 없기 때문이다. 고객의 성last name을 기본 키로 설정했다고 생각해 보자. 이름이 'Smith'인 고객이 두 명 이상 데이터베이스에 기록되었을 때 발생할 수 있는 문제를 상상해 보라. 특정 행을 고유하게 식별할 수 있는 확실한 (기계적인) 방법을 제공해야만 특정한 시점에서의 해당 행에 대한 접근 가능 여부를 보장할 수 있다.

기본 키는 테이블의 한 열 또는 여러 열이 될 수 있다. 한 열을 기본 키로서 이용하려면 같은 키값을 갖는 행이 하나만 있어야 한다. 여러 열을 이용해 기본 키를 구성할 때는 각 열이 고유하지 않더라도, 해당 열의 모든 값을 조합한 값은 고유해야 한다.

42.6 SQLite

SQLite는 내장 관계형 데이터베이스 관리 시스템relational database management system, RDBMS이다. 대부분의 관계형 데이터베이스(널리 이용되는 것으로 Oracle, SQL Server, MySQL 등이 있다)는 데이터베이스 접근을 요구하는 애플리케이션에 독립적으로 실행되는 스탠드얼론 서버 프로세스다. SQL은 애플리케이션에 연결된 라이브러리 형태로 제공되기 때문에 내장형이라 불린다. 그렇기 때문에 백그라운드에서 스탠드얼론 데이터베이스 서버가 동작하지 않는다. 모든 데이터베이스 조작은 애플리케이션 안에서 SQLite 라이브러리에 포함된 함수를 호출해서 수행한다.

SQLite 개발자들은 퍼블릭 도메인에 관련 기술들을 배포했으며, 그 결과 데이터베이스 솔루션으로 널리 이용하게 되었다.

SQLite는 C 언어로 작성되었기 때문에 안드로이드 SDK는 자바 기반의 '래퍼wrapper'를 이용해 내부 데이터베이스 인터페이스를 감싼다. 이는 애플리케이션의 자바 또는 코틀린 코드 안에서 활용할 수 있는 일련의 클래스들이며, 이를 이용해 SQLite 기반 데이터베이스를 만들고 관리한다.

SQLite에 관한 더 자세한 정보는 https://www.sqlite.org를 참고한다.

42.7 구조화된 쿼리 언어

SQLite 데이터베이스에 저장된 데이터에는 구조화된 쿼리 언어Structured Query Language, SQL라 불리는 고차원 언어를 이용해 접근한다. SQL은 대부분의 관계형 데이터베이스 관리 시스템에서 이용되는 표준 언어이며 SQL-92 표준 대부분을 준수한다.

SQL은 근본적으로 매우 간단하고 이용하기 쉬운 언어이며, 데이터베이스의 데이터를 읽고 쓰려는 특별한 목적으로 디자인되었다. SQL은 적은 키워드 집합만을 포함하기 때문에 빠르게 학습할 수 있다. 그리고 SQL 구문은 대부분의 RDBMS에서 크게 다르지 않기 때문에 한 시스템에 대한 SQL을 학습하면, 다른 데이터베이스 관리 시스템에서도 그 스킬을 이용할 수 있다.

기본 SQL 구문에 관해서는 이번 장에서 학습할 수 있지만, SQL을 세부적으로 설명하는 것은 이 책의 주제에서 벗어난다. 하지만 다른 많은 리소스를 이용하면 이 책의 1개 장에서 제공할 수 있는 것보다 SQL에 관해 훨씬 잘 이해할 수 있을 것이다.

42.8 AVD에서 SQLite 이용하기

데이터베이스, 그중에서도 SQLite에 익숙하지 않은 독자들이 SQLite를 이용해 안드로이드 애플리케이션을 곧바로 만들려고 한다면 다소 짜증스러울 수 있다. 다행히도 안드로이드는 SQLite를 기본 제공하며, SQL 명령어를 위한 인터랙티브 환경을 포함한다. 이 환경을 이용하면 실행되는 안드로이드 AVD 에뮬레이터 인스턴스에 연결된 adb 셸 안에서 SQL 명령어를 이용할 수 있다. 이 방법은 SQLite와 SQL을 학습하는 데 유용하며 에뮬레이터 안에서 실행되는 애플리케이션에 의해 생성된 데이터베이스와 관련된 문제를 식별하는 데 매우 중요한 도구다.

인터랙티브 SQLite 세션을 실행할 때는 먼저 AVD 세션을 실행한다. 안드로이드 스튜디오의 **Tools ➡ Device Manager**에서 앞에서 설정한 AVD를 선택한 뒤 시작 버튼을 클릭한다.

AVD가 실행되면 터미널 또는 명령어 프롬프트 창을 열고 adb 커맨드라인 도구를 이용해 에뮬레이터와 연결한다(-e 플래그를 이용하면 실제 기기가 아닌 에뮬레이터를 검색한다).

```
adb -e shell
```

에뮬레이터와 연결되면 셸 환경은 명령어를 입력할 수 있는 프롬프트를 제공한다. 먼저 su 명령어를 이용해 superuser 권한을 얻는다.

```
Generic_x86:/ su
root@android:/ #
```

superuser 권한을 할당할 수 없다는 메시지가 표시되면, 해당 AVD에는 구글 플레이 지원Google Play support이 포함되어 있을 것이다. 이를 해결하기 위해서는 새로운 AVD를 만들고 **Choose a device definition** 화면에서 **Play Store** 열의 체크를 해제한다.

SQLite 데이터베이스에 저장된 데이터는 해당 애플리케이션이 실행되는 안드로이드 기기 파일 시스템 안의 데이터베이스 파일에 저장된다. 기본적으로 이 데이터베이스는 시스템의 다음 경로에 위치한다.

```
/data/data/<패키지명>/databases/<데이터베이스 파일명>.db
```

예를 들어 애플리케이션의 패키지 이름이 com.example.MyDBApp이고 mydatabase.db라는 파일을 만든다면, 기기의 다음 경로에 데이터베이스 파일이 저장된다.

```
/data/data/com.example.MyDBApp/databases/mydatabase.db
```

이제 adb 셸 안에서 /data/data 디렉터리로 이동해 SQLite 실험을 할 수 있는 하위 디렉터리를 만든다.

```
cd /data/data
mkdir com.example.dbexample
cd com.example.dbexample
mkdir databases
cd databases
```

데이터베이스 파일을 저장할 적절한 위치를 생성했다면 다음 명령어를 이용해 인터랙티브 SQLite 도구를 실행한다.

```
root@android:/data/data/databases # sqlite3 ./mydatabase.db
sqlite3 ./mydatabase.db
SQLite version 3.8.10.2 2015-05-20 18:17:19
Enter ".help" for usage hints.
sqlite>
```

sqlite> 프롬프트에서 명령어를 입력해 테이블을 만들거나 데이터를 추출하는 등의 작업을 수행할 수 있다. 다음은 이 데이터베이스에 ID, 이름, 주소, 전화번호 필드를 갖는 새로운 테이블을 만드는 명령어의 예시다.

```
create table contacts (_id integer primary key autoincrement, name text, address text,
 phone text);
```

테이블의 각 행은 고유의 기본 키 하나를 가져야 한다. 위 예시에서는 ID 필드를 기본 키로 지정했다. 기본 키는 정수 타입이며 행이 추가될 때마다 값이 자동으로 증가한다. 이는 각 행이 고유한 기본 키를 갖도록 하는 일반적인 방법이다. 다른 대부분의 플랫폼에서는 기본 키의 이름을 임의로 선택할 수 있다. 그러나 안드로이드에서는 기본 키의 이름을 반드시 _id로 선언해야만 모든 안드로이드 데이터베이스 관련 클래스에서 해당 데이터베이스에 완전히 접근할 수 있다. 다른 필드는 모두 텍스트 타입으로 선언했다.

.tables를 이용하면 현재 선택된 데이터베이스 안의 테이블 리스트를 확인할 수 있다.

```
sqlite> .tables
contacts
```

다음은 테이블에 레코드를 삽입하는 명령어의 예시다.

```
sqlite> insert into contacts (name, address, phone) values ("Bill Smith", "123 Main Street, California", "123-555-2323");
sqlite> insert into contacts (name, address, phone) values ("Mike Parks", "10 Upping Street, Idaho", "444-444-1212");
```

다음은 테이블에서 모든 행을 추출하는 명령어의 예시다.

```
sqlite> select * from contacts;
1|Bill Smith|123 Main Street, California|123-555-2323
2|Mike Parks|10 Upping Street, Idaho|444-444-1212
```

다음은 특정 기준을 만족하는 행을 추출하는 명령어의 예시다.

```
sqlite> select * from contacts where name="Mike Parks";
2|Mike Parks|10 Upping Street, Idaho|444-444-1212
```

다음은 sqlite3 인터랙티브 환경에서 빠져나오는 명령어다.

```
sqlite> .exit
```

에뮬레이터 환경에서 안드로이드 애플리케이션을 실행할 때는 모든 데이터베이스 파일은 앞에서 설명한 경로 규칙에 따라 에뮬레이터 안의 파일 시스템에 만들어진다. 즉, adb로 접속해 데이터베이스 파일이 있는 위치로 이동해서, sqlite3 인랙티브 도구를 이용해 데이터베이스를 로드하고 데이터에 관련된 태스크를 실행해 애플리케이션에서 일어날 수 있는 문제를 식별할 수 있다.

adb 셸을 이용해 물리적인 안드로이드 기기와도 연결할 수 있다. 그러나 이 경우 셸은 SQLite 데이터베이스를 만들거나 관리할 수 있는 권한을 기본적으로 보장하지 않는다. 따라서 데이터베이스 관련 문제는 AVD 세션을 이용해 수행해야 한다. 대신 안드로이드 스튜디오가 제공하는 Database

Inspector를 이용하면 에뮬레이터와 실제 기기의 데이터베이스를 모두 확인할 수 있다(이 주제에 관해서는 뒤에서 다룬다).

42.9 안드로이드 Room 퍼시스턴스 라이브러리

앞서 설명한 것처럼 SQLite는 C 프로그래밍 언어로 작성되었으며, 안드로이드 애플리케이션은 주로 자바 또는 코틀린 언어를 이용해 개발된다. 과거에는 안드로이드 SDK에서 SQLite 데이터베이스 관리 시스템에 접근하는 레이어를 구성하는 일련의 클래스들을 제공함으로써 이 '언어의 간극'을 메꿨다. 그러나 이제 뷰 모델이나 LiveData 같은 새로운 아키텍처 가이드라인과 피처들을 이용할 수 있다. 이런 단점을 해소하기 위해 안드로이드 젯팩 아키텍처 컴포넌트는 Room 퍼시스턴스 라이브러리Room persistence library를 제공한다. 이 라이브러리는 SQL 데이터베이스 시스템에 대한 고수준의 인터페이스를 제공하며, 이를 이용하면 최소한의 코딩만으로 현대 애플리케이션 아키텍처의 권고사항을 준수하면서 안드로이드 기기에 국지적으로 데이터를 저장할 수 있다.

이어지는 몇몇 장에서는 Room 퍼시스턴스 라이브러리를 이용해 SQLite 데이터베이스를 관리하는 방법을 설명한다.

42.10 정리

SQLite는 경량의 내장 관계형 데이터베이스 관리 시스템이다. 안드로이드 프레임워크에 포함되어 있으며 이 메커니즘을 이용하면 안드로이드 애플리케이션이 이용할 수 있는 구조화된 영구적인 데이터 저장소를 구현할 수 있다. Room 퍼시스턴스 라이브러리와 함께, 안드로이드는 안드로이드 앱 안에서 데이터 저장소를 구현하는 현대적인 방법을 제공한다.

이번 장에서는 일반적인 데이터베이스 및 안드로이드 애플리케이션 개발 컨텍스트 안에서의 SQLite에 관해 간단히 살펴봤다. 다음 장에서는 예제 애플리케이션을 만들면서 Room 퍼시스턴스 라이브러리에 관해 살펴본다.

CHAPTER 43

Room 데이터베이스와 컴포즈

Room 퍼시스턴스 라이브러리는 안드로이드 아키텍처 컴포넌트에 포함되어 있으며, 안드로이드 아키텍처 가이드라인을 준수하면서 안드로이드 앱에 데이터베이스 저장소 지원을 쉽게 추가하기 위해 디자인되었다. 앞 장에서 살펴본 SQLite 데이터베이스 기본을 바탕으로, 이번 장에서는 Room 기반 데이터베이스 관리 개념에 관해 살펴본다. 안드로이드 앱 안에서 Room 지원을 구현하기 위한 핵심 요소들과 아키텍처 및 코딩 관점에서 이들을 구현하는 방법을 살펴본다. 이후 다음 장에서는 Room 데이터베이스 프로젝트 예시를 통해 이 이론들을 실제로 다루어본다.

43.1 모던 앱 아키텍처 다시보기

40장 'ViewModel 다루기'에서 모던 앱 아키텍처의 개념과 앱 안에서 책임이 다른 영역을 분리하는 것의 중요성에 관해 살펴봤다. 그림 43-1의 다이어그램은 전형적인 안드로이드 앱의 권장 아키텍처다.

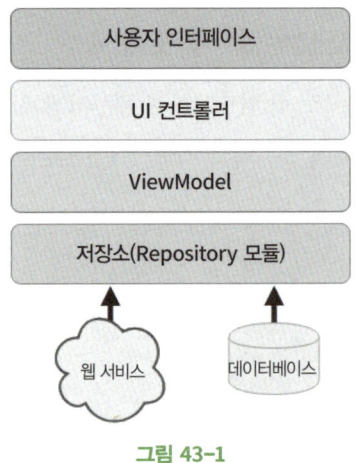

그림 43-1

아키텍처의 상위 3개 수준에 관해서는 책의 앞부분에서 어느 정도 다루었으므로, 이번 장부터는 Room 퍼시스턴스 라이브러리의 컨텍스트에서 저장소와 데이터베이스 아키텍처에 관해 살펴본다.

43.2 Room 데이터베이스 퍼시스턴스의 핵심 요소

좀 더 세부적인 내용에 들어가기에 앞서, Room 퍼시스턴스 라이브러리를 이용해 SQLite 데이터베이스를 다루는 것과 관련된 핵심 요소들을 간단히 살펴보자.

43.2.1 저장소

repository 모듈은 앱이 사용하는 모든 데이터 소스를 직접 조작하는 데 필요한 모든 코드를 포함한다. 이는 UI 컨트롤러나 ViewModel이 데이터베이스나 웹 서비스 같은 소스에 직접 접근하는 코드를 포함하는 것을 방지한다.

43.2.2 Room 데이터베이스

room 데이터베이스 객체는 내부 SQLite 데이터베이스에 대한 인터페이스를 제공한다. 또한 데이터 접근 객체Data Access Object, DAO에 접근할 수 있는 저장소를 제공한다. 앱은 단 하나의 room 데이터베이스 인스턴스를 포함하며, 이를 이용해 여러 데이터베이스 테이블에 접근한다.

43.2.3 데이터 접근 객체

DAO는 SQLite 데이터베이스 안에서 데이터를 삽입, 추출, 삭제하는 저장소가 필요로 하는 SQL 구문들을 포함한다. SQL 구문은 저장소 안에서 호출되는 메서드로 매핑되어 있으며, 이에 해당하는 쿼리들을 실행한다.

43.2.4 엔티티

엔티티entity는 데이터베이스 안의 테이블에 대한 스키마를 정의하는 클래스로 테이블 이름, 열 이름, 데이터 타입을 정의하고 어떤 열이 기본 키인지 식별한다. 엔티티 클래스는 테이블 스키마를 정의하고, 이 데이터 필드들에 접근하는 게터getter/세터setter 메서드를 포함한다. SQL 쿼리 메서드 호출 결과로 DAO에 의해 저장소에 전달되는 데이터는 이 엔티티 클래스의 인스턴스 형태를 띤다. 마찬가지로 저장소에서 새로운 레코드를 데이터베이스에 쓰는 경우, 엔티티 인스턴스를 만들고 세터를 호출해 값들을 설정한 뒤, DAO에 선언된 insert 메서드에 저장할 엔티티 인스턴스를 전달해서 호출한다.

43.2.5 SQLite 데이터베이스

SQLite 데이터베이스는 데이터를 저장하고 데이터에 대한 접근을 제공한다. 저장소를 포함하는 앱 코드는 내부 데이터베이스에 직접 접근해서는 안 된다. 모든 데이터베이스 조작은 Room 데이터베이스, DAO, 엔티티를 조합해서 수행한다.

그림 43-2의 아키텍처 다이어그램은 이 요소들을 조합해 안드로이드 앱 안에서 Room 기반 데이터베이스 저장소를 제공하는 방법을 나타낸다.

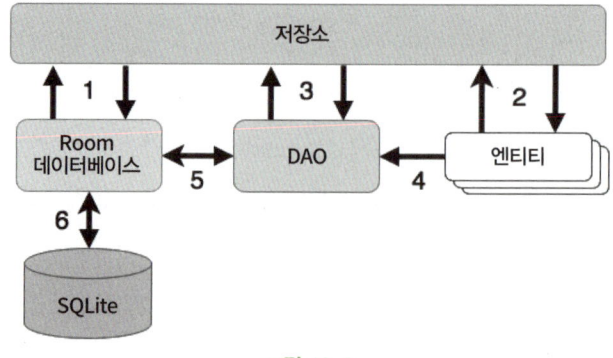

그림 43-2

위의 아키텍처 다이어그램에서 번호가 붙은 화살표의 의미는 다음과 같다.

1. 저장소는 Room 데이터베이스와 상호작용을 해서 데이터베이스 인스턴스를 얻고 이를 이용해 DAO 인스턴스에 대한 참조를 얻는다.
2. 저장소는 엔티티 인스턴스를 만들고 데이터를 설정한 뒤 DAO로 전달해 검색과 삽입 조작을 수행한다.
3. 저장소는 데이터베이스에 삽입할 엔티티를 DAO에 전달해서 호출한다. 검색 쿼리의 응답으로 엔티티 인스턴스를 돌려받는다.
4. DAO가 저장소에 반환할 결과를 가진 경우, 해당 결과들을 엔티티 객체에 패키징한다.
5. DAO는 Room 데이터베이스와 상호작용해서 데이터베이스 조작을 시작하고, 결과를 처리한다.
6. Room 데이터베이스는 쿼리를 전달하고 결과를 받는 등, 내부 SQLite와의 모든 저수준 인터랙션을 처리한다.

Room 퍼시스턴스 라이브러리를 이용한 데이터베이스 접근의 핵심 요소를 간단히 다루었으므로 이제 엔티티, DAO, Room 데이터베이스, 저장소에 관해 좀 더 자세히 살펴보자.

43.3 엔티티 이해하기

각 데이터베이스 테이블은 하나의 엔티티 클래스와 연관된다. 이 클래스는 테이블의 스키마를 정의하고 특별한 Room 애너테이션을 가진 표준 코틀린 클래스의 형태를 갖는다. 다음은 데이터베이스 테이블 안에 저장될 데이터를 선언한 코틀린 클래스의 예시다.

```
class Customer {
    var id: Int = 0
```

```
    var name: String? = null
    var address: String? = null

    constructor() {}

    constructor(id: Int, name: String, address: String) {
        this.id = id
        this.name = name
        this.address = address
    }

    constructor(name: String, address: String) {
        this.name = name
        this.address = address
    }
}
```

위의 코드는 기본 코틀린 클래스를 선언한다. 이 클래스는 데이터베이스 테이블 필드를 나타내는 여러 변수와 게터/세터 메서드를 포함한다. 그러나 이 클래스는 아직 엔티티는 아니다. 이 클래스를 엔티티로 만들어 SQL 구문 안에서 접근할 수 있게 하려면 다음과 같이 몇 가지 Room 애너테이션을 추가해야 한다.

```
@Entity(tableName = "customers")
class Customer {

    @PrimaryKey(autoGenerate = true)
    @NonNull
    @ColumnInfo(name = "customerId")
    var id: Int = 0

    @ColumnInfo(name = "customerName")
    var name: String? = null
    var address: String? = null

    constructor() {}

    constructor(id: Int, name: String, address: String) {
        this.id = id
        this.name = name
        this.address = address
    }

    constructor(name: String, address: String) {
        this.name = name
        this.address = address
    }
}
```

이 애너테이션은 해당 클래스가 엔티티임을 선언하고 customers라는 테이블 이름을 할당한다. 이 이름은 DAO의 SQL 구문에서 참조하게 된다.

```
@Entity(tableName = "customers")
```

모든 데이터베이스 테이블에는 기본 키로 이용할 열이 있어야 한다. 위의 예시에서는 고객 ID를 기본 키로 선언했다. 애너테이션을 이용해 SQL 쿼리에서 참조할 수 있도록 열 이름을 할당하고, null 값을 저장할 수 없도록 설정했다. 마지막으로, id 값은 자동 생성auto-generated되도록 설정했다. 다시 말해, 새로운 레코드에 할당되는 id 시스템에 의해 자동으로 생성되어 키의 중복을 방지한다.

```
@PrimaryKey(autoGenerate = true)
@NonNull
@ColumnInfo(name = "customerId")
var id: Int = 0
```

열 이름은 고객 name 필드에도 할당되었다. 그러나 address 필드에는 열 이름을 할당하지 않았다. 이는 address 데이터는 데이터베이스 안에 여전히 저장되지만 SQL 구문 안에서 참조될 필요는 없음을 의미한다. 엔티티 안의 필드를 데이터베이스에 저장하지 않아도 된다면 @Ignore 애너테이션을 추가한다.

```
@Ignore
var MyString: String? = null
```

애너테이션은 엔티티 클래스 안에 포함시켜 다른 엔티티와의 관계를 만들 수도 있다. 이는 관계형 데이터베이스에서 외부 키foreign key라 불린다. 외부 키를 이용하면 한 테이블에서 다른 테이블의 기본 키를 참조할 수 있다. 예를 들어, Purchase라는 이름의 엔티티와 기존 Customer 엔티티를 다음과 같이 연관 지을 수 있다.

```
@Entity(foreignKeys = arrayOf(ForeignKey(entity = Customer::class,
    parentColumns = arrayOf("customerId"),
    childColumns = arrayOf("buyerId"),
    onDelete = ForeignKey.CASCADE,
    onUpdate = ForeignKey.RESTRICT)))

class Purchase {

    @PrimaryKey(autoGenerate = true)
    @NonNull
    @ColumnInfo(name = "purchaseId")
    var purchaseId: Int = 0
```

```
    @ColumnInfo(name = "buyerId")
    var buyerId: Int = 0
.
.
}
```

외부 키를 선언할 때는 부모 레코드가 삭제되거나 업데이트되었을 때의 동작을 지정한다는 점에 주의한다. CASCADE, NO_ACTION, RESTRICT, SET_DEFAULT, SET_NULL 옵션을 이용할 수 있다.

43.4 데이터 접근 객체

데이터 접근 객체를 이용하면 SQLite 데이터베이스 안에 저장된 데이터에 접근할 수 있다. DAO는 표준 코틀린 인터페이스로 선언된다. 추가 애너테이션을 이용해 특정한 SQL 구문과 저장소에서 호출되는 메서드들을 연결할 수 있다.

가장 먼저 인터페이스를 만들고 @Dao 애너테이션을 이용해 이를 DAO로 선언한다.

```
@Dao
interface CustomerDao {
}
```

다음으로 SQL 구문과 이에 해당하는 메서드 이름으로 구성된 항목들을 추가한다. 다음은 getAllCustomers()라는 이름의 메서드를 호출해 customers 테이블의 모든 행을 추출하도록 선언하는 코드 예시다.

```
@Dao
interface CustomerDao {
    @Query("SELECT * FROM customers")
    fun getAllCustomers(): LiveData<List<Customer>>
}
```

getAllCustomers() 메서드는 데이터베이스 테이블에서 추출한 각 레코드에 대해 하나의 Customer 엔티티 객체를 포함하는 List 객체를 반환한다. DAO는 LiveData를 이용하므로 저장소는 데이터베이스의 변경사항을 관찰한다.

메서드에 인수를 전달하고 이에 해당하는 SQL 구문 안에서 참조될 수도 있다. 다음 DAO 선언에 관해 살펴보자. 이 DAO는 customer 이름과 일치하는 데이터베이스 레코드들을 검색한다(WHERE 조건절에서 참조되는 열 이름은 엔티티 클래스의 열에 할당된 이름과 같다).

```
@Query("SELECT * FROM customers WHERE name = :customerName")
fun findCustomer(customerName: String): List<Customer>
```

이 예시에서 메서드는 문자열값을 전달받고, 변수 이름에 접두사 콜론(:)을 붙여서 SQL 구문 안에 포함된다.

기본 삽입 조작은 @Insert 컨비니언스 애너테이션convenience annotation을 이용해 다음과 같이 선언할 수 있다.

```
@Insert
fun addCustomer(Customer customer)
```

이를 컨비니언스 애너테이션이라 부르는 이유는 Room 퍼시스턴스 라이브러리가 addCustomer() 메서드에 전달된 Customer 엔티티가 insert SQL 구문이 제공되지 않아도 데이터베이스에 삽입된다는 것을 추론할 수 있기 때문이다. 여러 데이터베이스 레코드도 다음과 같이 단일 트랜잭션으로 삽입할 수 있다.

```
@Insert
fun insertCustomers(Customer... customers)
```

다음 DAO 선언은 제공한 고객 이름과 일치하는 모든 레코드를 삭제한다.

```
@Query("DELETE FROM customers WHERE name = :name")
fun deleteCustomer(String name)
```

@Query 애너테이션을 이용해 삭제를 수행하는 대신 @Delete 컨비니언스 애너테이션을 이용할 수도 있다. 다음은 deleteCustomers() 메서드에 전달된 엔티티 집합과 일치하는 모든 Customer 레코드를 데이터베이스에서 삭제한다.

```
@Delete
fun deleteCustomers(Customer... customers)
```

@Update 컨비니언스 애너테이션을 이용하면 위와 마찬가지로 레코드를 업데이트할 수 있다.

```
@Update
fun updateCustomers(Customer... customers)
```

이런 유형의 데이터베이스 조작을 위한 DAO 메서드는 해당 트랜잭션 영향을 받은 행 수를 나타내는 정숫값을 반환하도록 선언할 수도 있다.

```
@Delete
fun deleteCustomers(Customer... customers): int
```

43.5 Room 데이터베이스

Room 데이터베이스 클래스는 RoomDatabase 클래스를 확장해서 생성하며, 안드로이드 운영체제 안에 내장된 실제 SQLite 데이터베이스의 최상위 레이어로 동작한다. 이 클래스는 새로운 room 데이터베이스 인스턴스 생성 및 반환, 해당 데이터베이스와 관련된 DAO 인스턴스 접근 제공에 관한 책임을 진다.

Room 퍼시스턴스 라이브러리는 데이터베이스 인스턴스를 생성하는 데이터베이스 빌더를 제공한다. 각 안드로이드 앱은 하나의 room 데이터베이스 인스턴스만 가질 수 있으므로, 클래스 안에서 인스턴스를 하나만 만들도록 방어 코드를 구현하는 것이 좋다.

다음은 예시 customer 테이블을 이용해 Room 데이터베이스를 구현한 간략한 코드다.

```
import android.content.Context
import androidx.room.Database
import androidx.room.Room
import androidx.room.RoomDatabase

@Database(entities = [(Customer::class)], version = 1)
abstract class CustomerRoomDatabase: RoomDatabase() {
    abstract fun customerDao(): CustomerDao companion object {

        private var INSTANCE: CustomerRoomDatabase? = null

        fun getInstance(context: Context): CustomerRoomDatabase {
            synchronized(this) {
                var instance = INSTANCE

                if (instance == null) {
                    instance = Room.databaseBuilder(
                        context.applicationContext,
                        CustomerRoomDatabase::class.java,
                        "customer_database"
                    ).fallbackToDestructiveMigration()
                        .build()

                    INSTANCE = instance
                }
                return instance
            }
        }
    }
}
```

이 예시에서 주목할 부분은 데이터베이스가 작동할 엔티티를 선언하는 클래스 선언 윗부분의 애너테이션, 클래스의 인스턴스 생성 여부를 확인하는 코드, 인스턴스에 할당한 customer_database라는 이름이다.

43.6 저장소

저장소는 데이터베이스 조작을 수행하는 DAO 메서드를 호출하는 코드를 포함한다. 다음은 부분적으로 구현된 저장소의 코드 예시다.

```kotlin
class CustomerRepository(private val customerDao: CustomerDao) {

    private val coroutineScope = CoroutineScope(Dispatchers.Main)
.
.
    fun insertCustomer(customer: Customer) {
        coroutineScope.launch(Dispatchers.IO) {
            customerDao.insertCustomer(customer)
        }
    }

    fun deleteCustomer(name: String) {
        coroutineScope.launch(Dispatchers.IO) {
            customerDao.deleteCustomer(name)
        }
    }
.
.
}
```

저장소가 DAO에 접근한 뒤 데이터 접근 메서드를 호출할 수 있다. 다음은 getAllCustomers() DAO 메서드를 호출하는 코드 예시다.

```kotlin
val allCustomers: LiveData<List<Customer>>?
customerDao.getAllCustomers()
```

DAO 메서드를 호출할 때는 해당 메서드가 LiveData 인스턴스(이 인스턴스는 자동으로 별도의 스레드에서 쿼리를 실행한다)를 반환하지 않으면, 해당 조작을 앱의 메인 스레드에서 수행할 수 없다는 점에 주의해야 한다. 그렇지 않으면 앱이 다음과 같은 에러 메시지와 함께 중단된다.

```
Cannot access database on the main thread since it may potentially lock the UI for a long period of time
(잠재적으로 오랜 시간 동안 UI를 잠글 수 있기 때문에 메인 스레드에서 데이터베이스에 접근할 수 없다)
```

일부 데이터베이스 트랜잭션은 완료하기까지 오랜 시간이 걸리므로, 분리된 스레드에서 해당 작업을 실행함으로써 앱이 중지된 것처럼 보이는 것을 방지할 수 있다. 43장에서 설명하겠지만, 이 문제는 코루틴을 이용하면 쉽게 해결할 수 있다.

모든 클래스를 선언했다면 데이터베이스 인스턴스, DAO, 저장소를 만들고 초기화해야 한다. 다음은 이를 수행하는 코드 예시다.

```
private val repository: CustomerRepository
val customerDb = CustomerRoomDatabase.getInstance(application)
val customerDao = customerDb.customerDao()
repository = CustomerRepository(customerDao)
```

43.7 인메모리 데이터베이스

이번 장에서 설명한 예시는 안드로이드 기기 영구 저장소의 데이터베이스 파일로 존재하는 SQLite 데이터베이스를 사용한다는 점을 전제로 한다. 이것은 앱 프로세스가 종료된 후에도 데이터가 지속됨을 보장한다.

Room 데이터베이스 퍼시스턴스 라이브러리는 인메모리 데이터베이스in-memory database도 지원한다. 이 데이터베이스는 메모리 안에 존재하며 앱이 종료되면 사라진다. 인메모리 데이터베이스를 이용할 때는 Room.databaseBuilder() 대신 Room 데이터베이스 클래스의 Room.inMemoryDatabaseBuilder() 메서드만 호출하면 된다. 다음은 두 메서드 호출의 차이를 나타낸다(인메모리 데이터베이스에는 데이터베이스 이름이 필요하지 않다).

```
// 파일 저장소 기반 데이터베이스를 생성한다.
instance = Room.databaseBuilder(
            context.applicationContext,
            CustomerRoomDatabase::class.java,
            "customer_database"
        ).fallbackToDestructiveMigration()
        .build()

// 인메모리 데이터베이스를 생성한다.
instance = Room.inMemoryDatabaseBuilder(
            context.applicationContext,
            CustomerRoomDatabase::class.java,
        ).fallbackToDestructiveMigration()
        .build()
```

43.8 Database Inspector

안드로이드 스튜디오는 Database Inspector 도구 창을 포함하며 이를 이용하면 실행되는 앱과 관련된 Room 데이터베이스를 보고 검색하고 수정할 수 있다(그림 43-3).

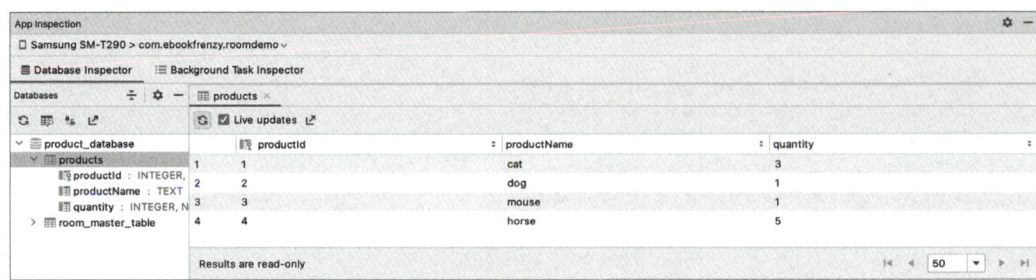

그림 43-3

Database Inspector 이용에 관해서는 44장 'Room 데이터베이스 및 저장소 튜토리얼'에서 설명한다.

43.9 정리

안드로이드 Room 퍼시스턴스 라이브러리는 안드로이드 아키텍처 컴포넌트에 번들로 제공되며 저수준 SQLite 데이터베이스 위의 추상 레이어로 동작한다. 이 라이브러리는 안드로이드 아키텍처 가이드라인을 준수하면서 데이터베이스를 쉽게 사용하게 하려는 목적으로 디자인되었다. 이번 장에서는 엔티티, 저장소, 데이터 접근 객체, 애너테이션, room 데이터베이스 인스턴스 등 Room 기반 데이터베이스 저장소를 안드로이드 앱 프로젝트에 통합하는 여러 요소들을 살펴봤다.

이번 장에서 살펴본 SQLite와 Room 아키텍처 컴포넌트에 관한 기본 지식을 바탕으로, 다음 장에서는 예시 앱을 만들어 이들을 실제로 사용해 본다.

CHAPTER 44

Room 데이터베이스 및 저장소 튜토리얼

이번 장에서는 32장에서 학습한 내용을 바탕으로 Room 퍼시스턴스 라이브러리를 이용해 SQLite 기반 데이터베이스 저장소를 구현하는 방법을 자세히 살펴본다. 안드로이드 아키텍처 가이드라인을 순수하면서 뷰 모델과 저장소를 이용한다. 이 튜토리얼에서는 엔티티, 데이터 접근 객체 Room 데이터베이스, 비동기 데이터베이스 쿼리를 포함해 40장 'ViewModel 다루기'에서 다룬 모든 요소를 포함한다.

44.1 RoomDemo 프로젝트 개요

이번 장에서 만들 프로젝트는 기본적인 인벤토리 앱으로 제품의 이름과 수량을 저장한다. 프로젝트를 완료하면 앱은 데이터베이스 항목을 추가, 삭제, 검색할 수 있으며 데이터베이스에 현재 저장된 모든 제품을 스크롤할 수 있는 리스트로 표시한다. 이 제품 리스트는 데이터베이스 항목이 추가 또는 삭제되면 자동으로 업데이트된다. 앱이 완성된 모습은 그림 44-1과 같다.

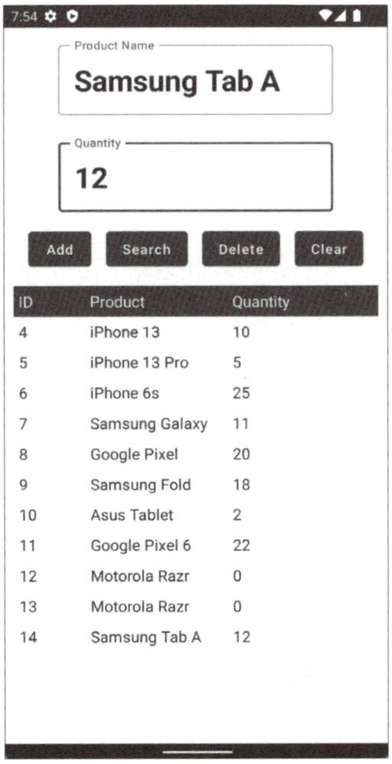

그림 44-1

44.2 RoomDemo 프로젝트 만들기

안드로이드 스튜디오를 실행하고 새 Empty Compose Activity 프로젝트를 만든 뒤, Name 필드에 'RoomDemo', Package name에 'com.example.roomdemo'를 입력한다. Minimum SDK는 API 26: Android 8.0 (Oreo)로 설정한 뒤 Finish 버튼을 클릭한다. 코드 편집기에서 MainActivity.kt 파일을 열고, Greeting 함수를 제거한 뒤 MainScreen이라는 이름의 새로운 빈 컴포저블을 추가한다.

```
@Composable
fun ScreenSetup() {
    MainScreen()
}

@Composable
fun MainScreen() {

}
```

다음으로 onCreateActivity() 메서드가 Greeting 대신 ScreenSetup을 호출하도록 수정한다. 이 프로젝트에서는 미리 보기 패널이 지원하지 않는 피처를 이용하며, DefaultPreview 컴포저블은 파일에서 삭제한다. 이후 과정을 진행하기 전에 실제 기기나 에뮬레이터에서 앱을 실행해 프로젝트를 테스트한다.

44.3 빌드 환경 설정 수정하기

프로젝트에 새 클래스를 추가하기 전에, 먼저 빌드 Room 퍼시스턴스 라이브러리를 포함해 환경 설정을 위한 몇 가지 라이브러리를 추가한다. 모듈 수준의 build.gradle 파일(app ➡ Gradle Script ➡ build.grade (Module: RoomDempo.app))을 찾아 다음과 같이 수정한 뒤 Sync Now 링크를 클릭한다.

```
plugins {
    id 'com.android.application'
    id 'org.jetbrains.kotlin.android'
    id 'kotlin-kapt'
}
.
.
dependencies {
.
.
    implementation "androidx.room:room-runtime:2.4.2"
    implementation "androidx.room:room-ktx:2.4.0"
    implementation "androidx.compose.runtime:runtime-livedata:1.1.1"
    annotationProcessor "androidx.room:room-compiler:2.4.2"
```

```
        kapt "androidx.room:room-compiler:2.4.2"
.
.
}
```

44.4 엔티티 구축하기

이번 프로젝트에서는 가장 먼저 데이터베이스 테이블 스키마를 정의하는 엔티티를 만든다. 이 엔티티는 제품 ID를 의미하는 정숫값, 제품 이름 문자열, 수량을 저장하는 정숫값을 갖는다. 제품 ID 열은 기본 키이며 자동으로 생성된다. 이 엔티티의 구조를 요약하면 표 44-1과 같다.

표 44-1

열	데이터 타입
productid	정수 / 기본 키 / 자동 증가
productname	문자열
productquantity	정수

먼저 엔티티를 위한 클래스 파일을 추가한다. Project 도구 창의 app ➡ java ➡ com.example.roomdemo 항목에서 마우스 오른쪽 버튼을 클릭한 뒤 New ➡ Kotlin File/Class 메뉴 옵션을 선택한다. 새 클래스 다이얼로그가 표시되면 클래스 이름에 'Product'를 입력하고 리스트에서 Class를 선택한 뒤, 키보드의 엔터 키를 쳐서 파일을 만든다.

편집기에서 Product.kt 파일이 열리면 다음과 같이 수정한다.

```
package com.example.roomdemo

class Product {

    var id: Int = 0
    var productName: String = ""
    var quantity: Int = 0

    constructor()

    constructor(productname: String, quantity: Int) {
        this.productName = productname
        this.quantity = quantity
    }
}
```

이제 클래스는 데이터베이스 열을 위한 변수와 이에 대응하는 게터/세터 메서드를 포함한다. 물론 이 클래스는 애너테이션이 없으므로 아직 엔티티는 아니다. 편집기에서 클래스 파일을 열고, 애너테이션 및 이와 관련된 import 구문들을 추가한다.

```
package com.example.roomdemo

import androidx.annotation.NonNull
import androidx.room.ColumnInfo
import androidx.room.Entity
import androidx.room.PrimaryKey

@Entity(tableName = "products")
class Product {

    @PrimaryKey(autoGenerate = true)
    @NonNull
    @ColumnInfo(name = "productId")
    var id: Int = 0

    @ColumnInfo(name = "productName")
    var productName: String = ""
    var quantity: Int = 0

    constructor()

    constructor(productname: String, quantity: Int) {
        this.productName = productname
        this.quantity = quantity
    }
}
```

이 애너테이션들은 이를 products라는 이름의 테이블을 위한 엔티티로 선언하고 id와 name 변수를 열 이름으로 할당한다. id 열은 기본 키이면서 동시에 자동 생성되도록 설정했다. 기본 키는 null이 될 수 없으므로 @NotNull 애너테이션도 적용했다. SQL 쿼리에서 quantity 열을 참조할 필요는 없으므로, quantity 변수에는 열 이름을 할당하지 않는다.

44.5 데이터 접근 객체 만들기

product 엔티티를 정의한 뒤에는 DAO 인터페이스를 만든다. Project 도구 창의 app ➡ java ➡ com.example.roomdemo 항목에서 마우스 오른쪽 버튼을 클릭한 뒤, 다시 한번 New ➡ Kotlin File/Class 메뉴 옵션을 선택한다. 새 클래스 다이얼로그의 Name 필드에 'ProductDao'를 입력하고 리스트에서 Interface를 선택한다(그림 44-2).

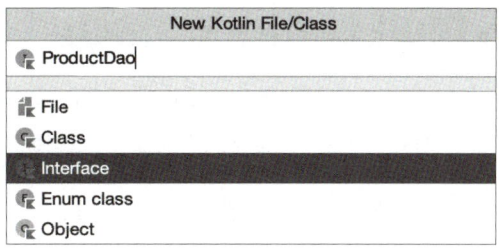

그림 44-2

다음으로 OK를 클릭해서 새 인터페이스를 만든다. 코드 편집기에서 ProductDao.kt를 열고 다음과 같이 수정한다.

```kotlin
package com.example.roomdemo

import androidx.lifecycle.LiveData
import androidx.room.Dao
import androidx.room.Insert
import androidx.room.Query

@Dao
interface ProductDao {

    @Insert
    fun insertProduct(product: Product)

    @Query("SELECT * FROM products WHERE productName = :name")
    fun findProduct(name: String): List<Product>

    @Query("DELETE FROM products WHERE productName = :name")
    fun deleteProduct(name: String)

    @Query("SELECT * FROM products")
    fun getAllProducts(): LiveData<List<Product>>
}
```

위 DAO에서는 제품 데이터베이스에 레코드를 추가, 검색, 삭제하는 메서드를 구현했다. 삽입 메서드에는 저장할 데이터를 포함하는 Product 엔티티 객체를 전달하고, 검색 및 삭제 메서드에는 조작 대상 제품의 이름을 포함한 문자열을 전달한다. getAllProducts() 메서드는 데이터베이스의 모든 레코드를 포함하는 하나의 LiveData 객체를 반환하며, 이 객체를 이용해 사용자 인터페이스 레이아웃의 제품 리스트를 데이터베이스와 동기화한다.

44.6 Room 데이터베이스 추가하기

프로젝트에 저장소를 추가하기 전 마지막 작업으로 room 데이터베이스 인스턴스를 구현한다. 프로젝트에 ProductRoomDatabase라는 이름의 클래스를 추가하고, 이번에는 Class 옵션을 선택한다.

파일을 만들었다면, 43장 'Room 데이터베이스와 컴포즈'에서 설명한 단계를 따라 다음과 같이 수정한다.

```kotlin
package com.example.roomdemo

import android.content.Context
import androidx.room.Database
import androidx.room.Room
import androidx.room.RoomDatabase

@Database(entities = [(Product::class)], version = 1)
abstract class ProductRoomDatabase: RoomDatabase(){

    abstract fun productDao(): ProductDao

    companion object {

        private var INSTANCE: ProductRoomDatabase? = null

        fun getInstance(context: Context): ProductRoomDatabase {
            synchronized(this) {
                var instance = INSTANCE

                if (instance == null) {
                    instance = Room.databaseBuilder(
                        context.applicationContext,
                        ProductRoomDatabase::class.java,
                        "product_database"
                    ).fallbackToDestructiveMigration()
                        .build()

                    INSTANCE = instance
                }
                return instance
            }
        }
    }
}
```

44.7 저장소 추가하기

프로젝트에 ProductRepository라는 이름의 새 클래스를 추가한다. 여기서는 **Class** 옵션을 선택한다.

저장소 클래스는 ViewModel을 대신해 Room 데이터베이스와 상호작용하는 책임을 지며, DAO를 이용해 제품 레코드를 추가, 삭제, 질의하는 메서드를 제공해야 한다. getAllProducts() DAO 메서드(이 메서드는 LiveData를 반환한다)를 제외하고, 이 데이터베이스 조작은 메인 스레드와 분리된 스레드에서 실행해야 한다.

ProductRepository.kt 파일의 나머지 부분은 유지한 채, 다음과 같이 변경한다.

```
package com.example.roomdemo

import androidx.lifecycle.LiveData
import androidx.lifecycle.MutableLiveData
import kotlinx.coroutines.*

class ProductRepository(private val productDao: ProductDao) {
    val searchResults = MutableLiveData<List<Product>>()
}
```

위의 코드는 searchResults라는 이름의 MultableLiveData 변수를 선언하고 비동기 검색 태스크가 완료될 때마다 검색 조작 결과를 저장한다(튜토리얼 후반에 ViewModel 안의 옵저버observer가 이 라이브 데이터 객체를 모니터링하게 한다). 이 클래스의 인스턴스가 만들어지면, 이 인스턴스의 참조를 ProductDao 객체에 전달해야 한다.

이 저장소 클래스는 ViewModel이 호출해 데이터베이스 조작을 초기화할 수 있도록 몇 가지 메서드를 제공해야 한다. 메인 스레드에서 데이터베이스 조작을 수행하는 것을 방지하기 위해, 저장소는 코루틴을 이용한다. 마찬가지로 몇 가지 라이브러리를 프로젝트에 추가한 뒤 저장소 클래스에 관한 작업을 진행한다. Gradle Scripts ➡ build.gradle (Module: RoomDemo.app) 파일을 열고 dependencies 섹션에 다음을 추가한다.

```
dependencies {
.
.
    implementation 'org.jetbrains.kotlinx:kotlinx-coroutines-core:1.6.1'
    implementation 'org.jetbrains.kotlinx:kotlinx-coroutines-android:1.6.1'
.
.
}
```

파일을 수정한 뒤, 편집기 패널 위쪽의 Sync Now 링크를 클릭해 변경 내용을 적용한다.

DAO에 대한 참조를 저장하고 적절한 라이브러리들을 추가했으므로, 이제 ProductRepository 클래스에 필요한 메서드들을 추가할 수 있다.

```kotlin
    val searchResults = MutableLiveData<List<Product>>()
    private val coroutineScope = CoroutineScope(Dispatchers.Main)

    fun insertProduct(newproduct: Product) {
        coroutineScope.launch(Dispatchers.IO) {
            productDao.insertProduct(newproduct)
        }
    }

    fun deleteProduct(name: String) {
        coroutineScope.launch(Dispatchers.IO) {
            productDao.deleteProduct(name)
        }
    }

    fun findProduct(name: String) {
        coroutineScope.launch(Dispatchers.Main) {
            searchResults.value = asyncFind(name).await()
        }
    }

    private fun asyncFind(name: String): Deferred<List<Product>?> =
        coroutineScope.async(Dispatchers.IO) {
            return@async productDao.findProduct(name)
        }
```

검색 조작 시 asyncFind() 메서드는 지연된 값을 이용해 검색 결과를 findProduct() 메서드로 반환한다. findProduct() 메서드는 searchResults 변수에 접근해야 하므로 asyncFind() 메서드에 대한 호출은 메인 스레드로 전달되고, 메인 스레드는 차례로 IO 디스패처를 이용해 데이터베이스 조작을 수행한다.

저장소 클래스를 완성하기 위한 마지막 작업을 한다. 사용자 인터페이스 레이아웃에 추가될 LazyColumn은 데이터베이스에 저장된 현재 제품 리스트의 최신 상태를 유지해야 한다. ProductDao 클래스는 이미 getAllProducts() 메서드를 갖고 있으며, 이 메서드는 SQL 쿼리를 이용해 모든 데이터베이스 레코드를 선택하고 이들을 하나의 LiveData 객체로 감싸서 반환할 수 있다. 저장소는 초기화 단계에서 이 메서드를 한 번 호출하고 그 결과를 LiveData 객체 안에 저장한다. 저장된 결과는 ViewModel과 메인 액티비티에 의해 관찰된다. 이 설정을 마치고 나면 데이터베이스 테이블에 변경이 발생할 때마다, 액티비티 옵저버가 이를 감지하고 LazyColumn이 최신 제품 리스트를 재구성한다. ProductRepository.kt 파일의 내용을 유지하면서 LiveData 변수와 DAO getAllProducts() 메서드 호출을 추가한다.

```
.
class ProductRepository(private val productDao: ProductDao) {
    val allProducts: LiveData<List<Product>> = productDao.getAllProducts()
    val searchResults = MutableLiveData<List<Product>>()
.
.
```

44.8 ViewModel 추가하기

ViewModel은 데이터베이스, DOA, 저장소 인스턴스 생성과 UI 컨트롤러에서 이벤트를 다루기 위해 활용되는 메서드와 LiveData 객체를 제공한다.

먼저 build.gradle (Module RoomDemo.app) 파일을 수정해 뷰 모델 라이프사이클 라이브러리를 추가한다.

```
.
dependencies {
.
.
    implementation 'androidx.lifecycle:lifecycle-viewmodel-compose:2.4.1'
.
.
```

프로젝트를 동기화한 뒤 ViewModel 클래스를 추가한다. Project 도구 창의 app ➡ java ➡ com. example.roomdemo 항목에서 마우스 오른쪽 버튼을 클릭하고 New ➡ Kotlin File/Class 메뉴 옵션을 선택한다. New Class 다이얼로그에서 Name 필드에 'MainViewModel'을 입력하고 리스트에서 Class를 선택한다. 키보드의 엔터 키를 눌러 파일을 만든다.

MainViewModel.kt 파일이 애플리케이션 인스턴스와 몇몇 프로퍼티, 초기화 블록을 받을 수 있도록 다음과 같이 수정한다. 안드로이드 Context 클래스로 표현되는 애플리케이션 컨텍스트는 애플리케이션 코드 안에서 이용되며, 런타임에 애플리케이션 리소스에 접근한다. 또한 애플리케이션 컨텍스트에 대해 다양한 메서드를 호출함으로써 애플리케이션 환경에 대한 정보를 얻거나 변경할 수 있다. 여기서 애플리케이션 프로그램 컨텍스트는 데이터베이스를 만들 때 필요하며, 이번 장 후반부에서는 액티비티 안에서 뷰 모델로 전달된다.

```
.
.
import android.app.Application
import androidx.lifecycle.LiveData
import androidx.lifecycle.MutableLiveData
import androidx.lifecycle.ViewModel
.
.
class MainViewModel(application: Application) : ViewModel() {

    val allProducts: LiveData<List<Product>>
    private val repository: ProductRepository
    val searchResults: MutableLiveData<List<Product>>

    init {
        val productDb = ProductRoomDatabase.getInstance(application)
        val productDao = productDb.productDao()
        repository = ProductRepository(productDao)

        allProducts = repository.allProducts
        searchResults = repository.searchResults
    }
}
```

초기화 블록은 데이터베이스 하나를 만들며, 이 데이터베이스는 DAO 인스턴스를 만드는 데 이용된다. 이후 저장소를 초기화하는 데 이 DAO를 이용한다.

```
val productDb = ProductRoomDatabase.getInstance(application)
val productDao = productDb.productDao()
repository = ProductRepository(productDao)
```

마지막으로 이 저장소는 검색 결과와 allProducts 라이브 데이터 객체에 대한 참조를 저장하는 데 이용되고, 뒤에 메인 액티비티 안에서 상태로 변환된다.

```
allProducts = repository.allProducts
searchResults = repository.searchResults
```

ViewModel에서의 마지막 작업으로 버튼을 클릭했을 때 액티비티 안에서 호출될 메서드를 구현한다. 이 코드는 init 블록 다음에 위치해야 한다.

```
.
.
init {
    .
    .
}

fun insertProduct(product: Product) {
    repository.insertProduct(product)
}

fun findProduct(name: String) {
    repository.findProduct(name)
}

fun deleteProduct(name: String) {
    repository.deleteProduct(name)
}
    .
    .
```

44.9 사용자 인터페이스 디자인하기

데이터베이스, DOA, 저장소, ViewModel을 모두 만들었으므로 이제 사용자 인터페이스를 디자인한다. 먼저 MainActivity.kt 파일을 수정한다. 입력 텍스트 필드, 열 행, 열 제목으로 사용될 3개의 컴포저블을 추가한다.

```
.
.
import androidx.compose.foundation.background
import androidx.compose.foundation.layout.*
import androidx.compose.foundation.text.KeyboardOptions
import androidx.compose.material.*
import androidx.compose.ui.graphics.Color
import androidx.compose.ui.text.TextStyle
import androidx.compose.ui.text.font.FontWeight
import androidx.compose.ui.text.input.KeyboardType
import androidx.compose.ui.unit.dp
import androidx.compose.ui.unit.sp
    .
    .
class MainActivity : ComponentActivity() {
    .
    .
    .
    @Composable
    fun TitleRow(head1: String, head2: String, head3: String) {
        Row(
```

```kotlin
        modifier = Modifier
            .background(MaterialTheme.colors.primary)
            .fillMaxWidth()
            .padding(5.dp)
    ) {
        Text(head1, color = Color.White,
            modifier = Modifier
            .weight(0.1f))
        Text(head2, color = Color.White,
            modifier = Modifier
            .weight(0.2f))
        Text(head3, color = Color.White,
            modifier = Modifier.weight(0.2f))
    }
}

@Composable
fun ProductRow(id: Int, name: String, quantity: Int) {
    Row(
        modifier = Modifier
            .fillMaxWidth()
            .padding(5.dp)
    ) {
        Text(id.toString(), modifier = Modifier
            .weight(0.1f))
        Text(name, modifier = Modifier.weight(0.2f))
        Text(quantity.toString(), modifier = Modifier.weight(0.2f))
    }
}

@Composable
fun CustomTextField(
    title: String,
    textState: String,
    onTextChange: (String) -> Unit,
    keyboardType: KeyboardType
) {
    OutlinedTextField(
        value = textState,
        onValueChange = { onTextChange(it) },
        keyboardOptions = KeyboardOptions(
            keyboardType = keyboardType
        ),
        singleLine = true,
        label = { Text(title)},
        modifier = Modifier.padding(10.dp),
        textStyle = TextStyle(fontWeight = FontWeight.Bold,
            fontSize = 30.sp)
    )
}
```

44.10 ViewModelProvider Factory 클래스 작성하기

이번 장에서 생성한 뷰 모델은 애플리케이션 인스턴스에 대한 참조를 전달해야 하므로 이전 예시들에 비해 다소 복잡하다. 앞에서는 viewModel() 함수를 사용해 뷰 모델들을 생성했다. 안타깝게도 viewModel() 함수를 사용하면 애플리케이션 참조를 인수로서 전달할 수 없다. 대신 커스텀 ViewModelProvider Factory 클래스를 함수에 전달해야 한다. 이 클래스는 애플리케이션 참조를 받아 초기화된 MainViewModel 인스턴스를 반환한다.

MainActivity.kt 파일의 마지막 닫는 중괄호(}) 뒤에 다음 팩토리 클래스를 추가한다.

```
.
.
import android.app.Application
import androidx.lifecycle.ViewModel
import androidx.lifecycle.ViewModelProvider
.
.
class MainViewModelFactory(val application: Application) : ViewModelProvider.Factory {
    override fun <T : ViewModel> create(modelClass: Class<T>): T {
        return MainViewModel(application) as T
    }
}
```

viewModel() 함수는 팩토리 및 현재 ViewModelStoreOwner에 대한 참조를 필요로 한다. 뷰 모델 저장소는 일종의 컨테이너로 간주할 수 있으며, 그 안에는 현재 활성화된 뷰 모델들이 각 모델에 대한 식별 문자열(viewModel() 호출 시 함께 전달되어야 한다)과 함께 저장된다. MainActivity.kt 파일의 나머지 내용을 유지한 상태에서 onCreate() 메서드를 다음과 같이 수정한다.

```
.
.
import androidx.compose.ui.platform.LocalContext
import androidx.lifecycle.viewmodel.compose.LocalViewModelStoreOwner
import androidx.lifecycle.viewmodel.compose.viewModel
.
.
override fun onCreate(savedInstanceState: Bundle?) {
    super.onCreate(savedInstanceState)
    setContent {
        RoomDemoTheme {
            // 테마의 'background' 색상을 사용하는 서피스 컨테이너
            Surface(
                modifier = Modifier.fillMaxSize(),
                color = MaterialTheme.colors.background
```

```
            ) {
                val owner = LocalViewModelStoreOwner.current

                owner?.let {
                    val viewModel: MainViewModel = viewModel(
                        it,
                        "MainViewModel",
                        MainViewModelFactory(
                            LocalContext.current.applicationContext
                                                as Application)
                    )
                    ScreenSetup(viewModel)
                }
            }
        }
    }
}
```

추가된 코드는 가장 먼저 현재 로컬 뷰 모델 저장 소유자에 대한 참조를 얻는다. 소유자가 null이 아님을 확인한 뒤 viewModel() 함수를 호출하고 소유자, 하나의 식별 문자열, 뷰 모델 팩토리(애플리케이션 참조를 전달하는)를 전달한다. viewModel() 호출 결과 반환된 뷰 모델은 ScreenSetup으로 전달된다.

다음으로 ScreenSetup 함수를 수정해서 ViewModel 인스턴스를 만들고 이를 이용해 allProducts와 searchResults 라이브 데이터 객체를 상탯값으로 변경하고 빈 리스트로 초기화한다. 이 상태들은 뷰 모델과 함께 MainScreen 컴포저블에 전달된다.

```
.
.
import androidx.compose.runtime.*
import androidx.compose.runtime.livedata.observeAsState
.
.
@Composable
fun ScreenSetup(viewModel: MainViewModel) {

    val allProducts by viewModel.allProducts.observeAsState(listOf())
    val searchResults by viewModel.searchResults.observeAsState(listOf())

    MainScreen(
        allProducts = allProducts,
        searchResults = searchResults,
        viewModel = viewModel
    )
```

```
}

@Composable
fun MainScreen(
    allProducts: List<Product>,
    searchResults: List<Product>,
    viewModel: MainViewModel
) {

}
```

위의 ViewModel 인스턴스를 만들 때 LoalContext 객체를 이용해 애플리케이션 컨텍스트에 대한 참조를 얻어, 이를 뷰 모델에 전달해 데이터베이스를 만들 때 이용할 수 있도록 한 점에 유의한다.

44.11 MainScreen 함수 완료하기

MainScreen 함수 안에 다음과 같이 몇 가지 상태와 이벤트 핸들러를 추가한다.

```
@Composable
fun MainScreen(
    allProducts: List<Product>,
    searchResults: List<Product>,
    viewModel: MainViewModel
) {
    var productName by remember { mutableStateOf("") }
    var productQuantity by remember { mutableStateOf("") }
    var searching by remember { mutableStateOf(false) }

    val onProductTextChange = { text : String ->
        productName = text
    }

    val onQuantityTextChange = { text : String ->
        productQuantity = text
    }
}
```

계속해서 MainScreen 함수를 수정한다. 2개의 CustomTextField 컴포저블과 4개의 Button 컴포넌트를 포함한 1개의 Row로 구성된 Column 1개를 추가한다.

```
.
.
import androidx.compose.ui.Alignment.Companion.CenterHorizontally
.
.
@Composable
```

```kotlin
fun MainScreen(
    allProducts: List<Product>,
    searchResults: List<Product>,
    viewModel: MainViewModel
) {
.
.
.
    Column(
        horizontalAlignment = CenterHorizontally,
        modifier = Modifier
            .fillMaxWidth()
    ) {
        CustomTextField(
            title = "Product Name",
            textState = productName,
            onTextChange = onProductTextChange,
            keyboardType = KeyboardType.Text
        )

        CustomTextField(
            title = "Quantity",
            textState = productQuantity,
            onTextChange = onQuantityTextChange,
            keyboardType = KeyboardType.Number
        )

        Row(
            horizontalArrangement = Arrangement.SpaceEvenly,
            modifier = Modifier
                .fillMaxWidth()
                .padding(10.dp)

        ) {
            Button(onClick = {
                if (productQuantity.isNotEmpty()) {
                    viewModel.insertProduct(
                        Product(
                            productName,
                            productQuantity.toInt()
                        )
                    )
                    searching = false
                }
            }) {
                Text("Add")
            }

            Button(onClick = {
                searching = true
                viewModel.findProduct(productName)
            }) {
                Text("Search")
```

```
                }

                Button(onClick = {
                    searching = false
                    viewModel.deleteProduct(productName)
                }) {
                    Text("Delete")
                }

                Button(onClick = {
                    searching = false
                    productName = ""
                    productQuantity = ""
                }) {
                    Text("Clear")
                }
            }
        }
    }
}
```

마지막으로, 부모 Column의 Button 컴포넌트 행 바로 다음에 LazyColumn 하나를 추가한다. 이를 추가하면 TitleRow 인스턴스 뒤에 각 제품에 대한 ProductRow를 표시한다. searching 상태를 이용해 리스트가 모든 제품을 포함했는지, 또는 검색 기준에 일치하는 제품만 포함했는지 결정한다.

```
.
.
import androidx.compose.foundation.lazy.LazyColumn
import androidx.compose.foundation.lazy.items
.
.
@Composable
fun MainScreen(allProducts: List<Product>, searchResults: List<Product>, viewModel:
MainViewModel) {
.
.
        LazyColumn(
            Modifier
                .fillMaxWidth()
                .padding(10.dp)
        ) {
            val list = if (searching) searchResults else allProducts

            item {
                TitleRow(head1 = "ID", head2 = "Product", head3 = "Quantity")
            }

            items(list) { product ->
                ProductRow(id = product.id, name = product.productName,
                    quantity = product.quantity)
```

```
            }
        }
    }
}
```

44.12 RoomDemo 앱 테스트하기

프로젝트를 컴파일해서 앱을 실제 기기 또는 에뮬레이터에서 실행해 그림 44-1과 같이 표시되는지 확인한다. 몇 가지 제품을 추가하고 이들이 LazyColumn 안에 자동으로 나타나는지 확인한다. 기존 제품을 검색하고 일치하는 결과만 리스트에 표시되는지도 확인한다. Clear 버튼을 클릭해 리스트를 초기화하고 기존 제품의 이름을 입력한 뒤, 데이터베이스에서 해당 제품을 삭제한다. 제품 리스트에서 해당 제품이 삭제되었는지 확인한다.

44.13 Database Inspector 이용하기

43장에서 설명한 것처럼 Database Inspector 도구를 이용해 실행 중인 앱과 관련된 Room 데이터베이스의 콘텐츠를 조사하고, 간단한 데이터 변경 작업을 할 수 있다. RoomDemo 앱에 몇 개의 데이터베이스 레코드를 추가한 뒤, Database Inspector 도구를 표시한다(View ➡ Tool Windows ➡ App Inspection 메뉴 옵션을 선택한다).

Database Inspector 창 안에서 실행 중인 앱을 선택한다(그림 44-3, Ⓐ).

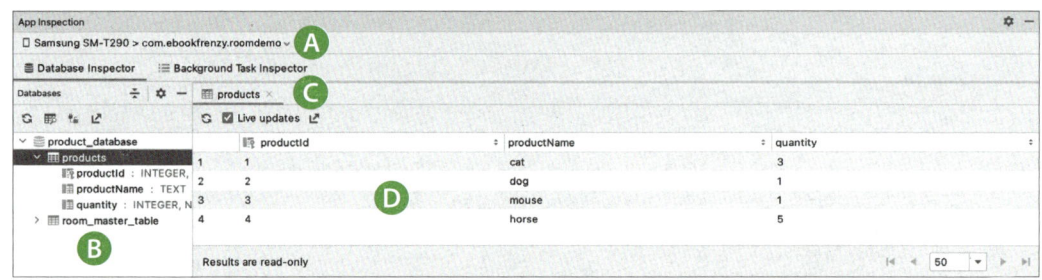

그림 44-3

Databases 패널(Ⓑ)에서 products 테이블을 더블클릭해 데이터베이스에 현재 저장되어 있는 테이블 행을 표시한다. Live updates 옵션(Ⓒ)을 활성화한 뒤 실행 중인 앱을 이용해 데이터베이스에 더 많은 레코드를 추가한다. Database Inspector는 해당 변경을 반영해 테이블 데이터(Ⓓ)를 실시간으로 업데이트한다.

Live updates를 비활성화하면 테이블의 읽기 전용 속성이 해제된다. 임의의 테이블 행의 quantity 열을 더블클릭하고 값을 변경한 뒤 키보드의 엔터 키를 누른다. 실행 중인 앱으로 되돌아와 해당 제품을 검색한다. Database Inspector에서 변경한 quantity 값이 데이터베이스 테이블에 저장되었는지 확인한다.

마지막으로, 테이블 쿼리 버튼(그림 44-4, 화살표)을 클릭해 새 쿼리 탭(A)을 표시한다. product_database가 선택된 상태인지 확인하고(B), 쿼리 텍스트 필드에 SQL 구문을 입력한 뒤(C) Run 버튼을 클릭한다(D).

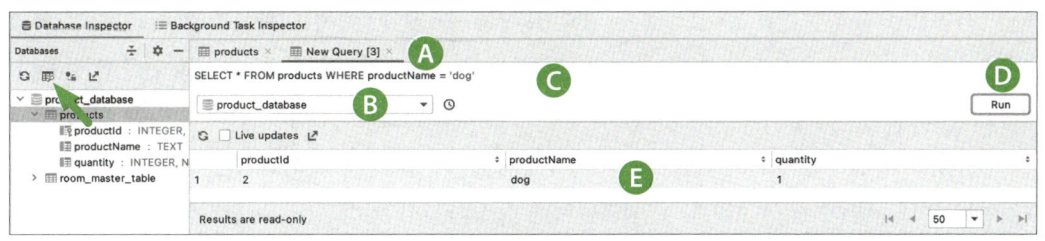

그림 44-4

SQL 쿼리의 결과를 반영해 리스트의 행이 업데이트된다(E).

44.14 정리

이번 장에서는 Room 퍼시스턴스 라이브러리를 이용해 SQLite 데이터베이스에 데이터를 저장하는 방법을 살펴봤다. 완성된 프로젝트에서는 저장소를 이용해 데이터베이스 조작에서 ViewModel을 분리하고 엔티티, DAO, room 데이터베이스 인스턴스를 만드는 방법을 학습했다. 또한 비동기 태스크를 이용해 몇몇 데이터베이스 조작을 수행했다.

CHAPTER

45

내비게이션

단일 화면으로 구성된 안드로이드 앱은 거의 찾아볼 수 없다. 실제 대부분의 앱들은 여러 화면을 가지고 있으며 사용자들은 화면 제스처, 버튼 클릭, 메뉴 선택을 통해 여러 화면을 이동한다. 안드로이드 젯팩이 도입되기 전에는 앱 안에서의 내비게이션을 구현하기 위해 막대한 양의 코딩이 필요했으며, 잠재적으로 복잡한 내비게이션 경로를 표시하고 조직화하기는 쉽지 않았다. 그러나 안드로이드 내비게이션 아키텍처 컴포넌트가 등장하면서 이런 상황은 현저히 개선되었고, 이는 컴포즈 기반 앱에서의 내비게이션을 지원하도록 확장되었다. 이번 장에서는 컴포즈 안에서의 내비게이션에 관해 간단히 살펴본다. 경로, 내비게이션 그래프, 내비게이션 백 스택, 인자 전달, `NavHostContoller`와 `NavHost` 클래스에 관해서도 설명한다.

45.1 내비게이션 이해하기

모든 앱에는 홈 화면이 있으며, 홈 화면은 앱이 실행된 직후 스플래시 화면splash screen이 표시된 뒤 나타난다(스플래시 화면은 앱이 로드되는 동안 잠시 나타나는 브랜딩 화면이다). 홈 화면에서 사용자는 일반적으로 태스크를 수행하고, 그 결과로 다른 화면이 나타난다. 이 화면들은 보통 프로젝트 안에서 다른 컴포저블의 형태를 갖는다. 예를 들어 메시징 앱의 홈 화면은 현재 메시지 리스트를 표시하고, 사용자는 이 화면에서 다른 화면으로 이동해 주소록이나 설정 화면에 접근한다. 주소록 화면에서 사용자는 새로운 연락처를 추가하거나 기존 연락처를 업데이트할 수 있는 화면으로 이동할 수도 있다. 이 앱의 내비게이션 그래프navigation graph를 시각적으로 나타내면 그림 45-1과 비슷할 것이다.

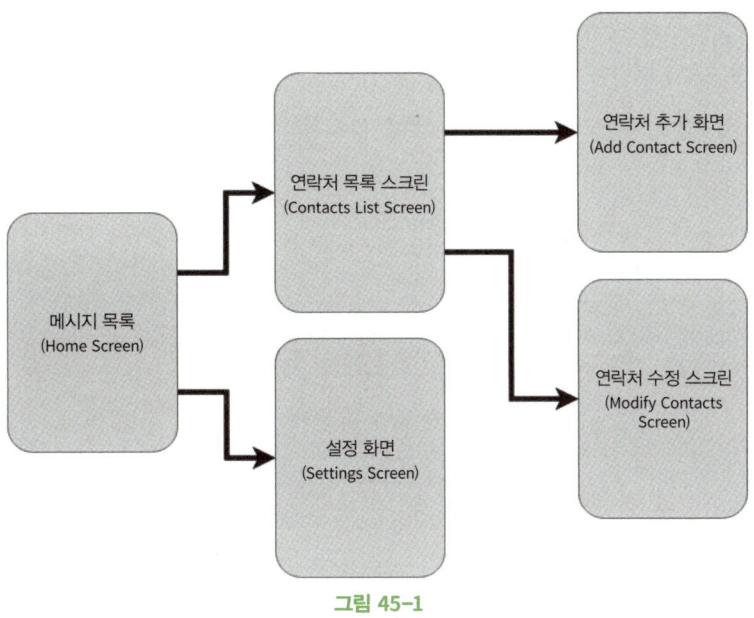

그림 45-1

홈 화면을 포함해 앱을 구성하는 각 화면은 **목적지**destination라 불리며, 일반적으로 하나의 컴포저블 또는 액티비티다. 안드로이드 내비게이션 아키텍처에서는 **내비게이션 백 스택**navigation back stack을 이용해 앱 안에서 목적지에 이르는 사용자의 경로를 추적한다. 앱이 처음 실행되면 홈 화면은 첫 번째 목적지로 스택에 놓이며 **현재 목적지**current destination가 된다. 사용자가 다른 목적지로 이동하면 해당 화면이 현재 목적지가 되고, 홈 목적지 위의 백 스택에 쌓인다. 사용자가 다른 화면으로 이동할 때마다, 해당 화면들은 스택에 쌓인다. 예를 들어 그림 45-2는 가상 메시징 앱에서 사용자가 앱을 실행한 뒤 **Add Contact** 화면으로 이동했을 때 내비게이션 스택의 현재 상태를 나타낸다.

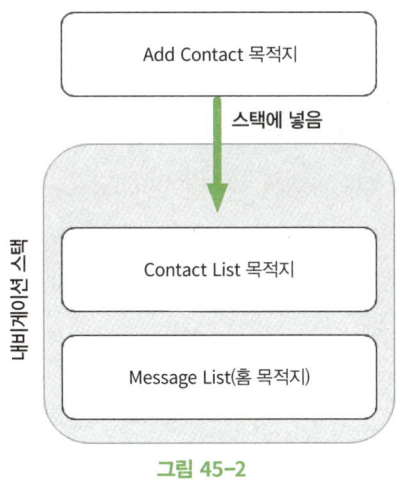

그림 45-2

사용자가 시스템의 뒤로 가기 버튼을 이용해 화면을 거꾸로 이동하면, 스택의 목적지에 홈 화면만 남을 때까지 스택에서 화면을 하나씩 꺼낸다. 그림 45-3은 사용자가 Add Contact 화면에서 뒤로 돌아갔을 때 해당 화면을 스택에서 꺼내고, Contact List 화면 컴포저블을 현재 목적지로 만든 상태를 나타낸다.

그림 45-3

목적지 사이의 이동과 내비게이션 스택 관리와 관련된 모든 작업은 하나의 **내비게이션 컨트롤러**_{navigation controller}에 의해 처리되며, 이 컨트롤러는 NavHostController 클래스에서 제공된다. 또한 수동으로도 스택에서 컴포저블을 꺼내서 사용자가 현재 화면에서 뒤로 돌아갔을 때 스택의 낮은 위치에 있는 화면을 반환하도록 할 수 있다.

내비게이션 아키텍처 컴포넌트_{Navigation Architecture Component}를 이용하면 매우 직관적인 절차에 따라 안드로이드 프로젝트에 내비게이션을 추가할 수 있다. 내비게이션 호스트_{navigation host}, 내비게이션 그래프_{navigation graph}, 내비게이션 액션_{navigation action}과 직접 작성하는 최소한의 코드를 이용해 내비게이션 컨트롤러 인스턴스에 대한 참조를 얻고 상호작용하도록 할 수 있다.

45.2 내비게이션 컨트롤러 선언하기

앱 프로젝트에 내비게이션을 추가할 때는 가장 먼저 NavHostController 인스턴스를 만든다. 이 인스턴스는 백 스택을 관리하고 현재 목적지가 어떤 컴포저블인지 추적한다. 이를 통해 재구성을 하는 동안에도 백 스택의 무결성을 보장한다. NavHostController는 상태 객체이며 rememberNavController() 메서드를 호출해서 만든다.

```
val navController = rememberNavController()
```

내비게이션 컨트롤러를 만들었다면 NavHost 인스턴스에 할당해야 한다.

45.3 내비게이션 호스트 선언하기

내비게이션 호스트(NavHost)는 액티비티의 사용자 레이아웃에 추가되는 특별한 컴포넌트로, 사용자가 이동할 목적지의 플레이스홀더 역할을 한다. 그림 45-4는 전형적인 액티비티 화면으로 내비게이션 호스트가 나타내는 영역을 강조해서 표시했다.

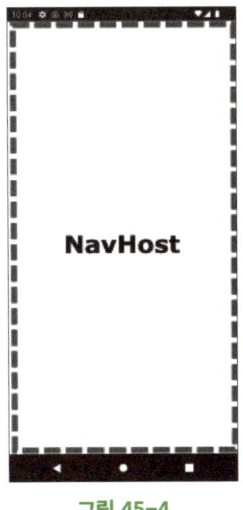

그림 45-4

NavHost를 호출할 때는 NavHostController 인스턴스를 전달해야 한다. NavHostContoller 인스턴스는 시작 목적지start destination와 내비게이션 그래프 역할을 하는 컴포저블이다. 내비게이션 그래프는 내비게이션 컨트롤러의 컨텍스트 안에서 이동 가능한 목적지로 이용할 수 있는 모든 컴포저블로 구성된다. 이 목적지들은 경로route 형태로 선언된다.

```
NavHost(navController = navController, startDestination = <시작 경로>) {
    // 내비게이션 그래프 목적지
}
```

45.4 내비게이션 그래프에 목적지 추가하기

composable() 메서드를 호출하고 경로와 목적지를 전달해 내비게이션에 목적지를 추가할 수 있다. 경로는 간단히 현재 내비게이션 컨트롤러의 컨텍스트 안에서 고유한 목적지를 식별할 수 있는 문자열값이며, 목적지는 내비게이션을 수행할 때 호출되는 컴포저블이다. 다음 NavHost 선언은 시작 목적지가 "home"으로 설정된 3개의 목적지로 구성된 내비게이션 그래프를 포함한다.

```
NavHost(navController = navController, startDestination = "home") {
    composable("home") {
        Home()
    }

    composable("customers") {
        Customers()
    }

    composable("purchases") {
        Purchases()
    }
}
```

경로 문자열을 composable() 메서드 호출에 직접 입력하는 대신 sealed 클래스*를 이용해 좀 더 유연하게 경로를 정의할 수 있다.

```
sealed class Routes(val route: String) {
    object Home : Routes("home")
    object Customers : Routes("customers")
    object Purchases : Routes("purchases")
}
```

이 클래스를 선언한 뒤 NavHost는 다음과 같이 경로를 참조할 수 있다.

```
NavHost(navController = navController, startDestination = Routes.Home.route) {
    composable(Routes.Home.route) {
        Home()
    }

    composable(Routes.Customers.route) {
        Customers()
    }

    composable(Routes.Purchases.route) {
        Purchases()
    }
}
```

sealed 클래스를 이용하면 단일 위치를 이용해 경로를 변경할 수 있고, 구문 검증이 포함되므로 NavHost를 만들거나 내비게이션을 수행할 때 경로의 오타를 피할 수 있다는 장점을 얻을 수 있다.

---

* [옮긴이] https://kotlinlang.org/docs/sealed-classes.html

45.5 목적지로 이동하기

기본적으로 내비게이션 컨트롤러 인스턴스의 navigate() 메서드를 호출하고 목적지 컴포저블의 경로를 지정하면 내비게이션이 시작된다. 다음은 Button 컴포넌트를 클릭했을 때 고객 화면으로 이동하도록 설정한 코드 예시다.

```
Button(onClick = {
    navController.navigate(Routes.Customers.route)
}) {
    Text(text = "Navigate to Customers")
}
```

navigate() 메서드는 내비게이션 옵션을 포함한 후행 람다를 받는다. 내비게이션 옵션 중에는 popUpTo() 함수가 포함된다. 사용자가 홈 화면에서 시작해 고객 화면으로 이동하는 시나리오를 생각해 보자. 고객 화면은 고객의 이름 리스트를 표시하고, 리스트를 클릭하면 구매 화면으로 이동한다. 이 화면에서는 선택한 고객의 이전 구매 리스트를 표시한다. 여기에서 백 스택은 고객, 홈 목적지를 포함한다. 사용자가 화면 아래쪽에 위치한 뒤로 가기 버튼을 탭하면, 앱은 고객 화면으로 뒤로 이동한다. popUpTo() 내비게이션 옵션을 이용하면 아이템을 스택에서 꺼내고 특정한 목적지로 돌아갈 수 있다. 예를 들어 구매 화면으로 이동하기 전에 모든 목적지를 스택에서 꺼내, 결과적으로 백 스택에 홈 목적지만 남아 있도록 할 수 있다.

```
Button(onClick = {
    navController.navigate(Routes.Customers.route) {
        popUpTo(Routes.Home.route)
    }
}) {
    Text(text = "Navigate to Customers")
}
```

이제 사용자가 구매 화면에서 뒤로 가기 버튼을 누르면, 앱은 홈 화면으로 곧바로 이동한다. popUpTo() 메서드도 옵션을 받는다. 다음은 inclusive 옵션을 이용해 내비게이션을 수행하기 전에 홈 목적지를 스택에서 꺼내는 코드 예시다.

```
Button(onClick = {
    navController.navigate(Routes.Customers.route) {
        popUpTo(Routes.Home.route) {
            inclusive = true
        }
    }
}) {
```

```
        Text(text = "Navigate to Customers")
    }
```

현재 목적지에서 그 자신으로 이동하고자 하면 기본적으로 자신을 목적지로 하는 추가 인스턴스를 스택에 넣는다. 대부분의 상황에서 이는 바람직하지 않다. 동일한 목적지의 여러 인스턴스를 스택의 최상위에 추가하는 것을 막기 위해 navigate() 메서드 호출 시 launchSingleTop 옵션을 전달한다.

```
Button(onClick = {
    navController.navigate(Routes.Customers.route) {
        launchSingleTop = true
    }
}) {
    Text(text = "Navigate to Customers")
}
```

saveState, restoreState 옵션을 true로 설정하면 사용자가 이전에 선택했던 목적지를 다시 선택하는 경우 백 스택 항목 상태를 자동으로 저장하고 복원한다.

45.6 목적지에 인수 전달하기

한 화면에서 다른 화면으로 이동할 때는 목적지에 인수를 전달한다. 컴포즈에서는 다양한 타입의 인수를 한 화면에서 다른 화면(여러 단계 포함)으로 전달하는 기능을 지원한다. 가상 예시의 경우 선택된 고객의 이름을 고객 화면에서 구매 화면으로 전달해, 올바른 구매 이력이 표시되게 할 수 있다.

인수를 포함한 내비게이션을 구현하기 위해 가장 먼저 목적지 경로에 인수 이름을 추가해야 한다. 예를 들어, 구매 경로에 customerName이라는 인수를 다음과 같이 추가할 수 있다.

```
NavHost(navController = navController, startDestination = Routes.Home.route) {
    .
    .
    composable(Routes.Purchases.route + "/{customerName}") {
        Purchases()
    }
    .
    .
}
```

앱이 고객 목적지로의 이동을 트리거하면 해당 인수에 할당된 값은 해당하는 백 스택 항목 안에 저장된다. 현재 내비게이션에 대한 백 스택 항목은 파라미터로 composable() 메서드의 후행 람다에 전달되고, 람다에서 추출된 파라미터는 Customer 컴포저블로 전달될 수 있다.

```
composable(Routes.Purchases.route + "/{customerName}") { backStackEntry ->

    val customerName = backStackEntry.arguments?.getString("customerName")

    Purchases(customerName)
}
```

기본적으로 내비게이션 인수는 String 타입이라 가정한다. 다른 타입의 인수를 전달할 때는 composable() 메서드의 arguments 파라미터를 통해 NavType 열거형을 이용해 타입을 지정해야 한다. 다음은 파라미터 타입을 Int 타입으로 선언한 예시다. 또한 getString() 대신 getInt()를 이용해 백 스택 항목에서 인수를 추출해야 한다.

```
composable(Routes.Purchases.route + "/{customerId}",
        arguments = listOf(navArgument("customerId") { type = NavType.IntType })) {
    navBackStack ->
        Customers(navBackStack.arguments?.getInt("customerId"))
}
```

원래의 문자열 인수 예시로 돌아와서 이제 Purchases 컴포저블이 String 파라미터를 받도록 수정한다.

```
@Composable
fun Customers(customerName: String?) {
.
.
}
```

마지막으로, navigate() 메서드를 호출할 때 인숫값을 전달해야 한다. 이를 위해서는 목적지 경로의 끝에 인숫값을 추가하면 된다. 구매 화면에 전달해야 하는 값은 selectedCustomer라는 이름의 상태 변수에 저장되어 있다고 가정한다. 다음과 같이 navigate()를 호출한다.

```
var selectedCustomer by remember {
    mutableStateOf("")
}

// 선택된 고객을 식별하는 코드

Button(onClick = {
    navController.navigate(Routes.Customers.route + "/$selectedCustomer")
}) {
    Text(text = "Navigate to Customers")
}
```

버튼을 클릭하면 다음과 같은 순서로 이벤트가 발생한다.

1. 현재 목적지에 대한 백 스택 항목이 만들어진다.
2. 현재 selectedCustomer 상탯값이 백 스택 항목에 저장된다.
3. 백 스택 항목이 백 스택에 추가된다.
4. NavHost 선언 안의 구매 경로에 대한 composable() 메서드가 호출된다.
5. composable() 메서드의 후행 람다가 백 스택 항목에서 인수를 추출해 Purchases 컴포저블에 전달한다.

45.7 하단 내비게이션 바 다루기

이번 장에서는 지금까지 Button 컴포넌트의 클릭 이벤트에 대응하는 내비게이션에 관해서만 다루었다. 내비게이션을 이용하는 또 다른 전형적인 예시로 하단 내비게이션 바를 들 수 있다.

하단 내비게이션 바는 화면의 가장 아래쪽에 나타나며 내비게이션 아이템 리스트(아이콘 또는 텍스트)를 표시한다. 각 아이템을 클릭하면 현재 액티비티 안에서 다른 화면 사이를 이동한다. 그림 45-5는 하단 내비게이션 바의 예시다.

그림 45-5

하단 내비게이션 바의 핵심 컴포넌트는 컴포즈의 BottomNavigation과 BottomNavigationItem 컴포넌트다. 이들을 구현할 때는 전형적으로 하나의 부모 BottomNavigationBar가 forEach 루프를 포함하고, 이 forEach 루프가 반복되면서 BottomNavigationItem 자식들을 만든다. 각 자식에 표시할 라벨과 아이콘이 설정되면 onClick 핸들러를 이용해 해당하는 목적지로 이동을 수행한다. 다음은 이를 수행하는 전형적인 코드 예시다.

```
BottomNavigation {
    <아이템 목록>.forEach { navItem ->
        BottomNavigationItem(
            selected = <true | false>,
            onClick = {
                navController.navigate(navItem.route) {
                    popUpTo(navController.graph.findStartDestination().id) {
                        saveState = true
                    }
                    launchSingleTop = true
```

```
                    restoreState = true
                }
            },
            icon = {
                <아이콘>
            },
            label = {
                <텍스트>
            },
        )
    }
}
```

popUpTo() 메서드를 호출해서 사용지가 뒤로 가기 버튼을 클릭하면 시작 목적지로 이동하는 것을 보장하는 것에 주목한다. 내비게이션 그래프에서 findStartDestination() 메서드를 호출해 시작 목적지를 식별할 수 있다.

```
navController.graph.findStartDestination()
```

그리고 하단 내비게이션 바를 이용하려면 launchSingleTop, saveState, restoreState를 활성화해야 한다.

각 BottomNavigationItem은 selected 프로퍼티를 통해 현재 선택되어 있는 아이템인지 전달해야 한다. 하단 내비게이션 바를 다룰 때는 해당 아이템과 연결된 경로와 현재 경로 선택을 비교하는 코드를 작성해야 한다. 현재 경로 선택은 내비게이션 컨트롤러의 currentBackStackEntryAsState() 메서드를 통해 백 스택에 접근하고 목적지 경로 프로퍼티에 접근해서 얻을 수 있다.

```
BottomNavigation {

    val backStackEntry by navController.currentBackStackEntryAsState()
    val currentRoute = backStackEntry?.destination?.route

    NavBarItems.BarItems.forEach { navItem ->
        BottomNavigationItem(
            selected = currentRoute == navItem.route
.
.
```

두 경로를 비교한 결과는 selected 프로퍼티에 할당된다. 하단 내비게이션 바에 관한 좀 더 자세한 예시는 47장 '하단 내비게이션 바 튜토리얼'에서 살펴본다.

45.8 정리

이번 장에서는 젯팩 내비게이션 아키텍처 컴포넌트에 내장된 컴포즈 지원을 이용해 안드로이드 앱에 내비게이션을 추가하는 방법을 살펴봤다. 내비게이션을 구현할 때는 `NavHostController` 클래스를 만들어 NavHost 인스턴스에 연결한다. NavHost 인스턴스는 시작 목적지와 내비게이션 경로를 이용해 설정한다. 내비게이션 경로는 현재 액티비티에 대한 내비게이션 그래프를 구성한다. 다음으로 내비게이션 컨트롤러의 `navigate()` 메서드를 호출해 내비게이션을 수행하며, 이때 목적지 컴포저블의 경로를 전달한다. 컴포즈를 이용하면 목적지 컴포저블에 인수를 전달할 수 있다. 컴포즈의 `BottomNavigation`, `BottomNavigationItem` 컴포넌트를 이용해 내비게이션을 화면에 추가할 수도 있다.

CHAPTER 46

컴포즈 내비게이션 튜토리얼

앞 장에서는 젯팩 내비게이션 아키텍처 컴포넌트를 활용한 내비게이션의 개요에 관해 살펴봤다. 이번 장에서는 이를 바탕으로 내비게이션을 이용하는 프로젝트를 만들어보고, 한 목적지에서 다른 목적지로 인수를 전달하는 방법도 살펴본다.

46.1 NavigationDemo 프로젝트 만들기

안드로이드 스튜디오를 실행하고 새 Empty Compose Activity 프로젝트를 만든 뒤, Name 필드에 'NavigationDemo', Package name에 'com.example.navigationdemo'를 입력한다. Minimum SDK는 API 26: Android 8.0 (Oreo)로 설정한 뒤 Finish 버튼을 클릭한다. 코드 편집기에서 MainActivity.kt 파일을 열고, Greeting 함수를 제거한 뒤 MainScreen이라는 이름의 새로운 빈 컴포저블을 추가한다.

```
@Composable
fun MainScreen() {

}
```

다음으로 onCreateActivity() 메서드가 Greeting 대신 MainScreen을 호출하도록 수정한다.

이후 과정을 진행하기 전에 프로젝트 빌드 설정에 컴포즈 내비게이션 라이브러리를 추가해야 한다. **Project** 도구 창에서 모듈 수준 그레이들 빌드 파일(app ➡ Gradle Scripts ➡ build.gradle (Module: NavigationDemo.app)의 dependencies 섹션에 다음을 추가한다(좀 더 최신의 라이브러리 버전이 존재할 수도 있다).

```
implementation 'androidx.navigation:navigation-compose:2.4.2'
```

46.2 NavigationDemo 프로젝트 소개

완성된 프로젝트는 3개의 목적지 화면('홈', '웰컴', '프로필')으로 구성된다. 홈 화면은 하나의 텍스트 필드를 갖고 있으며 사용자가 이름을 입력한다. 버튼을 클릭하면 웰컴 화면으로 이동하면서 사용자의 이름을 인수로 전달하며, 이 이름은 웰컴 메시지에 표시된다. 웰컴 화면도 하나의 버튼을 포함하며, 이 버튼을 클릭하면서 프로필 화면으로 이동할 수 있다. 이 버튼은 오로지 popUpTo() 내비게이션 옵션 메서드를 실험하기 위한 것이다.

46.3 내비게이션 경로 선언하기

프로젝트에 내비게이션을 구현하려면 가장 먼저 3개의 목적지에 대한 경로를 추가한다. 이는 sealed 클래스를 이용해 선언한다. Project 도구 창의 app ➡ java ➡ com.example.navigationdemo 항목에서 마우스 오른쪽 버튼을 클릭하고 New ➡ Kotlin File/Class 메뉴 옵션을 선택한다. New Class 다이얼로그에서 Name 필드에 'NavRoutes'를 입력하고 리스트에서 Sealed Class 항목을 선택한 뒤, 키보드의 엔터 키를 눌러 파일을 만든다. 새로 만든 파일에 다음과 같이 목적지 경로를 추가한다.

```kotlin
package com.example.navigationdemo

sealed class NavRoutes(val route: String) {
    object Home : NavRoutes("home")
    object Welcome : NavRoutes("welcome")
    object Profile : NavRoutes("profile")
}
```

46.4 홈 화면 추가하기

3개의 목적지에는 컴포저블이 필요하며, 각 컴포저블은 com.example.navigationdemo.screens라는 새로운 패키지 안에 분리된 파일로 선언한다. Project 도구 창의 com.example.navigationdemo 항목에서 마우스 오른쪽 버튼을 클릭하고 New ➡ Package 메뉴 옵션을 선택한다. 이후 표시되는 다이얼로그에서 패키지 이름을 'com.example.navigationdemo.screens'로 입력하고 키보드의 엔터 키를 누른다(그림 46-1).

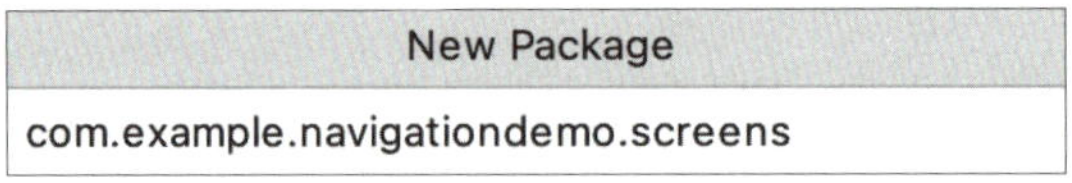

New Package
com.example.navigationdemo.screens

그림 46-1

Project 도구 창의 새 패키지 항목에서 마우스 오른쪽 버튼을 클릭하고 새로운 코틀린 클래스 파일을 만드는 옵션을 선택한다. 클래스 이름을 'Home'으로 지정하고 다음과 같이 수정한다.

```kotlin
.
.
import androidx.compose.foundation.layout.*
import androidx.compose.material.*
import androidx.compose.runtime.*
import androidx.compose.ui.Alignment
import androidx.compose.ui.Modifier
import androidx.compose.ui.text.TextStyle
import androidx.compose.ui.text.font.FontWeight
import androidx.compose.ui.unit.dp
import androidx.compose.ui.unit.sp
import androidx.navigation.NavHostController

import com.example.navigationdemo.NavRoutes

@Composable
fun Home(navController: NavHostController) {

    var userName by remember { mutableStateOf("") }
    val onUserNameChange = { text : String ->
        userName = text
    }

    Box(
        modifier = Modifier
            .fillMaxSize(),
        contentAlignment = Alignment.Center
    ) {
        Column(horizontalAlignment = Alignment.CenterHorizontally) {
            CustomTextField(
                title = "Enter your name",
                textState = userName,
                onTextChange = onUserNameChange
            )

            Spacer(modifier = Modifier.size(30.dp))

            Button(onClick = { }) {
                Text(text = "Register")
            }
        }
    }
}

@Composable
fun CustomTextField(
    title: String,
    textState: String,
```

```kotlin
    onTextChange: (String) -> Unit,
) {
    OutlinedTextField(
        value = textState,
        onValueChange = { onTextChange(it) },
        singleLine = true,
        label = { Text(title)},
        modifier = Modifier.padding(10.dp),
        textStyle = TextStyle(fontWeight = FontWeight.Bold,
            fontSize = 30.sp)
    )
}
```

46.5 웰컴 화면 추가하기

screens 패키지에 새 클래스 파일 Welcome.kt를 추가한다. 파일이 만들어지면 다음과 같이 수정한다.

```kotlin
.
.
import androidx.compose.foundation.layout.*
import androidx.compose.material.*
import androidx.compose.runtime.*
import androidx.compose.ui.Alignment
import androidx.compose.ui.Modifier
import androidx.compose.ui.unit.dp
import androidx.navigation.NavHostController
import com.example.navigationdemo.NavRoutes

@Composable
fun Welcome(navController: NavHostController) {

    Box(
        modifier = Modifier
            .fillMaxSize(),
        contentAlignment = Alignment.Center
    ) {
        Column(horizontalAlignment = Alignment.CenterHorizontally) {
            Text("Welcome", style = MaterialTheme.typography.h5)

            Spacer(modifier = Modifier.size(30.dp))

            Button(onClick = { }) {
                Text(text = "Set up your Profile")
            }
        }
    }
}
```

46.6 프로필 화면 추가하기

프로필 화면은 가장 간단한 컴포저블이며 하나의 Text 컴포넌트로 구성된다. 다시 screens 패키지에 새 클래스 파일 Profile.kt를 추가하고 다음과 같이 수정한다.

```
.
.
import androidx.compose.foundation.layout.*
import androidx.compose.material.*
import androidx.compose.runtime.*
import androidx.compose.ui.Alignment
import androidx.compose.ui.Modifier

@Composable
fun Profile() {

    Box(
        modifier = Modifier
            .fillMaxSize(),
        contentAlignment = Alignment.Center
    ) {
        Text("Profile Screen", style = MaterialTheme.typography.h5)
    }
}
```

46.7 내비게이션 컨트롤러와 호스트 만들기

프로젝트의 기본 요소를 만들었으므로 이제 내비게이션 컨트롤러(NavHostController)와 내비게이션 호스트(NavHost) 인스턴스를 만든다. MainActivity.kt 파일을 다음과 같이 수정한다.

```
.
.
import androidx.navigation.compose.NavHost
import androidx.navigation.compose.composable
import androidx.navigation.compose.rememberNavController
import com.example.navigationdemo.screens.Home
import com.example.navigationdemo.screens.Profile
import com.example.navigationdemo.screens.Welcome
.
.
@Composable
fun MainScreen() {

    val navController = rememberNavController()

    NavHost(
        navController = navController,
```

```
        startDestination = NavRoutes.Home.route,
    ) {
        composable(NavRoutes.Home.route) {
            Home(navController = navController)
        }

        composable(NavRoutes.Welcome.route) {
            Welcome(navController = navController)
        }

        composable(NavRoutes.Profile.route) {
            Profile()
        }
    }
}
```

MainScreen 함수는 rememberNavController() 메서드 호출을 통해 내비게이션 컨트롤러 인스턴스를 얻는 것에서 시작한다. NavHost 컴포넌트가 호출되고, 홈 화면을 시작 목적지로 할당한다. composable() 메서드가 차례로 호출되고 각 화면에 대한 경로가 추가된다.

46.8 화면 내비게이션 구현하기

내비게이션은 홈 화면과 웰컴 화면의 Button 컴포넌트가 클릭될 때 초기화되어야 한다. 두 컴포저블은 이미 navigate() 메서드를 호출할 내비게이션 컨트롤러에 전달되었다. Home.kt 파일을 먼저 수정한다. Button 컴포넌트를 찾아 onClick 프로퍼티에 내비게이션 코드를 추가한다. 이때 웰컴 화면의 경로를 이용한다.

```
.
.
Button(onClick = {
    navController.navigate(NavRoutes.Welcome.route)
}) {
    Text(text = "Register")
}
.
.
```

다음으로 Welcome.kt 파일을 수정한다. Button의 onClick 프로퍼티에 프로필 화면으로 이동하는 코드를 추가한다.

```
.
.
Button(onClick = {
    navController.navigate(NavRoutes.Profile.route)
```

```
}) {
    Text(text = "Set up your Profile")
}
.
.
```

수정한 코드를 컴파일하고 앱을 실제 기기나 에뮬레이터에서 실행한다. 버튼을 클릭하면 지정한 화면으로 이동하는지 확인한다.

46.9 사용자 이름 인수 전달하기

NavHost 선언 안의 웰컴 목적지 경로를 확장해서 텍스트 필드에 입력된 사용자 이름이 내비게이션 과정에서 웰컴 화면으로 전달되게 한다. 먼저 Welcome.kt 파일을 열고 Welcome 함수가 사용자 이름 String 파라미터를 받아 Text 컴포넌트에 표시하도록 수정한다.

```
.
.
@Composable
fun Welcome(navController: NavHostController, userName: String?) {
.
.
    Column(horizontalAlignment = Alignment.CenterHorizontally) {
        Text("Welcome, $userName", style = MaterialTheme.typography.h5)
.
.
```

Welcome 컴포저블은 이제 사용자 이름을 받아서 표시할 수 있으므로, NavHost가 내비게이션 백스택 항목에서 해당 파라미터를 추출해 Welcome 함수로 전달하도록 수정해야 한다. MainActivity.kt 파일에서 Welcome 경로 composable() 호출 부분을 다음과 같이 수정한다.

```
.
.
composable(NavRoutes.Welcome.route + "/{userName}") { backStackEntry ->
    val userName = backStackEntry.arguments?.getString("userName")
    Welcome(navController = navController, username)
}
.
.
```

앱을 테스트하기 전 마지막으로 홈 화면의 Button 컴포넌트에 할당된 onClick 핸들러가 현재 사용자 이름 상탯값을 얻어 navigate() 메서드 호출 시의 경로에 전달하도록 수정한다. Home.kt 파일을 열고, Button 호출 부분을 찾아 onClick 핸들러를 다음과 같이 수정한다.

```
Button(onClick = {
    navController.navigate(NavRoutes.Welcome.route + "/$userName")
}) {
    Text(text = "Register")
}
    .
    .
```

46.10 프로젝트 테스트하기

프로젝트를 컴파일하고 실제 기기나 에뮬레이터에서 실행한다. 홈 화면의 텍스트 필드에 이름을 입력한다(그림 46-2).

Register 버튼을 클릭하고 여러분이 입력한 이름이 웰컴 화면의 텍스트 컴포넌트에서 표시되는지 확인한다(그림 46-3).

그림 46-2   그림 46-3

Set up your Profile 버튼을 클릭해서 프로필 화면으로 이동하면, 아래쪽 툴바에 위치한 뒤로 가기 버튼을 눌렀을 때 백 스택을 따라 웰컴 화면 ➡ 홈 화면의 순서로 이동한다(안드로이드 12 또는 그 이후의 버전을 이용한다면 오른쪽으로 스와이프해서 뒤로 이동할 수 있다). 역방향 내비게이션이 홈 화면으로 직접 돌아가도록 하려면 popUpTo() 메서드를 호출해 홈 목적지를 제외한 모든 항목을 백 스택에서 꺼냈는지 확인해야 한다. 이는 Welcome 컴포저블 내 Button onClick 핸들러의 navigate() 메서드를 호출할 때 옵션으로 전달되어야 한다.

```
.
.
Button(onClick = {
    navController.navigate(NavRoutes.Profile.route) {
        popUpTo(NavRoutes.Home.route)
    }
.
.
```

앱을 실행하고 프로필 화면에서 뒤로 가기 버튼을 탭하면(또는 최근 안드로이드 버전의 경우 오른쪽으로 스와이프하면) 웰컴 화면을 건너뛰고 곧바로 홈 화면으로 이동한다.

46.11 정리

이번 장에서는 내비게이션을 이용해 한 액티비티 안에서 화면을 전환하는 프로젝트를 만들었다. 내비게이션 컨트롤러를 만들고 내비게이션 호스트를 선언했다. 내비게이션 호스트는 각 목적지에 대한 이동 경로로 초기화했다. 튜토리얼에서는 한 내비게이션 목적지에서 다른 내비게이션 목적지에 내비게이션 인수로 하나의 문자열값을 전달하도록 구현했다.

CHAPTER 47

하단 내비게이션 바 튜토리얼

이번 장에서는 45장 '내비게이션'에 이어 컴포즈 BottomNavigation 컴포넌트를 이용해 내비게이션을 액티비티에 추가하는 프로젝트를 만든다. 또한 Scaffold 컴포넌트를 간단히 소개하고 이를 이용해 머티리얼 테마 가이드라인을 준수하는 표준 화면 레이아웃을 만드는 방법에 관해 살펴본다.

47.1 BottomBarDemo 프로젝트 만들기

안드로이드 스튜디오를 실행하고 새 Empty Compose Activity 프로젝트를 만든 뒤, Name 필드에 'BottomBarDemo', Package name에 'com.example.bottombardemo'를 입력한다. Minimum SDK는 API 26: Android 8.0 (Oreo)로 설정한 뒤 Finish 버튼을 클릭한다. 코드 편집기에서 MainActivity.kt 파일을 열고, Greeting 함수를 제거한 뒤 MainScreen이라는 이름의 새로운 빈 컴포저블을 추가한다.

```
@Composable
fun MainScreen() {

}
```

다음으로 onCreateActivity() 메서드가 Greeting 대신 MainScreen을 호출하도록 수정한다.

이후 과정을 진행하기 전에 프로젝트 빌드 설정에 컴포즈 내비게이션 라이브러리를 추가해야 한다. Project 도구 창에서 모듈 수준의 그레이들 빌드 파일(app ➡ Gradle Scripts ➡ build.gralde (Module: BottomBarDemo.app)의 dependencies 섹션에 다음을 추가한다.

```
implementation 'androidx.navigation:navigation-compose:2.4.0'
```

47.2 내비게이션 경로 추가하기

완성된 프로젝트는 하단 바를 포함한다. 하단 바에는 3개의 아이템이 있으며, 각 아이템을 클릭하면 각 컴포저블이 나타내는 각기 다른 화면으로 이동한다. 가장 먼저 sealed 클래스를 이용해 3개의 목적지에 대한 경로를 추가한다. Project 도구 창의 app ➡ java ➡ com.example.bottombardemo 항목에서 마우스 오른쪽 버튼을 클릭하고 New ➡ Kotlin Fail/Class 메뉴 옵션을 선택한다. New Class 다이얼로그에서 클래스 이름에 'NavRoutes'를 입력하고 리스트에서 Sealed Class 항목을 선택한 뒤, 키보드의 엔터 키를 눌러 파일을 만든다. 새 파일을 열고 다음과 같이 목적지 경로를 추가한다.

```kotlin
package com.example.bottombardemo

sealed class NavRoutes(val route: String) {
    object Home : NavRoutes("home")
    object Contacts : NavRoutes("contacts")
    object Favorites : NavRoutes("favorites")
}
```

47.3 바 아이템 디자인하기

하단 바에 표시되는 각 아이템은 제목 문자열, 아이콘 이미지, 아이템이 클릭되었을 때 앱이 이동할 경로 정보를 가져야 한다. MainActivity.kt 파일을 가능한 한 단순하게 유지하기 위해, 바 아이템 클래스를 다른 파일에 선언한다. 앞에서 설명한 순서에 따라 BarItem이라는 새 코틀린 클래스 파일을 프로젝트에 추가한다(여기서는 Data Class 옵션을 선택한다). 새 파일에 다음 코드를 작성한다.

```kotlin
package com.example.bottombardemo

import androidx.compose.ui.graphics.vector.ImageVector

data class BarItem(
    val title: String,
    val image: ImageVector,
    val route: String
)
```

47.4 바 아이템 리스트 만들기

바 아이템 템플릿을 제공하는 BarItem 클래스를 만들었으므로, 이를 이용해 3개의 바 아이템을 포함하는 리스트를 만든다. 리스트의 각 아이템은 string, image, route 프로퍼티를 갖는다. 새로운 코틀린 클래스 NavBarItems를 만들고(Object 옵션을 선택한다) 다음과 같이 코드를 작성한다.

```
package com.example.bottombardemo

import androidx.compose.material.icons.*
import androidx.compose.material.icons.filled.Home
import androidx.compose.material.icons.filled.Favorite
import androidx.compose.material.icons.filled.Face

object NavBarItems {
    val BarItems = listOf(
        BarItem(
            title = "Home",
            image = Icons.Filled.Home,
            route = "home"
        ),
        BarItem(
            title = "Contacts",
            image = Icons.Filled.Face,
            route = "contacts"
        ),
        BarItem(
            title = "Favorites",
            image = Icons.Filled.Favorite,
            route = "favorites"
        )
    )
}
```

위의 선언에서는 내장 머티리얼 테마 아이콘 이미지를 이용했다. 앞에서 소개한 Resource Manager를 통해 이용할 수 있는 클립 아트만큼 풍부하지는 않지만, 이 아이콘들을 이용하면 그래픽을 빠르고 쉽게 프로젝트에 추가할 수 있다.

47.5 목적지 화면 추가하기

3개의 목적지에는 각각 컴포저블이 필요하다. 이 컴포저블들은 선택된 아이템에 해당하는 아이콘을 표시하는 간단한 함수다. 각 화면 컴포저블은 별도의 파일에 선언되며, 파일들은 com.example.bottombardemo.screens 패키지에 위치한다. 먼저 Project 도구 창의 com.example.bottombardemo 항목에서 마우스 오른쪽 버튼을 클릭하고 New package 메뉴 옵션을 선택한다. 이어서 표시되는 다이얼로그에서 package name에 'com.example.bottombardemo.screens'를 입력하고 키보드의 엔터 키를 누른다(그림 47-1).

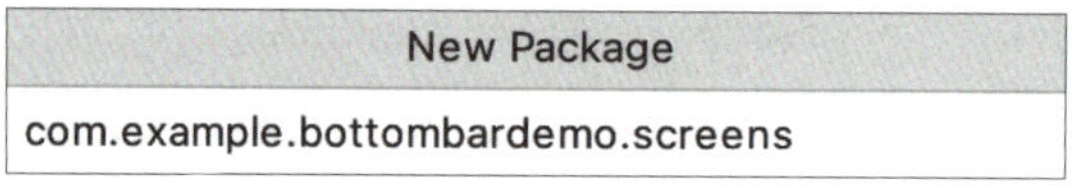

그림 47-1

Project 도구 창의 새 패키지 항목에서 마우스 오른쪽 버튼을 클릭하고 새 코틀린 클래스인 Home을 만들고 다음과 같이 코드를 작성한다.

```
.
.
import androidx.compose.foundation.layout.Box
import androidx.compose.foundation.layout.fillMaxSize
import androidx.compose.foundation.layout.size
import androidx.compose.material.Icon
import androidx.compose.material.icons.Icons
import androidx.compose.material.icons.filled.Home
import androidx.compose.runtime.Composable
import androidx.compose.ui.Alignment
import androidx.compose.ui.Modifier
import androidx.compose.ui.graphics.Color
import androidx.compose.ui.tooling.preview.Preview
import androidx.compose.ui.unit.dp

@Composable
fun Home() {
    Box(
        modifier = Modifier.fillMaxSize()
    ) {
        Icon(
            imageVector = Icons.Filled.Home,
            contentDescription = "home",
            tint = Color.Blue,
            modifier = Modifier.size(150.dp)
                .align(Alignment.Center)
        )
    }
}
```

위의 과정을 반복해 Contacts, Favorites 클래스를 만들고 같은 코드를 작성한다. 단, 이미지 아이콘 import, importVector 프로퍼티, contentDescription은 적절하게 변경한다. Contacts 컴포저블의 다른 부분은 다음과 같다.

```
.
.
import androidx.compose.material.icons.filled.Face
.
.
@Composable
fun Contacts() {
    Box(
        modifier = Modifier.fillMaxSize()
    ) {
        Icon(
```

```
            imageVector = Icons.Filled.Face,
            contentDescription = "contacts",
            tint = Color.Blue,
            modifier = Modifier.size(150.dp)
                .align(Alignment.Center)
        )
    }
}
```

그리고 Favorites.kt 파일의 다른 점은 다음과 같다.

```
.
.
import androidx.compose.material.icons.filled.Favorite
.
.
@Composable
fun Favorites() {

    Box(
        modifier = Modifier.fillMaxSize()
    ) {
        Icon(

            imageVector = Icons.Filled.Favorite,
            contentDescription = "favorites",
            tint = Color.Blue,
            modifier = Modifier.size(150.dp)
                .align(Alignment.Center)
        )
    }
}
```

47.6 내비게이션 컨트롤러와 호스트 만들기

프로젝트의 기본 요소들을 만들었으므로 이제 내비게이션 컨트롤러(NavHostController)와 내비게이션 호스트(NavHost) 인스턴스를 만든다. MainActivity.kt 파일을 열고 다음과 같이 수정한다.

```
.
import androidx.navigation.compose.NavHost
import androidx.navigation.compose.composable
import androidx.navigation.compose.rememberNavController
import androidx.navigation.NavHostController
import com.example.bottombardemo.screens.Contacts
import com.example.bottombardemo.screens.Favorites
import com.example.bottombardemo.screens.Home
```

```
.
.
@Composable
fun MainScreen() {
    val navController = rememberNavController()
}

@Composable
fun NavigationHost(navController: NavHostController) {

    NavHost(
        navController = navController,
        startDestination = NavRoutes.Home.route,
    ) {
        composable(NavRoutes.Home.route) {
            Home()
        }

        composable(NavRoutes.Contacts.route) {
            Contacts()
        }

        composable(NavRoutes.Favorites.route) {
            Favorites()
        }
    }
}
```

47.7 내비게이션 바 디자인하기

하단 내비게이션 바는 BottomNavBar라는 이름의 별도 컴포저블 안에 구현한다. 내비게이션 바는 NavSetup 함수에서 만드는 내비게이션 컨트롤러 인스턴스로 전달된다. 내비게이션 바는 하나의 BottomNavigation 컴포넌트와 3개의 목적지 화면에 대한 BottomNavigationItem 자식으로 구성된다. 먼저 BottomNavBar 함수를 MainActivity.kt 파일에 다음과 같이 추가한다.

```
.
.
import androidx.compose.material.*
import androidx.compose.runtime.getValue
import androidx.navigation.compose.currentBackStackEntryAsState
import androidx.navigation.NavGraph.Companion.findStartDestination
.
.
@Composable
fun BottomNavigationBar(navController: NavHostController) {
```

```
BottomNavigation {

    }
}
```

BottomNavigation 호출 안에서 현재 선택된 내비게이션 목적지 경로를 식별할 수 있어야 한다. 이를 위해 내비게이션 컨트롤러의 currentBackStackEntryAsState() 메서드를 호출해 현재 백 스택을 얻는다. 이를 활용해 경로에 접근할 수 있다.

```
@Composable
fun BottomNavigationBar(navController: NavHostController) {

    BottomNavigation {
        val backStackEntry by navController.currentBackStackEntryAsState()
        val currentRoute = backStackEntry?.destination?.route
    }
}
```

이제 BarItems 안의 아이템들을 반복하면서 각 아이템의 title, image, route 설정을 이용해 각 목적지에 대한 BottomNavigationItem 인스턴스를 설정한다.

```
@Composable
fun BottomNavigationBar(navController: NavHostController) {

    BottomNavigation {

        val backStackEntry by navController.currentBackStackEntryAsState()
        val currentRoute = backStackEntry?.destination?.route

        NavBarItems.BarItems.forEach { navItem ->
            BottomNavigationItem(
                selected = currentRoute == navItem.route,
                onClick = {
                    navController.navigate(navItem.route) {
                        popUpTo(navController.graph.findStartDestination().id) {
                            saveState = true
                        }
                        launchSingleTop = true
                        restoreState = true
                    }
                },
                icon = {
                    Icon(imageVector = navItem.image,
                        contentDescription = navItem.title)
```

```
            },
            label = {
                Text(text = navItem.title)
            }
        )
    }
}
```

47.8 Scaffold 컴포넌트 다루기

프로젝트를 테스트하기 전 마지막으로 MainScreen 함수 안의 레이아웃을 완성한다. 여기서는 컴포즈의 Scaffold 컴포넌트를 이용한다. 이 컴포넌트는 템플릿 레이아웃 구조를 제공하며, 이를 이용해 표준 머티리얼 화면 레이아웃을 만들 수 있다. Scaffold는 상단 바, 콘텐츠 영역, 하단 바, 플로팅 액션 버튼, 스낵바snackbar, 내비게이션 서랍navigation drawer을 포함한 표준 레이아웃 요소를 위한 슬롯slot을 갖는다. 이번 예시에서는 상단 바, 콘텐츠 영역, 하단 바 슬롯을 이용한다. MainScreen 함수에 다음과 같이 Scaffold를 호출하는 코드를 추가한다.

```
@Composable
fun MainScreen() {
    val navController = rememberNavController()

    Scaffold(
        topBar = { TopAppBar(title = {Text("Bottom Navigation Demo")}) },
        content = { NavigationHost(navController = navController) },
        bottomBar = { BottomNavigationBar(navController = navController)}
    )
}
```

상단 바에서는 Text 컴포저블을 표시하도록 설정된 TopAppBar 컴포넌트를 이용하고, 화면 콘텐츠 영역에서는 NavigationHost 컴포저블을 이용한다. 마지막으로, 하단 바 위치에는 BottomNavigationBar를 이용한다.

47.9 프로젝트 테스트하기

이 책을 집필하는 시점에는 이 예시에서 이용한 컴포즈의 피처들이 미리 보기 패널에서 지원되지 않는다. 앱을 테스트하려면 프로젝트를 컴파일하고 실제 기기나 에뮬레이터에서 실행해야 한다. 실행 화면은 그림 47-2와 같다.

그림 47-2

하단 바의 아이템을 클릭해서 내비게이션이 의도한 대로 잘 동작하는지 확인한다. 또한 Contacts 아이템을 여러 차례 클릭한 후 뒤로 가기 버튼을 클릭(또는 새로운 안드로이드 버전에서는 오른쪽 스와이프)해 백 스택 항목 중복을 방지하는 코드가 잘 동작하는지도 확인한다. 코드가 의도한 대로 동작한다면 홈 화면으로 돌아갈 것이다.

47.10 정리

이번 장에서는 컴포즈의 BottomNavigation 컴포넌트를 이용해 액티비티 안에서의 화면 간 이동을 구현했다. 각 화면에 대한 BottomNavigationItem 자식과 내비게이션 컨트롤러, 내비게이션 호스트를 만들었다. 하단 바 내비게이션 구현의 핵심 단계는 현재 목적지 경로 추적이며, 이 태스크는 내비게이션 컨트롤러의 currentBackStackEntryAsState() 메서드를 호출해 현재 백 스택 항목에 접근해서 수행할 수 있다. 예시 프로젝트에서는 Scaffold 컴포저블을 이용하면 머티리얼 테마 표준을 준수하는 레이아웃을 만들 수 있다.

CHAPTER 48 제스처 감지하기

'제스처gesture'는 터치 화면과 사이에서 발생하는 인접한 일련의 상호작용이다. 전형적인 제스처는 화면 터치에서 시작해 마지막 손가락이나 포인팅 기기가 디스플레이 표면에서 떨어지면 종료된다. 올바르게 정의하면 제스처를 사용자와 애플리케이션 사이의 커뮤니케이션 형태로 구현할 수 있다. 스와이프 모션으로 전자책의 페이지를 넘기거나, 두 손가락으로 이미지를 확대/축소하는 등의 제스처는 애플리케이션과 인터랙션하는 전형적인 방법이다.

48.1 컴포즈 제스처 식별

젯팩 컴포즈는 애플리케이션에서 일반적인 제스처를 식별하는 메커니즘을 제공한다. 이번 장에서는 탭tap(또는 클릭click), 더블탭double-tap, 롱 프레스long press, 드래그drag 또는 멀티 터치를 이용한 축소zoom, 회전rotation 등 다양한 제스처를 다룬다. 스와이프 제스처도 지원하지만 추가 설명이 필요하기 때문에 다음 장에서 별도로 설명한다.

컴포즈에서는 여러 인스턴스를 통해 두 가지 제스처 감지 방법을 제공한다. 첫 번째는 제스처 감지 모디파이어를 이용하는 방법으로, 이 모디파이어는 내장 시각 효과를 이용한 제스처 식별 기능을 제공한다. 두 번째는 `PointerInputScope` 인터페이스가 제공하는 함수를 이용하는 방법으로, 추가 코딩을 해야 하지만 좀 더 뛰어난 제스처 감지 능력을 제공한다. 이 두 가지 방법을 모두 설명한다.

이번 장에서는 타입별 제스처 감지 예시를 포함한 안드로이드 스튜디오 프로젝트를 만들어 제스처 감지 기능에 관해 살펴본다.

48.2 GestureDemo 프로젝트 만들기

안드로이드 스튜디오를 실행하고 새 Empty Compose Activity 프로젝트를 만든 뒤, Name 필드에 'GestureDemo', Package name에 'com.example.gesturedemo'를 입력한다. Minimum SDK는 API 26: Android 8.0 (Oreo)로 설정한 뒤 Finish 버튼을 클릭한다. 코드 편집기에서 MainActivity.kt 파일을 열고, Greeting 함수를 제거한 뒤 MainScreen이라는 이름의 새로운 빈 컴포저블을 추가한다.

```
@Composable
fun MainScreen() {

}
```

다음으로 onCreateActivity() 메서드가 Greeting 대신 MainScreen을 호출하도록 수정한다.

48.3 클릭 제스처 감지하기

클릭 제스처(탭이라고도 불림)는 clickable 모디파이어를 이용해 모든 보이는 컴포저블에서 감지할 수 있다. 이 모디파이어는 후행 람다를 포함한다. 후행 람다는 적용된 컴포넌트에서 클릭이 감지되었을 때 실행될 코드를 포함한다.

```
SomeComposable(
    modifier = Modifier.clickable { /* 실행할 코드 */ }
)
```

MainActivity.kt 파일에 ClickDemo라는 새 컴포저블을 추가하고 MainScreen 함수에서 이 컴포저블을 호출한다.

```
.
.
import androidx.compose.foundation.*
import androidx.compose.foundation.gestures.*
import androidx.compose.foundation.layout.*
import androidx.compose.runtime.*
import androidx.compose.ui.graphics.*
import androidx.compose.ui.unit.dp
.
.
@Composable
fun MainScreen() {
    ClickDemo()
}

@Composable
fun ClickDemo() {

    var colorState by remember { mutableStateOf(true)}
    var bgColor by remember { mutableStateOf(Color.Blue) }

    val clickHandler = {

        colorState = !colorState

        if (colorState == true) {
```

```
            bgColor = Color.Blue
        }
        else {
            bgColor = Color.DarkGray
        }
    }

    Box(
        Modifier
            .clickable { clickHandler() }
            .background(bgColor)
            .size(100.dp)
    )
}
```

ClickDemo 컴포저블은 하나의 Box 컴포넌트를 포함하며, 컴포넌트의 배경색은 bgColor 상태에 의해 제어된다. 이 Box에는 clickable 모디파이어가 적용되어 있으며 clickHandler를 호출한다. 이 핸들러는 이후 현재 colorState의 값을 토글하고 이를 이용해 bgColor의 현재 값을 파랑색과 회색으로 번갈아가면서 변경한다. 미리 보기 패널을 인터랙티브 모드로 이용해 Box를 클릭했을 때 배경색이 변경되는지 확인한다.

48.4 PointerInputScope를 이용해 탭 감지하기

간단한 클릭 제스처를 감지할 때는 clickable 모디파이어가 유용하나, 이는 탭, 프레스, 롱 프레스, 더블탭 등을 구분하지 못한다. 이들을 구분하기 위해서는 PointerInputScope의 detectTapGestures() 함수를 활용해야 한다. pointerInput() 모디파이어를 이용해 컴포저블에 적용할 수 있으며, 이를 활용하면 다음과 같이 PointerInputScope에 접근할 수 있다.

```
SomeComposable(
    Modifier
        .pointerInput(Unit) {
        detectTapGestures(
            onPress = { /* 프레스 감지 */ },
            onDoubleTap = { /* 더블 탭 감지 */ },
            onLongPress = { /* 롱 프레스 감지 */ },
            onTap = { /* 탭 감지 */ }
        )
    }
)
```

MainActivity.kt 파일을 수정해 TapPressDemo 컴포저블 호출을 추가한다.

```
.
.
import androidx.compose.ui.Alignment
import androidx.compose.ui.input.pointer.pointerInput
.
.
@Composable
fun MainScreen() {
    TapPressDemo()
}

@Composable
fun TapPressDemo() {

    var textState by remember {
        mutableStateOf("Waiting ....")
    }

    val tapHandler = { status : String ->
        textState = status
    }

    Column(
        horizontalAlignment = Alignment.CenterHorizontally,
        modifier = Modifier.fillMaxSize()
    ) {
        Box(
            Modifier
                .padding(10.dp)
                .background(Color.Blue)
                .size(100.dp)
                .pointerInput(Unit) {
                    detectTapGestures(
                        onPress = { tapHandler("onPress Detected") },
                        onDoubleTap = { tapHandler("onDoubleTap Detected") },
                        onLongPress = { tapHandler("onLongPress Detected") },
                        onTap = { tapHandler("onTap Detected") }
                    )
                }
        )
        Spacer(Modifier.height(10.dp))
        Text(textState)
    }
}
```

TapPressDemo 컴포저블은 하나의 Column 부모 안에 Box와 Text를 포함한다. Text 컴포넌트 위에 표시되는 문자열은 textState의 현재 값에 따른다. detectTapGestures() 함수가 제스처를 감지하면 tapHandler가 호출되고, 감지된 제스처 타입을 설명하는 새로운 문자열이 전달된다. 이 문자열은 textState에 할당되어 Text 컴포넌트에 나타난다. 미리 보기 패널을 새로고침 한 뒤 인터랙티브 모드에서 다양한 탭과 프레스 제스처를 실험해 보자. 실행하는 동안 사용자 인터페이스는 그림 48-1과 같이 표시된다.

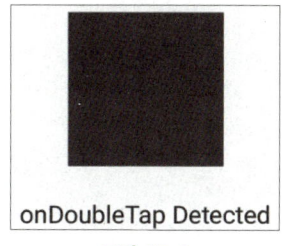

그림 48-1

48.5 드래그 제스처 감지하기

draggable() 모디파이어를 적용하면 컴포넌트에서의 드래그 제스처를 감지할 수 있다. 이 모디파이어는 움직임이 시작된 위치로부터의 오프셋(또는 델타delta)을 상태로 저장한다. 이 인스턴스는 rememberDraggableState() 함수를 호출해서 만든다. 이 상태를 이용해 이후 제스처의 좌표로 드래그된 컴포넌트의 위치를 움직이다. draggable()을 호출할 때는 수직/수평 제스처 감지 여부를 전달한다.

MainActivity.kt 파일을 다음과 같이 수정해 draggable() 모디파이어의 동작을 확인해 본다.

```
.
.
import androidx.compose.ui.unit.IntOffset
import kotlin.math.roundToInt
.
.
@Composable
fun MainScreen() {
    DragDemo()
}

@Composable
fun DragDemo() {

    Box(modifier = Modifier.fillMaxSize()) {

        var xOffset by remember { mutableStateOf(0f) }

        Box(
            modifier = Modifier
                .offset { IntOffset(xOffset.roundToInt(), 0) }
                .size(100.dp)
```

```
            .background(Color.Blue)
            .draggable(
                orientation = Orientation.Horizontal,
                state = rememberDraggableState { distance ->
                    xOffset += distance
                }
            )
        )
    }
}
```

위의 코드는 state를 만들어 x축의 현재 오프셋을 저장하고 이를 드래그할 수 있는 Box의 x 좌표로 이용한다.

```
var xOffset by remember { mutableStateOf(0f) }
.
.
Box(
    modifier = Modifier
        .offset { IntOffset(xOffset.roundToInt(), 0) }
```

draggable 모디파이어는 orientation 파라미터를 수평으로 설정한 뒤 Box에 적용된다. state 파라미터는 rememberDraggableState() 함수를 호출해 설정되며, 후행 람다를 이용해 현재 델타값을 얻어서 xOffset 상태에 추가한다. 결과적으로 box가 드래그 제스처 방향으로 이동한다.

```
.draggable(
    orientation = Orientation.Horizontal,
    state = rememberDraggableState { distance ->
        xOffset += distance
    }
)
```

디자인 미리 보기를 한 상태에서 Box를 좌우로 드래그해서 테스트해 본다(그림 48-2).

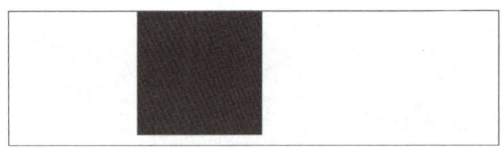

그림 48-2

draggable() 모디파이어는 수평 또는 수직으로만 드래그 제스처를 지원할 때 유용하다. 여러 방향의 드래그 조작을 지원하려면 PointerInputScope의 detectDragGestures 함수를 이용해야 한다.

48.6 PointerInputScope를 이용해 드래그 제스처 감지하기

PointerInputScope의 detectDragGestures 함수를 이용하면 수직 및 수평 동시 조작을 지원한다. 다음은 이를 구현한 구문 예시다.

```
SomeComposable() {
    .pointerInput(Unit) {
        detectDragGestures { _, distance ->
            xOffset += distance.x
            yOffset += distance.y
        }
    }
}
```

MainActivity.kt 파일에 PointerInputDrag라는 이름의 새 함수를 추가하고 이를 호출하도록 수정해서 동작을 확인한다.

```
@Composable
fun MainScreen() {
    PointerInputDrag()
}

@Composable
fun PointerInputDrag() {

    Box(modifier = Modifier.fillMaxSize()) {

        var xOffset by remember { mutableStateOf(0f) }
        var yOffset by remember { mutableStateOf(0f) }

        Box(
            Modifier
                .offset { IntOffset(xOffset.roundToInt(), yOffset.roundToInt()) }
                .background(Color.Blue)
                .size(100.dp)
                .pointerInput(Unit) {
                    detectDragGestures { _, distance ->
                        xOffset += distance.x
                        yOffset += distance.y
                    }
                }
        )
    }
}
```

수평 및 수직 드래그 제스처를 동시에 지원하므로 상태에 x, y 오프셋을 모두 저장하도록 선언했다. detectDragGestures 람다는 distance라는 이름의 Offset 객체를 전달하며, 이 객체로부터 가장 마지막으로 드래그한 x, y 오프셋값을 알 수 있다. 이들은 각각 xOffset, yOffset 상태에 추가되며, Box 컴포넌트는 화면에서 드래그 움직임을 따라가게 된다.

```
.pointerInput(Unit) {
    detectDragGestures { _, distance ->
        xOffset += distance.x
        yOffset += distance.y
    }
}
```

인터랙티브 모드에서 디자인 미리 보기를 하고, 화면에서 박스를 임의의 방향으로 드래그할 수 있는지 테스트한다(그림 48-3).

그림 48-3

48.7 scrollable 모디파이어를 이용해 스크롤하기

33장 '리스트와 그리드'에서 리스트 아이템 스크롤에 관해 소개했다. scrollable() 모디파이어를 이용하면 리스트 컴포넌트 외에도 스크롤 제스처를 적용할 수 있다. draggable() 모디파이어와 마찬가지로 scrollable()은 수평 또는 수직 방향의 제스처만 지원하지만 모디파이어 선언의 형태가 동일하지는 않다. scrollable 상태는 rememberScrollableState() 함수를 이용해 관리되며, 람다를 이용해 스크롤 제스처에 의해 이동하는 거리에 접근할 수 있다. 오프셋값은 계층 안에 존재하는 하나 이상의 오프셋을 조정하는 데 이용된다. MainActivity.kt 파일을 다음과 같이 수정해 스크롤을 구현한다.

```
@Composable
fun MainScreen() {
    ScrollableModifier()
}

@Composable
fun ScrollableModifier() {
```

```
    var offset by remember { mutableStateOf(0f) }

    Box(
        Modifier
            .fillMaxSize()
            .scrollable(
                orientation = Orientation.Vertical,
                    state = rememberScrollableState { distance ->
                        offset += distance
                        distance
                    }
                )
    ) {
        Box(modifier = Modifier
            .size(90.dp)
            .offset { IntOffset(0, offset.roundToInt()) }
            .background(Color.Red))
    }
}
```

새 컴포저블 미리 보기를 한 뒤, 화면을 클릭한 상태에서 수직으로 드래그해 본다. 수직 스크롤 제스처에 반응해 빨간 상자가 위아래로 스크롤되는 것을 확인한다.

48.8 스크롤 모디파이어를 이용해 스크롤하기

앞에서 본 것처럼 scrollable() 모디파이어는 한 방향의 스크롤만 감지할 수 있다. 수평 및 수직 스크롤을 모두 감지하려면 스크롤 모디파이어를 이용해야 한다. 이는 본질적으로는 2개의 모디파이어인 verticalScroll(), horizontalScroll()이며, rememberScrollStat() 함수를 호출하면서 스크롤 상태가 전달되어야 한다.

```
SomeComposable(modifier = Modifier
    .verticalScroll(rememberScrollState())
    .horizontalScroll(rememberScrollState())) {
}
```

스크롤 함수는 수평 및 수직 방향의 동시 스크롤을 지원함을 물론 실제로 스크롤을 처리한다. 다시 말해, 스크롤 동작을 구현하기 위해 새로운 오스셋을 적용하는 코드를 작성할 필요가 없다.

이미지를 포함한 Box 컴포저블을 이용해 이 모디파이어들의 동작을 확인해 본다. Box는 특정 이미지의 일부만을 표시하는 '뷰포트viewport'처럼 동작하도록 그 크기를 지정한다. 그리고 이미지가 박스 안에서 스크롤되도록 구현할 것이다.

먼저 프로젝트에 이미지 리소스를 추가한다. 앞에서 Resource Manager를 이용해 프로젝트 리소스에 이미지를 추가했다. 또는 다음에서 소개하는 것처럼 파일 디렉터리에서 파일을 복사해 Project 도구 창 안의 drawable 폴더에 직접 붙여 넣을 수도 있다.

이번 프로젝트에는 vacation.jpg 파일을 이용한다. 이 이미지 파일은 다음 URL에서 다운로드할 수 있는 샘플 코드의 images 폴더에 저장되어 있다.

URL https://github.com/moseskim/jetpack-compose-essentials

여러분이 이용하는 운영체제의 파일 시스템 탐색기에서 이미지 파일을 찾아 복사한다. Project 도구 창의 app ➡ res ➡ drawable 항목에서 마우스 오른쪽 버튼을 클릭하고, 표시되는 메뉴에서 Paste 를 선택한다. 복사한 파일이 폴더에 추가된다(그림 48-4).

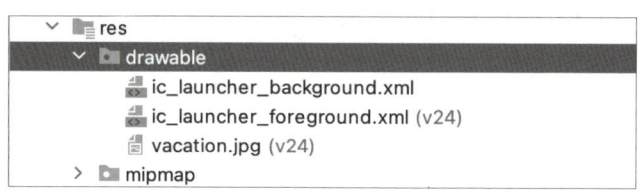

그림 48-4

다음으로 MainActivity.kt 파일을 다음과 같이 수정한다.

```
.
.
import androidx.compose.ui.geometry.Offset
import androidx.compose.ui.res.imageResource
.
.
@Composable
fun MainScreen() {
    ScrollModifiers()
}

@Composable
fun ScrollModifiers() {

    val image = ImageBitmap.imageResource(id = R.drawable.vacation)

    Box(modifier = Modifier
        .size(150.dp)
        .verticalScroll(rememberScrollState())
        .horizontalScroll(rememberScrollState())) {
        Canvas(
            modifier = Modifier
                .size(360.dp, 270.dp)
        )
```

```
            {
                drawImage(
                    image = image,
                    topLeft = Offset(
                        x = 0f,
                        y = 0f
                    ),
                )
            }
        }
    }
}
```

인터랙티브 모드에서 미리 보기를 하면 Box 컴포넌트 안에서 이미지의 일부만 표시된다. 이미지를 클릭하고 드래그하면 사진이 움직이고 이미지의 다른 영역이 표시된다.

그림 48-5

48.9 꼬집기(확대/축소) 제스처 감지하기

이번 장의 남은 부분에서는 화면의 멀티 터치 포인트를 필요로 하는 제스처에 관해 살펴본다. 가장 먼저 꼬집기_{pinch} 제스처다. 꼬집기 제스처는 일반적으로 콘텐츠의 크기(비율)를 변경하거나 확대 또는 축소 효과를 나타낼 때 이용한다. 이런 타입의 제스처들은 transformable() 모디파이어를 통해 감지한다. 이 모디파이어에는 TransformableState 타입의 상태를 파라미터로 전달해야 하며, 이 상태 인스턴스는 rememberTransformableState() 함수를 호출해서 만들 수 있다. 이 함수가 받는 후행 람다는 다음 3개의 파라미터를 전달받는다.

- **scaleChange**: 하나의 부동소수점값. 꼬집기 제스처가 수행될 때 업데이트된다.
- **offsetChange**: 현재 x, y 오프셋값을 포함하는 하나의 Offset 인스턴스. 제스처에 의해 대상 컴포넌트가 이동(트랜지션(transition)이라 부른다)할 때 업데이트된다.
- **rotationChange**: 하나의 부동소수점값. 회전 제스처를 감지했을 때 현재 각도를 나타낸다.

이러한 3개의 파라미터는 rememberTransformationState() 함수를 호출할 때, 후행 람다에서의 이용 여부와 관계없이 항상 선언해야 한다. 비율 변경을 추적할 때는 전형적으로 다음과 같이 TransformableState를 선언한다.

```
var scale by remember { mutableStateOf(1f) }
val state = rememberTransformableState { scaleChange, offsetChange, rotationChange ->
    scale *= scaleChange
}
```

state를 만들었다면 이를 이용해 컴포저블의 transformable() 모디파이어를 다음과 같이 호출할 수 있다.

```
SomeComposable(modifier = Modifier
    .transformable(state = state) {
}
```

꼬집기 제스처를 실행하면 scale 상태가 업데이트된다. 이 변경을 반영하기 위해 컴포저블의 크기가 변경될 수 있도록 해야 한다. 컴포저블의 그래픽 레이어에 접근해서 scaleX, scaleY 프로퍼티를 현재 scale 상태로 변경하도록 설정하면 된다. 뒤에서 확인하겠지만 회전 및 변환translation transformation을 할 때도 그래픽 레이어에 접근해야 한다.

우선 MainActivity.kt 파일을 다음과 같이 수정해 꼬집기 제스처 감지를 구현한다.

```
@Composable
fun MainScreen() {
    MultiTouchDemo()
}

@Composable
fun MultiTouchDemo() {

    var scale by remember { mutableStateOf(1f) }

    val state = rememberTransformableState {
            scaleChange, offsetChange, rotationChange ->
        scale *= scaleChange
    }

    Box(contentAlignment = Alignment.Center, modifier = Modifier.fillMaxSize()) {
        Box(Modifier
            .graphicsLayer(
                scaleX = scale,
```

```
            scaleY = scale,
        )
        .transformable(state = state)
        .background(Color.Blue)
        .size(100.dp)
    )
  }
}
```

꼬집기 제스처를 확인할 때는 앱을 실제 기기나 에뮬레이터에서 실행해야 한다(미리 보기 패널에서는 아직 멀티 터치 제스처를 지원하지 않는다). 실행한 뒤에는 파란색 박스에서 꼬집기 제스처를 이용해 확대 및 축소를 해본다. 에뮬레이터를 이용한다면 키보드의 Ctrl 키(맥OS에서는 Command 키)를 누른 상태로 클릭과 드래그를 하면 멀티 터치를 시뮬레이션할 수 있다.

48.10 회전 제스처 감지하기

앞의 예시 코드에 다음과 같이 3줄의 코드만 추가하면 회전 기능을 지원할 수 있다.

```
@Composable
fun MultiTouchDemo() {

    var scale by remember { mutableStateOf(1f) }
    var angle by remember { mutableStateOf(0f) }

    val state = rememberTransformableState {
            scaleChange, offsetChange, rotationChange ->
        scale *= scaleChange
        angle += rotationChange
    }

    Box(contentAlignment = Alignment.Center, modifier = Modifier.fillMaxSize()) {
        Box(Modifier
            .graphicsLayer(
                scaleX = scale,
                scaleY = scale,
                rotationZ = angle
            )
            .transformable(state = state)
            .background(Color.Blue)
            .size(100.dp)
        )
    }
}
```

프로젝트를 컴파일하고 앱을 실행한 뒤 꼬집기와 회전 제스처를 동시에 수행해 본다. Box의 크기와 각도가 모두 바뀌는 것을 확인할 수 있다.

그림 48-6

48.11 변환 제스처 감지하기

변환은 한 컴포넌트의 위치 변경을 포함한다. 회전을 감지할 때와 마찬가지로 앞의 예시 코드에 몇 줄의 코드만 추가하면 변환을 지원할 수 있다.

```
@Composable
fun MultiTouchDemo() {

    var scale by remember { mutableStateOf(1f) }
    var angle by remember { mutableStateOf(0f) }
    var offset by remember { mutableStateOf(Offset.Zero)}

    val state = rememberTransformableState {
            scaleChange, offsetChange, rotationChange ->
        scale *= scaleChange
        angle += rotationChange
        offset += offsetChange
    }

    Box(contentAlignment = Alignment.Center, modifier = Modifier.fillMaxSize()) {
        Box(Modifier
            .graphicsLayer(
                scaleX = scale,
                scaleY = scale,
                rotationZ = angle,
                translationX = offset.x,
                translationY = offset.y
            )
            .transformable(state = state)
            .background(Color.Blue)
            .size(100.dp)
```

```
        )
    }
}
```

변환 제스처는 초기화를 위해 박스 안의 2개의 접촉 포인트가 필요하기 때문에 기기에서만 동작한다. 또한 팬$_{pan}$ 제스처를 수행했으므로 박스는 제스처 움직임과 반대 방향으로 이동한다.

48.12 정리

제스처는 사용자와 안드로이드 기기에서 실행되는 앱 사이의 핵심적인 인터랙션의 형태다. 컴포즈가 제공하는 제스처 감지 피저들을 이용하면, 다양한 화면 인터랙션(탭, 롱 프레스, 스크롤, 꼬집기, 회전 등)에 대응할 수 있다. 컴포저에서 제스처를 감지할 때는 컴포저블에 모디파이어를 적용한 뒤 상태 변화에 반응하는 접근 방식을 이용한다.

CHAPTER
49

스와이프 제스처 감지하기

이전 장에서는 드래그, 탭, 꼬집기, 스크롤을 포함한 일반적인 타입의 제스처를 감지하는 방법을 살펴봤다. 스와이프swipe 제스처를 감지하는 방법은 좀 더 복잡하므로 이번 장에서 따로 살펴본다. 이번 장에서는 스와이프 제스처가 무엇인지와 스와이프 제스처 감지 방법을 설명한다.

49.1 스와이프 제스처와 앵커

스와이프 제스처는 기기 화면에 접촉한 지점에서의 수평 또는 수직의 움직임을 의미한다. 이 움직임은 일반적으로 사용자 인터페이스 컴포넌트와 연관이 있으며, 컴포넌트는 스와이프 모션에 따라 움직인다.

컴포즈에서 스와이프 모션은 컴포넌트를 한 앵커에서 다른 앵커로 옮긴다. 앵커anchor는 스와이프 축을 따라 화면에 존재하는 고정된 위치를 의미한다. 두 앵커 사이의 한 지점은 임계점threshold으로 선언된다. 스와이프 모션이 임계점에 도달하기 전에 끝나면, 스와이프 컴포넌트는 시작 앵커를 반환한다. 한편 스와이프 모션이 완료되면(즉, 임계점을 넘으면) 트랜지션 지점을 반환하며, 컴포넌트는 종료 앵커에 이를 때까지 계속 움직인다. 이 움직임은 즉시 또는 애니메이션으로 설정할 수 있다.

49.2 스와이프 제스처 감지하기

swipeable() 모디파이어를 대상 컴포저블에 적용해 스와이프 제스처를 감지할 수 있다. 다음은 swipeable() 모디파이어를 호출하기 위한 최소 요구사항을 나타낸 코드 예시다.

```
Box(
    modifier = Modifier
        .swipeable(
            state = <swipeable 상태>,
            anchors = <앵커들>,
            thresholds = { _, _ -> FractionalThreshold(<값>) },
            orientation = <수평(horizontal) 또는 수직(vertical)>
        )
)
```

swipeable() 모디파이어 호출 시 지정할 수 있는 주요 파라미터들은 다음과 같다.

- **state: SwipeableState** — 재구성을 하는 동안 swipeable 상태를 저장하기 위해 이용하며 rememberSwipeableState() 함수를 호출해서 얻는다. 이 상태는 스와이프 모션의 현재 오프셋을 포함하며, 이를 이용해 컴포저블의 두 위치를 변경할 수 있다.
- **anchors: Map** — 맵 선언으로 앵커 지점들과 상태들을 연결한다. 앵커 지점들은 방향 설정에 따라 수평 또는 수직 평면의 픽셀 위치로 지정한다.
- **orientation: Orientation** — 스와이스 제스처의 방향을 나타낸다. Orientation.Horizontal 또는 Orientation.Vertical 중 하나로 선언해야 한다.
- **enabled: Boolean** — 선택 설정사항이며 기본값은 true다. 스와이프 감지 활성화 여부를 나타낸다.
- **reverseDirection: Boolean** — 선택 설정사항이며 기본값은 false다. true로 설정하면 스와이프 방향 효과를 뒤집는다. 다시 말해, 아래쪽 방향 스와이프는 위쪽 방향 스와이프, 오른쪽 방향 스와이프는 왼쪽 방향 스와이프처럼 동작한다.
- **thresholds: (from, to)** — 앵커 사이의 임계점들의 위치를 지정한다. 람다로 선언되며 이 람다는 앵커 사이의 거리를 백분율로 지정하면 FractionalThreshold(Float)를 호출하고, 거리를 고정 위치로 지정하면 FixedThreshold(Dp)를 호출한다.
- **resistance: ResistanceConfig?** — 선택 설정사항이며 스와이프 모션이 앵커 맵의 첫 번째 또는 마지막 앵커(경계(bound)라 불림)를 넘었을 때 적용할 저항을 정의한다. 기본적으로 스와이프는 앵커로 되돌아오기 전 경계를 약간 넘을 수도 있다. null로 설정하면 스와이프는 경계를 넘어 늘어날 수 없다.
- **velocityThreshold: Dp** — 선택 설정사항이며, 스와이프 속도(velocity)가 다음 상태로 이동하기 위해 넘어야 하는 단위 속도(dp/초)를 정의한다.

49.3 앵커 맵 선언하기

앞에서 간단히 설명한 것처럼, 스와이프 앵커는 맵 객체로 선언되며 앵커 위치와 상태의 짝을 포함한다. 앵커들은 부동소수점 위치 픽셀값을 이용해 선언하며, swipeable() 모디파이어가 적용된 컴포저블을 기준으로 x, y축의 위치를 나타낸다. 일치하는 상태는 Bundle 클래스가 제공하는 모든 유효한 상태 타입을 이용할 수 있다. 예를 들어, 각 앵커 지점에 도달하면 텍스트 컴포넌트에 표시되는 텍스트가 변경될 수 있다. 이때 앵커 짝의 상태는 다른 문자열 설정값을 가질 수 있다. 앵커 맵은 코틀린의 mapOf() 함수를 이용해 선언할 수 있다. 다음 앵커 선언문을 살펴보자.

```
val swipeableState = rememberSwipeableState("On")
val anchors = mapOf(0f to "On", 150f to "Off", 300f to "Locked")
```

스와이프가 150px, 300px 위치의 앵커에 도달하면 swipeableState의 현재 값을 "Off"와 "Locked"로 각각 설정한다. 현재 상탯값을 표시하도록 Text 컴포저블을 다음과 같이 수정할 수 있다.

```
Text(swipeableState.currentValue)
```

49.4 임계점 선언하기

임계점은 람다로 선언되며, 람다가 호출될 때 상탯값들을 전달하고 ThresholdConfig 값을 반환해야 한다. ThresholdConfig 인스턴스는 FractionalThreshold() 또는 FixedThreshold() 함수를 호출해서 만들 수 있다. 다음은 두 앵커에서 50% 지점에 임계점을 선언하는 코드 예시다.

```
{ _, _ -> FractionalThreshold(0.5f) }
```

다음은 두 앵커 사이의 거리를 따라 임계점을 20dp 고정 포인트로 설정한 선언의 코드 예시다.

```
{ _, _ -> FixedThreshold(20.dp) }
```

49.5 스와이프를 따라 컴포넌트 이동하기

앞 장에서 다룬 여러 제스처 감지 모디파이어와 마찬가지로 스와이프 또한 컴포넌트를 자동으로 이동시키지 않는다. 따라서 레이아웃 안의 모든 위치 이동을 프로그래밍으로 수행해야 한다. 다행히도 레이아웃의 모든 컴포넌트에서 offset() 모디파이어를 통해 swipeable 상태의 오프셋값을 이용하면 제스처에 따라 컴포넌트를 이동할 수 있다. 위의 예시에서 Text 뷰를 스와이프 제스처에 따라 수평으로 이동해야 한다면, 다음과 같이 코드를 수정한다.

```
Text(swipeableState.currentValue,
    modifier = Modifier
        .offset {
            IntOffset(swipeableState.offset.value.roundToInt(), 0)
        }
)
```

위의 코드를 실행하면 Text 컴포넌트가 스와이프 모션에 맞춰 이동한다.

컴포즈에서의 스와이프 제스처 감지에 관한 기본적인 내용을 살펴봤다. 이번 장의 나머지 부분에서는 예시 프로젝트를 만들면서 지금까지 학습한 정보를 복습해 본다.

49.6 SwipeDemo 프로젝트 소개

예시 프로젝트에서는 3개의 앵커 사이에서 Box를 이동시키는 수평 스와이프 감지를 구현한다. 각 앵커에서 박스에는 왼쪽(L), 가운데(C), 오른쪽(R)을 나타내는 다른 문자들이 표시된다. 완성된 사용자 인터페이스는 그림 49-1과 같다.

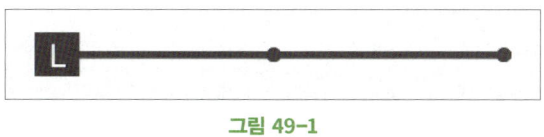

그림 49-1

49.7 SwipeDemo 프로젝트 만들기

안드로이드 스튜디오를 실행하고 새 Empty Compose Activity 프로젝트를 만든 뒤, Name 필드에 'SwipeDemo', Package name에 'com.example.swipedemo'를 입력한다. Minimum SDK는 API 26: Android 8.0 (Oreo)로 설정한 뒤 Finish 버튼을 클릭한다. 코드 편집기에서 MainActivity.kt 파일을 열고, Greeting 함수를 제거한 뒤 MainScreen이라는 이름의 새로운 빈 컴포저블을 추가한다.

```
@Composable
fun MainScreen() {

}
```

다음으로 onCreateActivity() 메서드가 Greeting 대신 MainScreen을 호출하도록 수정한다.

49.8 swipeable 상태 및 앵커 설정하기

사용자 인터페이스 레이아웃을 디자인하기 전에 몇 가지 크기 상수를 설정하고 swipeable 상태를 만들어서 앵커 맵을 선언한다. 편집기에서 MainActivity.kt 파일을 열고, MainScreen 함수를 다음과 같이 수정한다.

```
.
.
import androidx.compose.material.*
import androidx.compose.ui.platform.LocalDensity
import androidx.compose.ui.unit.dp
.
.
@Composable
fun MainScreen() {
    val parentBoxWidth = 320.dp
```

```
    val childBoxSides = 30.dp

    val swipeableState = rememberSwipeableState("L")
    val widthPx = with(LocalDensity.current) {
        (parentBoxWidth - childBoxSides).toPx() }

    val anchors = mapOf(0f to "L", widthPx / 2 to "C", widthPx to "R")
}
```

위의 코드에서 parentBoxWidth 값은 튜토리얼 후반에 만들 컴포넌트 계층 안의 최상위 수준 Box 의 폭을 나타낸다. 이 컴포넌트에는 swipeable() 모디파이어를 적용한다. 부모 박스는 하나의 자식 박스를 포함하며, 자식 박스의 가장자리 길이는 childBoxSides 선언을 통해 정의한다. 마지막으로 스와이프 가능한 영역의 픽셀 단위 폭은 앱이 실행되는 디스플레이의 밀돗값을 이용해 계산한 뒤, 부모 박스의 폭에서 자식 박스의 폭을 뺀다.

```
val widthPx = with(LocalDensity.current) {
    (parentBoxWidth - childBoxSides).toPx() }
```

위에서 자식 박스의 폭을 뺀 것은 자식 박스가 앵커 지점을 기준으로 가운데 배치되며, 첫 번째 앵커와 마지막 앵커에 자식 박스 폭의 절반을 적용해서 공간을 확보함을 의미한다(이 두 폭을 더하면 자식 박스의 폭 전체가 된다).

마지막으로 앵커 지점을 스와이프할 수 있는 영역의 시작 점, 중간 점, 끝 점으로 설정한다. 3개 앵커의 상태는 "L", "C", "R" 문자열로 선언한다.

```
val anchors = mapOf(0f to "L", widthPx / 2 to "C", widthPx to "R")
```

집필 시점에 rememberSwipeableState() 함수는 실험적인 피처였다. 편집기에서 해당 에러가 표시되면 @ExperimentalMaterialApi 애너테이션을 MainScreen의 @Composable 지시자 위에 추가한다.

```
@OptIn(ExperimentalMaterialApi::class)
@Composable
fun MainScreen() {
```

49.9 부모 박스 디자인하기

다음으로 사용자 인터페이스 레이아웃을 구성하는 컴포저블 계층을 디자인한다. 앞에서 설명한 것처럼 레이아웃은 하나의 부모 박스를 가지며 여기에 swipeable 모디파이어를 적용한다. MainScreen 함수의 다른 코드는 유지하고 다음과 같이 컴포넌트를 추가한다.

```
.
import androidx.compose.foundation.gestures.Orientation
import androidx.compose.foundation.layout.*
.
.
Composable
fun MainScreen() {
.
.
    val anchors = mapOf(0f to "L", widthPx / 2 to "C", widthPx to "R")

    Box(
        modifier = Modifier
            .padding(20.dp)
            .width(parentBoxWidth)
            .height(childBoxSides)
            .swipeable(
                state = swipeableState,
                anchors = anchors,
                thresholds = { _, _ -> FractionalThreshold(0.5f) },
                orientation = Orientation.Horizontal
            )
    ) {
    }
}
```

임계점은 앵커의 중간 위치에 설정했다.

다음으로 선 그래픽을 추가한다. 이 그래픽은 4개의 Box 컴포넌트로 구성된다.

```
.
import androidx.compose.foundation.background
import androidx.compose.foundation.shape.CircleShape
import androidx.compose.ui.Alignment
import androidx.compose.ui.graphics.Color
.
.
Box(
    modifier = Modifier
        .padding(20.dp)
        .width(parentBoxWidth)
        .height(childBoxSides)
.
.
) {
    Box(Modifier.fillMaxWidth().height(5.dp).
        background(Color.DarkGray).align(Alignment.CenterStart))
    Box(Modifier.size(10.dp).background(Color.DarkGray,
        shape = CircleShape).align(Alignment.CenterStart))
```

```
    Box(Modifier.size(10.dp).background(Color.DarkGray,
        shape = CircleShape).align(Alignment.Center))
    Box(Modifier.size(10.dp).background(Color.DarkGray,
        shape = CircleShape).align(Alignment.CenterEnd))
}
```

미리 보기 패널에서 레이아웃에 선이 그림 49-2와 같이 표시되는지 확인한다.

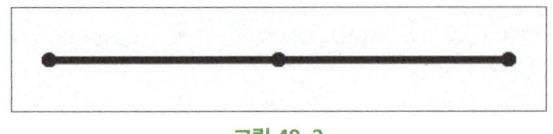

그림 49-2

부모 박스를 구현했으므로 이제 자식 박스를 만든다.

```
.
.
import androidx.compose.ui.unit.sp
import androidx.compose.ui.unit.IntOffset
import kotlin.math.roundToInt
.
.
Box(
    modifier = Modifier
        .padding(20.dp)
        .width(parentBoxWidth)
        .height(childBoxSides)
.
.
    Box(Modifier.size(10.dp).background(Color.DarkGray,
        shape = CircleShape).align(Alignment.CenterEnd))

    Box(Modifier
        .offset { IntOffset(swipeableState.offset.value.roundToInt(), 0)}
        .size(childBoxSides)
        .background(Color.Blue),
        contentAlignment = Alignment.Center
    ) {
        Text(
            swipeableState.currentValue,
            color = Color.White,
            fontSize = 22.sp
        )
    }
}
.
.
}
```

스와이프 동작을 구현하기 전에 코드에 관해 몇 가지 설명한다. 우선, offset 모디파이어는 자식 Box에 적용되어 수평 위치를 제어한다. swipeableState에 저장된 현재 오프셋값을 이용해 x축을 따라 Box의 위치를 제어할 수 있다.

```
.offset { IntOffset(swipeableState.offset.value.roundToInt(), 0) }
```

자식 Box는 Text 컴포넌트 형태로 자식 하나를 갖는다. 이 컴포넌트에 표시되는 텍스트는 현재 앵커의 상탯값에 기반한다(즉, "L", "C", "R").

```
Text(
    swipeableState.currentValue,
    color = Color.White,
    fontSize = 22.sp
)
```

코드 작성을 마쳤다면 스와이프 제스처를 의도한 대로 감지하는지 테스트해 본다.

49.10 프로젝트 테스트하기

프로젝트 구현을 마쳤으므로 스와이프 동작을 테스트해 볼 수 있다. 인터랙티브 모드의 미리 보기 패널, 실제 기기 또는 에뮬레이터를 이용한다. 부모 박스 경계선 안의 영역을 클릭한 뒤 오른쪽으로 스와이프한다. 그러면 자식 박스도 오른쪽으로 움직인다. 자식 박스가 처음 두 앵커의 중간 지점에 도달하기 전에 스와이프를 멈추면 시작 위치로 자연스럽게 돌아갈 것이다. 그러나 박스가 중간 지점을 넘어가면 박스는 두 번째 앵커까지 자연스럽게 이동하고, 박스의 텍스트는 L에서 C로 바뀐다. 이제 박스는 왼쪽 또는 오른쪽으로 스와이프할 수 있으며, 두 경우 모두 동일한 방식으로 동작한다.

그림 49-3

49.11 정리

컴포즈에서의 스와이프는 다른 두 상태 사이의 전환과 조합되어 한 앵커 위치에서 다른 위치로 컴포넌트를 이동시킨다. 스와이프 제스처는 swipeable() 모디파이어, 앵커와 상태 페어를 조합해서 이용해 감지한다. 임계점은 앵커 위치 사이에 선언한다. 스와이프 제스처가 임계점에 도달하기 전에 종료되면 대상 컴포넌트는 시작 앵커 위치로 돌아간다. 한편 임계점을 지나면 스와이프가 종료되더라도 컴포넌트는 목적지 앵커까지 이동한다.

CHAPTER 50 코틀린 플로

32장 '코루틴과 LaunchedEffect'에서 코틀린 코루틴 및 이들을 사용해 메인 스레드를 막지 않으면서 여러 태스크를 동시에 수행하는 방법을 살펴봤다. 일시 중단 함수는 전형적으로 결과를 반환하지 않거나 단일 값을 반환하는 태스크를 수행하는 데만 유용하다는 단점이 있다. 이번 장에서는 코틀린 플로Kotlin flow를 사용해 코루틴 기반의 태스크로부터 얻은 순차적인 결과 스트림을 반환하는 방법을 살펴본다.

이번 장을 마치면 플로Flow, 스테이트플로StateFlow, 셰어드플로SharedFlow 코틀린 타입을 이해하고 핫hot/콜드cold 플로 시스템을 활용할 수 있게 될 것이다. 다음 장에서는 예시 안드로이드 프로젝트에서 셰어드플로를 사용하는 방법을 좀 더 자세히 살펴본다.

50.1 플로 이해하기

플로는 코틀린 프로그래밍 언어의 일부로, 코루틴 기반의 비동기 태스크들로부터 순차적으로 여러 값을 반환할 수 있도록 설계되었다. 예를 들어, 네트워크 연결을 통해 시간을 두고 도착하는 데이터 스트림을 처리해야 하는 상황이 코틀린 플로를 사용하기에 이상적이다.

플로는 생산자producer, 중재자intermediary, 소비자consumer로 구성된다. 생산자는 데이터를 제공하며, 이 데이터가 플로를 구성한다. 가상의 네트워크 커넥션으로부터 데이터 스트림을 꺼내는 코드는 생산자에 해당한다. 각 데이터값을 사용할 수 있게 되면 생산자는 해당 값을 플로로 방출emit한다. 소비자는 플로 스트림의 반대편 끝에 위치하며 생산자가 방출한 데이터를 수집collect한다.

중재자는 생산자와 소비자 사이에 위치하며, 데이터가 소비자에게 도착하기 전에 스트림을 필터링하거나 다른 방식으로 변환하는 등 데이터에 추가적인 처리를 수행한다. 그림 50-1은 코틀린 플로의 전형적인 구조를 나타낸다.

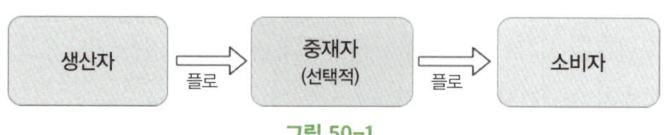

그림 50-1

그림 50-1의 플로는 하나의 생산자와 소비자로 구성되어 있다. 실제 사용할 때는 여러 생산자와 하나의 소비자, 하나의 생산자와 여러 소비자로 구성할 수도 있다.

이후로는 젯팩 컴포즈 기반 개발 컨텍스트에서 코틀린 플로의 핵심 피처들을 살펴본다.

50.2 FlowDemo 프로젝트 만들기

안드로이드 스튜디오를 실행하고 새 Empty Compose Activity 프로젝트를 만든 뒤, Name 필드에 'FlowDemo', Package name에 'com.example.flowdemo'를 입력한다. Minimum SDK는 API 26: Android 8.0 (Oreo)로 설정한 뒤 Finish 버튼을 클릭한다. 코드 편집기에서 MainActivity.kt 파일을 열고, Greeting 함수를 제거한 뒤 MainScreen이라는 함수를 호출하는 ScreenSetup 컴포저블을 추가한다.

```
@Composable
fun ScreenSetup() {
    MainScreen()
}

@Composable
fun MainScreen() {

}
```

onCreate() 메서드가 Greeting 대신 ScreenSetup을 호출하도록 수정한다.

다음으로 build.gradle (Module: FlowDemo.app) 파일을 열고 dependencies 섹션을 찾아 다음과 같이 컴포즈 뷰 모델과 코틀린 runtime 확장 라이브러리를 추가한다.

```
dependencies {
.
.
    implementation 'androidx.lifecycle:lifecycle-viewmodel-compose:2.4.1'
    implementation 'androidx.lifecycle:lifecycle-runtime-ktx:2.4.1'
.
.
}
```

편집기 패널 상단의 Sync Now 버튼을 클릭해 변경사항을 반영한다.

50.3 프로젝트에 뷰 모델 추가하기

이 프로젝트에서 플로는 하나의 뷰 모델 클래스 안에 위치한다. Project 도구 창의 app ➡ java ➡ com.example.flowdemo 항목에서 마우스 오른쪽 버튼을 클릭한 뒤, New ➡ Kotlin Class/File 메뉴 옵션을 선택해서 모델을 프로젝트에 추가한다. 다이얼로그가 표시되면 클래스 이름을 'DemoViewModel'로 입력한 뒤 엔터 키를 누른다. 코드가 생성되면 다음과 같이 수정한다.

```
package com.example.flowdemo

import androidx.lifecycle.ViewModel

class DemoViewModel : ViewModel() {
}
```

뷰 모델의 인스턴스에 접근할 수 있도록 MainActivity.kt 파일을 다음과 같이 수정한다.

```
.
.
import androidx.lifecycle.viewmodel.compose.viewModel
.
.
@Composable
fun ScreenSetup(viewModel: DemoViewModel = viewModel()) {
    MainScreen()
}
```

50.4 플로 선언하기

가장 기본적인 플로 형태는 코틀린 Flow 타입으로 표현된다. 각 플로는 한 가지 타입의 데이터만 방출할 수 있으며, 이는 플로 선언 시 명시해야 한다. 다음은 String 기반 데이터를 스트리밍하는 Flow 인스턴스를 선언한 코드 예시다.

```
Flow<String>
```

플로를 선언할 때는 데이터 스트림을 생성하는 코드를 해당 선언에 할당해야 한다. 이 코드를 생산자 블록producer block이라 부른다. 이 작업은 flow() 빌더를 호출해서 수행하며, 이 빌더는 생산자 블록 코드를 포함한 코루틴 중단 블록을 파라미터로 받는다. 다음 코드를 DemoViewModel.kt 파일에 추가해서 하나의 정숫값 스트림을 방출하는 myFlow라는 이름의 플로를 선언한다.

```
package com.example.flowdemo

import androidx.lifecycle.ViewModel
import kotlinx.coroutines.*
import kotlinx.coroutines.flow.*

class DemoViewModel : ViewModel() {

    val myFlow: Flow<Int> = flow {
        // 생산자 블록
    }
}
```

위의 빌더 대신 flowOf() 빌더를 사용해 고정된 값의 집합을 하나의 플로로 변환할 수 있다.

```
val myFlow2 = flowOf(2, 4, 6, 8)
```

또한 많은 코틀린 컬렉션 타입에서는 asFlow() 확장 기능을 제공하며, 이를 사용하면 포함된 데이터를 하나의 플로로 변환할 수 있다. 다음 코드는 문자열값의 배열을 플로로 변환하는 예다.

```
val myArrayFlow = arrayOf<String>("Red", "Greem", "Blue").asFlow()
```

50.5 플로 데이터 방출하기

플로를 생성했다면 다음으로 데이터가 방출되고 해당 플로를 관찰하는 소비자에게 도달하는지 확인해야 한다. 앞 절에서 살펴본 세 가지 플로 빌더 중 flowOf()와 asFlow() 빌더만 소비자가 수집을 시작하는 즉시 자동으로 데이터를 방출한다. 그러나 flow 빌더는 각 값이 사용 가능해졌을 때 방출하는 코드를 직접 작성해야 한다. 이를 위해서는 emit() 함수를 호출하고, 스트리밍할 현재 값을 인자로 전달하면 된다. 다음은 myFlow 선언을 수정해 증가하는 카운터값을 방출하는 루프를 추가했다. 플로 스트림의 비동기적 특성을 나타내기 위해 루프의 각 반복마다 2초씩 지연시켰다.

```
val myFlow: Flow<Int> = flow {
    for (i in 0..9) {
        emit(i)
        delay(2000)
    }
}
```

50.6 데이터를 상태로 수집하기

이번 장의 후반부에서 살펴보겠지만 소비자 안에서 플로 데이터를 수집하는 방법으로, 대상 플로 인스턴스에 대해 collect() 메서드를 호출하는 것을 들 수 있다. 컴포즈를 사용할 때는 조금 덜 유연하지만 훨씬 편리한 옵션을 사용할 수 있다. 해당 플로 인스턴스에 대해 collectAsState() 함수를 호출해서 플로를 상태로 변환하는 방법이다. 이 방법을 사용하면 코드 안에서 다른 상태와 마찬가지로 이 데이터를 다룰 수 있다. 이를 확인하기 위해 MainActivity.kt 파일을 다음과 같이 수정한다.

```
.
.
import androidx.compose.runtime.*
import kotlinx.coroutines.flow.*
.
.
@Composable
fun ScreenSetup(viewModel: DemoViewModel = viewModel()) {
    MainScreen(viewModel.myFlow)
}

@Composable
fun MainScreen(flow: Flow<Int>) {
    val count by flow.collectAsState(initial = 0)
}
.
.
@Preview(showBackground = true)
@Composable
fun DefaultPreview() {
    FlowDemoTheme {
        ScreenSetup(viewModel())
    }
}
```

위의 코드는 myFlow 참조를 MainScreen 컴포저블에 전달한다. 이 참조는 초깃값이 0인 하나의 State로 변환된다. 다음으로 카운트값들이 플로로 방출될 때 표시할 간단한 사용자 인터페이스를 만든다.

```
.
.
import androidx.compose.foundation.layout.*
import androidx.compose.ui.Alignment
import androidx.compose.ui.text.TextStyle
import androidx.compose.ui.unit.sp
.
```

```
.
@Composable
fun MainScreen(myFlow: Flow<Int>) {
    val count by myFlow.collectAsState(initial = 0)

    Column(
        modifier = Modifier.fillMaxSize(),
        verticalArrangement = Arrangement.Center,
        horizontalAlignment = Alignment.CenterHorizontally
    ) {
        Text(text = "$count", style = TextStyle(fontSize = 40.sp))
    }
}
```

대화형 모드의 미리 보기 패널을 사용하거나, 실제 기기나 에뮬레이터에서 앱을 실행해 본다. 앱이 실행되면 플로에서 새로운 값이 방출될 때마다 Text 컴포넌트에 표시되는 카운트값이 달라지는 것을 확인할 수 있다.

50.7 중재자를 사용해 데이터 변환하기

앞의 예시에서는 데이터값에 아무런 처리도 하지 않고 소비자에게 전달했다. 하나 이상의 **중재자 플로 연산자**intermediate flow operator를 사용해 생산자와 소비자 사이에서 데이터를 변경할 수 있다. 이번 절에서는 몇 가지 연산자를 살펴본다.

map() 연산자는 값을 다른 값으로 변환한다. 예를 들어, 정숫값을 문자열로 변환하고 텍스트를 추가할 수 있다. DemoViewModel.kt 파일의 기존 플로를 다음과 같이 수정한다.

```
.
.
class DemoViewModel : ViewModel() {

    val myFlow: Flow<Int> = flow {
        for (i in 0..9) {
            emit(i)
            delay(2000)
        }
    }

    val newFlow = myFlow.map {
        "Current value = $it"
    }
}
```

이 연산자를 테스트하기 전에 MainActivity.kt 파일이 새로운 플로를 사용하도록 수정한다.

```
Composable
fun ScreenSetup(viewModel: DemoViewModel = viewModel()) {
    MainScreen(viewModel.newFlow)
}

@Composable
fun MainScreen(flow: Flow<String>) {
    val count by flow.collectAsState(initial = "Current value =")
.
.
```

코드를 실행하면 카운트값과 함께 업데이트된 문자열이 표시된다.

```
Current value = 1
Current value = 2
.
.
```

map() 연산자는 수집된 값마다 변환을 수행한다. filter() 연산자를 사용하면 수집된 값 전체를 대상으로 하여 제어할 수 있다. 필터 코드 블록은 Boolean 값을 반환하는 표현식을 포함해야 한다. 표현식이 참으로 평가될 때만 값이 컬렉션으로 통과된다. 다음은 데이터 플로에서 홀수를 필터링하는 코드 예시다(연산자 연결을 확인하기 위해 map() 연산자는 그대로 유지했다).

```
val newFlow = myFlow
    .filter {
        it % 2 == 0
    }
    .map {
        "Current value = $it"
    }
```

코드를 실행하면 짝수일 때만 카운트가 업데이트되어 표시된다.

transform() 연산자는 map()과 유사하지만 좀 더 유연하다. 변경된 결과를 직접 방출하고자 할 때도 transform() 연산자를 사용한다. 또한 transform() 연산자를 사용하면 여러 값을 방출할 수 있다.

```
val newFlow = myFlow
    .transform {
        emit("Value = $it")
        delay(1000)
        val doubled = it * 2
        emit("Value doubled = $doubled")
    }

// 출력
```

```
Value = 0
Value doubled = 0
Value = 1
Value doubled = 2
Value = 2
Value doubled = 4
Value = 3
.
.
```

다음 단계로 넘어가기 전에 newFlow 선언을 처음 상태로 되돌린다.

```
val newFlow = myFlow.map {
    "Current value = $it"
}
```

50.8 플로 데이터 수집하기

이번 장에서는 지금까지 collectAsState() 함수를 사용해 플로를 State 인스턴스로 변환했다. 내부적으로 이 메서드는 collect() 함수를 사용해 데이터 컬렉션을 초기화한다. collectAsState()는 대부분의 상황에서 잘 동작하지만 때로는 collect() 함수를 직접 호출해야 할 경우가 있다. 사실 collect()는 소위 **종단 플로 연산자**terminal flow operator라 불리는 여러 연산자 중 하나이며, collectAsState()를 사용할 수 없는 결과를 얻기 위해 직접 호출할 수 있다.

이 연산자들은 일시 중단 함수이므로 코루틴 스코프 안에서만 호출해야 한다. 32장에서 코루틴에 관해 살펴보고 LaunchedEffect를 사용해 컴포저블 함수 안에서 비동기 코드를 안전하게 실행하는 방법을 설명했다. LaunchedEffect 호출을 구현해도, 상태로 저장될 스트림값이 여전히 필요하기 때문에 가장 최근 값을 저장할 수 있는 뮤터블 상태가 있어야 한다. 이 요구사항들을 만족시키기 위해 MainScreen 함수를 다음과 같이 수정한다.

```
@Composable
fun MainScreen(flow: Flow<String>) {

    var count by remember { mutableStateOf<String>("Current value =")}

    LaunchedEffect(Unit) {
        flow.collect {
            count = it
        }
    }

    Column(
```

```
        modifier = Modifier.fillMaxSize(),
.
.
```

앱을 테스트하고 텍스트 컴포넌트가 예상한 대로 업데이트되는지 확인한다. collect() 함수를 사용하고 있으므로 collectAsState() 함수에서는 사용할 수 없었던 몇 가지 옵션을 살펴본다.

예를 들어, 스트림이 종료되는 시점에 실행되는 코드를 추가할 때는 try/finally 구조를 사용해 컬렉션을 실행하면 된다.

```
LaunchedEffect(Unit) {
    try {
        flow.collect {
            count = it
        }
    } finally {
        count = "Flow stream ended."
    }
}
```

collect() 연산자는 소비자가 이전 값을 처리하고 있는 중에도 생산자가 새로운 값을 방출하면 모든 값을 수집한다. 예를 들어, 생산자는 새로운 값을 2초에 한 번씩 방출한다. 하지만 소비자는 수집한 하나의 값을 처리하는 데 2.5초를 사용한다고 가정하자. 이를 실행하면 여전히 출력에서 모든 값을 확인할 수 있다. collect()는 이전 컬렉션 이후 좀 더 최신 값을 방출하더라도 수집되지 않은 값들을 버리지 않기 때문이다. 이런 동작은 플로 안의 데이터 유실을 피하기 위해 필수적이다. 하지만 소비자가 가장 최근에 처리된 값과 가장 최근에 방출된 값 사이의 중간 값에 관심이 없는 경우도 있다. 이런 상황이라면 collectLatest() 연산자를 플로 인스턴스에 대해 호출할 수 있다. 이 연산자는 이전 값에 대한 처리가 완료되기 전에 도착하는 새로운 값들을 현재 컬렉션에서 취소하며, 가장 최근 값에 대한 처리를 재시작한다.

conflate() 연산자는 collectLatest() 연산자와 비슷하지만 새로운 값이 도착했을 때 현재 컬렉션에 대한 동작을 취소한다는 차이가 있다. conflate() 연산자는 현재 동작은 완료하도록 하며, 처리를 진행하는 동안 중간 값이 도착하면 이를 무시한다. 현재 동작이 완료되면 가장 최근의 값이 수집된다.

또 다른 컬렉션 연산자로 single() 연산자가 있다. 이 연산자는 플로에서 단일한 값을 수집하며 스트림에서 다른 값을 발견하면 예외를 던진다. 이 연산자는 두 번째 스트림값의 형태가 앱 또는 데이터 소스에서 무언가 잘못되었음을 나타내는 경우 유용하다.

50.9 플로 버퍼 추가하기

생산자가 방출한 값을 처리하기 위해 소비자에서 많은 시간이 필요한 경우, 실행 시간의 비효율이 발생할 수 있다. 예를 들어 newFlow 생산자에서 데이터를 방출할 때마다 추가적인 2초 정도의 지연이 있고, 소비자는 이 컬렉션 프로세스 처리를 완료하는 데 추가로 1초의 시간이 필요하다고 가정하자. 다음은 이 상태를 시뮬레이션한 코드 예시다.

```
.
.
import kotlin.system.measureTimeMillis
import kotlinx.coroutines.delay
.
.
LaunchedEffect(Unit) {

    val elapsedTime = measureTimeMillis {
        flow.collect {
            count = it
            delay(1000)
        }
    }
    count = "Duration = $elapsedTime"
}
```

이 플로를 완전히 처리하는 전체 시간을 측정하려면, 소비자 코드는 코틀린의 measureTimeMillis() 함수를 호출하는 클로저 내부에 위치해야 한다. DemoViewController 클래스의 newFlow 선언을 다음과 같이 수정한다.

```
val newFlow = myFlow
    .map {
        "Current value = $it"
    }
```

앱을 실행한 뒤 실행이 완료되면 다음과 같은 실행 보고 로그를 확인할 수 있다.

```
Duration = 30044
```

이 로그는 newFlow 안에서 10개의 값을 처리하는 데 약 20초, 이 값들을 수집하는 데 추가로 10초 정도가 소요되었음을 나타낸다. 생산자는 소비자가 다음 값을 처리하는 것을 기다리고 있기 때문에 비효율적이다. 생산자가 소비자의 처리 여부를 기다리지 않아도 된다면 더욱 효과적일 것이다. 중간 값을 유실해도 큰 문제가 되지 않는다면 collectLatest() 또는 conflate() 연산자를 사용할 수도 있다. 방출되는 모든 값을 수집하면서 처리 속도를 높이고 싶다면 buffer() 연산자를 사용할 수도 있다. 이 연산자는 값들이 방출되면 보관해두었다가 소비자가 이를 받을 준비가 되었을 때 전달한다. 방출된 모든 값을 수집하면서 처리 속도를 향상하고 싶다면, buffer() 연산자를 사용하라. 이를 사용하면 소비자가 이전에 방출된 값을 처리하는 동안에도 생산자가 값을 방출하도록, 그리고 방출된 모든 값이 수집됨을 보장할 수 있다. 생산자는 소비자가 값을 처리하는 동안에도 데이터를 방출할 수 있고, 방출된 데이터는 확실하게 수집된다. 다음은 buffer() 연산자를 사용한 예시다.

```
LaunchedEffect("Unit") {

    val elapsedTime = measureTimeMillis {
        flow
            .buffer()
            .collect {
                count = it
                delay(1000)
            }
    }
    count = "Duration = $elapsedTime"
}
```

위의 코드를 실행하면 이전 컬렉션 코드에서 10초가 제거된 결과를 얻을 수 있다.

```
Duration = 20052
```

50.10 종단 플로 연산자

reduce() 연산자는 컬렉션 연산자를 대신해서 플로 데이터를 변경하기 위해 사용할 수 있는 여러 종단 플로 연산자 중 하나다. reduce() 연산자는 accumulator와 value 형태로 2개의 파라미터를 받는다. 첫 번째 플로값은 누산기_{accumulator}에 위치하며, 지정된 동작을 누산기와 현재 값 사이에서 수행한다(누산기에 저장된 결과를 사용한다). 이를 확인하려면 reduce() 연산자 호출을 추가하고 newFlow 대신 myFlow를 사용하는 것으로 원복해야 한다.

```
@Composable
fun ScreenSetup(viewModel: DemoViewModel = viewModel()) {
    MainScreen(viewModel.myFlow)
}

@Composable
fun MainScreen(flow: Flow<Int>) {
    var count by remember { mutableStateOf<Int>(0) }
```

```
    LaunchedEffect(Unit) {
    
        flow
            .reduce { accumulator, value ->
                count = accumulator
                accumulator + value
            }
    }
    .
    .
```

fold() 연산자는 reduce() 연산자와 유사하나 accumulator의 초깃값을 전달한다.

```
.
.
LaunchedEffect(Unit) {

    flow
        .fold(10) { accumulator, value ->
            count = accumulator
            accumulator + value
        }
}
.
.
```

50.11 플로 평탄화

앞의 예시에서 봤듯이, 연산자들을 사용해 플로로부터 수집한 값에 대한 태스크를 수행할 수 있다. 하지만 해당 태스크 자체가 하나 이상의 플로를 생성하면, '플로의 플로flow of flows'가 야기되어 흥미로운 상황이 발생한다. 이런 상황에서는 이 스트림들을 단일 스트림으로 평탄화flatten할 수 있다.

2개의 플로를 선언한 다음 예시 모드를 살펴보자.

```
val myFlow: Flow<Int> = flow {
    for (i in 1..5) {
        delay(1000)
        emit(i)
    }
}

fun doubleIt(value: Int) = flow {
    emit(value)
    delay(1000)
    emit(value + value)
}
```

myFlow 스트림의 각 값에 대해 doubleIt()를 호출하면, 각 값에 별도의 플로가 생성된다. 이 문제는 flatMapConcat() 연산자를 사용해 doubleIt() 스트림을 하나의 플로로 연결해서 해결할 수 있다.

```
@Composable
fun ScreenSetup(viewModel: DemoViewModel = viewModel()) {
    MainScreen(viewModel)
}

@Composable
fun MainScreen(viewModel: DemoViewModel) {

    var count by remember { mutableStateOf<Int>(0)}

    LaunchedEffect(Unit) {
        viewModel.myFlow
            .flatMapConcat { viewModel.doubleIt(it) }
            .collect { count = it }
    }
.
.
```

수정한 코드를 실행하면 collect() 연산자에서 다음과 같은 출력을 얻을 수 있다.

```
1
2
2
4
3
6
4
8
5
10
```

출력에서 볼 수 있듯이 doubleIt() 플로는 myFlow에서 제공된 값과 해당 값을 2배한 값을 방출한다. flatMapConcat() 연산자를 사용하면 doubleIt() 호출이 동기적으로 실행되며, doubleIt()가 두 값을 모두 방출할 때까지 기다린 뒤 다음 플로값을 처리한다. 방출된 값들은 flatMapMerge() 연산자를 이용하면 비동기적으로 수집할 수 있다.

```
viewModel.myFlow
    .flatMapMerge { viewModel.doubleIt(it) }
    .collect {
        count = it
        println("Count = $it")
    }
}
```

컬렉션은 비동기적으로 수행되므로 표시되는 값이 너무 빨리 변경되어 모든 카운트값을 볼 수는 없다. println() 호출에 따라 생성된 수집된 값의 전체 목록은 Run 도구 창에서 확인할 수 있다.

```
I/System.out: Count = 1
I/System.out: Count = 2
I/System.out: Count = 2
I/System.out: Count = 4
I/System.out: Count = 3
I/System.out: Count = 6
I/System.out: Count = 4
I/System.out: Count = 8
I/System.out: Count = 5
I/System.out: Count = 10
```

50.12 여러 플로 조합하기

zip()과 combine() 연산자를 사용해 여러 플로를 단일 플로로 조합할 수 있다. 다음은 zip() 연산자를 이용해 두 플로를 단일 플로로 조합하는 예시다.

```
var count by remember { mutableStateOf<String>("")}
LaunchedEffect(Unit) {
    val flow1 = (1..5).asFlow()
        .onEach { delay(1000) }
    val flow2 = flowOf("one", "two", "three", "four")
        .onEach { delay(1500) }
    flow1.zip(flow2) { value, string -> "$value, $string" }
        .collect { count = it }
}

// 출력
1, one
2, two
3, three
4, four
```

위의 코드에서 두 플로 모두에 onEach() 연산자를 적용했다.

zip() 연산자는 두 플로 모두가 새로운 값을 방출한 뒤 수집을 수행한다. combine() 연산자는 다소 다르게 동작한다. 두 플로 중 어느 한 플로가 새로운 값을 방출할 때, 다른 플로가 새로운 값을 방출하지 않으면 가장 최근에 방출한 이전 값을 사용해 처리한다.

```
    .
    .
    val flow1 = (1..5).asFlow()
        .onEach { delay(1000) }
    val flow2 = flowOf("one", "two", "three", "four")
        .onEach { delay(1500) }
    flow1.combine(flow2) { value, string -> "$value, $string" }
        .collect { count = it }
    .
    .
// 출력
1, one
2, one
3, one
3, two
4, two
4, three
5, three
5, four
```

출력에서 볼 수 있듯이, 여러 인스턴스가 발생하고 다른 쪽에서 새로운 값이 방출되었기 때문에 플로에서 이전 값을 재사용한다.

50.13 핫/콜드 플로

이번 장에서는 지금까지 코틀린의 플로Flow 타입에 관해서만 살펴봤다. 코틀린에서는 스테이트플로 StateFlow와 셰어드플로SharedFlow 형태의 추가적인 타입도 제공한다. 이들에 관해 살펴보기 전에 핫/콜드 플로의 개념을 이해해야 한다.

플로 타입을 사용해 선언된 스트림은 **콜드 플로**cold flow라 부른다. 생산자 내부의 코드는 소비자가 값의 수집을 시작해야만 실행되기 시작한다. 반면에 스테이트플로와 셰어드플로는 **핫 플로**hot flow라 부른다. 생산자는 소비자가 값을 수집하는지에 관계없이 즉시 값을 방출하기 시작한다.

소비자가 핫 플로로부터 수집을 시작하면, 소비자는 생산자가 방출한 가장 최근값부터 순차적으로 받게 된다. 캐싱을 구현하는 단계를 거치지 않는 한, 수집을 시작하는 시점 이전에 방출된 값들은 모두 버려진다.

플로와 스테이트플로/셰어드플로의 중요한 차이점이 하나 더 있다. 하나의 플로 기반 스트림은 여러 컬렉터collector를 갖지 못한다는 것이다. 각각의 플로 컬렉터는 독립적인 데이터 스트림을 사용해 새로운 플로를 실행한다. 반면 스테이트플로와 셰어드플로는 여러 컬렉터가 같은 플로에 대한 접근을 공유한다.

50.14 스테이트플로

스테이트플로는 이름에서 알 수 있듯이 카운터, 토글 버튼, 슬라이더 등의 현재 설정과 같은 앱 안에서의 상태 변화를 관찰하는 데 사용된다. 각 StateFlow 인스턴스는 시간에 따라 변경되는 단일 값을 저장하고 이 변경이 발생했음을 모든 소비자에게 알린다. 이를 활용하면 상탯값이 변경되었는지 지속적으로 확인해야 하는 코드를 작성하지 않고도 상태 변경에 반응하는 코드를 작성할 수 있다. StateFlow는 LiveData와 매우 유사하게 동작한다. 단, LiveData는 라이프사이클을 인식하며 초깃값이 필요하지 않다는 차이가 있다(LiveData에 관해서는 40장 'ViewModel 다루기'에서 다루었다).

StateFlow 스트림을 생성할 때는 우선 MutableStateFlow의 인스턴스를 만들고, 필수 초깃값을 전달한다. 이 변수는 앱 코드 안에서 현재 상탯값을 변경하는 데 사용된다.

```
private val _stateFlow = MutableStateFlow(0)
```

다음으로 MutableStateFlow 인스턴스에 대해 asStateFlow()를 호출해서 StateFlow로 변환한다. 여기에서 상태 변경을 수집할 수 있다.

```
val stateFlow = _stateFlow.asStateFlow()
```

이를 생성하면 모든 상태 변경은 뮤터블 상태 인스턴스의 value 프로퍼티를 통해 이루어진다. 다음은 상태 value의 값을 1 증가시키는 코드다.

```
_stateFlow.value += 1
```

해당 플로가 활성화되면 collectAsState()를 사용하거나 컬렉션 함수를 직접 사용해 상태를 소비할 수 있다. 그러나 일반적으로 StateFlow에서는 collectLatest() 연산자를 사용해 상태를 수집하는 것을 권장한다. DemoViewModel.kt 파일을 다음과 같이 수정해서 시도해 본다.

```
.
.
class DemoViewModel : ViewModel() {
    private val _stateFlow = MutableStateFlow(0)
    val stateFlow = _stateFlow.asStateFlow()

    fun increaseValue() {
        _stateFlow.value += 1
    }
.
.
```

다음으로 MainActivity.kt 파일의 MainScreen을 수정한다. 새로운 상태 플로를 수집하도록 하고, 뷰 모델의 increaseValue() 함수를 호출하도록 설정된 버튼을 추가한다.

```kotlin
.
.
import androidx.compose.material.Button
.
.
@Composable
fun MainScreen(viewModel: DemoViewModel) {
    val count by viewModel.stateFlow.collectAsState()

    Column(
        modifier = Modifier.fillMaxSize(),
        verticalArrangement = Arrangement.Center,
        horizontalAlignment = Alignment.CenterHorizontally
    ) {
        Text(text = "$count", style = TextStyle(fontSize = 40.sp))
        Button(onClick = { viewModel.increaseValue() }) {
            Text("Click Me")
        }
    }
}
```

앱을 실행하고 버튼을 클릭할 때마다 카운트 Text 컴포넌트가 증가된 값으로 업데이트되는지 확인한다.

50.15 셰어드플로

셰어드플로는 스테이트플로가 제공하는 것보다 일반적인 목적의 스트리밍 옵션을 제공한다. 스테이트플로와 셰어드플로의 핵심적인 차이점은 다음과 같다.

- 소비자는 일반적으로 **구독자**(subscriber)라 부른다.
- SharedFlow 인스턴스를 생성할 때는 초깃값은 제공하지 않는다.
- 셰어드플로를 사용하면 수집 이전에 방출된 값을 컬렉터에 '다시 재생되도록(replayed)' 할 수 있다.
- 셰어드플로는 value 프로퍼티를 사용하는 대신 값을 **방출**한다.

SharedFlow 인스턴스는 MutableSharedFlow를 지원 프로퍼티(backing property)로 사용해 생성한다. 지원 프로퍼티에 대해 asSharedFlow() 함수를 호출해서 SharedFlow 참조를 얻는다. 예를 들어, DemoViewModel 클래스를 다음과 같이 수정해서 셰어드플로를 선언한다.

```
.
.
import androidx.lifecycle.viewModelScope
import kotlinx.coroutines.channels.BufferOverflow
.
.
class DemoViewModel : ViewModel() {

    private val _sharedFlow = MutableSharedFlow<Int>(
        replay = 10,
        onBufferOverflow = BufferOverflow.DROP_OLDEST
    )

    val sharedFlow = _sharedFlow.asSharedFlow()
.
.
```

위의 설정에 따라 새로운 플로 구독자는 과거 10개의 값을 받은 뒤 새로운 값을 받는다. 그리고 위의 플로는 10개보다 많은 값이 버퍼되면 가장 오래된 값부터 무시하도록 설정되어 있다. 버퍼 오버플로를 다루는 옵션은 다음과 같다.

- **DROP_LATEST**: 버퍼가 가득 차면 가장 최신 값을 버린다. 새로운 값이 처리되어도 버퍼는 변경되지 않는다.
- **DROP_OLDEST**: 버퍼를 '후입 선출(last-in, first-out)' 스택처럼 다룬다. 버퍼가 가득 차면 가장 오래된 값을 버려서 새로운 값이 들어오게 한다.
- **SUSPEND**: 버퍼가 가득 차면 플로를 중지한다.

값들은 코루틴 안의 MutableSharedFlow 인스턴스의 emit() 메서드를 호출해서 셰어드플로 스트림으로 방출된다. DemoViewModel.kt 파일을 그대로 둔 채, 셰어드플로를 시작할 때 메인 액티비티에서 호출할 새로운 메서드를 추가한다.

```
fun startSharedFlow() {
    viewModelScope.launch {
        for (i in 1..5) {
            _sharedFlow.emit(i)
            delay(2000)
        }
    }
}
```

마지막으로, MainScreen 컴포저블을 다음과 같이 변경한다.

```
@Composable
fun MainScreen(viewModel: DemoViewModel) {
    val count by viewModel.sharedFlow.collectAsState(initial = 0)
```

```
    Column(
        modifier = Modifier.fillMaxSize(),
        verticalArrangement = Arrangement.Center,
        horizontalAlignment = Alignment.CenterHorizontally
    ) {
        Text(text = "$count", style = TextStyle(fontSize = 40.sp))
        Button(onClick = { viewModel.startSharedFlow() }) {
            Text("Click Me")
        }
    }
}
```

앱을 실제 기기나 에뮬레이터에서 실행하고(셰어드플로는 대화형 미리 보기에서 항상 동작하지는 않는다) 버튼을 클릭해서 카운트가 업데이트되는지 확인한다. 새로운 값들은 하나의 코루틴 내부로부터 방출되므로, 버튼을 반복해서 클릭해 여러 플로로부터 값들을 수집할 수 있다.

마지막으로, 셰어드플로에서는 하나의 SharedFlow 스트림에 대한 현재 구독자 수를 해당 뮤터블 인스턴스의 subscriptionCount 프로퍼티를 통해 얻을 수 있다.

```
val subCount = _shardFlow.subscriptionCount
```

50.16 콜드 플로를 핫 플로로 전환하기

콜드 플로는 shareIn() 함수를 호출해 핫 플로로 만들 수 있다. 이 호출은 코루틴 스코프를 요구하며 그 안에서 해당 플로, 값 다시 재생, 시작 정책 설정(해당 플로가 시작되고 중지되는 조건을 나타낸다)을 실행한다. 사용할 수 있는 시작 정책 옵션은 다음과 같다.

- **SharingStarted.WhileSubscribed()**: 활성화 상태의 구독자가 있는 한 해당 플로를 활성화 상태로 유지한다.
- **SharingStarted.Eagerly()**: 활성화 상태의 구독자가 없어도 해당 플로는 즉시 활성화되고 그 상태를 유지한다.
- **SharingStarted.Lazily()**: 첫 번째 소비자가 구독을 하는 순간부터 플로가 시작되고, 활성화 상태의 구독자가 없어도 플로는 활성화 상태를 유지한다.

다음은 앞에서 만든 콜드 플로들 중 하나를 핫 플로로 만드는 코드 예시다.

```
val hotFlow = myFlow.shareIn(
    viewModelScope,
    replay = 1,
    started = SharingStarted.WhileSubscribed()
)
```

50.17 정리

코틀린 플로를 사용하면 순차적인 데이터나 상태 변경을 비동기적인 태스크들로부터 시간이 지남에 따라 반환되도록 할 수 있다. 하나의 플로는 일련의 값을 방출하는 하나의 생산자와 그 값들을 수집하고 처리하는 하나 이상의 소비자로 구성된다. 생산자와 소비자 사이에 하나 이상의 중재 연산자(변환 및 필터링 포함)를 사용해 플로 스트림을 조작할 수 있다. 플로는 Flow, StateFlow, SharedFlow 타입 기반으로 생성된다. Flow 기반 스트림은 단일 컬렉터만 가질 수 있으며, StateFlow와 SharedFlow는 여러 컬렉터를 가질 수 있다.

플로는 핫 플로와 콜드 플로로 나눌 수 있다. 콜드 플로는 소비자가 수집을 시작해야만 값을 방출하기 시작한다. 반면 핫 플로는 값이 수집되지 않더라도 생성되는 즉시 값을 방출하기 시작한다. 셰어드플로의 경우 미리 정한 수의 값을 버퍼했다가 구독자들이 값을 수집하기 시작할 때 순차적으로 다시 재생할 수 있다. 콜드 플로는 해당 플로의 shareIn() 함수를 호출해 핫 플로로 만들 수 있다.

CHAPTER 51

젯팩 컴포즈 셰어드플로 튜토리얼

앞 장에서는 코틀린 플로를 소개하고 이들을 사용해 코루틴 기반의 비동기 코드 안으로부터 여러 순차적 값들을 반환하는 방법을 살펴봤다. 이번 장의 튜토리얼에서는 SharedFlow를 사용해 좀 더 세부적인 플로 구현을 살펴본다. 이 튜토리얼에서는 백그라운드와 포그라운드 모드를 전환하는 앱에서 플로 수집에 올바르게 대응하도록 보장하는 방법도 살펴본다.

51.1 프로젝트 소개

이번 장에서 만들 앱은 하나의 List 컴포저블을 포함하는 사용자 인터페이스로 구성된다. ViewModel 안에 하나의 셰어드플로가 위치하며, 뷰 모델이 생성되는 시점에 활성화되고 2초마다 하나의 정숫값을 방출한다. 메인 액티비티는 플로로부터 값을 수집해서 List 안에 그 값들을 표시한다. 다음으로 프로젝트를 수정해서 앱이 백그라운드 모드일 때는 수집 프로세스를 중지하게 한다.

51.2 SharedFlowDemo 프로젝트 만들기

안드로이드 스튜디오를 실행하고 새 Empty Compose Activity 프로젝트를 만든 뒤, Name 필드에 'SharedFlowDemo', Package name에 'com.example.sharedflowdemo'를 입력한다. Minimum SDK는 API 26: Android 8.0 (Oreo)로 설정한 뒤 Finish 버튼을 클릭한다. 코드 편집기에서 MainActivity.kt 파일을 열고, Greeting 함수를 제거한 뒤 MainScreen이라는 함수를 호출하는 ScreenSetup 컴포저블을 추가한다.

```
@Composable
fun ScreenSetup() {
    MainScreen()
}

@Composable
    fun MainScreen() {

}
```

onCreateActivity() 메서드가 Greeting 대신 ScreenSetup을 호출하도록 수정하고, DefaultPreview에서의 Greeting 호출을 삭제한다.

다음으로 build.gradle (Module: SharedFlowDemo.app) 파일을 열고 dependencies 섹션을 찾아 다음과 같이 컴포즈 뷰 모델과 코틀린 runtime 확장 라이브러리를 추가한다.

```
dependencies {
.
.
    implementation 'androidx.lifecycle:lifecycle-viewmodel-compose:2.4.1'
    implementation 'androidx.lifecycle:lifecycle-runtime-ktx:2.4.1'
.
.
}
```

편집기 패널 상단의 Sync Now 버튼을 클릭해 변경사항을 반영한다.

51.3 프로젝트에 뷰 모델 추가하기

이 프로젝트에서 플로는 하나의 뷰 모델 클래스 안에 위치한다. Project 도구 창의 app ➡ java ➡ com.example.sharedflowdemo 항목에서 마우스 오른쪽 버튼을 클릭한 뒤, New ➡ Kotlin Class/File 메뉴 옵션을 선택해서 모델을 프로젝트에 추가한다. 다이얼로그가 표시되면 클래스 이름을 'DemoViewModel'로 입력한 뒤 엔터 키를 누른다. 코드가 생성되면 다음과 같이 수정한다.

```
package com.example.flowdemo

import androidx.lifecycle.ViewModel

class DemoViewModel : ViewModel() {
}
```

뷰 모델의 인스턴스에 접근할 수 있도록 MainActivity.kt 파일을 다음과 같이 수정한다.

```
.
.
import androidx.lifecycle.viewmodel.compose.viewModel
.
.
@Composable
fun ScreenSetup(viewModel: DemoViewModel = viewModel()) {
    MainScreen()
}
```

51.4 셰어드플로 선언하기

다음으로 SharedFlow 인스턴스를 생성하고 시작하는 코드를 뷰 모델 코드에 추가한다. 먼저 DemoViewModel.kt 파일을 다음과 같이 수정한다.

```kotlin
package com.example.sharedflowdemo

import androidx.lifecycle.ViewModel
import androidx.lifecycle.viewModelScope
import kotlinx.coroutines.delay
import kotlinx.coroutines.flow.MutableSharedFlow
import kotlinx.coroutines.flow.asSharedFlow
import kotlinx.coroutines.launch

class DemoViewModel : ViewModel() {
    private val _sharedFlow = MutableSharedFlow<Int>()
    val sharedFlow = _sharedFlow.asSharedFlow()

    init {
        sharedFlowInit()
    }

    fun sharedFlowInit() {
    }
}
```

ViewModel 인스턴스가 생성되면 이니셜라이저는 sharedFlowInit() 함수를 호출한다. 이 함수는 새로운 하나의 코루틴을 실행한다. 코루틴은 하나의 루프를 포함하며, 이 루프 안에서 하나의 셰어드플로를 사용해 값을 방출한다.

플로를 선언한 뒤 sharedFlowInit() 함수에 코드를 추가해서 뷰 모델 자체의 스코프를 사용해 플로를 실행할 수 있다. 이를 통해 뷰 모델이 파기될 때 해당 플로도 종료됨을 보장한다.

```kotlin
fun sharedFlowInit() {
    viewModelScope.launch {
        for (i in 1..1000) {
            delay(2000)
            _sharedFlow.emit(i)
        }
    }
}
```

51.5 플로값 수집하기

앱을 처음 테스트하기 전에 플로값을 수집하고, 수집한 값들을 LazyColumn 컴포저블에 표시하는 코드를 추가해야 한다.

```
.
.
import androidx.compose.runtime.*
import androidx.compose.foundation.layout.padding
import androidx.compose.foundation.lazy.*
import androidx.compose.ui.unit.dp
import kotlinx.coroutines.flow.SharedFlow
import androidx.compose.ui.platform.LocalLifecycleOwner
.
.
@Composable
fun ScreenSetup(viewModel: DemoViewModel = viewModel()) {
    MainScreen(viewModel.sharedFlow)
}

@Composable
fun MainScreen(sharedFlow: SharedFlow<Int>) {
    val messages = remember { mutableStateListOf<Int>()}

    LazyColumn {
        items(messages) {
            Text(
                "Collected Value = $it",
                style = MaterialTheme.typography.h3,
                modifier = Modifier.padding(5.dp)
            )
        }
    }
}

@Preview(showBackground = true)
@Composable
fun DefaultPreview() {
    SharedFlowDemoTheme {
        val viewModel: DemoViewModel = viewModel()
        MainScreen(viewModel.sharedFlow)
    }
}
```

이제 셰어드플로에서 방출하는 값을 수집하고 수집된 값을 표시할 준비가 되었다. 플로 수집은 코루틴 안, MainScreen 컴포저블 밖에서 이루어지므로 실행 코드는 LaunchedEffect 호출 안에 위치해야 한다(32장 '코루틴과 LaunchedEffect' 참고). 다음과 같이 플로값을 수집할 수 있도록 MainScreen 컴포저블에 LaunchedEffect 호출을 추가한다.

```
.
.
import kotlinx.coroutines.flow.collect
.
.
@Composable
fun MainScreen(sharedFlow: SharedFlow<Int>) {

    val messages = remember { mutableStateListOf<Int>() }
    val lifecycleOwner = LocalLifecycleOwner.current

    LaunchedEffect(key1 = Unit) {
        sharedFlow.collect {
            messages.add(it)
        }
    }
.
.
```

이 코드는 뷰 모델 안의 셰어드플로 인스턴스에 접근해서 스트림으로부터 값을 수집하기 시작한다. 수집된 각 값은 messages 뮤터블 리스트에 추가된다. 그 결과 재구성이 일어나고 새로운 값이 LazyColumn 리스트 맨 마지막에 표시된다.

51.6 SharedFlowDemo 앱 테스트하기

앱을 컴파일하고 실제 기기나 에뮬레이터에서 실행한 뒤, 셰어드플로에서 방출된 값들이 LazyColumn 안에 표시되는지 확인한다. 기기를 가로 방향으로 회전시켜 구성이 변경되어도 카운트가 0으로 변경되지 않고 계속 증가하는 것을 확인한다.

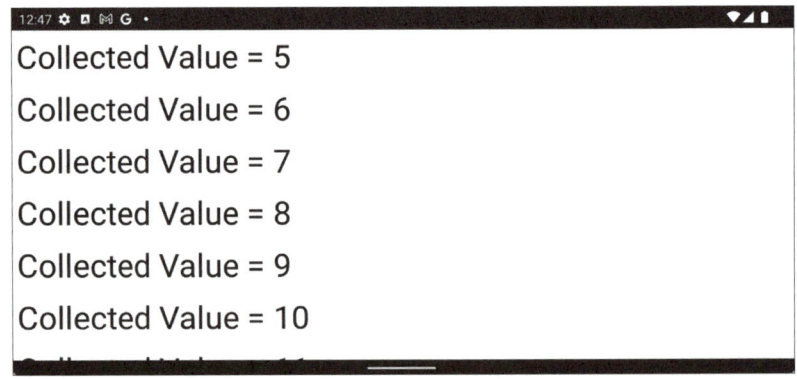

그림 51-1

앱이 정상 동작하므로, 이제 앱을 백그라운드에 두었을 때 어떤 일이 발생하는지 확인해 본다.

51.7 백그라운드에서 플로 다루기

현재 작성한 앱은 하나의 셰어드플로를 갖고 있으며, 이 셰어드플로는 LazyColumn 형태의 사용자 인터페이스에 입력을 제공한다. 이 사용자 인터페이스는 코루틴 스코프에서 수집을 수행하므로 플로가 수집되는 동안 반응성을 유지한다(리스트가 업데이트되는 동안 화면을 위아래로 스크롤해서 확인할 수 있다). 앱이 백그라운드에 있으면 어떻게 동작할까? 방출기(emitter)와 컬렉터 코드에 간단한 진단 코드를 넣어 이를 확인할 수 있다.

```
fun sharedFlowInit() {
    viewModelScope.launch {
        for (i in 1..1000) {
            delay(2000)
            println("Emitting $i")
            _sharedFlow.emit(i)
        }
    }
}
```

MainFragment.kt 파일의 컬렉션 코드 블록도 다음과 같이 유사한 코드를 추가한다.

```
.
.
    LaunchedEffect(key1 = Unit) {
        sharedFlow.collect {
            println("Collecting $it")
            messages.add(it)
        }
    }
}
.
.
```

코드를 변경한 뒤 Logcat 도구 창을 표시하고, 검색 바에 'System.out'을 입력한 뒤 앱을 실행한다. 값을 표시하는 리스트가 업데이트되면 Run 도구 창에는 다음과 비슷하게 표시된다.

```
Emitting 1
Collecting 1
Emitting 2
Collecting 2
Emitting 3
Collecting 3
.
.
```

이 상태에서 앱을 백그라운드로 보내면, 앱이 사용자에게 보이지 않더라도 방출과 수집 동작은 계속된다. 셰어드플로가 뷰 모델 내부에 있으므로 방출 동작을 계속하는 것이 예상됨과 동시에 올바른 동작이다. 하지만 데이터를 수집하고, 사용자에게 보이지 않는 사용자 인터페이스를 계속 업데이트하는 것은 자원 낭비다. repeatOnLifecycle 함수를 사용해 수집을 실행하면 이 문제를 해결할 수 있다.

repeatOnLifecycle 함수는 일시 중단 함수이며, 현재 라이프사이클이 다음 상태 중 하나에 도달하거나 넘어설 때마다 지정한 코드 블록을 실행한다.

- Lifecycle.State.INITIALIZED
- Lifecycle.State.CREATED
- Lifecycle.State.STARTED
- Lifecycle.State.RESUMED
- Lifecycle.State.DESTROYED

반대로 라이프사이클이 대상 상태보다 낮아지면 해당 코루틴을 취소한다.

예시에서는 Lifecycle.State.STARTED 상태가 될 때마다 수집을 시작하고, 라이프사이클이 일시 중단될 때마다 수집을 멈추게 할 것이다. 컬렉션 코드를 다음과 같이 수정해서 구현한다.

```
.
.
import androidx.lifecycle.Lifecycle
import androidx.lifecycle.repeatOnLifecycle
.
.
LaunchedEffect(key1 = Unit) {
    lifecycleOwner.repeatOnLifecycle(Lifecycle.State.STARTED) {
        sharedFlow.collect {
            println("Collecting $it")
            messages.add(it)
        }
    }
}
```

앱을 다시 실행하고 백그라운드로 보낸 뒤, 로그캣에 나타난 진단 메시지를 확인해보면 RecyclerView 리스트에 더 이상 값이 수집되어 표시되지 않는 것을 알 수 있다. 셰어드플로에 다시 재생을 설정하지 않았으므로 앱을 포그라운드로 전환하면 가장 최근 방출된 값부터 다시 수집하기 시작한다.

51.8 정리

이번 장에서는 뷰 모델 안에 하나의 SharedFlow 인스턴스를 만들었다. 이후 메인 액티비티 안에서 스트림된 값들을 수집하고, 해당 데이터를 사용해 사용자 인터페이스를 업데이트했다. 또한 앱이 백그라운드에 있을 때 불필요한 플로 기반 사용자 인터페이스 업데이트를 회피하는 중요한 개념을 살펴봤으며, 이는 repeatOnLifecycle 함수를 사용해 쉽게 해결할 수 있었다. 이 함수를 사용하면 포함하는 라이프사이클이 지정한 라이프사이클에 도달하는 시점에 플로 수집 같은 비동기 태스크를 취소하거나 재시작할 수 있다.

CHAPTER 52

컴포즈 테마 적용 다루기

안드로이드 앱의 형태는 머티리얼 디자인Material Design에 정의된 가이드라인을 준수하도록 의도되어 있다. 머티리얼 디자인은 구글이 개발했으며 다양한 앱들이 자체적인 색상, 타이포그래피, 도형 등을 이용하면서도 일정 수준의 디자인 일관성을 제공하는 것을 목적으로 한다(머티리얼 테마 적용Material theming이라 불린다). 디자인 가이드라인과 함께 머티리얼 디자인은 사용자 인터페이스를 디자인할 때 이용할 수 있는 일련의 UI 컴포넌트를 포함하며, 이 책에서도 많은 컴포넌트를 이용했다.

이번 장에서는 안드로이드 스튜디오 컴포즈 프로젝트 안에서의 테마 적용에 관해 간단히 설명하고, 새로 만든 프로젝트에서 제공하는 기본 디자인 환경 설정을 브랜딩 요구사항에 맞춰 수정하는 방법을 살펴본다.

52.1 머티리얼 디자인 2와 머티리얼 디자인 3

현재 구글은 머티리얼 디자인 2를 머티리얼 디자인 3으로 전환하고 있으며, 이 책을 집필하는 시점에 안드로이드 스튜디오는 머티리얼 디자인 2를 기본으로 적용하고 있다. 머티리얼 디자인 3은 머티리얼 유Material You의 기반을 제공한다. 이는 안드로이드 12에서 도입된 피처이며, 이를 이용하면 앱은 테마 요소들을 사용자의 기기 설정에 맞춰 자동으로 변경한다. 머티리얼 디자인 3에서 제공하는 동적 색상 지원dynamic color support은 앱에서 이용하는 색상들을 사용자의 배경화면 선택에 맞도록 자동으로 변경한다.

이 책의 효용성을 가능한 한 오래도록 유지하기 위해 이번 장에서는 머티리얼 디자인 3을 이용한 색상과 타이포그래피 테마 적용에 중점을 둔다. 집필 시점에 도형 테마 적용은 머티리얼 디자인 3에서 지원하지 않으나, 이번 장에서 다루는 색상과 타이포그래피에 관한 개념들은 향후에도 적용할 수 있을 것이다.

52.2 머티리얼 디자인 2 테마 적용

머티리얼 디자인 3에 관해 살펴보기 전에, 먼저 Empty Compose Activity 템플릿을 이용해 안드로이드 스튜디오 프로젝트를 만들 때 머티리얼 디자인 2가 어떻게 적용되는지 살펴보자. 먼저 주목할 부분은 onCreate() 메서드에서 최상위 수준 컴포저블을 호출하는 것과, DefaultPreview 함수가 theme 컴포저블에 내장되어 있다는 점이다. 다음은 MyApp이라는 이름의 프로젝트를 위해 생성한 코드다.

```
class MainActivity : ComponentActivity() {
    override fun onCreate(savedInstanceState: Bundle?) {
.
.
        MyAppTheme {
.
.
            Greeting("Android")
            }
        }
    }
}

@Preview(showBackground = true)
@Composable
fun DefaultPreview() {
    MyAppTheme {
        Greeting("Android")
    }
}
```

MyAppTheme과 관련된 모든 파일은 프로젝트의 ui.theme 하위 패키지에 위치한다(그림 52-1).

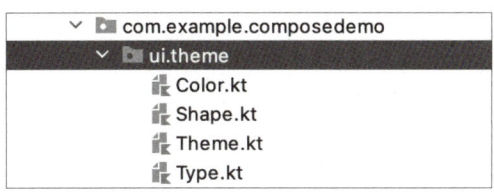

그림 52-1

테마 자체는 Theme.kt 파일에 선언된다. 가장 먼저 기기가 라이트(주간)/다크(야간) 모드에 있을 때 이용할 각기 다른 색상 팔레트를 선언한다. 이 팔레트들은 darkColors(), lightColors() 빌더 함수를 호출하고 다른 머티리얼 테마 색상 슬롯에 이용할 색상을 지정해서 만든다.

```
private val DarkColorPalette = darkColors(
    primary = Purple200,
    primaryVariant = Purple700,
    secondary = Teal200
)
private val LightColorPalette = lightColors(
    primary = Purple500,
    primaryVariant = Purple700,
    secondary = Teal200
}
```

이것은 슬롯의 하위 집합으로 색상 테마 적용 시 이용할 수 있다. 예를 들어, 머티리얼 디자인 3에서는 각 테마를 디자인할 때 24개의 색상 슬롯을 이용할 수 있다. 슬롯에 할당된 색상이 있으면, 머티리얼 컴포넌트는 내장 기본 색상을 이용한다. 머티리얼 디자인 2에서 이용할 수 있는 색상 슬롯에 관한 더 자세한 정보는 다음 웹사이트에서 확인할 수 있다.

🔗 https://material.io/design/color/the-color-system.html

이 색상 슬롯들은 머티리얼 컴포넌트가 색상 속성을 설정하기 위해 이용한다. 예를 들어, primary 색상 슬롯은 머티리얼 Button 컴포넌트의 배경 색상으로 이용된다. 슬롯에 할당되는 실제 색상들은 Colors.kt 파일에 다음과 같이 설정된다.

```
val Purple200 = Color(0xFFBB86FC)
val Purple500 = Color(0xFF6200EE)
val Purple700 = Color(0xFF3700B3)
val Teal200 = Color(0xFF03DAC5)
```

예시의 MyAppTheme 컴포저블은 Theme.kt 파일 안에 다음과 같이 선언된다.

```
@Composable
fun MyApplicationTheme(
    darkTheme: Boolean = isSystemInDarkTheme(),
    content: @Composable () -> Unit
) {
    val colors = if (darkTheme) {
        DarkColorPalette
    } else {
        LightColorPalette
    }

    MaterialTheme(
        colors = colors,
        typography = Typography,
        shapes = Shapes,
```

```
        content = content
    )
}
```

이 테마는 Slot API를 이용해(22장 '컴포즈 Slot API' 참고) 콘텐츠를 표시한다. 가장 먼저 isSystemIn DarkTheme() 함수를 호출해 기기가 주간 또는 야간 모드인지 확인한다. 이 호출 결과를 이용해 MaterialTheme 호출 시 주간/야간 색상 팔레트 중 어떤 것을 전달할지 결정한다. 색상 팔레트와 함께 MaterialTheme은 타이포그래피와 셰이프 설정을 전달한다. 이 설정들은 각각 Type.kt, Shape.kt 파일에 저장된다.

머티리얼 디자인은 타이포그래피에 관한 타입 스케일을 가지며, Type.kt 파일에 세 가지 스케일이 선언되어 있다(두 가지는 주석으로 처리했다).

```
val Typography = Typography(
    body1 = TextStyle(
        fontFamily = FontFamily.Default,
        fontWeight = FontWeight.Normal,
        fontSize = 16.sp
    )
    /* 오버라이드할 그 밖의 기본 텍스트 스타일
    button = TextStyle(
        fontFamily = FontFamily.Default,
        fontWeight = FontWeight.W500,
        fontSize = 14.sp
    ),
    caption = TextStyle(
        fontFamily = FontFamily.Default,
        fontWeight = FontWeight.Normal,
        fontSize = 12.sp
    )
    */
)
```

색상 슬롯과 마찬가지로 이는 머티리얼 디자인이 지원하는 타입 스케일의 극히 일부다. 전체 리스트는 다음 URL에서 확인할 수 있다.

URL https://material.io/design/typography/the-type-system.html

Shape.kt 파일은 머티리얼 컴포넌트의 모서리 렌더링 방법을 정의하기 위해 이용한다.

```
val Shapes = Shapes(
    small = RoundedCornerShape(4.dp),
    medium = RoundedCornerShape(4.dp),
    large = RoundedCornerShape(0.dp)
)
```

예를 들어, OutlinedTextField의 기본 둥근 모서리는 이러한 셰이프값들을 통해 제어된다.

커스텀 테마를 만들 때는 이 파일들을 이용해 색상, 타이포그래피, 셰이프를 설정하면 된다. 이러한 변경 내용은 머티리얼 컴포넌트들에 이용되어 앱의 사용자 인터페이스를 구성한다.

52.3 머티리얼 디자인 3 테마 적용

머티리얼 디자인 2_{Material Design 2, MD2}와 머티리얼 디자인 3_{Material Design 3, MD3}의 핵심적인 차이는 동적 색상 지원, 팔레트를 대신한 색상 스킴_{color scheme} 이용 지원이다. 타이포그래피는 MD2의 그것과 동일한 방식으로 구현되어 있으며 셰이프 적용에 관한 내용은 현재로서는 알 수 없다. 색상 스킴은 lightColorScheme(), darkColorScheme() 빌더 함수를 호출해서 만든다.

```kotlin
private val DarkColorPalette = darkColorScheme(
    primary = ...,
    onPrimary = ...,
    secondary = ....,
.
.
)

private val LightColorPalette = lightColorScheme(
.
.
}
```

테마가 만들어지면 MD2에서 이용한 colors 파라미터 대신 colorScheme 파라미터를 이용해 색상 스킴을 할당한다.

```kotlin
@Composable
fun MyAppTheme(
    useDarkTheme: Boolean = isSystemInDarkTheme(),
    content: @Composable() () -> Unit
) {
    val colors = if (!useDarkTheme) {
        LightThemeColors
    } else {
        DarkThemeColors
    }

    MaterialTheme(
        colorScheme = colors,
        typography = AppTypography,
        content = content
    )
}
```

타이포그래피와 테마 색상 선언은 MD2와 MD3에서 거의 비슷하지만, 색상 슬롯과 타이포그래피 타입은 그 이름이 상당히 다르다. MD3 색상 슬롯의 전체 리스트는 다음 URL에서 확인할 수 있다.

URL https://developer.android.com/reference/kotlin/androidx/compose/material3/ColorScheme

타이포그래피 옵션 리스트는 다음 URL에서 확인할 수 있다.

URL https://developer.android.com/reference/kotlin/androidx/compose/material3/Typography

동적 색상 지원을 추가할 때는 dynamicDarkColorScheme()과 dynamicLightColorScheme() 함수를 호출하고 현재의 로컬 컨텍스트를 파라미터로 전달한다. 이 함수들은 기기의 사용자 설정(예: 월페이퍼wallpaper 선택 등)에 맞춰 색상 스킴을 만든다. 동적 색상은 안드로이드 12(S) 이후에서만 지원하므로, 동적 색상 스킴 인스턴스를 만들 때는 방어 코드를 추가해야 한다.

```
@Composable
fun MyAppTheme(
    useDarkTheme: Boolean = isSystemInDarkTheme(),
    dynamicColor: Boolean = true,
    content: @Composable () -> Unit
) {
    val colors = when {
        dynamicColor && Build.VERSION.SDK_INT >= Build.VERSION_CODES.S -> {
            val context = LocalContext.current
            if (useDarkTheme) dynamicDarkColorScheme(context)
                else dynamicLightColorScheme(context)
        }
        useDarkTheme -> DarkColors
        else -> LightColors
    }

    MaterialTheme(
        colorScheme = colors,
        typography = Typography,
        content = content
    )
}
```

동적 색상은 사용자가 안드로이드 Settings 앱의 바탕화면 빛 스타일 섹션에서 해당 메뉴를 활성화했을 때만 작동한다.

52.4 커스텀 테마 구현하기

지금까지 본 것처럼 테마를 구현할 때 작성해야 하는 코드는 비교적 간단한다. 하지만 테마를 구성하기 위해 색상을 고르는 작업은 매우 어렵다. 다행히 구글은 여러분의 앱에 적합한 커스텀 색상 테마를 디자인할 수 있는 도구인 머티리얼 테마 빌더Material Theme Builder를 개발해서 제공한다.

URL https://material-foundation.github.io/material-theme-builder

빌더 도구 안에서 먼저 예시 월페이퍼 옵션을 선택하고(그림 52-2, Ⓐ), Custom 탭을 선택하고(Ⓑ), Ⓒ 버튼을 클릭한 뒤 직접 배경 화면을 업로드할 수도 있다.

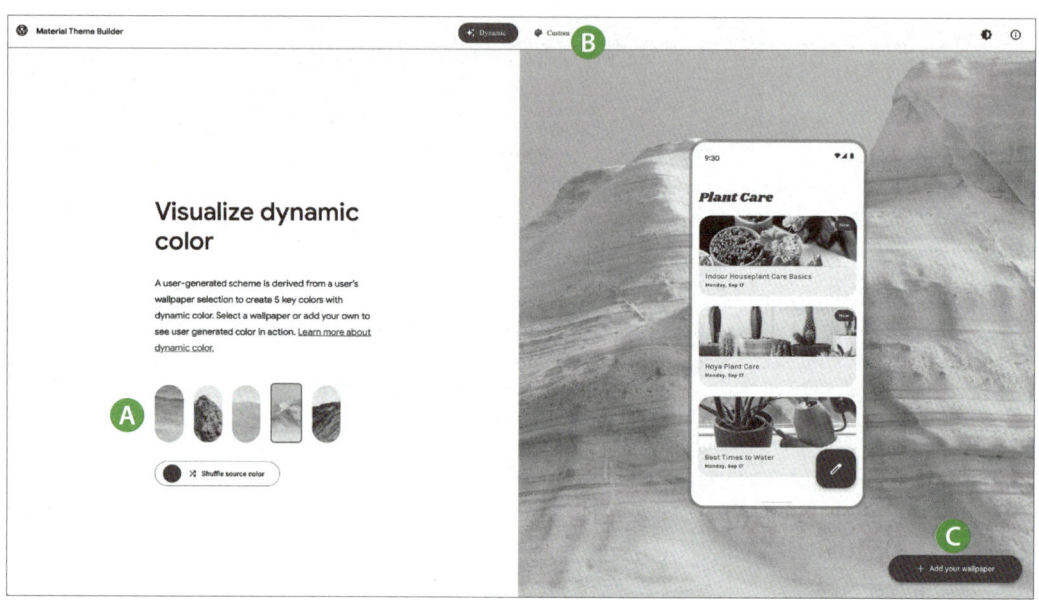

그림 52-2

커스텀 스크린(그림 52-3)에서 1차 색상 슬롯을 위해 색상을 선택한다(Ⓐ). 색상 사각형을 클릭해 색상 선택 다이얼로그를 표시할 수 있다. 색상을 선택하면 테마 패널(Ⓑ)은 모든 MD3 색상 슬롯을 위한 권장 색상을 반영해서 변경된다. 2차Secondary, 3차Tertiary, 중립Neutral 슬롯 박스(Ⓒ)를 클릭하고 색상 선택 패널에서 다른 색상을 선택해 덮어쓸 수 있다.

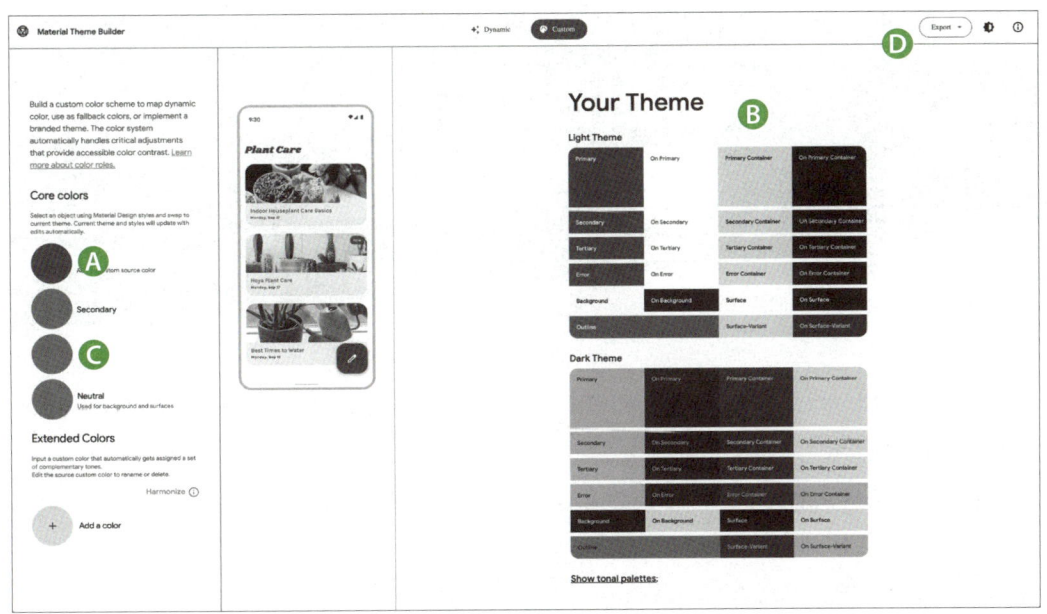

그림 52-3

커스텀 테마를 디자인에 적용하고 싶다면 Export 버튼(D)을 클릭하고 Jetpack Compose (Theme.kt) 옵션을 선택한다. 파일이 다운로드되면 Color.kt, Theme.kt, Type.kt 파일을 프로젝트의 ui.theme 폴더에 넣는다(필요하다면 기존 파일을 대체한다). 각 파일의 패키지 이름과 Theme.kt 파일의 theme 컴포저블 이름은 프로젝트에 맞춰 수정해야 한다.

52.5 정리

머티리얼 디자인은 안드로이드 앱이 보이는 형태를 정의하는 가이드라인과 컴포넌트를 제공한다. 개별적인 브랜딩도 앱에 적용할 수 있으며 앱이 표시될 때 이용할 색상, 폰트, 셰이프 등을 테마로 지정해서 이용하면 된다. 구글은 현재 머티리얼 디자인 2를 대체하는 머티리얼 디자인 3을 소개했으며, 동적 색상을 포함한 머티리얼 미(Material Me)라는 새로운 피처를 지원한다. 여러분이 직접 테마를 디자인할 때는 구글이 제공하는 머티리얼 테마 빌더를 이용해 테마를 보완하는 색상을 쉽게 선택할 수 있다. 이 도구를 이용해 테마를 디자인한 뒤에는 관련 파일을 익스포트해서 안드로이드 스튜디오 프로젝트 안에서 이용할 수 있다.

CHAPTER 53

머티리얼 디자인 3 테마 적용 튜토리얼

이번 장에서는 머티리얼 디자인 2 기반의 안드로이드 스튜디오 프로젝트를 머티리얼 디자인 3으로 마이그레이션하는 방법과 머티리얼 테마 빌더 도구를 이용해 새로운 테마를 만드는 방법을 살펴본다. 동적 테마 색상 지원을 추가하고 테스트하는 방법도 살펴본다.

53.1 ThemeDemo 프로젝트 만들기

안드로이드 스튜디오를 실행하고 새 Empty Compose Activity 프로젝트를 만든 뒤, Name 필드에 'ThemeDemo', Package name에 'com.example.themedemo'를 입력한다. Minimum SDK는 API 26: Android 8.0 (Oreo)로 설정한 뒤 Finish 버튼을 클릭한다. 코드 편집기에서 MainActivity.kt 파일을 열고, Greeting 함수를 제거한 뒤 MainScreen이라는 이름의 새로운 빈 컴포저블을 추가한다.

```
@Composable
fun MainScreen() {

}
```

다음으로 onCreateActivity() 메서드가 Greeting 대신 MainScreen을 호출하도록 수정한다.

```
@Preview(showBackground = true, showSystemUi = true)
@Composable
fun DefaultPreview() {
.
.
```

53.2 머티리얼 디자인 3 라이브러리 추가하기

여기서는 여러분이 머티리얼 디자인 2가 기본인 안드로이드 스튜디오 버전을 이용하고 있다고 가정한다. 가장 먼저 이 프로젝트에 머티리얼 디자인 3 라이브러리를 추가해 환경 설정을 빌드한다. Project 도구 창에서 모듈 수준의 build.gradle 파일(app ➡ build ➡ build.gradle (Module:

ThemeDemo))을 열고 다음과 같이 라이브러리를 추가한다(좀 더 최신 버전의 라이브러리가 릴리스되어 있을 수도 있다).

```
dependencies {
    implementation "androidx.compose.material3:material3:1.0.0-alpha14"
.
.
```

파일을 변경한 뒤 Sync Now 링크를 클릭해 새 빌드 환경 설정을 프로젝트에 적용한다.

53.3 사용자 인터페이스 디자인하기

메인 액티비티는 간단한 레이아웃으로 구성한다. 이 레이아웃은 MD3 알파 릴리스에서 제공하는 몇 가지 컴포넌트를 포함하며, 이를 이용해 이번 장의 뒤에서 수행할 테마 적용의 효과를 확인한다. 젯팩 컴포즈에서 이용할 수 있는 MD3 컴포넌트에 관한 최신 정보는 다음 웹 페이지를 참조한다.

URL https://developer.android.com/jetpack/androidx/releases/compose-material3

MainActivity.kt 파일에서 MainScreen 컴포저블을 다음과 같이 확인한다. 그리고 MD2 import 지시자 구문은 삭제한다.

```
.
import androidx.compose.material.Surface
import androidx.compose.material.Text
import androidx.compose.foundation.layout.Arrangement
import androidx.compose.foundation.layout.Column
import androidx.compose.material.icons.Icons
import androidx.compose.material.icons.filled.Favorite
import androidx.compose.material.icons.filled.Home
import androidx.compose.material.icons.filled.Settings
import androidx.compose.material3.*
import androidx.compose.runtime.*
import androidx.compose.ui.Alignment
.
.
@OptIn(ExperimentalMaterial3Api::class)
@Composable
fun MainScreen() {

    var selectedItem by remember { mutableStateOf(0) }
    val items = listOf("Home", "Settings", "Favorites")
    val icons = listOf(Icons.Filled.Home, Icons.Filled.Settings,
        Icons.Filled.Favorite)

    Column(
        verticalArrangement = Arrangement.SpaceBetween,
```

```
        horizontalAlignment = Alignment.CenterHorizontally
    ) {

        SmallTopAppBar(title = { Text("ThemeDemo") }, scrollBehavior = null)

        Button(onClick = { }) {
            Text("MD3 Button")
        }

        Text("A Theme Demo")

        FloatingActionButton(onClick = { }) {
            Text("FAB")
        }

        NavigationBar {
            items.forEachIndexed { index, item ->
                NavigationBarItem(
                    icon = { Icon(icons[index], contentDescription = null) },
                    label = { Text(item) },
                    selected = selectedItem == index,
                    onClick = { selectedItem = index }
                )
            }
        }
    }
}
```

미리 보기에서 확인하면 MainScreen 레이아웃은 그림 53-1과 같이 표시될 것이다.

완성된 디자인은 현재 기본 테마 색상과 폰트를 이용한다. 다음으로 앱이 이용할 완전히 새로운 테마를 만든다.

그림 53-1

53.4 새로운 테마 만들기

머티리얼 테마 빌더를 이용해 프로젝트에 이용할 테마를 디자인한다. 웹 브라우저를 실행하고 다음 URL을 통해 빌더 도구에 접근한다.

URL https://material-foundation.github.io/material-theme-builder/

빌더가 로드되면 화면 상단의 Custom 버튼을 선택하고, Core colors 섹션의 Primary color 블록을 클릭해서 색상 셀렉터를 표시한다. 색상 셀렉터에서 이후 만들 테마의 기본 색상을 선택한다(그림 53-2).

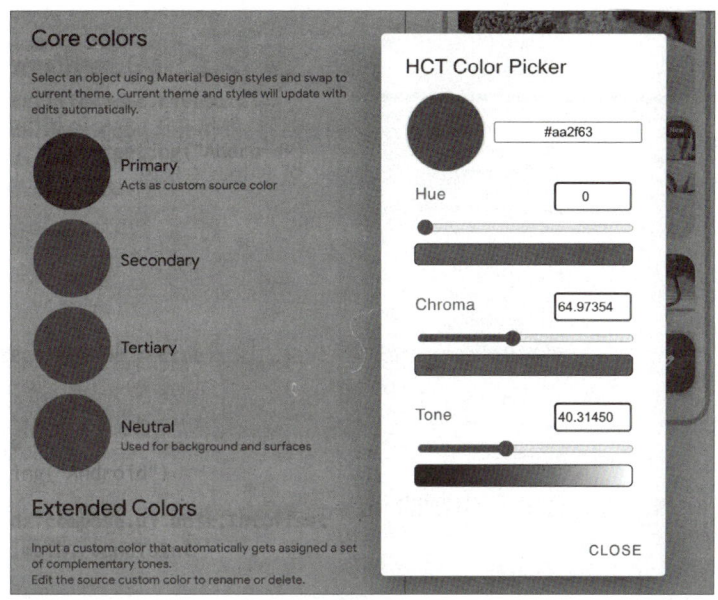

그림 53-2

My Theme 패널에서 색상 스킴을 리뷰하고 색상 수정이 필요하다면 Core colors를 이용해 색상 슬롯을 수정한다. 테마가 준비되었다면 오른쪽 위 모서리의 Export 버튼을 클릭하고 Jetpack Compose (Theme.kt) 옵션을 선택한다. 다이얼로그가 표시되면 적절한 위치에 파일을 다운로드한다. material-theme.zip이라는 압축 파일이 다운로드된다.

다운로드받은 파일의 압축을 푼다. material-theme/ui/theme 경로의 폴더에 다음 파일이 만들어진다.

- Color.kt
- Theme.kt
- Type.kt

이제 안드로이드 스튜디오 프로젝트에 만들어진 파일들을 통합한다.

53.5 프로젝트에 테마 추가하기

새로운 테마를 프로젝트에 추가하기에 전에 오래된 MD2 테마 파일들을 제거해야 한다. 안드로이드 스튜디오의 Project 도구 창 안에서 ui.theme 폴더에 있는 Color.kt, Theme.kt, Type.kt 파일을 삭제한다. 여러분의 로컬 파일 시스템의 material-theme 폴더에서 MD3 테마 파일을 찾아 Project 도구 창의 ui.theme 폴더에 MD3 테마 파일들을 드래그앤드롭해서 추가한다.

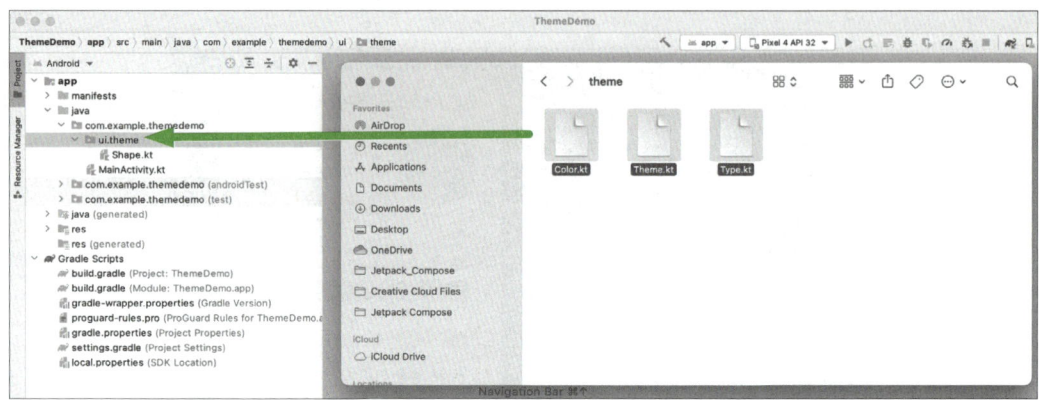

그림 53-3

파일들을 추가한 뒤에 현재 프로젝트에 맞도록 각 파일의 패키지 선언 부분을 수정한다. 여러분이 이번 장의 내용을 처음부터 동일하게 진행했다고 가정할 때, 파일은 다음과 같이 수정한다.

```
package com.example.themedemo.ui.theme
```

다음으로 Theme.kt 파일을 수정한다. Theme 컴포저블의 이름을 AppTheme에서 ThemeDemoTheme으로 변경한다.

```
@Composable
fun ThemeDemoTheme(
    useDarkTheme: Boolean = isSystemInDarkTheme(),
    content: @Composable() () -> Unit
) {
    val colors = if (!useDarkTheme) {
        LightColors
    } else {
        DarkColors
    .
    .
```

MainActivity.kt 파일로 돌아와 미리 보기 패널에서 컴포넌트가 새로운 테마를 이용해 렌더링되었는지 확인한다. Colors.kt, Type.kt, Theme.kt 파일에서 다른 테마 설정들을 적용하며 결과를 살펴보자. 다른 타이포그래피와 색상값을 이용해 여러 가지 실험을 해보는 것도 좋다.

53.6 동적 색상 활성화하기

동적 색상을 테스트하려면 안드로이드 12 이상이 동작하는 실제 기기나 에뮬레이터에서 올바른 Wallpaper 설정을 한 상태에서 앱을 실행해야 한다. 실제 기기나 에뮬레이터에서 Settings 앱을 실행하고 리스트에서 Wallpaper & style 옵션을 선택한다. 월페이퍼 변경 옵션을 선택하고(그림 53-4, Ⓐ) 현재 색상 테마와 크게 다른 색상을 포함하는 바탕화면 이미지를 홈 화면으로 지정한다.

Wallpaper & styles 화면으로 돌아와 Wallpapers colors 옵션이 선택되었는지 확인하고(Ⓑ), 다른 색상 스킴 버튼(Ⓒ)을 누른다. 옵션을 클릭할 때마다 예시 프로젝트는 해당 내용을 반영해 바뀐다.

그림 53-4

바탕화면을 선택했다면 안드로이드 스튜디오로 돌아와서 Theme.kt 파일을 코드 편집기에 로드하고 다음과 같이 ThemeDemoTheme 컴포저블을 수정해 동적 색상 지원을 추가한다.

```
.
.
import android.os.Build
```

```
import androidx.compose.material3.*
import androidx.compose.ui.platform.LocalContext
.
.
@Composable
fun ThemeDemoTheme(
    useDarkTheme: Boolean = isSystemInDarkTheme(),
    dynamicColor: Boolean = true,
    content: @Composable() () -> Unit
) {
    val colors = when {
        dynamicColor && Build.VERSION.SDK_INT >= Build.VERSION_CODES.S -> {
            val context = LocalContext.current
            if (useDarkTheme) dynamicDarkColorScheme(context)
            else dynamicLightColorScheme(context)
        }
        useDarkTheme -> DarkColors
        else -> LightColors
    }

    MaterialTheme(
        colorScheme = colors,
        typography = AppTypography,
        content = content
    )
}
```

프로젝트를 빌드하고 앱을 실행한 뒤 레이아웃이 바탕화면의 색상에 맞는 테마를 이용하는지 확인한다. ThemeDemo 앱을 백그라운드에 놓고 Wallpaper & styles 설정 화면으로 돌아와 다른 배경 화면을 선택한다. ThemeDemo 앱을 포그라운드로 다시 돌렸을 때 새 배경화면에 맞는 색상이 동적으로 적용되는지 확인한다.

53.7 정리

이번 장에서는 머티리얼 디자인 2 기반의 안드로이드 스튜디오 프로젝트를 머티리얼 디자인 3으로 마이그레이션하는 방법을 살펴봤다. 예시 프로젝트에서는 머티리얼 테마 빌더를 이용해 새로운 테마를 만들고, 그 테마 파일들을 프로젝트에 통합하는 단계를 설명했다. 마지막으로, 안드로이드 12가 제공하는 머티리얼 미Material Me 동적 색상 피처를 이용하는 방법을 살펴봤다.

CHAPTER 54
안드로이드 앱 번들 생성, 테스트, 업로드

안드로이드 애플리케이션 개발 작업과 다양한 안드로이드 기기에서의 테스트를 마쳤다면, 애플리케이션을 구글 플레이에 제출할 준비를 하면 된다. 그러나 제출하기 전에 릴리스용으로 애플리케이션을 패키징하고 비밀 키private key를 이용해 서명해야 한다. 이번 장에서는 비밀 키를 얻는 방법, 프로젝트를 위한 안드로이드 앱 번들Android App Bundle을 준비하는 방법, 패키지를 구글 플레이에 업로드하는 방법을 살펴본다.

54.1 릴리스 준비 프로세스

지금까지는 테스트와 디버깅에 적합한 환경에서 애플리케이션 프로젝트를 만들었다. 구글 플레이를 이용해 고객에게 릴리스할 애플리케이션 패키지를 만들기 위해서는 추가 단계를 거쳐야 한다. 우선 애플리케이션을 디버그 모드가 아닌 릴리스 모드로 컴파일한 다음, 애플리케이션 개발자를 고유하게 식별해 주는 비밀 키를 이용해 서명한다. 마지막으로, 애플리케이션을 안드로이드 앱 번들로 패키징해야 한다.

안드로이드 스튜디오 외부에서 이 작업들을 수행할 수 있지만, 이번 장에서 소개할 안드로이드 스튜디오 빌드 메커니즘을 이용하면 이러한 절차를 좀 더 쉽게 수행할 수 있다. 먼저 안드로이드 앱 번들에 관해 좀 더 이해해 보자.

54.2 안드로이드 앱 번들

사용자가 구글 플레이에서 앱을 설치하면, 앱은 APK 파일 형태로 다운로드된다. 이 파일은 사용자의 기기에서 앱을 설치하고 실행하는 데 필요한 모든 요소를 포함한다. 안드로이드 스튜디오 3.2 출시 이전, 개발자들은 안드로이드 스튜디오에서 하나 이상의 APK 파일을 만들어 구글 플레이에 업로드해야 했다.

여러 타입의 기기, 화면 크기, 로케일을 지원하기 위해서는 각 기기나 로케일에 맞춰 커스터마이즈된 여러 APK 파일을 만들거나 모든 설정 리소스와 플랫폼 바이너리를 한 패키지에 포함한 거대한 유니버설 APK_{universal APK}를 만들어 업로드해야 했다.

여러 APK 파일들을 만드는 것은 상당한 양의 작업이었으며 앱을 업데이트할 때마다 반복해야 했기 때문에 앱 릴리스 프로세스의 큰 오버헤드가 되었다.

유니버설 APK 옵션의 이용은 개발자의 부담을 상대적으로 줄여줬지만, 전혀 예상하지 못한 문제가 발생했다. 구글이 앱 설치 지표를 분석한 결과에 따르면 설치 APK 파일의 크기가 클수록(다운로드에 더 많은 시간이 걸리고 기기의 저장 공간을 더 많이 차지한다) 앱의 전환율_{conversion rate}이 낮아졌다. 전환율은 구글 플레이에서 앱을 본 사용자 중 실제 해당 앱을 설치 완료한 사용자의 비율로 계산된다. 구글은 APK 파일의 크기가 6MB 증가할 때마다 전환율이 1% 떨어지는 것으로 추정했다.

안드로이드 앱 번들은 이 두 가지 문제를 동시에 해결한다. 개발자들은 안드로이드 스튜디오에서 하나의 패키지만 만들고, 커스텀 APK 파일들은 구글 플레이에서 개별 지원 환경 설정에 따라 자동으로 만들어진다(동적 딜리버리_{Dynamic Delivery}로 알려져 있다).

안드로이드 앱 번들은 본질적으로 앱 프로젝트 안에 지원하는 기기와 로케일용 APK 파일들을 빌드하는 데 필요한 모든 파일을 포함한 ZIP 파일이다. 예를 들어, 프로젝트는 다양한 크기의 화면에 이용할 리소스나 이미지를 포함할 수 있다. 구글 플레이는 사용자가 앱을 설치할 때 화면 크기, 프로세스 아키텍처, 로케일을 포함한 사용자 기기의 정보를 받는다. 이 정보를 이용해 적절하게 미리 생성해 둔 APK 파일을 사용자의 기기에 전송하게 된다.

동적 딜리버리를 이용하면 추가적으로 앱을 여러 모듈로 분할할 수 있다. 이를 동적 피처 모듈_{dynamic feature module}이라 부르며, 각 모듈은 앱 안의 특정한 기능 영역에 대한 코드와 리소스를 포함한다. 각 동적 피처 모듈은 기본 모듈과 별도의 APK 파일에 포함되며, 사용자가 해당 피처를 필요로 할 때만 기기에 다운로드된다. 동적 딜리버리와 앱 번들을 이용하면 즉각적인 동적 피처 모듈을 만들어, 앱 전체를 설치할 필요 없이 기기에서 곧바로 실행할 수도 있다.

안드로이드 스튜디오를 이용해 APK 파일을 만들 수 있지만, 앱을 구글 플레이에 업로드할 때는 앱 번들의 이용을 더 권장한다.

54.3 구글 플레이 개발자 콘솔 계정 등록하기

애플리케이션을 제출하려면 가장 먼저 구글 플레이 개발자 콘솔_{Google Play Developer Console}의 계정을 만들어야 한다. https://play.google.com/apps/publish/signup/에 접속한 뒤 안내에 따라 등록 프로세스를 마친다. 개발자 등록을 할 때는 $25를 지불해야 하며, 여러분의 앱이 판매되면 구글은 해당 애플리케이션과 관련된 수익의 30%를 수수한다.

계정을 만들었다면 다음으로 애플리케이션에 관한 정보를 수집해야 한다. 여러분이 만든 애플리케이션을 시장에 출시할 때는 다음과 같은 정보가 필요하다.

- **앱 이름**: 애플리케이션 이름
- **간단한 설명**: 애플리케이션에 관한 간단한 설명(최대 80단어)
- **자세한 설명**: 애플리케이션에 관한 자세한 설명(최대 4000단어)
- **스크린샷**: 실행 중인 애플리케이션의 스크린샷(최소 2장, 최대 8장). 구글에서는 7" 또는 10" 태블릿에서 실행 중인 애플리케이션 스크린샷 제출을 권장한다.
- **기본 언어**: 애플리케이션의 언어(영어(미국) – en-US).
- **프로모션 텍스트**: 구글 플레이 환경 안에서 특별한 프로모션을 진행할 때 애플리케이션에 표시할 텍스트
- **앱 또는 게임**: 애플리케이션 타입 구분. 게임 또는 앱(일반)
- **앱 카테고리**: 애플리케이션을 가장 잘 설명할 수 있는 분류(예: 금융, 건강/운동, 교육, 스포츠)
- **연락처 세부정보**: 사용자들이 애플리케이션에 관한 지원을 요청할 수 있는 연락처(이메일 주소, 전화번호, 웹사이트 등)
- **가격 및 국가/지역**: 애플리케이션 가격 및 애플리케이션을 판매할 지역에 관한 정보

위의 정보를 모두 수집했다면 구글 플레이 콘솔의 앱 만들기 버튼을 클릭해 생성 프로세스를 시작한다.

54.4 콘솔에서 앱 설정하기

앱 만들기 버튼을 처음 클릭하면 앱 세부정보 화면이 표시된다(그림 54-1).

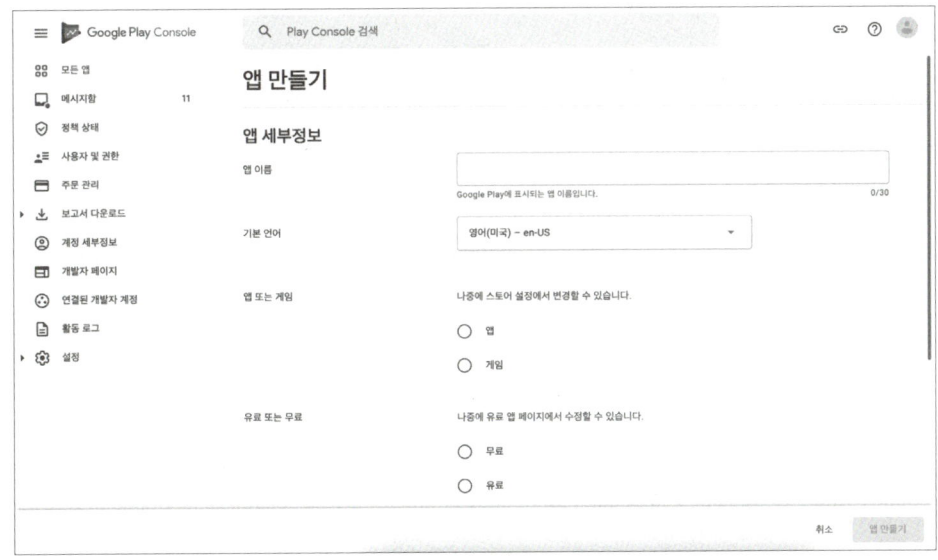

그림 54-1

앱 세부정보를 설정했다면 앱 만들기 버튼을 클릭해서 앱을 대시보드 화면에 추가한다. 대시보드의 앱 설정 섹션에서 리스트를 펴고 스토어 등록정보 설정을 클릭한다.

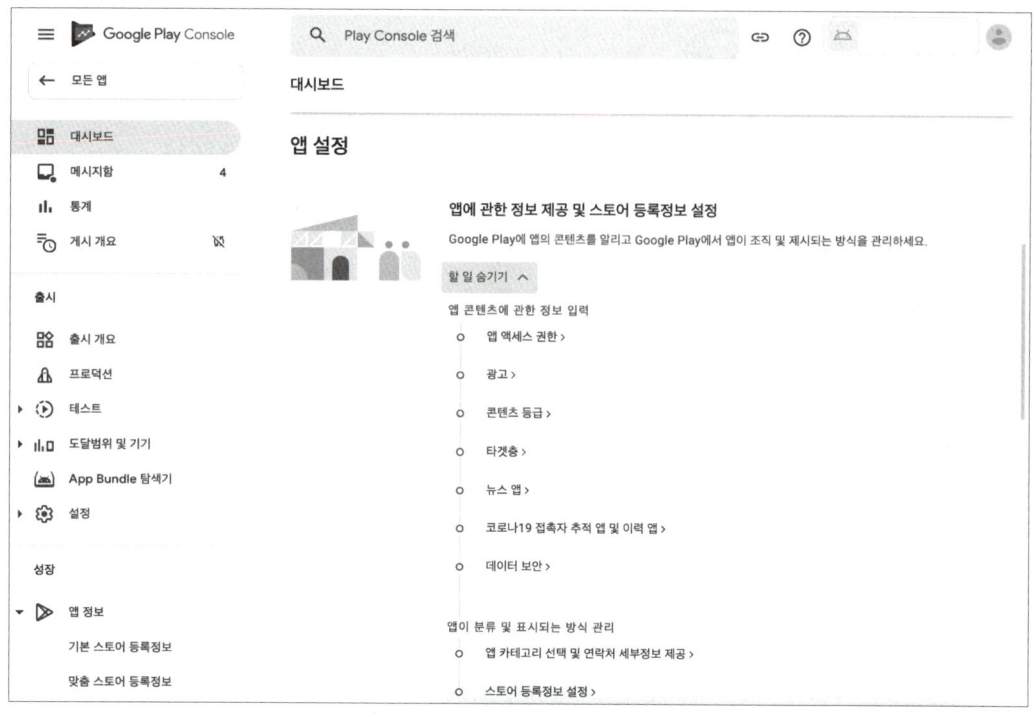

그림 54-2

링크 리스트를 모두 확인하고 앱에 필요한 정보를 기입한다. 각 단계에서 변경 내용을 반드시 저장하자.

54.5 구글 플레이 앱 서명 활성화하기

최근까지 구글 플레이에 업로드를 할 때는 안드로이드 스튜디오에서 릴리스 앱 서명 키로 사인을 한 뒤 구글 플레이 콘솔에 업로드하는 방법을 이용했다. 이 방식은 지금도 이용할 수 있지만, 최근에는 **구글 플레이 앱 서명**Google Play App Signing이라는 방식을 이용해 업로드할 것을 권장한다. 새로 생성한 앱이라면 구글 플레이 앱 서명을 선택하고 안드로이드 스튜디오 안에서 앱 번들 파일에 서명할 때 사용되는 **업로드 키**upload key를 만드는 작업을 포함한다. 안드로이드 스튜디오에서 만든 앱 번들 파일을 업로드하면 구글 플레이 콘솔에서는 업로드 키를 제거하고, 구글 플레이 서버에 안전하게 저장되어 있는 앱 서명 키를 이용해 파일에 서명한다.

구글 플레이 콘솔 안의 모든 앱 화면에서 새로 추가된 앱의(왼쪽 내비게이션 패널의 가장 위 옵션을 통해 접근할 수 있다) 설정 ➡ 앱 무결성 섹션을 펼쳐서(그림 54-3, Ⓐ) 앱 서명 탭을 선택한다(Ⓑ).

그림 54-3

새 버전 출시하기 버튼(Ⓒ)을 클릭한다. 이어서 화면 위의 새 버전 만들기 버튼을 클릭하면 콘솔에서 테스트용 앱의 첫 번째 릴리스를 만들 수 있다. 그전에 안드로이드 스튜디오에서 업로드 키를 생성해야 한다. 이는 서명된 앱 번들을 생성하는 프로세스 과정에서 수행된다. 현재 구글 플레이 콘솔 화면은 그대로 둔다. 이후 다시 방문할 것이다.

54.6 키스토어 파일 만들기

키스토어 파일을 만들 때는 안드로이드 스튜디오에서 Build ➡ Generate Signed Bundle/APK... 메뉴 옵션을 선택해 Generate Signed Bundle or APK 다이얼로그를 표시한다(그림 54-4).

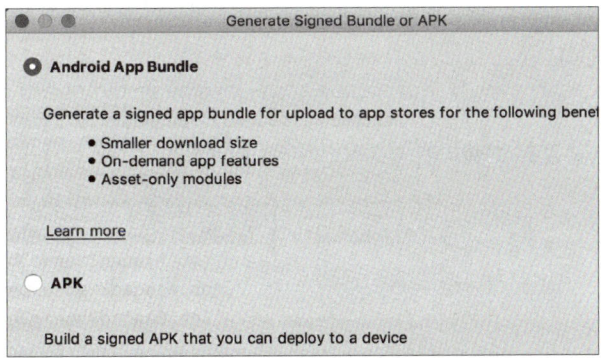

그림 54-4

Android App Bundle 옵션을 선택한 뒤 Next 버튼을 클릭한다.

기존 릴리스 키스토어 파일을 갖고 있다면 다음 화면에서 Choose existing... 버튼을 클릭한 뒤, 해당 파일을 선택한다. 키스토어 파일을 아직 만들지 않았다면 Create new... 버튼을 클릭해 New Key Store 다이얼로그를 표시한다(그림 54-5). Key store path 필드 오른쪽의 버튼을 클릭하고 파일 시스템의 적절한 위치로 이동한다. 키스토어 파일의 이름을 입력한 뒤(예: release.keystore.jks) OK 버튼을 클릭한다.

New Key Store 다이얼로그는 두 섹션으로 구분된다(그림 54-5). 위쪽 섹션은 keystore 파일과 관련되어 있다. 이 섹션에서는 keystore 파일을 보호하기 위해 Password, Confirm 필드에 강력한 비밀번호를 입력한다. 아래쪽 섹션은 업로드 키와 관련되며, 이 키는 keystore 파일 안에 저장된다.

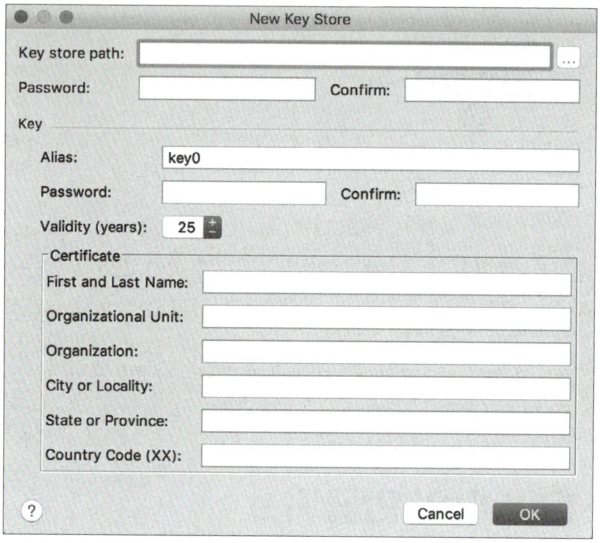

그림 54-5

New Key Store 다이얼로그의 Key 섹션에서는 다음을 입력할 수 있다.

- 키를 참조할 별명을 설정할 수 있다. 별명은 일련의 문자열로 지정할 수 있으나, 실제 시스템에서는 처음 8개의 문자열만 이용한다.
- 키를 보호하기 위한 적절하게 강력한 비밀번호를 설정한다.
- 키의 유효 기간을 연 단위로 설정한다(구글은 최소 25년을 권장한다).

또한 그림 54-6과 같이 나머지 필드 중 적어도 한 필드에는 정보를 입력해야 한다(예: First and Last Name 또는 Organization 등).

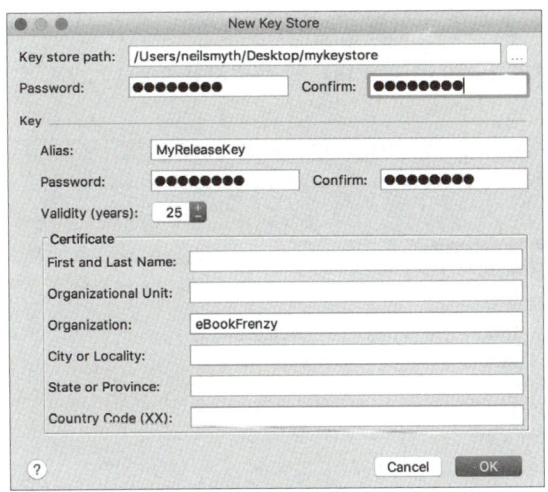

그림 54-6

필요한 정보를 입력했다면 OK 버튼을 클릭해 번들을 만든다.

54.7 안드로이드 앱 번들 만들기

다음으로 안드로이드 스튜디오에서 release 모드로 애플리케이션 앱 번들 파일을 만들고 새로 만든 비밀 키를 이용해 서명한다. 이 시점에서 Generate Signed Bundle or APK 다이얼로그의 Key store path, Key store password, Key alias, Key password 필드의 정보가 채워진 상태로 표시되어 있어야 한다.

그림 54-7

Export Encrypted Key 옵션이 활성화되어 있는지 확인한다. 그 밖의 설정값은 올바르다는 가정하에 Next 버튼을 클릭하면 Generated Signed Bundle or APK 화면이 표시된다(그림 54-8). 이 화면에서 Destination Folder에 앱 번들 파일을 만들 수 있는 위치가 잘 설정되어 있는지 확인한다. 다른 위치를 선호한다면 텍스트 필드 오른쪽의 버튼을 클릭하고 원하는 파일 시스템 위치를 선택한다.

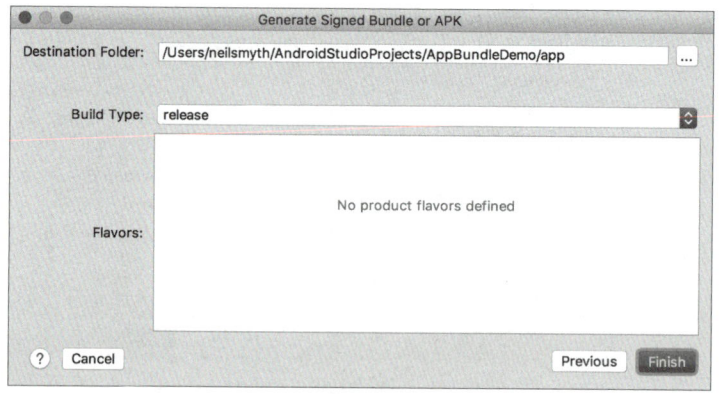

그림 54-8

Finish 버튼을 클릭하고 잠시 기다리면 그레이들 시스템이 앱 번들을 만든다. 번들이 만들어지면 앱 번들 파일을 포함한 폴더를 열 것인지 또는 APK Analyzer에 파일을 로드할 것인지 묻는 다이얼로그가 표시된다(그림 54-9).

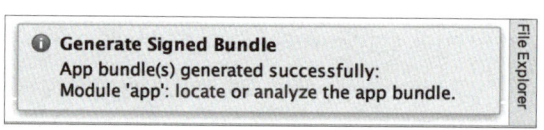

그림 54-9

이제 애플리케이션을 구글 플레이에 제출할 수 있다. locate 링크를 클릭해 파일 시스템 브라우저 창을 연다. 다른 경로를 지정하지 않았다면 bundle.aab 파일이 프로젝트 아래 app/release 폴더에 저장되어 있을 것이다.

이 과정에서 만들어진 비밀 키를 이용해 이후 애플리케이션을 서명 및 릴리스해야 하므로 안전한 곳에 보관하는 동시에 백업을 해둔다.

54.8 테스트 APK 파일 만들기

이제 앱 번들에서 선택적으로 APK 파일들을 만들어서 실제 기기나 에뮬레이터 세션에서 설치하고 실행할 수 있다. 구글은 번들툴bundletool이라는 커맨드라인 도구를 제공한다. 이 도구는 이 APK 파일의 설치와 실행을 위한 목적으로 디자인되었으며 다음 URL에서 다운로드할 수 있다.

URL https://github.com/google/bundletool/releases

집필 시점에서 번들툴은 .jar 파일로 제공되며 다음 커맨드라인을 이용해 실행할 수 있다(이 책이 출간되었을 시점에는 버전 숫자가 바뀌었을 수도 있다).

```
java -jar bundletool-all-0.9.0.jar
```

위의 명령어를 실행하면 도구 안에서 이용할 수 있는 모든 옵션의 리스트를 표시한다. 앱 번들에서 APK 파일들을 만들 때는 build-apks 옵션을 이용한다. 실제 기기나 에뮬레이터에 설치될 수 있는 APK 파일을 만들려면 해당 파일들에도 동일하게 서명을 해야 한다. 이를 위해서는 --ks 옵션으로 앞에서 만든 keystore 파일의 경로를 지정한다. --ks-key-alias 옵션을 이용해 키를 생성했을 때 만든 별명을 지정할 수도 있다.

마지막으로, --output 플래그를 이용해 APK 파일을 만들 파일 경로(APK Set이라 부른다)를 지정한다. 이 파일은 기존에 존재해서는 안 되며 .apks 확장자를 가져야 한다. 설명한 모든 요구사항을 만족하면 다음과 같은 커맨드라인 명령어가 만들어진다(여러분이 이용하는 운영체제의 경로 구조에 따라 다소 차이는 있을 수 있다).

```
java -jar bundletool-all-0.9.0.jar \
build-apks --bundle=/tmp/MyApps/app/release/bundle.aab \
--output=/tmp/MyApks.apks \
--ks=/MyKeys/release.keystore.jks \
--ks-key-alias=MyReleaseKey
```

이 명령어를 실행하면 keystore 비밀번호를 요구하는 프롬프트가 나타나고, 비밀번호를 입력하면 APK 파일을 지정한 APK Set 파일(.apks)로 만들어진다. APK Set 파일은 앱 번들에서 만들어지는 모든 APK 파일을 포함하는 단순한 ZIP 파일이다.

연결된 실제 기기나 에뮬레이터에 적절한 APK 파일들을 설치할 때는 다음과 같은 명령어를 이용한다.

```
java -jar bundletool-all-0.9.0.jar install-apks --apks=/tmp/MyApks.apks
```

이 명령어를 연결된 기기에 적합한 APK 파일을 식별해 앱을 설치하고, 실행 및 테스트할 수 있다.

그리고 APK Set에서 연결된 기기에 APK 파일을 설치하지 않고 추출만 할 수도 있다. 먼저 다음 명령어를 실행해 연결된 기기에 대한 명세specification를 얻는다.

```
java -jar bundletool-all-0.9.0.jar get-device-spec --output=/tmp/device.json
```

위의 명령어를 실행하면 다음과 같은 JSON 파일이 만들어진다.

```
{
    "supportedAbis": ["x86"],
    "supportedLocales": ["en-US"],
    "screenDensity": 420,
    "sdkVersion": 27
}
```

다음으로 명세 파일에 매칭되는 APK 파일을 APK Set에서 추출한다.

```
java -jar bundletool-all-0.9.0.jar extract-apks --apks=/tmp/MyApks.apks --output-dir=/
tmp/nexus5_apks --device-spec=/tmp/device.json
```

위의 명령어를 실행하면 --output-dir 플래그로 지정한 디렉터리에 지정한 기기 환경 설정과 일치하는 APK 파일이 추출된다.

추출한 파일을 구글 플레이 개발자 콘솔에 제출하고 테스트에 이용할 수 있다.

54.9 구글 플레이 개발자 콘솔에 앱 번들 업로드하기

구글 플레이 콘솔로 돌아가서 테스트 ➡ 내부 테스트 옵션(그림 54-10, Ⓐ)을 선택한다. 내비게이션 패널에서 출시 섹션으로 이동한 뒤, 새 버전 만들기 버튼(Ⓑ)을 클릭한다.

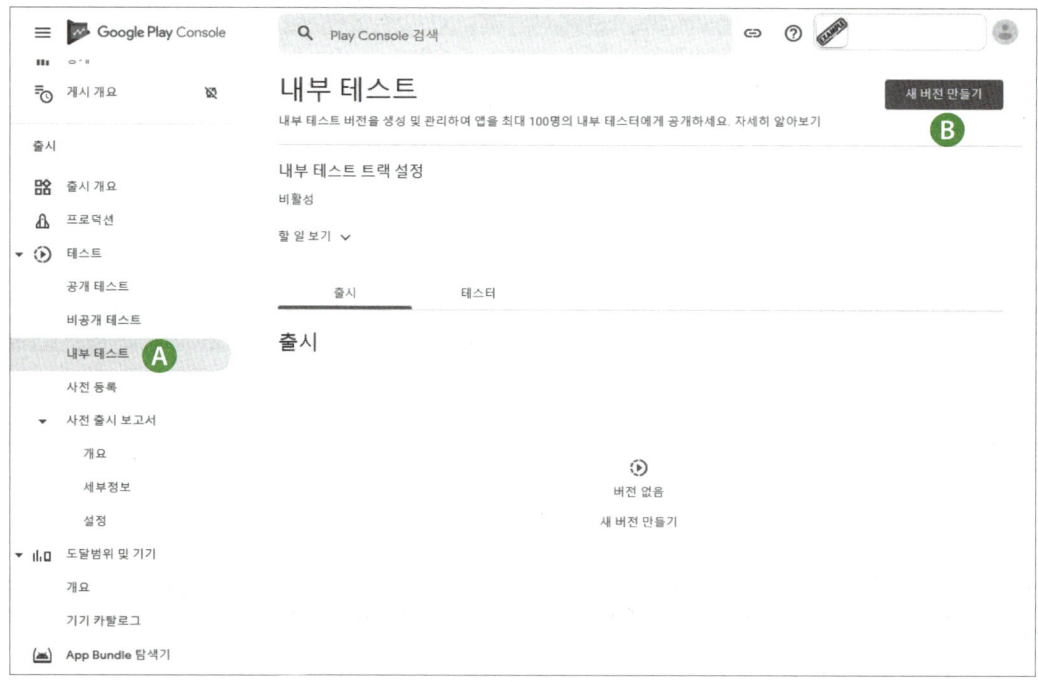

그림 54-10

결과 화면에서 구글 플레이 앱 서명 이용을 확인한다. 안드로이드 스튜디오에서 만든 번들 파일을 업로드 영역(그림 54-11, Ⓐ)에 드래그앤드롭한다.

그림 54-11

업로드가 완료되면 화면을 아래로 스크롤하고 버전 이름과 버전 메모를 작성한다. 버전 이름에는 여러분이 릴리스를 구분할 수 있는 임의의 정보를 입력하면 된다. 이 정보는 사용자에게 보이지 않는다.

앱 번들 파일을 업로드하면 구글 플레이가 테스트에 필요한 모든 APK 파일을 만든다. APK 파일들이 만들어지면 화면을 아래로 스크롤해서 저장 버튼을 클릭한다. 설정이 저장되면 버전 리뷰 버튼을 클릭한다.

54.10 앱 번들 살펴보기

리뷰 화면에서 업로드된 번들의 오른쪽 화살표를 클릭한다(그림 54-12).

그림 54-12

이후 표시되는 패널에서 App Bundle 살펴보기 링크를 클릭해 App Bundle 탐색기를 실행한다. API 수준, 화면 레이아웃, 앱 번들이 제공하는 플랫폼과 관련된 간략한 정보가 표시된다.

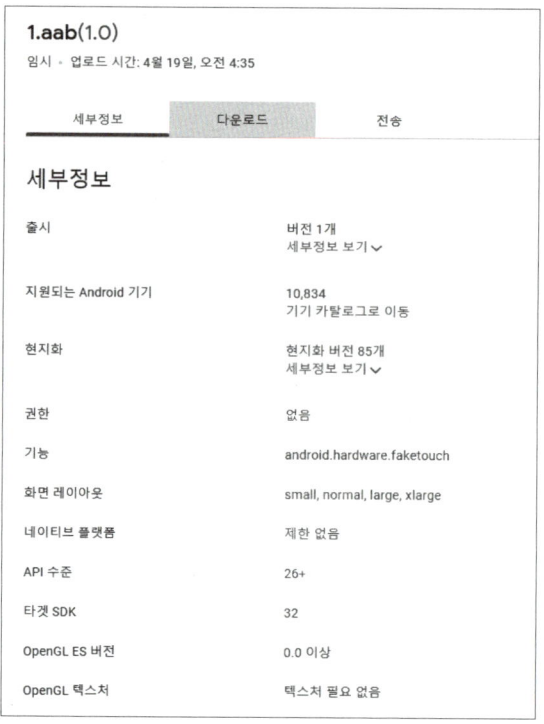

그림 54-13

기기 카탈로그 이동 링크를 클릭하면 APK 파일이 지원하는 기기 정보가 표시된다.

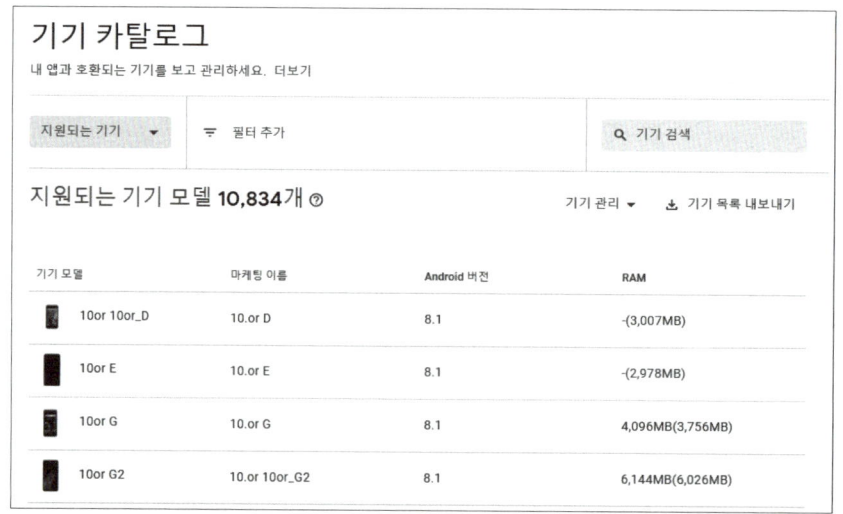

그림 54-14

이제 앱을 테스트할 준비가 되었다. 테스트에 앞서 앱을 배포할 수 있도록 콘솔 안에서 테스터를 설정한다.

54.11 테스터 관리하기

테스트 단계는 내부Internal, 비공개(알파Alpha), 또는 공개(베타Beta) 단계로 구분되며 구글 플레이 콘솔 안에서 각 단계마다 인가된 테스터를 지정할 수 있다. 내비게이션 패널의 내부 테스트를 클릭한 뒤 테스터 탭을 선택한다(그림 54-15).

그림 54-15

테스터를 추가하려면 이메일 목록 만들기 버튼을 클릭한다. 리스트에 이름을 입력하고 테스터 사용자의 이메일 주소를 지정한다. 이메일 주소는 직접 입력하거나 CSV 파일로 업로드할 수 있다.

이후 표시되는 화면에서 웹에서 참여 URL을 복사해서 테스트 사용자들에게 제공한다. 테스터가 이 초대를 수락하면 앱을 다운로드할 수 있다.

54.12 테스트용 앱 배포하기

내부 릴리스를 만들었고 테스터를 추가했으므로 테스트용 앱을 배포할 수 있다. 내부 테스트 화면에서 **출시** 탭을 선택한 뒤, 최근 만든 릴리스의 버전 수정 버튼을 클릭한다(그림 54-16).

그림 54-16

리뷰 화면에서 화면 맨 마지막으로 스크롤한 뒤 내부 테스트 트랙으로 출시 시작 버튼을 클릭한다. 조금 기다리면 릴리스가 진행되고 지정한 사용자들은 앱을 다운로드하고 테스트할 수 있다.

54.13 새 앱 번들 버전 업로드하기

가장 처음 업로드한 앱 번들 파일의 버전 코드는 1이다. 같은 버전 코드값을 가진 다른 번들 파일을 업로드하려고 하면 구글 플레이 콘솔은 다음과 같은 에러 메시지와 함께 해당 파일을 거부한다.

> 1 버전 코드는 이미 사용되었습니다. 다른 버전 코드를 사용해 보세요.

이 문제를 해결하려면 번들 파일에 내장된 버전 코드의 값을 증가시켜야 한다. 이 작업은 프로젝트에서 모듈 수준의 build.gradle 파일에서 수행한다(그림 54-17).

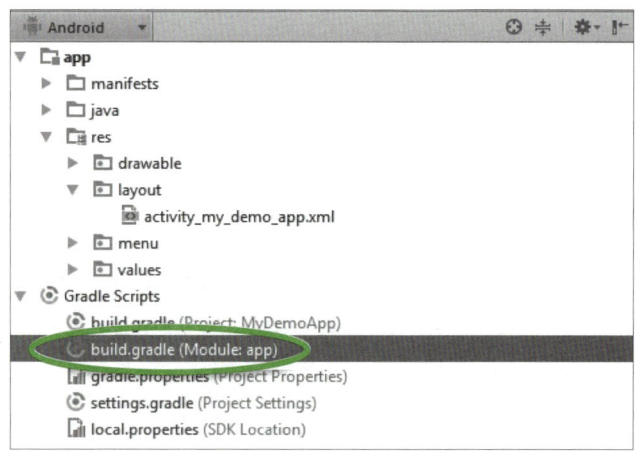

그림 54-17

이 파일의 기본 형태는 다음과 같다.

```
plugins {
    id 'com.android.application'
    id 'org.jetbrains.kotlin.android'
}

android {
    compileSdk 31
    defaultConfig {
        applicationId "com.example.demoapp"
        minSdk 26
        targetSdk 31
        versionCode 1
        versionName "1.0"
.
.
.
}
```

버전 코드를 변경하려면 versionCode 옆에 선언된 숫자를 바꾸기만 하면 된다. 애플리케이션 사용자에게 보이는 버전 숫자를 변경하려면 versionName 문자열을 변경하면 된다.

```
versionCode 2
versionName "2.0"
```

위와 같이 수정했다면 APK 파일을 다시 만들어 업로드한다.

54.14 앱 번들 파일 분석하기

안드로이드 스튜디오를 이용해 앱 번들 파일의 콘텐츠를 분석할 수 있다. 번들 파일을 분석하려면 안드로이드 스튜디오에서 Build ➡ Analyze APK... 메뉴 옵션을 선택하고 리뷰할 앱 번들 파일을 선택한다. 앱 번들 파일이 로드되면 패키징 전후의 크기 정보 및 패키지의 파일 구조가 리스트로 표시된다(그림 54-18).

그림 54-18

classes.dex 파일을 선택하면 아래쪽 패널에서 해당 파일의 클래스 구조를 표시한다. 이 패널 안에서 개별 클래스의 세부 사항을 메서드 단위까지 확인할 수 있다(그림 54-19).

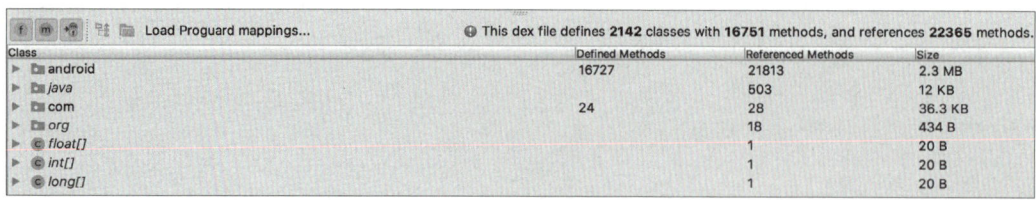

그림 54-19

마찬가지로, 파일 리스트 안의 리소스나 이미지 파일을 선택하면 파일 콘텐츠를 아래쪽 패널에서 표시한다. Compare with previous APK... 버튼을 클릭한 뒤 두 번째 번들 파일을 선택하면, 두 번들 파일의 크기를 비교할 수도 있다.

54.15 정리

앱 프로젝트를 완료하고 사용자 테스트를 할 준비가 되었다면 구글 플레이 콘솔에 업로드하고 프로덕션 및 내부, 비공개(알파), 공개(베타) 테스트를 설정할 수 있다. 앱을 업로드하기 전에 구글 플레이 콘솔 안에서 앱의 정보와 플레이 스토어에서 표시될 스크린샷을 이용해 앱 항목을 만들어야 한다. 그 뒤 안드로이드 앱 번들 파일의 릴리스 버전을 만들고 안드로이드 스튜디오 안에서 업로드한 키를 이용해 서명한다. 번들 파일을 업로드하면 구글 플레이는 업로드 키를 삭제하고 이를 안전하게 저장된 앱 서명 키로 대체한다. 이 과정을 마치면 앱을 공개할 수 있다.

번들 파일의 콘텐츠는 언제든 안드로이드 스튜디오의 APK Analyzer를 이용해 확인할 수 있다.

CHAPTER 55
안드로이드 스튜디오의 그레이들 개요

이제까지 우리는 애플리케이션 프로젝트를 컴파일하고 실행하는 데 필요한 작업을 안드로이드 스튜디오가 수행해 주는 것을 당연하게 생각했다. 안드로이드 스튜디오는 그레이들Gradle로 알려진 시스템을 이용해 이를 백그라운드에서 수행한다.

이번 장에서는 그레이들이 애플리케이션 프로젝트의 다양한 요소들을 컴파일, 패키징하는 방법을 살펴본다. 그리고 안드로이드 스튜디오에서 프로젝트를 만드는 것과 관련된 더 복잡한 요구사항이 있을 때 이 시스템을 설정하는 방법도 살펴본다.

55.1 그레이들 개요

그레이들은 자동화된 빌드 툴킷이며, 이를 이용하면 일련의 빌드 환경 설정 파일을 통해 프로젝트 빌드 방법을 설정하고 관리할 수 있다. 프로젝트를 빌드할 방법, 프로젝트를 성공적으로 빌드하기 위해 충족해야 할 디펜던시, 빌드 최종 결과에 관한 정보를 명시한다.

그레이들의 강력함은 개발자들에게 제공하는 유연함에 있다. 그레이들 시스템은 자급자족의 커맨드라인 기반 환경이며, 플러그인을 이용해 다른 개발 환경에도 통합될 수 있다. 안드로이드 스튜디오에서는 Android Studio Plugin을 이용해 그레이들을 통합할 수 있다.

안드로이드 스튜디오 플러그인을 이용하면 안드로이드 스튜디오 안에서 그레이들 태스크를 실행하고 관리할 수 있다. 안드로이드 스튜디오가 설치되지 않은 시스템에서도 그레이들 커맨드라인 래퍼를 이용하면 안드로이드 스튜디오 기반 프로젝트를 빌드할 수 있다.

프로젝트 빌드 환경 설정 규칙은 그레이들 빌드 파일에 선언하며, 그레이들 스크립트는 그루비Groovy 프로그래밍 언어의 문법을 따른다.

55.2 그레이들과 안드로이드 스튜디오

그레이들은 안드로이드 애플리케이션 프로젝트 빌드와 관련된 다양한 강력한 피처들을 제공한다. 핵심적인 피처들은 다음과 같다.

55.2.1 합리적인 기본값

그레이들은 **설정보다 관습**convention over configuration이라는 개념을 내포하고 있다. 즉, 합리적인 환경 설정 기본값을 제공하며, 빌드 파일에서 오버라이드하지 않는 한 이 기본값들을 이용함을 의미한다. 개발자는 최소한의 환경 설정만 수행함으로써 빌드를 할 수 있게 된다. 기본 설정값이 빌드 요구사항을 충족하지 못하는 경우에만 수정하면 된다.

55.2.2 디펜던시

그레이들의 또 다른 핵심 영역은 디펜던시 기능이다. 예를 들어, 안드로이드 스튜디오 프로젝트 안의 한 모듈이 프로젝트의 다른 모듈을 로드하기 위해 인텐트intent를 트리거한다고 가정해 보자. 첫 번째 모듈은 당연히 두 번째 모듈에 디펜던시를 갖는다(의존한다). 런타임에 두 번째 모듈을 찾아서 실행하지 못하면 애플리케이션은 실패하게 된다. 첫 번째 모듈의 그레이들 빌드 파일 안에 이 디펜던시를 선언하면 두 번째 모듈이 애플리케이션 빌드에 포함되며, 만약 두 번째 모듈을 찾을 수 없거나 빌드할 수 없으면 에러를 발생시킨다. 디펜던시의 다른 예로 컴파일 및 실행을 위해 프로젝트가 디펜던시를 갖는 라이브러리 및 JAR 파일을 들 수 있다.

그레이들의 디펜던시는 **로컬**local 또는 **리모트**remote로 분류할 수 있다. 로컬 디펜던시는 빌드를 수행하는 컴퓨터 시스템의 로컬 파일 시스템에 존재하는 아이템을 참조한다. 리모트 디펜던시는 원격 서버(일반적으로 저장소repository라 불린다)에 존재하는 아이템을 참조한다.

안드로이드 스튜디오 프로젝트에서 리모트 디펜던시는 메이븐Maven이라는 별도의 프로젝트 관리 도구를 이용해 처리된다. 그레이들 빌드 파일 안에 메이븐 구문을 이용해 리모트 디펜던시를 선언하면, 해당 디펜던시는 지정된 저장소에서 자동으로 다운로드되어 빌드 프로세스에 포함된다. 다음은 AppCombat 라이브러리를 구글 저장소로부터 프로젝트에 추가하는 디펜던시 선언 예시다.

```
implementation 'androidx.appcompat:appcompat:1.4.1'
```

55.2.3 빌드 변형

그레이들은 안드로이드 스튜디오 프로젝트에 대해 **빌드 변형**build variant을 지원한다. 이를 이용하면 한 프로젝트로부터 애플리케이션의 다양한 변형을 만들 수 있다. 안드로이드가 실행되는 기기들은 매우 다양하며 프로세스나 화면 크기 등이 모두 다르다. 가능한 한 많은 기기 타입과 화면 크기를 지원하기 위해서는 애플리케이션의 다양한 변형을 만들어야 한다(예를 들면, 스마트폰 사용자용 인터페이스와 태블릿 사용자용 인터페이스 등). 안드로이드 스튜디오에서 그레이들을 이용하면 이를 손쉽게 처리할 수 있다.

55.2.4 매니페스트 항목

모든 안드로이드 스튜디오 프로젝트는 애플리케이션의 환경 설정 세부 내용을 포함한 하나의 매니페스트 파일(AndroidManifest.xml)을 갖는다. 여러 매니페스트 항목들을 그레이들 빌드 파일에서 지정할 수 있으며, 이 항목들은 프로젝트를 빌드하는 시점에 매니페스트 파일 안에 생성된다. 이 피처는 빌드 변형 기능을 보조하며 이를 활용해 빌드 변형마다 고유한 애플리케이션 버전 번호, 애플리케이션 ID, SDK 버전 정보 등을 설정할 수 있다.

55.2.5 APK 서명

54장 '안드로이드 앱 번들 생성, 테스트, 업로드'에서 안드로이드 스튜디오 환경을 이용해 서명된 출시용 APK 파일을 만드는 방법을 살펴봤다. 안드로이드 스튜디오 사용자 인터페이스를 통해 입력했던 서명 정보를 그레이들 파일 안에 입력하고, 커맨드라인에서 이를 이용해 서명된 APK 파일을 생성할 수도 있다.

55.2.6 프로가드 지원

프로가드ProGuard는 안드로이드 스튜디오에 포함되어 있는 도구로, 자바 바이트코드를 최적화, 압축, 난독화해서 좀 더 효율적으로 동작하고 역 엔지니어링reverse engineering(컴파일된 자바 바이트코드를 분석해서 애플리케이션의 로직을 알아내는 방법)하기 어렵게 만든다. 그레이들 빌드 파일은 애플리케이션 빌드 시 프로가드 적용 여부를 선택하는 기능을 제공한다.

55.3 속성 및 설정 그레이들 빌드 파일

그레이드 빌드 환경 설정은 일련의 환경 설정과 프로퍼티, 설정 파일들로 구성된다. 예를 들어, **gradle.properties** 파일은 대부분 명령어 라인 플래그와 관련된 난해산 설정값들을 갖는다. 이 설정값은 프로젝트에서 AndroidX 라이브러리 사용 여부에 관계없이 자바 가상 머신Java Virtual Machine, JVM과 코틀린 코딩 스타일 지원에서 사용한다. 전형적인 사용자의 경우 이 설정에 손을 댈 필요는 전혀 없을 것이다.

반면 settings.gradle 파일은 빌드 시스템이 프로젝트를 빌드를 위해 필요한 추가 라이브러리 및 플러그인의 다운로드와 설치 시 검색할 온라인 저장소와 프로젝트 이름을 정의한다. 전형적인 settings.gradle 파일은 다음과 같은 형태다.

```
pluginManagement {
    repositories {
        gradlePluginPortal()
        google()
        mavenCentral()
    }
}
dependencyResolutionManagement {
    repositoriesMode.set(RepositoriesMode.FAIL_ON_PROJECT_REPOS)
    repositories {
        google()
        mavenCentral()
    }
}
rootProject.name = "AndroidSample"
include ':app'
```

gradle.properties 파일과 마찬가지로, 이 파일 역시 수정할 필요가 거의 없다.

55.4 최상위 수준 그레이들 빌드 파일

완성된 안드로이드 스튜디오 프로젝트는 안드로이드 애플리케이션을 빌드하는 데 필요한 모든 것을 포함하며 이는 모듈, 라이브러리, 매니페스트 파일과 그레이들 빌드 파일로 구성된다.

각 프로젝트는 하나의 최상위 수준 그레이들 파일을 포함한다. 이 파일은 build.gradle (Project: 〈프로젝트 이름〉)으로 표시되며 Project 도구 창에서 찾을 수 있다(그림 55-1).

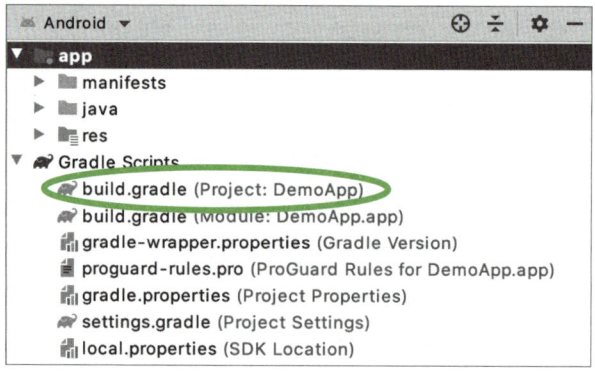

그림 55-1

최상위 수준 그레이들 파일의 기본 콘텐츠는 다음과 같다.

```
buildscript {
    ext {
        compose_version = '1.0.5'
    }
}

// 최상위 수준 빌드 파일에 모든 하위 프로젝트/모듈에 적용할 공통 설정을 추가할 수 있다.
plugins {
    id 'com.android.application' version '7.1.0' apply false
    id 'com.android.library' version '7.1.0' apply false
    id 'org.jetbrains.kotlin.android' version '1.6.10' apply false
}

task clean(type: Delete) {
    delete rootProject.buildDir
}
```

위에서 볼 수 있듯이, 이 파일에서는 jcenter 저장소를 이용해서 얻을 원격 라이브러리와 그레이들 안드로이드 플러그에 의존하는 빌드 단계를 정의한다. 대부분의 경우 이 빌드 파일을 수정할 필요는 없다.

55.5 모듈 수준 그레이들 빌드 파일

안드로이드 스튜디오 애플리케이션 프로젝트는 하나 이상의 모듈로 구성된다. 예를 들어 GradleDemo라는 애플리케이션 프로젝트가 있다고 가정하자. 이 프로젝트는 Module1, Module2에 각각 하나씩, 2개의 액티비티를 포함한다. 이 시나리오에서 각 모듈은 자체로 그레이들 빌드 파일을 필요로 한다. 이 파일들은 프로젝트의 다음 위치에 있다.

- Module1/build.gradle
- Module2/build.gradle

Module1의 build.gradle 파일의 기본 콘텐츠는 다음 코드와 비슷하다.

```
plugins {
    id 'com.android.application'
    id 'org.jetbrains.kotlin.android'
}

android {
    compileSdk 32

    defaultConfig {
```

```
        applicationId "com.ebookfrenzy.demoapp"
        minSdkVersion 26
        targetSdkVersion 32
        versionCode 1
        versionName "1.0"

        testInstrumentationRunner "androidx.test.runner.AndroidJUnitRunner"
    }

    buildTypes {
        release {
            minifyEnabled false
            proguardFiles getDefaultProguardFile('proguard-android-optimize.
txt'), 'proguard-rules.pro'
        }
    }
    compileOptions {
        sourceCompatibility JavaVersion.VERSION_1_8
        targetCompatibility JavaVersion.VERSION_1_8
    }
    kotlinOptions {
        jvmTarget = '1.8'
    }
}

dependencies {

    implementation "org.jetbrains.kotlin:kotlin-stdlib:$kotlin_version"
    implementation 'androidx.core:core-ktx:1.7.0'
    implementation 'androidx.appcompat:appcompat:1.4.1'
    implementation 'com.google.android.material:material:1.5.0'
    implementation 'androidx.constraintlayout:constraintlayout:2.1.3'
    testImplementation 'junit:junit:4.+'
    androidTestImplementation 'androidx.test.ext:junit:1.1.3'
    androidTestImplementation 'androidx.test.espresso:espresso-core:3.4.0'
}
```

위에서 명확히 알 수 있듯이, 이 빌드 파일은 안드로이드 애플리케이션과 코틀린 플러그인을 이용한다는 것을 선언한다.

```
plugins {
    id 'com.android.application'
```

파일의 android 섹션에서는 Module1을 빌드할 때 이용할 SDK 버전을 선언한다.

```
android {
    compileSdkVersion 33
```

defaultConfig 섹션에 선언된 아이템들은 빌드 과정에서 모듈의 AndroidManifest.xml 파일에 생성할 요소들을 정의한다. 빌드 파일에서 수정될 수 있는 이 설정값들은 모듈을 처음 만들었을 때 안드로이드 스튜디오에서 입력한 설정값에서 얻을 수 있다.

```
defaultConfig {
    applicationId "com.example.themedemo"
    minSdkVersion 26
    targetSdkVersion 32
    versionCode 1
    versionName "1.0"

    testInstrumentationRunner "androidx.test.runner.AndroidJUnitRunner"
}
```

buildTypes 섹션은 릴리스 버전의 애플리케이션을 빌드할 때 APK 파일에 프로가드를 적용하는 시점과 방법에 관한 지침들을 포함한다.

```
buildTypes {
    release {
        minifyEnabled false
        proguardFiles getDefaultProguardFile('proguard-android-optimize.txt'), 'proguard-rules.pro'
    }
}
```

위의 코드에 설정된 상태에서는 Module1을 빌드할 때는 프로가드가 실행되지 않는다. 프로가드를 활성화하려면 minifyEnabled 항목값을 false에서 true로 변경해야 한다. proguard-rules.pro 파일은 프로젝트의 module 디렉터리에서 얻을 수 있다. 이 파일에서 변경된 내용은 proguard-android.txt 파일의 값을 오버라이드한다. 이 파일은 sdk/tools/proguard 아래 안드로이드 SDK가 설치된 곳에 위치한다.

이 파일에서는 어떤 buildType도 선언하지 않았기 때문에 기본값을 적용한다(프로가드 미적용, 디버그 키를 이용한 서명, 디버그 심벌 활성화).

모듈에 productFlavors라는 추가 섹션을 이용해 여러 빌드 변형 생성을 활성화할 수 있다.

다음으로 지시자를 이용해 프로젝트를 빌드할 때 이용할 자바 컴파일러의 버전을 지정한다.

```
compileOptions {
    sourceCompatibility JavaVersion.VERSION_1_8
    targetCompatibility JavaVersion.VERSION_1_8
}
```

```
kotlinOptions {
    jvmTarget = '1.8'
}
```

마지막으로, dependencies 섹션에서 모듈이 의존하는 로컬 및 리모트 디펜던시를 나열한다. 위 예시에서의 디펜던시 행들은 안드로이드 저장소에서 포함시켜야 하는 안드로이드 라이브러리들만 정의했다.

```
.
.
implementation 'androidx.core:core-ktx:1.7.0'
implementation 'androidx.appcompat:appcompat:1.4.1'
.
.
```

디펜던시 선언은 포함할 라이브러리의 버전을 나타내는 숫자를 함께 입력한다.

55.6 빌드 파일에서 서명 설정하기

54장에서 안드로이드 스튜디오 사용자 인터페이스를 통해 키를 설정하고 서명된 출시용 APK 파일을 만드는 방법을 살펴봤다. build.gradle 파일의 signingConfigs 섹션에서도 동일한 설정을 수행할 수 있다.

```
.
.
    defaultConfig {
.
.
    }

    signingConfigs {
        release {
            storeFile file("keystore.release")
            storePassword "your keystore password here"
            keyAlias "your key alias here"
            keyPassword "your key password here"
        }
    }
    buildTypes {
.
.
}
```

이 예시에서는 키 비밀번호 정보를 빌드 파일 안에 직접 기록했다. 이러한 값들을 시스템 환경 변수에서 추출해 지정할 수도 있다.

```
signingConfigs {
    release {
        storeFile file("keystore.release")
        storePassword System.getenv("KEYSTOREPASSWD")
        keyAlias "your key alias here"
        keyPassword System.getenv("KEYPASSWD")
    }
}
```

또는 빌드 프로세스 과정에서 그레이들이 비밀번호 입력을 요청하도록 설정할 수도 있다.

```
signingConfigs {
    release {
        storeFile file("keystore.release")
        storePassword System.console().readLine("\nEnter Keystore password: ")
        keyAlias "your key alias here"
        keyPassword System.console().readLIne("\nEnter Key password: ")
    }
}
```

55.7 커맨드라인에서 그레이들 태스크 실행하기

모든 안드로이드 스튜디오 프로젝트는 커맨드라인에서 그레이들 태스크를 호출하게 하려는 목적으로 하나의 그레이들 래퍼 도구를 포함하고 있다. 이 도구는 각 프로젝트 폴더의 루트 디렉터리에 위치한다. 이 래퍼는 윈도우 시스템에서는 실행 가능하지만, 리눅스나 맥OS는 실행 권한을 먼저 활성화해야 한다. 실행 권한을 활성화할 때는 터미널 창을 열고 래퍼를 이용할 프로젝트 폴더로 이동해 다음 명령어를 실행한다.

```
chmod +x gradlew
```

실행 권한을 활성화했다면 해당 파일의 위치를 $PATH 환경 변수에 추가하거나 다음과 같이 ./를 붙여 실행할 수 있다.

```
./gradlew tasks
```

그레이들에서는 프로젝트 빌드를 여러 다른 태스크의 관점으로 본다. 현재 프로젝트에서 실행할 수 있는 전체 태스크 리스트는 프로젝트 디렉터리 안에서 다음 명령어를 실행해서 얻을 수 있다(리눅스나 맥OS에서 실행할 때는 명령어에 ./ 접두사를 붙인다).

```
gradlew tasks
```

실제 기기나 에뮬레이터를 이용한 테스트에 적합하도록 디버그 릴리스를 빌드할 때는 assembleDebug 옵션을 이용한다.

```
gradlew assembleDebug
```

릴리스 버전의 애플리케이션을 빌드할 때는 다음 명령어를 이용한다.

```
gradlew assembleRelease
```

55.8 정리

대부분의 경우 안드로이드 스튜디오는 개발자의 개입 없이 애플리케이션 빌드 과정을 백그라운드에서 수행한다. 이 빌드 프로세스는 그레이들 시스템이 관리한다. 그레이들 시스템은 자동화된 빌드 툴킷이며 일련의 빌드 환경 설정 파일을 통해 프로젝트 빌드 방법을 설정하고 관리한다. 그레이들의 기본 동작은 대부분의 기본적인 프로젝트 빌드 요구사항을 만족하지만, 좀 더 복잡한 프로젝트에서는 빌드 프로세스를 설정해야 할 때가 있다. 이번 장에서는 그레이들 빌드 시스템의 개요, 안드로이드 스튜디오 프로젝트 컨텍스트 안에서의 환경 설정 파일에 관해 살펴봤다.

진솔한 서평을 올려주세요!

이 책 또는 이미 읽은 제이펍의 책이 있다면, 장단점을 잘 보여 주는 솔직한 서평을 올려주세요.
매월 최대 5건의 우수 서평을 선별하여 원하는 제이펍 도서를 1권씩 드립니다!

- **서평 이벤트 참여 방법**
    - ❶ 제이펍 책을 읽고 자신의 블로그나 SNS, 각 인터넷 서점 리뷰란에 서평을 올린다.
    - ❷ 서평이 작성된 URL과 함께 review@jpub.kr로 메일을 보내 응모한다.

- **서평 당선자 발표**

    매월 첫째 주 제이펍 홈페이지(www.jpub.kr) 및 페이스북(www.facebook.com/jeipub)에 공지하고, 해당 당선자에게는 메일로 개별 연락을 드립니다.

독자 여러분의 응원과 채찍질을 받아 더 나은 책을 만들 수 있도록 도와주시기 바랍니다.

찾아보기

숫자 및 기호	
2D 그래픽	362
?.	105
::	107
@Composable	24, 29
@ExperimentalMaterialApi	484
@Preview 애너테이션	24

A	
activity	21
Activity Manager	90
adb	11, 66, 73
ADB(Android Debug Bridge)	66
ADK	154
AlertDialog	162
align()	230
Alignment.Bottom	215
Alignment.BottomCenter	229
Alignment.BottomEnd	229
Alignment.BottomStart	229
Alignment.Center	229
Alignment.CenterEnd	229
Alignment.CenterHorizontally	215
Alignment.CenterStart	229
Alignment.CenterVertically	215
Alignment.End	215
alignment line	239
Alignment.Start	215
Alignment.Top	215
Alignment.TopCenter	229
Alignment.TopEnd	229
Alignment.TopStart	229
anchor	480
anchor line	272
anchors: Map	481
Android Architecture Components	381
Android Jetpack	381
Android SDK Manager	14
Android Studio in Compose development mode	1
Android Support Library	381
AndroidX 라이브러리	549
animate*AsState	344
animateColorAsState()	344, 349
animateDpAsState()	352
AnimatedVisibility	330, 333
animateEnterExit()	339
animateFloatAsState()	346, 348
animateScrollTo()	301, 313
animateScrollToItem(index: Int)	300
animateScrollTo(value: Int)	299
Animation Inspector	357, 359
animationSpec	354, 356
APK 서명	549
APK Analyzer	538
App Inspector	61
Arrangement.Bottom	217

Arrangement.Center	216, 217
Arrangement.End	216
Arrangement.SpaceAround	218
Arrangement.SpaceBetween	218
Arrangement.SpaceEvenly	218
Arrangement.Start	216
Arrangement.Top	217
as	108
as?	108
asFlow()	491
Asset Studio	193
asSharedFlow()	504
asStateFlow()	503
async	290
AVD(Android Virtual Device)	66

B

background	207
BaseTextField	161
BottomNavigation	162
Bounds	344
Box	161
BoxScope	230
BoxWithConstraints	161
break	122
buffer()	498
Build	61
Build Variants	61
Button	162

C

cancelAndJoin()	291
cancelChildren()	291
Canvas	161
Card	162
C/C++ 라이브러리	90
centerAround()	261
Char	98
Checkbox	162
CircleShape	231

CircularProgressIndicator	162, 187
clickable	207
clip	207, 231
Clip Art	193
close()	375
Coil	317
collect()	496, 500
collectLatest()	496
Color	344
ColorFilter	380
Column	161
combine()	501
CompositionLocal	175
compositionLocalOf()	176
CompositionLocalProvider	172
conflate()	496
constrainAs()	263
ConstraintLayout	161, 251
contentAlignment	233
Content Providers	90
continue	123
coroutineScope	290
createBottomBarrier()	273
createEndBarrier()	273
createStartBarrier()	273
createTopBarrier()	273
Crossfade	342
CubicBezierEasing	338
currentBackStackEntryAsState()	462
custom composable	1
CutCornerShape	231

D

DampingRatioHighBouncy	354
DampingRatioLowBouncy	354
DampingRatioMediumBouncy	354
DampingRatioNoBouncy	354
dashPathEffect()	364
Database Inspector	404, 416
detectTapGestures()	467

Device File Explorer	61
Device Manager	61
Dimension.fillToConstraints	256
Dimension.preferredValue	256
Dimension.preferredWrapContent	255
Dimension.value	256
Dimension.wrapContent	256
Dispatchers.Default	290
Dispatchers.IO	289
Dispatchers.Main	289
doubleIt()	500
do … while	122
Dp	344
draggable()	472
drawArc()	374
drawCircle()	370
drawImage()	378, 380
drawPath()	375
drawRect()	365
drawRoundRect()	368
DrawScope	362
DropdownMenu	162
DROP_LATEST	505
DROP_OLDEST	505

E

Elvis 연산자(?:)	108
emit()	491
Empty Compose Activity	16
Emulator	61
enabled: Boolean	481
Event Log	61
expandHorizontally()	336
expandIn()	336
expandVertically()	336

F

fadeIn()	336
fadeOut()	336
FastOutLinearEasing	338
FastOutSlowInEasing	338
Favorites	61
fillMaxHeight	207
fillMaxSize	207
fillMaxWidth	207
firstVisibleItemIndex	303
flatMapConcat()	500
flatMapMerge()	500
Float	344
FloatingActionButton	162
flow()	490
flowOf()	491
for-in	119

G

getAllProducts()	421
GlobalScope	288
Gradle	61, 547
groupBy()	325

H

horizontalArrangement	218

I

if … else if …	126
Image	161
inset()	367, 368
Int	344
IntOffset	344
IntSize	344
item()	297

J

JIT	89

K

KeyframeSpec	356

L

lateinit	107

launch	290
LaunchedEffect	295
layout	207
Layout Inspector	61
LazyColumn	161
LazyRow	161
lifecycleScope	289
LinearEasing	338
LinearOutSlowInEasing	338
LinearProgressIndicator	162, 187
Location Manager	91
Logcat	61

M

MainActivity.kt	21
matchParentSize()	230
Minimum SDK	18
ModalDrawer	162
Modifier.align()	220
Modifier.alignBy()	220
Modifier.alignByBaseline()	220
Modifier.paddingFrom()	220
Modifier.weight()	220
mutableStateOf()	165
MutableTransitionState	341

N

Notifications Manager	91
not-null 어서션	105

O

offset	207
Offset	344
offsetChange	475
open	147
orientation: Orientation	481
override	151

P

Package Manager	91
Packed Chain	255
padding	207
PATH	10
performSlowTask()	292
pointerInput()	467
Problems	62
Profiler	62
Project	62

R

RadioButton	162
Rect	344
RectangleShape	231
rememberCoroutineScope()	310
rememberImagePainter()	319
rememberNavController()	438
rememberScrollableState()	472
rememberScrollState()	298, 309
rememberTransformationState()	476
RepeatableSpec	339
resistance: ResistanceConfig?	481
Resource Manager	62, 90
reverseDirection: Boolean	481
Room 퍼시스턴스 라이브러리	405
rotate	207
rotationChange	475
RoundedCornerShape	231
Row	161
Run	62
runBlocking	290

S

Scaffold	162, 463
scale	208
scaleChange	475
scaleIn()	336
scaleOut()	336
scrollable	208, 472
scrollToItem(index: Int)	300
scrollTo(value: Int)	299

Shape	161
SharingStarted.Eagerly()	506
SharingStarted.Lazily()	506
SharingStarted.WhileSubscribed()	506
showSystemUi	35
shrinkHorizontally()	337
shrinkOut()	337
shrinkVertically()	337
SideEffect	295
single()	496
size	208
Size	344
slideIn()	337
slideInHorizontally()	337
slideInVertically()	337
slideOut()	337
slideOutHorizontally()	337
slideOutVertically()	337
Slider	162
Slot API	185
Snackbar	162
Spread Chain	255
Spread Inside Chain	255
state: SwipeableState	481
staticCompositionLocalOf()	176, 179
stickyHeader()	298
StiffnessHigh	355
StiffnessLow	355
StiffnessMedium	355
StiffnessMediumLow	355
StiffnessVeryLow	355
String	98
Structure	62
super	148
supervisorScope	290
Surface 컴포저블	23
SUSPEND	505
Switch	162

T

Telephony Manager	91
Terminal	62
Text	161, 202
TextField	162
threshold	480
thresholds: (from, to)	481
TODO	62
TopAppBar	162
tween()	338

U

updateTransition()	345, 360
USB 연결 문제 해결하기	70

V

vararg	132
velocityThreshold: Dp	481
Version Control	62
verticalArrangement	218
verticalScroll()	309
ViewModel	381
viewModelScope	288
View System	91

W

Weighted Chain	255
when	127
while	121
withContext	290

ㄱ

가이드라인	251, 252, 256
가중치 모디파이어	224
감소 연산자	112
객체	101, 136
객체 지향	136
경로	439
고정 모드	303
고차 함수	134

관심의 분리	382
교차 페이딩	342
구글 플레이 앱 서명	534
구독	156
구조화된 쿼리 언어	401
그레이들	547
그레이디언트 그리기	371
기본 생성자	140
기본 클래스	147
기본 키	400

ㄴ

난독화	549
내비게이션 그래프	436, 438
내비게이션 바	58
내비게이션 백 스택	437
내비게이션 아키텍처 컴포넌트	438
내비게이션 액션	438
내비게이션 컨트롤러	438
내비게이션 호스트	438
내장 관계형 데이터베이스 관리 시스템	401
내장 벡터 이미지	193
내재적 측정값	280
널 포인터 예외	103
널 허용 타입	103
논리 연산자	114
느슨한 타입	102

ㄷ

단방향 데이터 흐름	168
단일 상속	147
단일 표현식	130
단일행 표현식	130
단항 음수 연산자	111
댐핑	354
데이터베이스 스키마	400
데이터베이스 테이블	399
데이터 변수	136
데이터 접근 객체	407
데이터 주도적	154

데이터 캡슐화	137
동적 피처 모듈	532
등치 연산자	113
디펜던시	548

ㄹ

라이브러리	88
레이아웃	161
레이아웃 편집기	154
레코드	400
레퍼런스 컴포넌트	256
로컬 함수	130
루트 클래스	147
리눅스에 설치하기	5
리눅스 커널	88, 89
리눅스 adb 환경 설정	69
리소스 관리자	90

ㅁ

마진	251, 252
맥OS에 설치하기	5
맥OS ADB 환경 설정	67
머티리얼 디자인	161
머티리얼 디자인 2	516
머티리얼 디자인 3	516
머티리얼 컴포저블	157
메뉴 바	58
메모리 관리	13
메서드	136, 138
메인 스레드	287
모듈 수준 그레이들 빌드 파일	551
모디파이어	199
모디파이어 지원	203
목적지	437
무선 디버깅 활성화하기	71
문서 탭	75
뮤터블 변수	100
미리 보기	20

ㅂ

바이너리 머신	96
반대 제약	251, 252
반복 제어 흐름	119
방출	488
배리어	251, 252, 256
배열	216
배타적 OR	117
번들툴	538
범위 연산자	114
보조 생성자	139
부동소수점	97
부모 클래스	147
부울	98
부채꼴 그리기	374
부호 비트	118
분리된 제약	277
분할 모드	20
뷰 시스템	91
뷰포트	473
비상태 컴포저블	158
비상태 함수	157
비트 연산자	115
비트와이즈 반전	115
비트와이즈 연산자	115
비트와이즈 오른쪽 시프트	118
비트와이즈 왼쪽 시프트	117
비트와이즈 AND	116
비트와이즈 OR	116
비트와이즈 XOR	117
빌드 변형	548
빠른 문서 탐색	84

ㅅ

사각형 그리기	365
삼항 구문	126
상속	147
상태	156
상태 바	58
상태 주도 애니메이션	344
상태 컴포저블	158
상태 표시줄	77
상태 함수	157, 163
상태 호이스팅	170
생산자	488
생산자 블록	490
생성자	138
서브클래스	147
서브클래싱	147
선언적	154
설정보다 관습	548
셰어드플로	488
소비자	488
수집	488
순차적 절차 커뮤니케이션	287
슈퍼클래스	147
스코프	219
스테이트플로	488
스티키 헤더	301
스프링 강도 효과	355
시스템 요구사항	3
시작 목적지	439
실시간 템플릿	86
싱글 패스 측정	238
씬	155

ㅇ

안드로이드 네이티브 개발 키트	90
안드로이드 런타임	88, 89
안드로이드 소프트웨어 스택	88, 91
안드로이드 스튜디오 설치 마법사	6
안드로이드 스튜디오 인 컴포즈 디벨롭먼트 모드	1
안드로이드 아키텍처 컴포넌트	381
안드로이드 앱 번들	531
안드로이드 젯팩	381
안드로이드 지원 라이브러리	381
안전 호출 연산자	105
알림 관리자	91
압축	549
애니메이션 스펙	337

애플리케이션	88
애플리케이션 프레임워크	88
애플리케이션 프로그래밍 인터페이스	184
액티비티	21
액티비티 관리자	90
앱 번들 업로드	540
앱 서명	541
앵커	480
앵커 라인	272
앵커 맵	481
양방향 제약	254
업로드 키	534
엘비스 연산자(?:)	108
연산자	110
열	400
열거형	280
오버라이드	151
옵셔널 타입	103
옵저버블 타입	164
외부 키	410
원과 타원 그리기	370
위임	167
위치 관리자	91
윈도우에 설치하기	4
윈도우 ADB 환경 설정	68
유니버설 APK	532
유효성 검사 사이드바	76
이뮤터블 변수	100
이미지 그리기	378
이스케이프 문자	99
이스케이프 시퀀스	99
이항 연산자	111
인메모리 데이터베이스	415
인수	128
인스턴스	136
인스턴스 변수	137
일시 중단 함수	289
임계점	480, 482

ㅈ

자동 생성	410
자동 완성	79, 80
자바 가상 머신	549
자바 네이티브 인터페이스	90
자바/코틀린 컨버터	93
자식 클래스	147
재구성	156, 163
적응 모드	303
전화 통신 관리자	91
점 그리기	376
점선 그리기	364
점 표기법	101
정렬 선	239
정수	97
정적 타입	102
제약	251, 252
제약 기반 레이아웃	251
제약 집합	277
제약 커넥션	251
제약 컴포넌트	256
제약 편향	251, 253
제어 흐름	119
조건부 제어 흐름	119
종단 플로 연산자	495
중재자	488
중재자 플로 연산자	493
증가 연산자	112
증강 할당 연산자	112
지능적 재구성	164
진입/이탈 애니메이션	336

ㅊ

체인	251, 254
체인 스타일	251, 254
체인 헤드	254
초기화 블록	141
최상위 수준 그레이들 빌드 파일	550
최적화	549

ㅋ

커맨드라인 도구	12
커스텀 접근자	142
커스텀 컴포저블	1
컴패니언 객체	144
컴포저블 크기	255
컴포저블 함수	157
컴포즈 모디파이어	199
코드	78
코드 구조 위치	76
코드 생성	81
코드 접기	83
코드 편집기	20
코드 형식 재지정	85
코루틴	287, 300
코루틴 스코프	300
코틀린 플레이그라운드	94
콘텐츠 프로바이더	90
콜드 플로	502
클래스	136
클래스 계층	147
클래스 멤버	136
키스토어 파일	536
키프레임	356
키프레임 명세	356

ㅌ

타입 애너테이션	102
타입 추론	102
타입 캐스팅	108
테마 변경하기	64
테스터 관리	543
테스트용 앱 배포	543
툴바	58
트랜지션 기반 애니메이션	359

ㅍ

파라미터	128
파운데이션	161
파운데이션 컴포저블	157
패키지 관리자	91
편집기 여백 영역	76
편집기 창	58
편집 영역	76
평탄화	499
표현식	110
프로가드	549
프로젝트 도구 창	58
프로퍼티	136, 137
프로퍼티 접근자	142
플로	488
플로의 플로	499
피연산자	110

ㅎ

할당	110
할당 연산자	110
함수	128, 136
함수 구문	157
함수 타입	134
핫 플로	502
항목	400
행	400
현재 목적지	437
확장	147
환경 설정 변경	173